中华人民共和国海船船员适任考试培训教材

船舶管理

中国海事服务中心组织编写
中华人民共和国海事局审定

大连海事大学出版社
人民交通出版社

图书在版编目(CIP)数据

船舶管理 / 张跃文等主编 . —大连 : 大连海事大学出版社;北京:人民交通出版社,2012.6(2020.6 重印)
中华人民共和国海船船员适任考试培训教材
ISBN 978-7-5632-2706-8

Ⅰ.①船… Ⅱ.①张… Ⅲ.①船舶管理—职业培训—教材 Ⅳ.①U692

中国版本图书馆 CIP 数据核字(2012)第 129340 号

大连海事大学出版社出版

地址:大连市凌海路1号 邮编:116026 电话:0411-84728394 传真:0411-84727996
http://press.dlmu.edu.cn E-mail:dmupress@dlmu.edu.cn

大连华伟印刷有限公司印装 大连海事大学出版社发行

2012 年 6 月第 1 版 2020 年 6 月第 11 次印刷
幅面尺寸:184 mm×260 mm 字数:835 千 印张:33

责任编辑:杨子江 杨冠尧 版式设计:海 大
封面设计:王 艳 责任校对:王桂云

ISBN 978-7-5632-2706-8 定价:99.00 元

编委会成员

前 言

《中华人民共和国海船船员适任考试和发证规则》(简称11规则)已于2012年3月1日起生效,新的《中华人民共和国海船船员适任考试大纲》也将于2012年7月1日开始实施。为了更好地指导帮助船员进行适任考试前的培训,进一步提高船员适任水平,在交通运输部海事局领导下,中国海事服务中心组织全国有丰富教学、培训经验和航海实践经验的专家共同编写了与《中华人民共和国海船船员适任考试大纲》相适应的培训教材。本教材的编写依据STCW公约马尼拉修正案,采用图文并茂的形式,改变了长期以来以文字为主的教材编写方式。本教材的创新模式对今后的船员适任培训具有重要的指导意义。

本套教材知识点紧扣考试大纲,具有权威、准确、系统、实用的特点,重点突出船员适任考前培训和航海实践需掌握的知识,旨在培养船员具备在实践中应用知识的能力,并可作为工具书帮助船员上船工作使用。

本套教材由航海英语、船舶操纵与避碰、航海学、船舶结构与货运、船舶管理(驾驶)、(高级)值班水手业务、高级值班水手英语,轮机英语、船舶动力装置、主推进动力装置、船舶辅机、船舶电气与自动化、船舶管理(轮机)、(高级)值班机工业务、高级值班机工英语,电子电气员英语、船舶电气、船舶机舱自动化、信息技术与通信导航系统、船舶管理(电子电气)、电子技工业务、电子技工英语组成。

本套教材在编写、出版工作中,得到了各直属海事局、航海院校、海员培训机构、航运企业以及人民交通出版社、大连海事大学出版社等单位的关心和大力支持,特致谢意。

中国海事服务中心
2012年3月

编者的话

《船舶管理》是我国船员考试的培训系列教材之一，是在中国海事服务中心组织指导下，由航海类院校、海事局、航运公司等单位共同承担编写而成。为了便于船员使用，教材严格按照新修订的《中华人民共和国海船船员适任考试大纲》的框架组织编写。

本书内容紧扣 STCW 公约马尼拉修正案，结合其他最新国际公约、规则、国家法律、法规和规章，具有权威、系统和全面等特点。在编写过程中，紧密结合现代船舶应用技术，强调理论与实际相结合，注意培养船员的法律意识、安全意识和环保意识。书中突出培训教材对生产实践的指导作用，旨在培养船员实践应用知识的能力，其中含有船舶关键操作的案例和指南，可同时作为船员的工具书使用，方便船舶的日常操作和管理工作。本书还可作为航海类院校相关专业的课程参考教材，也可作为船舶管理公司、船舶修造厂等人员进行学习和培训的教材。

全书由大连海事大学张跃文、程东，青岛远洋船员职业学院孙明，上海海事大学郭军武共同主编(主编排名不分先后)，张跃文统稿。本书由上海海事大学陈宝忠、中国海事服务中心黄党和、中远天津散运公司齐嘉主审，青岛远洋船员职业学院李福海、蒋德志参与了审定工作。本书共有九章。第一章由孙明编写，第二章由张跃文、邢辉编写，第三章由郭军武、袁涌编写，第四章由张跃文、黄党和，第五章由张跃文、李宏林编写，第六章由郭军武、袁涌编写，第七章由程东、王鹏、朱新河、于桂峰、付景国、王国有、严志军编写，第八章由张跃文、史卜坤编写，第九章由孙明、蒋德志编写。参加本书编写的还有郭立新、陈立春、苏龙刚、仉大志、赵俊豪、孟维明、张鹏、姜兴家、段绪旭、冯伟、魏一。

本书在编写过程中得到了中远集团中远散货运输有限公司，大连远洋运输公司，青岛远洋运输公司，上海远洋运输公司，广州远洋运输公司的大力支持，有关专家对本教材及大纲提出了许多中肯的意见和建议，并提供了大量的电子版资料。在此，向上述单位和所有关心、帮助本教材编写和出版的专家和老师表示衷心的感谢！

由于编者学识水平有限，书中难免有不当之处，恳请各位读者批评指正。

编　者

2012 年 4 月

目录

第一章 船舶结构与适航性控制

第一节 船舶的发展与分类

一、船舶发展概况

(一)船舶发展历程

船舶作为一种水上交通工具,发展至今已有5 000多年的历史。从远古的独木舟发展到现代的各类船舶,其发展历程如下:

1. 以造船材料的发展划分

①木船时代。19世纪以前,船舶几乎都是木材建造的。

②铁船时代。19世纪50年代开始进入铁船全盛时期,时间较短,仅持续二三十年时间。

③钢船时代。19世纪80年代开始至今,绝大部分船舶均采用钢材建造。20世纪40年代以前都采用铆接结构,以后部分船舶采用焊接结构,50年代以后基本上都采用焊接结构。

2. 以推进装置的发展划分

(1)舟筏时代

独木舟起源于石器时代,后被木筏、竹筏、兽皮做成的皮筏所取代。进入青铜器时代以后,出现了木板船。舟筏时代所用的推进工具是木制的桨、橹或竹制的篙。

(2)帆船时代

远在公元前4000年就出现了帆船,15世纪到19世纪中叶为帆船的鼎盛时期,直到19世纪70年代以后逐渐被新兴的蒸汽机船所取代。

(3)蒸汽机船时代

蒸汽机船包括往复式蒸汽机船和回转式汽轮机船两种类型。1807年,世界上第一艘往复式蒸汽机船"克莱蒙特"号在美国建成并试航成功,从此船舶进入了机械动力代替自然力的新纪元。1894年至1896年,世界上第一艘新型的回转式蒸汽轮机船"透平尼亚"号在英国建成。由于往复式蒸汽机的效率较低,重量和尺度相对较大,20世纪50年代开始,往复式蒸汽机船逐渐被淘汰。

(4)柴油机船时代

20世纪初柴油机开始应用于船舶。1904年世界上第一艘柴油机船"万达尔"号在俄国建成。由于柴油机热效率高、经济可靠,因而得到广泛应用。20 世纪 40 年代末,柴油机船吨位就已超过蒸汽机船。目前世界船队中柴油机船占绝对优势。

动力推进船舶的推进器经历了一个从明轮到螺旋桨的发展过程。往复式蒸汽机最早采用的推进器是明轮,从 1836 年开始试验用螺旋桨作为船舶推进器,到 1861 年时就不再大批建造使用明轮推进器的船舶了。目前,绝大多数的船舶采用螺旋桨作为推进器。

(二)造船技术的发展

传统的造船业是典型的劳动力密集型产业。随着科技的发展,先进的制造技术逐步应用于造船业,生产效率大大提高。20 世纪 40 年代以前,主要应用"铆接技术"将古老的木船建造发展为以钢船建造为主体的近代造船业。到 50 年代,"焊接技术"普遍地替代"铆接技术",使得原来集中在船台和码头的装配、舾装、涂装作业能够扩展到车间和平台等更大的作业面上进行。70 年代,随着船舶的大型化,引进并全面深入地研究了"成组技术"。通过对建造过程的相似性分析,实现了以船舶区域、作业类型和阶段分类,按"中间产品"的概念组织造船的流水和虚拟流水生产。由此,大量的机械化装备替代了繁重的体力劳动,使原来劳动力密集的造船业发生了质的变化,成为现代的"设备密集型"产业。80 年代以来,随着计算机技术在造船 CAD 和 CAM 方面应用的不断扩大和深入,造船精度管理技术和造船工程管理技术的日臻完善,造船业社会技术的"集成"机制充分发挥作用,其正向着"空间分道、时间有序"的壳舾涂一体化(IHOP)和 CIMS 方向发展,进而成为"信息密集型"产业,即现代造船模式的高级状态。

半个世纪以来,铆接技术、焊接技术、成组技术和信息技术逐一促进和主导了造船模式的发展,依次形成了船舶的"整体制造模式"、"分段制造模式"、"分道制造模式"和"集成制造模式"。此演变过程是技术与管理紧密结合的过程,每一种模式的形成都是由于引进了某项新的主导技术,建立了一种新的生产模式。其发展如同整个制造业一样,都是以"技术为中心"发展的。21 世纪的造船模式将是"敏捷制造模式",该模式的核心是"以人为中心"的智能化技术。

(三)现代船舶的发展特点

近 50 多年来,船舶发展的突出特点是专业化、大型化、自动化。最早的专业化运输船舶,主要是运输散装石油的油船;其他海上货运船舶专业化,首先是干散货船舶与杂货船的分离,出现了矿砂船、散货船(运载谷物、煤等)、散货与石油兼用船。20 世纪 50 年代末期,又出现了设有制冷设备的液化气体船,以及液体化学品船。将杂货集装箱化运输,产生了集装箱船、滚装船、载驳船,还有专门运输汽车的汽车运输船。

船舶大型化可以降低单位造价,有利于降低运输成本。20 世纪 50 年代以后,商船向大型化发展的速度非常迅猛,特别表现在远洋船舶中的大型油船及矿砂船和兼用船的出现。最大船型的惊人发展,是战后油船发展的最大特点,如:1950 年最大油船的载重量为 2.8 万 t,到 1980 年最大油船的载重量为 56.3 万 t,载重量增加了 20 多倍。不过从 80 年代以后,巨型油船的数量逐渐减少。

随着船舶自动化的程度越来越高,不少船舶实现了机舱管理全自动化,这是当代船舶发展的又一大进步。

二、船舶分类

船舶分类方法很多,通常可按船舶用途、航区、推进动力的形式、推进器的形式、机舱位置、造船材料、航行状态以及上层建筑的结构形式等进行分类。其中,多数船舶是按船舶的用途来

分类的。

(一)按船舶用途分类

1. 军用船

用于从事作战或辅助作战的各种舰艇。

2. 民用船

包括运输船、工程作业船、渔业船、工作船舶等。

①运输船。又称商船,是指从事水上客货运输的船舶。

②工程作业船。是指在港口、航道等水域从事各种工程作业的船舶。主要有挖泥船、打捞船、测量船、起重船、打桩船、钻探船等。

③渔业船。是指从事捕鱼和渔业加工的船舶。

④工作船舶。工作船舶又称为特殊用途船舶,是指为航行提供服务或其他专业工作的船舶,诸如破冰船、引航船、供应船、消防船、航标船、科学调查船、航道测量船等。

(二)按航区分类

海船船舶按《中华人民共和国海船船员适任考试和发证规则》的规定进行分类。

(三)按主推进动力装置的形式分类

(1)蒸汽机船

以往复式蒸汽机作为主机的船舶。

(2)汽轮机船

以回转式蒸汽轮机作为主机的船舶。

(3)柴油机船

以柴油机作为主机的船舶。

(4)燃气轮机船

以燃气轮机作为主机的船舶。

(5)电力推进船

由主机带动主发电机发电,再通过推进电动机驱动螺旋桨的船舶。

(6)核动力船

利用核燃料在反应堆中发生裂变反应放出的巨大热能,再加热水产生蒸汽供汽轮机驱动螺旋桨工作的船舶。

(四)按推进器形式分类

(1)螺旋桨船

以螺旋桨作为推进器的船舶,常见的有定距桨船和调距桨船两种。

(2)平旋推进器船

以平旋轮作为推进器(又称为直翼推进器)的船舶。

(3)明轮船

以安装在船舶两舷或艉部的明轮为推进器的船舶。

(4)喷水推进船

利用船内水泵自船底吸水,将水流从喷管向后喷出所获得的反作用力作为推进动力的船舶。

(5)喷气推进船

将航空用的喷气式发动机装在船上以供推进用的船舶。

(五)按机舱位置分类

(1)中机型船

机舱位于其中部的船舶。

(2)艉机型船

机舱位于其艉部的船舶。

(3)中艉机型船

机舱位于船舶中部偏后,又称为中后机型船。例如有 4 个货舱的船舶,机舱的前部布置 3 个货舱,机舱的后部布置 1 个货舱,通常称为"前三后一"。

(六)按造船材料分类

(1)钢船

以钢板及各种型钢为主要材料的船舶。

(2)木船

以木材为主要材料,仅在板材连接处采用金属材料的船舶。

(3)钢木结构船

船体骨架用钢材,船壳用木材建造的船舶。

(4)铝合金船

以铝合金为主要材料的船舶。

(5)水泥船

以钢筋为骨架,涂以抗压水泥而成的船舶。

(6)玻璃钢船

以玻璃钢为主要材料的船舶。

(七)按航行状态分类

(1)排水型船

靠船体排开水面而获得浮力,从而漂浮于水面上航行的船舶。

(2)潜水型船

潜入水下航行的船舶,如潜水艇等。

(3)腾空型船

靠船舶高速航行时所产生的水升力或靠船底向外压出空气,在船底与水面之间形成气垫,从而脱离水面而在水上滑行或腾空航行的船舶,如水翼艇、滑行艇、气垫船等。

(八)按上层建筑结构形式分类

(1)平甲板型船

上甲板上无船楼的船舶。

(2)艏楼型船

上甲板上只设有艏楼的船舶。

(3)艏楼和艉楼型船

上甲板上设有艏楼和艉楼的船舶。

(4)艏楼和桥楼型船

上甲板上设有艏楼和桥楼的船舶。

(5)三岛型船

上甲板上设有艏楼、桥楼和艉楼的船舶。

三、专用运输船舶的特点

(一)客船、客货船

根据《1974 年国际海上人命安全公约》(简称“SOLAS 1974”)的规定,凡载客超过 12 人的船舶,定义为客船,包括客船和客货船。客船在结构分舱、稳性、机电设备、防火结构、救生设备、消防设施、无线电报、电话等方面的要求上,与货船有许多不同之处。一般称专门运送旅客、行李、邮件及少量需要快速运送货物的船舶为客船。除了载运旅客之外,还装有部分货物的船舶,称为客货船。客货船在要求上与客船是相同的。

客船主要有如下一些特点:

①客船的外形美观,采用飞剪式艏部,艏部甲板外瓢、上层建筑庞大、层数多且长,其两端呈阶梯形与船体一起形成流线型。

②客船水下线型较瘦,方形系数小,适用于中机型。这对于生活舱室设施和各种管系布置也较方便。

③为了满足布置旅客居住舱室的需要,客船设置多层甲板,大型客船的甲板多达 8 ~9 层,加上多层上层建筑,水线以上的干舷高,侧向受风面积大。

④客船要求保证在破舱浸水后有足够的浮力和稳性,因此,水密横舱壁的间距较小。

⑤客船的防火要求较严格,主竖区防火舱壁、甲板、上层建筑等必须采用不燃材料制作,而家具等设施要经过防火处理,在各个防火区之间的通道上要设防火门。

⑥由于客船的居住舱室均布置在水线以上,旅客又可以在船上随便走动,所以船的重心高,船的侧向受风面积大,故客船要求较高的稳性。一般需要装设有固定的压载,如生铁块等。对于客货船,水线以下的船舱尽可能用来装货。

⑦客船要按照《国际海上人命安全公约》的要求,配备有足够的救生设施。

⑧为了减少船的摇摆,大型豪华客船一般装设减摇鳍,可减小 50% ~80% 的横摇角。

⑨为了保证客船的航班,使旅客按预期到达目的地,客船的航速高、主机功率大。大部分客船都装有两部主机、双螺旋桨,也有的大型客船装有 4 部主机、4 个螺旋桨。一般国际航线的大型客船,航速在 20 ~23 kn,个别的高达 30 kn 以上。国内沿海客船的航速为 14 ~17 kn。

(二)杂货船、集装箱船、滚装船

1. 杂货船

杂货船亦称普通货船。主要将各种设备、建材、日用百货成捆、成箱包装后装船运输。它是应用最广泛的一种运输船舶,如图 1-1 所示。由于受货源、货物装卸速度等原因的影响,杂货船有下列一些特征:

①杂货船的载重量不大,远洋杂货船总载重量(DW)为 10 000 ~14 000 t;近洋的杂货船总载重量(DW)为 5 000 t 左右;沿海的杂货船总载重量(DW)为 3 000 t 以下。由于货种多、货源不足,装卸速度慢、停港时间长,杂货舱的载重量过大会不经济。

②为了理货方便,杂货船一般设有 2 ~3 层甲板,多数为中艉机型,也有采用艉机型的。载重量为万吨级的杂货船,设有 5 ~6 个货舱。

③杂货船一般都设有艏楼,在机舱的上部设有桥楼。老式的 5 000 吨级杂货船,多采用三岛型。

④许多万吨级的杂货船,因要满足压载要求,常设有深舱。深舱可以用来装载液体货物(动植物油、糖蜜等)。

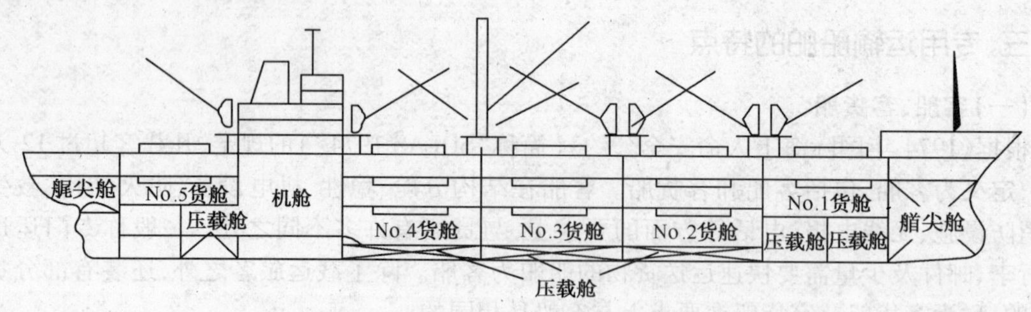

图 1-1　杂货船

⑤杂货船一般都装设起货设备,多数为吊杆式起货机,也有的装设液压旋转吊。

⑥大多数杂货船,每个货舱有一个舱口。但少数杂货船根据装卸货物的需要,采用双排舱口。

⑦不定期的杂货船一般为低速船,航速过高对于杂货船是很不经济的。远洋杂货船的航速为 14 ~ 18 kn,续航力为 12 000 n mile 以上;近洋杂货船的航速为 13 ~ 15 kn;沿海杂货船的航速为 11 ~ 13 kn。

⑧杂货船一般都是一部主机,单螺旋桨,单舵。

杂货船的主要缺点是:运载的各种杂货需要包装、捆绑才能装卸;装卸作业麻烦、时间长、劳动强度大,易货损,装卸效率低,货运周期长,成本高等。若把各种杂货预先装在统一规格的集装箱内,再装船运输,可以克服上述缺点。

2. 集装箱船

集装箱船是 20 世纪 50 年代后期发展起来的一种新型货船,是主要用来运输集装箱货物的船舶,如图 1-2 所示。

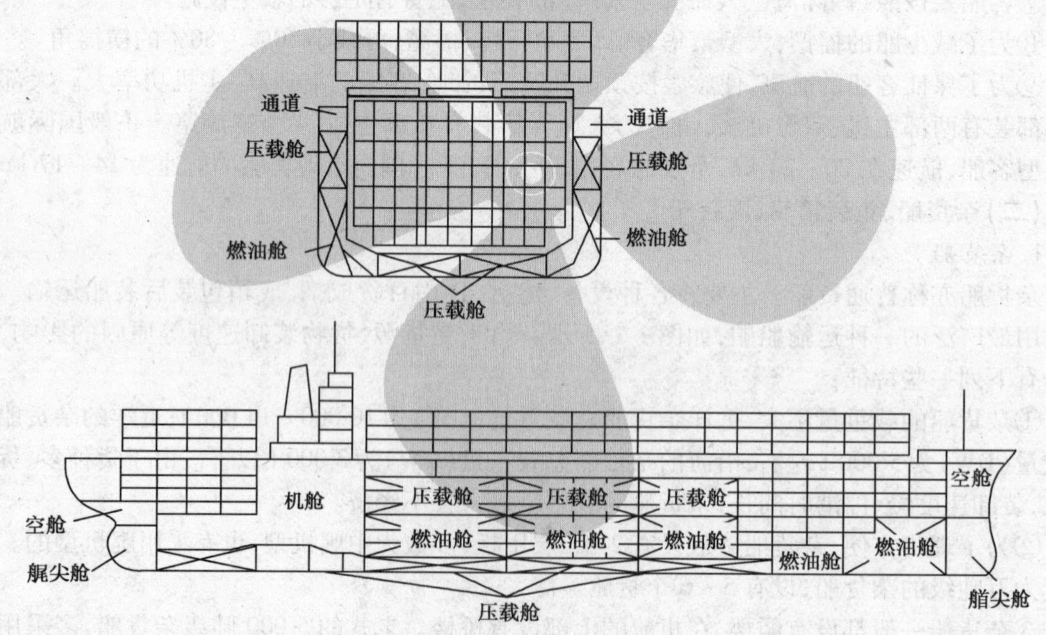

图 1-2　集装箱船

(1)集装箱船的类型

集装箱船可分为三种类型:

①全集装箱船，是一种专门装运集装箱的船，不装运其他形式的货物。

②半集装箱船，在船长中部区域作为集装箱的专用货舱，而船的两端货舱装载杂货。

③可变换的集装箱船，是一种多用途船。这种船的货舱，根据需要可随时改变设施，既可装运集装箱，也可以装运其他普通杂货，以提高船舶的利用率。

(2)集装箱的型号

集装箱的尺寸和重量大小、种类很多，按国际标准化组织(ISO)推荐的规格，目前主要有两种型号：

①40 ft 集装箱。长×高×宽为 40 ft×8 ft×8 ft(即 12.192 m×2.438 m×2.438 m)，最大重量为 30.48 t。

②20 ft 集装箱。长×高×宽为 20 ft×8 ft×8 ft(即 6.096 m×2.438 m×2.438 m)，最大重量为 20.32 t。

国际上通常采用标准箱作为换算的单位。标准箱 TEU(Twenty-foot Equivalent Unit)，为 20 ft集装箱，即装载一个 40 ft 的集装箱等于装载 2 个标准箱。有的集装箱自身带有制冷装置，用来运输冷冻食品，这种集装箱称为冷藏箱。

(3)全集装箱船的主要特点

①要求集装箱船的货舱尽可能方整，具有较大的型深。固定集装箱用的蜂窝状格栅，根据舱的大小可堆放 4~9 层同一规格的集装箱。在集装箱船的甲板上，一般设有固定集装箱用的专用设施，可堆放多层集装箱。

②由于集装箱货物的特点，集装箱船都是单甲板船，舱口总宽度可达 0.7~0.8 倍船宽，舱口长度为舱长的 0.75~0.8 倍。

③甲板开口大，对于总纵强度和扭转强度不利。全集装箱船一般为双层船壳，可提高船体的抗扭强度，在两层船壳之间作为压载水舱。

④货舱尽可能方整，便于甲板堆放集装箱，一般均是艉机型或中艉机型船。

⑤除了个别集装箱船在船上装设集装箱的专用起货设备以外，一般船上均不设起货设备，而是使用岸上的集装箱专用起吊设备。

⑥集装箱船的主机功率大、航速高，有的船为两部主机、双螺旋桨。船型较瘦，远洋高速集装箱船的方形系数 C_B 小于 0.6。

⑦由于甲板上堆放集装箱，所以集装箱船的受风面积大，重心高度也大，对于稳性、防摇、压载等一系列问题要采取相应的措施。

3. 滚装船

滚装船的货物装卸，不是从甲板上的货舱口垂直的吊进吊出，而是通过艏艉或两舷的开口以及搭到码头上的跳板，用拖车或叉车把集装箱或货物连同带轮子的底盘，在船舱与码头之间拖进拖出。

滚装船的主要优点是：不需要起货设备，货物在港口不需要转载就可以直接拖运至收货地点，缩短货物周转时间，减少货损。

滚装船的主要特征：

①滚装船的船体结构与杂货船、集装箱船等有许多不同之处。要求甲板面积大，甲板层数多。装载小汽车的滚装船，甲板层数可达 10 层以上。其主甲板以下设双层船壳，两层船壳之间作为压载水舱。为了便于拖车开进开出，货舱区域不设横舱壁，采用强横梁和强肋骨保证强度。在各层甲板上设有升降平台或内跳板，用来安放货物或供拖车通行。

②由于滚装船装载的货物或集装箱一般是连同底盘车一起装在舱内运输的，所占的舱容大，货舱利用率低。因此，滚装船的型深较大，水线以上的受风面积也大。

③滚装船在艏部、艉部或两舷侧设有开口，但多数在艉部设有开口，并装设水密门和跳板，依靠机械机构或电动液压机构进行开闭和收放，如图 1-3 所示。

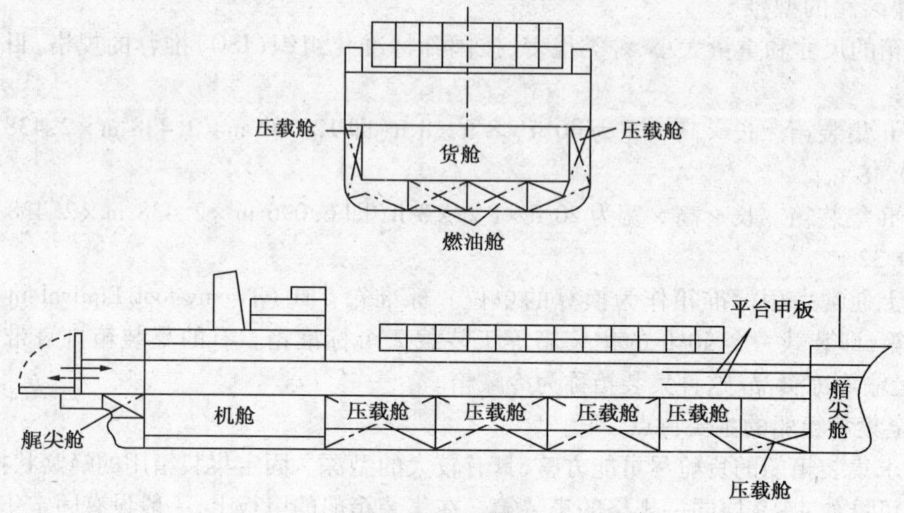

图 1-3　滚装船

④要求船舶吃水在装卸货物的过程中不得变化很大。因此，必须用压载水来调节吃水、纵横倾和稳性等，压载重量与载重量之比一般在 0.4～0.6。

⑤滚装船大多数装有艏部侧推装置，以改善靠离码头的操纵性。

⑥滚装船航速高，远洋滚装船的航速一般在 20～30 kn。

⑦滚装船多数为艉机型，船型较瘦削，方形系数不大于 0.6。

滚装船的主要缺点是：货舱的利用率比一般杂货船低，造价高；航行安全性问题尚未妥善解决；设在艉部的机舱体积小、工作条件差，尚待进一步解决。

（三）散货船、矿砂船

散装运输谷物、煤、矿砂、盐、水泥等大宗干散货物的船舶，都可以称为干散货船，或简称散货船。这些货物不需要成捆、成包、成箱装载运输，但是，由于谷物、煤和矿砂等的积载因数（每吨货物所占的体积）相差很大，所要求的货舱容积的大小、船体的结构、布置和设备等许多方面都有所不同，因此，一般习惯上仅把装载粮食、煤等货物积载因数相近的船舶，称为散装货船，而装载积载因数较小的矿砂等货物的船舶，称为矿砂船，如图 1-4 所示。

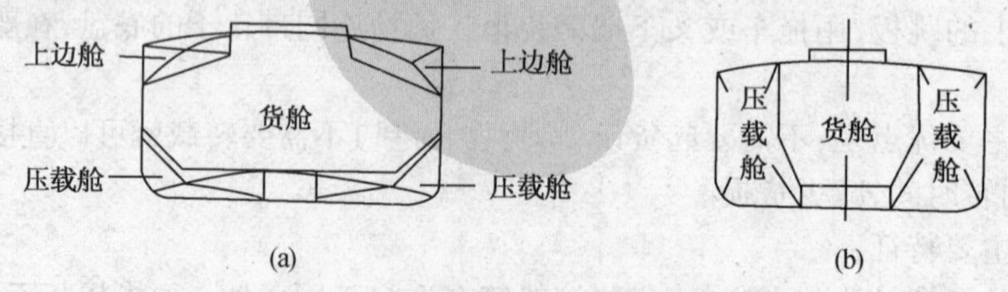

图 1-4　散货船与矿砂船中横剖面图

1. 散货船

（1）散货船的货舱容积主要是指积载因数大致在 1.20～1.60 m^3/t 之间的货物，按照诸如小麦、玉米、大豆、煤等为主要对象设计的。而矿砂船则是按积载因数为 0.42 ~ 0.50 m^3/t 的矿砂货物设计的。

(2)由于粮食、煤等散货的货源充足,装卸效率高,所以散货船的载重量较大。但是由于受到港口、航道等吃水的限制,以及世界经济形势的影响,散货船载重量的大小通常分为如下几个级别:

①总载重量(DW)为 60 000 吨级,通常称为巴拿马型。这是一种巴拿马运河所允许通过的最大船型,船长要小于 245 m,船宽不大于 32.2 m,最大允许吃水 12.04 m。

②总载重量(DW)为 35 000 ~ 40 000 吨级,称为轻便型散货船。

③总载重量(DW)为 20 000 ~ 27 000 吨级,称为小型散货船。最大船长要小于 222.5 m,船宽不大于 23.1 m,最大允许吃水 7.925 m。

(3)因为干散货船的货种单一、不怕挤压、便于装卸,所以都是单甲板船。

(4)散货船都采用艉机型,船型肥大,机舱布置在艉部无困难。

(5)散货船的货舱内,在船舷的上下角处设有上下边舱。由于船舶在航行中谷物等货物会下沉和横向移动,可造成船舶横倾和对稳性产生不利的影响。上边舱可以减小谷物的横向移动,上边舱底部的斜板与水平面大约成 30°角。下边舱是内底板在两舷边处向上升高而形成的,目的是使舱底货物能自然地流向舱中心部位,以便于卸货。

(6)散货船一般都是单向运输一种货物,而船型又肥大,空载时双层底舱和上下边舱全部装满压载水,还达不到吃水要求。因此,往往还另外用 1 ~ 2 个货舱做压载舱。

(7)总载重量(DW)为 40 000 t 以下的散货船,一般船上都装设起货设备,且大部分采用液压旋转吊。而总载重量(DW)在 50 000 t 以上的散货船,很多船上不装起货设备。

(8)散货船的货舱口大,舱口围板高。高的舱口围板可起着填注漏斗的作用。

(9)散货船也可以用来装载积载因数较小的矿砂等货物,但是由于矿砂的密度大,占的舱容小,船的重心过低。所以,当装载矿砂时都是隔舱装货,这样可以提高船的重心。但是,这种散货船在设计上必须满足强度要求,并在装载计算书上予以注明。

(10)散货船都是低速船,船速一般在 14 ~ 15 kn。

2. *矿砂船*

①矿砂船是指专门运载散装矿石的船舶。

②矿砂船的载重量越大,成本越低。目前矿砂船最小的总载重量(DW)为 57 000 t,大多数矿砂船的总载重量(DW)为 120 000 ~ 150 000 t。

③由于矿石的密度较大,所占的货舱体积较小,为了不使船舶重心过低,货舱横断面做成漏斗形,这样既可以提高船的重心,又便于卸底舱货,同时抬高双层底高度。矿砂船的双层底高度可达型深的 1/5。

④矿砂船设置大容量的压载边舱,因为矿砂船船形肥大,当空载时,必须装载大量的压载水才能达到吃水要求。

⑤矿砂船都是重结构船,采用高强度钢。舱内底板等要加厚,舱内骨架构件都装设在边舱的一侧。

⑥矿砂船都是艉机型、单甲板、低速船,船速一般在 14 ~ 15 kn 间。大型矿砂船不设置艏楼。

⑦目前,大型矿砂船上都不设置起货设备,而是利用岸上的起货设备。但是由于船型高大,高潮时岸上的起货设备不够高。因此,这种矿砂船在装卸货的同时,利用压载水的多少来

调节船舶吃水高低,要求压载舱的容积和压载系统的能力必须与起货设备相适应。

⑧为了装卸货方便,矿砂船的货舱口尽量加长,有的舱设置多个舱口,为了能迅速地开闭舱口盖,并且不妨碍抓斗等起货设备的操作,有的采用滚动式舱盖。

⑨因为铁矿石会吸收氧气变成氧化铁,航行中舱口盖在关闭的状态下,舱内会缺氧,进入舱内必须注意安全。

(四)油船、液化气船、化学品船

油船、液化气船和化学品船同属于液货船。

(1)油船

通常所称的油船,多数是指运输原油的船,如图 1-5 所示。油船主要有下列一些特征:

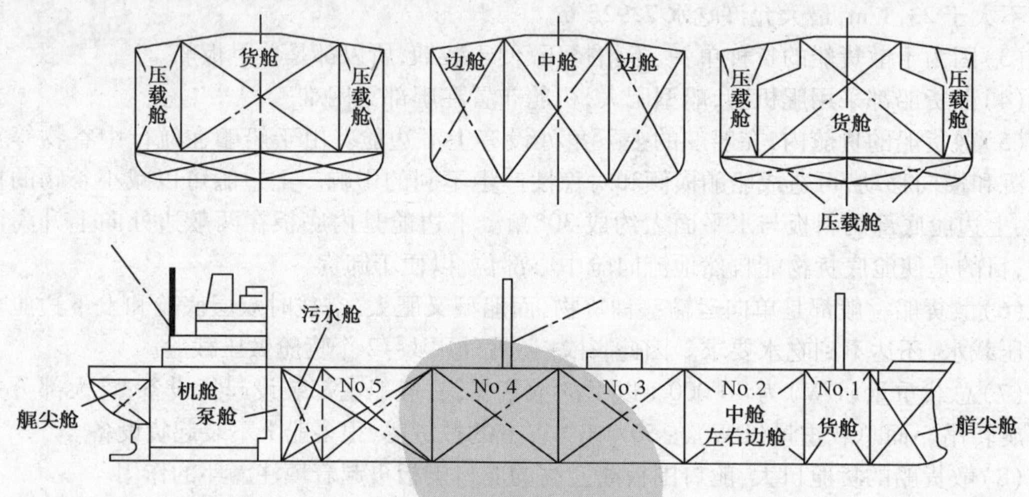

图 1-5　油船

①载重量大。由于石油货源充足,装卸速度快,所以油船可以建造的很大。近海油船的总载重量(DW)为 30 000 t 左右;近洋油船的总载重量(DW)为 60 000 t 左右;远洋大型油船的总载重量(DW)为 20 万 t 左右;超级油船的总载重量(DW)为 30 万 t 以上。最大的油船达到 55 万 t。油船的载重量越大,运输成本越低,但是太大的油船受到航道和港口的吃水限制。

②大型油船与其他货船相比船型较肥,这主要是考虑到船舶造价,空船压载吃水要求及总纵强度等原因。

③油船都是艉机型船,机舱、锅炉舱布置在艉部,使货油舱连接成一个整体,无需布置轴隧,减少艉轴长度,增加货舱容积,对于防火、防爆、油密等都十分有利。

④油船通常是单甲板。

⑤对于船长大于 90 m 的油船,通常要求在货油舱内设置两道纵向连续的纵舱壁、大型肋骨框架和多道水密横舱壁。

⑥设隔离空舱。为了防止油类的渗漏和防火防爆,在货油舱的后端设有隔离舱,与机炉舱、居住舱室等隔开。

⑦设干货舱。由于艉机型船满载时艉部轻、重心前移、发生艏倾。为了调整纵倾,许多油船在艏尖舱之后设置一个空舱,舱内可以装载一点零星干货,故称为干货舱。

⑧压载舱。由于油船船型较肥,为了保证空载时必要的吃水和稳性,需要装载大量的压载水,压载舱约占货舱容积的 30%,有的高达 50%。《73/78 防污公约》规定,载重量 2 万 t 以上的油船,均应设有专用的压载舱。

⑨设污油舱。《73/78 防污公约》规定，船舶排放含油污水浓度不得超过 15 ppm。因此，清洗油舱的污水，要先集中在污油舱内再经过油水分离，达到防污要求方可排放。

⑩货油泵舱。是专门用来布置货油泵的舱。油船在装油时都使用岸上的泵，但在卸油时用船上的货油泵。为了防火，驱动货油泵的电动机或柴油机不能安装在泵舱中，应设在邻近的机舱或专用舱内，传动轴可穿过防火舱壁与泵相连。蒸汽动力的原动机可装在泵舱内。

⑪设舱底加温管系。其目的是防止舱内货油因温度下降而凝固。

⑫上层建筑、步桥和通道设置。现代油船一般不在船中部设置桥楼，只设艉楼。起居处所等不允许布置在上甲板下面，必须位于上层建筑内，或位于货油舱以外的开敞甲板上的甲板室内。

船的艏部设置艏楼，艉楼和艏楼之间设置与艏楼同样高度的步桥，亦称天桥。其作用是：因油船干舷低，甲板易上浪，甲板上铺设各种管系也多，在甲板上行走不安全，且易于引起火灾，故在步桥上通行方便、安全。步桥下面可以铺设各种管系和电缆等。

大型油船可以不设艏楼，也有不设步桥而是在甲板的下面从艉楼至艏部设置一条封闭的通道，在通道内可铺设管路和电缆。

⑬防火设施。油船上的防火是极为重要的大事，采取许多防火措施，如设置吸烟室，不准随处吸烟；在可能发生相互撞击和摩擦的部位，如舱口盖接触舱口处，步桥的伸缩接头处，吊杆与支架相接触的部位等，都用有色金属制成，避免因撞击发生火花；货油舱口的观察孔设有防火网，各种排气管、排烟管、通风管的出口装有火星熄灭器或防火装置。各种甲板机械如锚机、起货机、系泊机械等，都是采用蒸汽或液压作为动力。

⑭油船都是单主机、单螺旋桨和单舵的低速船。

成品油船其结构与原油船基本相同。所谓成品油是指由原油加工、提炼出来的各种油，如汽油、煤油、柴油、燃料油等。《73/78 防污公约》规定，总载重量在 3 万 t 以上的成品油船，需要设置专用压载舱。

(2)液化气船

液化气船，是专门散装运输液态石油气和天然气的船。这些液化气体在 37.8℃时，其饱和蒸气压力都大于 0.274 6 MPa，如甲烷(天然气)、乙烯、丙烯、丙烷、丁烷等。在常温常压下，这些液化气体会完全汽化，为此需要特殊装置装载运输。

专门散装运输液化石油气(液化丙烷、丁烷等)的船舶，简称为 LPG 船。

专门散装运输液化天然气(液化甲烷等)的船舶，简称为 LNG 船。

由于液化气体船也是一种散装液货船，故也有人称之为特种油船。液化气船是 20 世纪 70 年代开始发展起来的一种新型船舶。

各种石油气和天然气在某一温度下的饱和蒸气压相差很大。如在 10℃时，丙烷的饱和蒸气压为 6.29×10^5 Pa，丁烷的液化压力为 1.46×10^5 Pa，而乙烷的饱和蒸气压力为 29.82×10^5 Pa。因此，随液化气体的液化压力和温度的不同及需要运输的液化气的数量和运输航程的长短不同，装运的方式也有所不同。

液化气船按其运输时液化气体的温度和压力分为 6 种类型：全压式、半冷/半压式、半压/全冷式、全冷式 LPG 船、乙烯船和 LNG 船。

①全压式液化气船。这种液化气船适用于近海短途运输少量的液化气体。它是在常温下将气体加压至液化，把液化气储藏在高压容器中进行运输。这种运输方式，船体结构及操作技术要求都比较简单，但容器重量大，船舶的容积利用率低，不适用于建造大型高压容器(如图

1-6 所示）。

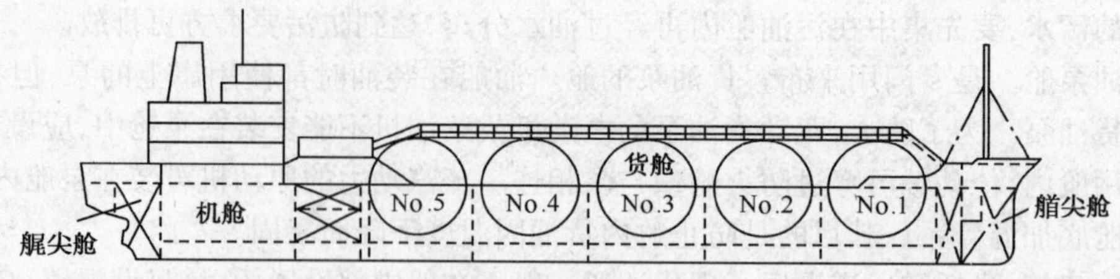

图 1-6　全压式 LPG 船

②半冷/半压式液化气体船。液货储运采用低温压力方式，但设计压力比全压式低，一般为 0.4 ~ 0.8 MPa 表压。液货船可承受 -5 ~ 10℃的低温，并设有对液货温度、压力控制的液化设备，通过控制液货温度来控制液化气压力，货船外表面包有保温绝热材料。多用于载运液化石油气和化学气体货物。

③半压/全冷式液化气体船。该类船可根据装卸货港要求和液货特性灵活采用低温常压、低温加压或常温常压方式运输。与半冷/半压式类似，船舶设有控制液货温度压力的液化装置，温度可控制到 -42℃以下，适用于液化天然气以外其他所有液化气体的运输。

④全冷式 LPG 船。液货采用常压低温方式储运。液货装在不耐压的液货舱内并处于常压的沸腾状态。设计温度为载运货在常压下的沸点温度，一般取 -48℃，货舱最大工作压力不超过 0.07 MPa 表压。此类船一般用于大规模载运液化石油气和氨。

⑤乙烯船。为运输乙烯专门建造的船舶。采用常压全冷方式，液货舱设计在常压下温度为 -104℃，舱外绝热保温材料要求较高。

⑥LNG 船。以常压低温储运液化天然气，温度控制在 -163 ~ -160℃。目前，LNG 船不设 LNG 蒸气再液化装置，主要靠液货舱高度绝热保温，液货超压蒸气可作为双燃料主机的燃料。

(3) 化学品船

化学品船是专门用于运载散装液体危险化学品货物的船舶。液体化学品一般都具有易燃、易挥发、腐蚀性强等特性，有的还有毒性。因此，对运输液体化学品的船舶在防止渗漏、防腐蚀、防火、防爆等各方面必须要予以特别注意。另外，液体化学品船货舱的特点之一就是分舱多、货泵多，并且各有自己的专用货泵，不能混用。

根据所运货物的特性，液体化学品船在设计与布置上可分为下列几种类型：

①装载危险性最大的货物的船舶具有双层底和双重外壳，双重外壳所形成的翼舱，其宽度不小于船宽的 1/5，这就使船舶一旦发生碰撞搁浅时，液体不至于漏出船外。

②装载危险性略小的货物的船舶应具有双层底和双重船壳，但翼舱宽度可小于上一种情况。

③装载危险性更小的货物的船舶，结构与油船相似。如运送酸、碱等腐蚀性较强货物的船舶，其货舱内壁、管系、泵等设备多采用不锈钢或以特殊耐腐材料覆盖。

(五) 兼用船

散货船、矿砂船和油船等专用船舶，虽然载重量都比较大，但是由于所运输的货物种类单一，回航不能装运其他种类货物，只好压载空放。兼用船亦称多用途船，是根据货物种类的变化，船舶在往返航程中，可以装载不同种类的货物，既可以装载原油，也可以装载散货或矿砂的两用船或三用船。这样，既提高了运力，又降低了运输成本。

(1)兼用船是在20世纪60年代开始发展起来的。其主要特点是:兼用船都是肥大型船,总载重量(DW)大多数在15~25万t。结构上都设有中间舱和两侧边舱,并都设有双层底的单甲板船。

(2)兼用船主要有下列两种类型:

①矿/油两用船。用于运输矿砂和原油,简称为O. O.船(Ore/Oil)。

②矿/散/油三用船。用于运输矿砂、较轻的散货和原油,简称为O. B. O.(Ore/Bulk/Oil)。

(3)为了不妨碍散货及矿砂的装卸作业,舱内的各种加强构件均装设在边舱的一侧,而中间货舱内的壁板表面平滑。

(4)由于中间货舱既装散货又要装载原油,装散货时要求舱口大,而装载原油时要求舱口尺寸小。因此,兼用船的舱口盖必须是钢质耐压结构,而且要求油密。

(5)当中间舱装载原油时,必须铺设加热管,而加热管又妨碍装卸货作业,故加热管是采用可拆式的,当装载散货时将加热管取下,存放在舱口盖内。但也有的兼用船,将加热管固定在双层底顶部向下凹陷的特设井内,该井可兼作残油井用。

(6)兼用船的中间货舱在装载原油时,由于受自由液面的影响大,对稳性不利。

(7)对于矿/油两用船,为了提高船舶的重心,双层底如同矿砂船一样比较高。

(8)兼用船的中间船舱在装载散货或矿砂时,由于两侧的油舱为空舱,会充满油气,当装卸货物发生撞击而产生火花时,可能会引起爆炸。因此,在空油舱内一般要灌满惰性气体。

(9)兼用船都是艉机型、单螺旋桨的低速船。

(10)兼用船锈蚀比较严重,洗舱也很麻烦。

第二节　船体强度与构造

一、船体强度的基本概念

船体强度是指船体结构抵抗各种外力作用的能力。检验船体结构抵抗外力作用能力的方法,是计算出船体结构中产生的应力和变形,与结构材料的许用应力和允许的变形进行比较加以衡准。

根据作用于船体上力的性质和为了计算上的方便,将船体强度分为总纵弯曲强度(亦称为纵向强度)、横向强度、局部强度和扭转强度。

(一)总纵弯曲强度

1.船体发生总纵弯曲的原因

船体的几何形状,是一个中部肥大,向艏艉两端逐渐瘦削的细长体。由骨架和钢板组成外壳,中间是空心的。因此,可以把船体看成是一个空心的变断面梁,简称船体梁。船舶在营运过程中,作用在船体上的外力很多,有重力、浮力,船舶作各种运动时产生的惯性力,波浪冲击力,螺旋桨和机器等引起的振动力、碰撞力,搁浅和进坞时礁石与墩木的反作用力等。

在这些外力的作用下,船体结构可能会发生各种变形和破坏,有的属于整体性的,有的是在局部位置上。而对船体构成危害最大的是由重力和浮力引起的、沿着整个船长方向上发生的总纵弯曲变形和破坏。而其他的力,如惯性力、冲击力、振动力等,对船体总纵弯曲的影响可以忽略不计。

船舶重心是由船体自身重量、机器设备重量、装载的货物、旅客、燃料、备品等重量组成，这些重量的合力称为船舶重力 W，方向垂直向下，作用于船舶重心 G 上。而舷外水对船体的压力在垂直方向上分力的合力，称为船舶浮力 D，方向垂直向上，作用于船舶浮心 B 上。当船舶静浮于水上时，重力 W 和浮力 D 大小相等方向相反，作用于同一条直线上[见图 1-7(a)]。但是，对于沿着船长方向上某一小区段来讲，作用于上面的重力和浮力并不一定相等。若将船体沿着船长方向分隔成若干个可活动的小分段[见图 1-7(b)]，则在各个分段上，对于重力大于浮力的分段，重力和浮力的差值是一个向下的力，这个力作用于分段上，该分段会向下沉。而重力小于浮力的分段上，其重力和浮力的差值是一个向上的力，这个力作用于分段上，该分段会向上浮。实际上，船体是一个弹性的整体结构，相当于一个弹性梁，不允许各个分段有上下相对的移动，而只能沿船长方向发生纵向的弯曲变形。因此，引起船体发生总纵弯曲的原因，主要是由于沿着船长方向每一点的重力和浮力分布不均匀造成的。

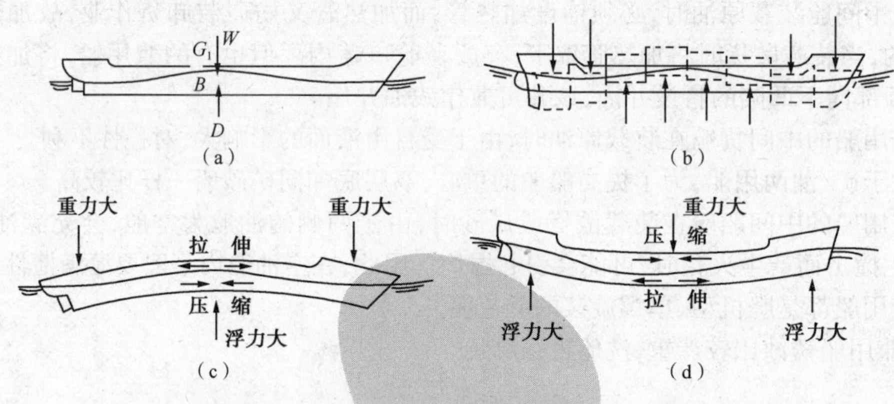

图 1-7 船体总纵弯曲变形

若船体中部所受的浮力大而艏艉端所受的浮力小，重力在中部小而在艏艉端大，此时船体将发生中部上拱而艏艉两端下垂的总纵弯曲变形，这种船体的弯曲变形称为中拱[见图 1-7(c)]。相反，若船体中部所受的浮力小而艏艉端所受的浮力大，重力在中部大而在艏艉端小，此时船体将发生中部下垂而艏艉两端上翘的总纵弯曲变形，这种船体的弯曲变形称为中垂[见图 1-7(d)]。船体发生中拱还是中垂，决定于船舶的重力和浮力沿着船长方向的分布。

2. 作用于船体上的总纵弯曲力矩与剪力

船舶浮于静水中，可将船体视为一根空心断面且两端自由支持的梁，受着不均匀的重力和浮力作用。在船长方向上，某一单位船长上重力和浮力的差值，称为该段单位船长处的负荷。由于重力和浮力的不平衡，产生船舶的弯曲变形，从而在船长方向上各点产生总纵弯曲力矩和剪力。船体结构抵抗总纵弯曲力矩和剪力作用的能力，称为船体总纵弯曲强度，简称为纵向强度。

3. 总纵弯曲力矩和剪力沿着船长方向的分布特点

①由于船舶浮于水上，艏艉两端无支持是自由的，所以在船的艏艉两端的弯曲力矩和剪力总是等于零。

②总纵弯曲力矩值，从艏艉两端向船中逐渐增大，最大弯曲力矩一般位于距船中 0.4 L 范围内。

③最大的剪力位于距船艏艉两端 1/4 L 附近。

④根据梁的弯曲理论可知，最大弯曲力矩处，其剪力值等于零。

⑤对于营运船舶来讲,每一条船舶有一个可以确定的最大弯曲力矩值和剪力值。

4. 影响船体总纵弯曲力矩和剪力的因素

计算作用在船上的总纵弯曲力矩和剪力的大小及分布规律的目的,是要找出船在营运过程中,作用在船体上可能发生的最大总纵弯曲力矩和剪力值,以及它们作用在船上的位置。若船体结构能够抵抗最大的总纵弯曲力矩和剪力的作用,则认为船体结构是满足于总纵弯曲强度要求的。总纵弯曲力矩和剪力的大小及沿船长的分布规律,与船舶的大小、船舶重量和浮力的大小及沿着船长方向的分布有关。

(1)浮力的大小和分布

浮力的大小和沿着船长方向的分布,与船体水线下的几何形状和大小有关。具体地讲,当船体的几何形状和大小一定时,与船舶吃水,船在海上所遇到的波浪形状、大小以及船与波的相对位置有关。而且,船在航行过程中,当船遇到波浪时,浮力沿着船长方向的分布是在不断变化的。

船浮在平静的水面上,浮力沿着船长方向的分布是依水线下船体横剖面沿着船长方向变化来确定的,分布较均匀,引起的弯曲力矩和剪力就较小。

研究表明,使船体可能产生最大弯曲力矩和剪力的浮力分布是当船在海上遇到波浪时。假定波的形状为坦谷波(波峰较陡而波谷较平坦),波长 λ 等于船长 L,波高 H 等于波长 λ 的 1/20($L>120$ m 时)或波高等于 $\lambda/30+2$ m($L<120$ m 时),船与波的相对位置是波峰位于船中或波谷位于船中时,则船舶的浮力分布对船体总纵弯曲力矩和剪力来讲是最不利的。在船体强度中,称上述的这种波为标准波。

(2)重力的大小和分布

营运船舶重力的大小与沿船长的分布,主要决定于船舶的装载状态。

研究表明,在载重分布合理的情况下,船舶满载出港、满载到港、压载出港和压载到港的装载状态,船舶重力的分布对船体总纵弯曲力矩和剪力是最不利的分布。

若船舶在上述的装载状态下遇到了标准波,则作用在船体上的弯曲力矩和剪力有可能达到最大值。

例如,一条油船满载出港,当遇到了标准波,波谷位于船中时,可能会发生最大的中垂变形,作用在船体上的弯曲力矩和剪力可能达最大值。这是因为,油船机舱位于艉部,满载时机舱较中部货油舱轻,油船的艏部又设有干货舱,是一个空舱,所以油船满载时艏艉两端的重量轻,中部重量大,当波谷位于船中,中部所受浮力小,艏艉两端受到的浮力大,所以这种重力和浮力的分布会使船体发生很大的中垂弯曲变形。

又如中机型货船满载出港,遇到了标准波,波峰位于船中,船体可能会发生最大的中拱弯曲变形,作用在船体上的弯曲力矩和剪力可能达到最大值。因为机舱位于船中,满载时船中部重量轻,艏艉部的货舱重量大,当波峰位于船中时,船中受到的浮力大而艏艉部受到的浮力小,所以船体可能会发生很大的中拱弯曲变形。

综上所述,对于营运的船舶来讲,船体的几何形状和大小是一定的。船舶可能遇到的最不均匀的重力分布的装载状态和最不均匀的浮力分布的波浪也应是一定的。因此,每一条船舶就有一个可以确定的最大弯曲力矩值和剪力值。

船体发生过大的中拱和中垂弯曲变形时,会对船舶产生许多不利的影响:

①过大的中垂状态,使船中吃水大于艏艉吃水,根据载重线标志判断载重量,则减小船舶装载量。

②上层建筑和甲板室连接处作用力增加。

③使轴系和管系等发生弯曲变形。

④大开口舱口的变形会影响与舱盖的配合。

(二)横向强度

船舶横向强度是指船体结构抵抗横向作用力的能力。承担船体横向强度的主要构件和结构有:横梁、肋骨、肋板及由它们所组成的肋骨框架和横舱壁等。当船体受到的舷外水压力作用与舱内货物、机器设备等的压力作用不均衡时,甲板、船底和舷侧结构会在船体横向断面内发生凹变形[如图 1-8(b)]。另外,当船在水上受到横向波浪的作用时,会使船的一舷水压力大于另一舷的水压力,或者船舶在横摇时由于惯性力的作用,往往也会使肋骨框架发生如图 1-8(a)所示的歪斜。不过,一般海船的船体横向强度是足够的,不需要像总纵弯曲强度那样进行详细计算。

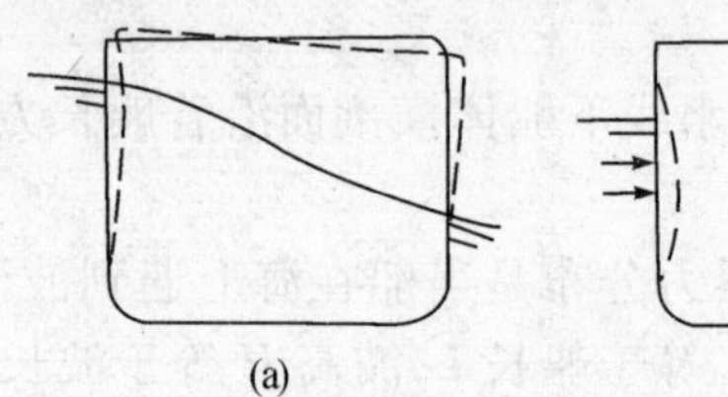

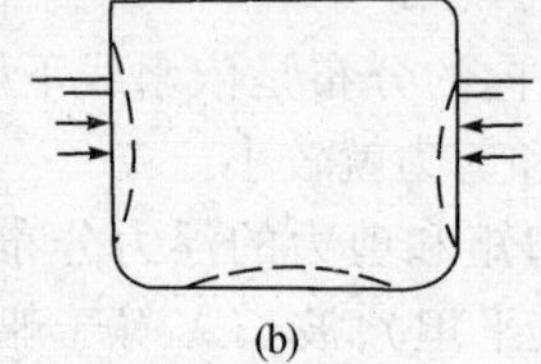

图 1-8　横向变形

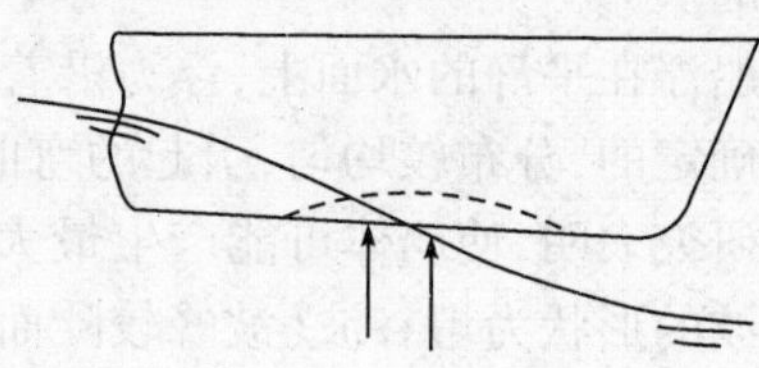

图 1-9　艏部底部的冲击载荷作用

(三)局部强度和局部强度衡准

局部强度是船体结构抵抗局部外力作用的能力。如图 1-9 所示,在艏部底部较平坦的部位,当船舶压载航行在波浪上发生纵摇时,由于艏部吃水浅会使艏部船底受到猛烈地冲击作用,使船底板产生凹陷变形。又如舷侧受到码头的碰撞和挤压作用、艉部受到螺旋桨的激振作用、桅以及机器设备等对船体结构的局部作用力等,都是船体受到的外力作用。对于较大的局部作用力,一般不去进行计算,主要是根据经验采取局部加强的办法。

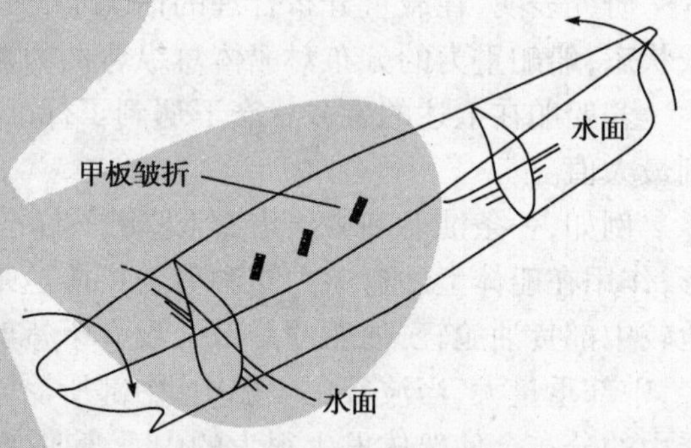

图 1-10　扭转变形

(四)扭转强度

扭转强度,是指整个船体抵抗扭转变形和破坏的能力。如图 1-10 所示,当船舶斜置在波浪上时,或船的艏艉部的装载对于船中心线左右不对称时,以及其他原因产生的艏艉、左右不对称的作用力,都会产生作用在船体上的扭转力矩,使船体发生扭曲变形。但是,由于一般船舶舱口较小,均有足够的抗扭强度,都不进行扭转强度计算。对于集装箱船等,因甲板上货舱口较大,需要考虑船体结构的扭转强度问题。

二、船体结构

(一)船体结构形式

钢质的船体结构都是由钢板和骨架组成的,船体的甲板板和外板(包括舷侧外板、舭部外板、船底外板)是由钢板制成的,形成一个水密的外壳。在甲板板和船体外板的里面,布置着许多骨架,支撑着钢板。这样船体形成一个外部由骨架和钢板包围着,中间是空心的结构。这

种由骨架和钢板组成的船体结构的优点是,在同样的受力条件下,其重量轻。

船体结构若按结构中骨架的排列方式划分,分为横骨架式船体结构、纵骨架式船体结构、混合骨架式船体结构三种。

1.横骨架式船体结构

当船体甲板板和外板里面的支撑骨材横向布置较密,而纵向布置较稀时,这种形式的船体结构称为横骨架式船体结构,如图 1-11 所示。

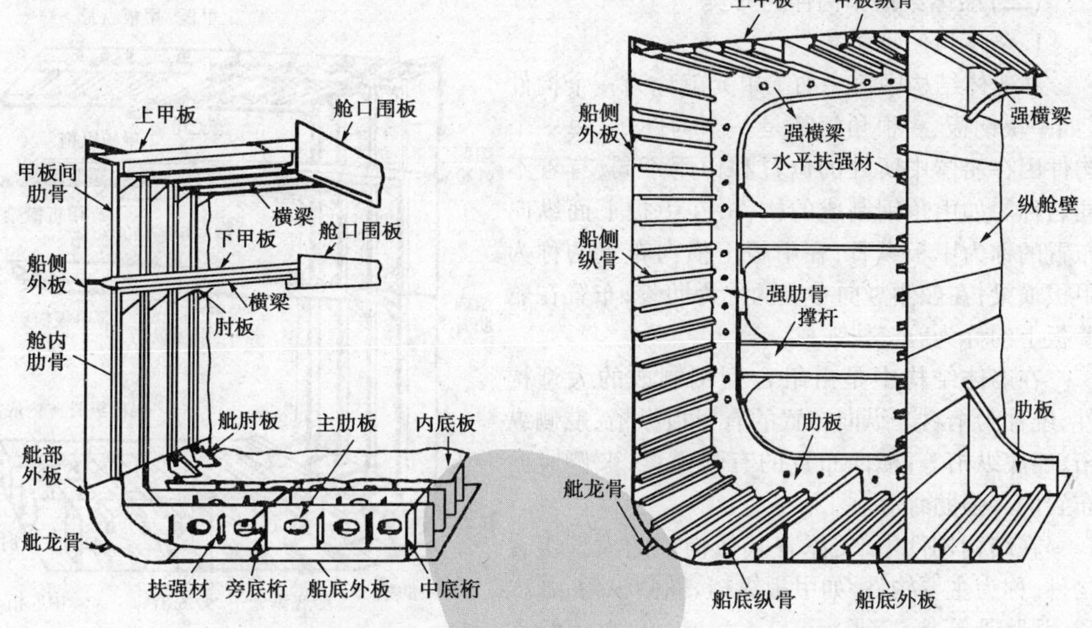

图 1-11　横骨架式船体结构　　图 1-12　纵骨架式船体结构

横骨架式船体结构,实质上是由一系列的间距很小的横向环绕着船的肋骨框架组成的。这些肋骨框架包括船底肋板、舷侧肋骨和甲板下横梁,以及把它们之间相互连接起来的肘板。肋骨框架的作用是加强船体外板和甲板,并共同承担着船体的横向强度。横骨架式船体结构船的纵向强度,主要是由船体外板和甲板板以及少量的大型纵向构件来承担。

横骨架式船体结构形式是造船中应用最早的一种结构形式。其优点是:船体结构强度可靠、结构简单、建造容易。另外,舱内肋骨和甲板下横梁尺寸较小、结构整齐、不影响装卸货物。缺点是:船体的纵向强度主要是由甲板板和船体外板来承担。为了承担较大的纵向强度,必须把甲板板和外板做得较厚,增加了船体重量。故横骨架式船体结构适用于纵向强度要求不大的中小型船舶。

2.纵骨架式船体结构

纵骨架式船体结构,是在甲板和外板里面的支撑骨材纵向布置得较密、横向布置得较稀的一种骨架形式。在横向布置少量的强肋骨、强横梁和肋板组成的大型肋骨框架,如图 1-12 所示。船体外板和甲板板与纵向连续构件一起承担着纵向强度。船体的横向强度主要是由大型肋骨框架及附连的甲板板和外板来承担。不过船的艏艉端是采用横骨架式结构。

由于纵骨架式船体结构的骨材大部分是沿着船的纵向布置,因此其优点是:船体的纵向强度大,甲板板和船体外板可以做得薄些,船体重量轻。但是,由于货舱内布置着大型肋骨框架,有碍货物的装卸。所以纵骨架式船体结构,主要用在纵向强度要求较高的大型油船上。

3. 混合骨架式船体结构

混合骨架式船体结构，在主船体中段的强力甲板和船底采用纵骨架式结构，而在舷侧和下甲板上采用横骨架式结构，如图 1-13 所示，艏艉端采用横骨架式结构。

混合骨架式船体结构吸取了横骨架式结构与纵骨架式船体结构的优点，船体纵向强度大，并有足够的横向强度，建造也容易，货舱内突出的大型构件少，不妨碍货物装卸，目前在大中型干货船上广泛采用。

(二)船体结构和构件的分类

1. 船体构件的分类

在船体结构中每一加工单元就称为一个构件(如一块钢板、一根角钢都是一个构件)。每一个构件因在船体中所处的位置和作用不同，有着不同名称。如由角钢制成的构件，在甲板下面纵向布置的称为甲板纵骨；在甲板下横向布置的称为甲板横梁；在舷侧竖向布置的称为肋骨；布置在舱壁板上的称为舱壁扶强材。

在船体结构中是由组合型钢制成的大型构件，统称为桁材。纵向布置的有甲板纵桁、舷侧纵桁、船底纵桁等；横向布置的有强横梁；舷侧竖向布置的有强肋骨等。

在结构构件中，支撑着其他构件的大型组合构件，称为主要构件，如甲板纵桁、舷侧纵桁、强横梁、强肋骨等。

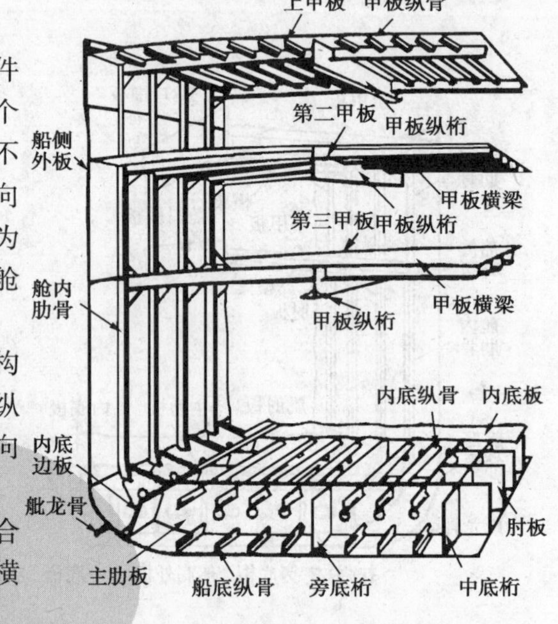

图 1-13 混合骨架式船体结构

在结构构件中，作为甲板、外板、舱壁板等板材的扶强材的这类构件称为次要构件，如肋骨、横梁、纵骨、舱壁扶强材等。

根据结构构件和桁材在船体结构中承担着不同的强度作用，构件分为下面几种。

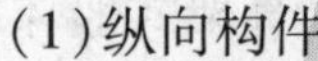

(1)纵向构件

纵向构件是指这类构件参与总纵弯曲，即承担总纵弯曲强度的构件。

属于纵向构件的有：甲板、甲板纵桁、甲板纵骨、船底纵桁、船底纵骨、内底板、纵向舱壁、船体外板等。在距船中 0.4 L 区域内的纵向构件，特别是位于甲板舷边和舱口角隅等部位，不许存在任何裂纹。

(2)横向构件

横向构件是能承担横向强度的构件，属于这类构件的有：横舱壁、横梁、强横梁、肋板、横梁肘板、舭肘板等。

2. 船体结构的划分

在同一条船上，位于不同的区段(如货舱、机舱、艏艉两端)和不同的部位(如甲板、舷侧、船底等)，不仅所受到的作用力的大小不同，而且作用力的性质也有所不同。因此，不同区段和部位的结构除了要保持整个船体结构的连续性以外，还必须有各自不同的特点。通常，根据船体结构特点的异同，将船体结构划分为货舱区域结构、机舱区域结构、艏艉端区域结构、船底结构、舷侧结构、甲板结构、舱壁结构等。

下面主要以货舱区域结构为例来说明船体结构构件的布置、名称和作用。对于机舱和艏

艉两端的结构主要说明与货舱不同的特点。为了说明问题的方便，将全船各部位的外板和甲板板与其相连接的骨架分开单独进行介绍。

（三）外板

1. 外板名称

位于主船体两舷侧的船壳钢板，称为舷侧外板；船底部的外壳板，称为船底板；从船底过渡到两舷侧转弯处的船壳板，称为舭部外板。这三部分船壳板，统称为船体外板，简称外板，又称船壳板（如图 1-14 所示）。

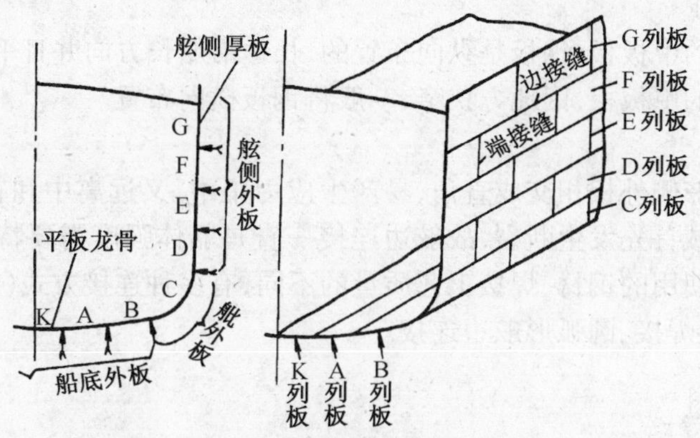

图 1-14 船体外板名称

外板是由许多块钢板拼接而成的。钢板的长边都是沿着船长方向布置，钢板长边相连接的纵向接缝，称为边接缝。钢板短边的横向接缝，称为端接缝。由许多块钢板逐块端接而成的连续长条板，称为列板。

在舷侧与强力甲板（一般为上甲板）相连接的一列舷侧外板（通常为舷侧最上一列板），称为舷顶列板，又称舷侧厚板。而位于船体中心线处的一列船底外板，称为平板龙骨。

2. 外板的作用

保证船体的水密性；承担船体总纵弯曲强度、横向强度和局部强度；承担舷外水压力、波浪冲击力、坞墩反作用力及外界的碰撞、挤压和搁浅等作用力。

（四）甲板板

在船体总纵弯曲时承担着最大抵抗力的甲板称为强力甲板（一般是上甲板）。一般船舶的上甲板均为强力甲板。下面主要以强力甲板为例，说明甲板板的布置和厚度分布及舷边连接等问题。

1. 甲板板的厚度分布和板的排列

（1）甲板板的厚度

若有多层甲板，因强力甲板（或上甲板）距中和轴最远，是承担总纵弯曲应力作用的主要甲板，所以强力甲板板是各层甲板中最厚的甲板。

由于最大的总纵弯曲力矩作用在船体中部 0.4 L 船长区域内，因此在该段区域内的强力甲板板最厚，并向两端逐渐减薄（如图 1-15 所示）。

在强力甲板中，沿着舷边的一列钢板称为甲板边板，它是强力甲板中最厚的一列板，这是由于甲板边板位于舷边折角处，易引起应力集中，而舷边又经常积水，锈蚀严重。

在舱口之间的甲板板，因被舱口切断不连续，不能参与总纵弯曲，故该处甲板板较其他处的甲板板薄。

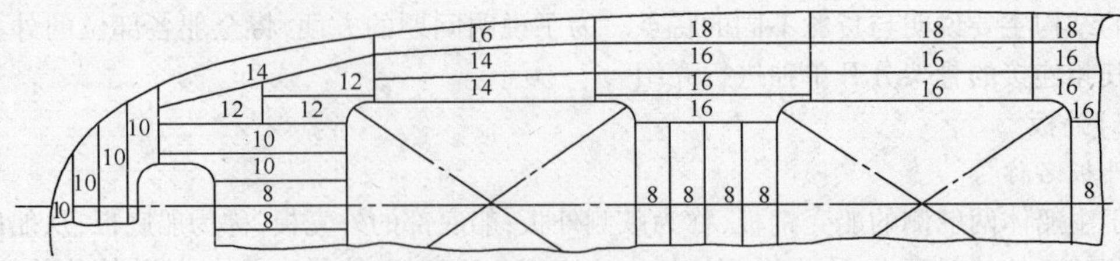

图 1-15　甲板板的厚度分布和板的排列(单位:mm)

(2)甲板板的排列

从舱口边至舷边的甲板板,钢板是纵向布置的,长边沿船长方向并且平行于甲板中线。在舱口之间以及艏艉端的甲板板,因地方狭窄,一般将钢板横向布置。

2. 甲板舷边连接

由于强力甲板与舷侧外板相交成直角,易产生应力集中,又远离中和轴,是一个高应力区域。船体往往在该区域首先发生断裂,故舷边连接一直是船体强度需要特别注意的地方。目前,根据船舶的大小、使用的钢材、焊接工艺质量的不同,有多种连接方式(如图 1-16 所示):舷边角钢铆接、舷边直接焊接、圆弧形舷边连接。

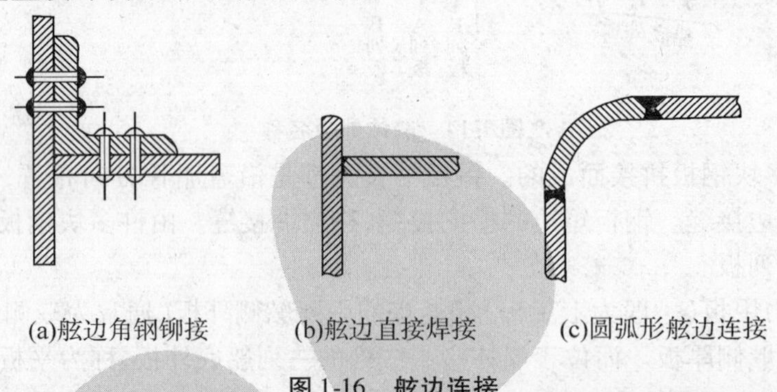

(a)舷边角钢铆接　(b)舷边直接焊接　(c)圆弧形舷边连接

图 1-16　舷边连接

3. 甲板开口处的加强

甲板板上的开口,由于损失了部分甲板断面面积,同时开口的角隅处易产生应力集中,故必须予以补偿和加强。

(1)甲板上的人孔

采用圆形或椭圆形人孔,一般无须采取加强措施,但椭圆形人孔长轴要沿着船长方向。

(2)货舱口等矩形大开口

矩形开口的长边是沿船长方向布置的,开口的四个角隅做成圆形或椭圆形,在开口角隅处的甲板板要用加厚板或覆板予以加强(如图 1-17 所示)。

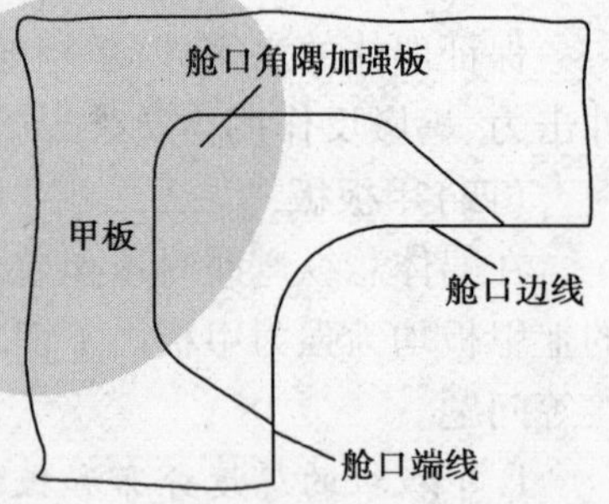

图 1-17　甲板舱口角隅处的加强

(五)船底结构

船底结构分单底和双层底。单底是由船底板和船底骨架组成的单层船底结构;双层底是底板、内底板以及两者之间的船底骨架和空间所组成的双层船底结构。

按船底骨架构件的排列形式,有横骨架式和纵骨架式。因此,船底结构可分为四种形式:横骨架式单底结构、纵骨架式单底结构、横骨架式双层底结构、纵骨架式双层底结构。

1. 横骨架式单底结构

主要用于小型船舶上，结构简单、施工方便，但抗沉性差。

主要构件有（如图 1-18 所示）：

①中内龙骨。"T"型钢材，位于中线面上并焊接在平板龙骨上，与肋板等高，除艏艉端外不准有开孔，是一个纵向连续构件。承担总纵弯曲强度、船底局部强度及墩木的反作用力等。

②旁内龙骨。位于单底的中内龙骨两侧对称布置的纵向构件。根据船宽的不同，每侧可设 1 ~ 2 道，旁内龙骨与肋板同高并间断焊接在肋板上，其作用与中内龙骨相同。

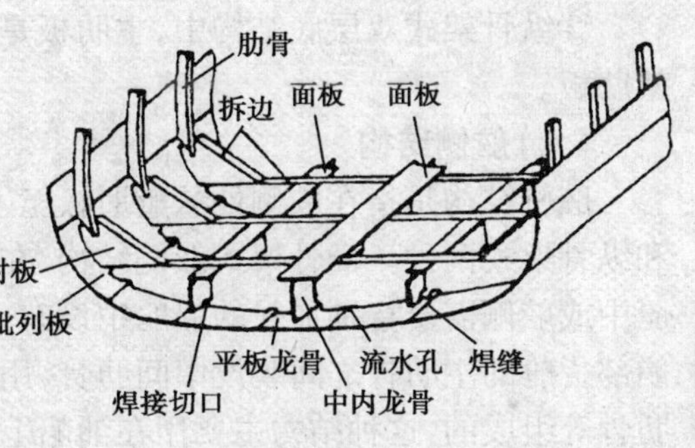

图 1-18　横骨架式单底结构

③肋板。是设在船底每一肋位处的横向构件。主要作用是承担横向强度。

④舭肘板。是连接肋骨下端与肋板的构件，用来加强接点的连接强度。

⑤流水孔。为了疏通舱底积水，在肋板、旁内龙骨的下边缘上开有半径为 30 ~ 75 mm 的半圆形小孔。

2. 纵骨架式单底结构

主要用在小型军舰及油船上，结构布置特点是在船底纵向布置许多间距较小的船底纵骨，而肋板是每隔 3 ~ 4 个肋位布置一道。

3. 横骨架式双层底结构

（1）双层底的作用

①万一船底破损，内底板可以防止海水侵入舱内，保证船舶和货物的安全。

②增强船底强度（总纵弯曲强度、横向强度、局部强度）。

③把双层底内部空间分隔成舱柜，可贮存燃料、淡水，空船时装压载水，不仅有效地利用了空间，而且可调整纵倾和吃水，降低船的重心，增加船舶稳性。

（2）横骨架式双层底结构的主要构件

①底纵桁：是在双层底内沿着船长方向布置的与双层底等高的纵向大型构件的统称。其作用是承担总纵弯曲强度、局部强度及墩木反作用力等。按布置的位置不同分中底桁、旁底桁（如图 1-11 所示）。

②肋板：是布置在双层底内肋位上的横向构件。主要承担横向强度，按其结构形式可分为主肋板、水密肋板和油密肋板。水密和油密肋板用来分隔不同用途的双层底舱。

③内底板和内底边板：是双层底顶的水密铺板。内底板承受总纵弯曲强度及横向强度，并能承受一定的水压力。在货舱口下面的内底板要加厚，为了清舱、检修和通风等需要，每个双层底舱的内底板的对角线位置处开设两个人孔，并装有水密的人孔盖。

内底边板是内底边缘与舭部外板相连接的一列板。由于所处位置容易积水，腐蚀较严重，因此厚度须比内底板稍厚些。

④舭肘板：是连接肋骨下端与肋板的肘板，以增强连接处的强度（如图 1-11、1-13 所示）。

4. 纵骨架式双层底结构

纵骨架式双层底结构，是双层底内纵向布置的构件较密，而横向布置的构件较稀。在双层底内的中底桁、旁底桁、箱形中底桁、主肋板、水密肋板、舭肘板等构件，与横骨架式双层底内的

相应构件基本相同(如图 1-11 所示)。两种双层底结构的区别主要是:

①纵骨架式双层底结构中,在内底板的下面和船底板的里面布置有大量的纵骨,这些纵骨与船底纵桁、内外底板等一起承担总纵强度和局部强度,可使船底板减薄。

②纵骨架式双层底结构中,主肋板是每隔 3 ~4 个肋位布置一道,而在主肋板之间不设框架肋板。

(六)舷侧结构

舷侧结构是指在舷侧处从舭肘板至上甲板这段区域的骨架结构。舷侧结构也分横骨架式和纵骨架式两种。横骨架式舷侧结构,在一般货舱内是只设置主肋骨(如图 1-11 所示);在机舱中或舷侧需要特别加强的船舱中设有主肋骨、强肋骨和舷侧纵桁;对于冰区航行的船舶,在艏部货舱的主肋骨之间装设中间肋骨,用来局部加强。纵骨架式舷侧结构,是由舷侧纵骨、强肋骨等组成的,这种结构主要用在油船上(如图 1-12 所示)。舷侧结构的主要构件有:

1. 肋骨

肋骨是指横向、竖向或斜向布置在舷侧、船底及尖舱中尺寸较小的骨材的统称,与外板、船底板一起承担横向强度。根据所在的位置和结构尺寸的大小,分为主肋骨、甲板间舱肋骨、尖舱肋骨、斜肋骨、船底肋骨、中间肋骨和强肋骨等。

①主肋骨。通常所称的肋骨均指主肋骨,是位于防撞舱壁与艉尖舱舱壁之间,在最下层甲板以下的船舱内的肋骨。一般是由不等边角钢或球缘扁钢制成的,上端用肘板与甲板下横梁连接,下端连接在舭肘板上(如图 1-11 所示)。

②甲板间肋骨。甲板间肋骨是位于两层甲板之间舷侧的肋骨,由于跨距和受力较小,故尺寸较主肋骨小(如图 1-11 所示)。

③中间肋骨。指在冰区航行的船舶,为了增强舷侧抵抗冰的挤压,在主肋骨间距中点处装设的小肋骨。中间肋骨上下两端均不设肘板,称为自由端(如图 1-19 所示)。

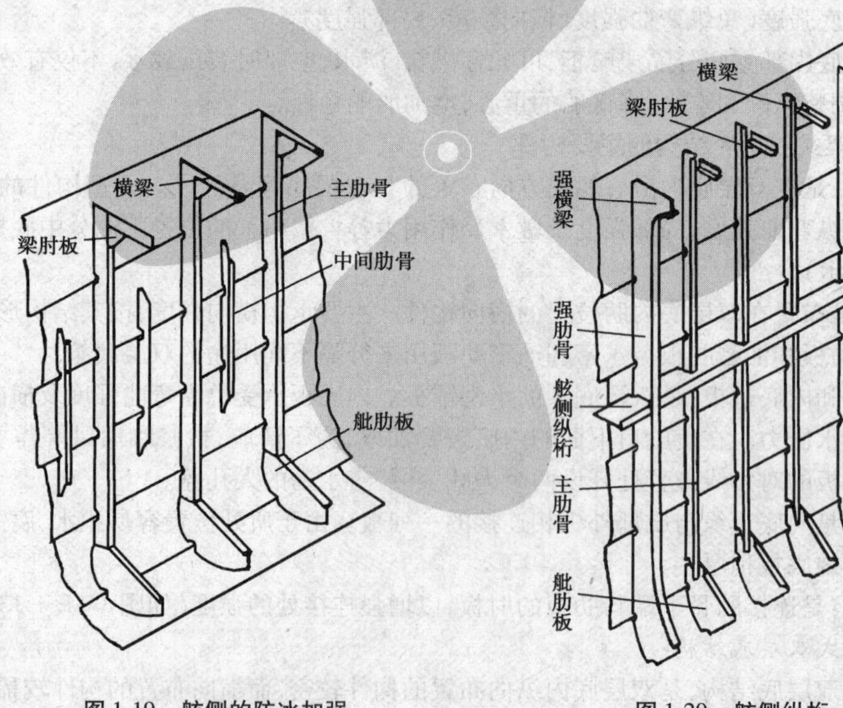

图 1-19　舷侧的防冰加强　　图 1-20　舷侧纵桁

④强肋骨。强肋骨是一种大尺寸的肋骨,也称宽板肋骨。在横骨架式的舷侧结构中装设强肋骨是为了局部加强。在纵骨架式的舷侧结构中,强肋骨用来支撑舷侧纵骨,并与强横梁、肋板一起组成坚固的框架,保证船体横向强度(如图 1-12 所示)。强肋骨都是采用 T 型组合型材或带折边的宽板制成。

2. 舷侧纵骨

在舷侧沿着船长方向布置的骨材,装在纵骨架式的舷侧结构中,如油船的舷侧。

3. 舷侧纵桁

在舷侧沿着船长方向布置的大型组合型材,与强肋骨高度相同,一般多设在机舱和艏、艉尖舱中(如图 1-20 所示)。

4. 梁肘板

连接甲板下横梁与肋骨的三角形钢板,用来增强节点的强度。

(七)甲板结构

甲板结构,也分为横骨架式和纵骨架式两种。横骨架式甲板结构,是在甲板骨架中横向布置的构件较多而纵向布置的较少。在横骨架式船体结构中的各层甲板均采用横骨架式甲板结构,而在纵骨架式的船体结构和混合骨架式的船体结构中,除了强力甲板以外的各层下甲板,均采用横骨架式甲板结构,这是因为下甲板距中和轴较近,承担总弯曲强度小的缘故。强力甲板的舱口之间的甲板,由于不参与总纵弯曲,故也采用横骨架式甲板结构(如图 1-11 所示)。纵骨架式甲板结构,是在甲板骨架中纵向布置的构件较多而横向布置的较少,主要布置在纵骨架式船体结构和混合骨架式船体结构中的强力甲板上(如图 1-12,1-13 所示)。在甲板结构中主要的构件有如下几种。

1. 横梁

横梁是指设在甲板板或平台之下各肋位上的横向骨材的统称。根据尺寸的大小和位置分为:普通横梁、强横梁、半梁、舱口端横梁、舱口悬臂梁等。

①普通横梁。简称为横梁,主要是装设在横骨架式甲板结构中甲板下的每一个肋位上,承担横向强度。一般是由不等边角钢或球缘扁钢制成的(如图 1-11 所示)。

②强横梁。是由组合型材制成的大型横向构件。在甲板下面每隔 3 ~4 个肋位布置一道。它的作用是承担横向强度,在纵骨架式甲板结构中用来支承甲板纵骨(如图 1-12 所示)。

③半梁。是布置在舷侧至舱口边之间的横梁(如图 1-11 所示)。

④舱口端横梁。是布置在舱口两端肋位上的横梁,与舱口两端围板的下半部分做成一个整体来加强舱口结构。

⑤舱口悬臂梁。是布置在舷侧至舱口边之间的强横梁。

2. 甲板纵骨

在纵骨架式甲板结构中,沿船长方向布置的尺寸较小的骨材,称为甲板纵骨,由不等边角钢或球缘扁钢制成,承担总纵弯曲强度和甲板上的载荷,保证甲板的稳定性(如图 1-12,1-13 所示)。

3. 甲板纵桁

甲板纵桁是在甲板下沿着船长方向布置的大型组合型材。通常在甲板下设有 2 ~3 道,其中有 2 道与舱口边板对齐,兼作舱口纵桁。甲板纵桁的作用:参与总纵弯曲,支承横梁、减小横梁的尺寸,是甲板结构中的重要构件。

4. 舱口围板

为了保证人员安全,防止海水侵入,提高舱口区域结构强度,在货舱口的四周装设围板,称为舱口围板。根据甲板所处的位置不同,舱口围板在甲板以上的高度要求也不同。在露天干舷甲板上,至少600 mm以上。

(八)支柱

支柱是支撑甲板和平台的柱子,可减小横梁、甲板纵桁等构件的尺寸,并将所受的力传递到下层较强的构件上。由于支柱妨碍装卸货物,故船舶都尽可能少设置支柱。

支柱的布置:若一个货舱设置4根支柱,布置在4个舱口角上;设置2根支柱,在舱口两端的中线面上。各层甲板的支柱尽量装设在同一条垂线上,上下端要设有支座支承,支撑在较强的构件上(如图1-21所示)。

(九)舱壁结构

1. 舱壁的作用

舱壁除了将船内分隔成许多舱室之外,横舱壁还承担船体的横向强度,进行水密分舱和分隔防火区,一旦船舱进水和着火可以不使其蔓延。纵向舱壁可减小自由液面对稳性的影响,并承担总纵弯曲强度。

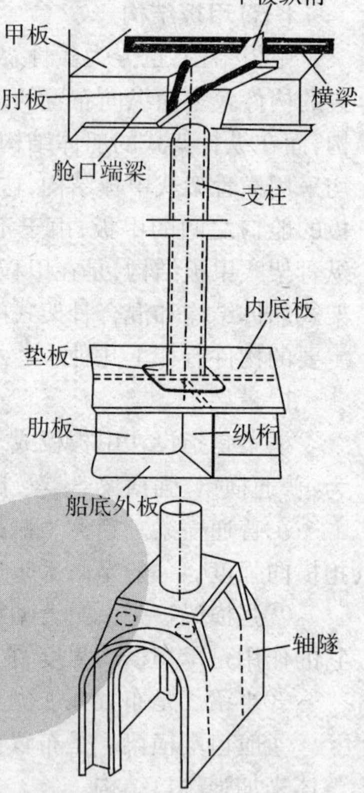

图1-21　支柱上下两端结构

2. 舱壁的种类

根据舱壁的作用划分舱壁,有以下几种。

①水密舱壁,是在规定的水压下能保持不渗透水的舱壁。

②油密舱壁,是在规定的压力下能保持不渗透油的舱壁。

③防火舱壁,是分隔防火主竖区并能限制火灾蔓延的舱壁。

④制荡舱壁,在舱壁上开有流水孔,用来减小舱内液体的摇荡所产生的冲击力。

⑤轻型舱壁,是一种无密性、强度和防火要求的轻型结构舱壁,起简单的隔离作用。

3. 水密舱壁的数目

水密舱壁的数目,主要根据船体强度的要求,水密分舱、机舱的位置和货舱的长短等因素决定,在船舶建造规范中有具体的规定。但是,下列几个水密舱壁对于任何船舶都是必须设置的。

①防撞舱壁,又称为艏尖舱舱壁,是位于艏部最前面的一道水密横舱壁,要求距艏垂线的距离不小于0.05 L_{BP},自船底向上通至干舷甲板。在舱壁上不准开设门、人孔、通风管隧和任何其他开口。该舱壁的作用是一旦艏部破损,阻止水蔓延至其他舱室。

②艉尖舱舱壁,是位于艉部最后一道水密横舱壁。该舱壁向上可以允许通到水线以上的平台甲板。

③机舱两端的水密横舱壁,在机舱的前后端必须设置横舱壁与其他舱室隔开,对于艉机型船,机舱后端的舱壁即为艉尖舱舱壁。

4. 舱壁结构形式

水密横舱壁是布置在肋位上，从一舷伸至另一舷，并从船底向上伸至甲板。根据其结构形式可分为两种类型：

①平面舱壁，是由平面舱壁钢板和加强壁板的骨架组成的。由于水的压力与深度成正比，而且接近舱底的壁板易锈蚀，故舱壁板的各列板是水平布置的，在舱底的一列板最厚，向上逐渐减薄。

②槽形舱壁，槽形舱壁是把舱壁板压成槽形（弧形、梯形等形状）增强舱壁的强度和刚度，槽形方向一般是竖向布置的。

（十）舷墙与栏杆

沿着露天甲板边缘装设的围墙，称为舷墙（如图 1-22 所示）。

舷墙不参与船舶总纵弯曲，其作用主要是减少甲板上浪，保障人员安全和防止甲板上货物及物品滚到舷外。

干货船的上甲板或部分上层建筑甲板的露天部分设置舷墙，其他的露天甲板设置栏杆。油船仅在艏部部位的露天甲板上或部分上层建筑甲板上设置舷墙，其他部位设置栏杆。

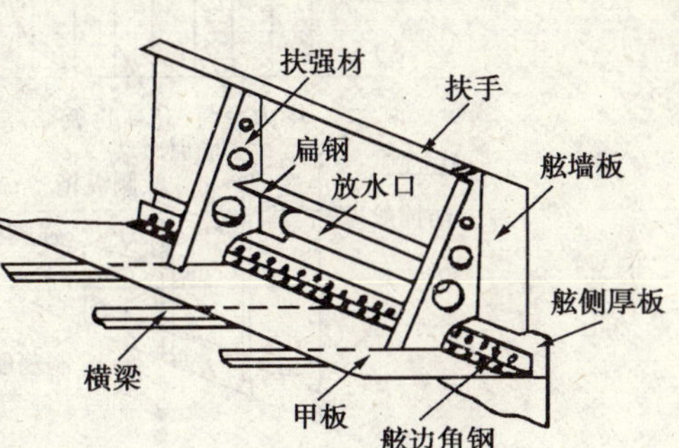

图 1-22　舷墙结构

（十一）艏端结构

艏端是指上甲板以下、防撞舱壁以前的部分。为了减小航行时的兴波阻力，提高船速，现代运输船舶的艏部常制成球鼻形。

1. 作用于艏端的外力

船的艏艉两端所受的总纵弯曲力矩较小，但是受的局部作用力较大。如船在波浪上纵摇时艏部底部受到的冲击作用；波浪对艏部两侧的冲击力；在冰区航行时冰的挤压力以及碰撞力等。

2. 艏端骨架结构的特点和加强

（1）在艏尖舱区域内，多数采用横骨架式结构，肋骨间距小，构件尺寸大，设有许多空间骨架构件，如图 1-23 所示。

①肋骨间距一般不大于 600 mm，每一肋位上都设有升高肋板，中内龙骨与升高肋板尺寸相同，并延伸至艏柱底部。

②在舷侧除了设置肋骨外，必须设置间距不大于 2 m 的舷侧纵桁。

③在左右舷的两个舷侧纵桁之间，每隔一个肋位设置一道空间撑杆，称为强胸横梁；或者设置带有开孔的平台，代替强胸横梁和舷侧纵桁。

④在中纵剖面处设置制荡舱壁。

（2）要在艏尖舱舷侧纵桁的延伸线上从防撞舱壁至距艏垂线 0.15 L 船长区域内的舷侧，设置舷侧纵桁。

（3）从防撞舱壁至距艏垂线约 0.25 L 船长区域内的船底，要在每一肋位上设置主肋板；旁底桁间距不大于 3 个肋骨间距或纵骨间距，在旁底桁之间还设有半高旁底桁。

3. 艏柱

艏柱是船体最前端的构件，用来加强艏部，连接舷侧外板、甲板和龙骨末端的构件。

除了小船之外，一般船舶的艏柱有两种结构形式：钢板焊接制成的和铸钢制成的艏柱，如图 1-24 所示。

(1)钢板艏柱：用较厚的钢板弯曲焊接制成的，在弯曲钢板的内侧焊接有水平的和竖向的扶强材，加强它的刚性。

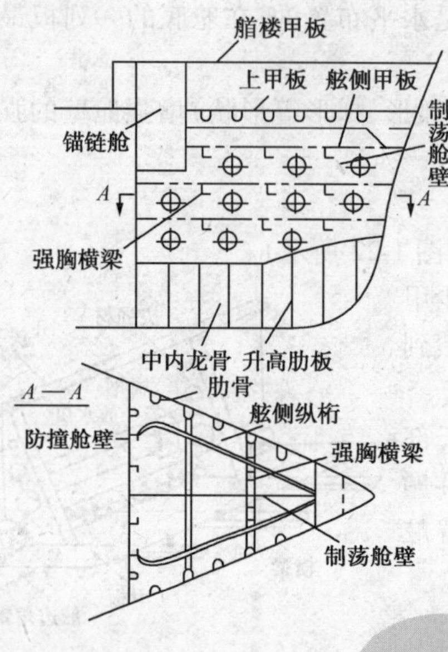

图 1-23　艏端结构

上甲板
钢板艏柱
下甲板
加强筋
满载水线
外板
外板
中内龙骨
铸钢艏柱

图 1-24　艏柱

钢板艏柱有下列优点：

①与外板、甲板、中内龙骨、平板龙骨等连接牢固。

②制造容易、重量轻、成本低。

③碰撞时，钢板仅局部发生变形，易修理。

(2)铸钢艏柱：由铸钢浇铸而成的。刚性大而韧性差，重量也较大，可以制成较复杂的断面形状，但制造费工。故采用该种艏柱时仅用在水线以下的形状复杂的部位，水线以上部分均采用钢板艏柱。

(十二)艉端结构

艉尖舱壁以后、上甲板以下的船体结构称为艉端结构，包括艉尖舱和艉部悬伸端，结构较为复杂。为了提高船舶推进效率，现代运输船舶的艉部常制成巡洋舰型。

1. 作用于艉部的外力

艉部所受的总纵弯曲力矩较小，但承受下列局部外力作用：螺旋桨运转时的水动压力、尾机船由于主机引起的振动力、舵及螺旋桨的重力等。

2. 艉部骨架结构的加强

一般都是采用横骨架式结构，并采取下列的加强措施：

①在每一个肋位上设置升高肋板，如图 1-25 所示。

②在舷侧除了肋骨之外，设置舷侧纵桁，而且其竖向间距不大于 2.5 m。左右舷的两舷侧纵桁之间设有强胸横梁。

③有的艉尖舱内设有制荡舱壁。

3. 艉柱

艉柱是设置在单桨船或有中舵的双桨船上、位于船体后端中线面上的大型构件。它的作

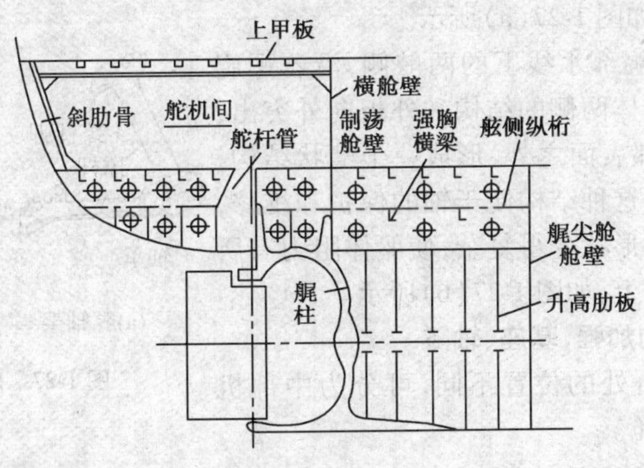

图 1-25　艉端结构

用是连接艉端底部结构、两舷侧外板和龙骨等构件，支持和保护舵和螺旋桨，加强船底艉部结构。主要有下列几种形式：

①单桨船上装设不平衡舵的艉柱（具有桨穴艉柱）。如图 1-26（a）所示，这种艉柱是由舵柱、螺旋桨柱和艉柱底骨组成的螺旋桨框穴形式，螺旋桨位于框穴内。舵柱的后缘上设有舵钮，用舵销把舵连接在舵钮上。在螺旋桨柱的中间设有一个毂，使桨轴从中穿出。由于不平衡舵目前很少使用，故这种艉柱已不多见。

②单桨船上装设平衡舵的艉柱（无舵柱艉柱）。如图 1-26（b）所示，由于平衡舵是在舵叶上下两端设有支承，故舵柱就没有必要了。但艉柱底骨上作用一个很大的力，因此其尺寸较大。

③单桨船装设半平衡舵的艉柱。由于半平衡舵无下端支承点，故无需艉柱底骨，但上端尺寸较大，如图 1-26（c）所示。

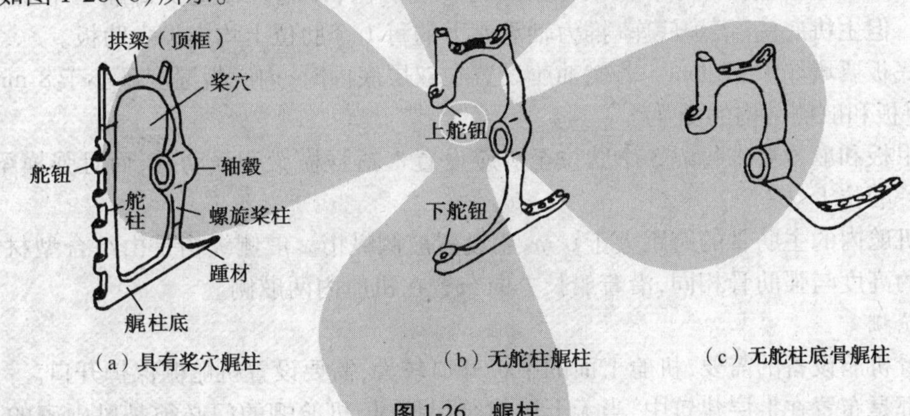

（a）具有桨穴艉柱　（b）无舵柱艉柱　（c）无舵柱底骨艉柱

图 1-26　艉柱

4. 艉轴架和轴包套

在双桨船上，螺旋桨在中线面的两侧船体外板上伸出船外，因此需要装设相应的结构固定螺旋桨轴。常见的有下列两种形式：

①艉轴架，是用来固定伸出船体外部的螺旋桨轴的结构，常用的有装设一根撑杆的单臂式和有两根撑杆的人字架式。撑杆的一端伸进船体内固定在船体骨架上，或用撑杆脚固定在外板上，另一端连接在圆筒形轴承上，螺旋桨轴从轴承中穿过。艉轴架结构简单、阻力小，但因推进器轴很长一段暴露在海水中，易损坏和腐蚀，或被绳索等物缠住等缺点，一般多用在小型船

舶和瘦削的高速船上,如图 1-27(a)所示。

②轴包套,在船体艉部水线下的两舷侧,沿着螺旋桨轴的方向逐渐地将船体两侧的结构和外板向外突出,使艉端突出于船体艉部表面之外,形成一个鳍状结构,使螺旋桨轴包在里面。这种结构便于轴的保护和维修,但使艉部结构和外板的形状变得复杂,使船体阻力有所增加。多用在较肥的船上,如图 1-27(b)所示。

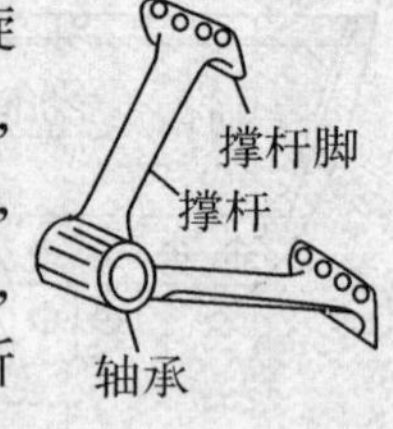

(a)艉轴架

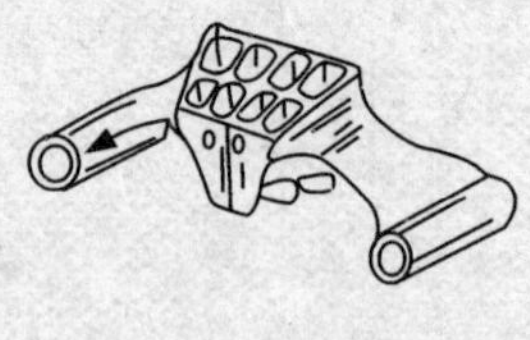

(b)轴包套

图 1-27 艉轴架与轴包套

(十三)机舱结构的加强、基座、轴隧

根据机舱在船上所处的位置不同,可分为中部机舱、中艉机舱和艉部机舱。

1. 机舱的特点

①机舱是主机、辅机、锅炉等重型设备布置的地方,所以局部负荷大。

②主机、辅机等设备在运转时易引起船体的振动。

③因布置机器设备、主机吊缸等工作的需要,要求机舱在甲板上开口大,不设二层甲板,尽可能的不设支柱。

④机舱内易腐蚀。

因此,机舱内的结构形式虽然与货舱基本相同,但要求采取加强措施。

2. 机舱内结构的加强

(1)双层底内结构的加强

①设短底纵桁:当主机基座的下方无船底纵桁时,要求装设短底纵桁支承主机传下来的集中负荷。

②设主肋板:在横骨架式双层底结构中,机舱和锅炉的底座下应在每个肋位上设置主肋板。锅炉舱内的主肋板要加厚。在纵骨架式的双层底内,机舱区域至少每隔 1 个肋位设置 1 道主肋板。但主机底座、锅炉底座、推力轴承座下的每 1 个肋位上均应设主肋板。

③内底板要增厚 1 ~ 2 mm。若燃油舱设置在双层底内时,内底板厚度不小于 8 mm。

(2)甲板和舷侧结构的加强

①在甲板和舷侧要求每隔 3 个肋位至少应设置 1 道强横梁和强肋骨,而且强横梁与强肋骨位于同一肋位上。

②当机舱内的主肋骨的跨距大于 6 m,要设置舷侧纵桁。舷侧纵桁是由组合型材制成的,断面尺寸的高度与强肋骨相同,沿着船长方向布置在机舱内两舷侧。

3. 机舱棚

因布置机舱设备的需要,机舱上面的甲板开口较大,需要设置机舱棚保护开口。一般船舶的机舱棚都是布置在上层建筑中,当无上层建筑保护时,机舱棚的门必须是风雨密的,门槛要高出露天甲板 600 mm 以上。其作用和布置要求如下:

①保护机舱安全不受风浪的侵袭。

②减少机舱的噪声和热气对舱外的影响。

③布置某些设备需要用机舱棚围起来,如烟道、日用油柜、格栅、扶梯等。

④保证维修柴油机吊缸时所要求的空间高度。

⑤为了机舱的通风和采光,机舱棚的顶部一般通至露天艇甲板上,在艇甲板上设置整体可拆式天窗供通风采光用,并且要保证风雨密,如图 1-28 所示。

⑥在机舱棚四周的壁板内侧设置扶强材，加强壁板的刚性。

4.基座

(1)基座的作用和要求

基座是用来支承船上各机械设备，并将设备固定在主船体结构上的结构。

要求基座能支承：机械设备的自身重量；设备运转时产生的不平衡力；船在激烈的横摇、纵摇、升降运动时机械设备产生的惯性力；大角度倾斜引起的倾斜力矩和水平力等。

好的基座不仅要求与船体结构骨架构件或其他结构能牢固地连接在一起，而且要求基座能把上述作用力分散地传递到船体结构上，并且当机械设备运转产生脉动力时，基座和相邻结构不发生过度的振动。总之，基座必须具有足够的强度与刚度。

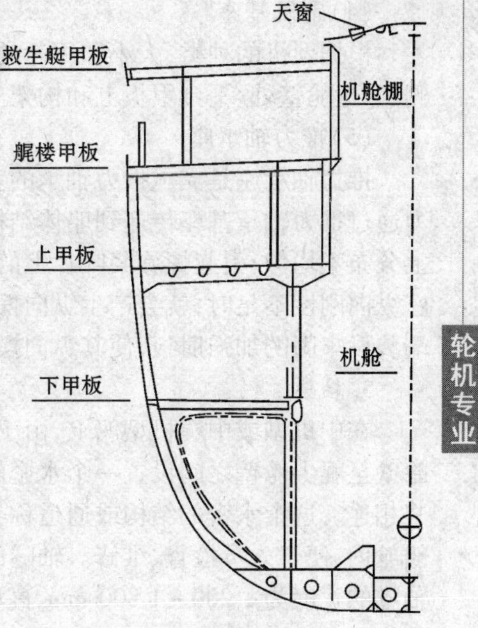

图 1-28　机舱棚结构

(2)柴油机主机基座

柴油机主机基座，主要是由两道纵桁(包括腹板和面板)、横隔板、肘板及垫板组成，如图 1-29 所示。

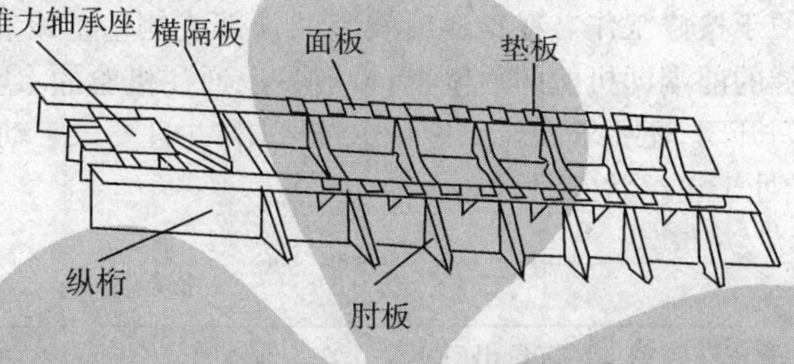

图 1-29　主机基座

纵桁是承担主机重力作用的主要构件。若基座纵桁与双层底内的旁底桁位置两者不能位于同一平面上时，则在基座纵桁的下方双层底内加设半高纵桁。横隔板与肘板是用来加强基座纵桁的稳定性，要求装设在每档肋位上。斜垫板是用来调整主机位置的高低和校正平面，它有直接焊接在纵桁面板上和活动的斜面垫块两种形式。

(3)锅炉底座

船用锅炉底座的结构形式要与锅炉结构形式相配合，如图 1-30 所示为水管锅炉底座。

锅炉底座有几点需要注意：一是锅炉的热胀冷缩问题，为了解决这个问题，在底座面板的垫板上，开有椭圆形孔，其孔的长轴方向不同，锅炉水筒下的支架用螺栓连接在垫块上。当锅炉热胀冷缩时，使螺栓可在孔内作微量的纵向或横向移动。二是当锅炉底座较高时，要注意检查因船体的严重振动会给主蒸汽管造成事故。为了避免船舶在激烈摇荡时锅炉倾倒，一般用拉杆将汽筒固定在船体结构上。

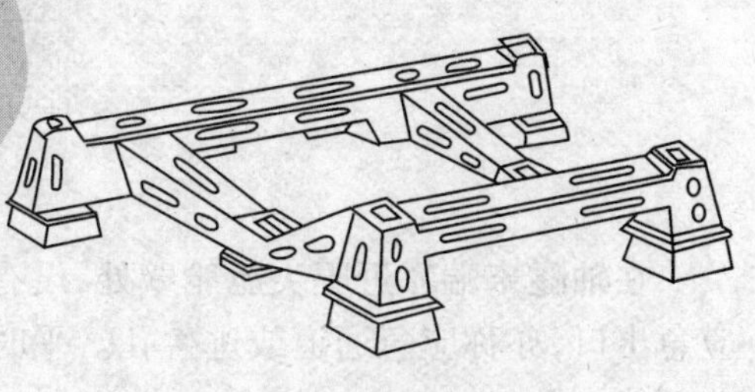

图 1-30　水管锅炉底座

(4)副机基座

根据副机的种类、大小和用途的不同,副机基座可布置在不同的位置上。大部分位于两舷侧、靠近舱壁处、平台甲板上和构架上。副机基座的结构形式与主机基座基本相同。

(5)推力轴承座

推力轴承座是支承推力轴承的基座(如图1-29所示)。推力轴承将螺旋桨产生的轴向推力通过推力轴承基座传递到船体结构上。螺旋桨旋转时所遇到的船尾水流的伴流速度在桨盘上分布不均匀,引起螺旋桨叶片上的水压力不断变化,这就形成脉冲性的推力。当推力轴承基座纵向刚性不足时,就会产生纵向摆动,所以要求推力轴承基座的纵向刚性较大,在轴承的两端装设牢固的加强肘板,使其纵向摆动最小。

5. 轴隧

在中机型或中艉机型船上,由于推进轴系要穿过机舱后面的货舱,因此必须从机舱的后面舱壁至艉尖舱壁之间设置一个水密的结构,将推进轴系围在里面,轴系由此通至舷外,与螺旋桨相连。这个水密的结构或通道称为轴隧。它保护轴系不受损坏,并防止海水从艉轴管进入船舱内,便于人员检查、维修。轴隧的形式有平顶和拱顶两种。前者便于装货,后者强度较好。轴隧的宽度为1 200~1 800 mm,高度约为2 000 mm,但在轴的上方要有500~1 000 mm的空当,以便吊轴检修。

在单桨船上,轴隧的中心线是偏离船舶中心线的一侧,一般偏向右舷,即在轴的右侧留有通道,其宽度大约为600 mm,如图1-31所示。轴隧的艉端将其尺寸加大,做成一个轴隧艉室。用来存放备用艉轴和便于检修工作。在轴隧或艉室的顶部或侧壁上设有可拆卸的水密开口,以便抽出桨轴。在轴隧的前端即机舱的后壁上,设有一扇通往机舱的水密门,该门要求不仅能在机舱内及轴隧内将门开闭,还要求在舱壁甲板上能开闭,并且要求手动将门完全关闭所需时间应不超过90 s(船舶处于正浮状态时)。

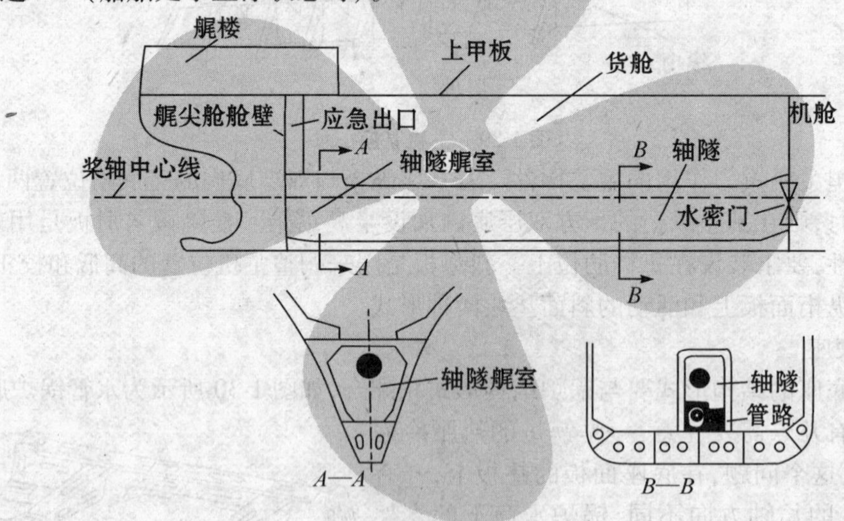

图1-31　轴隧

在轴隧末端靠近艉尖舱舱壁处,设有应急围井并向上通至露天甲板上,作为轴隧和机舱的应急出口,亦称应急通道或逃生孔。平时作为轴隧的通风口,围井内不许乱放杂物,应急出口盖不能加锁。

双桨船的轴隧,是对称于船体中纵剖面左右各设置一个轴隧,两轴隧间设有通道。

三、船舶主要部位和舱室的布置

船舶主要部位的名称与舱室的布置，如图1-32所示。

（一）甲板与平台

1. 甲板

船舶同一层中，自艏部至艉部纵向连续的，且从一舷伸至另一舷的平板，称为甲板。其中，船体最上面一层纵向连续的、自艏部至艉部的全通甲板称为上甲板，上甲板一般是露天甲板。上甲板之下的甲板，自上而下分别称为第二甲板、第三甲板等，统称为下甲板。

2. 平台

沿着船长方向不连续的一段甲板，称为平台甲板，简称平台。例如设置辅助锅炉为主的锅炉平台、设置发电机组为主的发电机平台、设置起货机的起货机平台等。

（二）主船体与上层建筑

在上甲板以下的部分，称为主船体，或称为船舶主体。而在上甲板上及以上的所有围蔽建筑物，统称为上层建筑。上层建筑主要包括船楼与甲板室两种形式。

宽度与上甲板宽度一样，或其侧壁板距舷边的距离小于4%船宽的上层建筑称为船楼，如图1-33(a)所示。船楼又分为艏楼、桥楼和艉楼。

①艏楼，位于艏部的船楼，称为艏楼。艏楼的长度一般为船长的10%左右。超过25%船长的艏楼称为长艏楼。艏楼一般只设一层，艏楼的作用是减小艏部甲板上浪，并可减小纵摇，改善船舶航行条件。艏楼内的舱室可作为贮藏室，长艏楼内的舱室可用来装货。

②桥楼，位于船中部的船楼，称为桥楼。当桥楼的长度大于15%船长，且不小于本身高度6倍时，称为长桥楼。桥楼主要用来布置驾驶室和船员居住处所并保护机舱。

③艉楼，位于艉部的船楼，称为艉楼。当艉楼的长度超过25%船长时，称为长艉楼。艉楼的作用可减小艉部甲板的上浪和保护机舱，并可布置甲板室、船员居住处所和其他用途的舱室。

在上甲板上及以上的围蔽建筑的两侧壁，离船壳外板向内的距离大于4%船宽的，这种围蔽建筑物称为甲板室，如图1-33(b)所示。甲板室多见于大型船舶，由于甲板的面积大，布置船员房间等并不困难，在上甲板的中部或艉部可只设甲板室，这样有利于甲板上的操作和行走。船舶首部不能设甲板室，只能设艏楼。

上层建筑的布置位置、层数、长短和数目是由船舶的大小、类型、用途、机舱位置、航海性能和船舶外形美观要求等因素决定的，一般在机舱的上方总是布置有上层建筑的。

（三）上层建筑中的各层甲板

①罗经甲板，设有罗经的甲板，又称顶甲板，是船舶最高一层甲板。在罗经甲板上设有桅、雷达天线、探照灯和罗经等。

②驾驶甲板，设置驾驶室的甲板。该层甲板的舱室处于船舶最高位置，布置有驾驶室、海图室、报务室和引水员房间等。

③艇甲板，放置救生艇或工作艇的甲板。从救生角度出发，要求该层甲板位置较高，艇的周围要有一定空旷区域，以便在紧急情况下人员集合并能登艇。艇放置在舷两侧，便于快速放艇。船长、轮机长、大副等的房间一般布置在该层甲板上。此外，船舶的应急发电机室、蓄电池室和空调室一般也布置在该层甲板。

④起居甲板，主要是用来布置船员的居住舱室及生活服务舱室。

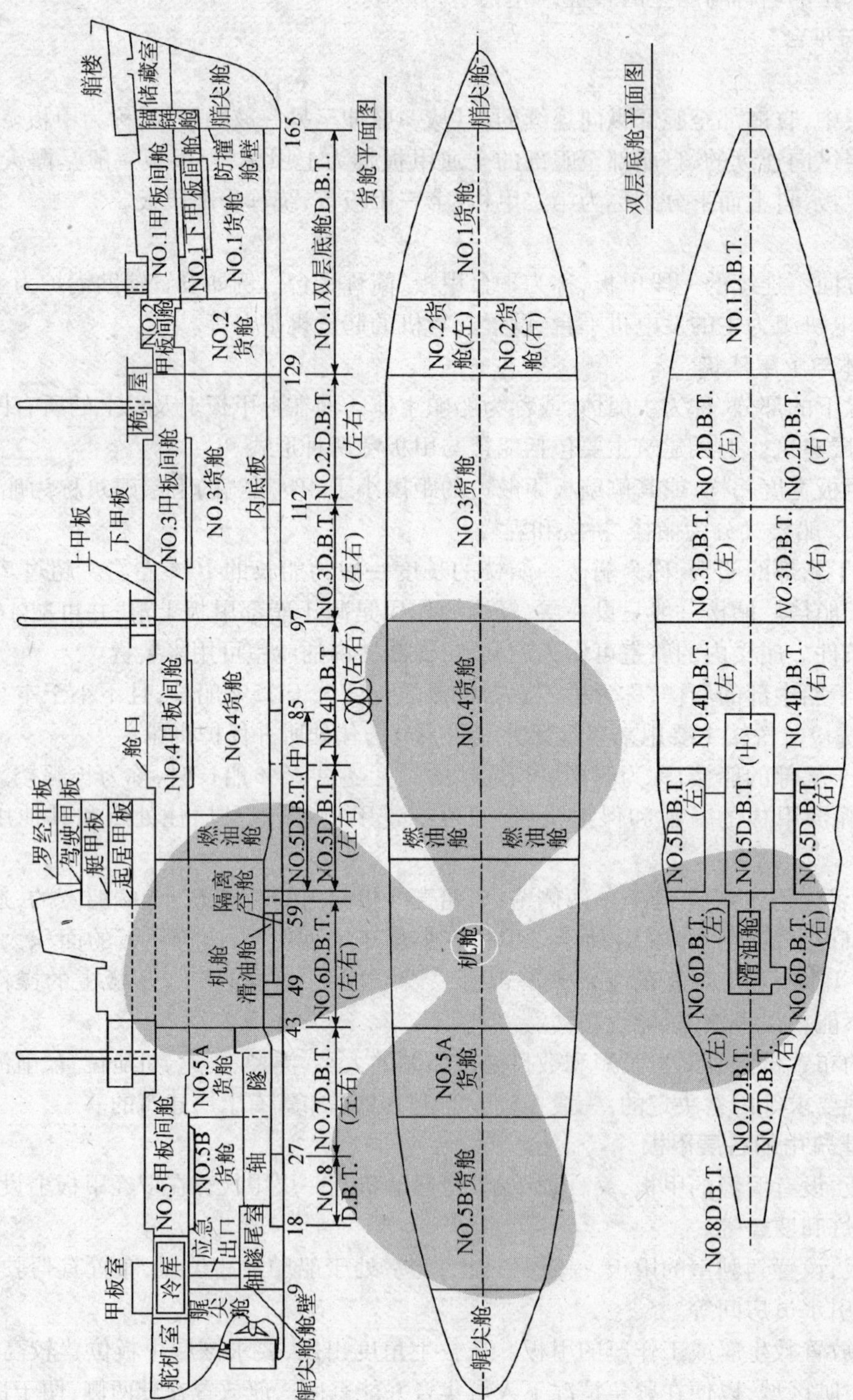

图1-32 船舶主要部位名称

⑤上层建筑内的上甲板，一般用来布置厨房、餐厅、水手和厨工等船员房间，以及伙食冷库、粮食库等。

⑥游步甲板，游步甲板是客船或客货船上供旅客散步或活动的甲板，常设有宽敞的通道或活动场所。

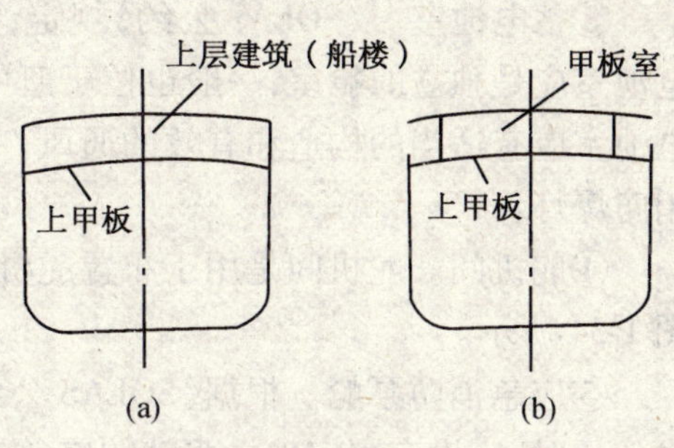

图 1-33　船楼与甲板

（四）主船体的主要部位

按艏艉方向布置，一般货船的主船体内，主要部位有艏尖舱、货舱、深舱、机舱和艉尖舱等。

①艏尖舱。艏尖舱是位于艏部防撞舱壁之前、舱壁甲板之下的船舱。艏尖舱主要用做压载水舱，因为它远离船中，所以它对调整船舶纵倾的效果较好；必要时艏尖舱也可储存淡水。《1974 年国际海上人命安全公约》（简称《SOLAS 公约》）规定艏尖舱内不得装载燃油、滑油和其他易燃油类。

②货舱。一般货船，在双层底内底板之上和上甲板之下、艏尖舱舱壁与艉尖舱舱壁之间，除了布置机舱和深舱之外，基本上都用于布置货舱。货舱的名称按艏艉方向排号；货舱之间有水密横舱壁隔开。

货舱内的布置，要求结构整齐，各种管系、通风管道和其他设施都应安置在船舱结构范围之外，不得妨碍货物的装卸。

③深舱。有的船舶因燃油储存量较大，在机舱前舱壁与货舱之间设有深舱。有的船舶特别是艉机型船，由于船舶浮态调整的需要，或因压载水量要求大，在货舱与货舱之间设有 1 ~ 2 个压载深舱。

④机舱。一般货船设一个机舱，个别大型客船设有主、副机舱。

机舱的位置直接关系到船舶上层建筑的形式、货舱布置、纵倾调整、船体结构与强度以及驾驶视线等。目前常见的机舱位置有设于船舶中部、艉部和中艉部三种，相应的建筑形式即称为“中机型”、“艉机型”、“中艉机型”。

⑤艉尖舱。艉尖舱是位于艉部最后一道水密横舱壁之后、舱壁甲板或平台甲板之下的船舱。艉尖舱主要作为压载水舱或淡水舱，以调整船舶浮态，如图 1-34 所示。

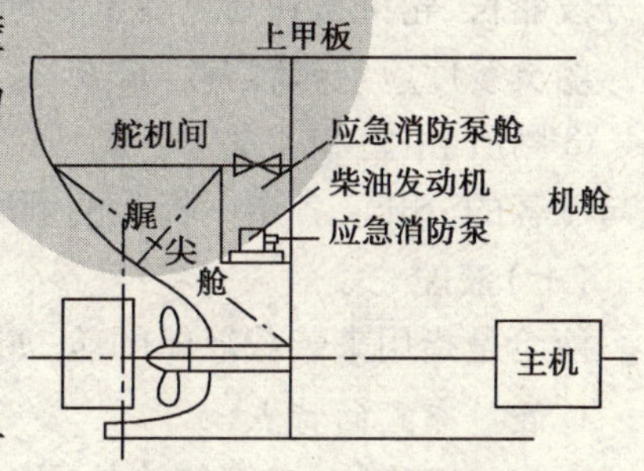

图 1-34　应急消防泵舱

（五）船舶工作舱室

船舶工作舱室可分为驾驶、甲板、轮机三类工作舱室。

驾驶工作舱室有：驾驶室、海图室和报务室。

甲板工作舱室有：理货室、锚链室、木匠工作间、灯具间、油漆间、缆绳和索具间等。

轮机工作舱室有：

①机舱。机舱是集中放置船舶动力装置中绝大部分机电设备的船舱。运输船舶的机舱几乎均设在驾驶船楼的下方。机舱必须与货舱分开，因此机舱前后端均设有水密横舱壁。

②应急发电机室。该室是放置应急发电机组及其配电板的舱室。应急发电机是在机舱内发电机组发生故障或船舶发生海损时为船舶提供应急电源而设置的。根据《SOLAS 公约》的要求，应急发电机室应置于最高一层连续甲板以上易于从露天甲板到达之处，一般位于艇甲板，不能与机炉舱相通，门开向露天甲板。

③蓄电池室。《SOLAS 公约》规定，蓄电池组不应与应急配电板装设在同一处所，所以蓄电池室应是独立的舱室，一般也位于艇甲板。因蓄电池常有易爆性气体和电解液逸出，所以蓄电池室应有适当的构造和有效的通风，室内要铺设防腐垫层，室内不应安装电气设备，照明要用防爆灯。

④舵机间。舵机间是用于布置舵机的舱室，位于舵的上方艉尖舱顶部水密平台甲板上，如图 1-34 所示。

⑤应急消防泵舱。根据《SOLAS 公约》的要求，当船舶任一舱室失火会使所有的消防泵失去作用时，应设有固定独立驱动的应急消防泵。应急消防泵应布置在机舱之外的水密舱室内，如图 1-34 所示。

⑥空调室。空调室是放置空调器的舱室。在货船上，空调室一般位于艇甲板后部。

⑦制冷机室。该室是放置制冷压缩机及其有关设备的舱室，一般靠近冷藏舱室附近。

⑧轴隧。中机型船和中艉机型船的推进轴系要通过机舱后面的货舱，因此从机舱后舱壁至艉尖舱舱壁之间必须设置一个水密结构的轴隧，将轴系围在里面，并由此通至螺旋桨。

（六）船舶生活舱室

居住舱室的布置：

①船员居住舱室。为了方便船员工作，保证船员休息，并尽可能改善船员的工作、生活条件。船员居住舱室一般都布置在各自的工作场所附近，但各船的布置不尽相同。

②旅客居住舱室。旅客居住舱室应与船员居住舱室分开，也应与货舱、装卸作业区域分开。居住区域要有适当的可供旅客散步或活动的甲板（例如游步甲板），要有足够数量和宽敞的通道、楼梯和出入口，并配有一定数量的厕浴室。

船上的公共舱室是为船员或旅客共同使用的舱室。公共舱室的布置：

①厨房。厨房一般设在上甲板上、机舱棚的周围、船楼的后部，并远离厕所、浴室及医疗室等处所。

②餐厅。按我国的《船舶与海上设施法定检验》规定，等于或大于 1 000 总吨的船舶一般应分设船长、轮机长和高级船员餐厅及普通船员餐厅。客船则根据限定载客数量分设数个餐厅。船员餐厅应与旅客餐厅分开。

③厕所、浴室和盥洗室。厕所、浴室和盥洗室一般都集中布置在居室附近，船员的厕所、浴室与旅客的分开。各层甲板上的厕所、浴室和盥洗室基本上在同一舷侧并处于同一垂直线上。

（七）液舱

液舱是指用来装载液体的舱，如燃油舱、淡水舱、压载舱、液货舱等。

1. 液舱布置的特点

①与一般货物（矿石等除外）相比较，由于液体的密度大，为有利于船舶稳性，液舱一般都在船舶的低处。

②液舱一般都对称于船舶纵向中心线布置，以有利于船舶破舱稳性。

③液舱都是水密或油密舱，除开有清洗和维修用的人孔之外，不准开其他孔。

④液舱的横向尺寸都较小，以减小舱内液体的自由液面对稳性的影响。

⑤所有燃油和淡水都不应集中布置在一个舱内，以保证船舶在部分油舱、水舱破损后不致完全丧失船舶生命力。

⑥液舱内设有输入输出管、空气管、溢流管、测深管等。

2. 液舱的种类

①燃油舱。因船舶主机用的燃料油(俗称重油)黏度大,需要加热后方可输送,为了减少加热管系的布置,燃料油舱一般布置在机舱的前壁处和机舱的两舷侧处,以及机舱下面的双层底内。副机目前多燃用重柴油,柴油舱一般布置在机舱下面的双层底内。

②燃油溢油舱。装油时,当燃油装满了燃油舱,可通过溢油管流入到溢油舱。为了使溢出的燃油能自行流入溢油舱,溢油舱一般都布置在船舶的最低处。溢油舱中的燃油仍可通过管系再泵入燃油沉淀柜内使用。

③滑油舱。滑油舱的四周要设置隔离空舱,与燃油舱、淡水舱、压载水舱及舷外水等隔开,以免污染滑油。但由于船舶滑油的储存量不是很大,所以很多船舶都以油柜的结构形式设在船舶双层底以上的独立舱室中,俗称滑油储存柜。

④滑油循环舱。滑油循环舱位于主机下面的双层底中,习惯称它为滑油循环柜,用于主机曲柄箱油强制循环系统中,汇集滑油以便不断循环。其四周也需设置隔离空舱,与周围的燃油舱、淡水舱和船底的舷外水隔开,以免污染滑油。

⑤污油舱。污油舱用于储存污油,舱的位置较低,以利于外溢和泄漏的污油自行流入舱内。污油舱开有人孔,供清理油渣的人员进出,并设有管路通向油水分离器,以便处理污油水。

⑥淡水舱。淡水舱分为饮用水舱、清水舱和锅炉水舱等几种。要求饮用水舱舱内的结构和涂料要求能保持水质清洁,一般在舱的内壁涂有水泥。

⑦污水舱。污水舱的位置较低,以利于船上各处的污水通过泄水管流入污水舱中。也可将机舱舱底污水储存于污水舱内。

⑧压载水舱。压载水舱对调整船舶浮态、吃水和稳性有很大影响。可作为压载水舱的有艏尖舱、艉尖舱、双层底舱、压载深舱、散货船的上下边舱、集装箱船和矿砂船的边舱等。

⑨其他液舱。如前面已介绍过的艏尖舱、艉尖舱、双层底舱、深舱、液货舱等。

3. 测深管、空气管、溢流管、船底塞

(1)测深管

在船上的每一个液舱和污水井中,都装设一根直径为 30 ~ 50 mm 的直管,称为测深管。利用测深尺从测深管上端口坠入舱底,然后把尺收上来观察尺的浸湿长度,从而决定舱中液体的存量和液面高度以及干隔舱中有无液体。

测深管的布置和要求如下:

①一般每一液舱、干隔舱、污水井中只布置一根测深管。测深管都布置在液舱的最深处。对于平底舱,可在舱的前后端各布置一根。

②测深管的上端,要升至舱壁甲板的上方,管口有螺纹盖,并与甲板平齐,不妨碍甲板上行走。布置在机舱和轴隧下面的压载水舱、清水舱的测深管,其上端管口只伸到机舱铺板、轴隧铺板以上高度约为 1 m。但是管口上装有自动关闭装置,当不测深时,管口自动关闭,不使舱底水溢出。燃油舱、滑油舱测深管的上端管口,必须伸至露天甲板上,防止油气泄漏于舱内。饮用水的清水舱的测深管的上端管口,要高出甲板面 400 mm 以上,防止污物落入管内。

③测深管的下端,在管口下方的舱底板上,焊接一块平钢板,或在管口上焊一块钢板,而在管子端部侧面开孔,其目的是保护舱底板,以免被测深尺撞漏。

④测深管在穿过货舱等船舱时,都要有良好的保护装置,以防碰损。

⑤目前,有些船上虽然设有机械或电子测量装置,但是仍然必须设有人工测量的测深管。

(2)空气管

空气管又称透气管,其作用是保证液舱在注入或排出液体时,使空气能自由地从管中排出或进入舱中。

空气管的布置和要求如下:

①通常每个液舱装设一只空气管,但在某些特殊情况下装设两只。每个液舱中空气管的总截面积不小于该舱注入管截面积的 1.25 倍,深舱中的空气管则不小于注入管的 1.5 倍。但是,其内径均不得小于 50 mm,油舱的空气管内径不得小于 100 mm。

②空气管的上端,要伸至露天甲板以上 400 ~ 1 200 mm,固定在甲板上并靠近舷墙边处,或靠近上层建筑的壁板处。管头弯成 180°或装设防水盖,以防海水和杂物侵入。燃油舱和滑油舱的空气管的上端管口处,装有金属防火网。

③空气管的下端,是在舱柜顶的最高处,一般均在液舱的前部顶板上。

④空气管可以做成弯曲形状,沿着舷侧外板的内表面或舱壁板伸至露天甲板上。

(3)溢流管

所有用泵灌注的液舱柜,均在舱柜顶部设有一根管子,将可能溢出的液体引入到溢流柜内或有剩余空间的贮存柜内,这种管子称为溢流管。对于装水的液舱柜则引到开敞处所或其他溢流柜内,对于滑油和燃油则防止从空气管溢出,导致污染。

溢流管的截面积要不小于注入管的 1.25 倍,在溢流管上易观察的管段处装有观察镜,以便及时发现溢油,停止灌注。在溢流管上不准装有截止阀或旋塞。

油舱兼作压载水舱的溢流管,如与溢油系统相连,应装设防止压载水溢流进油舱的装置。

溢流管的布置,应保证在任一舱破损进水后,不致使海水通过溢流管进入其他水密舱室内的舱柜。

(4)船底塞

在每一个压载舱(或其他水舱)中,由于压载水管的吸入口不可能完全把水排干净,当水舱需要修理或涂刷时,必须把残留的水放干。因此,在每一个水舱船底板的最低处,开设一个小孔,孔径 50 mm 左右,并用一个螺栓塞紧,在船底板的外面涂上水泥和油漆,船进坞需要修理水舱时,可以把船底塞打开,放尽舱底水。

(八)其他舱室

1.隔离空舱

隔离空舱也称为干隔舱,专门用来隔开相邻的两个舱室,以避免不同性质的液体相互渗透,以及防止油气渗入其他舱室而引起火灾。例如不同种类的滑油舱之间、燃油舱与滑油舱之间、油舱与淡水舱之间,以及油船的货油舱与机炉舱、居住舱室之间等均需设隔离空舱。有的油舱与货舱之间也需设隔离空舱,但燃油舱与压载水舱之间不需要设隔离空舱。隔离空舱较窄,一般只有一个肋位间距,并设有人孔供人员进出检修。油船上的货油泵舱可兼作隔离舱。

2.伙食冷库和粮库

冷库和粮库一般位于厨房附近,要求出入口远离卫生间,且搬运物品方便。

根据食物对冷藏温度的要求不同,大、中型海船一般有 3 ~4 个库,分别储藏肉、鱼、蔬菜、水果和乳蛋品等。粮库用于存放米、面粉、食油、酒和饮料等。

第三节　船舶适航性控制

一、船舶适航性基本知识

(一)船舶尺度和船型系数

船舶尺度,主要是指表示船体外形大小的基本量度。

在船舶设计和建造中,船舶的性能和强度计算以及营运管理上所使用的船体外形尺度是不完全相同的,因而船舶尺度的量度位置也不完全相同。

常用的船舶尺度有三种:主尺度、登记尺度、最大尺度。

1. 主尺度

主尺度是用垂线间长 L_{BP} × 型宽 B × 型深 D(或船长 L_{BP} × 型宽 B × 型深 D)这三个尺度表示的。

主尺度是根据《钢质海船入级规范》中的定义,从船体的型表面上量度的尺度。除此之外,在船舶的设计、建造和性能计算中,还用到总长 L_{OA}、设计水线长 L_{WL} 和型吃水 d 等,它们也都是从船体的型表面上量取的尺度。

(1)船长 L

是沿设计夏季载重水线,由艏柱前缘量至舵柱后缘的长度;对无舵柱的船舶,由艏柱前缘量至舵杆中心线的长度,即艏艉垂线间的长度。但均不得小于设计夏季载重水线总长的96%,且不必大于97%,如图 1-35 所示。

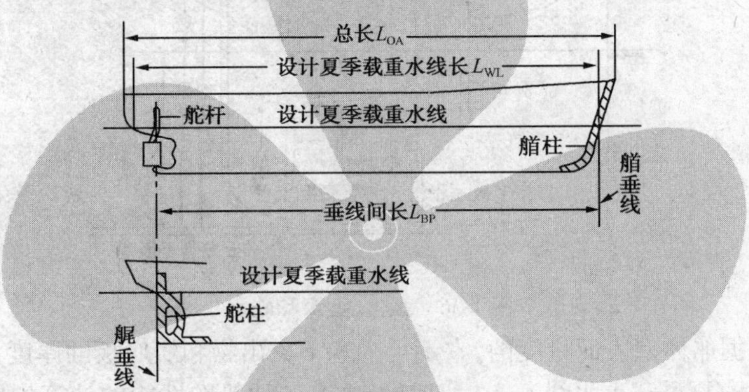

图 1-35　船舶长度

对于箱形船体,船长 L 为沿设计夏季载重水线自艏端壁前缘量至艉端后缘的长度。

通常所称的船长是用垂线间长 L_{BP} 代表。船长用符号"L"表示,以米(m)为单位。

在同样的排水量情况下,船长的不同,对船体重量、船舶阻力、总纵弯曲强度、船舶布置等有不同的影响。

(2)型宽 B

在船体的最宽处,由一舷的肋骨外缘量至另一舷的肋骨外缘之间的水平距离(如图 1-36 所示)。

通常所称的船宽即为型宽,以符号"B"表示。并以米(m)为单位。

船宽的大小,对船舶稳性、快速性、耐波性以及甲板面积等有较大的影响。

(3)型深 D

在船长中点处,沿船舷由平板龙骨上缘量至上层连续甲板横梁上缘的垂直距离;对甲板转角为圆弧形的船舶,则由平板龙骨上缘量至横梁上缘延伸线与肋骨外缘延伸线的交点(如图1-36 所示)。型深用符号"D"表示,单位为米(m)。型深的大小对船舶干舷、舱容、稳性、抗沉性以及空船重量等有较大的影响。

(4)总长 L_{OA}

包括两端上层建筑在内的船体型表面最前端与最后端之间的水平距离(如图1-35 所示)。总长以符号"L_{OA}"表示。在船舶总布置设计和纵倾调整等方面要用到它。

(5)设计水线长 L_{WL}

设计夏季载重水线面与船体型表面艏艉端交点之间的水平距离,通常满载水线的长度即为设计水线长。设计水线长以符号"L_{WL}"表示。船舶的许多航行性能计算都是用设计水线长。

(6)型吃水 d

在船长中点处,沿着船舷由平板龙骨上缘量至夏季载重水线的垂直距离(如图1-36 所示)。型吃水以符号"d"表示,以米(m)为单位。

吃水,是指船舶在水面以下的深度。根据量度位置的不同,吃水主要分为:型吃水、实际吃水(或外形吃水)、设计吃水(或满载吃水)、压载吃水、空船吃水、艏吃水、艉吃水、平均吃水等。

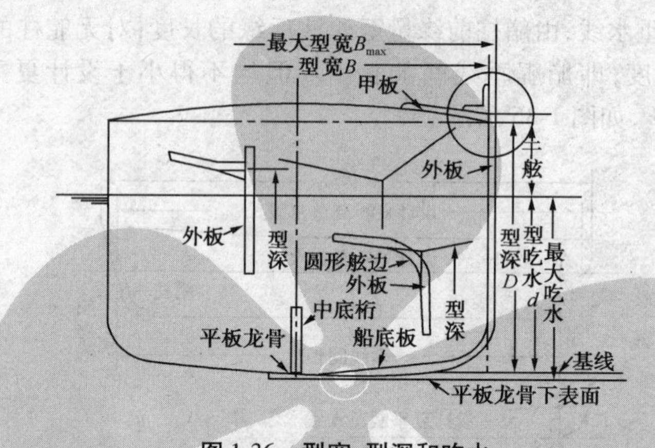

图1-36　型宽、型深和吃水

型吃水是根据船体型表面量度的,它不计入水下突出物和船底板的厚度,而且是量至设计水线(或满载水线、夏季载重水线)。在船舶设计中,各种船舶性能的计算均用型吃水,它对船舶稳性、抗沉性、船体强度、船舶阻力和操纵性等都有较大的影响。

外形吃水或称实际吃水,是从船舶外形的最低点(包括附体或水下突出物在内)量至某一水线面的吃水。对于平直型龙骨线船底无突出物的船型,在夏季载重水线时的实际吃水与型吃水仅差龙骨板的厚度。船舶营运中,对于吃水受限制的水域,要特别注意船舶实际吃水的大小。

设计吃水,通常均指满载吃水,是船舶处于满载排水量状态时的吃水,亦是船舶在正常航行状态下的最大吃水。当计入水面下的突出物和船底板厚度时,即为实际吃水。若从型表面量度时则为型吃水。

空船吃水,是船舶处于空船排水量状态的吃水。空船吃水主要用于设计计算,实际营运中很少出现,因为营运中的船总是留有一定量的油和水等。

压载吃水，是船舶处于压载排水量状态时的吃水。

艏吃水，是艏垂线处的吃水。通常用符号"d_F"表示，可以是型吃水或实际吃水。

艉吃水，是艉垂线处的吃水。通常以符号"d_A"表示，可以是型吃水或实际吃水。

艏吃水和艉吃水的大小对船舶的操纵性、快速性等有很大影响。船舶在压载状态航行时，艉吃水总是要大于艏吃水，不使螺旋桨和舵露出水面。

平均吃水，是艏吃水与艉吃水的平均值，当船舶有横倾又有纵倾时，平均吃水是左右舷相应的艏艉位置测得的吃水平均值。当船舶的纵倾角不大时，通常用平均吃水进行有关的船舶各种性能计算。当纵向倾斜角很大时，不能用平均吃水代表船舶吃水状况进行有关的计算。

2. 登记尺度

船舶在完成吨位丈量工作并填写吨位证书之后，需要申请登记。登记的内容包括船名、船籍港、螺旋桨数目、建造日期、建造地点和船舶尺度等。该处所使用的船舶尺度，也称为船舶登记尺度。

目前，我国船舶所使用的登记尺度分两种：持有"国际船舶吨位证书（1969）"的船舶，用"国际航行船舶"的登记尺度，即按《1969 年国际船舶吨位丈量公约》中所规定的定义（与《1966 年国际载重线公约》中规定的船舶尺度定义相同）；持有"船舶吨位证书"的船舶，用"国内航行船舶"的登记尺度。

（1）国际航行船舶的登记尺度

①长度，是指量自龙骨板上缘的最小型深 85% 处水线长度的 96%，或沿该水线从艏柱前缘量到上舵杆中心的长度，取两者中较大者。如船舶设计具有倾斜龙骨，则作为测量此长度的水线应平行于设计水线。

②宽度，是指船舶长度中点处的宽度。对于金属外板的船舶，其宽度量到两舷的肋骨型线；对于其他材料外板的船舶，其宽度量到船外板的外表面。

③型深：

A. 型深是指在长度中点船舷处从平板龙骨上表面量到上甲板下表面的垂直距离。对于木质船舶和铁木混合结构船，垂直距离是从龙骨镶口的下缘量起。如船舶中央横剖面的底部具有凹形，或装有加厚的龙骨翼板时，垂直距离是从船底平坦部分向内延伸与龙骨侧面相交的一点量起。

B. 具有圆弧形舷边的船舶，型深是量到甲板型线和船舷外板型线相交之点，这些线的延伸是把舷边看做是设计为折角形的。

C. 当上甲板为台阶型甲板，并且其升高部分延伸超过决定型深的一点时，型深应量到较低部分甲板与升高部分相平行的延伸线。

（2）国内航行船舶的登记尺度

①量吨甲板长度，是指量吨甲板型线艏艉两端点之间的水平长度。如量吨甲板有台阶，则取其低者，并作延伸线进行计量。

②船宽，是指在船舶中剖面型线的最大宽度。对金属外板的船舶，应量至两舷外板的内表面；对非金属的船舶，应量至两舷外板的外表面。

③船深，对金属外板的船舶，是指在中剖面处从龙骨板上表面量至量吨甲板在船舷处的下表面的垂直距离。对非金属的船舶，此垂直距离应包括底板的厚度。

量吨甲板，一般为第二层甲板，对于单甲板船为上甲板。量吨甲板是构成吨位规则的吨位空间的上边界。

上述的船舶尺度，除了在船舶登记中使用外，主要是在船舶吨位丈量和计算中使用。

3. 最大尺度

最大尺度包括船舶最大长度、最大宽度、最大高度。船舶在停靠码头，进坞，过船闸、桥梁和狭窄航道以及船舶避碰时要用到船舶最大尺度。

(1) 最大长度 L_{max}

最大长度 L_{max} 是指船舶最前端与最后端之间包括外板和两端永久性固定突出物（如顶推装置等）在内的水平距离。

对于两端无永久性固定突出物的船舶，如木质、水泥、玻璃钢等船舶的最大长度等于总长，钢质船舶的最大长度与总长相差两端外板的厚度。最大长度是船舶的实际长度。

(2) 最大宽度 B_{max}

最大宽度 B_{max} 是指包括外板和永久性固定突出物（如护舷材、水翼等）在内的垂直于中线面的船舶最大水平距离。

对于两舷无永久性固定突出物的船舶，如木质、水泥、玻璃钢等船舶，最大宽度等于型宽，钢质船舶的最大宽度与型宽相差两舷外板的厚度。最大宽度是船舶的实际宽度。

(3) 最大高度

最大高度是指从船舶的空载水线面垂直量到船舶固定建筑物（包括固定的桅、烟囱等在内的任何构件）最高点的距离。

4. 船舶主尺度比

船舶主尺度比是表示船体几何形状特征的重要参数，其大小与船舶的航海性能有着密切的关系。

(1) 长宽比 L/B

长宽比 L/B 一般是指垂线间长与型宽的比值。该比值越大，船体越瘦长，其快速性和航向稳定性越好，但港内操纵不灵活。通常高速船的长宽比大于低速船的长宽比。

(2) 宽度吃水比 B/d

宽度吃水比 B/d 一般是指型宽与型吃水的比值。该比值大，船体宽度大，船舶稳性好。但横摇周期小，耐波性变差，航行阻力增加。一般海船的宽度吃水比小于内河船的宽度吃水比。

(3) 型深吃水比 D/d

型深吃水比 D/d 是指型深与型吃水的比值。该比值大，干舷高，储备浮力大，抗沉性好，船舱容积增大，重心升高。一般客船的型深吃水比较大，而油船的型深吃水比较小。

(4) 长深比 L/D

长深比 L/D 是指垂线间长与型深的比值。该比值大对船体纵向强度不利，所以在船舶规范中规定，一般干货船的长深比 $L/D \leq 17$。

(5) 长吃水比 L/d

长吃水比 L/d 一般是指垂线间长与型吃水比值。该比值大，船舶的操纵回转性能变差。

(6) 宽深比 B/D

宽深比 B/D 一般是指型宽与型深的比值。宽深比对船体结构强度有较大影响，该比值越大，则船舶的中横剖面越扁，对船体纵横向强度越不利，因此，在船舶建造规范中规定，一般干货船宽深比 $B/D \leq 2.5$。

5. 船型系数

船型系数是表示水线下船体肥瘦程度的各种无因次系数的统称。它能表征水线下船体的体积和面积沿着各个方向分布的情况。

(1)水线面系数 C_W

C_W 是平行于基平面的任一水线面面积 A_W 与对应的水线长 L 和水线面最大宽 B 的乘积之比(如图 1-37 所示)。

$$C_W = \frac{A_W}{L \times B}$$

水线面系数表征船体水平剖面的肥瘦程度。其值的大小对船舶的快速性、稳性和甲板面积等都有影响。

(2)中横剖面系数 C_M

C_M 是中横剖面的浸水面积 A_M 与对应的水线宽 B 和型吃水 d 的乘积之比(如图 1-38 所示)。

$$C_M = \frac{A_M}{B \times d}$$

中横剖面系数表征船舶中横剖面的肥瘦程度。其值的大小对船舶的快速性和耐波性等有影响。

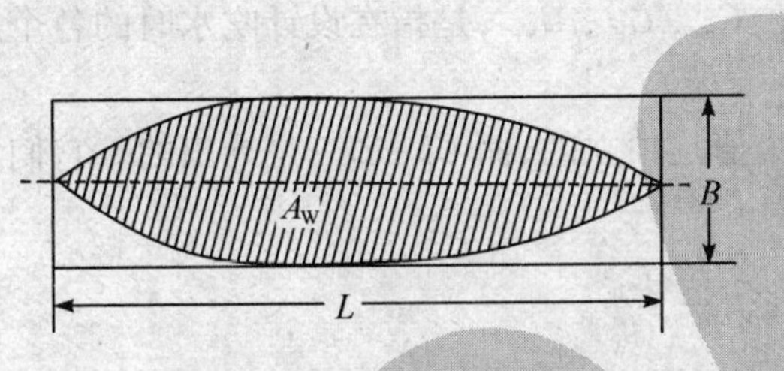

图 1-37　水线面系数

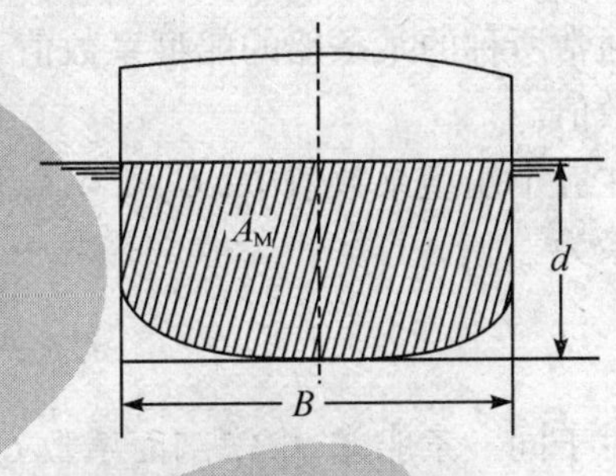

图 1-38　中横剖面系数

(3)方形系数 C_B

C_B 是在与基线平行的任一水线下型排水体积 V 与对应的水线长 L 、中横剖面处的水线面宽 B 和型吃水 d 三者乘积之比(如图 1-39 所示)。

$$C_B = \frac{V}{L \times B \times d}$$

方形系数表征船体的肥瘦程度,是表示船体形状的重要系数,方形系数的大小对船舶的排水量、舱室容积、快速性、耐波性等均有影响。

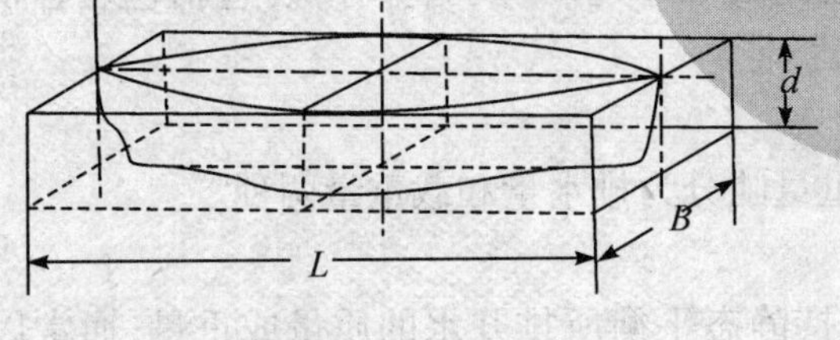

图 1-39　方形系数

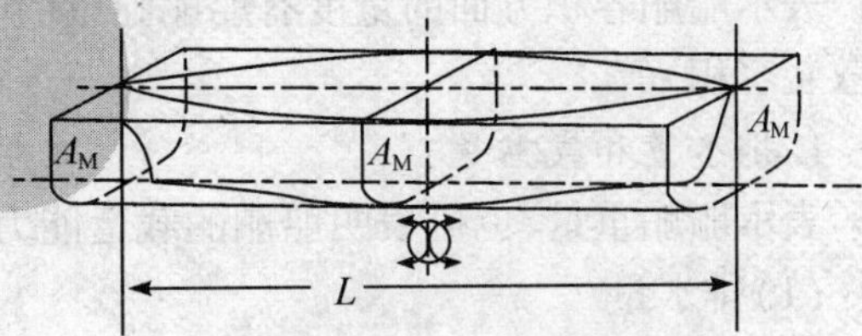

图 1-40　棱形系数

(4)棱形系数 C_P

C_P 是在与基线平行的任一水线下,型排水体积 V 与对应的水线长 L 、中横剖面的浸水面

积 A_M 两者乘积之比(如图 1-40 所示)。

$$C_P = \frac{V}{L \times A_M}$$

棱形系数表征排水体积沿船长的分布,其值的大小对船舶的快速性、耐波性等有影响。

(5)垂向棱形系数 C_{VP}

C_{VP} 是在与基线平行的任一水线下,型排水体积 V 与对应的水线面面积 A_W、中横剖面处的型吃水 d 两者乘积之比(如图 1-41 所示)。

$$C_{VP} = \frac{V}{A_W \times d}$$

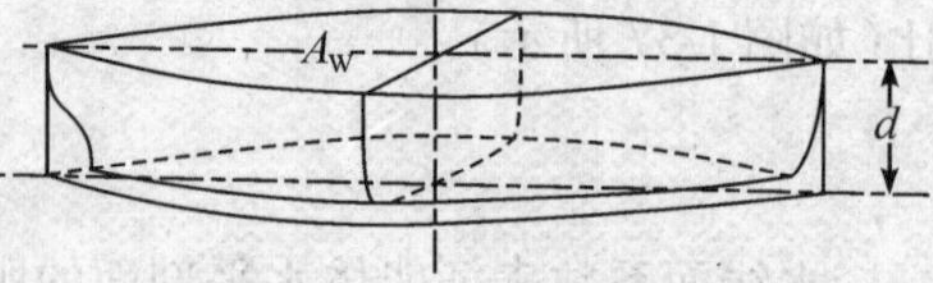

图 1-41 垂向棱形系数

垂向棱形系数表征排水体积沿着船舶垂向的分布。

归纳上面所述,可得出如下几点:

①不同的船型系数以及船型系数值的大小,对于船舶的航海性能和使用性能有着不同的影响。

②船型系数值 C_W, C_M, C_B, C_P, C_{VP} 是随着船舶吃水在变化的,其变化规律可以绘成曲线,画在船舶静水力曲线图中。用时可根据船舶吃水在图中查出相应吃水下的各个船型系数值。

③通常所称的某条船的船型系数值 C_W, C_M, C_B, C_P, C_{VP},是指在设计吃水时的各个船型系数数值。

④在五个船型系数值中,C_W, C_M, C_B 这三个值是独立的,而 C_P, C_{VP} 是导出的。它们之间的关系为

$$C_P = \frac{C_B}{C_M} \qquad C_{VP} = \frac{C_B}{C_W}$$

⑤对于同一条船舶,中横剖面系数 C_M 值较大,而方形系数 C_B 值最小。

⑥利用船舶的主尺度比和船型系数,可以计算在某一吃水时船舶的排水体积及其他的尺度和参数。

(二)船舶的排水量、载重量和吨位

船舶主尺度比和船型系数是表示船体外形大小和肥瘦程度的重要量度。但是,它们还不能全面地表示一条船的大小。因此,还必须应用表示船舶重量和容积等方面的量度。

表示船舶重量方面的量度有船舶排水量和载重量,包括空船排水量、满载排水量、载重量、净载重量等。

表示船舶容积方面的量度有船舶吨位(包括总吨位和净吨位)及舱室容积(包括包装容积和散装容积)等。

1.排水量和载重量

表示船舶重量,也可表明船舶的载运能力。重量吨分为排水量和载重量两种。

(1)排水量

船舶排水量,是指船舶自由漂浮于静水中,保持静态平衡所排开水的质量或重量,通常以符号“D”表示,排水量等于船舶重量。因此,当船舶的载重不同时,就有不同的排水量。对于民用船舶有实用意义的排水量为空船排水量和满载排水量。

①空船排水量,空船排水量等于空船重量。是指民用船舶装备齐全,但无载重时的船舶排

水量。除了船体和机器设备等的重量之外，空船重量还包括固定压载、备件、管系中的液体、液舱中不能吸出的液体、给水以及锅炉和冷凝器中的水在内，但不包括船员、粮食、淡水、供应品、燃料、滑油、货物和旅客。

②满载排水量，满载排水量等于空船排水量加上总载重量时的排水量。满载排水量是反映船舶大小的一个重要量度，是船舶的许多性能、结构、载重能力等计算的主要依据。

③装载排水量，指船舶在空载吃水与满载吃水之间任一吃水下的排水量。

(2)载重量

船舶载重能力主要表现在它的载重量上。载重量分为总载重量和净载重量。

①总载重量 DW：船舶总载重量，通常简称为载重量，是船舶允许装载的可变载荷的最大值，通常以符号“DW”表示。总载重量包括船员、粮食、供应品、淡水、燃料、滑油、货物和旅客等重量。它是表示船舶运输中总的载重能力。例如称某船是万吨级的船，意思是说该船的总载重量为 10 000 t 左右。

②净载重量：船舶净载重量，是载重量中允许装载的货物与旅客，包括行李及随身携带的物品在内的最大重量。它反映的是船舶的运输能力，其值的大小影响船舶的运输成本。

2. 容积吨

是依据船舶登记尺度丈量出船舶容积后经计算而得出的吨位，它表示船舶所具有空间的大小，又称登记吨位。根据丈量范围和用途的不同，容积吨可分为总吨位、净吨位和运河吨位。

(1)总吨位 GT

是指根据公约或规范的各项规定，丈量测定出船舶的总容积后，再按公式计算得出。船舶总吨位按下式确定

$$GT = K_1 \cdot V$$

式中，V——船舶所有围蔽处所的总容积(m^3)；

K_1——系数，等于 $0.2 + 0.02\lg V$。

船舶总吨位的用途：

①表示船舶建造规模的大小，同时也是商船拥有量的统计单位。

②计算造船、买卖船舶、定期租船和光船租船费用的依据。

③国际公约、船舶规范中划分船舶等级、技术管理和设备要求的基准。

④船舶登记、丈量和检验等收费的标准。

⑤确定海事索赔责任限制的基准。

⑥某些港口使费的计费依据。

⑦计算净吨位的基础。

(2)净吨位 NT

船舶净吨位是指根据有关国家主管机关制定的规范丈量确定的船舶有效容积，即扣除不能用来载货或载客的处所后得到的船舶可营运容积。不能用来载货或载客的处所包括船员的生活起居处所、船舶机械和装置处所、航行设备处所、安全设备处所和压载处所等。根据我国《船舶与海上设施法定检验规则》，净吨位的计算以丈量得到的各载货处所的总容积为基准，并考虑乘客定额以及船舶总吨位和船型尺度，用公式计算求得。

向船舶征收的各种港口使费，如船舶吨税、船舶港务费、引航费、码头费、系解缆费、船舶服务费等，一般以船舶净吨位作为计费的依据。

(3)运河吨位

通过苏伊士运河、巴拿马运河的船舶,须按照运河吨位交付各种过河费用。运河当局根据自己制定的船舶吨位丈量规范,对通过运河的船舶进行总吨位和净吨位的丈量,并核发相应的运河吨位证书。不论是苏伊士运河吨位还是巴拿马运河吨位均较普通船舶登记吨位要大。

(三)储备浮力、干舷和载重线标志

1. 储备浮力

为了保证船舶的航行安全,在任何情况下都不允许船体的水密空间全部浸入水中。就是说在载重水线以上,必须保留一部分水密空间留做备用。这是因为甲板上浪或结冰会增加船舶的重量;另外,一旦发生海损船体内部进水,为了使船舶能保持一定的漂浮能力或不致立刻沉没,都需要有一定的备用水密空间提供浮力,支持增加的船舶重量。因此,满载水线(设计水线)以上的船体水密部分的体积所具有的浮力,称为储备浮力。储备浮力通常以船舶正常排水量的百分数来表示,一般海洋运输船舶的储备浮力占满载排水量的20% ~50%。

2. 干舷

所谓干舷,通常是指船舶的夏季最小干舷,它是在船中处,沿舷侧从夏季载重水线量至干舷甲板上表面的垂直距离。

干舷甲板是按载重线公约或载重线规范所要求的,用以计算最小干舷的基准甲板。通常干舷甲板是船舶最高一层全通甲板,在该层甲板及其下面的两舷侧,所有的水密开口都要求必须有永久性的水密封闭装置。

储备浮力的大小,一般是用船舶干舷的高度来衡量。干舷越大,载重水线以上的水密空间就越大,即储备浮力也越大。所以,干舷被用做衡量船舶储备浮力大小的一个尺度。

为了既能保证船舶的安全航行,又能使船舶具有尽可能大的装载能力,每条船舶都必须具有一个最小的储备浮力。最小储备浮力限定了船舶最大吃水,或者说规定了最小干舷。船舶在任何情况下,装载的重量都不得使干舷小于所规定的最小干舷。

最小干舷高度大小是由船长、型深、方形系数、上层建筑、舷弧、船舶种类、开口封闭情况及船舶航行的区带、区域、季节期和航区等方面决定的。

3. 载重线标志

在海洋上,风浪是影响船舶航行安全的重要因素。根据海上风浪的大小和变化规律,将世界上具有相似风浪条件的海域分成若干区带,称为区带或区域;又在同一区带内,按照风浪变化的不同时期,划分为季节区带,称为季节期。船舶在不同区带、不同季节期航行,船舶有可能承受的风浪不同,所承受的危险程度不同,所允许最大装载的重量不同。为了保障船舶航行的安全和最大的载重能力,需要对应不同的船舶最小干舷。

在不同季节所用的最小干舷,用载重线标志的形式勘绘在船长中部的两舷,并颁发载重线证书,以示证明有效,如图1-42 所示。这项工作由各国政府所属的验船机构或政府委托船级社代表政府执行。

勘划船舶载重线标志的意义就是:在保证船舶安全航行条件下,又根据海上风浪情况,最大限度地利用船舶的载重能力。

(1)国际航行船舶的载重线标志

根据《1966 年国际载重线公约》的规定,国际航行船舶应勘绘的载重线标志、载重线和甲板线的形式如下:

①甲板线,是勘绘在船中两舷侧长 300 mm、宽 25 mm,其上边缘通过干舷甲板的上表面

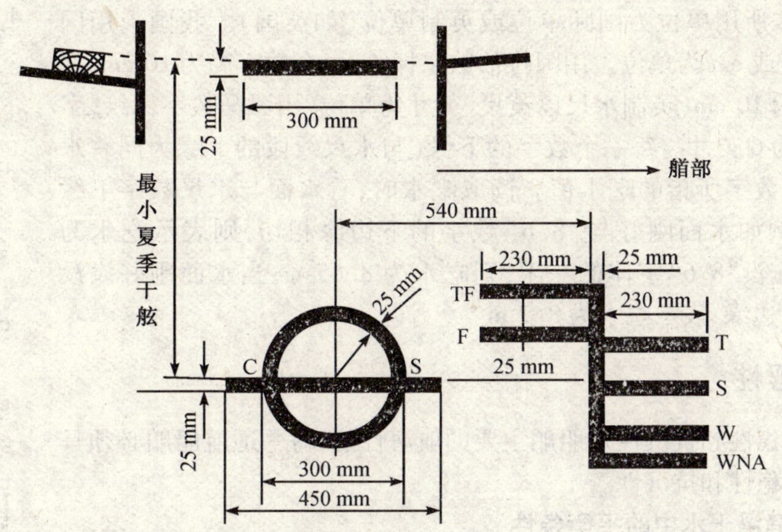

图 1-42　载重线标志

(木铺板时,为木铺板的上表面)向外延伸与船体表面相交的线段。

②载重线圈,是一个外径为 300 mm、线宽为 25 mm 的圆圈和一条与圆圈相交的水平线段。水平线段长度为 450 mm、宽为 25 mm,其上边缘通过圆圈的中心。圆圈中心位于船中处,从甲板线上边缘垂直向下量至圆圈中心的距离等于所核定的夏季最小干舷。在圆圈的两侧标注两个字母,代表核定勘绘干舷的验船机构。

③载重线,分别以长 230 mm、宽 25 mm 的水平线段表示。各载重线与一根位于载重线圈中心向艏部一侧,长 540 mm、宽 25 mm 的垂直线相垂直。各载重线的上边缘为船舶航行在不同区域、区带和季区区域、季节区带中所允许的最高载重水线位置,即代表各区域、区带和季节期船舶航行所允许的最小干舷。

各载重线上的字母符号代表的意义如下:

"S"——夏季载重线(国内船舶采用"X");

"T"——热带载重线(国内船舶采用"R");

"W"——冬季载重线;

"WNA"——北大西洋冬季载重线,对于船长大于 100 m 的船舶需勘绘北大西洋冬季载重线;

"F"——夏季淡水载重线(国内船舶采用"Q");

"TF"——热带淡水载重线(国内船舶采用"RD")。

木材船载重线应在通常的货船载重线以外勘绘,位于船中舷侧载重圈后方(向艉部)。在木材载重线上除上述规定字母外均附加上"木"字的英文词头"L"(Lumber)表示(国内航行船舶加"M")。而客船需要在载重线下方绘有分舱载重线。

(2)国内航行船舶的载重线标志

由于沿着海岸附近的风浪较小,因此国内航行船舶的最小干舷比国际航行的船舶的最小干舷要小一些。另外,国内航行船舶无冬季载重线和北大西洋载重线。

(四)水尺

水尺是表示船舶吃水的标记,也称吃水标志。它是用数字和线段刻画在艏部、艉部和船中两舷的船壳板上(如图 1-43 所示),一般用以分别标明相当于艏垂线、艉垂线和船中横剖面处的实际吃水值。所用单位为国际单位或英制单位(如英国)。我国采用国际单位制,以 m 或 cm 为单位。用阿拉伯数字标绘,每个数字高为 10 cm,字与字的间隔也为 10 cm(英制水尺以英尺、英寸为单位,用罗马数字标绘,字高和字间隔均为 6 英寸。每一个数字的下缘(与水尺线段的下缘为同一水平面)是表示该数字所指的吃水值。读取吃水时,看水面与水尺数字下缘相切的位置。例如水面刚好与"8.6"数字的下边缘相切,则表示吃水为 8.6 m;当水面淹没"8.6"字体的一半,则吃水为 8.65 m;当水面刚好淹没"8.6"字体的上边缘,表示吃水为 8.7 m。

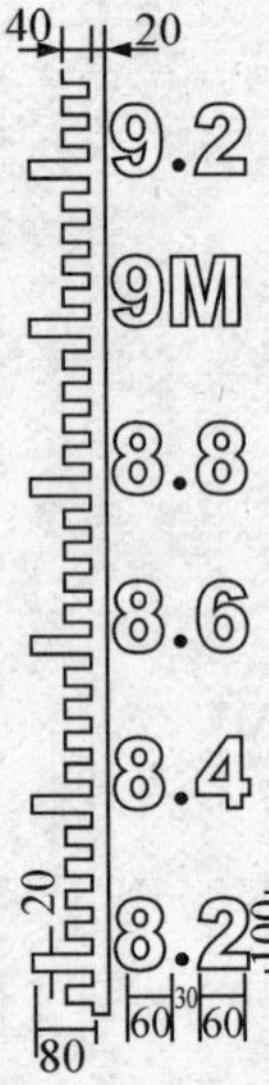

图 1-43 吃水标志

二、船舶浮性

船舶浮性、稳性和抗沉性是船舶主要的航海性能,每一适航船舶必须具有足够的浮性、稳性和抗沉性。

(一)船舶静浮于水中的平衡条件

1. 船舶的浮力与重力

船舶在各种载重情况下,能保持一定浮态的性能称为船舶浮性,是船舶的基本性能之一。

船舶静浮于水中,船体浸水表面上每一点都受到静水压力的作用,静水压力的方向垂直于船体的外表面。任意一点的静水压力都可以分为水平方向的分力和垂直方向的分力(如图 1-44 所示)。静水压力垂直静水面方向分力的合力称为船舶浮力。船舶浮力支撑着船舶重量,使船舶能够浮于水中。

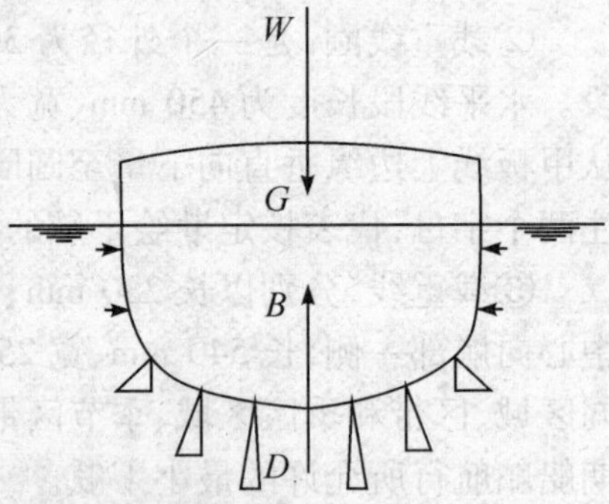

船舶自由浮于静水中所排开水的质量,称为船舶排水量,通常以符号 D 表示。

图 1-44 浮力

船舶浮力的作用中心,称为船舶的浮心。浮心就是水线下船体体积的几何中心,通常以符号"B"表示,浮心坐标 $B(X_b, Y_b, Z_b)$ 。船舶浮力的方向总是垂直静水面向上的。

船舶的重量是船舶所有重量之和。船舶所受重力的大小等于船舶质量乘以重力加速度 g。船舶重力的方向总是垂直于静水面向下。重力的作用中心,称为船舶重心,通常以符号"G"表示,重心坐标 $G(X_g, Y_g, Z_g)$。

2. 船舶浮于水中的平衡条件

根据静力学的物体平衡条件,船舶静止地浮于水中的条件是:作用于船上的重力和浮力,必须大小相等方向相反,且作用在同一条垂直于静水面的铅垂线上,即船舶的重力等于船舶的浮力,船舶的重量 W 等于船舶的排水量 D 。

(二)船舶的浮态

船舶在静水中的漂浮状态称为浮态。由于船舶载重的大小和漂浮状态的不同,船舶的浮态主要有正浮、横倾、纵倾、横倾加纵倾(任意状态)四种形式。表征船舶不同浮态的参数主要有船舶的吃水 d、横倾角 θ、纵倾角 φ 或艏艉吃水差 t。

1. 正浮

船舶既无横倾又无纵倾的漂浮状态称为正浮。也就是船舶的左右舷吃水和艏艉吃水均相

等。正浮时船舶的中纵剖面和中横剖面都垂直于静水面,只需用船舶吃水 d 表示其浮态。在船舶处于正浮状态时,由于船体几何形状左右对称于中线面,故船舶正浮时,船舶浮心和重心的横坐标相等且等于零,但船体形状一般前后方向相对于中站面不对称,浮心和重心纵坐标相等但不一定为零。

2. 横倾

船舶只具有横向倾斜(无纵向倾斜)的漂浮状态,称为横倾。横倾用正浮与横倾时两水线夹角 θ(横倾角)表示船舶横倾的状态。船舶横倾时,船舶同样满足在静水中的平衡条件,但由于横倾,其重心和浮心的横向坐标不等,纵向坐标还是相同。船舶横倾时,艏艉吃水一致,左右吃水不同,左舷吃水大于右舷吃水时称为左倾,右舷吃水大于左舷吃水称为右倾。

3. 纵倾

船舶相对于设计水线具有纵向倾斜(无横倾)的漂浮状态,称为纵倾。纵倾是用吃水差 t 或设计水线与静水平面的夹角 φ(纵倾角)表示船舶纵倾的状态。船舶纵倾时,船舶同样满足在静水中的平衡条件,但与横倾时相反,其重心和浮心的纵向坐标不等,横向坐标相同且为零。

4. 纵倾加横倾

船舶既有纵倾又有横倾的一种漂浮状态。用横倾角 θ、纵倾角 φ 或吃水差 t 表示其浮态。船舶纵横倾时,船舶同样满足在静水中的平衡条件,但其重心和浮心的纵、横向坐标都不相等。重心和浮心位置既不同时位于中纵剖面上,也不可能位于同一横剖面上。

由上述的分析可见,船舶在水中的漂浮状态,即船舶在水中的吃水大小、正浮、横倾、纵倾等浮态和船舶的重量与重心位置、排水量与浮心位置有关。因此,研究船舶在水中的浮态,就是研究船舶的重量和排水量的大小、重心坐标和浮心坐标值的计算等。

(三)船舶抗横倾系统的分类及管理

船舶抗横倾系统是对由于负荷不对称引起的船舶横倾进行补偿,主要有泵控制的抗横倾系统和风机控制的抗横倾系统。出于安全原因,均不允许在公海上用任何形式运行抗横倾系统。

1. 泵控制的抗横倾系统

泵控制的抗横倾系统的工作原理如图 1-45 所示,控制单元通过触点激励压载系统中的泵和阀,使得水在压载舱之间流动达到平衡。该系统的控制方式有自动和手动两种。在自动运行时,阀和泵将根据船舶的实际位置选择,通过阀 WBV18/WBV20 的激励实现旁通运行,其工作过程如下:

①在船舶处于垂直位置(横倾角为零)时,阀 WBV18/WBV20 打开,其他阀保持关闭。

②在旁通方式下,延时若干秒后,泵开始起动,通过 WBV18/WBV20 循环传送水。待3 min 的旁通时间过去后,停止运行。在横倾角超过规定值时,控制系统自动地驱动阀和泵。

③在船舶横倾超过 0.5°(起动设定值),延时若干秒后,自动开始运行,阀 WBV18/WBV20 全开,在“旁通”方式下起动的泵就通过这些阀进行水的传输。如果船向左方倾斜超过起动阈值,阀 WBV18 关闭、阀 WBV17 打开。这样,水就被泵入右方的舱中。

④当船舶达到垂直位置或水位最低时,泵再次在旁通方式下运行,阀 WBV18/WBV20 打开,阀 WBV19/WBV17 关闭。

⑤旁通方式限制在 3 min 之内,在泵停止运行若干秒后,阀 WBV18/WBV20 将处于关闭位置。

⑥在自动方式下,装置不会断电,而是处于静止状态,并能提供船舶不正常倾斜的报警。

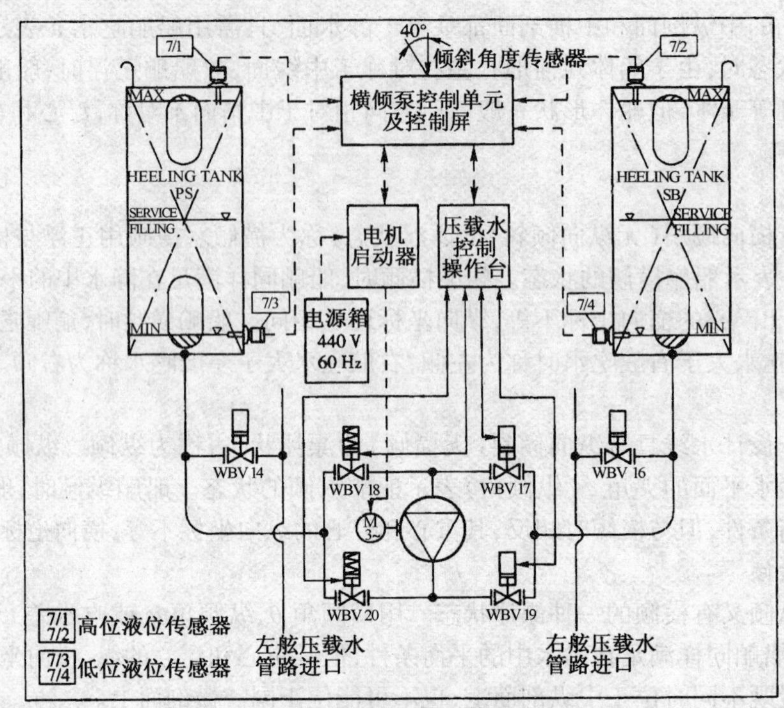

图 1-45　泵控制的抗横倾系统

⑦当有新的横倾信号时又使得抗横倾系统相应地作出反应。泵立即起动，通过阀WBV18/WBV20又进行水的传输，直至起动过程结束。

⑧阀WBV14/WBV16是压载水控制系统控制阀，有驾驶台授权之后才能进行操作，在装置起动横倾角为零后，全部停止。

2. 风机控制的抗横倾系统

风机控制的抗横倾系统工作原理，不同于传统的泵压载系统（如图1-46所示）。旋转活塞式风机和气阀通过管路与船舶两侧的水舱相连。一旦船舶由于载荷不对称产生倾斜，鼓风的空气立即被引至相应的边舱中，从而使得舱中的水立即沿图示方向流到另一个边舱中，直到船舶垂直。

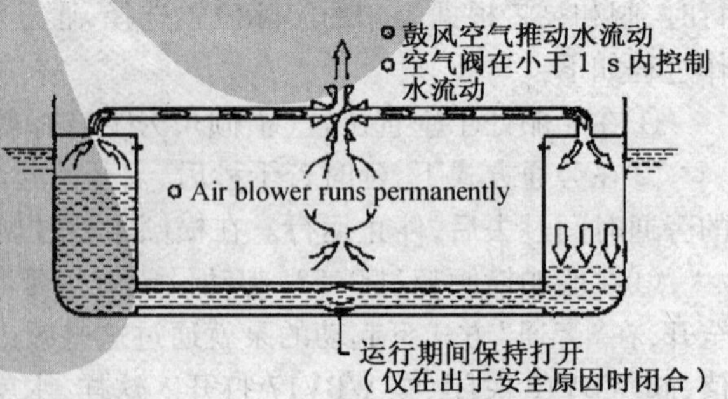

图 1-46　风机控制的抗横倾系统

风机驱动的抗横倾系统工作过程为：当横倾超过规定值时，气阀控制鼓风空气/水流，使得船舶回到倾斜度为零或最高/最低水位的位置上，此时气阀阻塞水舱中的水，并将鼓风空气引入大气，水的流向变化不受限制。拥有保持横倾最小的任意转换速率，运行期间不存在电动机起动的峰值电流。

风机驱动的抗横倾系统最突出特点：

①由于风机一直在运转，加之气流的方向是由快速作用的空气阀控制的，因而在位移期间不存在动作时间的延时（亦即位移是连续的），反应快。工作期间也就不存在马达起动的大电流。

②系统没有任何工作部件与水相接触，这样侵蚀就不会影响系统在工作寿命期间的运行。

③边舱中的空气层(气垫)和管路能够使得位移快速地起动和停止,而不是像泵系统中那样担心动态冲击。

④部件的安装与舱在船上的位置无关。

三、船舶稳性

(一)稳性分类

船舶受外力作用发生倾斜,当外力消失后,船舶恢复到原来平衡位置的能力称为船舶稳性。为了讨论问题方便,在研究船舶的稳性时,常将稳性按其倾斜方向、倾角大小和作用力的性质等进行如下分类。

(1)按船舶倾斜方向的不同可将船舶稳性分为:

①横稳性,是指船舶在横倾状态下所具有的稳性。

②纵稳性,是指船舶在纵倾状态下所具有的稳性。

(2)按船舶倾斜角度的大小可将船舶稳性分为:

①初稳性,是指船舶小角度倾斜(倾斜角度不超过 10°~15°)时所具有的稳性,通常初稳性系指初横稳性。

②大倾角稳性,是指船舶大角度倾斜(倾斜角度超过 10°~15°)时所具有的稳性。

(3)按作用力性质的不同可将船舶稳性分为:

①静稳性,是指船舶受静力作用发生倾斜后所具有的稳性。所谓静力,是指缓慢地作用于船上的外力,船舶在倾斜过程中不计角加速度和惯性矩。

②动稳性,是指船舶受动力的作用发生倾斜后所具有的稳性。所谓动力,是指在很短的时间内突然作用于船上的外力,或作用于船上的外力在很短的时间内有明显的变化,即在船舶倾斜过程中计及角加速度和惯性矩。

(4)按船舶破损与否可将船舶稳性分为:

①完整稳性,是指船舶完整无破损浸水时的船舶稳性。

②破舱稳性,是指船舱破损浸水后的船舶稳性。

对于一般船舶,船长远远大于船宽,纵稳性远好于横稳性。因此,除特别说明,下面讨论的稳性均指横稳性。

当船舶受一横向的风浪或拖牵力等作用时,船舶会发生横倾,这种使船舶产生横向倾斜的外力,统称为横倾力矩,并以符号“M_h”表示。船舶在横倾力矩作用下倾斜的过程中,通常假设横倾力矩的大小是不随倾角和时间而变化的,认为是一个常量。

(二)船舶初稳性

船舶在一横倾力矩 M_h 作用下,从正浮位置倾斜一个小角度 θ($<10°\sim15°$)时的船舶稳性,即初稳性问题。

如图 1-47 所示的船舶,吃水为 d,浮心 B 的纵坐标为 Z_b,重心 G 的纵坐标为 Z_g。

重力 W 和浮力 D 的大小相等,方向相反,并作用在垂直于水线 WL 的同一条直线上,船舶静止地正浮于水线 WL 处。当船舶受一横倾力矩 M_h 作用,从正浮位置向一侧微倾一个 θ 角时,水线由 WL 移至 W_1L_1,在等体积微倾的情况下,倾斜前后两水线面的交线(倾斜轴)是过倾斜前水线面漂心 F 点。

船舶在倾斜过程中,假定船舶的重心 G 的位置是不能移动的,由于水线下的船体形状发生了变化,浮心 B 向倾斜的一侧移至 B_1。此时,重力 W 和浮力 D 的大小不变、方向垂直于新

的水线 W_1L_1，但两个力不再作用在同一条直线上，形成一个力偶矩 $M_S = D \cdot GZ$，力偶矩 M_S 的方向与横倾力矩 M_h 的方向相反，扶正船舶或使船舶回复到初始的平衡位置，该力偶矩称为船舶稳性力矩。GZ 值是从船舶的重心 G 向新的浮力作用线所做的垂线的距离，称为船舶静稳性力臂。

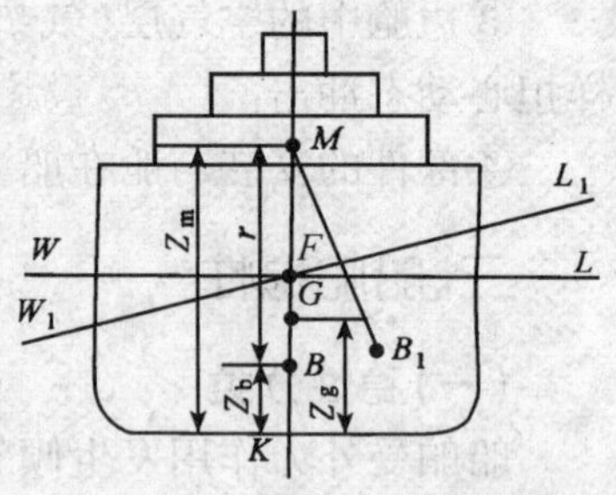

图 1-47　船舶初稳性高度

在船舶的倾斜过程中，浮心 B 移动的轨迹 BB_1，称为浮心变化曲线。浮心变化曲线的曲率中心，称为船舶的稳心，并以符号"M"表示。船舶在倾斜过程中，由于浮力作用线总是在浮心变化曲线的法线方向上，因此稳心 M 也可以看做是微倾前后两浮力作用线的交点。

1. 稳心 M

当船舶从正浮位置微倾 θ($<10° \sim 15°$)时，由于倾斜前后两水线面积变化不大，浮心曲线 BB_1 可以近似地看做一段圆弧线，而它的曲率中心，即稳心 M，是圆弧线 BB_1 的圆心。故船舶从正浮位置倾斜一个小角度时，其稳心 M 可以认为是一个固定点，并位于船舶中线上。该稳心称为船舶初稳心，通常简称为船舶稳心 M。稳心 M 点距基线的高度以坐标"Z_M"表示。

2. 稳心半径 $r(BM)$

稳心 M 在浮心 B 之上的高度 BM，称为稳心半径，以符号"r"表示。

一般，在理论上 $r \propto B^2/d$，即稳心半径与船舶宽度的平方成正比，与船舶吃水成反比。而对于确定的船舶来说，船宽 B 随着吃水 d 变化很小，所以 r 或 Z_M 随着 d 的增大而逐渐地变小。

3. 初稳性高度 GM

稳心 M 在船舶重心 G 之上的高度，称为船舶初稳性高度，并以符号"GM"表示。

$$GM = Z_M - Z_g$$

当稳心 M 在重心 G 之上，规定 $GM>0$，初稳性高度为正值；

当稳心 M 在重心 G 之下，$GM<0$，初稳性高度为负值；

当稳心 M 与重心 G 重合，$GM=0$，初稳性高度为零。

4. 判断船舶是否具有稳性

利用初稳性高度可以简单地判断出船舶是否具有稳性。

如图 1-48 所示的船舶，其初始的平衡状态为正浮于水线 WL 处，重力 W 和浮力 D 大小相等，方向相反，并作用在垂直 WL 的同一条直线上。

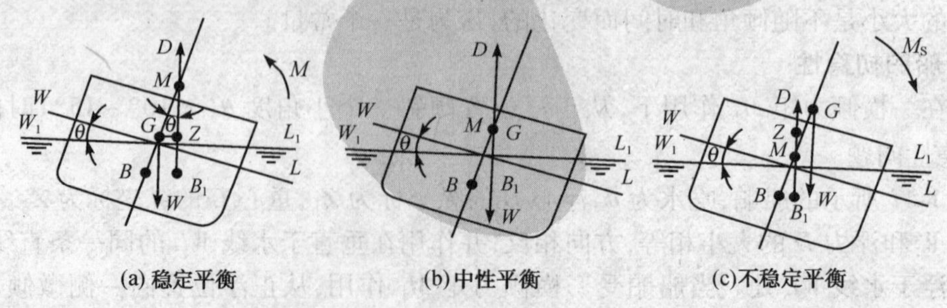

图 1-48　船舶三种平衡状态

当稳心 M 在重心 G 之上，$GM>0$，船舶为稳定平衡状态，船舶具有稳性；当稳心 M 在重心 G 之下，$GM<0$，船舶为不稳定平衡状态，船舶不具有稳性；当稳心 M 与重心 G 重合，$GM=0$，船舶为随遇平衡状态（或称中性平衡状态），船舶不具有稳性。

因此,船舶是否具有稳性,是与船舶所处的初始平衡状态的重心 G 与稳心 M 的相对位置有关。对于船体几何形状一定的船舶,船舶稳心 M 距基线的高度 Z_M 是与船舶的吃水有关,吃水一定,稳心距基线高度就是一定的。

船舶重心 G 距基线的高度 Z_g 是与船舶装载状态有关,即与船舶装载货物的重心位置有关。在同一吃水下,由于货物等重量装载位置高低不同,船舶重心高度就不同。在同一航次中,由于航行中燃料、淡水等消耗,在出港、航行中途和到港,船舶的重心高度都不会完全相同,因此初稳性高度 GM 也不会完全相同,而船舶的稳性也不会相同。

(三)船舶稳性的基本衡准

对船体几何形状一定、结构和水密性符合要求的船舶,其稳性不仅与海上风浪的大小有关,而且与船舶吃水 d、船舶重心高度 Z_g 有关,即与船舶装载状态有关,或者说与静稳性曲线的形状和大小有关。

1. 静态横倾力矩与动态横倾力矩

作用在船上的横倾力矩,若按其性质划分,可分为静态横倾力矩和动态横倾力矩。

(1)静态横倾力矩

船舶在横倾力矩的作用下,假定在倾斜的过程中不会产生角加速度(假想的过程)时,则该种横倾力矩称为静态横倾力矩,即船舶在倾斜过程中,当横倾力矩 M_h 等于船舶稳性力矩 M_s 时,船舶就停止倾斜,处于平衡状态。所以,静态横倾力矩就是船舶处于静平衡时作用在船上的横倾力矩。船舶在静态横倾力矩作用下的稳性属于静稳性问题。

(2)动态横倾力矩

当作用在船上的横倾力矩,使船舶的倾斜过程产生角加速度,该种横倾力矩称为动态横倾力矩。船上的重物突然横移、横向突风作用、拖索急牵等所产生的力矩均可看做动态横倾力矩。在动态横倾力矩作用下,船舶在倾斜过程中,当横倾力矩 M_h 等于船舶稳性力矩 M_S 时,船不会立即停止倾斜,而是在惯性的作用下继续倾斜一个角度。

船舶在动态横倾力矩作用下的稳性属于动稳性问题。

在船舶稳性的研究中,假定船舶在倾斜的过程中,静态横倾力矩与动态横倾力矩均视为常量,是不随倾角和时间而变化的。

2. 静平衡与动平衡

由于作用在船舶上的横倾力矩的性质不同,则船舶在倾斜过程中的平衡状态及其横倾角也不同。

(1)静平衡

如图 1-49 所示,船舶的稳性力矩为 M_S 曲线,作用在船上的静态横倾力矩为 M_h。船舶在倾斜过程中,稳性力矩 M_S 随着倾斜角 θ 的增加逐渐增大,由于是静态横倾力矩作用,所以当 $M_S = M_h$ 时,船不会继续倾斜而平衡在 $M_S = M_h$ 所对应的角度上。这种平衡是力矩的平衡,故称为静平衡。其对应的横倾平衡角 θ_s,称为静横倾角。船舶的最大静稳性力矩为 M_{SM},则船舶在静态横倾力矩作用下,稳性应满足的条件为:$M_h \leqslant M_{SM}$。因此,船舶最大静稳性力矩 M_{SM} 的大小是衡量船舶静稳性的重要标志,它是表示船舶抗静态横倾力矩作用的能力。但是,在实际中船舶所受的横倾力矩均为动态横倾力矩,故必须用动态横倾力矩衡量船舶稳性。

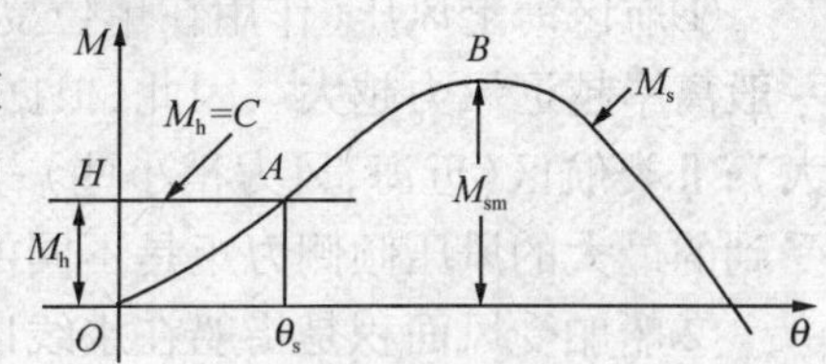

图 1-49 静平衡

(2)动平衡

当船舶受一个动态横倾力矩 M_h 作用时(如图1-50所示),船舶会带有一定的角加速度倾斜。所以当 $M_h=M_S$ 时,由于惯性作用船舶不会立即停止而将继续倾斜,直至动态横倾力矩对船舶所做的功 W_h 被稳性力矩所做的功 W_s 全部抵消掉,船舶不再继续倾斜。所以动平衡的条件为 $W_h=W_s$,故船舶的动平衡是功的平衡。船舶在动态横倾力矩作用下的平衡称为动平衡。

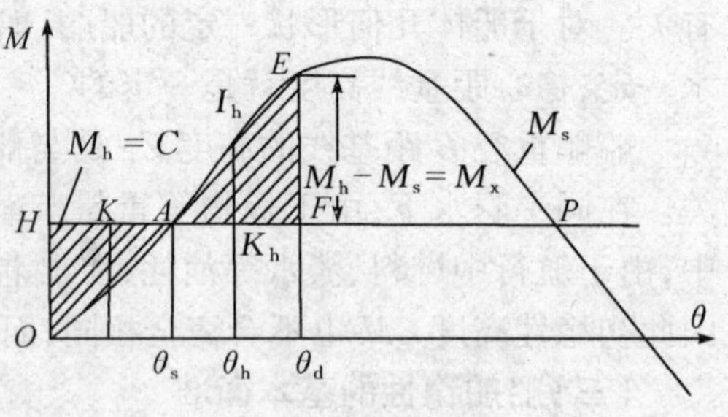

图1-50　动平衡

当 $W_h=W_s$ 时,所对应的横倾角度 θ_d 称为动横倾角。在同样大小的 M_h 作用下,θ_d 比 θ_s 大许多。当船舶倾斜至 θ_d 时,不会再继续倾斜,但此时 $M_S>M_h$,船舶在 $-M_X=M_h-M_S$ 的作用下将向回摇,摇至某一角度 $M_h>M_S$,又向外摇,经过反复左右摇摆,由于水的阻尼作用摆幅逐渐减小,最后停止在 $M_S=M_h$ 所对应的 θ_s 角处。

3. 最小倾覆力矩 M_q

当横倾力矩增大达到图1-51所示的情况时,此时面积 OHA 等于面积 AEP。若 M_h 再增大,$W_h>W_s$,船舶不会有动平衡而将倾覆。在此极限情况下的横倾力矩 $M_h=OH$,是使船舶倾覆的最小动态横倾力矩,称为最小倾覆力矩,通常以符号"M_q"表示。最小倾覆力矩 M_q 的大小是表示船舶抵抗动态横倾力矩的能力。因此,船舶在动态横倾力矩作用下,衡量稳性应满足的条件为

$$M_h \leqslant M_q$$

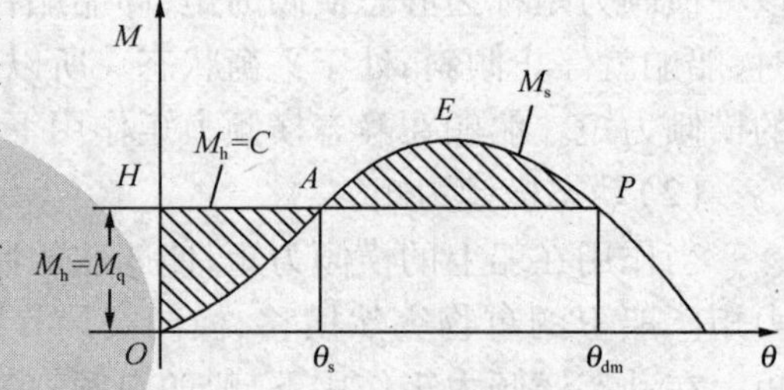

图1-51　最小倾覆力矩

4. 稳性基本衡准

在海船稳性规范中所规定的船舶稳性应满足的基本要求,即衡量船舶稳性的基本衡准,就是以 $M_h \leqslant M_q$ 为依据。由于动态横倾力矩主要是由海上突风引起的横倾力矩 M_h,故在稳性规范中就称为风压倾侧力矩 M_f,而最小倾覆力矩 M_q,在稳性规范中还考虑了浪的影响。

(1)风压倾侧力矩

影响风压倾侧力矩 M_f 大小的因素有以下几点。

①航区海上风压(作用在单位受风面积上风的压力 P 的大小),与船舶距陆地远近有关。一般离岸越远风力越大。因此,根据风力的大小,将航区划分为:Ⅰ类航区(无限航区,风力最大);Ⅱ类航区(近海,风力稍小些);Ⅲ类航区(沿海,风力小)。在不同航区航行的船舶,可能受到的最大的风压倾侧力矩是不同的,即要求稳性的大小也不同。

②船舶受风面积是指船在水线以上的侧向受风面积,当船的大小、形状一定时,受风面积的大小就与船舶的吃水 d 有关。吃水越小(如空载),船的受风面积就越大,所受的风压倾侧力矩也就越大。

③受风面积中心距水面的高度。受风面积中心距海平面越高,则风压倾侧力矩越大。

由此可见,不同航区的船,受到的最大风压倾侧力矩是不同的。同一条船,吃水不同时,所受的风压倾侧力矩也不同,因而要求船舶的稳性也不同。

(2)最小倾覆力矩

在稳性规范中,还考虑了浪对最小倾覆力矩的影响。浪的影响与许多因素有关:如船舶种类;舭龙骨总面积 A_b 对船长 L 和船宽 B 乘积的比值($A_b/L \cdot B$);Z_g/d;船舶自由横摇周期 T_θ 和航区等。当上述诸因素一定时,主要与吃水 d 和重心距基线高度 Z_g 有关。

这里须特别指出的是,由于航行中船舶燃料、淡水的消耗,船舶吃水和重心位置是在不断变化的。因此,在同一个航次中,船在出港、航行中途和到港的最小倾覆力矩 M_q 是不同的,因而船舶稳性在航行过程中也是不同的。也就是说船舶在出港时能满足稳性要求,而到港时不一定能满足稳性要求。

总结上面所述,船体几何形状一定时,衡量船的稳性是否足够的标准是:要求稳性衡准数 $K=M_q/M_f \geqslant 1$,而影响 K 大小的 M_q、M_f,是与船舶装载状态(吃水 d 和重心高度 Z_g)及船舶的航区有关。

(四)影响船舶稳性的因素和提高稳性的措施

从船舶稳性的基本概念中我们知道,船舶是否具有稳性和稳性的大小,是与船舶静稳性曲线的形状和大小有着重要关系的。而影响静稳性曲线形状和大小有两方面因素:一方面是船体本身的形状和大小;另一方面是船舶的吃水和重心位置,即船舶装载状态和船内重物的移动。

1. 船体几何形状对稳性的影响

(1)船舶宽度

从前面船舶稳心半径与船舶宽度的关系知道,船舶稳心半径与船舶宽度的平方成正比,所以船舶宽度大、稳心距基线高度大,在同样重心距基线高度的情况下,则初稳性高度大、船舶初稳性好。但对于船舶大倾角稳性来说,由于船舶宽度增加,在同样倾斜角度下,船舶一舷浸入海水的可能性增加,使其稳性消失角减小。所以,船舶宽度增加,大倾角稳性并不一定好。

(2)干舷高度

两船仅干舷高度不同时,船舶初稳性高度相同,但对于大倾角稳性,干舷高度大的船舶,大倾角稳性好。

2. 船舶装载状态对稳性的影响

船体几何形状一定,船舶静稳性曲线的形状和大小主要由船舶的吃水和重心距基线高度决定的,即与船舶的装载状态有关。而在同样的装载重量时,即吃水相同,也就是稳心距基线高度相同时,船舶的稳性主要是由船舶重心距基线高度所决定。所以,船舶装载状态的重心高度是影响营运船舶稳性的主要因素。

3. 船内重物移动对稳性的影响

(1)平行力移动原理(重心移动原理)

由理论力学可知,当一物体的重量为 W,重心为 G,将其部分重量 p 由其重心 g 移至 g_1 时(如图 1-52 所示),整个物体的重心 G 平行于 gg_1 同方向移至 G_1,移动距离的大小

$$GG_1 = p \cdot gg_1/W$$

该原理同样适用于面积和体积的移动。

(2)船内重物垂移对稳性的影响

如图 1-52 所示,重物垂移时可调整初稳性高度 GM 值,其调整值的大小 GG_1 与垂向移动重物的重量和移动的距离 l_z 之积成正比,与排水量 D 成反比。当重物向下移动时,GG_1 为正值,初稳性高度 GM 增加,稳性提高;当重物向上垂直移动时,GG_1 为负值,初稳性高度 GM 减

小，稳性降低。

(3)重物水平横移船舶产生的横倾角及对稳性的影响

当船内的重物水平横移时，会使船舶产生横倾，如图 1-53 所示。

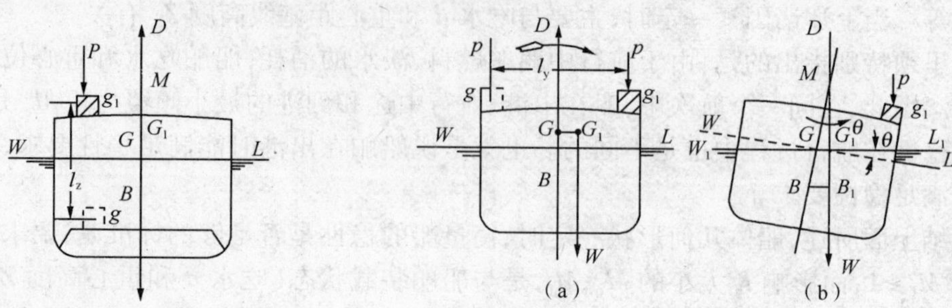

图 1-52　重物垂直移动　　　图 1-53　重物横移

由于船内重物的横移使船舶稳性发生了如下变化：

①船向重物移动方向产生一个固定横倾角 θ。

②减小了稳性范围。

③静稳性力臂的最大值 GZ_M 变小。

④动稳性变差。

4. 自由液面对船舶稳性的影响

船上装载油、水等液体的舱柜，若液体未装满舱柜，当船舶横倾时，舱柜内液体会随着船舶的倾斜而移动，且保持与舷外水面平行。这种能够随船一起自由倾斜的液面称为自由液面。舱柜内液体的重心亦将向倾斜的一侧移动，相当于船内有一重物移动。这种由于液体的自由移动产生的对船舶稳性的影响，称为自由液面影响，或称自由液面修正。

当船舶受外力矩作用发生倾斜时，船内液体重心将随之产生移动，移动方向与船舶倾斜方向相同，并且向上移动了一定的高度。液体重心移动后，与原来状态相比，相当于产生了一个附加力矩。该力矩与稳性力矩方向相反，而与船舶倾斜方向相同，所以它将降低船舶的稳性，也就是减小了初稳性高度。

自由液面对稳性的影响，经过推导可得以下结论：

①自由液面对稳性的影响，相当于使船舶的重心升高了一个 GG_1 值，或者说使初稳性高度减小了 ΔGM 值，使船的稳性变差。

②自由液面影响的大小与舱内液体的密度 ρ_1、自由液面的面积惯性矩 i 成正比，即与自由液面的形状和大小有关。横倾时与液舱宽度 b 的三次方成正比，而与舱内液体的体积或重量无关，与排水量 D 成反比

$$\Delta GM = \rho_1 \cdot i/D$$

③减小自由液面影响的最有效方法是减小液体舱柜的宽度 b。设舱宽为 b、舱长为 l 的矩形舱，自由液面的惯性矩为

$$i = l \cdot b^3/12$$

④当船舶有数个舱存在自由液面时，则总的自由液面修正值是各个舱柜自由液面修正值的和。

⑤船舶在营运过程中，当液体舱柜的装载量达到整个舱容的 95% 以上时，可以不考虑自由液面的影响。

5. 悬挂重物对稳性的影响

当船舶从正浮水线 WL 微倾至 W_1L_1,时,横倾一个小角度 θ,则重物的重心 g 绕 m 点移至 g_1 点,而重物的重心平行 gg_1 由 G 移至 G_1,如图 1-54 所示。

因此,悬挂质量为 p 的重物相当于使船舶的初稳性高度降低了 $l_Z \cdot p/D$ 值。也就是说,悬挂重物对船舶稳性的影响,相当于把质量为 p 的重物从位置 g 垂直上移至悬挂点 M,对稳性影响的效果是一样的。

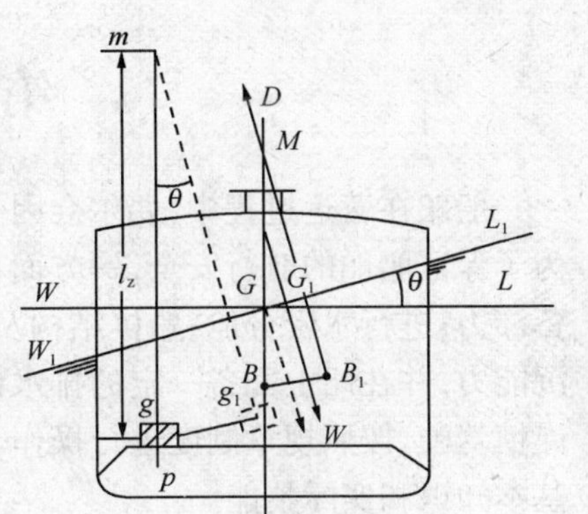

图 1-54 悬挂重物

6. 散货的装载对稳性的影响

用散装方式进行运输的货物称为散装货物,如粮食、矿砂、煤炭等。散装货船有时由于各种原因导致船舱不满,货物在船舶横摇或横倾时会发生倾斜,使船舶重心发生横向移动,从而产生与自由液面类似的影响,使船舶稳性降低。

7. 提高船舶稳性的措施

①降低船舶的重心高度 Z_g,这无论是对提高初稳性或大倾角稳性均是最有效的办法。

②增加船宽,可以提高船舶初稳性。

③加大型深,可以提高船舶大倾角稳性。

④在液舱内设置纵向舱壁,可减小自由液面的影响。

⑤要防止船内货物的移动。

⑥减小受风面,可使作用在船上的横倾力矩减小。

(五)对船舶稳性的要求

为了保证船舶的营运安全,IMO 和各航运国家都对船舶的稳性提出了基本的衡准要求。

1. IMO 对普通货船的稳性衡准要求

根据 1993 年 11 月 4 日通过的 IMO A. 749(18)号决议案——《关于 IMO 文件包括的所有船舶的完整稳性规则》(简称 IMO《船舶完整稳性规则》)——适用于普通货船的在核算装载状态下经自由液面修正后的基本完整稳性衡准要求如下:

①初稳性高度应不小于 0.15 m。

②复原力臂曲线在横倾角等于 0°~30°之间所围面积应不小于 0.055 m·rad。

③复原力臂曲线在横倾角 0°~40°或进水角中较小者间所围面积不小于0.090 m·rad。

④复原力臂曲线在横倾角 30°~40°或进水角中较小者间所围面积不小于0.030 m·rad。

⑤横倾角 30°处的复原力臂不小于 0.20 m。

⑥最大复原力臂对应角(极限静倾角)最好大于 30°,至少不小于 25°。

⑦满足天气衡准要求(仅适合于船长等于或大于 24 m 的船舶)。

2. 我国《船舶与海上设施法定检验规则》中的完整稳性要求

根据经 2002 年修订的我国《船舶与海上设施法定检验规则》,对于从事国际航行的普通货船,其完整稳性要求可以全部引用 IMO《船舶完整稳性规则》中的规定。对从事国内沿海航行的船舶,则执行以下稳性衡准要求:

①初稳性高度应不小于 0.15 m。

②横倾角等于 30°处的复原力臂应不小于 0.20 m。

③最大复原力臂对应的横倾角应不小于 30°。如复原力臂曲线因计及上层建筑及甲板室

而有两个峰值时，则第一个值对应的横倾角应不小于25°。

④稳性消失角应不小于55°。

⑤稳性衡准数K应不小于1.00。

第四节　船舶抗沉性

船舶在营运过程中，偶尔会因为某种海损事故使船体破损浸水，严重的会导致沉船事故。为了保证船舶的航行安全，一方面在船舶的设计和建造中采取有关措施，使船舶具有一定的储备浮力；进行水密分舱；船体结构及开口的关闭要有可靠的水密性，使船体本身具有一定的抗沉能力，并在船上配备一定的排水设备和堵漏器材。另一方面，在船舶航行中，要求全体船员谨慎驾驶，按照规章制度进行操作，必须保持各种防水堵漏设备的良好状态，掌握防水堵漏的基本知识和实际技能。

一、船体几种破损浸水情况

船体破损浸水可分三种情况：

①舱室顶部是水密的且位于水线以下，船体破损后整个舱室内充满水，由于舱顶未破损，所以浸水量不随浸水后的舷外水线位置而变化，浸水量为一个定值，没有自由液面的影响，浸水的计算可作为装载固体重量来处理。此类浸水对船舶的浮态和稳性影响较小，如双层底等的浸水属于这一类[如图1-55(a)]。

②舱室的顶部在水线以上，舱内水与舷外水不相通，水未充满整个舱室，浸水量根据具体情况而定，存在自由液面的影响，浸水的计算可作为装载液体重量计算。此类浸水对船舶的稳性影响较大。如船体破损口被堵住，而舱内的浸水未被抽干，或因甲板开口漏水引起的舱内浸水等属于这一类[如图1-55(b)]。

③舱室的顶部在水线以上，舱内水与舷外水相通，其浸水量是随着船舶的下沉及倾斜而变化，舱内水面与舷外水面一致，且存在自由液面影响。这种浸水计算比较麻烦，需要进行逐次近似计算。通常水线以下的舷侧破损浸水属于这一类，它是船体破损最常见的情况，对船的危害最大，在抗沉性中所研究的主要是这种破舱浸水情况[如图1-55(c)]。

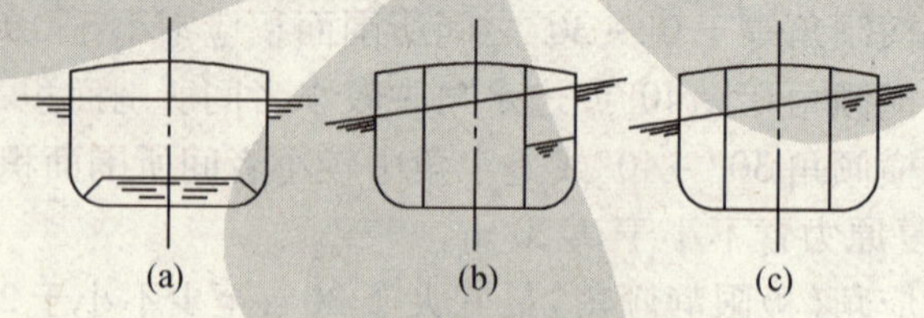

图1-55　几种浸水情况

二、船舶抗沉性的基本概念

船舶抗沉性，是指船舱破损浸水后船舶仍能保持一定的浮性和稳性的性能。

1.船舱浸水后船舶不沉的浮性和稳性标准

《1974年国际海上人命安全公约》和我国《海船分舱和破舱稳性规范》中规定：船舱破损浸水后，船舶最终平衡状态的浮性和稳性，满足如下条件就认为船舶是不沉的，或船舶达到抗沉性要求。

(1)浮态

在任何情况下,船舶浸水的终了阶段不得淹没限界线,即船体破损浸水后的最终平衡水线,沿船舷距舱壁甲板的上边缘至少要有76 mm的干舷高度。

(2)稳性

在对称浸水情况下,当采用固定排水量法计算时,最终平衡状态的剩余稳性高度$GM \geqslant$ 50 mm;在不对称浸水情况下其总横倾角不得超过7°,但在特殊情况下,可允许横倾角大于7°,不过在任何情况下其最终横倾角不应超过15°。

限界线是指沿着船舷由舱壁甲板上表面以下至少76 mm处所绘的线。

舱壁甲板是横向水密舱壁所达到的最高一层甲板。

若船舶有任意一个舱破损浸水后,仍能达到抗沉性所要求的浮性和稳性,该船称为一舱制船舶。若有任意相邻二舱或三舱浸水后船舶不沉,称为二舱制船舶或三舱制船舶。对于不同业务性质、航行条件和大小的船舶,抗沉性的要求是不同的。客船一般要求达到二舱制,个别的可达到三舱制。货船因装货的要求,船舱不能过短,因而往往达不到一舱制,但对远洋货船一般要求一舱制。军舰因作战需要,抗沉性要求比民用船高。

2. 船舶分舱

对于船舶抗沉性的要求,主要是通过船舶分舱来达到的,即沿着船长方向设置一定数量的水密横舱壁,将船体分隔成许多水密舱室,舱室的长度越短,则船舱破损浸水后浸水量越小,越容易达到公约或规范对破舱浸水后的浮态和稳性的要求。

3. 分舱载重线

船舱破损浸水后,船舶不沉所允许的最大浸水量,与破舱前船舶的初始水线位置有关。初始载重水线位置较低,船舶储备浮力大,破舱浸水量可以大些;或者说船舱的水密舱壁间距可以长些。决定船舶分舱长度的初始载重水线,称为分舱载重线,通常都是用满载水线作为分舱载重线。

4. 渗透率μ

船舱破损浸水后船舶不沉所允许的最大浸水量,还与船舱内各种设备所占据的体积和装载货物种类的不同有关。如果装载的货物密度大、体积小,在同样载重情况下占的舱容小,破舱后浸水量就大,要保证船舱浸水后船舶不沉,船舶分舱的间距就必须短些。某一舱室或处所在安全限界线以下的理论体积能被水浸占的百分比,称为该舱室或处所的渗透率μ。

5. 可浸长度L_f和可浸长度曲线

沿着船长方向以某一点C_1为中心的舱,在规定的分舱载重线和渗透率的情况下破舱浸水后,船舶下沉和纵倾后的最终平衡水线若刚好与安全限界线相切,则该舱的长度称为以C_1点为中心的可浸长度L_f。意思是说,在规定的分舱载重线和渗透率的情况下,以C_1点为中心所作舱的长度,若大于该点的可浸长度,该舱浸水后船将沉没,船舶达不到抗沉性的要求。若实际舱长小于该点的可浸长度,该舱浸水后船舶不会沉没,最终平衡水线至安全限界线还有一段距离,即还有一定的储备浮力。所以,以某一点为中心的可浸长度,是满足船舶抗沉性要求的两水密舱壁间的最大长度。

如图1-56所示,在船长方向上某一点C_1的可浸长度为L_{f1},而C_2点的可浸长度为L_{f2},C_3点的可浸长度为L_{f3},等等。在船舶的侧视图上,以船底纵向基线为横坐标,船长各点的可浸长度L_f为纵坐标,绘出图1-56所示的曲线,即表示可浸长度沿着船长各点的分布,该曲线称为可浸长度曲线。

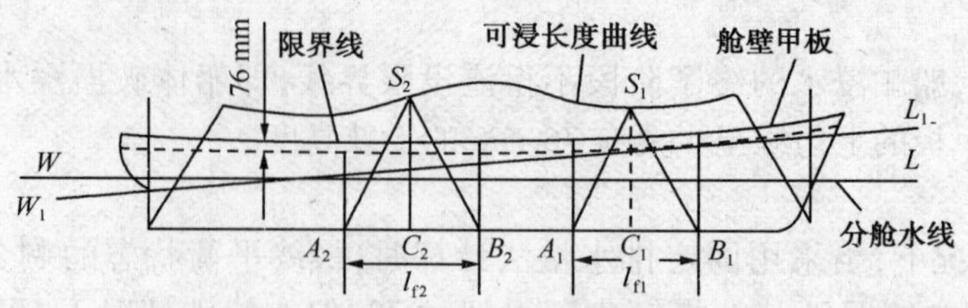

图 1-56 可浸长度曲线

从可浸长度曲线可看出，在船长方向的不同位置处，可浸长度是不同的，这是因为位于船中部的船舱浸水后，船几乎仅是平行下沉，故浸水量可以大些，可浸长度会稍长一些。船中前后的舱室浸水后，船舶除了下沉之外同时还有纵倾，故允许的浸水量会小些，而可浸长度相应短些。位于艏艉部的舱室，因船体形状瘦削，故在允许的浸水量下，可浸长度可以长一些。

6. 许可舱长 L_P 与分舱因数 F

上面所述的可浸长度，是在规定的分舱载重线和渗透率情况下的两水密横舱壁的最大长度。船舶实际上所允许的水密横舱壁间距，还要考虑到船舶的业务性质（或用途）和船舶长度。客船因载客而对船舶的航行安全要求较高，而货船因载货的需要，货舱的长度一般要大于可浸长度，因而满足不了抗沉性的要求。考虑到船舶业务性质和船长不同对船舶抗沉性的不同要求，用一个参数表示，称为分舱因数 F。分舱因数 F 是一个等于 1 或小于 1 的数，F 是随着船舶长度的增加逐渐地减小；当船长一定时，分舱因数 F 随着船舶业务性质而变，客舱容积占的比例大，载客量多，分舱因数小。

考虑到船长和船舶业务性质对抗沉性要求时所允许的实际舱长，称为许可舱长。

许可舱长为

$$L_{\mathrm{p}} = F \cdot L_{\mathrm{f3}}$$

①当 $0.5 < F \leqslant 1.0$ 时，船舶任一舱破损浸水后的最终平衡水线不会淹没安全限界线，即为一舱制。同为一舱制船舶，其 F 值的大小是不同的。F 值较小的船（舱长度小）破舱后下沉和纵倾也较小，其剩余干舷高度较大，船舶比较安全。

②当 $0.33 < F \leqslant 0.5$ 时，任意相邻两舱浸水后的最终平衡水线不超过安全限界线，即为二舱制船舶。

③当 $0.25 < F \leqslant 0.33$ 时，相邻三舱破损浸水后的最终平衡水线不超过安全限界线，即为三舱制船舶。

对于满足抗沉性要求的（如一舱制或二舱制等）船舶，并非在任何装载情况下都满足一舱浸水（或二舱等）不沉的要求。因为设计计算采用的渗透率 μ 是在规定的渗透率下进行的，当实际装载的渗透率的 μ 值大于规定值时，则破舱后将很难满足对船舶的浮态和稳性的要求。另外，若船舶破舱浸水前的载重水线低于规定的分舱载重线时，则船舶破舱浸水后所允许的浸水量比规定的更大些而船不会沉没。

三、密性与堵漏

（一）船体结构的密性和开口关闭装置

为了保证船体结构的水密性，船壳外板、干舷甲板、水密舱壁、各种液舱的钢板接缝和开口关闭装置，根据它们的位置和用途的不同，要求保持不同程度的密性。

1. 船体结构的密性

所谓密性是指船体结构构件接缝、开口的关闭装置等，在规定的条件下，不渗漏气体、油、水等的性能。

(1)水密

是在规定的水压下，船体结构构件接缝和开口的关闭装置不渗漏水的性能。在干舷甲板以下的船壳外板、水密舱壁、各种液舱、双层底、隔离空舱、海底阀箱、货舱舷门等构件的接缝和开口的关闭装置，都要求水密。

(2)风雨密

是指在任何风浪情况下水都不得渗漏入船内。风雨密的密性要求比水密的低些。干舷甲板上及封闭的上层建筑和围蔽室等处各种开口的关闭装置，要求保证风雨密。船体结构在制造的各个阶段和修船过程中，应检验焊缝和各种水密性开口关闭装置的密性。在试验之前，要求被检查的区域的船体结构打扫清洁，密性焊缝区域不得涂刷水泥和油漆或敷设隔热材料，开口关闭装置的橡胶垫料均装设完毕。

2. 开口的关闭装置

(1)船体结构上开口关闭装置的种类

根据开口关闭装置的用途划分，主要有下列四种：货舱舱口盖、船用门、船用窗、人孔盖。在这些开口关闭装置中，若按密性划分，又可分为：水密型、油密型、风雨密型、非密性的开口关闭装置。

①货舱舱口盖

船舶货舱舱口盖的种类很多，若按密性来划分，有三种基本类型：

A. 风雨密舱口盖是装置在干舷甲板上的货舱口上。风雨密舱口盖的种类很多。老式船上使用的风雨密舱口盖，是由若干块木板和活动梁组成的，上面盖着防水布，用封舱压条和楔形块紧固在舱口围板上。这种舱口盖开闭操作费时、劳动强度大，现在只有在小型船上使用。现代船舶使用的风雨密舱口盖形式很多，但有些共同的特点，都是钢质的盖板，在盖板的周边带有槽口，在槽口内装有橡皮垫料。当封舱时，舱盖板的橡皮垫料直接压在舱口围板的上边缘上，并用装在舱口四周围板上的夹扣螺栓将舱盖板压紧保持风雨密。风雨密舱口盖在船舶上应用广泛的主要有图 1-57 ~ 1-59 所示几种。

图 1-57　单拉翻滚式舱口盖

B. 非水密舱口盖用于下层、甲板上的舱口上，无舱口围板，舱盖板与四周的甲板齐平。

C. 水密和油密的小型专用舱口盖用于油船的货油舱舱口上，这种舱口盖都是小型舱口盖(如图 1-60 所示)。

②船用门

船用门种类很多，若按门的密性划分，有下列几种形式。

A. 水密门。船舶主管机关认可的船上使用的水密门有如下三级：一级铰链门；二级手动

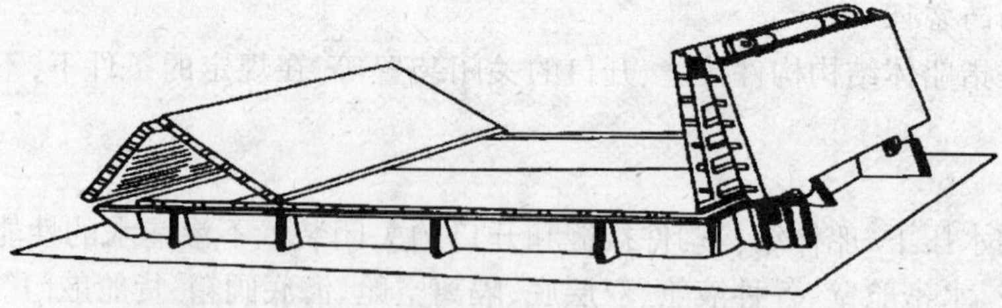

图 1-58　铰接折叠舱口盖

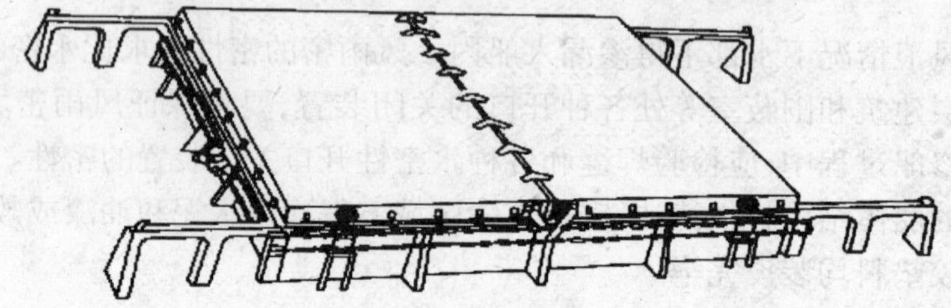

图 1-59　滚动式舱口盖

滑动门；三级动力兼手动滑动门。

任何水密门的操纵装置，无论是否动力操纵，均须在船舶向左或向右倾斜 15°时能将门关闭。

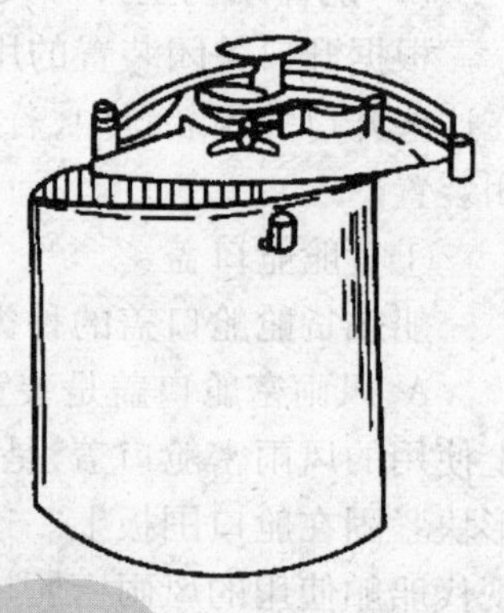

图 1-60　油舱舱口盖

铰链式水密门（一级）。水密门板是由钢板制成的，门板周围的槽口装有橡胶封条，并用把手压紧在门框上，使其水密。水密门把手的数目一般为 6～8 个，要求在门的两面可以迅速地关闭（如图 1-61 所示）。

手动滑动门（二级）分为横动式或竖动式两种。要求能在门的两侧可以关闭，此外并能在舱壁甲板上方可到达之处，用转动手轮由齿轮和连杆传动，使水密门开启或关闭。当船舶在正浮位置时，用手动将门完全关闭所需的时间应不超过 90 s。

动力滑动门（三级）可分为竖动式或横动式。动力式滑动门还备有手动装置可在门两侧操纵，并在舱壁甲板上方可到达之处用转动手轮由齿轮和连杆传动，使水密门开启或关闭。门上设有音响信号装置。当门开始关闭，继续移动直至完全关闭为止的整个期间发出警报。若这种门采用液压操纵时，每一动力源都有一台能在 60 s 以内关闭所有门的泵。

B. 风雨密门。在干舷甲板以上的封闭上层建筑两端壁的出入口处，要求装设风雨密门。

钢制风雨密门结构上与钢制水密门相似，但门板较薄，门的把手数目也较少，密性较差，只能保证风雨密，也要求在门的两面可以操纵。

木质风雨密门门板是用橡木或柏木做的，装设在上层建筑甲板以上的甲板室敞露的出入口处。分为铰接式和滑动式两种，密性都较差。驾驶室两侧壁的门，因为顶风的情况下铰接式门不易开闭，故都采用横向滑动式门。

C. 钢制轻便门。结构较轻，装设在无密性要求的贮藏室、工作舱室、卫生处所等的出入口。

D. 防火门。是一种用钢板制成的门板和门框，镶嵌石棉等耐火材料的防火隔热门。装设在防火控制区的舱壁上，平时开启，当发生火灾时温度上升到一定高度门能自动关闭，或门上

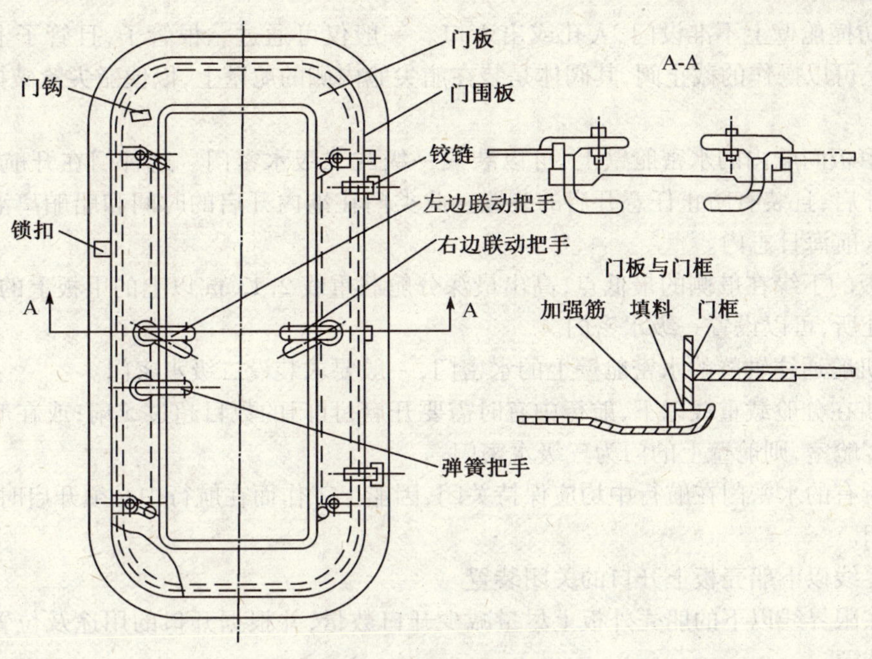

图 1-61 铰接式水密门

装有磁性牵制器,断电以后门会自动关闭。防火门的启闭形式也有铰接式和横移式两种。

③船用窗

在船上为了采光和通风,装设有各种类型的窗。

A. 舷窗,是一种圆形窗,分为重型舷窗和轻型舷窗。重型舷窗装有铰链式抗风浪的舷窗盖。舷窗盖边上镶有橡胶封条,并用螺栓压紧,保证水密。轻型舷窗一般不带有风暴盖。

B. 方窗,是各种方形窗,装设在上层建筑中的上层甲板室的围壁上。方窗的周边用橡胶条密封,关闭时用螺栓压紧,要求保证风雨密。根据所处的位置不同,可以向外、向内或上下开启。

C. 天窗,是装设在舱室顶部用以采光和通风的窗。如机炉舱顶部的天窗,因位置较高是采用机械传动或液压传动开闭。

D. 手摇窗,主要是装在驾驶室前壁上的窗,类似于汽车窗,用手摇机构升降玻璃或整个窗扇进行开闭。

④人孔盖

在船体结构的构件上为人员出入而开设的孔,称为人孔。其中在液舱、隔离空舱等的顶板或壁板上开的人孔,必须装设人孔盖,并保证水密性。为了便于维修、逃生和通风,一般每个液舱或空舱在顶板或壁板上至少要开两个人孔,并成对角线布置,人孔通常有圆形或椭圆形两种。

(2)船体结构上开口的关闭装置的设置要求

在《1974 年国际海上人命安全公约》和我国《海船分舱和破舱稳性规范》中,对于船体结构上开口的关闭装置的设置,主要有如下规定:

①水密舱壁上开口的关闭装置

在限界线以下的水密舱壁上要求尽量减少开口的数量,对于开口要有船舶主管机关认可的关闭装置。

A. 在防撞舱壁上不准设门、人孔或出入口。一般仅可通过一根管子,且管子上装有在舱壁甲板以上可以操作的截止阀,其阀体是装在艏尖舱内侧的舱壁上,以便艏尖舱破损时可以将它关闭。

B. 在甲板间舱内的水密舱壁上,可以装设一级或二级水密门。这种门在开航前关闭,航行中不得开启,且装有防止任意开启的装置。此类门在港内开启的时间和船舶离港前关闭的时间应记入航海日志内。

C. 甲板的下缘在舷侧的最低点,高出最深分舱载重线 2. 13 m 以上的甲板上的旅客、船员及工作的处所,可以设置一级水密门。

D. 从机舱通往轴隧的水密舱壁上的水密门,一般要求装设二级水密门。

E. 门槛在分舱载重线以下,航行中有时需要开启,且门的数目超过 5 扇;或在舱壁甲板以下设有旅客舱室,则舱壁上的门为三级水密门。

船上所有的水密门在航行中均应保持关闭,因船上工作而在航行中必须开启时,应做到随时可以关闭。

②限界线以下船壳板上开口的关闭装置

要求在限界线以下的船壳外板上尽量减少开口数量,并根据开口的用途及位置均装设有效的关闭装置。

A. 在限界线以下船壳外板上的舷窗,都是采用水密性和抗风浪的圆形窗(重型舷窗),并设有内侧铰链式风暴窗盖。根据它距载重水线的高度不同,有不同的关闭要求。

一种为永久关闭的固定式舷窗;另一种为离港前关闭加锁,到港后才可以开启的,它的开闭时间应记入航海日志中;还有一种是航行中由船长决定是否开启的。专供装货处所均不得装设舷窗。

B. 船壳外板上的排水孔、卫生排泄孔及其他类似开孔,要求越少越好,或采用一个排水孔供多种排泄管共用。在限界线以下穿过外板的每一个排水孔都设有一个自动止回阀,并在舱壁甲板以上设有能将其关闭的可靠装置。或装设两个止回阀,其中一个位于最深分舱载重线以上,使其可以随时进行检查,并且是经常关闭的。

C. 和机器连通的海水进水孔和排水孔,在管子与外板之间,或管子与装配在外板上的阀箱之间,设有随时可以接近的阀门,并在阀上标明有阀门开启或关闭的指示器。

③限界线以上的船体结构开口关闭装置

在舱壁甲板以上,要求采取一切合理和可行的措施限制海水从舱壁甲板以上浸入舱内。

A. 舱壁甲板或其上一层甲板都要求是风雨密的,露天甲板上的所有开口,均设有能迅速关闭的风雨密关闭装置。

B. 在限界线以上外板上的舷窗、舷门、装货门和装煤门以及关闭开口的其他装置,应为风雨密的,且有足够的强度。

C. 在舱壁甲板以上第一层甲板以下处所内的所有舷窗,应配有有效的内侧舷窗盖,且易于关闭成水密的。

D. 露天甲板上都设有排水口和流水孔,以便在任何天气情况下能迅速排除露天甲板上的积水。

(二)船舶堵漏

1. 船舱进水后对船舶抗沉能力的分析

首先应通过船上的资料了解船舶在设计时是否满足抗沉性的要求。对于有抗沉性要求的

船，都是在规定的分舱载重线和渗透率的情况下，满足一舱、二舱或三舱浸水船舶不沉。若破舱浸水时的载重水线低于分舱载重线，渗透率也小于规定的渗透率值时，则船舱浸水最终平衡之后还会有一定的储备浮力。若渗透率大于分舱时规定的渗透率值，而载重水线达到分舱载重线处，则船舱浸水之后若不及时堵漏、排水，船有可能沉没。

对于设计上达不到抗沉性要求的船，也要从船舱浸水时船舶载重线的高低、渗透率的大小、进水量的大小、排水设备的能力等方面分析船舶的抗沉能力，采取应急措施。

(1)舱底水泵的排水量估算

根据《1974 年国际海上人命安全公约》规定，一般船舶要有 2 台舱底泵，客船要求至少装设 3 台动力舱底泵与总管相连接。每一台动力舱底泵应能使流经排水总管的水流速度不小于 122 m/min。

若按此流速计算，则每一台动力舱底泵的排水量便可计算出

$$Q_{排} = 5.75d_1^2 \times 10^{-3}$$

式中，$Q_{排}$——每台舱底泵的排水量(m^3/h)；

d_1——舱底水总管的内径(mm)。

(2)船舱破损的进水量估算

水线以下破洞的进水量，与破洞位置距水线的垂直距离以及破洞面积的大小有关。一般可按如下经验公式估算出

$$Q_{进} = \mu F\sqrt{2gH}$$

式中，$Q_{进}$——破洞每秒进水量(m^3/s)；

F——破洞面积(m^2)；

μ——流量系数，破洞面积较小或破洞中心距水面较近时，取 $\mu = 0.6$；

g——重力加速度，以 9.81 m/s^2；

H——破洞中心在水线以下的深度。

当舱内水面超过破洞口位置时，则进水量为

$$Q = \mu F\sqrt{2g(H-h)}$$

式中，h——舱内水面距离破洞的高度。

依据舱底水总管内径，估算出舱底水泵单位时间排水量 $Q_{排}$；根据破洞位置，估算出单位时间里的进水量 $Q_{进}$，比较 $Q_{排}$ 与 $Q_{进}$，从而可以正确判断是否需要采取其他措施。

舱底泵一般只能排出小型破洞的进水，或机械设备、管系等的泄漏水。对于大量的破舱进水，必须使用压载水泵和主机海水冷却泵将海水排出舷外，另外，还必须迅速采取堵漏措施以减小进水量。

2. 船舶堵漏器材及其使用方法

根据船舶的大小、类型和航区等的不同，在船上要配备不同规格和数量的堵漏器材。主要有堵漏毯、堵漏板、堵漏箱、堵漏螺杆、堵漏柱、堵漏木塞、垫料、黄沙和水泥等。

(1)堵漏毯

堵漏毯也称为堵漏席，是一种大型的堵漏设备。主要用来堵住船壳水线下部位的破洞进水。其规格有 2.0 m×2.0 m、2.5 m×2.5 m、3.0 m×3.0 m 等，分为重型堵漏毯和轻型堵漏毯两种。

重型堵漏毯是用双层防水帆布中间铺有一层镀锌的钢丝网制成的。轻型堵漏毯也是用双

层防水帆布制成的，但在两层防水帆布中间铺设一层粗羊毛毯。由于轻型堵漏毯比较软，为了防止堵漏时被海水压入洞内，在毯的一面缝有几道管套，用时插入几根镀锌钢管作为支撑。

在堵漏毯的四个角和每边的中部都装有套环，堵漏时将绳索系在套环上，用一根或两根绳索从艏端兜过船底，沿船舷拉到破洞处，根据破洞深度，固定好顶索的长度，并将堵漏毯从甲板上推下水，收紧其他绳索，直至堵漏毯贴紧破洞为止（如图 1-62 所示）。

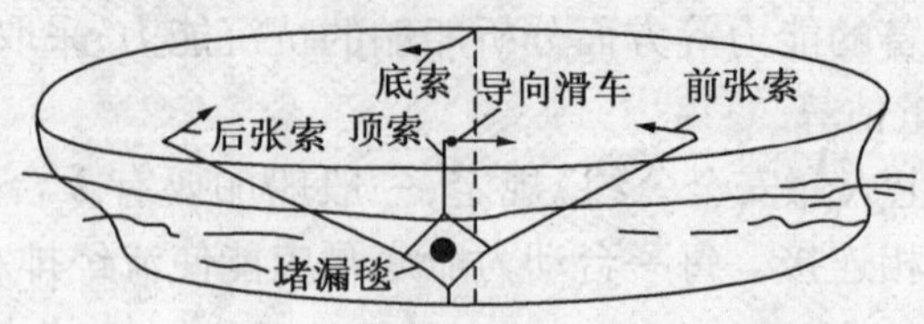

图 1-62　堵漏毯的使用方法

（2）堵漏板

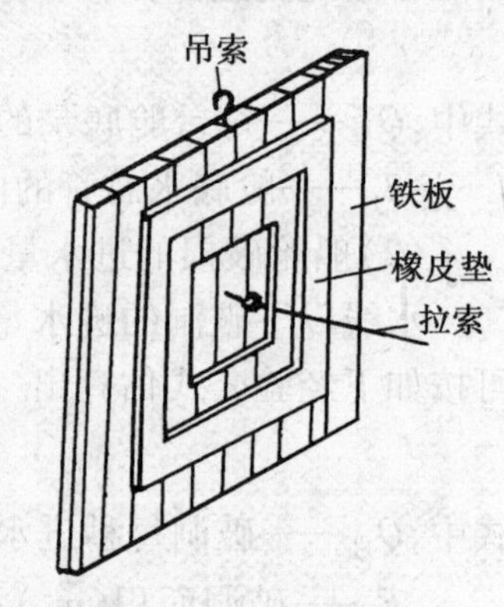

图 1-63　堵漏板及使用方法

堵漏板是用铁板或木板制成的。在铁板或木板上装有橡皮垫和固定堵漏板用的绳索或螺杆，使堵漏板能紧贴在破洞处。堵漏板主要用来堵漏舷窗大小的中型破洞。堵漏板有的是用整块板做成的，有的是用两块板或三块板中间铰接起来的折叠式。使用整块板式的堵漏板时，是在船内从破洞处将一根系有小木块的拉索推出船外，待木块上浮出水面后，从甲板上将木块捞起，并将拉索系在中央眼环上。用吊索将堵漏板放于水中，收紧拉索使堵漏板紧贴在破洞处的船壳板上（如图 1-63 所示）。折叠式堵漏板在使用时是将板先折叠起来，从破洞伸出舷外后再张开堵漏板，收紧拉索或旋紧螺杆，使堵漏板紧贴在破洞外的船壳板上（如图 1-64 所示）。

（3）堵漏箱

是用铁板制成的方箱，在箱开口一面的四周镶有橡皮条，堵漏时在舷内用箱口压在破洞口的周围，再用支柱和木楔撑住方箱（如图 1-65 所示）。

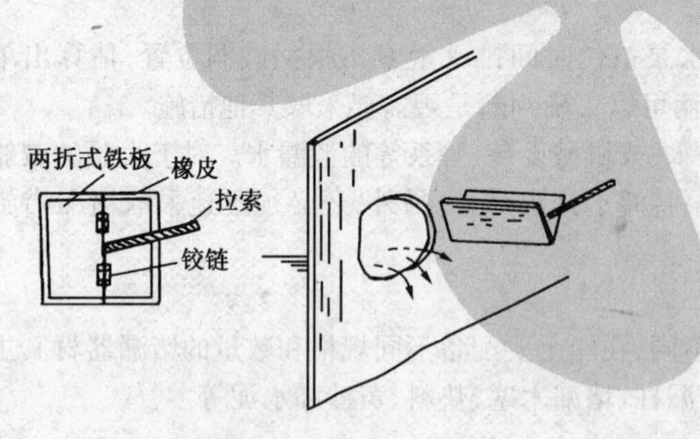

图 1-64　折叠式堵漏板及使用方法

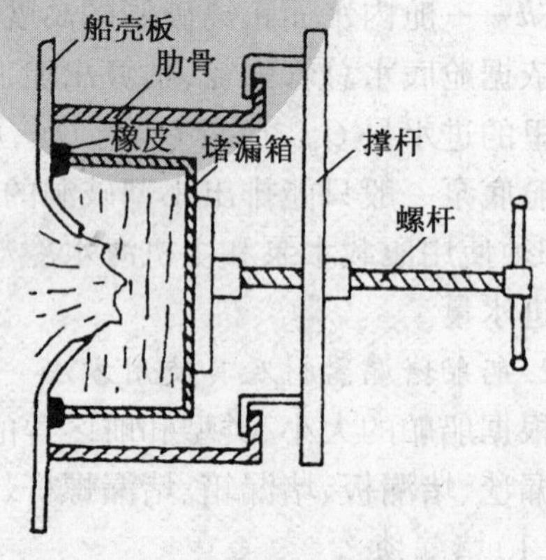

船壳板
肋骨
橡皮
堵漏箱
撑杆
螺杆

图 1-65　堵漏箱及使用方法

（4）其他堵漏器材

对于堵漏小型破洞，常用的器材有：

①堵漏木塞，根据破洞的大小和位置，木塞可以从舷内或舷外进行堵塞。

②堵漏螺杆，是一种带横杆的螺杆或带有钩头的螺杆。主要适用于堵漏长缝形的破洞，堵漏时将横杆或钩头顺着裂缝伸出舷外，再把横杆转到与裂缝成直角，然后将有孔的软垫或垫木套在螺杆上，用螺母压紧。

③堵漏水泥箱，是将舱内水排出后，根据破洞的大小用木板制成型箱。先清除破洞周围的油污，并在洞口处敷设钢筋或铁丝网，将型箱架设在破洞上。把搅拌好的水泥浆(按一定的比例的混合物)灌进型箱内。

④堵漏柱、堵漏木楔，作为支撑用的器材。

⑤堵漏垫料和填料，有软垫、浸油麻絮、橡皮等。

⑥堵漏用的工具，有锤子、锯子、电钻、扳手、钉子、螺丝、铁丝等。

船用堵洞器材、工具、材料都存放在水线以上的舱室内取用方便的处所，室外应有明显的标记。

橡皮、黄沙等物料要保持清洁，不得涂漆或被油脂等污染，每6个月检查一次各种堵漏器材有无损坏、短缺、变质等，不合格要及时更换、补充。

(5)舱壁支撑

船体的水密横舱壁，它的强度不能满足舱内进水后的水压力作用，舱内水位越高压力越大。因此，需要在邻近的舱内用支柱、垫木和木楔等对舱壁进行支撑。支撑点的高度大约为舱内水位高度的2/3左右。

3. 防水与堵漏的组织措施

①船上要布置有固定的破舱控制示意图，清楚地表明各层甲板与货舱的水密室界限、界限上的开口及其关闭方法与控制位置以及用于校正浸水倾斜装置的示意图，以供负责的高级船员参考。此外，应供给船上高级船员使用的有关防水堵漏资料的小册子。

②防水检查：轮机人员要负责经常地检查机舱内的水密性，如轴隧的漏水情况；排水管系的技术状况是否正常，如污水井盖要完整，清除井内污泥，防止堵塞过滤器等。

在航行中，木匠每天上下午各探测一次水舱和污水井的水位，并将其结果由大副记入航海日志中。发现异常要及时找出原因，并采取相应措施。

水密舱壁上的水密门，不论是动力操纵的还是手动的，凡在航行中使用的，应每天进行操作。其他的水密门及为使舱室水密必须关闭的一切阀等，在航行中都要定期检查，每周至少一次。

③堵漏应变部署及演习：根据《1974年国际海上人命安全公约》规定，对于水密门、舷窗、阀以及泄水孔，出灰管与垃圾管的关闭机械的操作演习，应每周举行一次。对航期超过一周的船舶，在离港前应举行一次全面演习。此后，在航行中至少每周举行一次。

堵漏的警报信号是二长声一短声，连放1 min，听到警报信号后，除固定值班人员外，所有船员应在2 min内携带有关的堵漏器材在指定地点集合，由现场指挥布置抢救方案和操作演习，演习中每一个船员要明确职责，熟悉堵漏器材的使用方法，演习完毕后，要检查、保养器材，并放回原固定位置。

第五节　船舶摇荡性

一、船舶摇荡运动的形式

船舶因某种外力的作用,使其围绕原平衡位置所作的往复性(或周期性)的运动,称为船舶摇荡运动。船舶摇荡运动共有横摇(船舶绕纵轴作周期性的角位移运动)、纵摇(船舶绕横轴作周期性的角位移运动)、艏摇(船舶绕垂向轴作周期性的角位移运动)、垂荡(船舶沿垂向轴作周期性的上下平移运动)、纵荡(船舶沿纵向轴作周期性的前后平移运动)和横荡(船舶沿横向轴作周期性的前后平移运动)6 种运动方式,如图 1-66 所示。在这 6 种摇荡方式中,横摇摆幅比较大,对船舶的性能影响最大,因此对船舶的横摇应该给予更多的关注。

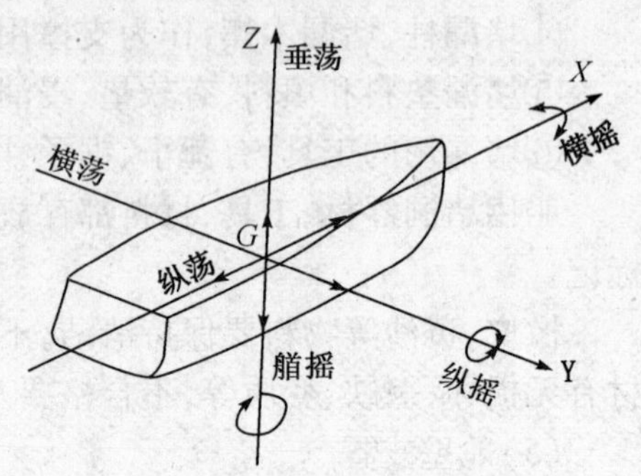

图 1-66　船舶摇荡形式

船舶摇荡运动是一种有害的运动,剧烈的摇荡会引起严重的后果:

①可能使船舶失去稳性而倾覆。

②使船体结构和设备受到损坏。

③引起货物移动从而使船舶重心移动危及船舶安全。

④使机器和仪表的运转失常。

⑤会使螺旋桨的效率降低,船舶阻力增加,船速下降。

⑥工作和生活条件恶化,甲板上浪等。

二、横摇与谐摇

1. 船在静水中的横摇

船舶在静水中的横摇特性对船在波浪中的横摇特性有很大影响。一般而言,水的阻力作用对船的横摇周期的影响是非常微小的。就船员来讲,总是希望船舶摇摆得平静、舒缓些,因此要增加摇摆时间。但增加横摇周期的有效方法是减小初稳性高度值,这一点与稳性的要求是相矛盾的。合理的解决办法是,根据船舶的用途和航区,在满足稳性要求的前提下,取尽可能小的 GM 值。因此,在制订配积载方案,确定重心位置及初稳性高度时,既要考虑对稳性的影响,也要考虑对摇摆的影响,不能偏废任何一方。

为简便计算,一般都用近似公式估算船舶横摇固有周期

$$T_\theta = \frac{C \cdot B}{\sqrt{GM}} \text{ 或 } T_\theta = 0.58\sqrt{\frac{B^2 + 4z_g^2}{GM}}$$

式中,B——船宽(m);

z_g——船舶重心纵坐标(m);

GM——初稳性高度(m);

C——系数,随船舶的类型而变,可按母型船的试验资料计算,一般在 0.76 ~0.85 之间,粗估时可取 C =0.8。

横摇固有周期是船舶横摇的重要指标，并和船舶在波浪上的摇摆运动密切相关。横摇固有周期越大，船舶在波浪上的摇摆越缓和。万吨级货船的横摇固有周期一般在 8～13 s，有些情况下在 13 s 以上；千吨至万吨级的客船一般在 10～16 s；渔船等小型船舶往往在 4～8 s。

2. 船在波浪中的横摇与谐摇

船在波浪中航行时，船的航向经常与波浪传来的方向有一个波舷角，如图 1-67 所示。船以波舷角 φ 任意航向航行。由于船和浪在作相对运动，船体周围波形的变化周期已经不是波浪周期。从第一个波峰由船上某一点过去，至第二个波峰又到达这一点的时间间隔，称为波浪遭遇周期 τ_e。如 $\tau_e = T_\theta$，此时将发生强烈的横摇，称为谐摇。谐摇对船的安全有严重威胁，必须尽量避免。为安全起见通常取一个范围称为谐摇区，船舶在波浪中航行应尽量避开谐摇区。即

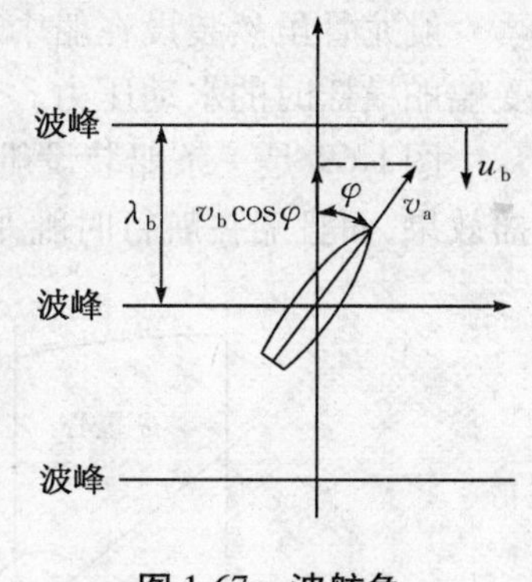

图 1-67 波舷角

$$0.7 < \frac{T_\theta}{\tau_e} < 1.3$$

波浪遭遇周期 τ_e 的计算式为

$$\tau_e = \frac{\lambda_b}{u_b + v_s\cos\varphi}$$

式中，λ_b——波长（m）；

u_b——波速（m/s）；

v_s——船速（m/s），前进为正，倒车为负；

φ——波舷角（°），左舷右舷都取正值。

船舶顶浪航行时，$\varphi=0$；船舶偏顶浪航行时，$\varphi<90°$；船舶横浪航行时，$\varphi=90°$；偏顺浪航行时，$\varphi>90°$；顺浪航行时，$\varphi=180°$。

波浪遭遇周期 τ_e 的大小，随船的航向和/或航速而变化。因此，当船舶处于谐摇区时，只要适当改变船的航向和/或航速，就可以改变波浪遭遇周期使船避开谐摇区。

三、船舶减摇装置

为了减小船舶的摇荡，除了在装载和操纵方面采取措施以外，在船舶设计与建造中，都装设必要的减摇装置。减摇装置是用来产生一种外加的稳定力矩，使船舶的摇摆减缓。根据工作原理，减摇装置可以分成三类：第一类是利用流体的重力作用以产生对船舶摇摆的稳定力矩（如减摇水舱）；第二类是利用流体的动力作用以产生稳定力矩（如舭龙骨、减摇鳍）；第三类所获得的稳定力矩则是由回转力产生（如减摇回转仪）。

目前采用的减摇装置有下列几种：

1. 舭龙骨

舭龙骨是装设在舭部外侧，沿着水流方向的一块长条板（如图 1-68 所示）。舭龙骨的作用是减小船舶横摇。由于减摇效果较好，制造简单，几乎所有的船舶均装设舭龙骨。

舭龙骨板的长度为 1/4～1/3 船长，宽度为 200～600 mm 左右（大型船更大些），近似垂直于舭部列板，其外缘不超出船的半宽线与船底基线所围的范围，以免触到码头和海底而碰损。在结构形式上，舭龙骨有连续式的和间断式两种结构。连续式结构简单，适用于航速不很高的船，间断式结构适用于高速船，其优点是对船舶的航行阻力较小，一般不会超过船舶基本阻力

的2% ~3%，而对横摇阻力较大，能减小船舶摇摆幅度的20% ~25%。

为了防止舭龙骨损坏时使船体外板受损，舭龙骨一般不直接焊接在舭部外板上，而是用一块覆板将两者连接起来。

舭龙骨虽然装设在船中部很长的一段范围内，但在结构上它不参与船舶的总纵弯曲，仅承受船舶横摇时的水动压力。

图1-69是一条船装设舭龙骨和无舭龙骨时的横摇角曲线，由图中可明显看出舭龙骨的减摇效果，而且船在航行时舭龙骨的减摇效果更好一些。

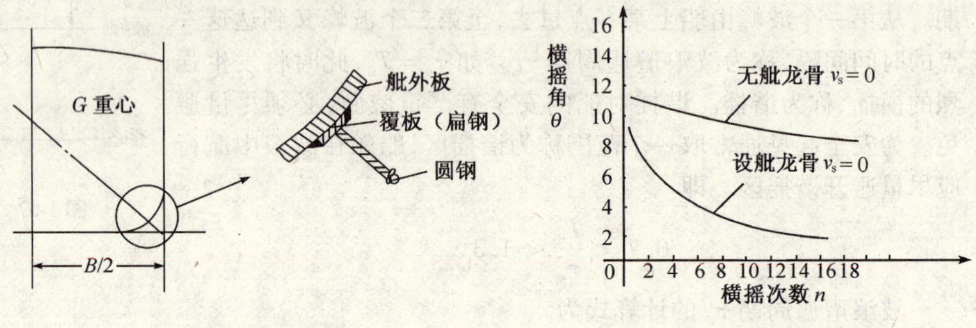

图1-68　舭龙骨　　　　图1-69　舭龙骨减摇效果

2. 减摇鳍

减摇鳍，如图1-70(a)所示，一般是一个长约为3.0 m、宽为1.5 m左右的长方体，剖面为机翼形，安装在船中央附近两舷的舭部。在船内设置操纵机构，根据需要可将减摇鳍收进船内或伸出舷外，并且可调整机翼剖面相对于水流的攻角，使两舷的减摇鳍所产生的升力形成一个阻碍船舶横摇的力偶矩，并使力偶矩方向的改变与船舶横摇同步，这样可有效地减小船舶横摇。因减摇鳍需要有自动操纵系统、造价高，目前只有在大型豪华客船上或军舰上才设置。

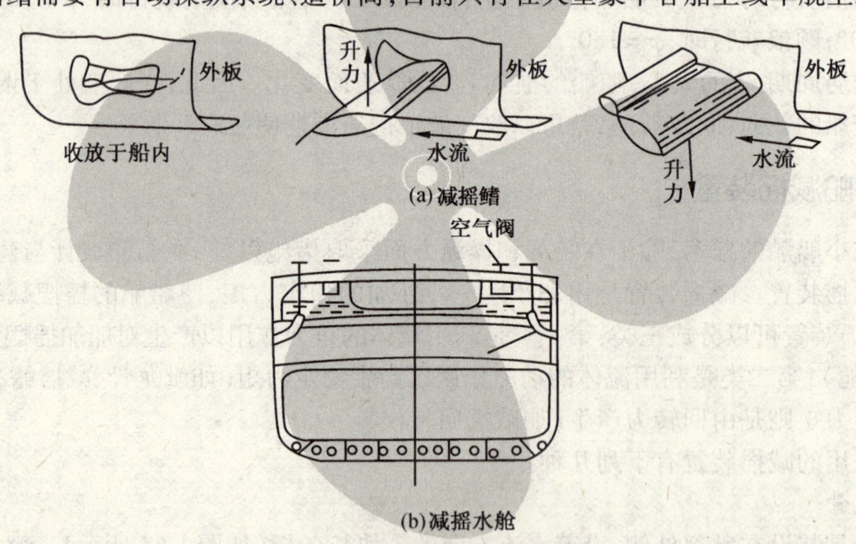

图1-70　减摇鳍和减摇水舱

3. 减摇水舱

在船内横向设置"U"字形水舱，当船在横摇时，使水舱内的水位移动与船的横摇之间有一个相位差。这样水的重力所形成的力矩可减小船舶的横摇。

上述"U"形减摇水舱［如图1-70(b)］内的水与舷外水不连通时，则称闭式减摇水舱。若减摇水舱内的水与舷外水相通时,称开式减摇水舱。当水舱内的水左右舷流动是可以控制的,称主动式减摇水舱;而不能控制水的流动的,称被动式减摇水舱。

4. 减摇陀螺仪(回转稳定减摇装置)

回转仪的特性是当它在高速旋转时,如受到外力发生倾斜,其产生的旋转力矩具有使其回复原位置的能力。利用回转仪原理制成的减摇陀螺仪(回转稳定减摇装置)具有减缓船舶摇摆的能力。但此种装置造价昂贵,占用船舱体积大,在现代商船上已经基本没有。

第六节　船舶操纵性

一、基本概念

船舶能保持或改变航向、航速和位置的性能,称为船舶操纵性。船舶在航行过程中,是通过操舵来实现保持或改变航行方向的。船舶操纵性主要包括航向稳定性、回转性和改向性。

航向稳定性是指船舶保持直线航行的性能,如船舶在外力干扰下不易改变原直线航向,或在外力干扰下偏离原直线航向,但通过不断地操舵就能很快地回到原来航向的性能。一般操舵频率每分钟为4~6次,平均转舵角为3°~5°,就认为船舶的航向稳定性是符合要求的。

回转性是指船舶经操舵后改变原航向作圆弧运动的性能。通常用旋回直径的大小表示回转性能的好坏。旋回直径越小,回转性能越好。

改向性是指船舶回转初期对舵的反应能力。转舵后船能很快地进入新的航向,或偏离航向经操舵后能很快地回到原来航向,则认为转首性好。

改向性好的船舶,不一定旋回直径小。所以,改向性和回转性两者是有区别的。从船舶操纵性的观点,要求船舶既要转向快,又要旋回直径小。

航向稳定性好的船舶,它的回转性和转首性能较差;而回转性和改向性好的船,航向稳定性较差。对于同一条船难于同时满足航向稳定性、回转性和改向性都很好的要求。

对于远洋运输船舶,由于长时间远洋航行,进出港的时间较短,要求有较好的航向稳定性。这样,船舶可较少的操舵,保持航向,航线直,从而节约燃料。经常进出港以及在狭水道航行的船舶,要求有良好的回转性和改向性,这样可以减小与来往船舶的碰撞机会,增加安全性。

二、影响船舶操纵性的因素

1. 船型和浮态

船体形状和大小对船舶操纵性能的好坏有着重要的影响。

①船舶的长宽比 L/B 越大,航向的稳定性越好,而回转性较差。

②方形系数 C_B 越小的船,航向的稳定性越好,而船舶回转性则较差。

③水线下的船体侧面形状和船舶的浮态:艉倾的船舶航向稳定性较好,艏倾的船舶则航向稳定性较差。装设艉鳍可提高航向稳定性。

2. 船舶受风力情况

船舶水线以上及其上层建筑侧面形状、大小和分布,风力作用中心位置等对船舶操纵性能有重要影响。

3. 船舶速度

船舶速度越快,舵效越高,航向稳定性也就越好。

4. 舵与桨的作用

①舵的位置要对称于船体中纵剖面或在中纵剖面内,才能保持良好的航向稳定性;舵叶面积比越大,则船舶操纵性越好。

②螺旋桨的推力作用线要在中纵剖面内,推力的大小及桨的数目等对操纵性都有很大影响。

第二章

船舶防污染管理

海上交通运输相对其他运输方式具有更低的运输成本，承担了世界货运总量的70% ~ 80%，是世界各国和各地区之间经济、贸易和文化交流的重要手段。随着经济全球化进程的不断加快，全球性的海上贸易得到了空前的发展，营运船舶数量、种类和吨位不断增加，同时海上运输又呈现了许多新特点，如船舶运输的大型化和专用化，货物的品种和形态的多样化，如海上石油和散装液体化学品运量的逐年增大等，因此海洋环境面临的潜在威胁变得更加突出。由于海洋污染具有持续性强、扩散范围大、对人类危害严重的特点，因此必须加强船舶防污染管理，高度重视保护海洋环境。

第一节　防污染公约和法规

为了保护海洋环境，防止污染损害，一系列国际性、区域性和各沿海国关于防止船舶污染海洋的公约、协议和法规相继制定、修订、生效和实施，且随着海洋污染的日趋严重和公众环保意识的不断增强，这些强制性防污法规越来越齐全，标准越来越高，执行也越来越严格。

一、《MARPOL 公约》及其附则

（一）公约简介

1. 公约背景

随着现代工业飞速发展，在海上航行的船舶数量和种类越来越多，特别是10万吨级以上大型油船及散装化学品船大量建造并投入营运，除了油类，其他一些有毒有害物质、船舶生活污水、船舶垃圾等对海洋的污染也日趋严重。因此，1973 年 IMO 在伦敦召开国际海洋防污染会议，审议通过了第一个不限于油污染的《1973 年国际防止船舶造成污染公约》（简称“MARPOL 73”）。“MARPOL 73”共有 20 条，另附有两个议定书和五个附则。

2. 公约组成

①《1973 年国际防止船舶造成污染公约》。

②《关于 1973 年国际防止船舶造成污染公约的 1978 年议定书》。

③议定书Ⅰ——关于涉及有害物质事故报告的规定。

④议定书Ⅱ——仲裁。

⑤《经 1978 年议定书修订的 1973 年国际防止船舶造成污染公约》的 1997 年议定书。

⑥附则Ⅰ——防止油污染规则。

⑦附则Ⅱ——防止散装有毒液体物质污染规则。

⑧附则Ⅲ——防止海运包装形式的有害物质污染规则。

⑨附则Ⅳ——防止船舶生活污水污染规则。

⑩附则Ⅴ——防止船舶垃圾污染规则。

⑪附则Ⅵ——防止船舶造成大气污染规则。

(二)《MARPOL 73/78》附则Ⅰ——防止油污染规则有关规定

附则Ⅰ共有7章39条和3个附录:第1章 总则;第2章 检验和发证;第3章 对所有船舶机器处所的要求;第4章 对油船货物区域的要求;第5章 防止油污事故造成的污染;第6章 接收设备;第7章 对固定或浮动平台的特殊要求。附录Ⅰ 油类清单;附录Ⅱ IOPP证书和附件格式;附录Ⅲ"油类记录簿"格式。

除另有明文规定外,本附则的规定适用于所有船舶。

1. 定义

油类(Oil),系指包括原油、燃油、油泥、油渣和炼制品在内的任何形式的石油(本公约附则Ⅱ所规定的石油化学品除外)。

含油混合物(Oily Mixture),系指含有任何油类的混合物。

油船(Oil Tanker),系指建造为或改造为在其装货处所主要装运散装油类的船舶,并包括全部或部分装运散装货油的兼装船,本公约附则Ⅱ中所定义的任何"NLS液货船"和经修订的《SOLAS 74公约》第Ⅱ-1/3.20条中所定义的任何气体运输船。

原油油船(Crude Oil Tanker),系指从事原油运输业务的油船。

成品油油船(Product Carrier),系指从事除原油以外的油类运输业务的油船。

兼装船(Combination Carrier),系指设计为装运散装货油或者装运散装固体货物的船舶。

最近陆地(Nearest Land),系指最近的按照国际法划定的领海基线。

特殊区域(Special Area),系指由于海洋学和生态学以及其运输的特殊性质等方面公认的技术原因,需要采取防止海洋污染的特殊强制办法的海域。本附则规定的特殊区域有10个:地中海区域;波罗的海区域;黑海区域;红海区域;海湾区域;亚丁湾区域;南极区域;西北欧水域;阿拉伯海的阿曼区域;南部南非区域。其中西北欧水域包括北海及其近海水域,爱尔兰海及其近海水域,克尔特海、英吉利海峡及其临近水域和紧接爱尔兰西部的东北大西洋部分水域。

油量瞬间排放率(Instantaneous Rate of Discharge of Oil Content),系指任何一瞬间每小时排油量(L/h)除以同一瞬间的船速(n mile/h),其单位为(L/n mile)。

舱柜(Tank),系指由船舶的永久结构所形成的,并设计为装运散装液体的围蔽处所。

污油水舱(Slop Tank),系指专用于收集舱柜排出物、洗舱水和其他含油混合物的舱柜。

清洁压载水(Clean Ballast),系指这样一个舱内的压载水,该舱自上次装油后,已清洗到如此程度,以致倘若在晴天从一静态船舶将该舱中的排出物排入清洁而平静的水中,不会在水面或邻近的岸线上产生明显的痕迹,或形成油泥乳化物沉积于水面以下或邻近的岸线上。如果压载水是通过经主管机关认可的排油监控系统排出的,而根据这一系统的测定查明该排出物的含油量不超过15 ppm,那么尽管出现有明显的痕迹,仍应确定该压载水是清洁的。

专用压载水(Segregated Ballast),系指装入这样一个舱内的压载水,该舱与货油及燃油系统完全隔绝并固定用于装载压载水,或固定用于装载本公约各附则中所指各种油类或有毒物

质以外的压载水或货物。

百万分比(ppm),系指按体积的百万分比计算的油污水的含油率。

2. 例外

下述情况可不受本附则规定的排放条件和标准的限制:

①将油类或含油混合物排放入海,系为保障船舶安全或救护海上人命所必需者。

②将油类或油性混合物排放入海,系由于船舶或其设备遭到损坏的缘故。

A. 但须在发生损坏或发现排放后,为防止排放或使排放减至最低限度,已采取了一切合理的预防措施。

B. 但是,如果船东或船长是故意造成损坏,或轻率行事而又知道可能会招致损坏,则不在此例。

③将经主管机关批准的含油物质排放入海,用以对抗特定污染事故,以便使污染损害减至最低限度。但任何这种排放,均应经拟进行排放所在地区的管辖国政府批准。

3. 对所有船舶机器处所操作性排油的要求

①除前述"2. 例外"情况以及本条第②,③和⑤规定外,应禁止将任何油类或含油混合物排放入海。

②特殊区域外的排放,除非符合下列条件,应禁止400总吨及以上的船舶排放油类或含油混合物入海:

A. 船舶正在航行途中。

B. 含油混合物经本附则要求的滤油设备加工处理。

C. 未经稀释的排出物含油量不超过15 ppm。

D. 含油混合物不是来自于油船的货泵舱的舱底。

E. 如是油船,含油混合物未混有货油残余物。

③特殊区域内的排放,除非符合下列条件,应禁止400总吨及以上的船舶排放油类或含油混合物入海:

A. 船舶正在航行途中。

B. 含油混合物经滤油设备加工处理(该系统应保证通过该系统排放入海的含油混合物的含油量不超过15 ppm;应装有报警装置,在不能保持这一标准时发出报警;还应装有在排出物的含油量超过15 ppm时能保证自动停止含油混合物排放的装置)。

C. 未经稀释的排出物含油量不超过15 ppm。

D. 含油混合物不是来自于油船的货泵舱的舱底。

E. 如是油船,含油混合物未混有货油残余物。

④就南极区域而言,禁止任何船舶将任何油类或油性混合物排放入海。

⑤对南极区域以外任何区域内小于400总吨船舶,应按下列规定将油类和含油混合物留存在船上或排放入海:

A. 船舶正在航行途中。

B. 船上所设经认可的设备正在运转以保证未经稀释的排出物含油量不超过15 ppm。

C. 含油混合物不是来自于油船的货泵舱的舱底。

D. 如是油船,含油混合物未混有货油残余物。

4. 对油船货物区域操作性排油的控制要求

(1)特殊区域外的排放

除非符合下列条件,禁止将油类或油性混合物排放入海:

①油船不在特殊区域之内。

②油船距最近陆地 50 n mile 以上。

③油船正在航行途中。

④油量瞬间排放率不超过 30 L/n mile。

⑤排入海中的总油量,对于 1979 年 12 月 31 日或以前交船的油船而言,不得超过这项残油所属的该种货油总量的 1/15 000,对于 1979 年 12 月 31 日以后交船的油船而言,不得超过这项残油所属的该种货油总量的 1/30 000。

⑥油船所设的本附则要求的排油监控系统以及污油水舱正在运转。

(2)特殊区域内的排放

在特殊区域内,除清洁压载水和专用压载水的排放外,禁止油船将货油区域的油类或油性混合物排放入海。

(3)对小于 150 总吨的油船的要求

将油留存在船上以及随后将所有经污染的洗涤液排入接收设备。用于冲洗和流回到贮存柜中去的全部油和水应排入接收设备,除非设有适当的装置以保证对允许排入海水中的流出物有足够的监测以符合本条的规定。

(三)"MARPOL 73/78"附则Ⅱ——防止散装有毒液体物质污染规则的有关规定

附则Ⅱ于 1987 年 4 月 6 日生效,我国 1983 年 7 月 1 日加入,对我国生效时间 1987 年 4 月 6 日。

附则Ⅱ共 8 章、18 条和 7 个附录:第 1 章 总则;第 2 章 有毒液体物质的分类;第 3 章 检验与发证;第 4 章 设计、构造、布置和设备;第 5 章 有毒液体物质残余物操作性排放;第 6 章 港口国监督措施;第 7 章 防止有毒液体物质事故引起的污染;第 8 章 接收设施。附录 1 有毒液体物质的分类指南;附录 2 散装运输有毒液体物质船舶货物记录簿格式;附录 3 国际防止散装运输有毒液体物质污染证书格式;附录 4 程序和布置手册的标准格式;附录 5 液货舱、泵及相关管路内残余物量的评定;附录 6 预洗程序;附录Ⅶ 通风程序。

除另有明文规定者外,本附则的规定适用于所有核准散装运输有毒液体物质的船舶。

1. 定义

液体物质,系指在温度为 37.8℃时,绝对蒸汽压力不超过 0.28 MPa 的物质。

有毒液体物质,系指《国际散装化学品规则》第 17 或 18 章的污染类别栏中所指明的或根据第 6.3 条规定经临时评定列为 X、Y 或 Z 类的任何物质。

化学品液货船,系指建造为或改造为用于散装装运《国际散装化学品规则》第 17 章所列的任何一种液体货品的船舶。

有毒液体物质货船,系指建造为或改建为用于散装运输有毒液体物质货物的船舶,包括本公约附则Ⅰ定义的核准用于散装运输全部或部分有毒液体物质货物的油船。

清洁压载水,系指装入一个舱内的压载水,该舱自上次用于装载含有 X,Y 或 Z 类物质的货物以来,已予彻底清洗,所产生的残余物也已按本附则的相应要求全部排空。

专用压载水,系指装入一个舱内的压载水,该舱与货物和燃油系统完全隔离并固定用于装载压载水,或固定用于装载本公约各附则中所定义的各种油类或有毒液体物质以外的压载水或货物。

南极区域,系指南纬 60°以南海域。

2. 有毒液体物质的分类

有毒液体物质分为以下四类：

X 类，这类有毒液体物质如从洗舱或排除压载的作业中排放入海，将被认为会对海洋资源或人类健康产生重大危害，应严禁向海洋环境排放该类物质。

Y 类，这类有毒液体物质如从洗舱或排除压载的作业中排放入海，将被认为会对海洋资源或人类健康产生危害，或对海上的休憩环境或其他合法利用造成损害，因而对排放入海的该类物质的质和量应采取限制措施。

Z 类，这类有毒液体物质如从洗舱或排除压载的作业中排放入海，将被认为会对海洋资源或人类健康产生较小的危害，因而对排放入海的该类物质应采取较为宽松的限制措施。

其他物质，以 OS（其他物质）形式被列入《国际散装化学品规则》第 18 章污染类别栏目中的物质，并经评定认为不被列入本附则第 6.1 条所规定的 X，Y 或 Z 类物质之内，因为目前认为当这些物质从洗舱或排除压载的作业中排放入海时，对海洋资源、人类健康、海上休憩环境或其他合法的利用并无危害。排放仅含有被列为"其他物质"的物质的舱底水或压载水或其他残余物或混合物，不应受本附则任何要求的约束。

3. 有毒液体物质残余物排放控制

（1）排放标准

对有毒液体物质或含有此类物质的压载水、洗舱水或其他混合物的残余物排放控制应符合下列排放标准：

①如果规定允许把 X，Y 或 Z 类物质的残余物或临时评定为此类物质的残余物或含有此类物质的压载水、洗舱水或其他混合物排放入海，则应符合下列排放标准：

A. 船舶在海上航行，自航船航速至少为 7 kn，或非自航船航速至少为 4 kn。

B. 在水线以下通过水下排放口进行排放时不应超过水下排放口的最高设计速率。

C. 排放时距离最近陆地不少于 12 n mile，水深不少于 25 m。

②2007 年 1 月 1 日之前建造的船舶，对于将 Z 类物质或临时评定为此类物质的残余物或含有此类物质的压载水、洗舱水或其他混合物在水线以下排放入海并无强制规定。

③对 Z 类物质，主管机关可对仅在本国主权或所辖水域内航行的悬挂其国旗的船舶免除关于排放时距最近陆地不少于 12 n mile 的要求。

（2）X 类物质残余物的排放

已被卸完 X 类物质货物的货舱，在船舶离开卸货港口之前，应予以预洗。清洗的残余物其质量浓度等于或低于 0.1% 之前应被排入接收设备。其浓度指标由检查员从排入接收设备的残余物中提取样品进行分析后确定。当浓度达到要求后，应将舱内剩余的洗舱水继续排入接收设备，直到该舱排空。这些作业应在"货物记录簿"内作相应记录，并由检查员签署。

预洗后灌入舱内的任何水均可按上述排放标准排放入海。

（3）Y 和 Z 类物质残余物的排放

Y 和 Z 类物质残余物均可按上述排放标准排放入海。

（4）南极区域排放

禁止任何有毒液体物质或含有此类物质的混合物排放入南极海域。

（四）"MARPOL 73/78"附则Ⅲ——防止海运包装形式的有害物质污染规则的有关规定

该附则于 1992 年 7 月 1 日生效，我国 1994 年 9 月 13 日加入。

附则Ⅲ共有 8 条和 1 个附录：第 1 条 适用范围；第 2 条 包装；第 3 条 标志和标签；第 4 条

单证;第 5 条 积载;第 6 条 限量;第 7 条 例外;第 8 条 关于操作要求的港口国监督。附录 包装形式有害物质的识别指南。

(五)"MARPOL 73/78"附则Ⅳ——防止船舶生活污水污染规则的有关规定

附则Ⅳ于 2003 年 9 月 27 日生效(2004 年附则Ⅳ修正案已于 2005 年 8 月 1 日生效);我国于 2006 年 11 月 2 日加入,2007 年 2 月 2 日对我国生效。

附则Ⅳ共有 4 章、12 条和 1 个附录:第 1 章 总则;第 2 章 检验和发证;第 3 章 设备与排放控制;第 4 章 接收设施;附录 证书格式。

1. 定义

新船,系指在本附则生效之日或以后订立建造合同的船舶,或无建造合同但在本附则生效之日或以后安放龙骨或处于相应建造阶段的船舶;或在本附则生效之日后 3 年或 3 年以上交船的船舶。

现有船舶,系指非新船的船舶。

生活污水,系指任何形式的厕所和小便池的排出物和其他废弃物;医务室(药房、病房等)的洗手池、洗澡盆和这些处所排水孔的排出物;装有活畜禽货物处所的排出物;或混有上述排出物的其他废水。

集污舱,系指用于收集和储存生活污水的舱柜。

国际航行,系指从某一适用本公约的国家至该国以外的港口的航行,或者相反。

2. 适用范围

本附则的规定适用于以下从事国际航行的船舶。

①400 总吨及以上的新船和小于 400 总吨但经核定可载运 15 人以上的新船。

②本附则生效之日 5 年后(即 2008 年 9 月 27 日及以后的),400 总吨及以上的现有船舶和 400 总吨以下但经核定可载运 15 人以上的现有船舶。

3. 生活污水的排放控制

除下述情况外,禁止将生活污水排放入海:

①船舶在距最近陆地 3 n mile 以外,使用主管机关认可的系统,排放经粉碎和消毒的生活污水,或在距最近陆地 12 n mile 以外排放未经粉碎或消毒的生活污水,但在任何情况下,不得将集污舱中储存的生活污水即刻排光,而且应在航行途中,船舶以不低于 4 kn 的航速航行时,以适当速率排放;排放速率应经主管机关按 IMO 制定的标准予以认可。

②船舶配备的经认可的生活污水处理装置正在运行,该装置已经主管机关验证符合 IMO 制定的各项操作及性能要求,同时,该装置的试验结果已写入该船的"国际防止生活污水污染证书",并且排出物在其周围的水中不会产生可见的漂浮固体,也不会使周围的水变色。

上述规定不适用于在某一国家所辖水域内营运的船舶,也不适用于来自其他国家的访问船舶,这些船舶在该水域内按照该国可能施行的较宽要求排放生活污水。

如生活污水与《73/78 防污公约》其他附则要求的废弃物或废水混在一起,则除应符合本附则的要求外,还应符合其他附则的要求。

4. 生活污水处理装置的排放标准

生活污水处理装置应经主管机关的型式认可,并考虑到 IMO 制定的标准和试验方法。

MEPC 于 2006 年 10 月 13 日在其第 55 届会议上以 MEPC. 159(55)号决议通过了《经修订的实施生活污水处理装置排出物标准和性能试验导则》(称为新标准),该决议替代了 MEPC 于 1976 年 12 月 3 日在其第六届会议上以 MEPC. 2(VI)决议通过的《关于生活污水处理装置

国际排放标准的建议和性能试验指南》(称为旧标准)。

新标准适用于2010年1月1日或以后安装上船的生活污水处理装置,即在该日期后吊装到不论新、旧船舶上的生活污水处理装置,均应满足新标准的要求。新、旧排放标准的对比见表2-1。

表2-1 船舶生活污水处理装置排放标准

排放指标	IMO旧标准	IMO新标准	USCG	Alaska
悬浮固体SS(mg/L)	50	35	150	30
生化需氧量BOD_5(mg/L)	50	25	—	30
化学需氧量COD(mg/L)	—	125	—	—
大肠杆菌群(个/100 mL)	250	100	200	20
pH值	6~9	6~8.5	—	6~9
余氯(mg/L)	尽可能低	<0.5	—	10
实验天数(天)	10	16	10	30

(六)"MARPOL 73/78"附则Ⅴ——防止船舶垃圾污染规则的有关规定

附则Ⅴ于1988年12月31日生效,我国1988年11月21日加入,1989年2月21日对我国生效。

附则Ⅴ共有9条和1个附录:第1条 定义;第2条 适用范围;第3条 在特殊区域外处理垃圾;第4条 对处理垃圾的特殊要求;第5条 在特殊区域内处理垃圾;第6条 例外;第7条 接收设备;第8条 关于操作要求的港口国控制;第9条 告示、垃圾管理计划和垃圾记录保存;附录 垃圾记录簿格式。

除另有明文规定者外,本附则适用于所有船舶。

1. 定义

垃圾,系指产生于船舶正常营运期间并需要持续或定期处理的各种食品、日常用品和工作用品的废弃物(不包括鲜鱼及其各部分),但本公约其他附则中所规定的或列出的物质除外。船舶垃圾分为以下6类:塑料;漂浮的垫舱物料、衬料和包装材料;粉碎的纸制品、碎布、玻璃、金属、瓶子、陶器等;货物残余、纸制品、碎布、玻璃、金属、瓶子、陶器等;食品废弃物;焚烧炉灰渣。

特殊区域,系指由于海洋学和生态学以及其运输的特殊性质等方面公认的技术原因,需要采取防止海洋污染的特殊强制办法的海域。本附则规定的特殊区域包括:地中海区域、波罗的海区域、黑海区域、红海区域、海湾区域、北海区域、南极区域以及包括墨西哥湾和加勒比海的泛加勒比海区域。

2. 在特殊区域外处理垃圾

①一切塑料制品,包括但不限于合成缆绳、合成渔网、塑料垃圾袋以及可能包含有毒或重金属残余的塑料制品的焚烧炉灰烬,均禁止处理入海。

②对于下述垃圾,应尽可能远离最近陆地处理入海,但在任何情况下均禁止:

A. 在距最近陆地不足25 n mile将漂浮的垫舱物料、衬料和包装材料处理入海。

B. 在距最近陆地不足12 n mile将食品废弃物和一切其他垃圾,包括纸制品、碎布、玻璃、金属、瓶子、陶器及类似的废弃物处理入海。

③如果上述B中的垃圾,在经粉碎机或磨碎机粉碎或磨碎后,且能通过筛眼不大于25 mm的粗筛,则可允许尽可能远离最近陆地处理入海,但在任何情况下禁止在距最近陆地不到

3 n mile处理入海。

④如果垃圾与具有不同处理或排放要求的其他排放物混在一起时，则应适用其中较为严格的要求。

3. 在特殊区域内处理垃圾

①除本附则规定的“例外”情况外，禁止将下述垃圾处理入海：

A. 一切塑料制品，包括但不限于合成缆绳、合成渔网、塑料垃圾袋以及可能包含有毒或重金属残余的塑料制品的焚烧炉灰烬。

B. 一切其他垃圾，包括纸制品、破布、玻璃、金属、瓶子、陶器、垫舱物料、衬料和包装材料。

②除本款的规定以外，废弃食物处理入海应尽可能远离陆地，但在任何情况下，应离最近陆地不少于 12 n mile。

③在泛加勒比海区域将已经过粉碎机或磨碎机处理的食品废弃物处理入海，应尽可能远离陆地，但在任何情况下，离最近陆地不应少于 3 n mile。这种经粉碎或磨碎的食品废弃物应能通过网眼不大于 25 mm 的粗筛。

④如果垃圾与具有不同处理或排放要求的其他排放物混在一起时，则应适用其中较为严格的要求。

(七)“MARPOL 73/78”附则Ⅵ——防止船舶造成大气污染规则的有关规定

附则Ⅵ于 2005 年 5 月 19 日生效，我国于 2006 年 3 月 15 日加入，2006 年 8 月 23 日对我国生效。附则Ⅵ生效表明“MARPOL 73/78”六个附则已全部生效，并且对我国也已全部生效。

附则Ⅵ共有 3 章 19 条和 5 个附录：第Ⅰ章 总则；第Ⅱ章 检验、发证和控制手段；第Ⅲ章 船舶排放控制要求；附录Ⅰ 国际防止大气污染证书；附录Ⅱ 试验循环和加权因数；附录Ⅲ 指定 SO_x 排放控制区的标准和程序；附录Ⅳ 船上焚烧炉的型式认可和操作限制；附录Ⅴ 加油记录单中包括的资料。

除另有规定者外，本附则适用所有船舶。

1. 定义

连续进料，系指当焚烧炉在正常操作条件下，燃烧室工作温度在 850℃ 和 1 200℃ 之间时，无需人工辅助把废物送入燃烧室的过程。

排放，系指从船舶上向大气或海洋释放受本附则控制的任何物质。包括消耗臭氧物质、氮氧化物、硫氧化物和挥发性有机化合物。

NO_x 技术规则，系指由缔约国大会决议通过的《船用柴油机氮氧化物排放控制技术规则》(MEPC.177(58)决议)。

消耗臭氧物质，系指在应用或解释本附则时有效的《1987 年消耗臭氧层物质和蒙特利尔议定书》中定义的并在该议定书附件中所列的受控制物质。在船上可能有的“消耗臭氧物质”包括但不限于下列各项：Halon 1211(溴氯二氟甲烷)；Halon 1301(溴三氟甲烷)；Halon 2402(1,2-二溴化物-1,1,2,2-四氟乙烷，亦称做 Halon 114B2)；CFC-11(三氯氟甲烷)；CFC-12(二氯二氟甲烷)；CFC-113(1,1,2-三氯-1,2,2-三氟乙烷)；CFC-114(1,2-二氯-1,1,2,2- 四氟乙烷)；CFC-115(氯五氟乙烷)。

SO_x 排放控制区，系指要求对船舶 SO_x 排放采取特殊强制措施以防止、减少和控制 SO_x 造成大气污染以及随之对陆地和海洋区域造成不利影响的区域。SO_x 排放控制区包括：波罗的海区域、北海区域和由 IMO 根据 SO_x 排放控制区的确定标准和程序而指定的任何其他海域，包括港口区域。

残油，系指来自燃油或润滑油分离器的油泥，主机或副机的废弃润滑油，或舱底水分离器、油过滤装置或滴油盘的废油。

船上焚烧，系指将船舶正常作业时产生的废物或其他物质在船上进行焚烧。

2. 船舶排放控制要求

(1)臭氧消耗物质

①消耗臭氧物质系指《1987 年消耗臭氧层物质蒙特利尔议定书》中定义的并列于该议定书附件 A，B，C 或 E 中的受控物质，如溴氯二氟甲烷(Hallon 1211)、溴三氟甲烷(Hallon 1301)、三氯氟甲烷(CFC-11)、二氯二氟甲烷(CFC-12)等物质，但无制冷剂充注接头的永久密封设备或无可拆卸的含有消耗臭氧物质部件的永久密封设备不受本条规定限制。

②须禁止消耗臭氧物质的任何故意排放。故意排放包括系统或设备的维护、检修、修理或处置过程中发生的排放，但故意排放不包括与消耗臭氧物质的回收或再循环相关的微量释放。

③消耗臭氧物质的装置的使用时限。2005 年 5 月 19 日或以后建造的船舶上安装的设备，或交付船上的合同日期为 2005 年 5 月 19 日或以后的设备，禁止使用除氢化氯氟烃外的其他含消耗臭氧的物质；2020 年 1 月 1 日或以后，禁止使用含氢化氯氟烃的物质(如 R22)。

④消耗臭氧物质以及含有此类物质的设备，从船上卸下时，须送至合适的接收设施。

⑤每艘按规定须持有 IAPP 证书的船舶须保存含消耗臭氧物质的设备清单。

⑥按规定须持有 IAPP 证书并具有含消耗臭氧物质的再充注系统的船舶须保存一份"消耗臭氧物质记录簿"。经主管机关批准，该记录簿可以是现有航海日志或电子记录系统的一部分。

⑦"消耗臭氧物质记录簿"中的登记，须按物质的质量(kg)，就含消耗臭氧物质的设备的全部或部分重新充注、设备的修理或维护、消耗臭氧物质向大气中故意或非故意排放、消耗臭氧物质向陆基接收设施的排放以及向船舶供给的消耗臭氧物质情况及时记录。

(2)氮氧化物(NO_x)

①适用范围

本条适用于船舶建造时安装的及 2000 年 1 月 1 日后经重大改装的输出功率超过 130 kW 的船用柴油发动机。安装于救生艇上仅在应急情况下使用，或其他仅在应急情况下使用的船用柴油发动机不受本条规定限制。

②氮氧化物排放标准

A. 氮氧化物排放限值等级标准

氮氧化物排放限值可分成三个等级，如表 2-2 所示。

表 2-2 氮氧化物排放限值

发动机额定转速 n(r/min)	氮氧化物排放限值[g/(kW·h)]		
	第Ⅰ级	第Ⅱ级	第Ⅲ级
$n<130$	17.0	14.4	3.4
$130\leqslant n<2\,000$	$45.0\cdot n^{(-0.2)}$	$44.0\cdot n^{(-0.23)}$	$9\cdot n^{(-0.2)}$
$n\geqslant 2\,000$	9.8	7.7	2.0

B. 新装船用柴油发动机氮氧化物排放限值

1990 年 1 月 1 日或以后但在 2000 年 1 月 1 日以前建造的船舶上所安装的、输出功率超过 5 000 kW 且每缸排量在 90 L 或以上的船用柴油发动机，其氮氧化物排放量须符合第Ⅰ级排放标准。

2000 年 1 月 1 日或以后至 2011 年 1 月 1 日以前建造的船舶上安装的船用柴油发动机,或在此期间替换或加装的柴油发动机,其氮氧化物排放量应符合第Ⅰ级标准。

2011 年 1 月 1 日或以后建造的船上安装的船用柴油发动机,或在此期间替换或加装的柴油发动机,其氮氧化物排放量应符合第Ⅱ级标准。

2016 年 1 月 1 日或以后建造的船上安装的柴油发动机或在此期间替换或加装的柴油发动机,当船舶在排放控制区外航行时,其氮氧化物排放量须符合第Ⅱ级标准,当船舶在排放控制区内航行时,须符合第Ⅲ级标准。

C. 对实施第Ⅲ级排放标准的可行性,IMO 将在不迟于 2013 年完成技术发展状况审核,如果经审核确定船舶无法满足实施条件,将推迟该款所规定的时间期限。

(3)硫氧化物(SO_x)和颗粒物质

①船上使用的燃油硫含量限值:

A. 船上使用的任何燃油,其硫含量不得超过下述限值

2012 年 1 月 1 日以前,4. 50% m/m;2012 年 1 月 1 日及以后降至 3. 50% m/m;2020 年 1 月 1 日及以后降至 0. 50% m/m。

IMO 须建立专家组,对实施 2020 年全球标准(0. 50% m/m 标准)的可行性进行全面审核,此项审核在 2018 年前完成,如果确定船舶无法满足实施条件,则该款所述标准须推迟到 2025 年 1 月 1 日生效。

B. 排放控制区域内船上所用燃油的硫含量

目前,IMO 划定的硫氧化物排放控制区(SECA)包括:波罗的海区域和包括英吉利海峡在内的北海海域。

船舶在 SECA 内营运时,船上所用燃油硫含量在 2010 年 7 月 1 日前不得超过1. 50% m/m,2010 年 7 月 1 日及以后降至 1. 00% m/m,2015 年 1 月 1 日及以后降至 0. 10% m/m。

②上述燃油硫含量须由供应商按照本附则要求提供证明文件。

③若使用不同的燃油以符合 SECA 内燃油硫含量规定,进入或离开 SECA 的船舶,须携有一份书面程序表明燃油转换如何完成。燃油转换作业在进入 SECA 以前完成时或离开该区域后开始时的日期、时间及船位及届时各燃油舱中低硫燃油的容量须记录在主管机关规定的日志中。

(4)挥发性有机化合物(VOCs)

①所有指定液货船挥发性有机化合物释放控制港口或装卸站的当事国,须保证在其指定的港口和装卸站配备经该当事国根据 IMO 制定的蒸气排放控制系统安全标准认可的蒸气排放控制系统,并确保该系统的操作安全及能防止造成船舶的不当延误。

②受到 VOCs 排放控制的液货船须配备主管机关认可的蒸气排放收集系统,必须在装载有关货物时使用该系统。根据本条要求安装了蒸气排放控制系统的港口或装卸站,可以在生效日期之后的 3 年内接纳没有安装蒸气收集系统的液货船。

③载运原油的液货船须在船上备有并实施经主管机关认可的挥发性有机化合物管理计划。对于国际航行船舶,用船长和高级船员的工作语言编写,如船长和高级船员的工作语言不是英语、法语或西班牙语,则包括其中一种语言的译文。

(5)船上焚烧

①船舶正常操作过程中产生的污泥和油渣可在主、辅发电机或锅炉内焚烧,但不得在港

口、码头和内河中时进行。除此之外，船上焚烧只允许在船上焚烧炉中进行。

②禁止在船上焚烧下列物质：

受附则Ⅰ，Ⅱ或Ⅲ管辖的货物之残余物或相关被污染的包装材料；多氯联苯(PCB)；所含重金属超过限量的附则Ⅴ定义的垃圾；含有卤素化合物的精炼石油产品；不是在船上产生的污泥和油渣；废气滤清系统的残余物。

③禁止在船上焚烧聚氯乙烯，但在已获发IMO型式认可证书的焚烧炉内焚烧除外。

④2000年1月1日或以后建造的船舶上的焚烧炉，或2000年1月1日或以后在船上安装的焚烧炉，须符合IMO制定的船上焚烧炉标准技术规范的要求。

⑤按上述④要求安装的焚烧炉，在该炉运行期间须随时对燃烧室气体出口温度进行监测。如焚烧炉为连续进料型，在燃烧室气体出口温度低于850℃时，不得将废弃物送入该焚烧装置。如焚烧炉为分批装料型，该装置须设计成其燃烧室气体出口的温度在起动后5 min内达600℃且随后稳定在不低于850℃的温度上。

(6)接收设施

各当事国保证提供充分的设施以满足船舶修理或拆船时接收从船上卸下的消耗臭氧物质以及含有这些物质的设备之需要；满足船舶使用其港口、装卸站或修理港时接收废气滤清系统产生的废气清除残余物之需要，而不对船舶造成不当延误。

(7)燃油的质量

①供给本附则所适用的船舶，并用于船上燃烧的燃油须为石油精炼产生的烃的混合物，但允许加入少量用于改善某些方面性能的添加剂；燃油须不含无机酸，不得含有任何会危害船舶安全或对机械性能有不利影响、对人员有害或总体上增加空气污染的附加物质或化学废物。

②以石油精炼之外的方法得到的用于燃烧的燃油不得超过本附则规定的硫含量和导致发动机超过本附则规定的氮氧化物排放限值；不得含有无机酸、危害船舶安全或对机械性能有不利影响、对人员有害或总体上增加大气污染。

③根据本公约附则Ⅵ须持有IAPP证书的每一艘船舶，须以燃油交付单的方式对交付并作为船上燃烧用的燃油的细节加以记录。

④燃油交付单中须包括的资料：接受燃油的船舶名称和IMO编号；港口；交付开始日期；船用燃油供应商名称、地址和电话号码；产品名称；数量(t)；15℃时的密度；硫含量(% m/m)；一份由燃油供应商代表签署和证明的声明，证明所供燃油符合本附则适用款项的要求。

⑤燃油交付单须在燃油交付之后在船上保存3年，以供港口国主管当局检查。

⑥燃油交付单须附有一份所供燃油的有代表性的样品。该样品须由供应商代表和船长或负责加油作业的高级船员在完成加油作业后密封并签字，并须由船方保存至该燃油基本用完，无论如何其保存期不得少于12个月。

⑦供应商应将燃油交付单的副本保存至少3年，供港口国在需要时检查和核实。

二、国际船舶压载水和沉积物控制与管理公约

(一)公约背景

IMO海上环境保护委员会(MEPC)第27届会议(1989年3月)起开始讨论船舶压载水带进外来有机物而造成的环境问题。几经修改，1997年9月，MEPC第40届会议又通过了A.868(20)决议《关于对船舶压载水进行控制管理，减少有害水生物和病原体传播的指南》。2004年2月9日至13日IMO在伦敦总部召开国际压载水管理大会，通过了一个新公约，即

《国际船舶压载水和沉积物控制与管理公约》。制定该公约的目的是通过船舶压载水和沉积物控制与管理来防止、尽量减少和最终消除有害水生物和病原体的转移。

(二)公约构成

《2004 年国际船舶压载水和沉积物控制与管理公约》(简称"BWM Convention 2004"或《压载水管理公约》)由公约正文、1 个附则(船舶压载水和沉积物控制与管理规则)和 2 个附录组成。正文共 22 条,包括公约的定义,一般义务,适用范围,控制有害水生物和病原体通过船舶压载水和沉积物转移,沉积物接收设施,科学技术研究和监测,检验和发证,违犯事件,船舶检查,对违犯事件的侦查和对船舶的监督,监督行动的通知,对船舶的不当延误,技术援助、合作与区域合作,信息交流,争端解决,与国际法和其他协议的关系,签署、批准、接受、核准和加入,生效,修正,退出,保存人,文字等一般性条款和控制船舶压载水和沉积物传播有害水生物和病原体的原则要求。正文部分大致沿用了 IMO 其他公约的思路,表述也基本类似。

公约的附则——"船舶压载水和沉积物控制与管理规则"由 A 部分(总则)、B 部分(船舶的管理和控制要求)、C 部分(某些区域的特殊要求)、D 部分(压载水管理标准)和 E 部分(压载水管理的检验和发证要求)等五部分内容构成;附录Ⅰ 国际压载水管理证书格式;附录Ⅱ 压载水记录簿格式。

根据生效条款,该公约采用明示接受程序,即公约将在合计商船总吨位不少于世界商船总吨位 35% 的至少 30 个国家签署并对批准、接受或核准无保留,或按第 17 条交存了必要的批准、接受、核准或加入文件之日起 12 个月后生效。公约从 2004 年 6 月 1 日起至 2005 年 5 月 31 日在 IMO 总部开放供任何国家签署,此后仍开放供任何国家加入。

(三)公约附则(《船舶压载水和沉积物控制与管理规则》)的有关内容

1. 附则 A——总则

附则 A 包括定义、适用性、例外和免除。除另有明文规定外,压载水的排放须根据本附则的规定,通过压载水管理进行。

2. 附则 B——船舶的管理和控制要求

船舶要求备有并实施经主管机关批准的压载水管理计划。每艘船舶的压载水管理计划应是具体明确的,包括对实施压载水管理所采取措施的详细描述和压载水管理实践的补充说明。

船舶必须备有压载水记录簿以记录压载水何时打入船上,何时为管理的目的进行了循环或处理以及何时排放入海。它还应当记录压载水何时排入接收设施或意外及事故性排放。

所有进行压载水置换的船舶应当:

①只要可能,在距离最近陆地至少 200 n mile 和水深至少 200 m 以上的地点进行压载水置换。

②在船舶不能根据以上要求进行压载水置换时,此种压载水置换应尽可能远离最近陆地进行,但在任何情况下,距离最近陆地至少 50 n mile 并至少具有 200 m 水深。

③当这些要求都不能满足时,港口国可指定区域让船舶进行压载水置换。所有船舶应当按照船舶压载水管理计划的规定从指定的压载舱清除或处理沉积物。

3. 附则 C——某些区域的特殊要求

当事国可单独或与其他当事国联合对船舶采取附加措施,来防止、减少或消除有害水生物和病原体通过压载水和沉积物的传播。

4. 附则 D——压载水管理标准

D-1 条——压载水置换标准:

①船舶进行压载水置换应达到其所载压载水量的95%的置换量。

②对于通过注入－排出法更换压载水的船舶，如能注入、排出压载舱容积3倍的水量，应被视为满足①所述的标准。如果能证明至少满足了95%的置换量，注入、排出少于3倍压载舱容积的水量也可以被接受。

压载水管理系统必须由主管机关根据MEPC制定的导则（D-3条——船舶压载水管理系统的认证要求）批准。压载水管理系统包括使用化学品或生物杀灭剂，使用有机物或生物方法，或改变压载水的化学和物理性质。

5. 附则E——压载水管理的检验和认证要求

本附则给出了初次检验、年度检验、中间检验、换证检验和附加检验的要求。

三、美国1990年油污法

除了上述在联合国登记注册的国际性公约外，一些有共同利害关系的沿海国家达成的区域性协议在特定的航区内起作用。在大西洋东北、北海、波罗的海和地中海区域的沿岸国家，在这方面已达成了具体协议。沿海国家除参加国际防污公约外，一般都根据本国实际情况，制定国家性的防污染法规。

（一）背景

世界各国除参加国际防污公约外，一般都根据本国实际情况，制定本国的国家防污染法规。如日本政府以法律、运输省令和环境厅告示等规定了防止海洋污染法和有关防止船舶造成污染的具体要求。对违反其法规的船舶，要受到其主管机关的罚款惩处。特别是美国，制定了一整套本国的防止海洋污染法规，如《联邦水域污染控制法》、《公海干预法》、《外部大陆架地带法》、《深水港口法》、《防止船舶污染法》、《溢油责任信托基金》和《1990年油污法》。

美国《1990年油污法》（Oil Pollution Act 1990，简称《90油污法》，OPA90），是于1989年3月24日，“埃克森·瓦尔迪兹（Exxon Valdez）”号油船在美国阿拉斯加威廉王子湾搁浅，造成海域严重污染和巨大经济损失的背景下制定的。

《90油污法》虽然不是国际公法，但对油污损害规定了船东、经营人和光船租船人的严格责任和义务，以及对油船和其他各类船舶设计和安全设备提出了严格要求。凡在美国海域从事航运的船舶都必须在其管理和经营方面遵守其制定的规则，因此引起国际航运界的极大关注。

（二）主要内容

1. 概况

《90油污法》共九章，78节，涉及已颁布的美国四项法律，即《联邦水域污染控制法》、《公海干预法》、《深水港口法》和《外部大陆架地带法》（1978年修正案）。

《90油污法》从油污责任与赔偿，油污事件的预防与清除等方面，就防止船舶和海洋石油勘探开发等造成的污染，作出了一系列严格规定。

《90油污法》对保护美国海域环境和油污受害者的利益起了重要作用、致使油船建造成本和石油运输成本大幅度上升并导致了“MARPOL 73/78”的修正。

2. 油污赔偿

（1）赔偿限额（责任限制）

责任方（船舶拥有者、经营者或光船租赁该船的任何人）的赔偿责任以及负责方就每一油污事件造成的，或在其名下的任何清污费用的总额不超出下列规定的范围：

①3 000 总吨以上的液货船限额为每总吨 1 200 美元,或总额 1 000 万美元,取其大者。

②3 000 总吨以下的液货船限额为每总吨 1 200 美元,或总额 200 万美元,取其大者。

③其他船舶限额为每总吨 600 美元,或总额 50 万美元,取其大者。

(2)无限赔偿

如果油污染事故是由于负责方或其代理人、雇员或按照与负责方的合同关系的人员下列行为,则将承担无限赔偿,即不享受责任限制的权利:

①有重大过失或故意不当行为。

②违反适用的联邦安全、构造或操作规则和命令,其中包括没有按规定报告该事故或没有向有关方面提供关于清污活动和一切合理的合作与协助。

③从外部大陆架设施运载货油时,油污染事故所产生的一切清污费用全部由船东或经营人承担,不享受责任限制。

(3)免责

由下述原因造成的油污事故,可免除赔偿损害和清污费用:

①天灾。

②战争行为。

③第三方的行为或不为,但负责方的雇员或代理人或其行为或不为涉及与负责方的任何合同关系的第三方不在此例。

(4)拒赔

油污事故由索赔人的严重过失或故意不当行为所造成,则负责方不对索赔人负责赔偿。

3. 对船员的要求

①对船员的酗酒和吸毒进行严厉处罚,严重者追究刑事责任。

②凡到美国的船舶尤其是油船,其船上的船员要接受美国主管机关的考核,其内容包括配员、培训、资历和值班标准。油船还要求“原油洗舱”培训与证书、航行计划及英语能力,必须具备为防止和消除油污行动的应急反应能力。其他国家船员发证标准至少相当于美国法律或美国所接受的国际标准规定的能力;否则禁止其进港。

4. 对液货船航行安全标准的规定

①配备足够完善的航行设备和系统。

②制定符合规定的航行计划和驾驶台常规命令。

③用船旗国官方语言和英文对照的船东管理船舶的规章制度。

④实施船位报告制度。

⑤威廉王子湾、华盛顿的罗萨里欧海峡和普夫特海峡等水域,强制雇用拖船护航。

5. 对油船构造和货油系统的要求

①油船必须建造成双层壳体。

②货油舱必须设置液位和舱内压力监测装置、超高液位报警装置。

③设置舱内油气回收装置,保证油气不放入大气。

四、中华人民共和国防污染法规

我国于 1982 年 8 月 23 日通过了《中华人民共和国海洋环境保护法》,并于 1983 年 12 月颁布了《中华人民共和国防止船舶污染海域管理条例》。《中华人民共和国船舶污染物排放标准》(GB3552-83)和《中华人民共和国海洋倾废管理条例》也分别于 1983 年 4 月和 1985 年 3

月颁布施行。此外,国务院、交通部、港务监督局和船舶检验局当时也先后颁布相应的防污法规、条例和办法。

(一)中华人民共和国海洋环境保护法

现行的《中华人民共和国海洋环境保护法》是经 1999 年 12 月 25 日修订和公布的,并于 2000 年4 月1 日起生效施行。经修订后的《海洋环境保护法》共十章98 条:第一章 总则;第二章 海洋环境监督管理;第三章 海洋生态保护;第四章 防治陆源污染物对海洋环境的污染损害;第五章 防治海岸工程建设项目对海洋环境的污染损害;第六章 防治海洋工程建设项目对海洋环境的污染损害;第七章 防治倾倒废弃物对海洋环境的污染损害;第八章 防治船舶及有关作业活动对海洋环境的污染损害;第九章 法律责任;第十章 附则。

1. 目的、适用范围和义务

为了保护和改善海洋环境,保护海洋资源,防治污染损害,维护生态平衡,保障人体健康,促进经济和社会的可持续发展,制定本法。

本法适用于中华人民共和国内水、领海、毗连区、专属经济区、大陆架以及中华人民共和国管辖的其他海域。在中华人民共和国管辖海域内从事航行、勘探、开发、生产、旅游、科学研究及其他活动,或者在沿海陆域内从事影响海洋环境活动的任何单位和个人,都必须遵守本法。在中华人民共和国管辖海域以外,造成中华人民共和国管辖海域污染的,也适用本法。

一切单位和个人都有保护海洋环境的义务,并有权对污染损害海洋环境的单位和个人,以及海洋环境监督管理人员的违法失职行为进行监督和检举。

2. 管理体制

国务院环境保护行政主管部门作为对全国环境保护工作统一监督管理的部门,对全国海洋环境保护工作实施指导、协调和监督,并负责全国防治陆源污染物和海岸工程建设项目对海洋污染损害的环境保护工作。

国家海洋行政主管部门负责海洋环境的监督管理,组织海洋环境的调查、监测、监视、评价和科学研究,负责全国防治海洋工程建设项目和海洋倾倒废弃物对海洋污染损害的环境保护工作。

国家海事行政主管部门负责所辖港区水域内非军事船舶和港区水域外非渔业、非军事船舶污染海洋环境的监督管理,并负责污染事故的调查处理;对在中华人民共和国管辖海域航行、停泊和作业的外国籍船舶造成的污染事故登船检查处理。船舶污染事故给渔业造成损害的,应当吸收渔业行政主管部门参与调查处理。

国家渔业行政主管部门负责渔港水域内非军事船舶和渔港水域外渔业船舶污染海洋环境的监督管理,负责保护渔业水域生态环境工作,并调查处理前款规定的污染事故以外的渔业污染事故。

军队环境保护部门负责军事船舶污染海洋环境的监督管理及污染事故的调查处理。

沿海县级以上地方人民政府行使海洋环境监督管理权的部门的职责,由省、自治区、直辖市人民政府根据本法及国务院有关规定确定。

3. 防治船舶及有关作业活动对海洋环境的污染损害

在我国管辖海域,任何船舶及相关作业不得违反本法规定向海洋排放污染物、废弃物和压载水、船舶垃圾及其他有害物质。

船舶必须按照有关规定持有防止海洋环境污染的证书与文书,在进行涉及污染物排放及操作时,应当如实记录。船舶必须配置相应的防污设备和器材。载运具有污染危害性货物的船舶,其结构与设备应当能够防止或者减轻所载货物对海洋环境的污染。

船舶应当遵守海上交通安全法律、法规的规定,防止因碰撞、触礁、搁浅、火灾或者爆炸等引起的海难事故,造成海洋环境的污染。

国家完善并实施船舶油污损害民事赔偿责任制度,按照船舶油污损害赔偿责任由船东和货主共同承担风险的原则,建立船舶油污保险、油污损害赔偿基金制度。实施船舶油污保险、油污损害赔偿基金制度的具体办法由国务院规定。

载运具有污染危害性货物进出港口的船舶,其承运人、货物所有人或者代理人,必须事先向海事行政主管部门申报。经批准后,方可进出港口、过境停留或者装卸作业。

交付船舶装运污染危害性货物的单证、包装、标志、数量限制等,必须符合对所装货物的有关规定。需要船舶装运污染危害性不明的货物,应当按照有关规定事先进行评估。装卸油类及有毒有害货物的作业,船岸双方必须遵守安全防污操作规程。

港口、码头、装卸站和船舶修造厂必须按照有关规定备有足够的用于处理船舶污染物、废弃物的接收设施,并使该设施处于良好状态。装卸油类的港口、码头、装卸站和船舶必须编制溢油污染应急计划,并配备相应的溢油污染应急设备和器材。

进行下列活动,应当事先按照有关规定报经有关部门批准或者核准:

①船舶在港区水域内使用焚烧炉。

②船舶在港区水域内进行洗舱、清舱、驱气、排放压载水或残油、含油污水接收、舷外拷铲及油漆等作业。

③船舶、码头、设施使用化学消油剂。

④船舶冲洗沾有污染物、有毒有害物质的甲板。

⑤船舶进行散装液体污染危害性货物的过驳作业。

⑥从事船舶水上拆解、打捞、修造和其他水上水下船舶施工作业。

船舶发生海难事故,造成或者可能造成海洋环境重大污染损害的,国家海事行政主管部门有权强制采取避免或者减少污染损害的措施。对在公海上因发生海难事故,造成我国管辖海域重大污染损害后果或者具有污染威胁的船舶、海上设施,国家海事行政主管部门有权采取与实际的或者可能发生的损害相称的必要措施。

所有船舶均有监视海上污染的义务,在发现海上污染事故或者违反本法规定的行为时,必须立即向就近的依照本法规定行使海洋环境监督管理权的部门报告。

(二)中华人民共和国防治船舶污染海洋环境管理条例

为了防治船舶及其有关作业活动污染海洋环境,依据《中华人民共和国海洋环境保护法》,制定本条例,经国务院批准,自 2010 年 3 月 1 日起施行(1983 年 12 月 29 日国务院发布的《中华人民共和国防止船舶污染海域管理条例》同时废止)。该《条例》共九章 78 条:第一章 总则;第二章 防治船舶及其有关作业活动污染海洋环境的一般规定;第三章 船舶污染物的排放和接收;第四章 船舶有关作业活动的污染防治;第五章 船舶污染事故应急处置;第六章 船舶污染事故调查处理;第七章 船舶污染事故损害赔偿;第八章 法律责任;第九章 附则。

1. 适用范围和主管机关

防治船舶及其有关作业活动污染中华人民共和国管辖海域适用本条例。

国务院交通运输主管部门主管所辖港区水域内非军事船舶和港区水域外非渔业、非军事船舶污染海洋环境的防治工作。

海事管理机构依照本条例规定具体负责防治船舶及其有关作业活动污染海洋环境的监督

管理。

2. 船舶污染物的排放和接收

①船舶在中华人民共和国管辖海域向海洋排放的船舶垃圾、生活污水、含油污水、含有毒有害物质污水、废气等污染物以及压载水，应当符合法律、行政法规、中华人民共和国缔结或者参加的国际条约以及相关标准的要求。

船舶应当将不符合前款规定的排放要求的污染物排入港口接收设施或者由船舶污染物接收单位接收。

船舶不得向依法划定的海洋自然保护区、海滨风景名胜区、重要渔业水域以及其他需要特别保护的海域排放船舶污染物。

②船舶处置污染物，应当在相应的记录簿内如实记录。

船舶应当将使用完毕的船舶垃圾记录簿在船舶上保留 2 年；将使用完毕的含油污水、含有毒有害物质污水记录簿在船舶上保留 3 年。

③船舶污染物接收单位从事船舶垃圾、残油、含油污水、含有毒有害物质污水接收作业，应当依法经海事管理机构批准。

④船舶污染物接收单位接收船舶污染物，应当向船舶出具污染物接收单证，并由船长签字确认。

船舶凭污染物接收单证向海事管理机构办理污染物接收证明，并将污染物接收证明保存在相应的记录簿中。

⑤船舶污染物接收单位应当按照国家有关污染物处理的规定处理接收的船舶污染物，并每月将船舶污染物的接收和处理情况报海事管理机构备案。

3. 船舶污染事故应急处置

(1)本条例所称船舶污染事故，是指船舶及其有关作业活动发生油类、油性混合物和其他有毒有害物质泄漏造成的海洋环境污染事故。

(2)船舶污染事故分为以下等级：

①特别重大船舶污染事故，是指船舶溢油 1 000 t 以上，或者造成直接经济损失 2 亿元以上的船舶污染事故。

②重大船舶污染事故，是指船舶溢油 500 t 以上不足 1 000 t，或者造成直接经济损失 1 亿元以上不足 2 亿元的船舶污染事故。

③较大船舶污染事故，是指船舶溢油 100 t 以上不足 500 t，或者造成直接经济损失 5 000 万元以上不足 1 亿元的船舶污染事故。

④一般船舶污染事故，是指船舶溢油不足 100 t，或者造成直接经济损失不足 5 000 万元的船舶污染事故。

(3)船舶在中华人民共和国管辖海域发生污染事故，或者在中华人民共和国管辖海域外发生污染事故造成或者可能造成中华人民共和国管辖海域污染的，应当立即启动相应的应急预案，采取措施控制和消除污染，并就近向有关海事管理机构报告。

发现船舶及其有关作业活动可能对海洋环境造成污染的，船舶、码头、装卸站应当立即采取相应的应急处置措施，并就近向有关海事管理机构报告。

接到报告的海事管理机构应当立即核实有关情况，并向上级海事管理机构或者国务院交通运输主管部门报告，同时报告有关沿海地区的市级以上地方人民政府。

(4)船舶污染事故报告应当包括下列内容：

①船舶的名称、国籍、呼号或者编号。

②船舶所有人、经营人或者管理人的名称、地址。

③发生事故的时间、地点以及相关气象和水文情况。

④事故原因或者事故原因的初步判断。

⑤船舶上污染物的种类、数量、装载位置等概况。

⑥污染程度。

⑦已经采取或者准备采取的污染控制、清除措施和污染控制情况以及救助要求。

⑧国务院交通运输主管部门规定应当报告的其他事项。

作出船舶污染事故报告后出现新情况的，船舶、有关单位应当及时补报。

(5)船舶发生事故有沉没危险，船员离船前，应当尽可能关闭所有货舱(柜)、油舱(柜)管系的阀门、堵塞货舱(柜)、油舱(柜)通气孔。

船舶沉没的，船舶所有人、经营人或者管理人应当及时向海事管理机构报告船舶燃油、污染危害性货物以及其他污染物的性质、数量、种类、装载位置等情况，并及时采取措施予以清除。

(6)发生船舶污染事故或者船舶沉没，可能造成中华人民共和国管辖海域污染的，有关沿海地区的市级以上地方人民政府、海事管理机构根据应急处置的需要，可以征用有关单位或者个人的船舶和防治污染设施、设备、器材以及其他物资，有关单位和个人应当予以配合。

被征用的船舶和防治污染设施、设备、器材以及其他物资使用完毕或者应急处置工作结束，应当及时返还。船舶和防治污染设施、设备、器材以及其他物资被征用或者征用后毁损、灭失的，应当给予补偿。

(7)发生船舶污染事故，海事管理机构可以采取清除、打捞、拖航、引航、过驳等必要措施，减轻污染损害。相关费用由造成海洋环境污染的船舶、有关作业单位承担。

需要承担前款规定费用的船舶，应当在开航前缴清相关费用或者提供相应的财务担保。

(8)处置船舶污染事故使用的消油剂，应当符合国家有关标准。

海事管理机构应当及时将符合国家有关标准的消油剂名录向社会公布。

船舶、有关单位使用消油剂处置船舶污染事故的，应当依照《中华人民共和国海洋环境保护法》有关规定执行。

4. *船舶污染事故调查处理*

(1)船舶污染事故的调查处理依照下列规定进行：

①特别重大船舶污染事故由国务院或者国务院授权国务院交通运输主管部门等部门组织事故调查处理。

②重大船舶污染事故由国家海事管理机构组织事故调查处理。

③较大船舶污染事故和一般船舶污染事故由事故发生地的海事管理机构组织事故调查处理。

④船舶污染事故给渔业造成损害的，应当吸收渔业主管部门参与调查处理；给军事港口水域造成损害的，应当吸收军队有关主管部门参与调查处理。

(2)发生船舶污染事故，组织事故调查处理的机关或者海事管理机构应当及时、客观、公正地开展事故调查，勘验事故现场，检查相关船舶，询问相关人员，收集证据，查明事故原因。

(3)组织事故调查处理的机关或者海事管理机构，根据事故调查处理的需要，可以暂扣相应的证书、文书、资料；必要时，可以禁止船舶驶离港口，或者责令停航、改航、停止作业直至暂

扣船舶。

(4)组织事故调查处理的机关或者海事管理机构开展事故调查时,船舶污染事故的当事人和其他有关人员应当如实反映情况和提供资料,不得伪造、隐匿、毁灭证据或者以其他方式妨碍调查取证。

(5)组织事故调查处理的机关或者海事管理机构应当自事故调查结束之日起20个工作日内制作事故认定书,并送达当事人。

5. 船舶污染事故损害赔偿

(1)造成海洋环境污染损害的责任者,应当排除危害,并赔偿损失;完全由于第三者的故意或者过失,造成海洋环境污染损害的,由第三者排除危害,并承担赔偿责任。

(2)完全属于下列情形之一,经过及时采取合理措施,仍然不能避免对海洋环境造成污染损害的,免予承担责任:

①战争。

②不可抗拒的自然灾害。

③负责灯塔或者其他助航设备的主管部门,在执行职责时的疏忽,或者其他过失行为。

(3)对船舶污染事故损害赔偿的争议,当事人可以请求海事管理机构调解,也可以向仲裁机构申请仲裁或者向人民法院提起民事诉讼。

(三)中华人民共和国船舶及其有关作业活动污染海洋环境防治管理规定

《中华人民共和国船舶及其有关作业活动污染海洋环境防治管理规定》已于2010年10月8日由交通运输部颁布,自2011年2月1日起施行。全文共七章62条。

1. 总则

为了防治船舶及其有关作业活动污染海洋环境,根据《中华人民共和国海洋环境保护法》、《中华人民共和国防治船舶污染海洋环境管理条例》和中华人民共和国缔结或者加入的国际条约,制定本规定。

防治船舶及其有关作业活动污染中华人民共和国管辖海域适用本规定。

本规定所称有关作业活动,是指船舶装卸、过驳、清舱、洗舱、油料供受、修造、打捞、拆解、污染危害性货物装箱、充罐、污染清除以及其他水上水下船舶施工作业等活动。

2. 一般规定

船舶的结构、设备、器材应当符合国家有关防治船舶污染海洋环境的船舶检验规范以及中华人民共和国缔结或者加入的国际条约的要求,并按照国家规定取得相应的合格证书。船员应当具有相应的防治船舶污染海洋环境的专业知识和技能,并按照有关法律、行政法规、规章的规定参加相应的培训、考试,持有有效的适任证书或者相应的培训合格证明。

船舶从事下列作业活动,应当按照《中华人民共和国海事行政许可条件规定》的规定,取得海事管理机构的许可,并遵守相关操作规程,落实安全和防治污染措施:

①在沿海港口进行舷外拷铲、油漆作业或者使用焚烧炉的。

②在港区水域内洗舱、清舱、驱气以及排放压载水的。

③冲洗沾有污染物、有毒有害物质的甲板的。

④进行船舶水上拆解、打捞、修造和其他水上水下船舶施工作业的。

3. 船舶污染物的排放与接收

在中华人民共和国管辖海域航行、停泊、作业的船舶排放船舶垃圾、生活污水、含油污水、含有毒有害物质污水、废气等污染物以及压载水,应当符合法律、行政法规、有关标准以及中华人民共和国缔结或者加入的国际条约的规定。

船舶应当将不符合规定排放要求以及依法禁止向海域排放的污染物，排入具备相应接收能力的港口接收设施或者委托具备相应接收能力的船舶污染物接收单位接收。

国际航行船舶在驶离国内港口前应当将船上污染物清理干净，并在办理出口岸手续时向海事管理机构出示有效的污染物接收证明。

船舶进行涉及污染物处置的作业，应当在相应的记录簿内规范填写、如实记录，真实反映船舶运行过程中产生的污染物数量、处置过程和去向。按照法律、行政法规、国务院交通运输主管部门的规定以及中华人民共和国缔结或者加入的国际条约的要求，不需要配备记录簿的，应当将有关情况在作业当日的航海日志或者轮机日志中如实记载。船舶应当将使用完毕的船舶垃圾记录簿在船舶上保留 2 年；将使用完毕的含油污水、含有毒有害物质污水记录簿在船舶上保留 3 年。

船舶应当配备有盖、不渗漏、不外溢的垃圾储存容器，或者对垃圾实行袋装。船舶应当对垃圾进行分类收集和存放，对含有有毒有害物质或者其他危险成分的垃圾应当单独存放。船舶将含有有毒有害物质或者其他危险成分的垃圾排入港口接收设施或者委托船舶污染物接收单位接收的，应当向对方说明此类垃圾所含物质的名称、性质和数量等情况。

船舶应当按照国家有关规定以及中华人民共和国缔结或者加入的国际条约的要求，设置与生活污水产生量相适应的处理装置或者储存容器。

4. 船舶载运污染危害性货物及其有关作业

本规定所称污染危害性货物，是指直接或者间接进入水体，会损害水体质量和环境质量，从而产生损害生物资源、危害人体健康等有害影响的货物。国家海事管理机构应当向社会公布污染危害性货物的名录，并根据需要及时更新。

进行船舶油料供收作业的，作业双方应当采取满足安全和防治污染要求的供受油作业管理措施，同时应当遵守下列规定：

①作业前，检查管路、阀门，做好准备工作，堵好甲板排水孔，关好有关通海阀；检查油类作业的有关设备，使其处于良好状态；对可能发生溢漏的地方，设置集油容器；供受油双方以受方为主商定联系信号，双方均应切实执行。

②作业中，要有足够人员值班，当班人员要坚守岗位，严格执行操作规程，掌握作业进度，防止跑油、漏油。

③停止作业时，必须有效关闭有关阀门。

④收解输油软管时，必须事先用盲板将软管有效封闭，或者采取其他有效措施，防止软管存油倒流入海。

海事管理机构应当对船舶油料供受作业进行监督检查，发现不符合安全和防治污染要求的，应当予以制止。

船舶燃油供给单位应当如实填写燃油供受单证，并向船舶提供燃油供受单证和燃油样品。燃油供受单证应当包括受油船船名，船舶识别号或国际海事组织编号，作业时间、地点，燃油供应商的名称、地址和联系方式以及燃油种类、数量、密度和含硫量等内容。船舶和燃油供给单位应当将燃油供受单证保存 3 年，将燃油样品妥善保存 1 年。

燃油供给单位应当确保所供燃油的质量符合相关标准要求，并将所供燃油送交取得国家规定资质的燃油检测单位检测。燃油质量的检测报告应当留存在作业船舶上备查。

第二节　船舶防污染技术和设备

一、船舶防污染技术

(一)船上储存

1."MARPOL 73/78"附则Ⅰ要求的残油(油泥)舱

凡400总吨及以上船舶,应参照其机型和航程长短,设置一个或几个足够容量的舱柜,接收本附则要求不能以其他方式处理的残油(油泥),如由于净化燃油、各种润滑油和机器处所中的漏油所产生的残油。

进出残油舱的管系,除标准排放接头外,应无直接排向舷外的接头。

残油舱的设计和建造,应能便利其清洗和将残油排入接收设备。

2."MARPOL 73/78"附则Ⅳ要求的生活污水系统

凡符合本附则的各项规定的每艘船舶,均应配备下列之一的生活污水系统:

①生活污水处理装置,该装置应经主管机关进行型式认可,并考虑到IMO制定的标准和试验方法,可参照MEPC.2(Ⅵ)决议通过的《关于生活污水处理装置国际排放标准的建议和性能试验指南》(称为旧标准);MEPC于2006年10月13日在其第55届会议上以MEPC.159(55)号决议通过了《经修订的实施生活污水处理装置排出物标准和性能试验导则》(称为新标准),新标准适用于2010年1月1或以后安装上船的生活污水处理装置,即在该日期后吊装到不论新、旧船舶上的生活污水处理装置均应满足新标准的要求。

②经主管机关认可的生活污水粉碎和消毒系统,该系统应配备令主管机关满意的各项设施,用于船舶在距最近陆地不到3 n mile时临时储存生活污水。

③集污舱,该集污舱的容量应参照船舶营运情况、船上人数和其他相关因素,能存放全部生活污水,并使主管机关满意。集污舱的构造应使主管机关满意,并应设有能指示其集存数量的目视装置。

(二)航行中处理

1."MARPOL 73/78"附则Ⅰ对所有船舶机器处所的要求

(1)除本条(3)的规定外,凡400总吨及以上但小于10 000总吨的任何船舶,应装有符合(6)规定的滤油设备。

(2)除本条(3)规定之外,凡10 000总吨及以上的任何船舶,应装有符合(7)规定的滤油设备。

(3)固定不动的旅店客船和水上仓库之类船舶,不必安装滤油设备。这种船舶应设有储存柜,其容积足够留存船上含油舱底水的总量,并使主管机关满意。所有含油舱底水均应留存船上,以便随后排入接收设备。

(4)主管机关应保证小于400总吨的船舶尽可能装有将油类或含油混合物留存船上或按本附则相关规定将其排放的设备。

(5)主管机关可对下述船舶免除本条(1)和(2)的要求:

①任何专门从事在特殊区域内航行的船舶。

②任何按《2000年国际高速船安全规则》发证(或其尺度和设计在该规则范围内),从事定期营运且返程时间不超过24 h的船舶,并包括这些船舶不载运旅客/货物的迁移航程。

③对上述①和②的规定,下列条件应予满足。

A. 船舶设有储存柜,其容积足够容纳留存于船上含油舱底水的总量,并使主管机关满意。

B. 所有含油舱底水均留存船上,以便随后排入接收设备。

C. 主管机关确认在船舶停靠的港口或装卸站设有足够数量的接收设备,以接收该含油舱底水。

D. 当需要备有"国际防止油污证书"时,应在证书中签署,说明该船是专门从事在特殊区域内的航行或被视为是高速船和有确定业务。

E. 排放的数量、时间和港口应记入"油类记录簿"第Ⅰ部分内。

(6)滤油设备的设计,应经主管机关批准,而且应保证通过该系统排放入海的含油混合物的含油量不超过 15 ppm。

(7)本条(2)所述的滤油设备除应符合(5)的规定。此外,该系统应装有报警装置,在不能保持这一标准时发出报警。该系统还应装有在排出物的含油量超过 15 ppm 时能保证自动停止含油混合物排放的装置。

2."MARPOL 73/78"附则Ⅰ对油船货物区域的要求

(1)排油监控系统

150 总吨及以上的油船应装有一个经主管机关批准的排油监控系统。

排油监控系统的设计和安装应符合本组织制定的油船排油监控系统指南和技术条件。主管机关可接受在该指南和技术条件内详述的具体布置。

(2)油水界面探测器

150 总吨及以上的油船应备有经主管机关认可的有效的油水界面探测器,以便能迅速而准确地确定污油水舱中的油/水分界面,其他舱柜如需进行油水分离并拟从其中将排出物直接排放入海者,也应有这种探测器。

3.残油舱油泥和船舶垃圾的船上焚烧

船上焚烧应只允许在船上焚烧炉中进行。

(1)除(2)项规定之外,2000 年 1 月 1 日或之后安装的每一焚烧炉均应符合"MARPOL 73/78"附则Ⅵ的要求。每一台焚烧炉应经主管机关认可。

(2)主管机关可以允许任何在议定书生效前安装上船的焚烧炉免除(1)项的适用要求,只要该船仅航行于其船旗国的主权或管辖下的水域内。

下列物质应禁止在船上焚烧:

①本公约附则Ⅰ,Ⅱ和Ⅲ 的货物残余物以及有关的被污染的包装材料。

②多氯联苯(PCBs)。

③本公约附则Ⅴ定义的含有超过微量重金属的垃圾。

④含有卤素化合物的精炼石油产品。

在船舶正常操作过程中产生的污泥和油渣的船上焚烧,也可在主、副发电机或锅炉内进行,但在这种情况下,不能在码头、港口和河口内进行。

聚氯乙烯(PVCs)禁止在船上焚烧,但在具备 IMO 型式认可证书的焚烧炉内焚烧除外。

(三)排岸接收

1.机舱舱底和油泥舱残余物排放管路的标准排放接头(Standard Discharge Connection)

为了使接收设备的管路能与船上机舱舱底和油泥舱残余物(即舱底水和油渣)的排放管路相连接,在这两条管路上均应装有符合表 2-3 要求的标准排放接头。

表 2-3　舱底水和油渣排放接头法兰的标准尺寸

项目	尺寸
外径	215 mm
内径	按照管路的外径
螺栓圆直径	183 mm
法兰槽口	直径为 22 mm 的孔 6 个,等距分布在上述直径的螺栓圆上,开槽口至法兰盘外沿,槽口宽 22 mm
法兰厚度	20 mm
螺栓和螺帽:数量,直径	6 个,每个直径 20 mm,长度适当
法兰应设计为能接受最大内径不大于 125 mm 的管路,以钢或其他同等材料制成,表面平整,连同一个油密材料的垫圈,应能承受 6 kg/cm^2 的工作压力	

2."MARPOL 73/78"附则Ⅳ要求的标准排放接头

为了使接收设备的管路能与船上的排放管路相连接,两条管路均应装有符合表 2-4 的标准排放接头。

表 2-4　生活污水排放接头法兰的标准尺寸

项目	尺寸
外径	210 mm
内径	按照管路的外径
螺栓圆直径	170
法兰槽口	直径为 18 mm 的孔 4 个,等距分布在上述直径的螺栓圆上,开槽口至法兰盘外沿,槽口宽 18 mm
法兰厚度	16 mm
螺栓和螺帽:数量,直径	4 个,每个直径 16 mm,长度适当
法兰应设计为能接受最大内径不大于 100 mm 的管路,以钢或其他同等材料制成,表面平整,连同一个油密材料的垫圈,应能承受 6 kg/cm^2 的工作压力	

对于型深为 5 m 及以下的船舶,排放接头的内径可为 38 mm。

对于专项营运的船舶,即客滚船,船舶排放管路可选择配备一个主管机关接受的排放接头,如快速连接接头。

(四)防止油污染的特殊措施

"MARPOL 73/78"附则Ⅰ对油船货物区域的要求主要包括:

1.专用压载舱

1982 年 6 月 1 日以后交船的载重量 20 000 t 及以上的原油油船及载重量 30 000 t 及以上的成品油油船,均应设置专用压载舱,并符合相应的规定。1982 年 6 月 1 日以后交船的载重量 20 000 t 以下的原油油船及载重量 30 000 t 以下的成品油油船,可用任一货油舱做压载。

2.双壳体和双层底

1996 年 7 月 6 日及以后交船的载重量 600 t 及以上的油船需要双船壳和双层底保护。对于载重量 5 000 t 及以上的油船要求整个货油舱由压载舱或非货油舱加以保护,载重量 5 000 t 以下的油船需要双层底舱或处所保护。

1996 年 7 月 6 日以前交船的载重量 5 000 t 及以上的油船(满足边舱保护和分舱稳性的部分船舶除外)需要双船壳和双层底保护。对于该类船舶,"MARPOL 73/78"将它们分为 3 大类,并分别规定了满足双船壳和双层底保护的最后生效时间。

3. 污油水舱

①150 总吨及以上的油船,应设有②至④所要求的污油水舱装置。对 1979 年 12 月 31 日或以前交船的油船,可指定任一个货油舱作为污油水舱。

②应有清洗货油舱和从货油舱将污压载水的残余物与洗舱水过驳至经主管机关批准的污油水舱的适当设备。

③在该系统中,应有将油性废弃物以这样一种方式过驳至污油水舱或一组污油水舱的装置,即能使排入海中的任何排出物符合要求。

④污油水舱或一组污油水舱的布置,应有留存洗舱后所产生的污油水、残油和污压载水残余物所必需的容量。除非达到主管机关接受的标准,污油水舱的总容量不得小于船舶载油总量的 3% 。

⑤污油水舱的设计,特别是其入口、出口、挡板或堰(如设有时)的位置,应能避免油类的过分湍流和被带走或与水形成乳化。

⑥1979 年 12 月 31 日以后交船的载重量 70 000 t 及以上油船至少应设置两个污油水舱。

4. 原油洗舱的要求

所谓原油洗舱就是在卸油的同时,利用所载货油中的一部分原油在高压下经洗舱机喷射到货舱内,借以把附着在货油舱舱壁、管路、肋骨等表面的油泥、油渣等的清洗方法。

装有原油洗舱系统的油船,必须设置惰性气体系统,并应备有一本经主管机关认可的详细说明该系统及设备,并列有操作程序的"原油洗舱系统操作与设备手册"。

惰性气体系统的功用就是要使油舱气体中的含氧量控制在 8% 以下,方能开始洗舱作业,防止因静电引起油船爆炸。

二、油水分离器

MEPC 于 2003 年 7 月 18 日以 MEPC. 107(49)决议的方式通过了《经修订的船舶机舱舱底水防污染设备指南和技术条件》,该决议替代了 MEPC. 60(33)。我国参照 MEPC. 107(49)决议制定了中华人民共和国国家标准《15 ppm 舱底水分离器》。为适应国际海洋环境保护的需要,该标准主要性能指标与 MEPC. 107(49)决议基本一致。

(一)工作原理

油水分离的方法较多,主要有物理分离法、化学分离法和生物处理方法等。

物理分离法是利用油水的密度差或过滤吸附等物理现象使油水分离的方法,主要特点是不改变油的化学性质而将油水分离,主要包括重力分离法、过滤分离法、聚结分离法、气浮分离法、吸附分离法、超滤膜分离法及反渗透分离法等;化学分离法是向含油污水中投放絮凝剂或聚集剂,其中絮凝剂可使油凝聚成凝胶体而沉淀,而聚集剂则使油凝聚成胶体使其上浮,从而达到油水分离的一种方法;电浮分离法是把含油污水引进装有电极的舱柜中,利用电解产生的气泡在上浮过程中附着油滴而加以分离,从而实现油水分离的方法,实际上是一种物理化学分离方法;生物处理法有活性污泥法、生物滤池法等。由于船舶条件所限,目前在船用油水分离器中采用最多的方法是物理分离法,而物理法中又以重力分离、聚结分离、过滤分离和吸附分离为主。

1. 重力分离

利用油水的比重差(或密度差),使油浮于上部、而后排入污油柜中,下部清水若符合排放

标准则可排出舷外。重力分离法如按其作用方式的不同,还可分为机械分离、静置分离和离心分离三种。

机械分离是让含油污水流过斜板、波纹板细管和滤器等,使之产生涡流、转折和碰撞,以促使微小油粒聚集成较大的油粒,再经密度差的作用而上浮,从而达到分离的目的。

静置分离是将含油污水贮存在舱柜内,在单纯的重力作用下,经过沉淀使油液自然上浮以达到分离的目的。这种方法需要较长的时间和较大的装置,同时也难以连续使用。

离心分离法是利用高速旋转运动产生的离心力,使油水在离心力和密度差的作用下实现分离,它的特点是油污水在分离器中的停留时间很短,所以分离器体积较小。

重力分离法的优点是结构简单,操作方便;缺点是分离精度不高,只能分离自由状态的油,而不能分离乳化状态的油。一般认为油粒直径小于50 μm就很难分离,不能满足15 ppm的排放要求。因此,船用油水分离器都采用重力分离法作为第一级分离。

2. 聚结分离

当含油污水通过聚结分离元件时,让它们互相碰撞以使油粒聚合增大,油污水中的微细油珠被聚结成较大的油粒(在这种分离过程中,由于微小油粒逐渐聚合长大,因此这种分离过程称聚结,也叫做粗粒化过程),在外力的作用下,粗粒化后的油粒脱离聚结分离元件的表面,利用油水比重差,克服阻力迅速上浮,从而达到提高油水分离精度满足排放要求的目的。微细油珠的粗粒化过程可分为截留、聚结、脱离和上浮四个步骤。粗粒化的程度与聚结元件的材料选择以及材料充填的高度和密度等有关。提高油水分离效果,聚结分离元件(粗粒化元件)的材料是关键。为了强化油粒聚结效果,使聚结后剥离的油粒直径大,上浮速度快,进口处用孔隙小的粗粒化材料,出口处用孔隙大的粗粒化材料做成聚结元件。多孔介质对油的亲和性也影响聚结效果,亲油性强则剥离时可能形成油包水现象,容易堵塞,不宜长期连续使用,而亲水性材料粗粒化的油粒较小,所以应选用适宜亲和力的材料。目前应用的粗粒化材料有聚丙烯无纺布、丙烯腈纤维、弹性尼龙纤维、车削尼龙、玻璃、金属丝网等。聚结分离一般能将油污水中5~10 μm油粒全部除去,甚至更小的油粒也能除去,效果好,设备紧凑。故占地面积小,一次投资低,便于分散处理且运行费用低,不产生任何废渣,不产生二次污染。

3. 过滤分离

让油污水通过多孔性介质滤料层,而油污水中的油粒及其他悬浮物被截留,去除油分的水通过滤层排出,从而使油水得以分离。过滤分离过程主要靠滤料阻截作用,将油粒及其他悬浮物截留在滤料表面,此外由于具有很大表面积的滤料对油粒及其他悬浮物的物理吸附作用和对微粒的接触媒介作用,增加了油粒碰撞机会,使小油粒更容易聚合成大油粒而被截留。一般使用的过滤材料有:人造纤维和金属丝织成的滤布、特制的陶瓷塑料制品、石英砂、卵石、煤屑、焦炭以及多孔性烧结材料等。这些滤料共同的特点是化学稳定性好,不易溶于水,一般不与污染物质起化学反应,不会产生有害或有毒的新污染物,同时还具有足够的机械强度。任何一种过滤介质对污染物的过滤能力都有一定的限度。如果油污水中含有的悬浮固体物过多,将会大大缩短过滤介质堵塞时间,促使过滤效果变差,甚至过滤过程过早中断。因滤料达到饱和状态后,必须进行反冲洗,使滤料重新获得良好过滤性能。如强度不够,会在反冲洗时由于不断碰撞和摩擦而使滤料产生粉末,并随冲洗水流一起流失掉,增加滤料损耗;反过来,在过滤时粉末又会聚积于滤料表层,增加流动阻力,滤速增大,过滤质量恶化。

使用粒状介质作滤料时,要依据过滤要求及工艺条件选用适宜的滤料粒径的范围及在此范围内各种粒径的数量比例。在一定范围内还应尽可能选用孔隙大的滤料,即滤料的孔隙体积与整个滤层体积的比值大,水力阻力损失小,滤层含污能力大,过滤效果好。

用粒状介质组成的滤料层,理想的状态应是各层粒径沿水流方向逐渐减少。这样整个滤料的作用都能充分发挥出来,含污能力高,水头损失速度慢,过滤使用时间增长。对仅用一种滤料做成的滤层,当水流方向自上而下流动时,实际难以保持粒径自上而下逐渐减少的状态。因为反冲洗时,整个滤层处于悬浮状态,而且必然有粒径大、重量大的滤料悬浮在下层,粒径小、重量小的滤料悬浮于上层,反冲洗停止后,就会自然形成粒径上小下大的滤层,这样的滤层对过滤是很不利的。因此,为提高滤料过滤性能,可改变水流方向或采用两种以上滤料组成多层滤料层。

过滤分离法通常是油污水处理过程的终端手段,作精分离用。

4. 吸附分离

利用多孔性的固体吸附材料直接吸附油污水中的油粒以达到油与水分离的目的。

固体吸附材料表面的分子在其垂直方向上受到内部分子的引力,但外部没有相应引力与之平衡,因此,存在吸引表面外测其他粒子的吸引力,由固体表面分子剩余吸引力引起的吸附称为物理吸附,由于分子间的引力普遍存在,所以物理吸附没有选择性,而且可吸附多层粒子,直到完全抵消固体表面引力场为止。

吸附是一种可逆过程,被吸附的粒子由于热运动,会摆脱固体表面粒子引力从表面脱落下来重新回到污水中,这种现象称作脱附。当吸附速度与脱附速度相等时,吸附达到平衡状态,这时单位重量吸附材料所吸附的油量称为吸附量,它是表面吸附材料吸附能力的参数,比表面积(单位重量吸附材料所具有的表面积)越大,吸附量越大。常用的吸附材料具有良好的亲油性,有纤维材料、硅藻土、砂、活性炭、焦炭和各种高分子吸附剂(如分子筛)等。吸附分离法主要是用来直接回收微小的油粒,一般用做油污水处理的精分离手段。吸附材料吸附油料达到饱和时,失去油水分离效能,因此,吸附材料达到饱和之前就应更换,而吸附材料的更换和处理都比较困难,并且需要用大量吸附材料,所以吸附分离主要用于含油量很少的细分离。

近年来,为达到排放标准提高的要求(油分浓度小于 15 ppm),油水分离器多为重力式分离器配以过滤、吸附等组合方式,即有粗分离和细分离(精分离)两部分组成。

粗分离部分都是用于第一级,主要采用重力分离法,处理容易上浮的分散油滴。重力分离法结构形式有多层斜板式、多层隔板式、细管式和多层波纹板式等。

细分离部分用于第二级和第三级,多采用聚结法、过滤法、吸附法等,用以去除油污水中的微细分散油滴和乳化油滴。细分离部分结构形式有圆筒式和填充式,采用最多的是以纤维材料构成的圆筒式分离元件,其特点是结构紧凑、元件容易更换。填充式是在油水分离器中填充有形纤维等过滤吸附材料,截留和吸附微小油滴。在其吸饱油后,可进行反冲洗,但当压力降达到一定值时,就必须更换过滤吸附材料。

(二)典型结构

实际使用的船用油水分离器种类繁多,但绝大多数是采用重力分离法,再加上聚结分离或过滤分离或吸附分离等方法,即所谓组合式结构,以满足国际公约规定的排放标准的要求。下面简要介绍 CYF-B 型油水分离器、塞里普 SFC 型油水分离器和真空式油水分离器的基本结构组成及其工作原理。

1. CYF-B 型舱底水分离器

CYF-B 型油水分离器属于重力 - 聚结组合式分离器,其结构如图 2-1 所示。它主要由粗分离装置即多层波纹板式聚结器 4、细分离装置即聚结材料构成的纤维聚结器 14、细滤器 16、

加热器 7、油位检测器 8、自动排油阀 10、手动排油阀 11 和安全阀 3 等组成。

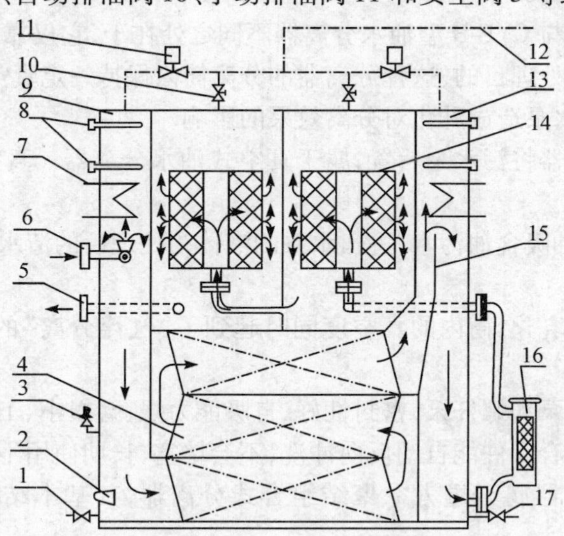

图 2-1 CYF-B 型油水分离器

1—泄放阀;2—蒸汽冲洗喷嘴;3—安全阀;4—板式聚结器;5—清洁水排出口;6—油污水进口;7—加热器;8—油位检测器;9—集油室(左);10—自动排油阀;11—手动排油阀;12—污油排出管;13—集油室(右);14—纤维聚结器;15—隔板;16—细滤器;17—泄放阀

其工作过程如下:舱底水由污水泵经油污水进口 6 和喷嘴从左集油室中部送入油水分离器内,由于喷嘴的扩散作用,进入油水分离器内的污水迅速分散开,大颗粒油滴即上浮到左集油室 9 的顶部,而含有小颗粒油滴的污水向下流动进入峰谷对置的多层波纹板式聚结器 4 构成的机械式重力分离装置中。由于双波纹板组的湿周大、上浮距离小、流路长、水流平均流速低,使含油污水处于层流状态,并在特有的水腔结构内使小颗粒油滴相互碰撞,聚合形成较大的油滴。当其流出波纹板组后,外接管流至细滤器 16,滤除水中的固态悬浮粒子和机械杂质,在浮力的作用下上浮至右集油室 13 的顶部,实现重力粗分离。此后,含有更小油滴的污水顺次进入串联布置的两级聚结元件 14 中,残留在水中的细微油粒在其中经截留、聚结、脱离和上浮四个步骤实现精分离。分离出的污油上浮至中间集油室顶部,而分离出的清水经排出口 5 排出舷外。

两级纤维聚结器都呈圆筒形,外形尺寸相同,但后一级填充的材料多,比前一级更紧密、孔隙更小,能分离更细微的油滴,但更易堵塞。安装时注意不能互换,其填充的聚结材料采用介于亲油和亲水之间的涤纶纤维及弹性尼龙纤维。

由油位检测器 8 检测左、右集油室内的污油量,控制自动排油阀的启闭。中间集油室的污油量较小,通过手动排油阀采用人工定期排放。集油室内设有蒸汽加热器或电加热器,保证高黏度污油在环境温度较低时能顺利排出。

CYF-B 型油水分离器主要用于处理机舱舱底水,可使排放水的含油量小于 10 ppm,并能在船舶倾斜 22.5°的条件下正常运行,其配套污水泵为单螺杆泵。

CYF-B 型油水分离器污水泵位于分离器的前端,含油污水被泵入分离筒内,污水在水泵的搅拌下增加了乳化程度,影响分离效果。因此为了减轻乳化程度,往往使用对输送液体扰动性小的水泵,如螺杆泵、往复泵,但输送泵与没有经过处理的污水直接接触,其中的杂质和泥沙使泵的磨损增大,甚至发生螺杆泵卡住或折断,影响水泵的工作可靠性。

2. ZYF 型舱底水分离器

ZYF 型油水分离器与 CYF-B 型油水分离器不同之处在于,它仅靠重力分离元件配以后置螺杆泵抽吸而达到污水处理目的,这种分离器的分离筒内保持一定真空,油水在真空状态下进行重力分离,避免了污水泵造成乳化对分离效果的影响。

ZYF 系列油水分离器将污水泵后置,属于真空式油水分离器。真空式油水分离器具有如下特点:

①水泵后置,真空抽吸含油污水,进出水泵的液体为处理后的清水,无杂质和泥沙,泵的磨损小,工作可靠。

②避免了油污水的乳化,筒内的真空度同时起到了“气浮分离”的效应,提高了油水分离效果。

③可采用电动柱塞泵和螺杆泵,密封性好、自吸能力强、磨损小、工作可靠。

④分离装置中的聚合元件能自动反向冲洗,不会堵塞,长期使用不需要更换。

ZYF 系列油水分离器属于重力-聚结组合式分离器,其基本结构和工作原理如图 2-2 所示。

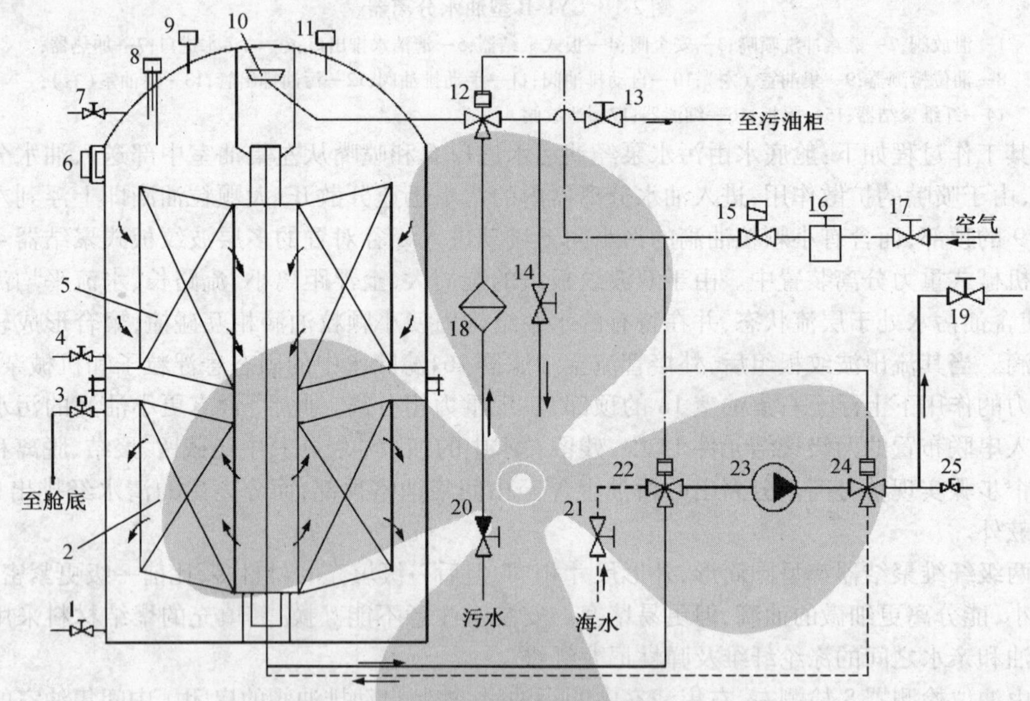

图 2-2 ZYF 真空式油水分离装置原理系统图

1—下排污阀;2—第二级集油器;3—第二级自动排油阀;4—上排污阀;5—第一级集油器;6—电加热器;7—检油旋塞;8—油位探测器;9—真空压力传感器;10—污水进入喷口;11—温度控制器;12—气动三通阀;13—排油截止阀;14—反冲洗管截止阀;15—气源电磁阀;16—空气压力控制阀;17—气源截止阀;18—污水吸入滤器;19—净水出口;20—污水吸入止回阀;21—海水吸入截止阀;22—气动三通阀;23—单螺杆泵组;24—气动三通阀;25—取样旋塞

其基本工作原理是:当分离器在运行过程中,单螺杆泵 23 在分离装置排出口处抽吸处理后的排水过程中,使分离筒内产生真空度,舱底水经过过滤器 18 和上部气动三通阀 12 进入分离筒内部扩散喷口,进行初步的重力分离,被分离的大油滴浮至顶部集油室,含有小油滴的污水向下由环形室进入第一级集油器 5,在内部进行首次聚结分离,聚结形成的较大油滴逆向上

浮至顶部集油室,污水继续由中心通道向下,进入第二级集油器 2 后向外腔流动,聚结后的大油滴停留在环形室顶部。符合排放标准的水(含油量小于 10 ppm)则向下经分离器底部排出,流向气动三通阀 22,进入单螺杆泵 23 吸入口,从泵的排出口排出再经过气动三通阀 24 排向舷外。当分离出的污油在顶部聚集到一定程度时,油位探测器 8 触发信号,使电磁阀 15 开启,压缩空气同时进入三只气动三通阀 12,22,24 的顶部气缸,推动活塞向下,关闭常通口,打开常闭口,舱底水暂停进入分离器,分离后的水暂停排出。由于单螺杆泵 23 仍在继续运转,使来自海水管的海水由气动三通阀 22 进入单螺杆泵 23 的吸入口,泵出后再通过气动三通阀 24 进入分离器底,逆向经过聚结元件 2,5 进行反向冲洗,向分离器内部补充海水,并使分离器内部由真空变成压力状态。聚集的污油通过上部气动三通阀 12 排向污油柜。第二级集油器属于精分离过程,聚集在环形室顶部的污油较少,当顶部集油室排油时,环形室排油阀 3 就会自动开启将污油或油水混合液排放至舱底水舱。

3. TURBULO MPB 型舱底水分离器

TURBULO MPB 型舱底油污水分离器利用重力 - 聚结原理完成油水分离,其外观结构如图 2-3 所示。

油污水从左侧一级分离器 100 的左上部泵入,在分离器上部粗分离后,污水迅速分散,由于流速较慢,污水在向下流动的过程中,大颗粒油滴上浮到分离筒顶部的集油室,含有较小油滴的污水则向下通过聚结元件 125(High Efficiency Coalescer,简称 HEC)。聚结元件表面亲油,呈多孔海绵状结构,具有高比表面积和低压头损失,在污水中具有足够的稳定性,污水中的污垢不会对其造成损害,即使有一定程度的脏污也无须对其进行更换,只需将聚结元件拆下,用热水冲洗干净即可重新使用。污水通过聚结元件时,由于聚结元件表面的亲油性,含有污水中的小油滴会短暂吸附在其表面,经过聚结长大,最后在浮力的作用下逐渐上浮进入分离筒顶部的集油室。细小油滴则随处理后的污水,一并经两分离筒底部的连通阀进入二级分离筒 200。

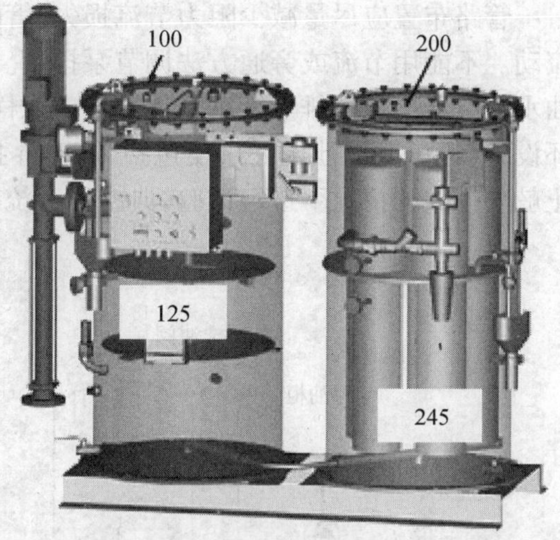

图 2-3　TURBULO MPB 型舱底水分离器

100——一级分离器;125—聚结元件;
200—二级分离筒;245—圆筒式分离元件

二级分离筒内装有多个圆筒式分离元件 245(Hydrocarbon Separator,简称 HycaSep),每个元件外形一致,材质为高分子聚合纤维,具有良好的吸油性能。每一分离元件分上、下两级,经中间挡板和顶部支架固定在分离筒内,构成了二级分离筒内两级油水聚合分离层。进入二级分离筒的污水从分离筒的底部经下层分离元件的外表面流入,细小油滴经聚合后从水中分离;流入下层分离元件内腔体的水沿腔体轴线向上流动,进入上层分离元件的内腔体,在水流压力的作用下,向外流出上层分离元件,其间,细微油滴被进一步分离。经处理后满足要求的清水从二级分离筒的上部排出阀流出。

二级分离筒内上、下两层分离元件虽均由聚合纤维构成,但由于处理的水质不同,因此上层聚合纤维比下层聚合纤维更聚密、空隙更小,能分离的油滴也更细微。在工作过程中,如果压力损失过大,则需对分离元件进行更换,而不是对其进行清洗。新的分离元件压力差约为

0.015 MPa,最大可用压力差约为0.14 MPa。

在一级分离筒的上部装有油位检测电极,可以感知分离筒上部的油位,控制排油阀打开或关闭,间歇地进行排油。二级分离筒上、下腔体内的集油量很小,采用人工方法定期通过手动排油阀排出。在一级分离筒上部集油室还装有电加热器,可以保证高黏度污油在环境温度较低的情况下顺利排出。

新舱底水分离器在一级分离筒中的聚合元件顶部可能有选装的一层"临时过滤垫",其作用是防止新船时期的大量污垢进入,在分离器正式运行前应撤除该垫。如装有该垫,分离器会贴有标签。此外,舱底水分离器在首次投入运行时,需冲洗数次(每周两次,每次0.5 h),以免颗粒、铁锈等形成堵塞。

4. 舱底水分离系统

(1)典型的系统布置

船用舱底水分离系统主要组成部分,包括控制箱、分离器(内有滤板、滤芯等)、管路、专用配套泵、自动排油监控系统(排油电磁阀、加热器、压力表、温度表及探头等附属设备)、油分浓度监测装置、自动停止排放装置等。

管路布置应尽量减少阻力节流损失,管路内径选择应使管内液体流速保持在层流状态下流动。不能用节流或旁通方法调节泵排量。为了以后在船上方便相关检查,应尽可能在靠近油水分离器出口的排液管垂直部分设一取样口。应在贯通装置舷外出口后面及附近装有再循环设备(经过船级社认可),使包括15 ppm报警装置和自动切断装置的舱底水分离系统在停止舷外排放的情况下进行试验,典型的系统布置如图2-4所示。

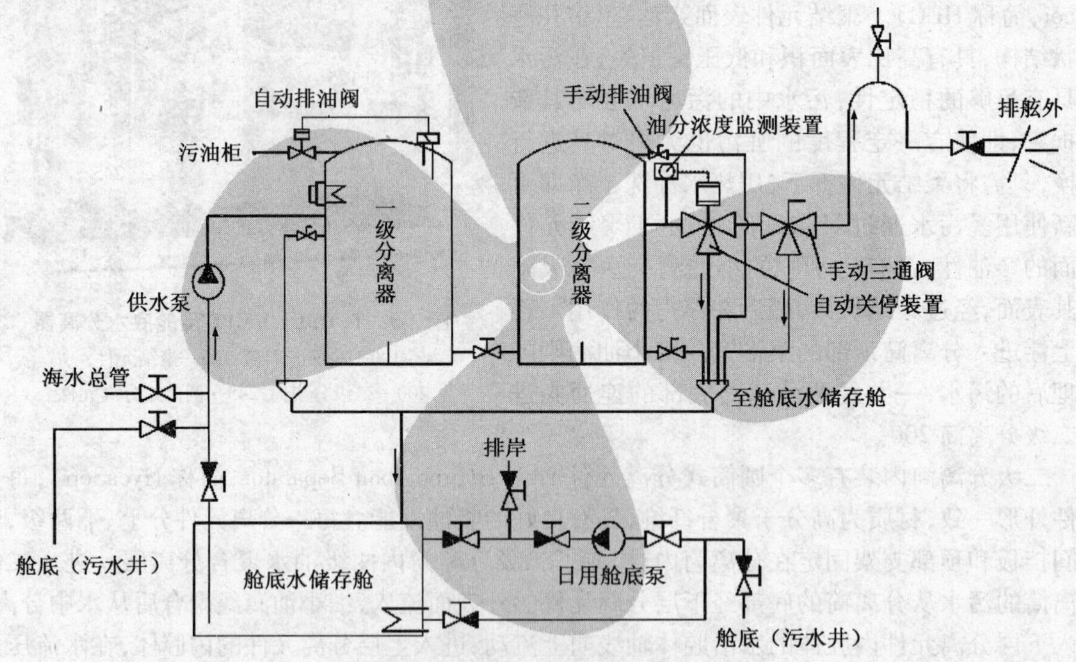

图2-4　典型的舱底水分离系统

(2)油分浓度监测装置(15 ppm 报警装置)

公约规定,船舶油水分离器必须在有油分浓度监测装置时才能使用,以便对排放水的含油浓度、排放总量及瞬时排放率进行测定、记录和控制。若排放水中含油浓度超过规定的标准,检测器就发出声光报警,并自动切断舷外排放。轮机人员应立即检查舱底水处理系统的工作情况,并排除故障,直到水中含油浓度符合标准为止。

目前,常用光学方法来检测水中含油浓度,它又分为光学浊度法、红外线吸收法、紫外线吸收法和荧光法。

(3)自动排油装置

油水分离器分离出的污油聚集在分离器顶部达到一定数量时,便自动打开排油阀将污油排往污油柜或油渣柜,这种装置称为自动排油装置。自动排油装置主要由气动排油阀(或电磁阀)和电阻式或电容式油位探测器组成。油位探测器在分离器的集油室中,利用感受元件在油水中与分离器壳体之间导电率(或电容)的变化,测出油层厚度的变化,并输出控制信号,通过电气控制箱控制排油阀的启闭。

(4)自动停止排放装置

在适用情况下,自动停止排放装置指当排出物含油量超过 15 ppm 时用于自动关停油性混合物的任何舷外排放的装置。该自动停止排放装置为一种阀门装置,装于 15 ppm 舱底水分离器的排出物出口处,当排出物含油量超过 15 ppm 时自动将排向舷外的排出物引回舱底或舱底水舱。

(三)操作、维护与保养

1. 油水分离效果的影响因素

油水分离器工作性能在实际使用中受到许多因素影响,同样一台油水分离器在不同情况下使用,其工作性能相差很大。油水分离器的分离效果与其结构、内部清洁状况、舱底水泵的形式、污水中油的种类及其含油量、分离温度、工作压力、流量等因素有关。

(1)泵的影响

污水中油的微粒化、乳化程度越高,油水分离器效果越差,因此,污水通过泵时应尽量不产生乳化、搅拌或节流。

容积式泵,如往复柱塞泵、单螺杆泵等乳化程度最小,容易分离。在同样静置时间内,往复泵排出的水中含油量比离心泵、齿轮泵等少,也就是说大部分油很快与水分离。

(2)工作压力的影响

油水分离器工作压力对分离性能有显著影响,工作压力提高,泵排出压力就要相应提高,则污水通过泵输送时,严重乳化,分离效果下降,排水含油量显著上升。如果油水分离器在真空条件下工作,比如污水泵不是以一定压力向油水分离器供水,而是从油水分离器出口吸水,这样,泵输送污水所产生的乳化现象可以完全消除。过滤式分离器在真空条件下工作,当过滤元件堵塞时,通流能力降低,而通流速度保持不变,不会影响分离效果。

据实验测得:在真空条件工作的油水分离器比在压力状态下工作排水含油量降低 1/15 ~ 1/2。但分离器在真空条件下工作,管路应保证良好密封,安装高度要尽量低,如分离器安装位置高于机舱底板 3 ~ 5 m 时真空就无法实现。或者设置重力式沉淀柜,这样设备增多、系统复杂,分离器顶部集油室内油的排放系统更复杂。因此,虽然真空工况净化质量高,但因系统复杂、体积大,不宜在船舶上应用。

(3)油种类的影响

根据司托克斯公式,油的比重越轻越容易分离,但也容易乳化,而且乳化对分离效果影响更大,因此,比重轻的油更难分离。总的来讲,原油含有大量轻质油分,比较难分离。润滑油比较容易分离,不同种类润滑油、油质劣化程度、各种添加剂等都会影响分离性能。

(4)温度的影响

若含油污水温度升高及油水的比重差增加,水的黏度降低,则油滴上升速度快,但温度升高通过泵时乳化严重,反而使分离性能下降,因此,综合起来影响不大。如果是低温通过泵,高温下分离可取得良好分离效果,特别是陆用大型静止分离池,提高温度是提高分离效果的有效办法,对于一般船用油水分离器温度的影响与其他因素比是较小的。

(5)污水中含油的影响

污水中油分浓度高,分离性能当然恶化,油分浓度增加,乳化程度加重。但油滴相互碰撞机会也增加,一部分乳化油滴直径有加大的可能,使分离性能提高。油滴直径加大的程度,同油水分离器的种类、构造有关,但总的影响仍然是浓度增加,分离性能下降。

(6)管路的影响

油水分离器系统中管路的长度、直径、曲度、阀门、滤器等对分离性能的影响比较复杂。一般来说,管径越大、管路越长,分离性能越好。阀门、滤器、管路弯曲部分等造成的节流、流动状态的变化都会使分离性能下降,使用管理中应注意保持水流在稳定层流状态下流动。

(7)流量的影响

油水分离器流量增加,油水在分离器内停留的时间减少,流速增加,分离效果必然下降。当流量超过油水分离器标准处理量时,分离效果显著下降,排水质量根本达不到排放标准要求,在使用中和选用污水泵时应特别注意。

(8)旁通的影响

舱底水分离系统的污水泵,往往用船上原有的舱底水泵,而排量大于分离器处理量时,多余部分经旁通管再返回污水井,这部分经泵排出乳化的污水,下次再被泵吸入,会更进一步乳化,所以送入油水分离器内的油污水乳化程度相当严重,使油水分离器性能显著下降。如果污水仅一次通过泵,油水分离效果可达到 30 ppm,当有一半污水旁通再次通过泵送入分离器时,其分离效果超过 150 ppm。

因此,当分离效果不佳时,可从上述方面查找原因。例如,油品的比重过大或过小都不利于油水分离器的分离;离心式和齿轮式舱底水泵会使油污水乳化,不易分离,宜采用低速往复式活塞泵和柱塞泵或单螺杆泵。

如果油水分离器中分离出的水含油量过大,即分离效果不佳时,可采用以下措施:

①改为间歇工作,即当分离器中装满舱底水后,停止供水,使容器内的舱底水有足够停留时间,然后再开启污水泵,用新泵入的水将沉淀分离后的污水排出。

②分层抽吸,即先把下层含油少的污水直接排出舷外,只使上层含油较多的污水经分离器分离。

③适当加温,对分离器内污水加热至 40 ~ 60℃,使油与水的比重差加大,增大浮力,水的黏度也降低,从而减少油滴上浮的阻力,增加油滴上浮速度。但一般当加热温度超过 60℃时,油水乳化程度显著增加,分离效果显著下降,并很难达到排放标准。

④改用输水平稳的污水泵(如单螺杆泵)以减轻油污水的乳化程度,使进入分离器的油污水中的大颗粒状的油易于分离。

2. 运行管理

正确地使用和定期维护保养是保证油水分离器充分发挥其分离能力的先决条件和重要保证。轮机人员应仔细阅读其使用说明书，了解其工作原理、运行及维护要求等。

(1)起动的检查及准备

①使用分离设备和过滤系统排放前，应先征得驾驶员同意，并注意监视海面是否有明显油迹。

②首先检查油水分离装置的水、油、气源系统及电气线路安装是否正确。油水分离装置首次起动运转时，首先应向分离筒内注满清水，注水时应将分离筒顶部空气阀和高位检查旋塞打开，直至水从这些阀流出后，再将其关闭并停止注水；否则的话，分离器顶部充满空气，很可能会导致油位探测器误动作，将自动排油阀打开，大量的污水/清水灌入污油柜。

③打开出水、排油、泵前引水管系及吸入清水(海水或淡水)管系上的阀，关闭舱底油污水吸入阀。油水分离器在首次使用或清洗后投入使用时应先注满清水，以便有助于洗掉可能黏附的油污和杂质，避免油污水对分离器的污染。

④接通电源，起动配套泵的电机，向油水分离装置内供水，查看配套泵的转向是否符合箭头指示方向。此时自动排油指示灯应亮；直至顶部空气阀中有水溢出，表明分离器内已注满水，排油指示灯应自动熄灭。起动污水泵前应先打开舷外排出阀，检查自动排油装置和应急操纵手轮是否处于正常位置。

⑤打开舱底水吸入管系上的阀，然后关闭清水阀，由配套泵将舱底油污水输入分离装置进行分离处理；同时开启监控系统，调整排放水的含油指标为 15 ppm，确认监控系统和自动停止排放装置正常，并一直处于运行中。

(2)运行中的管理及注意事项

油水分离器在使用中若管理不善，分离性能就会下降，排水中含油量将超过排放标准，甚至将大量污油排出舷外，因此，必须严格按照各项管理要求使用油水分离器。

①日常检查

A. 检查控制箱

油水分离器控制箱有输油泵电控箱、自动排油电控箱及排油监控系统电控箱等，有的是结合在一起，有的是分开的。在检查时，主要查看各电控箱能否对相关的用电设备正常供电及控制，有关指示灯能否亮。若电源指示灯不亮，则可能是总配电板或分配电板上油水分离设备电源开关未合闸，或电控箱内保险丝断了。

B. 检查分离器和管路

查看油水分离器本体，确认无严重锈蚀、无锈穿现象；铭牌位置明显，标明的处理能力与证书相符；查看本体上取样口的阀门，保持畅通，开关自如。

查看有无不经油水分离器而直接排往舷外的旁通管路。若有，必须割除。若暂时不具备割除的条件，允许临时用盲板封死。查看管路是否锈蚀严重，有无漏水现象。

C. 检查排油监控系统

可通过试验，检查油水分离器排油监控系统的报警功能。

具有自动停止排放功能的油水分离器排油监控系统，还需检查油水分离器在超过 15 ppm 时能否使分离器专用配套泵停止运转，或能否使油水分离器排水管路上的气动、电磁、气动/电磁组合式等的三通阀动作。若不能，则说明油水分离器排油监控系统本身的故障或三通阀故障。

三通阀故障,可能有电磁阀故障;气动三通阀驱动气体未达到设定气压;三通阀本身漏气。

D. 检查排油电磁阀

可通过从油水分离器自动排油按钮转换到手动排油按钮时的下列现象判断其正常:排油电磁阀,手触有振感,且可听到动作声;排油指示灯亮;观察镜中,可看到有污油排出等。

如油水分离器排油电磁阀设计成处于自动排油状态,可以通过在控制箱内的强制性动作试验按钮,查看排油电磁阀是否处于良好工作状态。

E. 检查油位探头

油位探头通常在非排油状态。油水分离器腔体内充满水时,探头上的工作指示灯是亮的(工作指示灯需打开探头盖才能看到)。若只是油位探头指示灯不亮,可能是油水分离器排油电磁阀故障。若油位探头工作指示灯不亮,而相应排油电磁阀开启指示灯亮,可能是探头受到污染,需要抽出来擦洗干净。若油位探头工作指示灯不亮,且相应油水分离器排油电磁阀开启指示灯也不亮,或相应探头取样口有污油排出,则可能是油水分离器探头本身故障,电信号不能传送到电磁阀处。

F. 检查运转情况

检查油水分离器专用配套舱底水泵在供电后能否正常运转,所附连的压力表、真空表或混合型的压力表、真空表是否有指示,根据油水分离器泵的出口压力来判断泵的工作状态。在泵运转过程中,还需查看泵是否漏水(有时会出现盘根漏水的现象)。

②使用注意事项

油水分离器在使用中应充分注意排油、加热和清洗。

A. 一定要按油水分离器说明书规定的条件(油水分离器工作压力、额定处理量、泵类型、转数等)使用油水分离器。调整排出水管路上阀的开度,保持分离器内具有一定压力,以利于分离器内污油排出。观察压力表、真空表等指示值是否正常,探测配套泵轴承表面温度是否在允许的范围内。设有电加热器温度自动控制的分离装置,应注意查看分离器上的温度表,以防温度过高产生故障。严禁分离器内无水时起动加热器。

B. 运行中特别注意避免油水分离器超负荷。所谓超负荷,即超过其达到排放标准的分离能力。如果供水量过大,或排油装置失控,积油过多,都会降低分离效果,造成污油污染分离器内壁。检验超负荷的方法:一是检查低位检验旋塞,当它有油流出时说明积油过多,应立即排油,如果自动排油失灵应改为手动排油;二是通过出水口水样的观察,如果发现有可见的油迹,应停止分离器工作。

C. 观察处理后的排出水的水质和油分浓度报警器的工作情况。在刚起动油水分离器或运行一段时间后,经常出现油分浓度检测装置误报警,可能是由于油分浓度检测装置的玻璃管内壁脏污,此时应视情况手动清洁。

D. 要定期排放集油室中空气,防止自动排油装置因存气太多而失灵。

E. 油水分离器的供水泵多为单螺杆泵或柱塞泵,运行中千万不能空转,不允许泵在关阀时运行。无自动控制停泵装置或未设置泵干运转保护的油水分离器,应注意在舱底油污水吸空前及时停泵,避免配套泵空转而烧坏。

F. 为保证分离效果,根据气候条件和污水中油种的不同,采用加热的方法提高分离效果。蒸汽加热器一般用0.25~0.3 MPa的饱和蒸汽加热到40~60℃为宜,以加速油滴上浮和黏附内壁上的污油脱落。

G. 每次运行油水分离器时,切忌一次将舱底水柜彻底排空,以免舱底水柜内积存在上部

的污油大量进入油水分离器,显著降低其性能。

H. 在油污水排放完后停用分离器之前,应引入海水继续运行 20 ~ 30 min,用以清洁油水分离器及其监控系统,以免被油污堵塞和污染。停泵后,应关闭油水分离器的进出口阀,防止筒内充满的水泄漏,减轻内壁氧化腐蚀。

I. 每次使用油水分离器进行舱底水排放,均应记入油类记录簿。

J. 经常注意检查保养。定期进行清洗分离器内部或调换集结元件,一般 1 ~ 2 个月应清洗一次,为清洗沉积在分离元件表面上的蜡质等黏附物,最好用 50 ~ 60℃ 的热水清洗,但也有的分离器不能用热水或蒸汽清洗,这一点应引起注意。一定不能用任何种类清洁剂清洗油水分离器。

K. 要及时排出集聚在分离器集油室内的油,自动排油装置如发生故障时,应采用手动排油。

三、焚烧炉

根据"MARPOL 73/78"附则Ⅵ,2000 年 1 月 1 日或以后建造的船舶上的焚烧炉或 2000 年 1 月 1 日或以后船舶上安装的焚烧炉,须符合公约附则Ⅵ的附录Ⅵ——"船用焚烧炉的型式认可和操作限制"的要求。符合该要求的焚烧炉须经主管机关按 MEPC 制定的《船用焚烧炉标准技术规范》予以认可。

按要求安装焚烧炉的所有船舶应持有一份制造厂的操作手册,该手册须随焚烧炉存放。

按要求安装的焚烧炉,在该炉运行期间须随时对燃烧室烟气出口温度进行监测。如焚烧炉为连续进料型,在燃烧室烟气出口温度低于 850℃ 的最小许可温度时,不应将废弃物送入该焚烧炉装置。如焚烧炉为分批装料型,该装置应设计成其燃料室烟气出口温度在起动后 5 min 内达 600℃,且随后稳定在不低于 850℃ 的温度上。

(一) 工作原理

船舶垃圾来源于食品废弃物、舱室、污泥、废油、污油、渣油、油泥及扫舱垃圾等。对不同性质的垃圾采用不同的处理方法:排岸接收或航行中直接投弃、粉碎处理后投弃和焚烧炉焚烧处理等。

焚烧炉用来处理油渣、废油、生活污水处理装置中产生的污泥、食品残渣以及机舱产生的废棉纱和其他可燃的固体垃圾等。其中污油通过污油燃烧器燃烧;固体垃圾经投料口送入炉内燃烧;生活污泥可送入污油柜中与污油混合,经粉碎泵循环粉碎后,通过污油燃烧器送入炉内燃烧。

(二) 典型结构——ATLAS 200 型焚烧炉

一般焚烧炉都有一个钢制的外壳、内衬耐火砖形成炉膛,炉膛周围设有固体废物投料口和出灰口。污油燃烧器用以喷入污油、污水和污泥;而辅助燃烧器用以点火助燃。装有排烟风机以保证炉膛呈负压并冷却排烟,防止烟气外漏和发生火灾。此外,还有废油柜、控制箱、废油加热装置和观察孔等。

1. 工作原理

如图 2-5 所示为 ATLAS 200 SLWSP 焚烧炉,配置 1200 SP 型污油混合柜。

焚烧炉炉体是由主燃烧室和两级辅燃烧室组成。主燃烧室用于焚烧固体垃圾和所有形式的可燃非爆炸性的、闪点不低于 60℃ 的污油,由一个速度控制单元自动调节污油供给量;辅燃烧室主要用于焚烧未充分燃烧的废气。主燃烧室和第一级辅燃烧室分别配有燃用柴油的主燃烧器和辅燃烧器，来自主燃烧器的热量用于干燥和点燃固体垃圾和污油。主要技术参数：焚烧污油24 L/h（最大40 L/h）；焚烧固体垃圾最大40 kg/h；烟气温度250℃；装置的运行由PLC单元自动控制。

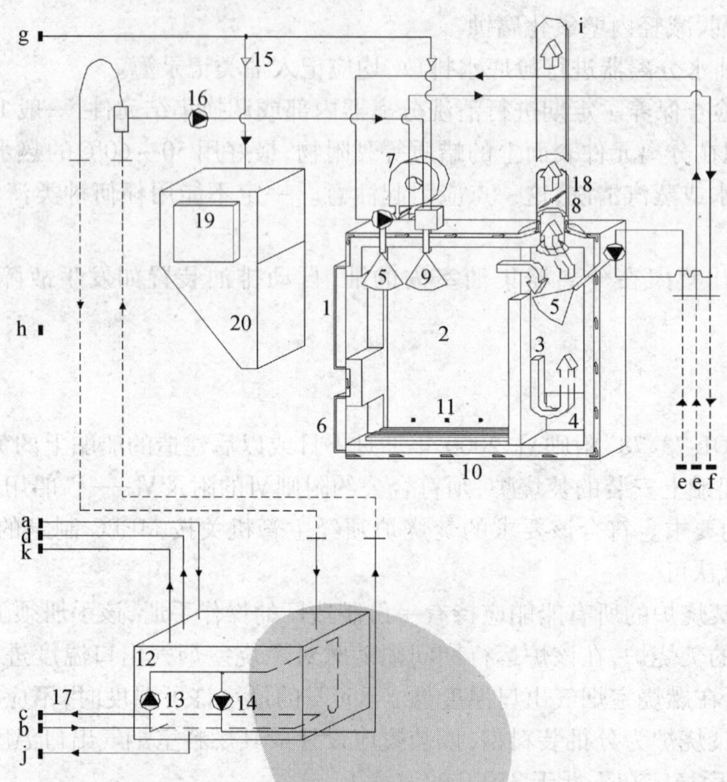

图2-5 ATLAS 200 SLWSP型焚烧炉原理图

1—进料门；2—主燃烧室；3—一级辅燃烧室；4—二级辅燃烧室；5—带内置泵的辅助燃烧器；6—出灰门；7—主鼓风机；8—抽吸式空气喷射器；9—污油燃烧器；10—空气冷却双层壁；11—燃烧空气进口；12—污油混合柜；13—粉碎泵；14—循环泵；15—压缩空气；16—污油计量泵；17—加热单元；18—风门挡板；19—加料门；20—加料槽；a—污油进口；b—蒸汽进口；c—蒸汽出口；d—污油柜透气口；e—柴油进口；f—柴油柜（图中未示出）透气口；g—压缩空气进口；h—电源供应；i—烟气出口；j—污油柜放残；k—污油柜溢流

主、辅燃烧室之间用顶端开口的耐高温重质陶瓷墙隔开，辅燃烧室顶装有排烟混合室，既便于维修，又可自由选择排烟管的走向。主燃烧室侧面分别设有固体加料门和出灰门。炉层可分为内、外两层，内炉层敷设耐火材料，内外壳之间通空气隔热，主鼓风机、辅助燃烧器（包括主、辅燃烧器）和废油燃烧器等配套设备组装在炉体上。主鼓风机提供冷却炉壁、燃烧和排烟用的空气。排烟混合室中以空气作介质的文丘里式抽气机抽吸并冷却烟气。

主、辅燃烧器（均为辅助燃烧器）为全自动气流式燃烧器，并配有电点火装置和火焰控制装置。污油燃烧器为压缩空气雾化式燃烧器，适用于燃烧含固体杂质直径不大于0.8 mm的油水污泥。压缩空气供应到焚烧炉，用于污油燃烧器、加料槽和速闭阀。为避免空气管的阻塞，设置空气滤器，网孔尺寸最大20 μm。

装置中使用的主、辅燃烧器的内置泵和污油计量泵是具有自吸能力的泵，并由变速电动机驱动。主、辅燃烧器的内置泵均为齿轮泵，内置滤器，将柴油在焚烧炉柴油柜和燃烧器之间不断地打循环。柴油供应管路上装有粗滤器，避免管路堵塞，滤器网孔尺寸最大为50～75 μm。

内置柴油泵设定压力为 10 bar,建议的管路吸入真空为 0.4 bar。

污油和生活污水装置产生的污泥焚烧前需作预处理,将二者均匀混合,用粉碎泵反复处理,使其中的固相杂质充分搅拌、粉碎和乳化,减少沉淀和放残的需要,用蒸汽加热提高其流动性。装置的这一预处理系统包括污油混合柜(柜内装有加热管、搅拌器等)、粉碎泵和循环泵等。

袋装的固态垃圾,在焚烧炉起动前投入主燃烧室。起动时,先点燃主燃烧器,燃烧约 30 min以加热炉膛,同时起动污油混合柜搅拌器、循环泵和粉碎泵,当炉温达到 800℃时自动起动废油计量泵,自油水污泥预处理系统抽出的油水污泥被送往主燃烧室焚烧,污油计量泵的转速由主燃烧室的温度自动来调节。污泥含水量在 60% 以下时,污油燃烧器可正常燃烧,若污泥含水过多,热值过低使炉温下降到 800℃以下时,主燃烧器自动投入工作,以保证正常的焚烧作业。当污油混合柜的液位下降到低位开关动作液位时,便停止污油的燃烧,焚烧炉停炉后自动转入冷却状态。在燃烧和冷却期间,固体加料门紧锁。

单独焚烧固体垃圾时,在主燃烧器辅助燃烧及污油燃烧器工作过程中,若出现温度过高、过低、熄火、雾化压力太低等失常情况时,报警系统会发出报警信号。

2. 主要部件结构

(1)主、辅燃烧器

主、辅燃烧器的基本结构如图 2-6 所示。

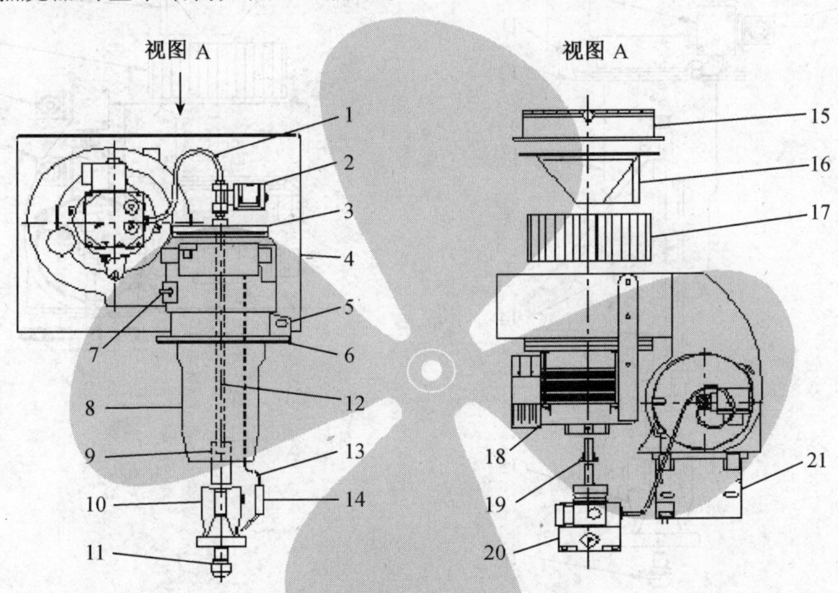

图 2-6　主、辅燃烧器的基本结构

1—压力油管;2—电磁阀;3—后盖;4—罩壳;5—法兰;6—法兰垫片;7—火焰探测器;8—火焰通道;9—连接套;10—混合盘;11—喷油器;12—内部压力油管;13—点火电缆;14—点火电极;15—风量调节;16—吸风喷嘴;17—风机叶轮;18—马达;19—联轴器;20—油泵;21—点火变压器

点火电极及风量的调节如图 2-7 所示。两电极端部相距 3 mm,电极端部距喷嘴中心线 7 mm;风量调节时,螺母调向大的数值获得较多的空气。

(2)污油燃烧器

污油燃烧器的基本结构如图 2-8 所示。

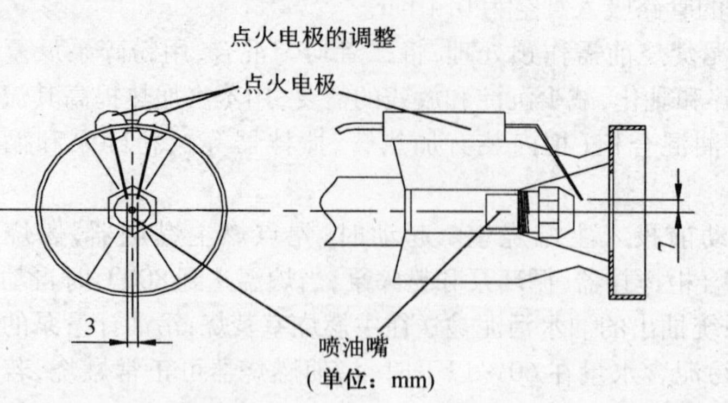

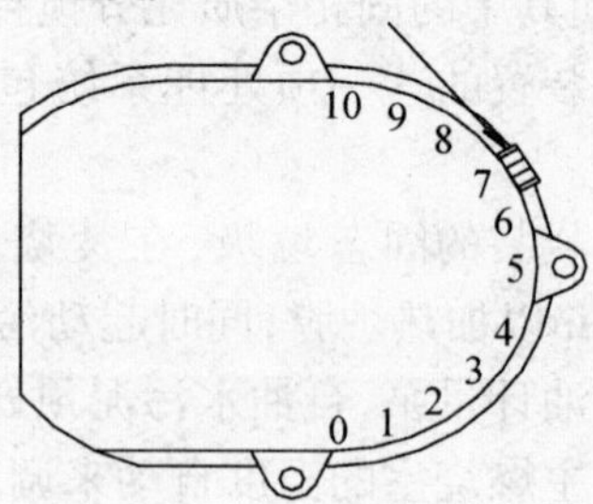

图2-7　主、辅燃烧器的调节

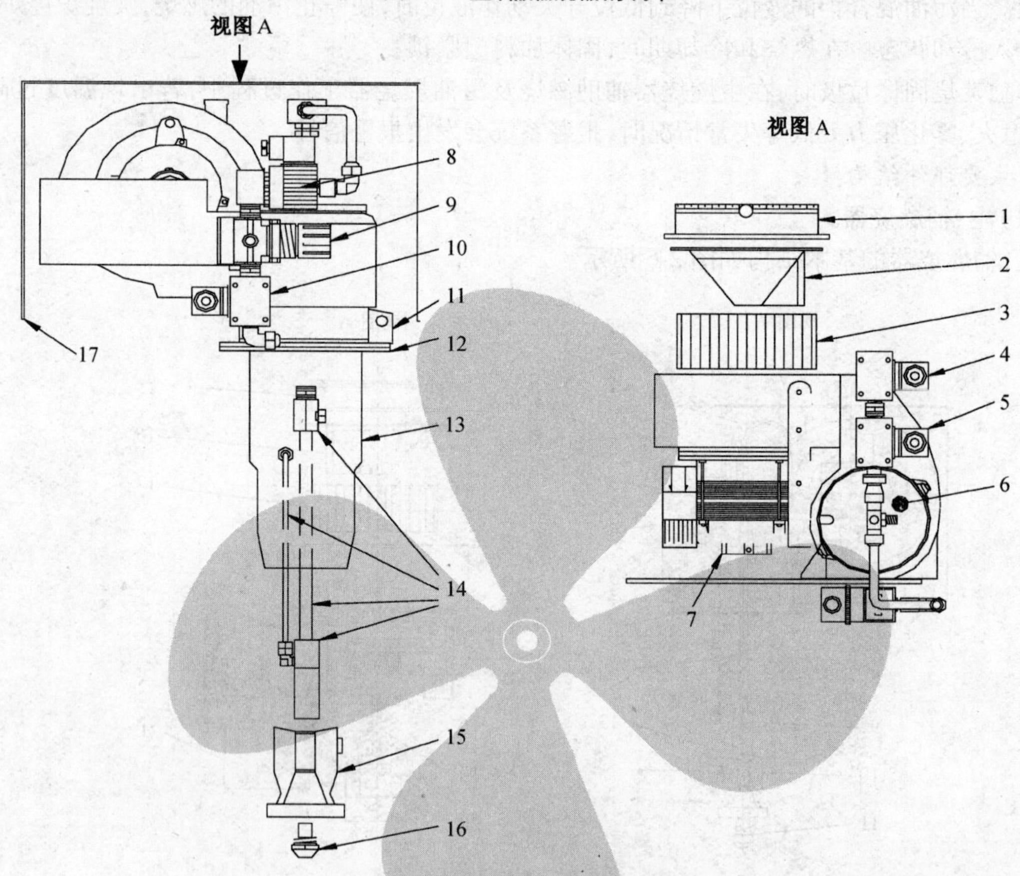

图2-8　污油燃烧器的基本结构

1—风量调节；2—吸风喷嘴；3—风机叶轮；4—电磁阀；5—电磁阀；6—后盖；7—马达；8—电磁阀；9—压力调节阀；10—电磁阀；11—法兰；12—法兰垫片；13—火焰通道；14—油头插件；15—混合盘；16—喷油器；17—罩壳

3. 操作说明

(1)焚烧炉的起动准备

在起动焚烧炉之前，应完成下列准备工作：

①打开所有柴油进、出口阀。

②打开压缩空气进口阀。

③确认压缩空气到主鼓风机及烟气出口通道畅通。

④确认出灰门和加料门关闭。

⑤确认污油柜中存有污油。

⑥确认焚烧炉柴油柜中存有柴油。

(2)运行

焚烧炉的操作由控制面板和“起/停”开关控制。控制面板上的绿灯表示焚烧炉的主鼓风机在运行状态;红灯表示焚烧炉有一个报警被激活了;此外,控制面板还提供温度指示、焚烧炉运行模式选择和显示警报信息等。

(3)停止焚烧炉

将开关转至“STOP”位停止焚烧炉。当开关转至“STOP”位的时候,所有打开的油阀关闭,主鼓风机的风门挡板关闭。焚烧炉冷却。当燃烧室温度降至100℃以下时,主鼓风机、主燃烧器、辅燃烧器停止,出灰门解锁,雾化空气阀关闭。

(三)操作、维护与保养

对船上的废油、油渣、含油棉纱以及生活污水的固体物质和垃圾等,最干净、最简便的处理方法就是用焚烧炉烧掉,但使用焚烧炉时应注意下列事项:

①可燃的固体垃圾应在点炉前打开炉门送入焚烧炉内,切不可在焚烧炉工作时打开炉门。

②焚烧炉在点火前应扫气30 s以上,驱除炉内油气,防止爆炸。

③焚烧炉污油柜加温到80~100℃,并放掉残水。

④用柴油引燃焚烧炉,待炉温达到一定温度(约600℃)后,再逐渐引入污油燃烧。污油中含有30%~50%水时,一般仍可连续燃烧。因此,当焚烧炉正常运行时,可以停止使用点火柴油;如果不能连续燃烧则需用柴油一直引燃;停炉前应燃用柴油,以冲洗污油管路。

四、生活污水处理装置

(一)工作原理

船舶生活污水处理装置按污水的排放方式可分为无排放型生活污水处理装置和排放型生活污水处理装置。无排放型生活污水处理装置通常包含船上储存方式和再循环处理方式;排放型生活污水处理装置必须按照国际公约和相关规定的排放要求,对生活污水进行相应处理后再排放。船上一般选用的都是排放型生活污水处理方式,并按其净化方式的不同有生化处理、物理化学处理等方式。

1. 无排放型生活污水处理方式

能满足“MARPOL 73/78”要求的简单常用的方法就是船上安装生活污水储存柜。该储存柜系统将船舶日常产生的生活污水收集、储存起来,当船舶航行到允许排放海域时将储存的生活污水排出舷外或条件允许时排入岸上的接收设备,其简单流程图如图2-9所示。

该系统包括生活污水的收集储存和排放两部分,主要设备有储存柜和排出泵。储存柜通常设置两个,两套排出泵、管系采用为相互备用的并联方式,以备必要时的调换使用。由于排出泵易被坚硬的粪便和碎纸片等固体物质堵塞,影响其正常运转而产生臭味,因此,在储存柜的出口专门装设了粉碎机、充气风机和通风管,以维持固体物的漂浮,减少气味和可燃性气体。柜内与外界保持密封,并装有冲洗设备。为了引出柜内产生的可燃气体,要装有带防火罩的透气管。另外,该装置在甲板上装有便于生活污水排往岸上接收设备的管路和标准排放接头。

该方式结构简单,操作管理容易,且对水环境几乎无任何损害。其主要缺点是:储存舱柜的容积较大,特别是在限制海域长期航行或停泊的船舶,必然造成船舶有效装载容积或机舱工作空间的减少;为了防止系统中在工作中散发臭味,需适时地进行投药处理,从而使药品的使用费增加;船舶过驳生活污水增加了停港或抛锚时间,降低了船舶的营运效率。

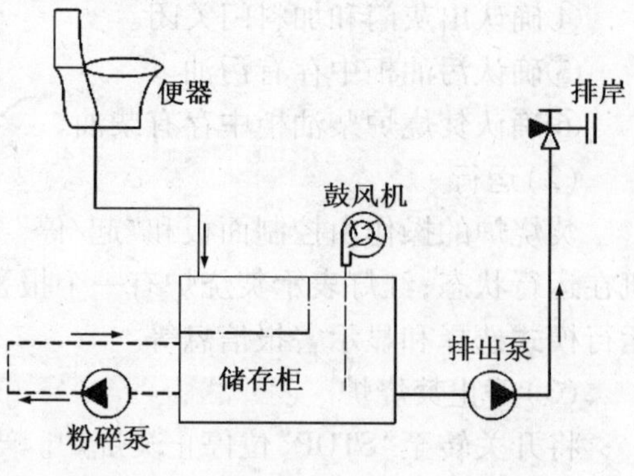

图 2-9　简单储存方式系统流程图

2. 排放型生活污水处理方式

(1)生化处理方式

该方法通过建立和保持微生物(细菌)生长的适宜条件,利用该微生物群体来消化分解污水中的有机物,使之生成对环境无害的二氧化碳和水,而微生物在此过程中得以繁殖。生物处理法有好氧生物法和厌氧生物法两大类,好氧生物法又分为活性污泥法和生物膜法两种。船上常用以好氧菌为主的活性污泥对污水中的有机物质进行分解处理。

图 2-10 是活性污泥法处理生活污水的工作流程图。污水进入曝气池,在不断通入空气的情况下,活性污泥在此消化分解有机物,离开曝气池后的混合液进入沉淀池。在沉淀池中活性污泥沉淀分离,而澄清的水进入投有杀菌药剂的消毒池,经杀菌后的净水排出舷外。从沉淀池中沉淀分离的活性污泥一部分流回曝气池,多余部分定期排出舷外。

生物膜法中的接触氧化法利用微生物群体附着在其他物体(填料)表面上呈膜状,让其与污水接触而使之净化的方法。生物膜法主要用来除去污水中溶解性和胶体性的有机物。

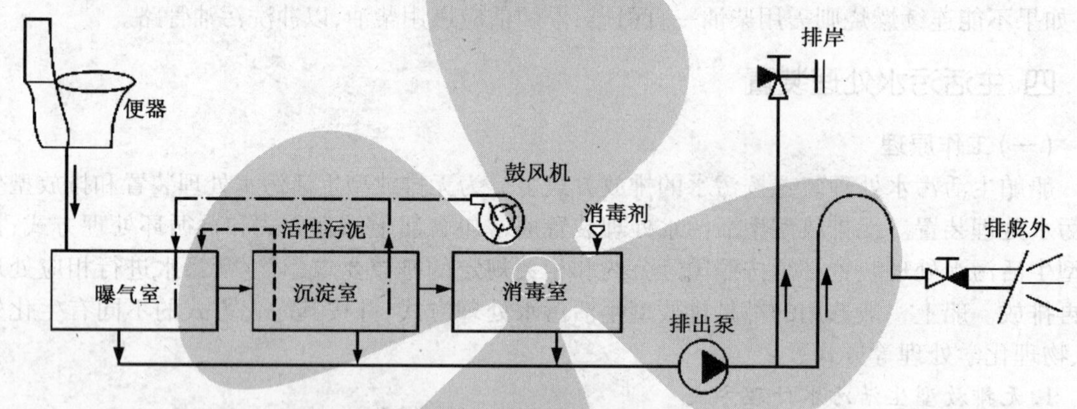

图 2-10　生化处理方式系统流程图

(2)物理－化学处理方式

物理－化学处理方式的原理是通过凝聚、沉淀、过滤等过程消除水中的固体物质,使之与可溶性有机物质相脱离来降低生活污水中的 BOD_5 值,然后让液体通过活性炭使之被消毒,最后将符合要求的处理后的生活污水排出舷外。图 2-11 为物理－化学处理方式的典型系统流程图。

采用物理－化学法处理污水的装置体积小,使用灵活,对污水量的变化适应性较强,工作过程可全面实现自动化。但是,该处理方式的药剂使用量较大,运行成本较高。

(二)典型装置——WCB 型生活污水生化处理装置

1. 工作原理

图 2-12 为某公司生产的 WCB 型生化法污水处理装置,利用活性污泥和生物膜的处理原

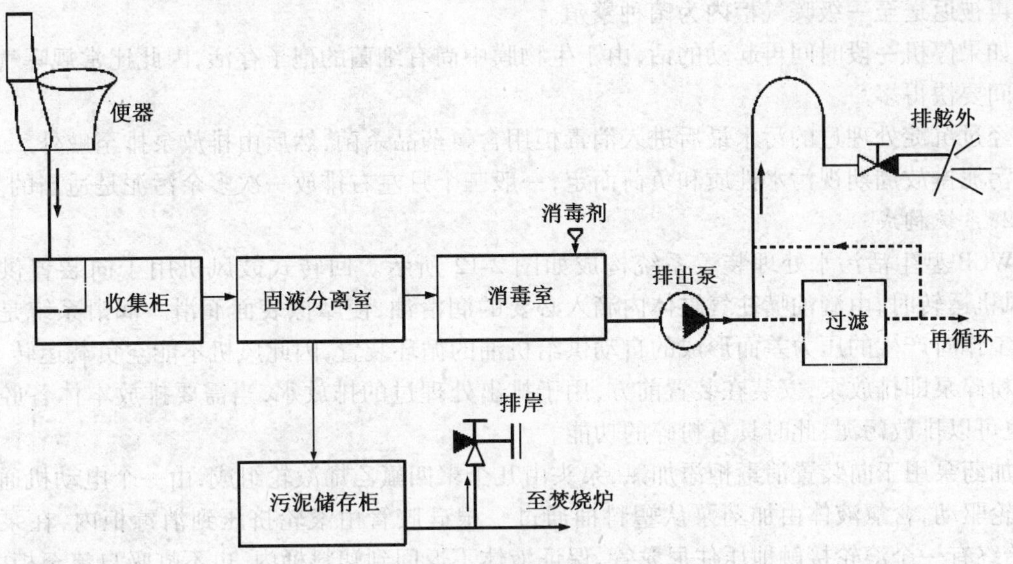

图 2-11　物理－化学处理方式系统流程图

理消解有机污染物质。

在一级曝气室内以好氧菌为主的活性污泥菌团形成像棉絮状带有黏性的絮体吸附有机物质，在充氧的条件下消解有机物质变成无害的二氧化碳和水，同时活性污泥得到繁殖，在作为菌团营养的有机污染物质减少时细菌呈饥饿状态以致死亡，死亡的细胞就被附着在活性污泥中的原生物和后生动物的食物所吞噬，粪便污水中 95% 以上是易消解的有机物质，完全被氧化。

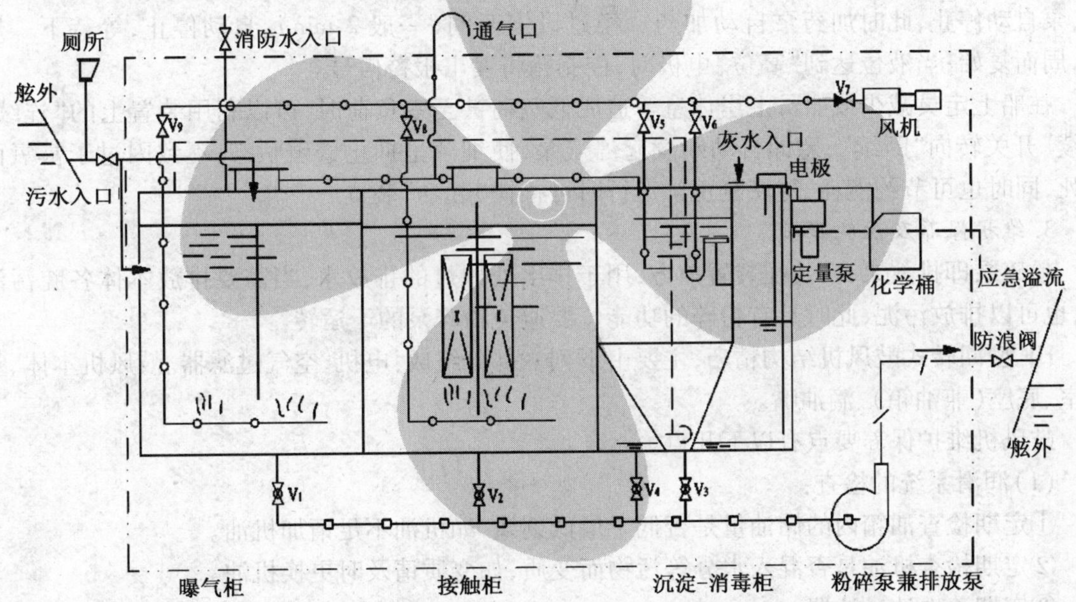

图 2-12　WCB 型生活污水处理装置

在二级接触氧化室内悬挂有软性生物膜填料，具有吸附消解有机物功能的生物膜在水中自由飘动，大部分原生动物寄居于纤维生物膜内，同样由于充氧的作用，有机物质进一步与生物膜接触氧化分解。污水在进入沉淀柜时其中污泥量已很少，在沉淀柜内累积的活性污泥沉淀物再被返送至一级曝气柜内为菌种繁殖。

如果停机一段时间再起动的话，由于生物膜中尚有细菌的孢子存活，因此比常规曝气法起动时间要快得多。

经过沉淀处理过的污水最后进入消毒柜用含氯药品杀菌，然后由排放泵排至舷外。

污泥排放周期视污水性质和负荷而定，一般三个月左右排放一次多余污泥是适当的。

2. 系统构成

WCB 型生活污水处理装置系统构成如图 2-12 所示。回转式鼓风机用于向装置供送空气，风机运转时，由滴油嘴往气缸体内滴入必要的润滑油，使摩擦表面润滑。润滑系统是利用风机工作时产生的压力差而形成的自动供给机油的循环装置，因此风机不能空负载运转。

粉碎泵即排放泵，安装在装置前方，用于排出处理过的排放水，当需要排放本体各腔污泥时，也可以排放污泥，此时具有粉碎的功能。

加药泵用于向装置消毒柜添加氯，泵头由几个聚四氟乙烯滚轮组成，由一个电动机通过减速齿轮驱动，含氯液体由加药泵从塑料桶通过一根硅胶管由滚轮挤压到消毒柜内，在泵运转时，始终有一个滚轮接触地压住尼龙管，保证液体不返回到塑料桶内，也不虹吸自流至柜内。

风机由控制箱内“连续/断续”选择开关控制，选择开关转向“连续”时，风机连续运转，转向“断续”时，风机断续运转和停止，其时间可由一个时间继电器控制，通常是运转 20 min，停止 20 min。

粉碎排放泵由控制箱内液位继电器根据消毒柜内液位自动控制泵的起动和停止，控制箱上有“手动/自动”选择转换开关，转向“手动”时排放泵连续运转，但应注意，不要让排放泵无水运转，转向“自动”时，排放泵按下述方式运转。

当液位达到“中位”电极时，泵自动起动，开始排放处理过的水；当液位降到“低位”电极时，泵自动停止，此时加药泵自动加药。经过设定时间(一般 2 min)，自动停止，等待下一周期，周而复始；当液位达到“高位”电极时，控制箱将发出报警信号。

在船上定员减少或船员上岸休息等造成低负荷甚至零负荷时，可以利用装置上的“连续/断续”开关转向“断续”，意即自动断续起停气泵，使细菌呈抑止繁殖状态，不致因过于富氧而饿死，同时也可节约能耗，待恢复正常运行时可很快“起动”装置。

3. 维护保养及注意事项

粉碎泵即排放泵，安装在装置前方，用于排出处理过的排放水，当需要排放本体各腔污泥时，也可以排放污泥，此时具有粉碎的功能。要避免粉碎泵的干运转。

HF 型回转式鼓风机结构精巧，主要由下列六部分组成：电机、空气过滤器、鼓风机本体、空气室、底座(兼油箱)、滴油嘴。

鼓风机维护保养要点有以下几点。

(1)润滑系统的检查：

①定期检查油箱内的储油量是否低于最低刻线，如机油不足请加机油。

②定期检查机油是否混入水分等污物而变质，如变质请及时更换机油。

③定期清洗油过滤器。

④定期检查滴油嘴的滴油状况是否正常，如滴油嘴脏了可卸下调整螺钉清洗。

(2)空气滤清器的检查：定期检查空气滤清器是否脏了。如脏了可卸下空气滤清器，旋开蝶型螺母，拿开盖子，清洗过滤海绵(卸滤清器时注意不要把脏物掉进风机主机内)。

(3)三角带的检查：风机运行一段时间后，三角带会伸长。这时要将电机的固定螺栓松开,移动电机,拉紧三角带到合适位置后再将电机固定螺栓紧住,并注意电机皮带轮和风机皮带轮的端面要在同一平面上;同时检查一下皮带轮的顶紧螺丝是否松掉,如松了请紧固。

(4)定期检查安全阀的灵活状况,如不灵活请清洗调试以保证可靠地启闭。

(5)定期检查有无漏油、漏气的部位并修理,如不能修理请立刻通知生产厂商。

(6)经常检查风机及电机的运行状况,如发现噪音、温度不正常时要及时停机检修。

电气控制箱检修时要注意:要保证外部船舶开关处于“断开”位置,控制箱内电流断路器处于“断开”位置;在拆卸某几个电气元件时不必将整个电气控制板拆下来;检查某个电气元件时应该先拆去接线,注意电线上的标记和代号,在必须拆下电气元件时才取下该电气元件;当必须更换某个损坏的电气元件时,应参照电气原理图及原来的接线编号连接电线,只有当确认接线无误后才可以合闸通电试验。

五、压载水处理技术

1. 压载水置换

该方法以生态学和生物学原理作为其理论基础:第一,反向引入的可能性是不存在的。生活在淡水、河口以及绝大部分浅海中的生物不可能在深海环境中生存下来。同理,深海压载水中的生物在排入淡水、河口或浅海中时也不可能生存。第二,被排入深海中后,幸存下来的生物通过其他船舶的置换压载水操作被带到近海水域的可能性也非常小。根据这一原理,IMO A. 868(20)号决议指出,压载水置换应该在深水、公海和尽可能远离海岸处进行。该方法被认为是目前减少压载水排放带来的外来物种入侵的最有效的方法之一。

目前主要采用以下两种置换方法:

(1)排空 - 注入法

此方法的基本原理是将压载舱的压载水全部排出,直到把压载水排空为止,然后用深海海水重新加满。

该方法中,压载水的排空和注入通过已有的压载水管系和压载泵就可以实现。IMO 规则推荐应在压载舱完全没有吸入时,才可以将压载水排出舱外。因此,在满负荷压载时,载荷大的变化将会影响到船舶的稳性、结构强度、吃水以及纵倾。

(2)溢流法

此方法的基本原理是把深海海水从舱底泵入使压载水从舱顶连续不断地溢出,直到换掉足够量的压载水,以减少残留在舱中的微生物的数量。

巴西提出了一种新的置换压载水的方法——稀释法,即用 3 倍于舱容的水量从顶边舱注入,底部流出。此方法比底部注入、顶部流出产生的紊流大,有利于搅起沉积物,效果更好。

2. 过滤及旋流分离

过滤法处理压载水被认为是对环境最无害的方法,主要包括快速沙滤、筛漏、布质筛漏/过滤器和一系列的膜过滤器,可去除压载水中的微生物和病原体。但像病毒和细菌最小的直径只有 0.02 μm 和 0.1 μm,原生动物最小的直径是 2 μm。滤网数目越多,过滤需要的压力就越大,而且很快就需要反冲洗,不然的话过滤就无法进行下去。实际上海水本身含有许多悬浮物,会使过滤更加困难。

压载水中的许多微生物都具有特定的比重,并且与水的比重相近,其中的很多生物活动能力很强,在没有外力的情况下,这些微生物不会“安定”下来。因此要采用一定的技术对其进行分离。

旋流分离法就是利用水流在管路中高速流动产生的分离作用,将液体的水和固体的生物及病原体分离开。

3. 化学处理方法

该方法主要是采用杀虫剂来杀灭水生物,所使用的杀虫剂分为氧化杀虫剂和非氧化杀虫剂。氧化杀虫剂广泛应用于废水处理中。强氧化杀虫剂能破坏生物结构,如细胞膜。目前所使用的氧化杀虫剂主要包括氯、二氧化氯、臭氧、过氧化氢、溴等。非氧化杀虫剂则是通过影响生物的繁殖、神经系统或新陈代谢功能来发挥作用。

4. 加热处理

目前看来,可以用于航行中处理的方法是加热处理。加热方法从实用性、经济性两方面分析都是一种非常好的处理方法,其主要原理是利用高温杀死压载水中的有害生物。来自船舶冷却系统和排气装置的废热是可免费获得的能量,这使它在成本上与置换处理大致持平。目前加热压载水的方法有:

①压载水与发动机的冷却水回路接触。

②压载水在热交换系统里反复流动来加温。

③采用外加热源加热压载水。

5. 紫外线处理

波长在 240 ~260 nm 尤其是 253.7 nm 的紫外光(UV)对压载水中的微生物和病原体有杀灭作用。该方法应用的主要问题是,沿岸水中因含有大量的悬浮物质会阻挡紫外线对微生物和病原体的照射,含有的另一种溶解性有机物对波长为 254 nm 的紫外线有强烈的吸收作用,这两者都会影响处理效果。此外紫外线处理能耗很大。

6. 超声波处理

超声波通过各种间接反应对海洋生物有致命作用。它可以产生热量、压力波的偏向,形成半真空或半真空状态从而脱氧导致浮游生物的死亡。

在健康和安全方面,一些转换环节可能会产生噪声,可能还有一些目前未知的牵涉到船舶结构完整性和人员频繁接触在超声波中引发的健康方面的问题。气蚀过程还会造成船舱表面或结构的破坏。这些限制条件,意味着超声波处理压载水并不是十分可行的方案。

7. 岸上处理

把压载水排放到岸上的污水处理厂进行处理,由于存在处理量大、时间长、占地面积大、设备利用低等问题,导致运行成本大幅度提高。

8. 压载水不排放

压载水不排放就不会造成污染,但由于减少了船舶货物载运量,因此会使吨位运输成本增加。

第三节　船舶防污染文书

一、防止油污染文书

(一)国际防止油污证书

根据“MARPOL 73/78”规定,150 总吨及以上油船和 400 总吨及以上非油船在航行缔约国所辖的港口或近海装卸站,应持有“国际防止油污证书”(International Oil Pollution Prevention

Certificate,简称 IOPP 证书)。

150 总吨及以上的油船和 400 总吨及以上的其他船舶应进行下列检验:

①初次检验。在船舶投入营运以前或在首次签发本附则所要求的证书以前进行。该检验应包括对船舶的结构、设备、系统、附件、布置和材料的完整检验。该检验应确保其结构、设备、系统、附件、布置和材料完全符合本附则的适用要求。

②换证检验。按主管机关规定的间隔期限进行,但不得超过 5 年。换证检验应确保其结构、设备、系统、附件、布置和材料完全符合本附则的适用要求。

③中间检验。在证书的第二或第三个周年日前/后 3 个月之内进行,应取代 1 次年度检验。中间检验应确保设备及其附属的泵和管系,包括排油监控系统、原油洗舱系统、油水分离设备和滤油系统完全符合本附则的适用要求,并处于良好的工作状况。该中间检验应在证书上签注。

④年度检验。在证书的每周年日前/后 3 个月之内进行,包括对结构、设备、系统、附件、布置和材料的全面检查,以确保其已得到保养,同时确保其继续满足船舶预定营运的要求。该年度检验应在证书上签注。

⑤附加检验。在规定的调查导致进行修理后或在任何重大修理或换新后应进行全面或部分检验。该检验应确保已有效进行了必要的修理或换新,确保这种修理或换新所用的材料和工艺在各方面均属合格,且船舶在各方面都符合本附则的要求。

(二)油类记录簿

根据“MARPOL 73/78”附则Ⅰ的规定,凡 150 总吨及以上的油船,应备有“油类记录簿”(Oil Record Book)第Ⅰ部分(机舱的作业记录)和第Ⅱ部分(货油/压载作业记录)。即油船应备有两种油类记录簿,一种用于机器处所的操作,由轮机部保管;一种用于货油的操作,由大副保管。凡 400 总吨及以上的非油船,应备有“油类记录簿”第一部分(机舱的作业记录)。

1.“油类记录簿”的记载内容

所有船舶机器处所“油类记录簿”的记载,应按下列的记载细目一览表所规定的作业代号和细目数码填写。

“油类记录簿”有统一规定的格式,每当船舶进行下列任何一项作业时,均应详细记入“油类记录簿”。

(1)“油类记录簿”第Ⅰ部分——机器处所的作业

①150 总吨及以上的油船和 400 总吨及以上的非油船,应备有“油类记录簿”第Ⅰ部分(机舱的作业记录)。

②船舶进行下列任何一项机器处所的作业,应逐项填入“油类记录簿”:

A. 燃油舱的压载和清洗。

B. 燃油舱污压载水或洗舱水的排放。

C. 残油(油泥)的收集和处理。

D. 机器处所内积存的舱底水向舷外排放或处理。

E. 添加燃油或散装润滑油。

F. 意外或其他特殊情况下的排放。

(2)“油类记录簿”第Ⅱ部分——货油/压载的作业

①凡 150 总吨及以上的油船,应备有“油类记录簿”第Ⅱ部分(货油/压载的作业)。这种油类记录簿不论是作为船上的正式航海日志的一部分或作为其他文件,均应按本附则附录Ⅲ

中所规定的格式。

②船舶进行下列任何一项货油/压载的作业时，应逐项填写“油类记录簿”第Ⅱ部分：

A. 货油的装载。

B. 航行中货油的内部转驳。

C. 货油的卸载。

D. 货油舱和清洁压载舱的压载。

E. 货油舱的清洗（包括原油洗舱）。

F. 压载水的排放，但从专用压载舱排放者除外。

G. 污油水舱的排放。

H. 污油水舱排放作业后，所使用的阀门或类似装置的关闭。

I. 污油水舱排放作业后，关闭清洁压载舱与货油和扫舱管路隔离所需阀门。

J. 残油的处理。

③对于150总吨以下的油船，应由主管机关制订适合的“油类记录簿”。

2. “油类记录簿”格式

在油类记录簿首页说明之后，是机器处所的作业细目一览表，其具体内容见表2-5所示。

表2-5 记载细目一览表

(A)燃油舱的压载或清洗

1. 压载燃油舱的编号。

2. 从上次装油后是否已清洗，如未清洗，说明上次所装的油类。

3. 清洗过程：

.1 清洗开始和结束的船位和时间；

.2 注明采用哪种方法清洗油舱（用化学品清洗、蒸汽清洗、水涮；使用的化学品种类和数量，以m^3计）；

.3 注明洗舱水驳入的油舱编号。

4. 压载：

.1 压载开始和结束时的船位和时间；

.2 压载水的数量（如果油舱未予清洗）。

(B)从(A)项所述燃油舱排放污压载水或洗舱水

5. 燃油舱的编号。

6. 开始排放时的船位。

7. 终止排放时的船位。

8. 排放期间的船速。

9. 排放的方法：

.1 通过15 ppm设备；

.2 排入接收设备。

10. 排放的数量。

(C)残油（油泥）的收集和处理

11. 残油的收集。

留存在船上的残油（油泥或其他油渣）的数量。这个数量应每周记录一次（编者注，仅指在IOPP证书附录格式A和格式B中第3.1项所列的油舱），系指这个数量必须每周记录一次，无论该航次持续时间是否超过一周。

续表

.1 注明油舱的编号；

.2 油舱的舱容以 m^3 计；

.3 留存残油的总量以 m^3 计；

.4 通过人工方式收集残油的数量以 m^3 计。

12. 残油的处理方法。

注明处理的残油数量，同时注明从油舱中排出和留存在油舱中的数量，以 m^3 计：

.1 排入接收设备（注明港口）①；

.2 驳入另一（或其他）油舱（注明油舱编号及油舱总容量）；

.3 已焚烧（注明焚烧作业的全部时间）；

.4 其他方法（具体说明）。

(D)机器处所积存的舱底水非自动方式排出舷外或其他方法处理

13. 排放或处理的数量，以 m^3 计。

14. 排放或处理的时间（开始和结束）。

15. 排放或处理的方法：

.1 通过 15 ppm 设备（说明开始和结束时的船位）；

.2 排入接收设备（注明港口）；

.3 驳入污油水舱或储存柜（编者注：指在 IOPP 证书附录格式 A 和格式 B 中第 3.3 项所列的污水舱）：注明油舱编号；注明留存在舱柜内的总量，以 m^3 计。

(E)机器处所积存的舱底水自动方式排出舷外或其他方法的处理

16. 通过 15 ppm 设备，将该系统定为自动向舷外排放方式时的时间和船位。

17. 将该系统定为自动将舱底水输入储存柜（注明柜号）的作业方式时的时间。

18. 将该系统定为手动作业方式时的时间。

(F)排油监控系统的状况

19. 系统失效时间。

20. 系统已修复运转时间。

21. 故障原因。

(G)意外或其他异常的排油

22. 发生的时间。

23. 发生时船舶所在地点或船位。

24. 油的种类和大概数量。

25. 排放或溢漏的情况、原因和一般说明。

(H)加装燃油或散装润滑油

26. 装油：

.1 加油的地点；

.2 加油的时间；

.3 燃油的种类和数量以及油舱的编号（说明加油的数量和油舱的总存量，以 t 计）；

.4 润滑油的种类和数量以及油舱的编号（说明加油的数量和油舱的总存量，以 t 计）。

(I)补充的作业程序和一般说明

① 船长应从包括油驳和油槽车在内的接收设备的操作人员处得到一份收据或证明，详细记录驳运的油舱冲洗水、污压载水、残油或含油混合物的数量，连同驳运的时间和日期。该收据或证明，如附于“油类记录簿”时，可有助于船长证明其船舶未涉嫌油污染事故。该收据或证明应与“油类记录簿”一同保存。

(1)填写格式

在油类记录簿的记载细目一览表之后,是每项作业的记载表,格式见表2-6。

(2)填写格式和注意事项

①应在"油类记录簿"指定的页上描绘本船油水舱柜布置图,并填写各油水舱柜的容积(或直接粘贴舱柜布置图复印件),舱柜名称应按照"国际防止油污证书(IOPP)"中的格式记录。

②"油类记录簿"中每页的船名、登记号或呼号应认真填写,不得遗漏;非油船,应将每页之首的货油/压载作业(油船)的字样划线删除。

③填写"油类记录簿"第二栏和第三栏应采用记载细目一览表中规定的项号和序号,即除第四栏用文字写明外,其余三栏均应为字母或数字。

④对残油的处理操作,无论是用焚烧炉烧掉或排入接受设备都要详细记录,如排入岸上接收装置的,要向残油接收单位索要"残油接受证明"。

⑤"油类记录簿"应逐行、逐页使用、不得留有空白间隔;所要求的记载细节,应按年、月、日顺序记入空栏内,日期应以"DAY-MOUTH-YEAR"格式记录,例如,11-MAR-2011;所有操作应按在船执行的时间顺序记录。

表2-6 油类记录簿填写举例

船名:

船舶编号或呼号:

~~货油/压载的作业(油船)*~~*/机器处所的作业(所有船舶)

日期	代号(字母)	细目(编号)	作业记录/主管高级船员的签名
Date	Code(letter)	Item(number)	Record of Operations/Signature of Officer in Charge
13-Mar-2011	C	11.1	No. 1 Sludge Tank/ No. 2 Sludge Tank/ F. O Drain Tank/
			Dirty L. O Tank/ Incinerator Waste Oil Tank
			一号油渣柜/二号油渣柜/燃油泄放柜/污滑油柜/焚烧炉废油柜
		11.2	12.42 m^3/9.10 m^3/11.34 m^3/11.34 m^3/0.5 m^3
		11.3	2.56 m^3/3.24 m^3/3.34 m^3/0.96 m^3/0.0 m^3
		11.4	0.70 m^3 Collected from No. 1 A/E Sump Tank
			自No. 1副机油底壳收集0.7 m^3
			C/E: STRONG CHENG 轮机长:程斯壮 13-03-2011
15-Mar-2011	C	12.3	0.33 m^3 Sludge from No. 1 Sludge Tank/2.47 m^3 Retained
			自一号油渣柜驳出0.33 m^3 残油(渣油),存2.47 m^3
			Burned in Incinerator for 17.5 h
			在焚烧炉中燃烧17.5 h
			C/E: STRONG CHENG 轮机长:程斯壮 15-03-2011
16-Mar-2011	C	12.2	3.30 m^3 Sludge Transferred from F. O Drain Tank/ 0.08 m^3 Retained
			自燃油泄放柜驳出3.30 m^3 残油(渣油),存0.08 m^3
			to No. 1 Sludge Tank, Retained in Tank 5.72 m^3
			至一号油渣柜3.30 m^3,存5.72 m^3
			C/E: STRONG CHENG 轮机长:程斯壮 16-03-2011
17-Mar-2011	C	12.4	0.16 m^3 Water Evaporated from Incinerator Waste Oil Tank /
			0.28 m^3 Retained
			焚烧炉废油柜中0.16 m^3 水挥发掉,存0.28 m^3
			C/E: STRONG CHENG 轮机长:程斯壮 17-03-2011
18-Mar-2011	D	13	5.6 m^3 Bilge Water from Bilge Water Holding Tank
			Capacity 29.72 m^3, 0.30 m^3 Retained
			自舱底水舱中驳出舱底水5.60 m^3,总容量29.72 m^3,存0.30 m^3

续表

日期	代号(字母)	细目(编号)	作业记录/主管高级船员的签名
		14	Start：0915　　End：1120
			开始：0915　　结束：1120
		15.1	Through 15 ppm Equipment Overboard
			Position　Start：18°50.0′N /115°24.2′E
			Position　End：18°23.0′N /115°17.0′E
			通过 15 ppm 处理装置处理出海

*不适用者划去。　　船长签名________

船名：

船舶编号或呼号：

~~货油/压载的作业(油船)*~~*/机器处所的作业(所有船舶)

日期 Date	代号(字母) Code(letter)	细目(编号) Item(number)	作业记录/主管高级船员的签名 Record of Operations/Signature of Officer in Charge
			开始船位：18°50.0′N /115°24.2′E
			结束船位：18°23.0′N /115°17.0′E
			C/E：STRONG CHENG　　轮机长：程斯壮　18-03-2011
20-Mar-2011	C	11.1	No.1 Sludge Tank/ No.2 Sludge Tank/ F.O Drain Tank/
			Dirty L.O Tank/ Incinerator Waste Oil Tank
			一号油渣柜/二号油渣柜/燃油泄放柜/污滑油柜/焚烧炉废油柜
		11.2	12.42 m^3/9.10 m^3/11.34 m^3/11.34 m^3/0.5 m^3
		11.3	5.50 m^3/3.24 m^3/0.10 m^3/1.02 m^3/0.02 m^3
			C/E：STRONG CHENG　　轮机长：程斯壮　20-03-2011
22-Mar-2011	C	12.1	9.87 m^3 Sludge Transferred from：
			No.1 Sludge Tank 5.80 m^3/0.12 m^3 Retained
			No.2 Sludge Tank 3.24 m^3/0.01 m^3 Retained
			Dirty L.O Tank 0.83 m^3/0.20 m^3 Retained
			9.87 m^3 残油自下述油柜驳出：
			一号油渣柜 5.80 m^3，存 0.12 m^3
			二号油渣柜 3.24 m^3，存 0.01 m^3
			污滑油柜 0.83 m^3，存 0.20 m^3
			to Reception Facilities of Singapore
			至新加坡港口接收设施
			C/E：STRONG CHENG　　轮机长：程斯壮　23-03-2011
22-Mar-2011	H	26.1	Singapore　　新加坡
		26.2	Start：0900　　End：1700
			开始：0900　　结束：1700
		26.3	680.120 MT of ISO 380cSt HFO 1.5% S Bunkered in Tanks：
			344.000MT Added to No.1P F.O Tank，Now Containing 345.240MT
			336.120MT Added to No.1S F.O Tank，Now Containing 339.280MT
			680.120 t 380 cSt、含硫量为 1.5% 的重油分别注入：
			一号左燃油舱 344.000 t，存 345.240 t
			一号右燃油舱 336.120 t，存 339.280 t
			C/E：STRONG CHENG　　轮机长：程斯壮　23-03-2011

*不适用者划去。　　船长签名________

⑥如果已在"油类记录簿"中错误记录,应立即通过在错误文字中间划单横线方式删除,使错误记录仍然清晰可见。错误的记录应签名并注明日期,下面附新的修正记录。

⑦一旦遗漏了以前的操作项目,补记时按表 2-7 格式进行。

表 2-7　遗漏项目的补记

日期	代号(字母)	细目(编号)	作业记录/主管高级船员的签名
dd-MONTH-yyyy(1)	I		前期遗漏操作记录补充记录
dd-MONTH-yyyy(2)	C	12.2	xx m^3 油泥自(3.1 下所列舱室 & 标记名称),xx m^3 留存
			至[3.1 下所列舱室 & 标记名称],存舱 xx m^3
			签名(1)(主管高级船员,姓名 & 职务)dd-MONTH-yyyy
			签名(2)(主管高级船员,姓名 & 职务)dd-MONTH-yyyy

说明:日期(1)应为以前的实际操作日期,日期(2)应为当前时间即补记日期,签字(1)补记者签署,签字(2)漏记者签署。

⑧所有项目由高级船员或与操作有关的主管高级船员填写和签字,每一页记录完毕应速交船长审阅、签字。

(3)IOPP 证书附录格式 A(或 B)第 3 项示例

在"油类记录簿"的最后有 IOPP 证书附录格式 A(或 B),记录"油类记录簿"时应关注一下其中的第 3 项。

表 2-8　IOPP 附录格式 A(或 B)第 3 项示例

3. 残油(油渣)的留存和处理措施以及舱底水储存舱/柜 *

3.1　该船设有如下残油(油渣)舱:

舱室编号	舱室位置		容积(m^3)
	肋位号(由)—(至)	横向位置	
No. 1 Sludge Tank	120 – 121	PORT	12.42
No. 2 Sludge Tank	120 ~ 121	STBD	9.10
F. O Drain Tank	116 ~ 118	PORT	11.34
Dirty L. O Tank	116 ~ 118	CENTER LINE	11.34
Incinerator Waste Oil Tank	114 ~ 116	STBD	0.50
		总容积	44.70

3.2　除残油舱设施外,附加处理残油的措施:

3.2.1　残油焚烧炉,处理能力 500 L/h 或 kcal/h 或 kW;

3.2.2　以残油为燃料的辅锅炉;

3.2.3　其他可接受的设施,予以说明。

3.3　该船设有如下储存舱柜用来留存船上的含油舱底水:

舱室编号	舱室位置		容积(m³)
	肋位号(由)—(至)	横向位置	
Bilge Water Holding Tank	125 ~134	CENTER LINE	29.72
		总容积	44.70

* 公约未要求舱底水储存舱,3.3 项的填写是自愿的。

3. 法律效力

应及时将每项作业详细地记入“油类记录簿”的第Ⅰ部分或第Ⅱ部分。船舶事故造成任何油类和油性混合物的排放,不论是有意的还是意外的,均应记入“油类记录簿”,并说明排放情况和理由。每项记录应由该项作业的操作负责人签字,每记完一页由船长签字。记完最后一页应留船保存 3 年。

“油类记录簿”第Ⅰ或第Ⅱ部分的记录,对于持有 IOPP 的船舶,至少应为英文、法文或西班牙文的一种。若同时使用船旗国的官方文字作记录,在遇有争议或不相一致的情况时,应以该船旗国的官方文字记录为准。

“油类记录簿”应存放于船上在所有合理时间可随时取来检查的地方。缔约国的主管当局,可对停靠本国港口或近海装卸站的适用船舶检查“油类记录簿”,可将记录簿中的任何记录制成副本,并要求船长证明该副本是该项记录的正确副本。经船长证明为船上“油类记录簿”中某项记录的真实副本,在任何法律诉讼中可作为该项记录中所述事实的证据。对“油类记录簿”的检查和制作正确副本应尽快进行,不使船舶造成不当迟延。

(三)船上油污染应急计划

1. 适用范围

根据“MARPOL 73/78”附则Ⅰ第37 条和附则Ⅱ第17 条的要求,凡150 总吨及以上的油船和400 总吨及以上的非油船,均应备有经主管机关认可的“船上油污染应急计划”(Shipboard Oil Pollution Emergency Plan, 缩写为 SOPEP,以下简称“计划”);150 总吨及以上准予装载散装有毒液体物质的船舶应备有经主管机关认可的“船上有毒液体物质海洋污染应急计划”;对于同时满足上述两条件的船舶,可以按照“船上海洋污染应急计划”(Shipboard Marine Pollution Emergency Plan, 缩写为 SMPEP)替代上述两“计划”。“计划”可以根据中国船级社《船上海洋污染应急计划编制指南》(2007)为基础进行编写。

计划应使用船长和高级船员的工作语言或他们精通的语言编制,以方便使用。当船长和高级船员更换导致使用的语言与计划不一致时,计划应译成新船长和高级船员适应的语言。如果所用语言不是英文,还应提供英文的译文。

SOPEP 至少应包括“公约”所要求的下列几个方面的强制性规定:

①船长或负责管理该船的其他人员应遵循的油类污染事故报告程序。

②在发生油类污染事故时,需要联系的当局或人员名单。

③为减少或控制事故引起的油类的排放,船上人员将立即采取行动的详细说明。

④在处理油类污染事故中,为协调国家与地方当局的船上行动,要求在船上进行联系的程序和要点。

⑤所有载重量5 000 t 及以上的油船,应能快速获取“破损稳性和剩余结构强度岸基电脑

计算程序”服务。

SOPEP 用于帮助船员处理意外排油，其主要目的是制订必要的措施，以控制或减少排放和减轻其影响。SOPEP 不仅适用于操作性溢油，还包括帮助船长应付船舶发生事故排放时所需的指导。编制 SOPEP 时要考虑到处于应急情况下的人员，面临着各种压力和复杂工作。在这种紧急情况下，缺乏有效的计划会使一些明智的关键人员陷于混乱、错误和失败、导致时间上的延误和浪费，使处境变得更糟，其结果可能使船舶及船员面临更大的危险和环境损害。因此 SOPEP 必须做到：确切、实用、易于操作；船上人员和岸上船舶管理人员都能理解；定期进行评估，检查和修改。

2. 强制性规定部分

“MARPOL 73/78”附则Ⅰ规定，“计划”至少应有下述四部分组成。

(1)报告要求

根据“MARPOL 73/78”第 8 条和议定书Ⅰ的要求，应该把油类或有毒液体物质实际的或可能的排放情况通知最近沿海国家，以便使沿海国家有可能估计此项事故受到的污染威胁以及采取适当的行动进行援救和协调行动。

船长或负责管理该船的其他人员，按照 IMO A. 851(20)决议通过的《船舶报告制度及报告要求总则(包括涉及危险货物、有害物质和/或海洋污染物事故报告指南)》为基础确定报告程序。

①报告时间

A. 实际排放

无论何时发生下列情况都必须作报告：

· 由于船舶或设备损坏引起的排放；

· 为了确保船舶安全和在海上救生目的引起的排放；

· 超过现行公约允许排放总量或瞬时排放率；

· 螺旋桨轴和艉轴油封装置损坏而引起的排放。

B. 可能发生的排放

当发生下述情况，船长判断可能发生排油时，须向最近沿岸国报告：

· 船舶发生碰撞、搁浅、火灾、爆炸、结构受损、船舱进水、货物移动等影响船舶安全的故障；

· 舵机、推进器、发电系统、关键的航行设备发生故障或失灵，使航行安全性下降。

②报告内容

报告应按规定的统一格式填写，其内容包括：

AA. 船名、呼号、船旗国；

BB. 发生事故的日期、时、分；

CC. 事故位置，用纬度(N,S)和经度(E,W)表示；

DD. 与岸标的距离和真方位表示的船位；

EE. 真航向；

FF. 航速(节)；

II. 预定航线；

MM. 监听电台频率；

NN. 下次报告日期、时、分；

PP. 船上货物及燃油的数量和种类；

QQ. 缺陷、故障、损坏简况；

RR. 污染简况，包括估计溢出量；

SS. 天气和海况简况（风向、风速，浪向、浪高）；

TT. 与船舶所有人、经营人、代理人联系的细节；

UU. 船舶尺寸和类型（船型、船长、船宽、吃水、载重量、总吨）；

XX. 附加资料（事故简况；外援需要；正在采取的措施；船员人数及受伤细节；保赔协会或当地相应机构细节；其他）。

③报告程序

A. 初始报告，发生排油或可能发生排油立即报告，包括上述的“AA～XX”项信息。

B. 补充报告，根据需要对初始报告作进一步补充或提供有关油污事态发展信息，报告格式与初始报告一样。

C. 附加报告，依据沿岸国的要求提供更详细的信息，报告格式也与初始报告一样。

（2）油污事故中需联系的当局或人员名单

船舶发生污染事故，需要进行通信联系的应包括：沿海国家和地区联系人；港口联系人；与船舶有关的重要联系人（“破损稳性和剩余结构强度岸基电脑计算程序”服务提供者/船舶管理公司、船东/营运人等）。这些人的单位、姓名、地址、电话、电传、传真号码等，列入附录的表中，而且随着人员更换和电话号码等的变动，这些信息必须经常更新。

（3）为减少或控制油类排放的措施

为确保“计划”的实施，“控制排放的措施”应为船长和其他高级船员在发生溢漏事故时，如何迅速采取有关控制排放措施提供指导，以制止和减少排放。为此所有船员无论在什么时候，一旦发现船上溢漏事故，应立即报告船长或船上其他负责人。而船长及其他负责人接到事故报告后，应立即发出溢漏报警，并组织船员按表 2-9 所示的船舶溢油应变部署表作出应急响应。

每艘船舶应有本船溢油应变部署表，在表中应注明：溢油报警信号、船员集合地点、每个船员负责的部位和应变职责等。

中华人民共和国国家质量监督检验检疫总局于 2010 年 11 月 10 日发布了《船舶溢油应变部署表（GB/T 16559-2010）》国家标准，2011 年 03 月 1 日起实施。该标准规定了当船舶发生溢油时，全体船员应变反应、分工部位和职责，并要求在船上相应位置如驾驶台、机舱、餐厅、居住区等公共场所张贴相应的船舶溢油应变部署表。

（4）国家和地方协作

在抗油污染行动中，船舶与国家及地方当局协同行动需取得联系的程序和要点。发生溢油事故，船舶与沿岸国或其他有关部门快速、有效地协作，对减少污染事故的危害影响至关重要，因此实施控制措施之前，有必要与沿岸国取得联系，以得到核准，计划应提供与沿岸国或地方当局联系请求协作的方式、注意事项和有关应急反应队伍资料。

3. 非强制性部分

“MARPOL 73/78”附则Ⅰ规定除上述强制部分外，计划应有由地方或船公司要求提供的指导，如图表和图纸、应急反应设备、公关事务、记录保存、计划检查及演练等。

表 2-9　船舶溢油应变部署表示例

报警信号:● — — ●　　　　集合地点:主甲板

编号	职务	负责部位	职责
	船长	驾驶台/现场	总指挥,对外联系
	大副	溢油现场	协助轮机长做好溢油现场指挥工作
	二副	驾驶台/现场	驾驶台值班,采取应急措施,做好现场记录
	三副	溢油现场	提供并携带防污器材,艇长,指挥放艇,回收清除溢油
	水手长	溢油现场	提供并携带防污器材,协助指挥放艇,回收清除溢油
	木匠	溢油现场	检查甲板排水孔,关闭有关通道,回收清除溢油
	水手	溢油现场	艇员,协助放艇,随艇下,回收清除溢油
	轮机长	溢油现场	现场指挥,组织人员回收清除溢油
	大管轮	机舱/现场	管理机舱设备和电站/回收清除溢油
	二管轮	溢油现场	控制有关阀门,防止溢油扩散,做好现场记录
	三管轮	溢油现场	协助放艇,随艇下,操纵艇机,回收清除溢油
	电机员	机舱/现场	管理电站,回收清除溢油
	机工长	溢油现场	提供并携带应急工具和防污器材,现场回收清除溢油
	机工	溢油现场	艇员,协助放艇,随艇下,回收清除溢油
	管事	生活区/现场	检查居住区火情,关闭有关通道,回收清除溢油
	大厨	厨房/现场	检查厨房火情,关闭有关通道,回收清除溢油
	医生	溢油现场	携带医疗急救器械和药品
	其余船员	溢油现场	携带防污器材,回收清除溢油

船名:M. V. SUEZ　　船长:________　　制表:程斯壮　　日期:xxxx 年 xx 月 xx 日

二、防止垃圾污染文书

(一)垃圾公告板

总长为 12 m 及以上的船舶均应张贴告示以使船员和乘客知晓本附则关于垃圾处理的规定。告示应以船上人员的工作语言书写,对航行于其他缔约国政府管辖权范围内的港口或近海装卸站的船舶,告示还应以英文、法文或西班牙文书写。

(二)垃圾管理计划

所有 400 总吨及以上的船舶和经核定可载运 15 人及以上的船舶,应备有一份按 IMO 制定的导则编制的“垃圾管理计划”(Garbage Management Plan)。“垃圾管理计划”应用本船船员工作语言编写,其内容应包括垃圾收集、存放、加工和处理程序,船上垃圾加工处理设备管理、使用要求,计划实施和各类人员职责等。

(三)垃圾记录簿

航行于其他缔约国政府管辖权范围内的港口或近海装卸站的适用船舶,以及从事海底矿产勘探和开发的固定和浮动平台,均应备有 1 本统一格式的“垃圾记录簿”(Garbage Record Book)。“垃圾记录簿”不论是船舶的正式航海日志的一部分,还是其他形式,均应和“MARPOL 73/78”附则Ⅴ的附录格式相同。

三、防止大气污染文书

1. 证书的签发

初次检验或换证检验完成后,“国际防止大气污染证书”(简称“IAPP 证书”)应签发给:

①从事前往其他缔约国港口或离岸码头航行的400总吨及以上船舶。

②从事前往其他1997年议定书缔约国主权或管辖水域航行的平台和钻井装置。

"IAPP证书"由主管机关或经主管机关正式授权的任何个人或组织签发或签注，但在任何情况下，主管机关对证书负有全部责任。

"IAPP证书"格式应符合附则附录Ⅰ的规定，且至少使用英文、法文或西班牙文写成。如果还使用发证国的官方语言，出现争议或不相一致时，应以发证国官方语言为准。

"IAPP证书"证书的有效期应由发证主管机关作出规定，但不得超过5年。

"IAPP证书"在下列任何一种情况下将不再有效：

①如果在本附则规定的期限内没有完成相关的检验。

②如果证书未按照本附则的要求签注。

③当船舶改挂另一国国旗时。若转换船旗是在两个缔约国之间进行，如果在转换船旗后3个月内提出请求，船舶原先悬挂其国旗的缔约国政府应尽快将变更船旗前该船持有的证书副本连同有关的检验报告副本（如有）转交主管机关。

2. 证书的检验

凡400总吨及以上的船舶和所有固定式和移动式钻井平台以及其他平台应接受下列规定的检验：

①初次检验。在船舶投入营运或在首次签发本附则规定的证书前进行。该检验应确保其设备、系统、装置、布置和材料完全符合本附则中适用的要求。

②换证检验。在主管机关规定的间隔期进行，但不可超过5年。该换证检验应确保其设备、系统、装置、布置和材料完全符合本附则中适用的要求。

③中期检验。在证书的第二或第三个周年日前/后3个月内进行，它应代替1次年度检验。该中期检验应确保船舶的设备和布置完全符合本附则中适用的要求，并处于良好的工作状态。中期检验应在签发的证书上签注。

④年度检验。在证书签发的每个周年日前/后3个月内进行，包括对相关的船舶设备、系统、配件、装置及材料的全面检查，以确保其按要求进行维护并使其保持在令人满意的服务状态。年度检验应在签发的证书上签注。

⑤附加检验。在调查所引起的总体或部分修理后，或在做过重大修理或换新后根据情况进行。这种检验应为确保必要的修理或换新的有效性，修理或换新所用的材料和工艺在各方面都能令人满意而且船舶在各方面都符合本附则的要求。

四、防止生活污水污染文书

凡航行前往其他缔约国所辖港口或近海装卸站的船舶，应备有经主管机关检验后签发的"国际防止生活污水污染证书"（The International Sewage Pollution Prevention Certificate，简称ISPP证书），证书有效期自签发之日起最长不能超过5年。

"MARPOL 73/78"附则Ⅳ规定的所有船舶应进行下列检验。

1. 初次检验

在船舶投入营运之前或在首次签发本附则所要求的证书之前进行，应包括对其结构、设备、系统、装置、布置和材料的全面检验，使其完全符合本附则的相应要求。

2. 换证检验

按主管机关规定的间隔期进行，但不得超过5年。换证检验应能保证结构、设备、系统、装置、布置和材料完全符合本附则的相应要求。

3. 附加检验

视情而定的总体或局部检验,检验应确保必要的修理或换新已经有效完成,且修理或换新的材料和工艺在各方面均符合本附则的要求。

"国际防止生活污水污染证书"的有效期限应由主管机关规定,但不得超过5年。

五、防止船舶压载水污染文书

1. 压载水管理计划

每一船舶均应在船上携带并实施压载水管理计划。此种计划应由主管机关批准并考虑到IMO制定的指南。压载水管理计划是各船特定的并应至少:

①详述与本公约要求的压载水管理有关的该船舶和船员的安全程序。

②详述实施本公约中所载的压载水管理要求和补充性的压载水管理实践所应采取的行动。

③详述沉积物的海上处置程序和岸上处置程序。

④包括与将在其水域中进行海上排放的国家当局协调的船上海上排放压载水管理程序。

⑤指定在船上负责确保计划得到正确实施的高级船员。

⑥包含本公约规定的船舶报告要求。

⑦以船舶的工作语言写成。如果使用的语言不是英文、法文或西班牙文,则应包括其中之一的译文。

2. 压载水记录簿

①每一船舶均应在船上备有至少载有附录Ⅱ规定信息的压载水记录簿。该记录簿可以是一种电子记录系统,或可以被合并到其他记录簿或系统中。

②压载水记录簿的记录事项应在完成最后一项记录后保留在船上至少2年,此后应在至少3年的期限内由公司控制。

③在排放压载水时,或在发生本公约未以其他方式予以免除的压载水的其他意外或异常排放时,应在压载水记录簿中作出记录,说明排放的情况和理由。

④压载水记录簿应在所有合理时间随时可供检查;对于被拖带的无人船舶,可放在拖船上保存。

⑤每一压载水作业均应及时在压载水记录簿中作出完整记录。每一记录均应由负责有关作业的高级船员签字,每一页填写完毕均应由船长签字。压载水记录簿中的记录事项应以该船的工作语言填写。如果该语言不是英文、法文或西班牙文,则该记录事项应载有其中一种语言的译文。当填写的记录事项也使用了船舶有权悬挂其国旗的国家的官方语言时,在发生争端或有不一致时,应以此种语言填写的记录事项为准。

⑥经缔约国正式授权的官员,当船舶在该缔约国的港口或离岸码头时,可在适用的任何船上检查压载水记录簿,并可制作任何记录事项的副本和要求船长证明该副本是真实副本。经此种证明的任何副本应在任何诉讼中被允许作为记录事项中所述事实的证据。压载水记录簿的检查和被证明的副本的制作应尽快进行,不应造成船舶的不当延误。

第四节　船舶污染事故及处理

一、船舶污染事故的调查处理

船舶污染事故是指由船舶直接或者间接地把物质或者能量引入水环境，产生损害生物资源、危害人体健康、妨害渔业和水上其他合法活动、损害水资源使用素质和减损环境质量等有害影响的事故。

为加强船舶污染事故调查处理工作，规范船舶污染事故调查处理行为，依据《中华人民共和国海洋环境保护法》、《中华人民共和国水污染防治法》、《中华人民共和国防治船舶污染海洋环境管理条例》等有关法律、法规和规章，中华人民共和国海事局制定了《中华人民共和国海上船舶污染事故调查处理规定》。

《中华人民共和国海上船舶污染事故调查处理规定》（中华人民共和国交通运输部令2011年第10号）于2011年9月22日通过并颁布，自2012年2月1日起施行。全文共七章42条。第一章 总则；第二章 事故报告；第三章 事故调查；第四章 鉴定机构的认定；第五章 事故处理；第六章 法律责任；第七章 附则。

1. 总则

为了规范船舶污染事故调查处理工作，依据《中华人民共和国海洋环境保护法》、《中华人民共和国防治船舶污染海洋环境管理条例》等规定，制定本规定。

本规定适用于造成中华人民共和国管辖海域污染的船舶污染事故的调查处理。

国务院交通运输主管部门主管船舶污染事故调查处理工作；国家海事管理机构负责指导、管理和实施船舶污染事故调查处理工作；各级海事管理机构依照各自职责负责具体开展船舶污染事故调查处理工作。

船舶污染事故调查处理应当遵循及时、客观、公平、公正的原则。查明事故原因，认定事故责任。

2. 事故报告

（1）发现船舶及其有关水上交通事故、作业活动造成或者可能造成海洋环境污染的单位和个人，应当立即将有关情况向就近的海事管理机构报告。海事管理机构接到报告后，应当按照应急预案的要求进行报告和通报。

（2）发生污染事故的船舶、有关作业单位，应当在采取应急措施的同时及时、妥善地保存相关事故信息，立即向就近的海事管理机构报告以下事项：

①船舶的名称、国籍、呼号、识别号或者编号。

②船舶所有人、经营人或者管理人、污染损害赔偿责任保险人的名称、地址和联系方式。

③相关水文和气象情况。

④污染物的种类、基本特性、数量、装载位置等情况。

⑤事故原因或者事故原因的初步判断。

⑥事故污染情况。

⑦已经采取或者准备采取的污染控制、清除措施以及救助要求。

⑧签订了船舶污染清除协议的，还应当报告船舶污染清除单位的名称和联系方式。

⑨船舶、有关作业单位认为需要报告的其他事项。

(3)船舶、有关作业单位向海事管理机构报告后,经核实发现报告内容与事实情况不符的,应当立即对报告内容予以更正。

(4)发生污染事故的船舶、有关作业单位,应当在事故发生后24 h内向就近的海事管理机构提交"船舶污染事故报告书"。因特殊情况不能在规定时间内提交"船舶污染事故报告书"的,经海事管理机构同意后可予适当延迟,但最长不得超过48 h。

"船舶污染事故报告书"至少应当包括以下内容:

①船舶及船舶所有人、经营人或者管理人的有关情况。

②污染事故概况。

③应急处置情况。

④污染损害赔偿责任保险情况。

⑤其他与事故有关的事项。

(5)中国籍船舶在中华人民共和国管辖海域外发生的船舶污染事故,其所有人或经营人应当立即向船籍港所在地直属海事管理机构报告,并在48 h内提交"船舶污染事故报告书";船舶应当在到达国内第一港口之前提前24 h向船籍港直属海事管理机构报告,并接受调查处理。

(6)船舶污染事故报告后出现的新情况及污染事故的处理进展情况,船舶、有关单位应当及时补充报告。

3.事故调查

(1)船舶污染事故调查处理依照下列规定组织实施:

①特别重大船舶污染事故由国务院或者国务院授权国务院交通运输主管部门等部门组织事故调查处理。

②重大船舶污染事故由国家海事管理机构组织事故调查处理。

③较大船舶污染事故由事故发生地直属海事管理机构负责调查处理。

④一般船舶污染事故由事故发生地海事管理机构负责事故调查处理。

(2)船舶污染事故发生地不明的,由事故发现地海事管理机构负责调查处理。事故发生地或者事故发现地跨管辖区域或者相关海事管理机构对管辖权有争议的,由共同的上级海事管理机构确定调查处理机构。

(3)在中华人民共和国管辖海域外发生的船舶污染事故,造成中华人民共和国管辖海域污染的,调查处理机构由国家海事管理机构指定。

(4)中国籍船舶在中华人民共和国管辖海域外发生重大及以上船舶污染事故造成或者可能造成严重影响的,国家海事管理机构可派员开展事故调查。

(5)船舶污染事故给渔业造成损害的,应当吸收渔业主管部门参与调查处理;给军事港口水域造成损害的,应当吸收军队有关主管部门参与调查处理。

(6)发生下列情况时,船舶污染事故调查处理机构可以组织开展国际、国内船舶污染事故协查:

①污染事故肇事船舶逃逸的。

②污染事故嫌疑船舶已经开航离港的。

③辖区发生污染事故但暂时无法确认污染来源,经分析可能为过往船舶所为的。

④其他需要组织协查的情况。

(7)国际间的船舶污染事故协查,由国家海事管理机构统一组织协调。

(8)船舶污染事故调查处理机构调查船舶污染事故,应当勘验事故现场,检查相关船舶,询问相关人员,收集证据,查明事故原因。

(9)下列材料可以作为船舶污染事故调查的证据:

①书证、物证、视听资料。

②证人证言。

③当事人陈述。

④鉴定结论。

⑤勘验笔录、调查笔录、现场笔录。

⑥其他可以证明事实的证据。

(10)船舶污染事故的当事人和其他有关人员应当配合调查,如实反映情况和提供资料,不得伪造、隐匿、毁灭证据或者以其他方式妨碍调查取证。船舶污染事故的当事人和其他有关人员提供的书证、物证、视听资料应当是原件原物,提供抄录件、复印件、照片等非原件原物的,应当签字确认;拒绝确认的,事故调查人员应当注明有关情况。

(11)船舶污染事故调查处理机构根据调查处理工作的需要可以行使以下职权:

①责令船舶污染事故当事人提供相关技术鉴定或者检验、检测报告。

②暂扣相应的证书、文书、资料。

③禁止船舶驶离港口或者责令停航、改航、驶往指定地点、停止作业、暂扣船舶。

4. 事故处理

(1)船舶污染事故调查处理机构应当根据船舶污染事故现场勘验、检查、调查情况和有关的技术鉴定、检验、检测报告,完成船舶污染事故调查。

(2)船舶污染事故调查处理机构应当自事故调查结束之日起20个工作日内制作"船舶污染事故认定书",并送达当事人。

(3)船舶污染事故当事人对事故认定不服的,可以在收到"船舶污染事故认定书"之日起15日内,向船舶污染事故调查处理机构或者其上级机构申请一次重新认定。

(4)造成海洋环境污染的船舶应当在开航前缴清海事管理机构为减轻污染损害而采取的清除、打捞、拖航、引航过驳等应急处理措施的相关费用或者提供相应的财务担保。财务担保应当是现金担保、由境内银行或者境内保险机构提供的信用担保。

(5)船舶污染事故引起的污染损害赔偿争议,当事人可以向海事管理机构申请调解,海事管理机构也可以主动调解。当事人一方拒绝调解的,海事管理机构不得调解。征得所有当事人同意后,调解可以邀请其他利害关系人参加。

(6)调解人员应当按照有关法律、法规的规定,对船舶污染损害赔偿争议进行调解。调解成功的,由各方当事人共同签署"船舶污染事故民事纠纷调解协议书"。"船舶污染事故民事纠纷调解协议书"由当事人各执一份,调查处理机构留存一份。

(7)在调解过程中,当事人向人民法院提起诉讼或者申请仲裁的,应当及时通知海事管理机构,调解自动终止。

(8)当事人中途退出调解的,应当向海事管理机构提交退出调解的书面申请,海事管理机构应当终止调解,并及时通知其他当事人。

(9)海事管理机构调解不成,或者在3个月内未达成调解协议的,应当终止调解。

二、溢油污染的处理技术

海上发生溢油事故后，首先应该防止石油继续溢漏，采取停泵、打开或关闭有关阀门、调驳舱柜存油等减少溢出手段；然后要控制溢油的继续扩散，如使用围油栏、集油剂等方式；再采取适当措施将溢油回收，可用人工方法、撇油器、回收船、吸油材料等方法；在不可能回收的情况下，则应果断采取措施将溢油消除，如油分散剂处理、燃烧处理、沉降处理和生物降解等手段。

(一)海上溢油的自然动态

石油溢入海洋后，在海洋特有的环境条件下，有着复杂的物理、化学和生物变化过程，并通过这些变化最终从海洋中消失。这种变化有扩散、漂移、蒸发、分散、乳化、光化学氧化分解、沉降和生物降解等。

1. 扩散

扩散是海面溢油在某些海洋环境条件影响下产生的水平扩散过程。它一方面决定了溢油扩散面积的大小；另一方面，由于其表面积增大，溢油的挥发、溶解、分散和光氧化过程都会受到不同程度的影响。

研究表明，扩散受重力、表面张力、惯性力和黏滞力四种因素的制约。一般使用三阶段扩散理论，即静水中厚度均匀的圆形油膜的扩散过程，可分为重力与惯性力起主要作用的初始阶段、重力和黏滞力起主要作用的中间阶段和表面张力与黏滞力起主要作用的最后阶段。

2. 漂移

由于受风、流的影响而导致溢油的平行运动过程叫漂移，它是影响溢油运动的主要因素之一。溢油的漂移过程受风力、潮汐、密度和压力梯度等因子的制约，其中风、流是最重要的因素。

3. 风化

石油溢流到海面后其组分和性质随时间变化，最后从海面消失的过程称为溢油的风化。这是物理、化学氧化和生物降解等在自然状态下综合作用的结果，它包括蒸发、溶解、乳化、分散、沉降、光氧化和生物降解等过程。从短期来看，蒸发和乳化是主要的风化过程，对溢油的残留量及其组成、性质和状态起决定性作用；从长期来看，光氧化和生物降解作用越来越重要，决定着海上溢油的最终归宿。

(二)海上溢油的围控

将溢油控制在较小范围内并阻止其进一步扩散和漂移所采取的措施称为溢油围控。所使用的设备主要有麦秆、玉米秸、稻草、围油栏、缆绳、网具等。

1. 围油栏

围油栏是防止溢油扩散、缩小溢油面积、配合溢油回收的最常用的、也是较为有效的设备。围油栏主要有围控、集中、诱导和防止潜在溢油等作用。

发生溢油事故后，溢油在外界因素的影响下，会迅速任意地扩散和漂移，形成大面积污染。在开阔水域、近岸水域或港口发生溢油时，及时布放围油栏，能够将扩散的溢油及时围控，并通过围油栏拖带或缩小围拢范围，可以将油膜集结到较小的范围内进行回收。这样既可以防止溢油扩散，也可以增加油膜厚度，便于回收和进行其他处理。在溢油量大，风、流、浪的影响较大，在现场围控溢油不可能的时候，或者为了保护海岸或水产资源，可以利用围油栏将溢油诱导到能够进行回收作业或污染影响较小的海面上，根据现场情况可设多道围油栏。防止潜在溢油通常指在有可能发生溢油或存在溢油风险的地方，根据当地水域情况，提前布放围油栏进

行溢油防控。这样可以在真正出现溢油时,防止溢油扩散,采取回收措施,将围控中的溢油及时回收。船舶在码头进行油类装卸作业或在锚地进行油类过驳时,通常都要按照规定要求提前布放围油栏进行防控;对搁浅、沉没的船舶在尚未打捞前,也要根据实际情况进行适当的围控。

目前常用的围油栏有固体浮子式、充气式、气幕式三种类型。各种类型的围油效果都受流速和浪高的限制。

2. 集油剂

集油剂是一种防止溢油扩散的界面活性剂,亦可以说是一种化学围油栏,适合在港湾附近使用。

用化学凝聚剂阻止扩散,在油膜周围撒布一种比溢油的扩散压大的化学药剂,它在水面上扩散并压缩油膜,使油膜面积大大缩小,从而阻止溢油扩散,收缩溢油,从而将溢油集中起来。撒布化学凝聚剂的作业比铺设围油栏容易且迅速。化学凝聚剂对防止煤油、柴油等轻油和重油的扩散是行之有效的方法。但集油剂不能与分散剂同时使用,也应避免同时用吸油材料,另外要防止混入碱类或洗涤剂;否则集油剂的效力将下降,还要注意对人体的防护。

(三)海上溢油的回收

用物理的方法回收溢油,是清除海面溢油较为理想的办法,既可避免溢油对环境的进一步危害,又能回收能源,物理回收方法包括人工回收、机械回收和溢油吸附材料回收。

溢油吸附材料指能将溢油渗透到材料内部或吸附于表面的材料。理想的溢油吸附材料应疏水、亲油,溢油吸附量大,亲油后能保留溢油且不下沉,还应有足够的回收强度。吸油材料便于携带,操作方便,适用于吸附很薄的油层,通常在大型溢油事故的处理后期或较小的溢油事故中使用。溢油吸附材料按其原料属性分为天然吸附材料和合成吸附材料。天然吸附材料主要有稻草、锯末、鸡毛、玉米秸、珍珠岩等,营运船上通常准备的是锯末。合成吸附材料主要包括聚氨酯、聚乙烯、聚丙烯、尼龙纤维和尿素甲醛泡沫等,具有较高的亲油性和疏水性。合成吸附材料可以做成多种形状,船上习惯使用的是吸油毡、吸油栏和吸油颗粒。

溢油吸附材料用于溢油未扩散时清除围油栏以外的油以及围油栏以内的油;有两道围油栏时,清除两道围油栏之间的油;当利用溢油回收机械收油使油层变薄、回收效率下降时,可使用吸油材料吸附较薄的油层;当溢油到达岸边及不易处理的狭窄海域时,用吸油材料吸附;吸油材料还可用于对水面上的浮油进行阻拦或做记号。

(四)海上溢油的海上处理

当海上溢油无法用机械、物理方法回收时,可采用化学油分散剂、燃烧、沉降或降解等方法,在海上直接处理掉。

1. 油分散剂

油分散剂,又称乳化分散剂、化学分散剂或消油剂,它是至今使用最多的油处理剂。将由表面活性剂、溶剂和少量添加剂组成的乳化分散型油处理剂喷撒在海面溢油(尤其是经过回收处理的薄油膜)上,经搅拌或波浪作用,使浮油迅速分散成微小颗粒溶于水中。油被分散成微小颗粒后,加速了其在海水中的物理扩散、化学分解和生物降解过程,从而达到清洁海面的目的。一般在外海及开阔水域中,使用油分散剂会有显著效果。在半封闭海域或交换条件不良海面,不宜采用油分散剂。使用油分散剂会造成二次污染,使用前必须得到港口当局的批准,而且选用经主管机关认可的产品。

2. 燃烧处理

在远离陆地及船舶航道以外的海面，发生大规模溢油，又由于海上气候条件恶劣，无法用机械方法回收溢油时，可直接将溢油在海上燃烧处理掉。虽然油本身是可燃物质，但对海面上溢油直接点火燃烧和完全烧尽却是很困难的事。一般燃烧处理海面溢油，须用特别灯芯材料（麦秆、稻草、珍珠岩等）和引火剂（金属钠、镁等）进行引燃或帮助燃烧。采用燃烧处理法有如下优点：能够短时间燃烧大量的溢油；比其他方法处理得彻底；对海洋底栖生物无影响；不需要人力和复杂的装置，且处理费用低。为防止燃烧蔓延，利用燃烧法处理溢油时要远离海岸、海上设施和船舶停泊的地方。在油量多、油层厚、扩散迅速的情况下，需要采用耐火性围油栏或集油剂。有一种化学药品，它能在油迹表面形成一层泡沫，使油上浮并与空气接触，使油保持连续燃烧，这种方法效果很好，被烧掉的油可达98%。

3. 沉降处理

用比重大的亲油性物质，例如液体沉降剂（包括氯仿、四氯乙烯等）或固体沉降材料，如石膏、碳酸钙、砂、砖瓦碎屑、硅藻土等，撒布在溢流表面上，并与油一起沉降到海底。由于沉降处理易造成二次污染，对海洋底栖鱼、贝类危害较大，许多国家禁止使用。一般只能在特定海域采用，大多数国家规定在距陆地 50 n mile 以内不准使用。

4. 生物处理

微生物治理污染的方法：一是在被污染的地区或其附近分离微生物，大量繁殖并增强其活性；二是向被污染地区引进新的微生物，进行遗传改良，用于处理污染物。

海洋环境中存在着大量能够降解石油烃的微生物。石油一旦进入海洋，就受到一系列物理、化学的综合作用，同时被海洋中的各种微生物氧化、降解。由于微生物具有种类多、繁殖快、容易培养和代谢能力强等特点，所以采用生物降解处理溢油能收到成本低、设备简单、无二次污染和适于大面积应用的效果。

第三章 船舶营运安全管理

确保海上交通安全是我国海运事业发展的前提和必然，它关系到我国作为一个航运大国的国际形象和国家利益。本章重点阐述与船舶营运安全管理有关的国际公约和我国法律、法规的主要内容，以及与其相关的技术性措施。学习这些国际公约和国家法规，旨在提高广大船员和航运管理人员的安全意识及管理水平，切实做到依法办事、按章操作，自觉遵守和维护水上交通秩序，保证航运安全和防止水域污染。

第一节　国际海上人命安全公约

一、公约构成及主要内容

（一）概述

《国际海上人命安全公约》（The International Convention for the Safety of Life at Sea，简称《SOLAS 公约》）是关于船舶在海上航行时，保障人命安全的基本公约。在涉及海上人命安全的所有国际公约中，它是最重要、也是最古老的公约之一，其第一个版本是在 1912 年的“Titanic”号沉没，致使 1 522 人丧生后，于 1914 年 1 月在英国伦敦制定的。从那时以来，又先后通过了 1929 年、1948 年、1960 年和 1974 年等不同版本的《SOLAS 公约》。现行的版本是 1974 年 10 月 21 日至 11 月 1 日在伦敦召开的 SOLAS 公约国际会议上制定的《1974 年国际海上人命安全公约》（简称《SOLAS 74 公约》或《SOLAS 公约》）。该公约于 1980 年 5 月 25 日生效。我国政府于 1980 年 1 月 7 日核准了该公约。《SOLAS 74 公约》是历史上第五个《国际海上人命安全公约》。《SOLAS 74 公约》自生效以来，由于航海技术的不断进步、海上事故的频繁发生、公约执行中所发现的问题以及 IMO 各种文件之间的统一协调等因素，历届 IMO 会议又陆续对其内容进行了修改、补充或更新。

（二）公约的性质

《SOLAS 公约》包含了为增进航运安全的各种各样的强制性措施，对船舶（构造、设备与性能）、船员操作性要求、船舶管理、公司管理、船旗国管理以及港口国管理等方面规定了统一的标准并加以有效控制。其主要目的是提供船舶构造安全、设备安全和操作安全的最低标准，同时要求缔约国政府确保悬挂其国旗的船舶达到这一要求；公约还规定船舶必须持有公约规定的有效证书，并作为达到公约标准的证据。当缔约国政府认为抵港的外国籍船舶不能充分履行公约时,有权对其进行监督检查。

IMO 将 1993 年的第 18 届大会通过的 A.741(18)号决议《国际船舶安全营运和防止污染管理规则》纳入《SOLAS 公约》第Ⅸ章,并成为强制性要求。2002 年 12 月召开的 IMO 海上保安外交大会,通过了《SOLAS 公约》新增的"第Ⅺ-2 章——加强海上保安的特别措施"和《国际船舶和港口设施保安规则》。这使《SOLAS 公约》的性质在以下两个方面发生了重大变化:

(1)《SOLAS 公约》已由原有的"纯技术"公约变成"技术管理"公约。原有的《SOLAS 74 公约》共有八章,除第Ⅲ/18 条(关于弃船训练和操练)涉及管理方面内容以外,其余条款几乎都是技术性条款。但是新增的第Ⅸ章和第Ⅺ章内容多是有关管理方面的。这标志着 IMO 对海上人命安全和环境保护方面所采取的措施,在指导思想上有了很大转变,即意识到人为因素在确保海上安全和防止海洋污染中所起的重要作用。

(2)《SOLAS 公约》的范围从原有的船舶扩大到岸基。由于《ISM 规则》和《ISPS 规则》的实施,该公约不再局限于船舶本身,而涉及岸上的公司和港口设施,因此,可以说将《SOLAS 公约》的内容扩大到了岸基。

(三)公约的构成与主要内容

《SOLAS 74 公约》包括:①公约正文;②1988 年 SOLAS 议定书;③公约附则(安全规则)及其单项规则。这三个层次的规定是不可分割的。

公约正文有 13 个条款,包括:第 1 条 公约的一般义务;第 2 条 适用范围;第 3 条 法律、规则;第 4 条 不可抗力情况;第 5 条 紧急情况下载运人员;第 6 条 以前的条约和公约;第 7 条 经协议订立的特殊规则;第 8 条 修正;第 9 条 签字、批准、接受、认可和加入;第 10 条 生效;第 11 条 退出;第 12 条 保存和登记;第 13 条 文字。

《SOLAS 公约》的附则是公约的主体,它包括以下内容。

1. 第Ⅰ章　总则

主要包括:公约的适用范围、有关名词的定义、公约适用的例外、免除以及规则的生效等内容;各种用途船舶法定检验的种类、检验的内容和签发证书以证明这些船舶符合公约要求;缔约国政府对到达其港口的船舶的监督的有关条款。

2. 第Ⅱ-1 章　构造——结构、分舱与稳性、机电设备

本章共分为 A,B,C,D,E 五个部分:A 部分——通则(适用范围、定义、船舶结构);B 部分——分舱与稳性;C 部分——机器设备;D 部分——电气装置;E 部分——周期性无人值班机器处所的附加要求。其主要内容包括:

①规定了客船分舱的水密程度应能保证船舶在假定船壳破损的情况下保持正浮和稳性的要求;还规定了客船水密完整性和污水泵系统布置的要求以及客船和货船的稳性要求。

②分舱等级——由两个相邻舱壁之间最大许可长度决定的分舱等级因船舶长度以及船舶的营运业务而有所不同,客船的分舱等级最高。

③机器和电气装置——在各种紧急情况下,机电设备的设计和安装应能保持工作,以确保船舶、旅客和船员的安全。

3. 第Ⅱ-2 章 构造——防火、探火和灭火

主要内容包括:适用范围、消防安全目标和功能要求,名词定义,火灾和爆炸的防止,火灾的抑制、脱险、操作性要求;规定了防火、探火、灭火系统与设备的安装要求以及对客船、货船、液货船在构造方面的防火措施和设备方面的灭火措施。

这些条款有以下原则:用耐热和结构性限界面将船舶划分为若干主竖区;用耐热和结构性

限界面将起居处所与船舶其他处所隔开；限制可燃材料的使用；探知火源区的任何火灾；抑制和扑灭火源区的任何火灾；保护脱险通道或灭火通道；保证灭火设备的随时可用性；将易燃货物蒸发气体着火的可能性降至最低程度。

公约 2000 年 12 月修正案，将有关消防设备、消防布置的技术标准从公约中分离出来，成为独立的强制性规则——《国际消防系统安全规则(FSS 规则)》。

4. 第Ⅲ章　救生设备与装置

规定了对通用救生设备与装置的要求以及专用于客船、货船上的救生设备与装置的要求。

本章分为 A 和 B 两部分。

A 部分——关于适用范围、免除、定义、救生设备和装置的鉴定、试验与认可以及生产试验的一般性规定。

B 部分——关于船舶和救生设备的要求，共有五节：①客船与货船(通信；个人救生设备；应变部署表与应变须知；操作须知；救生艇筏的配员与监督、集合与登乘布置、存放、降落与回收装置；海上撤离系统的存放；救助艇的登乘、降落与回收装置；应急培训与演习和使用准备状态；维护保养与检查等)。②客船附加要求(救生艇筏与救助艇；个人救生设备；救生艇筏与救助艇的登乘布置；救生艇筏的存放；集合站；客滚船的附加要求；乘客资料；直升机降落和搭乘区域；客船船长决策支持系统；演习)。③货船附加要求(救生艇筏与救助艇；个人救生设备；救生艇筏的登乘与降落布置)。④救生设备和装置的要求。⑤其他事项(培训手册和船上培训教具；船上维护保养须知；应变部署表与应变须知)等内容。

5. 第Ⅳ章　无线电通信设备

本章在 1988 年进行了全面修改，将标题“无线电报和无线电话”(Radio Telegraphy and Radio Telephone)改为“无线电通信设备”(Radio Communications)并引入了全球海上遇险和安全系统(The Global Maritime Distress and Safety System，简称 GMDSS)。

除另有明文规定外，本章适用于本规则所适用的所有船舶和 300 总吨及以上的货船。

6. 第Ⅴ章　航行安全

本章规定了由缔约国政府提供一定的航行安全服务。除另有明文规定外，本章涉及的安全操作规则适用于一切航线上的所有船舶，而公约附则的其他章节只适用于国际航行业务的一定等级的船舶。

7. 第Ⅵ章　货物装运

本章内容涉及因对船舶或船上人员的特别危害而须采取特别预防措施的货物的装运(散装液体、散装气体和其他章内已作出装运规定的除外)，分为 A，B 和 C 三部分：A 部分为一般规定，包括适用范围、货物资料、氧气分析和气体探测设备、船上使用杀虫剂、堆装和系固。B 部分为谷物以外的散装货物的特别规定，包括装运的可接受性、散装货物的装卸和堆装等内容。C 部分为谷物装运，包括定义和货船装运谷物的要求。

8. 第Ⅶ章　危险货物装运

本章包括了包装形式、散装固体形式、散装化学液体和液化气体危险货物的分类、包装、标志和积载的条款，其内容分为 A，B，C，D 四个部分：

A 部分——关于包装危险货物的装运，包括定义、适用范围、危险货物装运的要求、单证、货物系固手册和涉及危险货物的事故报告等有关内容。

本章内容涉及《国际海运危险货物规则》(International Maritime Dangerous Goods Code，简称《IMDG 规则》)。危险货物系指《IMDG 规则》中所述的物质、材料和物品。包装形式系指

《IMDG 规则》中规定的包装形式。除另有明文规定外,本部分适用于本公约规则所适用的所有船舶和小于 500 总吨的货船中装运的包装危险货物;但本部分的规定不适用于船用物料和设备。

A-1 部分——关于固体散装危险货物的装运,包括定义、适用范围、单证、堆装和分隔要求、涉及危险货物事故的报告等有关内容。固体散装危险货物系指《IMDG 规则》中所述的除液体或气体以外的由粒子、颗粒或较大碎片组成的任何物质,成分通常一致,并直接装入船舶的货物处所而无需任何中间维护形式,包括装入载驳船上的驳船内的此类物质。

B 部分——关于散装运输危险液体化学品船舶的构造和设备,包括定义、化学品液货船的适用范围和化学品液货船的要求等有关内容。内容涉及散装液体化学品船舶的构造和设备,并规定 1986 年 7 月 1 日以后建造的液化船必须严格遵守《国际散装运输危险化学品船舶构造和设备规则》(The International Bulk Chemical Code,简称《IBC 规则》)。

C 部分——关于散装运输液化气体船舶的构造和设备,包括定义、气体运输船的适用范围和气体运输船的要求等有关内容。内容涉及散装液化气体船舶的构造和设备,并规定 1986 年 7 月 1 日以后建造的液化气体船舶必须严格遵守《国际散装运输液化气体船舶构造和设备规则》(The International Gas Carrier Code,简称《IGC 规则》)。

D 部分——关于船上装运密封装辐射性核燃料、钚和强放射性废料的特殊要求,包括定义、装运 INF 货物船舶的适用范围和装运 INF 货物船舶的要求等有关内容。《INF 规则》系指由 IMO《国际船舶安全装运密封装辐射性核燃料、钚和强放射性废料规则》(The International Code for the Safe Carriage of Packaged Irradiated Nuclear Fuel,Plutonium and High-level Radioactive Wastes on Board Ships,简称《INF 规则》)。INF 货物系指按《IMDG 规则》中第 7 类货物运输的密封装辐射性核燃料、钚和强放射性废料。

9. 第Ⅷ章　*核动力船舶*

本章规定了基本要求,主要是关于放射性危害。1981 年国际海事组织大会通过了一个详细的、综合性的核动力商船安全规则,该规则是本章的不可分割的补充。

主管机关应采取措施,确保在海上或港内不使船员、乘客或公众,或水道或食物或水源受到不当的辐射或其他的核能危害。核反应堆装置的设计、构造以及检查和装配的标准均应经主管机关认可和满意,并应考虑因辐射而使检验所受到的限制。

10. 第Ⅸ章　*船舶安全营运管理*

公约附则新增的一章:1994 年 5 月 25 日缔约国大会通过,1998 年 7 月 1 日生效。

本章内容包括定义、适用范围、安全管理要求、发证、状况的保持、验证与控制等。

《国际安全管理规则》(《ISM 规则》)系指国际海事组织 A. 741(18)决议通过的《国际船舶安全营运和防污染管理规则》。

公司系指船舶所有人或其他组织或个人,诸如管理者或光船租赁人,他们已从船舶所有人处接受船舶营运的责任,同意承担国际安全管理规则规定的所有责任和义务。

公司和船舶应符合《国际安全管理规则》的要求。主管机关或主管机关认可的组织应给符合《国际安全管理规则》要求的每一公司签发"符合证明"。船舶应由持有"符合证明"的公司营运。船上应存有 1 份"符合证明"的副本,以便船长在被要求验证时出示。应给每艘船舶签发"安全管理证书"。在签发"安全管理证书"前,主管机关或由其认可的组织应验证该公司及其船上管理系按经认可的安全管理体系进行营运。

11. 第Ⅺ章 加强海上安全的特别措施

公约附则新增的一章:1994 年 5 月 25 日缔约国大会通过,1996 年 1 月 1 日生效。

(1)第Ⅺ-1 章——加强海上安全的特别措施

本章Ⅺ-1 的主要内容有 5 条:对被认可组织的授权、加强检验、船舶识别号、关于操作要求的港口国控制以及连续概要记录。

①对被认可组织的授权:由政府委托的有义务履行检验和检查的组织应当遵守 1993 年 11 月 IMO 制定的 A. 739(18)号决议案的要求。

②加强检验:对油船、船龄 5 年或以上的散装船,应当按照 IMO 通过的指南加强检验,并按照《MARPOL 公约》和《SOLAS 公约》的规定,在定期检验、年度检验和期间检验中进行。在加强检验的内容中特别强调了防腐蚀检验,其中包括钢板厚度、涂层和货舱防腐蚀系统的检验等。

③船舶识别号:100 总吨及以上的客船以及 300 总吨及以上所有货船,应有一个符合《IMO 船舶编号体系》规定的船舶识别号。船舶识别号应列入船舶所有证书,并且自船舶建造完工时给予,直到船舶报废拆船为止始终不变。

船舶识别号应永久性标记在以下位置:

A. 在艉部或船体中部左、右舷的最深载重线以上,或上层建筑左、右舷或上层建筑正面的可见位置;或者,客船应从空中可见的水平表面;该标记的高度应不小于 200 mm,且标记的宽度应与高度成比例。

B. 在机器处所的一个端部横舱壁上,或在一个舱口上;或者,油船在泵舱内;或者,设有滚装处所的船舶,在滚装处所的一个端部横舱壁上容易接近的位置;该标记的高度应不小于 100 mm,且标记的宽度应与高度成比例。

该永久性标记应清晰可见,与船体上的任何其他标记分开,并应涂成有对比性的颜色。

该永久性标记可制成凸出的字符,或刻入或用中心冲头冲制,或使用确保该标记不易被擦除的其他等效方法制成。对于用钢材或金属以外的材料建造的船舶,标记方法应经主管机关批准。

④关于操作要求的港口国控制:当船舶停靠在另一缔约国政府港口时,如有明显理由确信该船船长或船员不熟悉船上与船舶安全有关的主要操作程序时,该船应接受该国政府正式授权的官员对有关船舶安全方面的操作要求的控制。进行这种控制的缔约国政府应采取措施,确保该船已按公约的要求调整至正常状态才准其开航。

⑤连续概要记录:

A. 公约适用的每艘船舶,应由主管机关签发“连续概要记录”(以下简称“记录”),其记录的信息为船舶提供一份船上历史记录。该“记录”应保存在船上,供随时检查。

B. “记录”的信息至少包括船旗国;注册日期;船舶识别号;船名;船籍港;注册船东及注册地;注册的光船承租人及其注册地(如适用);公司名称,其注册地及实施安全管理地址;入级的船级社;公司“符合证明”和船舶“安全管理证书”及“国际船舶保安证书”的主管机关或缔约国政府或认可的组织名称。

C. “记录”的信息变化应记入“记录”中,以提供最新的和当前的信息以及历史的变化。记载发生任何变化,主管机关应不迟于发生变化之日起 3 个月向悬挂其国旗的船舶签发经修订和更新的“记录”或适当的修正文件;且主管机关应在签发经修订和更新的“记录”之前,授权并要求该公司或船长修改“记录”。

D."记录"应使用英文、法文或西班牙文；还可提供主管机关的官方语言的译本。

E."记录"应使用 IMO"连续概要记录（CSR）的格式和保持指南"；对"记录"的已有记载均不得修改、删除或以任何方式擦除或涂改。

F. 船舶变更船旗或变换船东（或由另一光船承租人接管），或由另一公司承担营运责任，"记录"均应留在船上。在船舶变更船旗时，如新的船旗国为缔约国政府，该船的原船旗国政府应在换旗后尽快将该船有关"记录"副本以及先前由其他国家向该船签发的"记录"送交新的主管机关。

（2）第Ⅺ-2 章——加强海上保安的特别措施

2002 年 12 月 12 日，IMO 大会通过了《SOLAS 公约》新增的"第Ⅺ-2 章——加强海上保安的特别措施"，即关于加强海上安全和保安的特别措施的修正案；会议通过了《国际船舶保安和港口设施保安规则（ISPS 规则）》。

本章Ⅺ-2 的主要内容有：定义、适用范围、缔约国政府的保安义务、对公司和船舶的要求、公司的具体责任、船舶保安警报系统、对船舶的威胁、船长对船舶安全和保安的决定权、控制和符合措施、对港口设施的要求、替代保安协议、等效保安安排和资料的送交。

①定义

A. 船/港界面活动，系指当船舶受到往来于船舶的人员、货物移动或港口服务提供等活动的直接和密切影响时发生的交互活动。

B. 港口设施，系由缔约国政府或由指定当局确定的发生船/港界面活动的场所，其中包括锚地、候泊区和进港航道等区域。

C. 船到船活动，系指涉及物品或人员从一船向另一船转移的任何与港口设施无关的活动。

D. 指定当局，系指在缔约国政府内所确定的负责从港口设施的角度，确保实施本章涉及港口设施保安和船/港界面活动规定的机构或行政机关。

E. 保安事件，系指威胁船舶（包括海上移动式钻井平台和高速船），或港口设施或任何船/港界面活动，或任何船到船活动保安的任何可疑行为或情况。

F. 保安等级，系指企图造成保安事件或发生保安事件的风险级别划分。

G. 保安声明，系指船舶与作为其界面活动对象的港口设施或其他船舶之间达成谅解的书面记录，规定各自将施行的保安措施。

H. 认可的保安组织（RSO），系指经授权进行本章或《ISPS 规则》A 部分所要求的评估，或验证或批准或发证活动，具备适当保安专长并具备适当船舶和港口操作方面知识的组织。

②适用范围

A. 从事国际航行的船舶：客船，包括高速客船；500 总吨及以上的货船，包括高速货船；海上移动式钻井平台。

B. 为此类国际航行船舶服务的港口设施。

不适用于军舰、海军辅助船或由缔约国政府拥有或经营的并仅用于政府非商业性服务的其他船舶。

③缔约国政府的保安义务

A. 主管机关应为悬挂其国旗的船舶规定保安等级并确保向其提供保安等级方面的信息。当保安等级发生变化时，保安等级信息应予以更新。

B. 缔约国政府应为其境内的港口设施和进入其港口前的船舶或在其港口内的船舶规定

保安等级,并确保向其提供保安等级方面的信息。当保安等级发生变化时,应对保安等级信息予以更新。

④对公司和船舶的要求

A. 公司应符合本章和《ISPS 规则》A 部分的相关要求,并考虑到规则 B 部分提供的指导。

B. 船舶应符合本章和《ISPS 规则》A 部分的相关要求,并考虑到规则 B 部分提供的指导,对此种符合应按规则 A 部分的规定予以验证和发证。

C. 船舶在进入缔约国境内的港口之前或港口期间,如果缔约国政府规定的保安等级高于该船主管机关为其规定的保安等级,船舶应符合缔约国规定的保安等级要求。船舶应对改为更高的保安等级作出响应,不得有不当延误。

D. 如果船舶不符合本章或《ISPS 规则》A 部分的要求,或不能符合主管机关或另一缔约国政府规定的对其适用的保安等级要求,则该船应在进行任何船/港界面活动之前,或在进港之前(以时间在先者为准)通知有关主管当局。

⑤船舶保安警报系统

船舶应按规定装设船舶保安警报系统。

A. 船舶保安警报系统启动后,应:

开始向主管机关指定的主管当局(在此情况下可包括公司)发送船对岸保安警报,确定船舶身份、船位并指出该船的保安状况受到威胁或已受到危害;不向任何其他船舶发送船舶保安警报;不在船上发出任何警报;在关闭和/或复位前持续发送船舶保安警报。

B. 船舶保安警报系统应:

能从驾驶室和至少一个其他位置启动;不低于 IMO 通过的性能标准;船舶保安警报系统启动点的设计应能防止误发船舶保安警报。

⑥对船舶的威胁

A. 缔约国政府应为在其领海内营运或已向其通报进入其领海意图的船舶规定保安等级并确保向其提供保安等级信息。

B. 缔约国政府应提供一个联络点,船舶能够通过该联络点请求咨询或协助并报告关于其他船舶、动向或通信的任何保安问题。

C. 如果已确定存在受到袭击的风险,有关缔约国政府应将以下情况告知有关船舶及其主管机关:当前的保安等级;按照《ISPS 规则》A 部分的规定,有关船舶为防备受到袭击而应采取的任何保安措施和沿岸国已决定采取的相应保安措施。

⑦船长对船舶安全和保安的决定权

A. 依照其专业判断而作出为维护船舶安全或保安所必需的决定,应不受公司、承租人或任何他人的约束。这包括拒绝人员(经确认的缔约国政府正式授权的人员除外)或其物品上船和拒绝装货,包括集装箱或其他封闭的货运单元。

B. 依照其专业判断,在船舶操作中出现该船的安全和保安要求之间发生冲突的情况,船长应执行维护船舶安全所必需的要求。在这种情况下,船长可实施临时性保安措施并应通知主管机关,如可能,还应通知该船所在或拟进入的港口的缔约国政府。

⑧控制和符合措施

A. 对在港船舶的控制:

船舶在另一缔约国港口时,应受到该国政府正式授权官员的控制。除有明确理由相信船舶不符合有关要求外,此种控制应限于验证船上持有有效的"国际船舶保安证书"或"临时国际船舶保安证书”。该证书如系有效,则应予承认。

如果有明确理由,或者不能按要求出示有效证书,应采取下列一项或几项控制措施:检查船舶、推迟船期、扣留船舶、限制操作(包括限制在港内移动)或将船舶驱逐出港。

B. 缔约国政府可要求拟进入另一缔约国港口的船舶,在进港前提供以下信息:

有效证书及证书签发机关;船舶当前所处的保安等级;该船停靠前10个港口的时间段内,在其进行船/港界面活动的港口时,其保安等级和所采取的任何特别或附加保安措施以及在任何船对船活动中维持的适当的保安程序。

12. 第Ⅻ章　散货船的附加安全措施

公约附则新增的一章:1997年11月27日通过,1999年7月1日生效。

本章主要涉及船长为150 m及以上的散货船的破损稳性要求,散货船的结构强度要求和货舱、压载舱和干燥处所水位探测器以及泵系的有效性。

二、国际消防系统安全规则(FSS规则)

(一)概述

国际海事组织(IMO)于2000年12月5日以MSC. 98(73)号决议通过了《国际消防安全系统规则》(以下简称《FSS规则》)。与此同时,IMO还以MSC. 99(73)号决议通过了对经修正的《1974年国际海上人命安全公约》(以下简称《SOLAS公约》)第Ⅱ-2章的修正案。在通过此项修正案时,IMO海上安全委员会决定,《FSS规则》必须在上述修正案生效后于2002年7月1日生效。按照《SOLAS公约》规定的默认接受程序,该修正案已于2002年7月1日生效,因此,《FSS规则》也于同日生效。根据《SOLAS公约》上述修正案的规定,《FSS规则》为强制性规则。我国是《SOLAS公约》的缔约国,在该修正案通过之后没有对其内容提出任何反对意见,因此,该规则对我国具有约束力。

(二)规则的构成

《FSS规则》由前言和15章内容组成。这些要素包括:第1章 总则;第2章 国际通岸接头;第3章 人员保护;第4章 灭火器;第5章 固定式气体灭火系统;第6章 固定式泡沫灭火系统;第7章 固定式压力水雾和细水雾灭火系统;第8章 自动喷水器、探火和失火报警系统;第9章 固定式探火和失火报警系统;第10章 取样探烟系统;第11章 低位照明系统;第12章 固定式应急消防泵;第13章 脱险通道的布置;第14章 固定式甲板泡沫系统;第15章 惰性气体系统。

前言指出,本规则的目的是为经修正的《1974年国际海上人命安全公约》第Ⅱ-2章所要求的消防安全系统提供具体工程规范的国际标准。在2002年7月1日或以后,本规则对于经修正的《1974年国际海上人命安全公约》所要求的消防安全系统将具有强制性。本规则今后的任何修正案都必须按经修正的《1974年国际海上人命安全公约》第Ⅷ条规定的程序予以通过并生效。

(三)规则的主要内容

1. 总则

(1)适用范围和实施日期

本规则适用于经修正的《1974国际海上人命安全公约》第Ⅱ-2章所述消防安全系统。除非另有明文规定,本规则适用于2002年7月1日或以后安放龙骨或处于类似建造阶段的船舶的消防安全系统。

(2)定义

①主管机关系指船舶的船旗国政府。

②公约系指经修正的《1974 年国际海上人命安全公约》。

③消防安全系统规则系指经修正的《1974 年国际海上人命安全公约》第Ⅱ-2 章中定义的《国际消防安全系统规则》。

④就本规则而言,公约第Ⅱ章规定的定义同样适用。

2. 国际通岸接头

(1)标准尺寸

国际通岸接头法兰的标准尺寸应符合下表要求:

表 3-1　国际通岸接头标准尺寸

名称	尺寸
外径	178 mm
内径	64 mm
螺栓圈直径	132 mm
法兰槽口	直径为 19 mm 的孔 4 个,等距离分布在上述直径的螺栓圈上,开槽口至法兰盘的外缘
法兰厚度	至少为 14.5 mm
螺栓和螺母	4 副,每副的直径为 16 mm、长度为 50 mm

(2)材料和配件

国际通岸接头应用钢材或其他等效材料制成并设计成能承受 1.0 N/mm^2 的工作压力。法兰的一侧应为平面,另一侧应为永久附连于船上消火栓或消防水带的对接口。国际通岸接头应与适合承受 1.0 N/mm^2 工作压力的任何材料的垫片,连同直径 16 mm、长度为 50 mm 的 4 个螺母和 8 个垫圈一起保存在船上。

3. 人员保护

(1)消防员装备

消防员装备包括一套个人设备和一副呼吸器。

个人配备应包括下列内容:

①防护服,其材料应能保护皮肤不受火焰的热辐射及灼伤和蒸汽烫伤,其外表面应能防水。

②长筒靴,由橡胶或其他绝缘材料制成。

③一顶能对撞击提供有效保护的硬头盔。

④一盏认可型的安全电灯(手提灯),其照明时间至少为 3 h。在液货船上使用的和拟用于危险区域的安全电灯应为防爆型。

⑤能提供高压绝缘保护的带柄斧头。

呼吸器应为瓶内空气储存量至少为 1 200 L 的自给式压缩空气呼吸器,或可供使用至少 30 min 的其他自给式呼吸器。呼吸器的所有气瓶都应能够互换使用。

对每一呼吸器都应配有一根长度至少 30 m 的耐火救生绳。救生绳应能够成功通过 5 min 的 3.5 kN 静荷载认可试验而不失效。救生绳应能够用卡钩系在呼吸器的背带上,或系在一条单独的系带上,以防止在使用救生绳时呼吸器脱开。

(2)紧急脱险呼吸装置(EEBD)

定义:

①面罩系指被设计成将眼睛、鼻子和嘴的周围全部封闭起来的面部遮盖物,并用适当的方式将其固定就位。

②头罩系指能把头、颈完全覆盖起来,并可能覆盖到部分肩部的头部遮盖物。

③有害气体系指对于生命或健康有直接危害的任何气体。

细节:

①紧急脱险呼吸装置应至少能使用10 min。

②紧急脱险呼吸装置应视情包括一个头罩或全脸面罩,以便在逃生时保护眼睛、鼻子和嘴。头罩和面罩均应由耐火材料制成,并包括一个清晰的视窗。

③未启用的紧急脱险呼吸装置应不用手就能携带。

④紧急脱险呼吸装置应储存适当,以免受环境的影响。

⑤必须在紧急脱险呼吸装置上清晰地印有简要的使用说明或清晰的图示。佩戴程序应迅速且容易,以便能在极短的时间内就能安全摆脱有害气体。

4. 灭火器

(1)灭火器

每个干粉或二氧化碳灭火器的容量至少应为5 kg,而每一泡沫灭火器的容量至少应为9 L。所有手提式灭火器的质量应不超过23 kg,而且必须有至少相当于一个9 L液体灭火器的灭火能力,主管机关应确定灭火器的等效品。

(2)便携式泡沫灭火器

便携式泡沫灭火器应包括一只能以消防水带连接于消防总管的感应式泡沫枪,连同一只至少能装20 L发泡液的可携式容器和一只备用发泡液体容器。泡沫枪每分钟应至少产生1.5 m^2适合于扑灭油类火灾的有效泡沫。

5. 固定式气体灭火系统

(1)二氧化碳系统

①灭火剂的量

A. 除非另有规定,货物处所可用的二氧化碳量应足以放出体积至少等于该船最大的装货处所总容积30%的自由气体。

B. 机器处所可用的二氧化碳量应足以放出体积至少等于下列两者中较大者的自由气体:

被保护的最大机器处所总容积的40%,该容积不包括机舱棚上部,该部分从舱棚的一个水平面起算,该水平面的面积等于或小于从舱顶到舱棚最低部分的中点处的舱棚水平截面面积的40%;或被保护的最大机器处所包括舱棚在内的总容积的35%。

C. 对小于2 000总吨的货船,若有两个或两个以上的机器处所未完全隔开,应被视为一个处所,上述B段所述的两个百分数可分别减至35%和30%。

D. 就本段而言,二氧化碳自由气体的容积应以0.56 m^3/kg计算。

E. 机器处所的固定管路系统应能在2 min内将85%的气体注入该处所。

②控制装置

A. 应设置两套独立的控制装置,以将二氧化碳释放至被保护处所,并确保警报装置的启动。一套控制装置用于开启将气体输送到被保护处所的管路上的阀门,另一套控制装置用于将气体从贮存的容器中放出。

B. 两套控制装置应位于一个标明具体控制处所的释放箱内，如果放置控制装置的箱子上加锁，则一把钥匙应放在位于控制箱附近明显位置的设有可击碎玻璃罩的盒子里。

(2)蒸汽系统

供给蒸汽的一个或数个锅炉，每小时应能对最大一个被保护处所的总容积每 0.75 m^3 至少供给 1.0 kg 的蒸汽，除了要符合上述要求外，该系统在其他各方面应由主管机关确定并使主管机关满意。

(3)使用燃料燃烧后的气态产物的系统

①气态产物

气体应是燃料燃烧后的气态产物，其氧气含量、一氧化碳含量、腐蚀成分以及任何固体可燃成分的含量均应降至允许的最小量。

②灭火系统的能力

如在固定式灭火系统中使用此种气体作为保护机器处所的灭火剂，它应与使用二氧化碳作为灭火剂的固定式系统提供等效的保护。

如在固定式灭火系统中使用此种气体作为保护货物处所的灭火剂，应备有足够的数量的此种气体，使每小时能供给自由气体的体积至少等于最大一个被保护处所总容积的 25%，并能连续供气 72 h。

(4)机器处所和货泵舱的等效固定式气体灭火系统

等效于第(2) ~ (4)段中规定的固定式气体灭火系统，应由主管机关根据本组织制定的导则予以认可。

6. 固定式泡沫灭火系统

(1)固定式高倍泡沫灭火系统

①高倍泡沫灭火系统的泡沫液应由主管机关依据本组织制定的导则予以认可。

②机器处所所要求的固定式高倍泡沫灭火系统应能通过固定喷射口迅速喷出泡沫，其数量足以每分钟向被保护处所中的最大者至少注入 1 m 深的泡沫。储备发泡液应足够产生 5 倍于被保护的最大处所的容积的泡沫。泡沫膨胀率应不超过 1 000∶ 1。

③如主管机关确信能取得同等的保护效果，则可以允许采用替代装置和相应的喷射率。

(2)固定式低倍泡沫灭火系统

①低倍泡沫灭火系统的泡沫液应由主管机关依据本组织制定的导则予以认可。

②该系统应能在不超过 5 min 的时间内通过固定的喷射口喷出足以在燃油所能散布的最大单个面积上覆盖 150 mm 深的泡沫。泡沫膨胀率应不超过 12∶ 1。

7. 固定式压力水雾和细水雾灭火系统

(1)固定式压力水雾灭火系统

①喷嘴和水泵

A. 在机器处所中所要求的任何固定式压力水雾灭火系统，均应配有认可型水雾喷嘴。

B. 喷嘴的数量和布置应使主管机关满意，并应确保每分钟每平方米有至少 5 L 的水量，在其所保护的处所有效且均匀地分布。如果认为有必要增加喷水率，则应使主管机关满意。

C. 应采取预防措施，防止喷嘴被水中的杂质或管系、喷嘴、阀和泵的腐蚀所阻塞。

D. 水泵应能同时向任一被保护舱室内该系统的所有分区以所需的压力供水。

E. 水泵可以用独立的内燃机驱动，但如需要靠所安装的视情符合公约规定的应急发电机供电，则该发电机应布置成在主电源失灵时自动启动，以便使所要求的水泵立即获得电力。由独立内燃机驱动的水泵的所在位置应在被保护处所失火时,不会影响对该机器的空气供应。

②系统控制要求

该系统应以必要的压力保持充水,而且当该系统内的压力下降时,水泵能自动向系统供水。

(2)等效细水雾灭火系统

机器处所和货泵舱的细水雾灭火系统应由主管机关依据本组织制订的导则予以认可。

8. 自动喷水器、探火和失火警报系统

(1)动力供应源

①客船

海水泵及自动警报和探火系统应有不少于两套动力供应源。若泵的动力源为电力时,则动力源为一套主发电机及一套应急电源。泵的供电应一路来自主配电板,另一路来自通过专用独立馈线的应急配电板。除非为到达相应配电板所必需,馈线的布置应避免穿过厨房、机器处所和其他具有高失火危险的围蔽处所,并应接通至设在喷水器附近的自动转换开关。只要主配电板有电,此开关应一直由主配电板供电,并应设计成当此路供电发生故障时,能自动转换至由应急配电板供电。主配电板和应急配电板上的开关均应清楚标示,并在通常情况下保持闭合状态。上述馈线不允许设有其他开关。报警和探火系统动力源中的一路应为应急电源。如果泵的动力源之一是内燃机,则除应符合规定外,其所在位置应在任何被保护处所失火时不影响机器的空气供给。

②货船

海水泵及自动警报和探火系统应有不少于两套动力供应源。若泵为电力驱动时,则应与主电源连接,该电源应由至少两台发动机供电。除非为到达相应配电板所必需,馈线的布置应避免穿过厨房、机器处所和其他具有高失火危险的围蔽处所。报警和探火系统动力源中的一路应为应急电源。如果泵的动力源之一是内燃机,则除应符合规定外,其所在位置应在任何被保护处所失火时不影响机器的空气供给。

(2)组件要求

①喷水器

A. 喷水器应能耐海上大气腐蚀。在起居和服务处所中,喷水器应在68~79℃的温度范围内开始工作,但在例如干燥室等可能出现较高环境温度的处所除外,在这些处所内,喷水器的动作温度可以增加至不超出舱室顶部最高温度30℃。

B. 应在船上备有各种型号和规格的备用喷头。当喷头总数小于300件时,需要6件备件;当喷头总数在300~1 000件时,需要12件备件;当喷头总数大于1 000件时,需要24件备件。任一型号的备用喷头数无需超过所安装的该型号喷头总数。

②压力柜

A. 应装有容积至少等于本款所规定充注水量两倍的压力柜。压力柜储存的常备充注淡水量应相当于水泵1 min的排量,并应设有能保持柜内空气压力的装置,当柜内常备充注淡水量被使用时,能确保柜内的压力不低于喷水器的工作压力加上所测得的柜底至系统中最高位置喷水器的水头压力。应装设在压力下补充空气和补充柜内淡水的适当设施。压力柜应装设显示柜内正确水位的玻璃水位表。

B. 应设有防止海水进入柜内的设施。

③喷水器水泵

A. 应装有一台专供喷水器自动连续喷水的独立动力泵。该泵应在压力柜内常备淡水完全排干之前由于系统压力的降低而自动开始工作。

B. 泵和管系应能对在最高位置的喷水器保持所需的压力,以确保其能按规定的出水量连续喷水,足以同时覆盖至少 280 m^2 的面积。该系统的液压能力应通过审查液压计算加以确认,如果主管机关认为必要,还应对该系统进行试验。

C. 在泵的出水一侧,应装有一个带有一根末端开口的排水短管的测试阀。阀和管子的有效截面积应足以放出对该泵要求的出水量,并同时在系统内保持规定的压力。

9. 固定式探火和失火报警系统

(1)供电源

固定式探火和失火报警系统工作中使用的电气设备的供电源应不少于两套,其中一套为应急电源。应由专用的独立馈线来供给电力。这些馈线应接至位于或临近于探火系统配电板上的自动转换开关。

(2)组件要求

①探测器应通过热、烟或其他燃烧产物、火焰或这些因素的任何组合而动作。主管机关可以考虑采用根据其他能指示初始火灾的因素而动作的探测器,但其灵敏度应不低于上述探测器。感焰探测器只能作为感烟或感温探测器的补充。

②所有梯道、走廊和起居处所内的脱险通道要求的感烟探测器应经过验证,在烟密度超过12.5% 每米减光率之前动作。但在烟密度超过 2% 每米减光率之前不应动作。安装在其他处所的感烟探测器应在主管机关考虑到避免探测器不灵敏或过度灵敏的情况时认为满意的灵敏度极限内进行动作。

③感温探测器应经过验证,当温度以每分钟不超过 1℃ 的速率升高时,在温度超过 78℃ 之前动作,但在温度超过 54℃ 之前不应动作。升温率更大时,感温探测器应在主管机关考虑到避免探测器不灵敏或过度灵敏的情况时认为满意的温度极限内动作。

④安装在干燥室和通常环境温度较高的类似处所的感温探测器的动作温度可以达到130℃,在桑拿房可达到 140℃。

⑤所有探测器的形式均应能接受正确工作试验并且无需更换任何部件便能恢复到正常的监测状态。

10. 取样探烟系统

(1)一般要求

本章中凡出现"系统"一词时,系指"取样探烟系统"。

所要求的任何系统应能在任何时候连续工作,但按程序扫描原理工作的系统可被接受,条件是扫描同一位置两次之间的间隔所给出的总响应时间应使主管机关满意。

该系统的设计、制造和安装应能防止任何有毒或可燃物质或灭火剂漏进任何起居处所和服务处所、控制站或机器处所。

该系统和设备应作适当设计,以能承受船上通常遇到的电压变化和瞬间波动、环境温度变化、振动、潮湿、冲击、碰撞和腐蚀,并避免可燃气体与空气混合物着火的可能性。

该系统的形式应为能进行正确工作试验,并能在无需更换任何部件的情况下恢复到正常的监测状态。

应为该系统工作中所用的电气设备提供一套替代电源。

(2)组件要求

传感装置应经验证,以在传感室内的烟密度超过每米6.65%的减光率之前动作。

应装有双套取样风机。在正常通风条件下,风机应具有足够的容量在被保护区内工作,并且总响应时间应使主管机关满意。

控制板应允许在每一取样管上都可观察烟雾。

应装有通过取样管监测气流的装置,并设计成确保从每一个相互连接的集烟器中抽取的量尽可能相等。

取样管的内径至少为12 mm,但与固定式气体灭火系统连接的取样管除外,此时管路的最小尺度应足以使灭火气体能在适当的时间内被排放出来。

取样管应配备一个用压缩空气定期驱烟的装置。

11. 低位照明系统

所要求的任何低位照明系统应由主管机关依据本组织制定的导则予以认可,或达到本组织可接受的国际标准。

12. 固定式应急消防泵

(1)应急消防泵

①泵的排量

泵的排量应不低于公约第Ⅱ-2章第10.2.2.4.1条所要求的消防泵总排量的40%,而且在任何情况下,对于小于1 000总吨的客船和2 000总吨及以上的货船,排量不低于25 m^3/h;小于2 000总吨的货船,排量不低于15 m^3/h。

②消火栓压力

当泵按第①款的要求供水时,消火栓处的压力应不小于公约第Ⅱ-2章所要求的最低压力。

③泵吸水头

泵的总吸头和净正吸头的确定应考虑公约和本章有关泵的排量和在运行中可能遇到的各种横倾、纵倾、横摇和纵摇状态下消火栓的压力。船舶在进出干船坞时的压载状态不必视为营运状况。

(2)柴油机和燃油柜

①柴油机的起动

泵的任何柴油驱动动力源应能在温度降至0℃时的冷态下用人工(手摇)曲柄起动。如果这样不切实际,或如遇到更低的气温时,则可考虑主管机关可接受的加热安排,以确保随时起动。如人工(手摇)起动不可行,则主管机关可允许其他起动方式。这些方式应能够在30 min内至少使柴油驱动的动力源起动6次,并在前10 min内至少起动两次。

②燃油柜容量

燃油供应柜所装盛的燃油应能使泵在全负荷下至少运行3 h,同时在机器处所外应储备足够数量的燃油,能使该泵在全负荷下再运行15 h。

13. 脱险通道的布置

(1)客船

①梯道宽度的基本要求

梯道的净宽度应不小于900 mm,对于超过90人的情况,每超过1人则梯道的净宽度应至少增加10 mm。经由该梯道撤离的总人数应假定为该梯道所服务区域内船员和旅客总人数

的 2/3。

A. 人员分流。脱险通道的尺度应根据从梯道和通过门廊、走廊和梯道平台逃生的预计总人数来计算。对于下述两种处所的占用情况应作分别计算。对于逃生路线的每一组成部分，所确定的尺度应不小于按每一种情况确定的最大尺度。

第一种情况：在铺位容量最大的舱室中住满旅客；在船员舱室的船员占据最大铺位容量的 2/3；以及服务处所有 1/3 的船员。

第二种情况：公共处所中的旅客占据最大容量的 3/4；公共处所中的船员占据最大容量的 1/3；服务处所有 1/3 的船员；船员居住处所有 1/3 的船员。

在仅计算梯道宽度时，某一主竖区内容纳的最大乘员数，包括从另一主竖区进入梯道的人员，不应假定为高于船舶的核定载客人数。

B. 禁止减少通向集合站梯道的宽度。在向集合站撤离的方向的梯道宽度不得减少，如一个主竖区内有几个集合站时，向最远的集合站方向撤离的梯道的宽度不得减少。

②梯道的细节

A. 扶手。梯道的两侧应安装扶手。扶手间的最大净宽度为 1 800 mm。

B. 梯道走向。所有尺度供 90 人以上使用的梯道应为艏艉向梯道。

C. 竖向高度和倾斜度。不带楼梯平台的梯道的竖向高度不应超过 3.5 m，倾斜角不应大于 45°。

D. 平台。除了服务于公共处所直接通向梯道围壁的梯道平台外，每一层甲板上的梯道平台的面积应不小于 2 m^2，如果使用该平台的人数超过 20 人，每增加 10 人增加 1 m^2，但不必超过 16 m^2。

③门厅和走廊

门厅和走廊以及脱险通道内的中间平台的尺度应与梯道同样处理。通向集合站的梯道出口门的合计宽度应不小于为该层甲板服务的梯道总宽度。

④通向登乘甲板的撤离路线

A. 集合站。应该认识到通向登乘甲板的撤离路线可能包括一个集合站。在这种情况下，应考虑防火要求和从梯道围壁到集合站和从集合站至登乘甲板的走廊和门的尺度，并注意到从集合站撤离人员至登乘位置将分成小的控制组进行。

B. 从集合站到救生筏登乘位置的路线。如果旅客和船员被困在一个集合站，而该集合站却不在救生筏登乘位置，则从集合站到登乘位置的梯道和门的宽度应按控制组的人数计算。除非在通常情况下从这些处所撤离需要更大的尺度；否则梯道和门的尺度不必超过 1 500 mm。

⑤脱险通道平面图

应备有标明下列内容的脱险通道平面图：

A. 在所有通常有人的处所中船员和乘客的人数。

B. 预计经由梯道并通过门厅、走廊和平台逃生的船员和乘客的人数。

C. 集合站和救生筏登乘位置。

D. 主要和次要的脱险通道。

E. 梯道、门、走廊和平台区域宽度。

脱险通道平面图应附有确定逃生梯道、门、走廊和平台区域宽度的详细计算情况。

(2)货船

用做脱险通道的梯道和走廊的净宽度应不小于700 mm,而且应在一侧有扶手。净宽在1 800 mm及以上的梯道和走廊应在两侧都有扶手。"净宽"是指扶手与另一侧舱壁之间或两侧扶手之间的距离。梯道的倾斜角一般为45°,但不大于50°,在机器处所和小处所则不应大于60°。通向梯道的门厅应与梯道宽度相同。

14. 固定式甲板泡沫系统

(1)泡沫溶液和泡沫浓缩剂

①泡沫溶液的供给率不得小于下列数值中的最大值:

A. 按液货甲板面积每平方米每分钟0.6 L,此处液货甲板面积系指船舶最大宽度乘以全部液货舱的纵向总长度。

B. 按具有最大面积的单个液货舱的水平截面面积计算,每平方米每分钟为6 L。

C. 按最大泡沫喷射装置保护并完全位于该装置前方的面积计算,每平方米每分钟3 L,但不少于每分钟1 250 L。

②应供应足量的泡沫浓缩剂,以保证在采用前段所规定的泡沫溶液供给率中的最大值时,对装设惰性气体装置的液货船能产生泡沫至少20 min,或者,对于没有装设惰性气体装置的液货船能产生泡沫至少30 min,以大者为准。泡沫倍数(即所产生的泡沫体积与水和发泡浓缩剂混合物的体积之比)一般不超过12∶1。如果系统基本上产生低泡沫,但其倍数比稍稍超过12∶1,则所需的泡沫溶液的数量仍然按倍数比为12∶1的系数计算。当采用中等倍数的泡沫时(倍数在50∶1~150∶1之间),泡沫的使用率和泡沫喷射装置的能力应使主管机关满意。

(2)喷射装置和泡沫枪

①来自固定式泡沫系统的泡沫应用喷射装置和泡沫枪来供应。每一喷射装置应至少供给第A段和第B段所要求的泡沫溶液供给率的50%。对载重量小于4 000 t的液货船,主管机关可以不要求装设喷射装置,而只要求装设泡沫枪。但在这种情况下,每一泡沫枪的能力至少应是第A段或第B段所要求的泡沫溶液供给率的25%。

②任一喷射装置应对所保护的、完全位于它的前方的甲板区域至少能以每平方米每分钟3 L的能力喷射泡沫溶液,该能力不得低于每分钟1 250 L。

③任一泡沫枪的能力应不小于每分钟400 L,在静止空气中,其射程应不小于15 m。

15. 惰性气体系统

(1)惰性气体的供应

①惰性气体的来源可以是来自主锅炉或辅助锅炉的经过处理的烟道气体。主管机关也可以允许使用来自一个或多个各自独立的惰性气体发生器或其他来源或任何它们混合的烟道气体,但必须达到等效的安全标准。此种系统应尽可能符合本章要求。不准使用利用储备的二氧化碳气体的系统,除非主管机关认为系统本身产生静电着火的危险已降至最低程度。

②该系统应能以船舶最大卸货速率125%的速率(按体积计算)向液货舱输送惰性气体。

③该系统以任何所需的流速向液货舱输送惰性气体时,在惰性气体供气总管内的含氧量(按容积计算)应不超过5%。

④惰性气体发生器应装有两台燃油泵。但如果在船上备有燃油泵及其原动机的足够备件,以便船员在燃油泵及其原动机发生故障时可以进行检修,主管机关可允许只装1台燃油泵。

(2)清洗器

①应装设烟道气体清洗器,使其有效冷却第(1)惰性气体的供应第②和③所规定的全部气体并清除其中的固体颗粒和硫的燃烧产物。冷却水系统的布置应保证连续向惰性气体系统供应足量的冷却水而不妨碍船上任何其他重要用途的供水。此外还应有备用冷却水供水装置。

②应装设过滤器或等效设施,以尽量减少被带到惰性气体鼓风机里的水量。

③清洗器应位于所有液货舱、液货泵舱和将这些处所与A类机器处所隔开的隔离空舱的后方。

(3)鼓风机

①应至少装设两台鼓风机,并应能至少向液货舱输送第(1)惰性气体的供应第②和③要求的气体体积。如果带有气体发生器的系统能向被保护的液货舱输出(1)惰性气体的供应第②和③要求的气体总量,则主管机关可允许只安装一台鼓风机。但船上应备有鼓风机及其原动机的足够备件,以便船员在鼓风机及其原动机发生故障时可以进行检修。

②惰性气体系统的设计应使其作用在任一液货舱的最大压力不超过该液货舱的试验压力。在每台鼓风机的进、排气连接管上应安装截止阀。应装设能使惰性气体设备的功能在开始卸货前达到稳定的装置。如果鼓风机将用于除气,则其空气进口应安装盲断装置。

③鼓风机应位于所有液货舱、液货泵舱和将这些处所与A类机器处所隔开的隔离空舱的后方。

(4)水封

①系统中的安全措施所述的水封应能由两台独立的泵供水,每台均能一直保持足够的供水量。

②水封和它的附属装置的布置应能在各种工况下防止碳氢化合物气体倒流,并保证起到正常的密封作用。

③应有确保防止水封被冰冻的措施,该措施不能因过热而损坏水封的完整性。

④与水封有关的供水和排水管以及通往气体安全处所的透气管或压力传感管均应装设环流水管或其他认可的装置。应有防止此种环流水管被真空抽空的措施。

⑤甲板水密封和环流装置应能防止碳氢化合物气体在其压力等于液货舱的试验压力时发生回流。

⑥关于声光报警装置部分,应使主管机关对于在所有时间维持充足水量以及在气流停止时维持装置的完整性以便能自动形成水封方面感到满意。在得不到惰性气体供应时,水封水位低的声光报警应启动。

三、国际救生设备规则(LSA 规则)

(一)概述

国际海事组织(IMO)于1996年6月4日以MSC.48(66)号决议通过了《国际救生设备规则》(以下简称《LSA 规则》)。根据《SOLAS 公约》修正案的规定,《LSA 规则》为强制性规则。我国是《SOLAS 公约》的缔约国,在该修正案通过之后没有对其内容提出任何反对意见,因此,该规则对我国具有约束力。

(二)规则的构成

《国际救生设备规则》(《LSA 规则》)由前言和7章内容组成。这些内容包括:第1章 通则(定义和救生设备的一般要求);第2章 个人救生设备(救生圈、救生衣、救生服、抗暴露服和保温用具);第3章 视觉信号(火箭降落伞火焰信号、手持火焰信号和漂浮烟雾信号);第4章 救生艇筏(救生筏的一般要求、气胀式救生筏、刚性救生筏、救生艇的一般要求、部分封闭救生艇、全封闭救生筏、自由降落救生艇、具有空气维持系统的救生艇和耐火救生艇);第5章 救助艇;第6章 降落与登乘设备(降落与登乘设备和海上撤离系统);第7章 其他救生设备(抛绳设备、通用应急报警和有线广播系统)。

前言指出,本规则的目的是为《1974年国际海上人命安全公约》第Ⅲ章所要求的救生设备提供了国际标准。1998年7月1日或之后,按经修正的《1974年国际海上人命安全公约》,本规则的要求将是强制性的。任何对本规则的进一步修正都将根据该公约第Ⅷ条的程序规定予以通过并生效。

(三)规则的主要内容

1. 通则

(1)定义

①公约,系指经修正的《1974年国际海上人命安全公约》。

②有效离开船舶,系指自由降落救生艇在自由降落后,不用其发动机而离开船舶的能力。

③自由降落加速度,系指在自由降落救生艇降放期间登乘者所经受的速度变化率。

④自由降落的核准高度,系指救生艇被批准的最大降落高度,从静水表面量至救生艇处在降放状态时救生艇最低一点。

⑤降落滑道角度,系指船舶处于正浮时,救生艇滑道与水平面形成的角度。

⑥降落滑道长度,系指救生艇艉部至降落滑道底端的距离。

⑦规则,系指包含在公约附则中的条款。

⑧要求的自由降落高度,系指船舶处在其最轻航行状态从静水表面量至救生艇处在降放状态时的救生艇最低一点之间的最大距离。

⑨逆向反光材料,系指能使射入光束向相反方向反射的材料。

⑩入水角,系指在救生艇最初入水时,降落滑道与水平面形成的角度。

(2)救生设备的一般要求

①除另有明文规定或主管机关经考虑船舶所经常从事的特殊航线,认为其他要求为宜者外,本篇所规定的一切救生设备应:

A. 以适当的工艺和材料制成。

B. 在 -30 ~ +65℃的空气温度范围内存放而不致损坏。

C. 如其在使用时可能浸没在海水中,则在 -1 ~ +30℃的海水温度范围内可用。

D. 凡适用者,能防腐烂、耐腐蚀,并不受海水、原油或霉菌侵袭的过度影响。

E. 如暴露在日光下,应能抗老化变质。

F. 有利于探测的部位具有鲜明易见的颜色。

G. 按本组织的建议案在有利于探测的位置张贴逆向反光材料。

H. 如必须在风浪中使用,则能在该环境中令人满意地工作。

I. 清晰地标示出批准的资料,包括批准的主管机关及任何操作限制。

J. 如适用,提供短路电流保护以防损坏或受伤。

②主管机关应确定容易老化变质的救生设备的使用期限。这类救生设备应标明确定其年限或必须更换的日期。确立有效使用期的可取方法是永久性地标明过期日期。如果每年都更

换电池,或是可充电电池(蓄电池)若电介质的状态能易被检测,则电池上不必标明过期日期。

2. 个人救生设备

(1) 救生圈

每只救生圈应具有不大于800 mm的外径及不少于400 mm的内径;采用自然浮力材料制成;其浮力应不得依靠灯心草、软木刨片或软木粒、任何其他松散的粒状材料或任何依靠充气的空气室;能在淡水中支承不少于14.5 kg的铁块达24 h;具有不少于2.5 kg的质量;在被火完全包围2 s后,不致燃烧或继续熔化;其构造应能经受从存放位置至最轻载航行水线的高度或30 m处,取其大者,投落水而不致损害救生圈或其附件;如救生圈配有自发烟雾信号及自亮灯配备的迅速抛投装置者,则应具有足以操动此项迅速抛投装置的质量;设有直径不少于9.5 mm及长度不少于救生圈体外直径4倍的把手索1根,把手索应围绕在救生圈的周围,制牢在4个等距点上,形成4个等长的索环。

(2)救生衣

救生衣应在被火完全包围2 s后,不致燃烧或继续熔化。每件成人救生衣的结构应至少有75%的完全不熟悉救生衣的人在无人帮助、指导或事先示范的情况下在1 min内能正确地穿好救生衣;经示范后,每一个人在无人帮助情况下在1 min内能正确地穿好救生衣;明显地只能用一种穿着方式或尽可能不致被错误地穿着;穿着舒服;允许穿着者从至少4.5 m高度处跳入水中不致受伤,而且救生衣不移位也不损坏。

每件成人救生衣在平静淡水中,应具有足够的浮力和稳性;将筋疲力尽或失去知觉人员的嘴部托出水面不低于120 mm,其身体向后倾斜与垂直方向形成角度不少于20°;失去知觉人员在水中从任何姿势转成为嘴部高出水面的姿势,不超过5 s。

每件成人救生衣应使穿着的人员可作短距离的游泳,并登上救生艇筏。

除了下列规定以外,一件儿童救生衣的构造和性能应和成人的相同:低龄儿童允许帮助他们穿着;仅要求将筋疲力尽或失去知觉人员的嘴部托出水面一段距离,并应与穿着人员身长相适应;可帮助其登上救生艇筏,但穿着者的灵活性不能有明显减少。

每件儿童救生衣还应标出符合由本组织建议的试验和评估标准的救生衣高度或重量范围;由本组织通过的"儿童救生衣"标志中所示的"儿童"。

在浸入淡水中24 h后,每件救生衣应具有的浮力不得降低5%以上。每件救生衣应备有用细索系牢的哨笛。

(3)救生服

救生服应采用防水材料制成,并应在无帮助情况下,能在2 min内将它打开并穿好,如救生服必须连同救生衣一起穿着,则要考虑到任何有关联的衣服和救生衣;在被火完全包围2 s后,不致燃烧或继续熔化;遮盖除脸部以外整个身体,双手也应遮盖,配有永久性附连的手套者除外;备有限制或减少救生服裤腿内自由空气的设施;从不少于4.5 m高度处跳进水中后,不致有过多的水进入救生服。

应使穿着救生服再加穿救生衣,如救生服必须连同救生衣一起穿着的人员还能爬上并爬下长度至少为5 m的垂直梯子;在弃船时,执行正常的任务;从不少于4.5 m高度处跳入水中,救生服不损坏或不移位,或人员不受伤;并在水中作短距离游泳并能登上救生艇筏。

具有浮力且设计为不须加穿救生衣的救生服应设有符合前段要求的灯以及前段所规定的笛哨。如救生服必须连同救生衣一起穿着,救生衣应穿在救生服外面。穿着救生服的人员应能在无帮助的情况下穿上救生衣。

(4)抗暴露服

抗暴露服应用防水材料制成,且提供固有的浮力至少为 70 N;其材料应能减少在救助和撤离时产生热应力的危险;遮盖除脸部和手部以外整个身体,如果主管机关允许,则应配有鞋、手套及一防护罩连同抗暴露服一起可用;在无帮助情况下,能在 2 min 之内打开和穿好;在被火完全包围 2 s 后,不致燃烧或继续熔化;配备 1 只装可携式甚高频电话的袋子;具有侧向视野至少 120°。抗暴露服应使穿着人员爬上并爬下长度至少为 5 m 的垂直梯子;在不少于 4.5 m高度跳下由足先入水,救生服不损坏或不移位,或人员不受伤;在水中至少游泳 25 m 并登上救生艇筏;在无帮助情况下穿好救生衣;执行与弃船有关联的任务,帮助其他人及操作一救助艇。每套抗暴露服应备有符合前段要求的灯和前段规定的笛哨。

3. 视觉信号

(1)火箭降落伞火焰信号

火箭降落伞火焰信号应装在防水外壳内;在外壳上,印有清楚阐明火箭降落伞火焰信号用法的简明须知或图解;具有整套装在一起的点燃装置;及设计成:按制造厂的操作须知使用时,人员握持外壳而不致感到不舒适。

当垂直发射时,火箭应达到不少于 300 m 的高度,在其弹道顶点处,或在接近其弹道顶点处,火箭射出降落伞火焰,该火焰应发出明亮红光;燃烧均匀,平均光强不少于 30 000 cd;具有不小于 40 s 的燃烧时间;具有不大于 5 m/s 的降落伞速度;以及在燃烧时不烧损降落伞或附件。

(2)手持火焰信号

手持火焰信号应装在防水外壳内;在外壳上,印有清楚阐明手持火焰信号用法的简明须知或图解;具有整套装在一起的点燃装置;及设计成:按制造厂的操作须知使用时,人员握住外壳不致感到不舒适,燃烧中的或熄灭的渣滓不致危害救生艇筏。

手持火焰信号应发出明亮红光;燃烧均匀,平均光强不少于 15 000 cd;具有不少于 1 min 的燃烧时间;及浸入 100 mm 深的水中历时 10 s 后,仍能继续燃烧。

(3)漂浮烟雾信号

漂浮烟雾信号应装在防水外壳内;按制造厂操作须知使用时,不会爆炸般地点燃;在外壳上,印有清楚阐明漂浮烟雾信号用法的简明须知或图解。

漂浮烟雾信号应在平静水面漂浮时,匀速地喷出鲜明易见颜色的烟雾;持续时间不少于 3 min;在整个喷出烟雾期间,不喷出任何火焰;在海浪中,不致淹没;及在浸入 100 mm 深的水中历时 10 s 后,仍能继续喷出烟雾。

4. 救生艇筏

(1)构造

每只救生筏的构造,应能经受在一切海况下暴露漂浮 30 天。救生筏的构造应为从 18 m 高度处投落下水后,救生筏及其属具能符合使用要求。如救生筏必须存放在最轻载航行水线以上超过 18 m 高度处,则该救生筏应进行从至少为此高度处的满意投落试验。在顶篷撑起和未撑起的情况下,漂浮的救生筏应能经受从筏底以上至少 4.5 m 的高度重复多次蹬跳。救生筏及其舾装件的构造应使救生筏在载足全部乘员及属具并放下 1 只海锚后,在平静水中,能被拖带,航速达 3 kn。救生筏应设有保护乘员免受暴露的顶篷,该顶篷在救生筏降落中和到水面时能自动撑起,且应符合下列要求:

①采用以空气间隙隔开的双层材料或其他等效设施来隔热和御寒。应设有防止水分聚集

在空气间隙内的设施。

②其内部的颜色应不致使乘员感到不舒服。

③每个进口处应有鲜明的标志，并设有效的可调整关闭装置，该关闭装置应能使穿着救生服的人员从内外两面均能容易而迅速地开启，从内部关闭。救生筏应便于通气且防止海水、风和冷气的侵入。容纳 8 人以上的救生筏应设有不少于 2 个对称的进口处。

④即使当进口处关闭时，顶篷无论何时都应能通入足够乘员需要的空气。

⑤设有不少于 1 扇的瞭望窗。

⑥设有收集雨水的设施。

⑦应提供离海面至少 1 m 以上安装救生艇筏雷达应答器的设施。

⑧坐在顶篷下面各处的乘员，应有足够的头顶空间。

(2)救生筏的最小乘员定额与质量

按气胀式救生筏的乘员定额或刚性救生筏的乘员定额的要求计算的乘员定额少于 6 人的救生筏概不认可。除必须使用符合第 6 章降落与登乘设备要求的认可降落设备降落的救生筏，及不要求从安放在一舷侧容易地转移至另一舷侧的救生筏外，救生筏及其容器和属具的总质量不得超过 185 kg。

(3)救生筏舾装件

①救生筏应沿筏体外围及内侧牢固地装设链环状把手索。

②救生筏应设 1 根有效的首缆，其长度应不少于 10 m 加上从存放处到最轻载航行水线距离或 15 m（两者取大者）。首缆系统的破断强度，包括和救生筏的连接，额定乘员 25 人以上的救生筏，为不少于 15 kN；额定乘员 9 ~25 人的救生筏，不少于 10 kN；其他任何救生筏，不少于 7.5 kN。

③救生筏顶篷上应装设人工控制灯。该灯光应为白色且能连续运行 12 h，其光强在上半球体方向上不少于 4.3 cd。但是，如果该灯为闪光灯，则在 12 h 运行期间内，闪光灯每 1 min 的闪光率为不少于 50 闪，不多于 70 闪，且为等效的光强。当顶篷竖好以后，该灯自动点亮。电池形式不应因存放位置的潮气或湿度而变质。

④救生筏内部应装设 1 个至少能连续运行 12 h 的人工控制灯。当顶篷竖好以后，灯能自动点亮起并能提供足够亮度供乘员阅读救生与设备须知。电池形式不应因存放位置的潮气或湿度而变质。

(4)吊架降落救生筏

①除符合上述要求外，使用认可降落设备的救生筏，当救生筏载足全部乘员及属具后，能承受碰撞速度不少于 3.5 m/s 碰撞船舷的侧向撞击力，并还要从不小于 3 m 高度处投落水中，不得有影响其性能的损坏；应设置在登乘期间能可靠地将救生筏贴紧，并系留在登乘甲板的装置。

②每艘客船的吊架降落救生筏的布置，应使救生筏的全部乘员能迅速地登上救生筏。

③每艘货船的吊架降落救生筏的布置，应使救生筏的全部乘员能在发出登筏指示的时间起不超过 3 min 内登上救生筏。

(5)属具

①每具救生筏的正常属具应包括：系有不少于 30 m 长浮索的可浮救生环 1 个；装有可浮柄的非折叠式小刀 1 把，以短绳并存放在顶篷外面靠近艏缆与救生筏系连处的袋子内。另外，乘员定额为 13 人或者说 13 人以上的救生筏应加配 1 把不必是非折叠式的小刀；乘员定额不

超过12人的救生筏配有可浮水瓢1只;乘员定额为13人或13人以上的救生筏配有可浮水瓢2只,海绵2块,海锚2只(每只配有耐震锚索及收锚索各1根),一只备用,另一只固定地系于救生筏上,其系固方法应使海锚在救生筏充气或水面时,总是使救生筏以非常稳定的方式顶风。每只海锚及其锚索和收锚索应具有足以适用于一切海况的强度。海锚应有防止绳索旋转的设施,并应是不能在其支索之间外转的一种类型。永久地固定在吊架降落救生筏上和安装在客船的救生筏上的海锚只供人工布放。所有其他的救生筏应配备当筏充气时能自动布放的海锚,可浮手划桨2支,开罐头刀3把,带特殊开罐头叶片的安全小刀可满足要求;急救药包1套,置于使用后能紧密关闭的防水箱内;哨笛或等效的音响号具1只;符合要求的火箭降落伞火焰信号4支;符合要求的手持火焰信号6支;符合要求的漂浮烟雾信号2支;适于摩斯通信的防水手电筒1只,连同备用电池1副及备用灯泡1只,装在同一防水容器内;有效的雷达反射器1具,除非救生筏内存放有1只救生艇筏雷达应答器;日光信号镜1面,连同与船舶和飞机通信用法须知;印在防水硬纸上,或装在防水容器内的救生信号图解说明表1份;钓鱼用具1套;总数为救生筏额定乘员每个人不少于10 000 kJ口粮。这些口粮应在建议的储存期内保持可口,能够食用,且其包装方式易于分开和打开。口粮应保存于气密包装内并储存于防水容器内;防水容器数个,内装有总数为救生筏额定乘员每个人1.5 L的淡水,其中每个人所需的0.5 L可用2天内能生产等量淡水的海水除盐器来代替,或每个人所需的1 L可用2天内能产生等量淡水的人工逆渗透除盐器来代替;不锈饮料量杯1个;救生筏额定乘员每个人配足够用48 h的防晕船药以及清洁袋1只;救生须知;紧急行动须知;及符合要求的足供10%的救生筏额定乘员使用的保温用具或2件,取其大者。

②在根据要求配备的救生筏上,所要求的标志应是印刷体大写罗马字母标明的"SOLAS A PACK"字样。

③从事短程国际航行的客船,如主管机关在考虑到航程性质与时间后认为前段规定的全部项目不都是必要的,主管机关可准许这些船上所载的救生筏配备另有规定的属具,以及前段规定的属具的半数。在这些救生筏上,所要求的标志应是以印刷体大写罗马字母标明的"SOLAS B PACK"字样。

④属具,凡适宜者,应收存在容器内,如容器不是救生筏的整体部分或固定地附于救生筏上的,则容器应存放并制牢在救生筏内,并能在水面漂浮至少30 min,不会损坏其内存属具。

(6)救生筏自由漂浮装置

①首缆系统。救生筏首缆系统应在船舶与救生筏之间起连接作用,其布置应确使救生筏在脱开时,如为气胀式救生筏则在充气时,不致被下沉中的船舶拖沉没。

②薄弱环。如自由漂浮装置使用薄弱环者,则不会被从救生筏容器拉首缆所需的力拉断;如适用时,有足够强度使救生筏充气;及在张力为(2.2±0.4)kN时断开。

③静水压力释放器。自由漂浮装置中使用静水压力释放器者,则该脱开装置就应采用兼容的材料制成,以防止该装置发生故障。不得采用在静水压力释放器的部件上镀锌或其他形式的金属镀层;在水深不超过4 m处,自动脱开救生筏;设有在该装置处在正常位置时防止水分聚积在静水压力室内的泄水器;其结构,当海浪拍击时,应不致脱开;在其外部应耐久性地标明出其型号与出厂号;该装置上应永久地标明或附有产品铭牌,说明其制造日期,型号与出厂号以及该装置是否能适用于容量25人以上的救生筏;每件连接首缆系统的部件的强度应不小于对首缆所要求的强度;如愿意,可采用确定过期日期的方法代替前段所述的要求。

5. 救助艇

如果它符合本节的所有要求,成功地完成所要求的救助艇试验,船上的存放、降落和回收装置均符合救助艇的所有要求,则救生艇可予作为救助艇。救助艇的浮力材料可以装设于艇体的外部,只要它能适当地保护以防止损坏并且它能经受规定的暴露。救助艇可以是刚性或充气结构,或两者的混合结构,并且:

①长度应不少于 3.8 m,不大于 8.5 m。

②应至少能乘载 5 名坐着的人员和 1 名躺在担架上的人员。

尽管有规定,除舵工之外,可在地板上提供座位,只要座位位置间距根据要求设置形状,但也可以是全长为 1 190 mm 达到能伸展腿部。座位位置的任何部分都不能处在护舷材、艇尾板和艇舷的充气浮力上。

刚性与充气混合结构的救助艇应符合本节中合适的要求,使主管机关满意。除具有足够舷弧的救助艇外,救助艇应设有不少于 15% 艇长的延伸艇首盖。救助艇应能以航速达到 6 kn 进行操纵,并保持此航速至少为 4 h。救助艇应在海浪中具有充分的机动性和操作性,以能从水中拯救人员,集结救生筏并能以至少 2 kn 航速拖带船舶所配备的载足全部乘员及属具或相当重量的最大救生筏。救助艇应装设舷内发动机或舷外发动机。如装设舷外发动机,舵和舵柄可以是发动机的组成部分。不管如何要求,救助艇可以装设具有认可燃油系统的舷外汽油机,但燃油柜应有特殊的防火和防爆保护。拖带装置应永久地安装在救助艇上,其强度应足够集结或拖带规定要求的救生筏。除另有明文规定的之外,每艘救助艇都应提供有效的舀水或自动舀水设施。救助艇应设有细小属具的风雨密贮存处。

6. 降落与登乘设备

除自由降落救生艇的次要降落设备以外,每具降落设备的布置应能在纵倾达到 10°并向任何一舷横倾达到 20°的不良情况及下列条件下,安全降落它所配属的装备齐全的救生艇筏或救助艇。

①按公约规定的要求,满载全部乘员。

②不多于船上操作所需的船员。

按经有关 1978 年议定书修改后的《1973 年国际防止船舶造成污染公约》和本组织的建议(如适用)计算的最后横倾角超过 20°的油船、化学品液货船和气体运输船所配备的救生艇降落设备应在考虑了船舶的最终破损水线后在该船舶处于最后横倾角的情况下,在船舶的较低一舷进行操作。

降落设备不得依靠除重力或不依赖船舶动力的任何储存机械动力以外的任何方式,来降落其所配属的处于满载、装备齐全状态和轻载状态的救生艇筏或救助艇。

每具降落设备的构造,应仅需要最少的日常维护量。一切需要船员进行定期维护的部件,应容易接近和容易维护。

降落设备及其附属设备的强度,除绞车制动器外,应足以经受不少于 2.2 倍最大工作负荷的静负荷试验。

构件和一切滑车、吊艇索、眼板、链环、坚固件和其他一切用做连接降落设备的配件应用一个安全系数来设计,该安全系数根据规定的最大工作负荷和结构所选用材料的极限强度来决定。所有构件的最小安全系数为 4.5,吊艇索、吊艇链、链环和滑车的最小安全系数应为 6。

每具降落设备应尽实际可能在结冰情况下保持有效。救生艇降落设备应能收回载有艇员的救生艇。每艘救助艇降落设备都应装设一台能把载足全部乘员和设备的救助艇从水面以不少于0.3 m/s的速率升起的动力驱动的绞车马达。降落设备的布置应能使人员安全地登上符合要求的救生艇筏。

7. 其他救生设备

(1)抛绳设备

①每具抛绳设备应能相当准确地将绳抛射出;包括不少于4个抛绳体,每个能在无风天气中将绳抛射至少230 m;包括不少于4根抛射绳,每个抛射绳具有破断力不少于2 kN;备有简要说明书或图解阐明抛绳设备的用法。

②手枪发射的火箭,或火箭与抛射绳组成整体的组件,应装在防水的外壳内。此外,对于手枪发射的火箭、抛射绳和火箭以及引燃器材应贮存在抗风雨的容器内。

(2)通用应急报警和有线广播系统

①通用应急报警系统。通用应急报警系统应能发出通用报警信号,该信号由船舶号笛或汽笛以及附加电铃或小型振膜电警笛或其他等效报警系统,发出的7个或以上的短声继以一长声组成,而后者由船舶主电源及所要求的应急电源供电。除了船舶号笛外,该系统应能自船舶驾驶室和其他要害位置进行操作。全船所有起居处所及正常船员工作处所均应能听到该系统的报警。该报警系统在启动后能连续发出直至人工关闭或被一有线广播系统的信息所暂时打断。

内外部应急报警音响的最小声压等级应为80 dB(A),并应至少高于船舶在中等气象状况下一般设备操作产生的环境噪声标准10 dB(A)。在没有安装扬声器的舱室中,应设置电子报警发送器,如蜂鸣器或类似的设备。

在舱内睡眠位置和舱内盥洗室中的声压等级应至少为75 dB(A),并应至少高出环境噪声标准10dB(A)。

②有线广播系统。有线广播系统应为一扬声器装置,能向船员或乘客,或两者通常出现的所有地方广播信息,并通向集合地点。它应能允许从驾驶室和主管机关认为必要的船上其他地方广播消息。它应受到保护以免不经许可的使用。

船舶在正常状态下航行时,广播应急通告的最小声压等级应该:

A. 内部处所75 dB(A),并应至少高于讲话干扰标准20 dB(A)。

B. 外部处所80 dB(A),并应至少高于讲话干扰标准15 dB(A)。

四、国际安全管理规则

(一)概述

1992年4月,IMO的海上安全委员会(MSC)草拟了"国际安全管理规则"。1993年11月4日,IMO第18届大会通过了A.741(18)号决议,即《国际安全管理规则》(International Management Code for the Safe Operation of Ships and for Pollution Prevention,缩写为"ISM Code";中文译为《国际船舶安全营运和防止污染管理规则》、简称《国际安全管理规则》;习惯称《ISM规则》)。1994年5月,SOLAS公约缔约国大会通过了公约附则新增第Ⅸ章"船舶安全营运管理",把《ISM规则》纳入到《SOLAS公约》,从而使《ISM规则》的各项要求成为强制性实施的要求。

在《ISM规则》出台之前,国际海事组织、相关行业组织出台了很多关于加强船舶安全的技术标准。尽管这些标准对船舶设施设备、船舶作业以及船员技能的要求越来越高,但海难事故频繁发生的势头并未能得到有效地抑制。经过调查发现,其原因在很大程度上与管理有关。

管理不善,特别是岸上的管理不善,造成相关的技术标准未能得到真正有效地履行,被认为是海难事故不断发生的根本原因。为了促进技术标准的发行,减少由于人为因素导致的海难事故,IMO 就加强、改善和规范航运公司管理、提高船舶安全营运和防止污染管理水平进行了研究,最终借鉴体系化管理的原理出台了《ISM 规则》,要求公司建立船舶安全营运和防止污染管理体系。

《ISM 规则》在我国实施几年来,取得明显成效,船舶安全管理水平有了较大的提高。根据《ISM 规则》实施的成功经验,我国政府主管机关结合我国的实际情况,于 2001 年颁布了《中华人民共和国船舶安全营运和防止污染管理规则》(简称《国内安全管理规则》或《NSM 规则》)。国际、国内安全管理规则的实施,不仅有利于进一步规范公司的安全管理,提升管理人员的整体素质,增强航运公司的综合能力,也有利于进一步强化水上交通安全管理工作。

(二)《ISM 规则》的主要内容

《ISM 规则》由前言和 16 条内容组成。这些内容包括:A 部分——实施(总则,安全和环境保护方针,公司的责任和权力,指定人员,船长的责任和权力,资源和人员,船上操作方案的制订,应急准备,不符合规定的情况、事故和险情的报告和分析,船舶和设备的维护,文件,公司审核、复查和评价);B 部分——审核与发证(发证和定期审核,核发临时证书,审核,证书格式)。

前言指出,《ISM 规则》旨在提供船舶安全管理、安全营运和防止污染的国际标准;要求各国政府采取必要措施以保证船长在海上安全和保护海洋方面正当履行其职责;要求有适当的管理组织,使其能够对船上的某些需求作出反应,以便达到和保持安全和环境保护的高标准;声明考虑到航运公司或船舶所有人的情况各异以及船舶营运条件的大不相同,而《ISM 规则》是根据一般原则和目标制定,用概括性术语写成,因而具有广泛的适用性;强调高级领导层的承诺是做好安全管理工作的基础,而各级人员的责任心、能力、态度和主观能动性将决定安全和防污染的最终结果。

1. A 部分——实施

(1)总则

①定义

"主管机关"系指船旗国政府。"公司"系指船舶所有人,或已承担船舶所有人的船舶营运责任并在承担此责任时同意承担本规则规定的所有责任和义务的任何机构或个人,如管理人或光船承租人。"安全管理体系(SMS)"系指能使公司人员有效实施公司安全和环境保护方针的结构化和文件化的体系。"符合证明(DOC)"系指签发给符合本规则要求的公司的文件。"安全管理证书(SMC)"系指签发给船舶,表明其公司和船上管理已按照认可的安全管理体系运作的文件。"客观证据"系指通过观察、衡量或测试获得并能被证实的有关安全或安全管理体系要素存在和实施的量或质的信息、记录或事实声明。"评述"系指在安全管理审核过程中作出的并由客观证据证实的事实声明。

②目标

本规则的目标是保证海上安全、防止人员伤亡,避免对环境,特别是海洋环境造成危害以及对财产造成损失。

公司的安全管理目标尤其应该是:提供船舶营运的安全做法和安全工作环境;针对已认定的所有风险,制订防范措施;不断提高岸上及船上人员的安全管理技能,包括安全及环境保护方面的应急准备。

③保证

安全管理体系应当保证:符合强制性的规范和规则;对国际海事组织、主管机关、船级社和海运行业组织所建议的适用的规则、指南和标准予以考虑。

④适用范围

本规则的要求适用于所有船舶。

⑤安全管理体系的功能性要求

每个公司应建立、实施并保持包括下列功能性要求的安全管理体系:安全和环境保护方针;确保船舶安全营运和环境保护符合有关的国际和船旗国立法的指令和程序;明确船岸人员的权限和相互间的联系方式;事故和不符合本规则规定情况的报告程序;对紧急情况的准备和反应程序;内部审核及管理评审的程序。

(2)安全和环境保护方针

公司应当制订安全和环境保护方针,说明如何实现公司的安全管理目标;公司应当保证船岸各级机构均能执行和保持此方针。

(3)公司的责任和权力

如果负责船舶营运的实体不是船舶所有人,则船舶所有人必须向主管机关报告该实体的全称和详细情况。对管理、从事和审核涉及安全和防污染工作的所有人员,公司应当用文件形式明确规定其责任、权限及相互关系。公司应当负责保证提供足够的资源和岸基支持,以便指定人员能履行其职责。

(4)指定人员

为确保每一艘船舶的安全营运并提供公司与船上之间的联系,公司应当根据情况指定一名或数名能直接同最高管理层联系的岸上人员。指定人员的责任和权力应包括对每一艘船的安全营运和防止污染方面进行监控,并确保需要时提供足够的资源和岸基支持。

(5)船长的责任和权力

①公司应以文件形式明确规定船长的下列责任:执行公司的安全和环境保护方针;激励船员遵守该方针;以简明方式发布相应的命令和指令;审核具体要求的遵守情况;复查安全管理体系并向岸上管理部门报告其不足之处。

②公司应当保证在船上实施的安全管理体系中包含一个强调船长权力的明确声明。公司应当在安全管理体系中确立船长的绝对权力和责任(The Overriding Authority and the Responsibility),以便作出关于安全和防污染事务的决定并在必要时要求公司给予协助。

(6)资源和人员

①公司应当保证船长有适当的指挥资格,完全熟悉公司的安全管理体系,得到必要的支持,以便可靠地履行其职责。

②公司应当保证根据本国和国际的有关规定,为每艘船舶配备合格、持证且健康的船员。

③公司应当建立有关程序,以便保证涉及安全和环境保护工作的新聘人员和新调到该岗位的人员能适当熟悉其职责。凡需在开航前作出的指令均应当标明并以文件形式下达。

④公司应当保证与公司安全管理体系有关的所有人员对有关规定、规则和指南有充分的理解。

⑤公司应当建立并保持有关程序,以便标明为实施安全管理体系可能需要的任何培训,并保证向所有相关人员提供这种培训。

⑥公司应当建立有关程序,使船上人员借此能够获得以一种工作语言或他们懂得的其他

语言书写的有关安全管理体系的信息。

⑦公司应当保证船上人员在履行其涉及安全管理体系的职责时能够有效地交流。

(7)船上操作方案的制订

对涉及船舶安全和防止污染的关键性的船上操作,公司应建立制订有关方案和须知的程序。对与之有关的各项工作,应明确规定并分配给适任人员。对涉及船舶安全和防止污染的关键性船上操作,公司应当建立有关方案和须知的制订程序,适当时还包括核查清单。与之相关的各项工作,应当明确规定并分配给适任人员。

(8)应急准备(应变部署/应急计划)

对船上可能出现的紧急情况,公司应当建立标明、阐述和反应的程序。公司应当制订应急行动的训练和演习计划。安全管理体系应提供措施,确保公司有关机构能在任何时候对涉及其船舶的危险、事故和紧急情况作出反应。

(9)对不符合规定的情况、事故和险情的报告和分析

安全管理体系应当包括确保向公司报告不符合规定情况、事故和险情并对其进行调查和分析的程序,以便改进安全和防止污染工作。公司应当建立实施纠正措施的程序。

(10)船舶和设备的维护

公司应当建立有关程序,以保证船舶按照有关规定、规则以及公司可能制订的任何附加要求进行维护。为满足这些要求,公司应当保证:

①按照适当的间隔期进行检查。

②报告已知的不符合规定的情况并附上可能的原因。

③采取适当的纠正措施,保存这些活动的记录。

公司应当在安全管理体系中制订有关程序,以便标明那些会因突发性运行故障而导致险情的设备和技术系统。安全管理体系应当提供旨在提高这些设备和系统可靠性的具体措施。这些措施应当包括对备用装置及设备或非连续使用的技术系统的定期测试。上述检查和提及的措施应纳入船舶的日常操作性维护。

(11)文件

公司应当建立并保持控制与安全管理体系有关的所有文件和资料的程序。公司应当保证:

①各有关部门均能获得有效的文件。

②文件的更改应由经授权的人审查批准。

③被废止的文件应及时清除。

用于阐述和实施安全管理体系的文件可称为“安全管理手册”。文件应当以公司认为最有效的方式予以保存。每艘船舶应备有与之有关的全部文件。

(12)公司审核、复查和评价

公司应当开展内部审核,以核查安全和防止污染活动是否符合安全管理体系的要求。公司应当定期评价安全管理体系的有效性,必要时还应当根据公司建立的有关程序对安全管理体系进行复查。审核及可能采取的纠正措施应当按文件规定的程序进行。实施审核的人员应当不从属于被审核的部门,除非由于公司的规模和性质不可能做到。审核及复查结果应当告知该部门所有责任人员,以提醒他们注意。负责该部门的管理人员应当对所发现的缺陷及时采取纠正措施。

2. B 部分——审核与发证

(1)发证和定期审核

①船舶应当由持有与该船相关的“符合证明”或与该船舶相关的“临时符合证明”的公司营运。

②“符合证明”应由主管机关、主管机关认可的机构或应主管机关的请求由另一缔约国政府,签发给符合本规则要求的公司,其有效期由主管机关确定,但不超过 5 年。该证明应当被视为该公司能够符合本规则要求的证据。“符合证明”仅对其载明的船舶类型有效。所载明的船舶类型以初次审核所认定的船舶类型为依据。对于其他船舶类型,只有在审核其公司的能力确已满足本规则关于此船舶类型的要求时才能被载入。船舶类型系指《SOLAS 公约》第Ⅸ章第 1 条的规定。“符合证明”应在周年日前或后 3 个月内接受由主管机关或主管机关认可的机构,或者应主管机关的请求由另一缔约国政府实施的年度审核。

③如果没有申请所要求的年度审核,或者有证据表明存在重大不符合规定情况时,主管机关或应主管机关要求,签发证书的缔约国政府应当撤销该“符合证明”。如果撤销“符合证明”,所有相关的“安全管理证书”、“临时安全管理证书”也应当撤销。

④船上应当保存一份“符合证明”的副本,以便船长被要求时出示给主管机关或主管机关认可的机构查验,以及用来接受《SOLAS 公约》第Ⅸ章第 6.2 条规定的监督检查。该副本不必是签发的原件。

⑤在审核该公司及其船上的管理确已按照经认可的安全管理体系运作后,主管机关或主管机关认可的机构,或者应主管机关请求的另一缔约国政府,应当向船舶签发有效期不超过 5 年的“安全管理证书”。该证书应被视为该船舶符合本规则要求的证据。

⑥“安全管理证书”应接受由主管机关或主管机关认可的机构,或者应主管机关的请求由另一缔约国政府实施的至少一次的中间审核。如果只进行一次中间审核,且“安全管理证书”的有效期为 5 年,中间审核应当在证书的第 2 和第 3 个周年日之间进行。

⑦除了上述要求之外,如果没有申请中间审核,或者有证据表明存在重大不符合规定情况时,主管机关或应主管机关请求签发该证书的缔约国政府应当撤销“安全管理证书”。

⑧尽管有上述规定,当换证审核在所持“符合证明”或“安全管理证书”有效期届满之前 3 个月内完成时,新签发的“符合证明”或“安全管理证书”应当自完成换证审核之日起有效,且有效期自原证书有效期届满之日起不超过 5 年。

⑨当换证审核在所持“符合证明”或“安全管理证书”有效期届满之日 3 个月前完成时,新签发的“符合证明”或“安全管理证书”应当自完成换证审核之日起有效,且有效期自完成换证审核之日起不超过 5 年。

(2)临时证书

①对于公司新成立,或现有“符合证明”新增船舶种类的公司,为便利其初始实施本规则,在审核该公司业已建立的安全管理体系满足本规则的目标要求后,可向其签发一份“临时符合证明”,但前提是该公司已作出在“临时符合证明”有效期内运行满足本规则全部规定的安全管理体系的计划。

该“临时符合证明”应由主管机关或主管机关认可的机构,或者应主管机关的请求由另一缔约国政府签发,其有效期不超过 12 个月。船上应当保存一份“临时符合证明”的副本,以便船长被要求时出示给主管机关或主管机关认可的机构查验,以及在接受《SOLAS 公约》第Ⅸ章规定的港口国监督检查时出示。该副本不要求是签发的原件。

②下述情况下可向船舶签发“临时安全管理证书”：新造船交付使用；公司新承担一艘船舶的营运责任；船舶换旗。

该“临时安全管理证书”应由主管机关或主管机关认可的机构，或者应主管机关的请求由另一缔约国政府签发，其有效期不超过6个月。

③在特殊情况下，主管机关或应主管机关请求的另一缔约国政府，可以对“临时安全管理证书”到期日起展期不超过6个月。

④“临时安全管理证书”应在审核下述情况后签发给船舶：

“符合证明”或“临时符合证明”覆盖了该船种；公司在该船实施的安全管理体系涵盖了本规则的关键要素并在为签发“符合证明”的审核中已作评估或在为签发“临时符合证明”的审核中已表明；公司已做好3个月内审核该船的计划；船长和高级船员熟悉安全管理体系以及其实施的计划安排；已标明的重要指令在开航前已下达；已用工作语言或船上人员懂得的其他语言提供了有关安全管理体系的信息。

(3)审核

本规则要求的所有审核，应当按照主管机关充分考虑国际海事组织制定的指南后认可的程序进行。

(4)证书格式

“符合证明”、“安全管理证书”、“临时符合证明”和“临时安全管理证书”应当按照本规则附录所示格式制作。如果所用语言既非英文又非法文，证书文字应当包括其中一种。

除了上述“发证和定期审核”中的要求，“符合证明”和“临时符合证明”中所载明的船舶种类可加以签注以反映安全管理体系所规定的对船舶营运的限制。

(三)安全管理体系

根据《ISM规则》的要求，凡从事国际航行的船舶及经营国际航运的公司，应建立、实施和保持一个安全管理体系(Safety Management System，简称SMS)，并经主管机关或其授权的机构进行认证审核。凡审核合格的公司将取得“符合证明”(Document of Compliance，简称DOC)，其所属船舶在具有公司“符合证明”副本的情况下，经审核合格，可取得船舶“安全管理证书”(Safety Management Certificate，简称SMC)。

1. SMS的基本概念

所谓“安全管理体系”系指能使公司人员和船上人员有效地实施公司和船舶的安全与防污染方针的一种结构化和文件化的管理体系。该体系由组织机构、人员责任、工作程序、活动过程和人力财力资源等五大要素构成。

根据《ISM规则》要求，每个公司建立的安全管理体系应遵循的基本原则：

①安全和环境保护方针及其实施策略。安全与环境保护方针是公司安全管理的行动纲领。方针的内容包含《ISM规则》的目标、公司的目标和SMS目标，以及方针口号和原则性措施。方针以总经理声明的形式签发生效。方针口号：简单的有“健康—安全—环保”；又如“提高素质、保护环境、安全优质、高效创业”；再如“预防为主、保证安全、保护环境、保持健康、适任适航、优质服务”。

②明确规定岸上和船上各部门和岗位人员的责任、权力以及相互间的关系，不能存在责任、权力的交叉或空白和关系含糊不清的现象。

③达到和保持安全和防污染的高标准。SMS必须符合《ISM规则》、“SOLAS 74”、“MARPOL 73/78”、“LL66”、“STCW 78”等国际国内的强制性规定，同时还要对国际组织、国内

主管机关及船级社和有关海运行业组织所建议适用的规则、指南、标准予以充分考虑。

2. SMS 的文件体系

SMS 文件体系是描述 SMS 的一整套文件，是公司开展安全管理活动和环境保护活动的法定工作依据，是达到安全管理目标的最好、最切实际的方法和途径，也是防止、消除和减少事故的工具和保证。

SMS 文件体系的构成可分为两个方面三个层次。两个方面指公司和船舶；三个层次指体系文件、程序文件和运行记录。

(1)SMS 文件体系的结构

①公司文件体系的构成

第一部分：公司的方针目标，即公司在安全管理方面想要做什么。第二部分：体系，即公司对安全和防污染管理的组织控制要达到什么样的目标。第三部分：程序，即说明安全和防污染管理工作由谁做、何时做、何处做、做什么。第四部分：须知和相关记录，即在安全和防污染管理上怎么做的文件以及做了以后留下的记录。

②船舶文件体系的构成

船舶文件体系结构与公司文件相同，但体现船舶安全和防污染管理特点及对公司体系文件补充的操作性文件。船舶文件体系和公司文件体系的原则要一致，不应存在矛盾和抵触，而应确定界面、消除重叠、合理接口、形成统一。

(2)SMS 文件体系的层次

①第一层次：安全管理手册

安全管理手册中包括最高领导层的政策声明、方针目标及落实《ISM 规则》的各项具体要求等，其具体内容有：目标与方针；组织结构；职责分工；安全与防污染的管理；人员与配备；资格与培训；文件管理；行政管理与计划；应变部署等项。

②第二层次：程序文件(或称专业手册/安全管理程序手册)

程序文件是基于安全管理手册，是后者的支持性文件，即把安全管理手册所规定的要求，按部门分工具体化，同时明确各部门间的相互关系。

③第三层次：须知文件(或称操作手册)

包括操作须知，设备使用说明，保养维修规定等指导文件，是具体说明如何进行每一项工作的文件。

SMS 文件体系的三个层次，既独立又有联系。其中“安全管理手册”等通用性文件，公司和船舶都须配置。

3. SMS 若干要点

(1)《ISM 规则》第七条

《ISM 规则》第七条“船上操作方案的制订”中规定：对涉及船舶安全和防污染的关键性的船上操作，公司应建立制订有关方案和须知的程序。

根据对船舶安全和防污染的影响程度，关键性操作可分为关键操作和特殊操作。

①关键操作(又称临界操作)，系指其任何过失都可能立即造成船舶碰撞、船体损伤、水域污染或人员伤亡等严重事故或产生直接威胁人命安全、船舶安全或环境保护的危险局面的所有操作。关键操作应严格按照须知进行，并应密切监督操作是否符合要求。公司应对从事船上关键操作的船员的资格予以规定，并予以监督。

关键操作至少包括：

在限制水域或交通密集区域航行；在接近陆地水域或交通密集水域内可能造成突然失去操纵能力的操作；在视线不良条件下的航行；在恶劣气象条件下的航行；危险货物和有毒有害物质的装卸和积载；海上加油和驳油；液化气体运输船、化学品船和油船的货物操作；关键性机器/设备的操作。

②特殊操作，系指那些仅在险情已产生或事故已发生时，其过失才会明显看出的操作。特殊操作具有过失显露的滞后性，往往在发生事故或出现险情时，才显示出操作中的不当或错误行为。因此，船上特殊操作的程序和须知应强调预防和检查，旨在事故发生前纠正不全的做法。

特殊操作至少包括：保证水密完整性；航行安全，包括海图和有关出版物的改正；影响航行安全设备（如舵机等）及其有关的备用设备可靠性的试验操作、维护保养操作；港内加油操作及驳油作业；保持稳性、防止超载和应力集中；集装箱、货物及其他物品的绑固；船舶保安、防暴力和海盗行为。

(2)《ISM 规则》第八条

《ISM 规则》第八条"应急准备"中规定，对船上可能出现的紧急情况，公司应建立标明、阐述和反应的程序。

①SMS 文件体系应制订应急文件。应急文件包括船岸应急程序（组织、职责、通信联络和报告、请求援助、应对媒体等）和反应计划（应变部署）。

②船上紧急情况可分为四类：

A. 火灾与海损类，有火灾/爆炸；船舶碰撞；搁浅/触礁；船舶破损、进水；天气损害；弃船等。

B. 机损与污染类，有主机故障；舵机失灵；电源故障；机舱事故；油污染等。

C. 货物损害类，有货物移动；海难自救抛货；危险货物事故等。

D. 治安与人员伤亡类，有严重伤病；进入封闭场所；人员落水；搜寻和救助；海盗和暴力行为；战区遇险；直升飞机操作等。

③SMS 应对可能出现的船上紧急情况制订相应的处理程序，以便船上一旦发生紧急情况，岸上和船上人员能及时有效地处理。

④应变部署程序至少应包括：消防和救生演习；应急设备的使用；应急发电机操作；舵机失灵时操作；机舱进水；应急救援和疏散；限制区域的救助；危险物质的清除；意外事故；消防设备、救生设备和人员防护设备的维护管理等。

(3)《ISM 规则》第九条

《ISM 规则》第九条是指"不符合规定的情况、事故和险情的报告和分析"。

①"不符合规定情况"系指客观证据表明不满足某一具体规定要求的可见情况，例如，未执行相应的体系文件要求等。

"重大不符合规定情况"系指对人员或船舶安全构成严重威胁或对环境构成严重危险，并需要立即采取纠正措施的可辨别的背离，包括未能有效和系统地实施本规则的要求。

"事故"系指造成人员伤亡、环境污染、船舶和货物损害的事件，例如，工伤、溢油、碰撞、失火等。

"险情"系指危及人身、损害船货事故的前兆。

②SMS 应建立并执行不符合规定情况、事故和险情的报告分析制度，以便公司相应管理部门及时进行审议、评估并采取纠正措施，同时，船舶应制订并实施预防措施和纠正措施。预防

措施和纠正措施应采用恰当的信息来源,如港口国监督检查、船旗国安全检查所发现的缺陷,船舶法定检验和船级检验时所发现的缺陷,体系内审时发现的缺陷以及本船各类事故和不符合规定情况等。在实施过程中,首先应对上述缺陷和事故查明原因、损害和后果,并对操作过程的各个环节作出明确详细记录,以便作为 SMS 复查的依据。

(四)发证、审核和监督

根据《SOLAS 公约》第Ⅸ章规定,由缔约国主管机关负责审核公司与《ISM 规则》要求的符合性,并向符合要求的公司颁发"符合证明(DOC)"以及向船舶颁发"安全管理证书(SMC)";也可由主管机关认可的组织或应主管机关请求的另一缔约国政府颁发 DOC,主管机关认可的组织颁发 SMC,例如主管机关认可的船级社等组织。

我国政府规定,中国船级社为实施《国际安全管理规则》的所有船舶的发证机构,海事局作为主管机关对发证工作负责监督;船公司的符合证明由交通运输部签发。

船公司为获得 DOC 的签发和保持 DOC 的有效性应进行初次审核、年度审核、换证审核和附加审核;船舶为获得 SMC 的签发和保持 SMC 的有效性应进行初次审核、中间审核、换证审核和附加审核。

1. 公司的各种审核和 DOC 的签发

(1)初次审核

在公司向主管机关提出外部审核的申请后,主管机关将根据《船舶安全管理体系认证规范》的要求,审核公司实施《ISM 规则》的情况。公司 SMS 的初次审核是验证公司 SMS 与《ISM 规则》要求的符合性。公司 SMS 的初次审核包括文件评审和公司现场审核,必要时,可安排预访问。

①文件初步评审

在现场审核前,审核员应评审安全管理手册,以验证 SMS 及有关文件是否符合《ISM 规则》的要求。如安全管理手册所描述的 SMS 不充分,CCS 将通知公司推迟公司现场审核,并要求公司采取纠正措施。对纠正文件评审过程中所发现的不足而所进行的安全管理体系文件的修改,可采用文件书面验证,或在随后的现场审核时进行验证。

②预访问

经文件评审,审核组认为需要,可安排对公司的预访问。预防问的目的是了解公司船舶安全管理体系,并方便制订审核计划。在预访问过程中,审核员不应提供任何有关船舶安全管理体系建立和改进的咨询性意见。

③公司现场审核

公司现场审核应收集下列方面的客观证据:

公司 SMS 已至少运行 3 个月;公司管理的每种船型中,各有一艘船舶的 SMS 已经至少运行 3 个月;公司已进行的岸基地,包括分支机构和船上的内部安全管理审核的记录;至少检查和验证公司管理的每一种船型的各一艘船舶的法定和船级记录的正确性。

公司的初次审核应验证所有 SMS 的要素,及其符合《ISM 规则》要求的有效性。现场审核应在公司的总部进行。如公司的组织机构设有分支机构并指派了 SMS 职责时,现场审核应覆盖代表性的分支机构。

(2)年度审核

DOC 的年度审核应在 DOC 签发之日的每周年日前或后 3 个月内进行,满意地完成年度审核,审核机构对 DOC 进行签证,以证明受审核公司的 SMS 仍有效地实施和保持并持续符合

《ISM 规则》和相关的要求,并保持 DOC 的有效性。

①年度审核应至少验证下列方面:

SMS 的有效运行;SMS 的可能修改符合《ISM 规则》要求;纠正措施已实施;法定和船级证书保持有效,且没有逾期的检验项目;公司管理的船舶类型。

②公司的年度审核应验证所有 SMS 的要素,及其符合《ISM 规则》要求的有效性。

③至少应对在 DOC 上标示的每种船型和各一艘船舶进行法定和船级证书的验证。

④如在年度审核中有客观证据表明公司未管理 DOC 上所列的某一船型的船舶持续超过 1 年,DOC 上标示的该船型应予以取消。

⑤应包括对上一次公司和船舶审核所报告的不合格的评审。审核员应对不合格进行抽查,验证公司是否按《ISM 规则》的要求对不合格进行调查、分析和处理。

⑥年度审核应包括对总部和分支机构的审核。如在 DOC 有效期内,公司在其 SMS 内新增分支机构,则应在下一次的年度审核时对其进行审核,在签署 DOC 时,应将其新增分支机构在 DOC 上标示。

(3)换证审核

DOC 的有效期为 5 年。DOC 到期之日前 6 个月内,公司应接受换证审核,并在 DOC 到期之日前完成换证审核。

公司在申请换证审核时,应声明其 SMS 的变更情况。如果 SMS 已进行修改,则应按初次审核的规定进行文件评审。换证审核时,公司的现场审核范围和程度应与初次审核相同。换证审核应包括对上一次公司和船舶审核所报告的不合格的评审。审核员应对不合格进行抽查,验证公司是否按《ISM 规则》要求对不合格进行调查、分析和处理。当换证审核的结果证明公司的 SMS 仍有效地保持并符合规定时,换发新的 DOC,新 DOC 起算日即为原 DOC 到期日。

在所有严重不合格消除前,不得签发新的 DOC。在其他的不合格消除前,可签发 DOC,但必须有公司和审核员均同意的在 3 个月内完成纠正措施的计划。

(4)附加审核

当出现下列情况之一时,公司应申请 DOC 的附加审核:

①当 DOC 覆盖的船舶发生重大船舶安全事故、重大船上人员伤亡事故和水域污染事件时,根据公司的报告,认为必要时。

②当公司的 SMS 发生更改时,根据公司报告的 SMS 变更性质,认为必要时。

③当 DOC 覆盖的船舶发生 PSC 滞留,并认为 PSC 滞留与 SMS 实施有关时。

④当 SMS 中增加的具有附加要求的船旗或船型,所涉及船舶临时 DOC 转发为 DOC 时。

⑤当 DOC 撤销后,重新申请签发 DOC 时。

⑥当需要跟踪针对不合格的纠正措施的有效性时。

附加审核的项目、范围和程度由船级社根据附加审核的性质确定。

(5)DOC 的签发

在满意地完成初次审核或换证审核后,应向公司签发 DOC。公司应将 DOC 副本送至每一有关的岸基地及公司船队的每一艘船上。DOC 应指明公司 SMS 所管理的船舶类型。在所有严重不合格消除前(即未完成纠正并由审核员验证),不得签发 DOC。在其他的不合格消除前,可签发 DOC,但必须有公司和审核员均同意在 3 个月内完成纠正措施的计划。

(6)临时 DOC 的签发

在更换船旗国或公司时,应根据规定作出专门的过渡性安排;对新建公司或持有 DOC 但需新增船型的公司,为便于《ISM 规则》的初始实施,可签发临时 DOC;在证明公司具有满足《ISM 规则》的目标后,可签发有效期不超过 12 个月的临时 DOC。公司应提供在临时 DOC 的有效期内实施满足《ISM 规则》全部要求的 SMS 的计划。

2. 船舶的各种审核和 SMC 的签发

(1)初次审核

公司的 SMS 审核满意地完成之后,可开始安排/计划公司所属船舶的初次审核。船舶 SMS 初次审核是验证公司及其船舶管理操作与批准的公司 SMS 的符合性和满足《ISM 规则》适用要求的有效性。船舶 SMS 的初次审核包括必要的文件核查和船上审核。

①文件核查

在船上审核实施之前,应验证公司 DOC 的有效性,以及与该船舶船型的相关性;船上配备了有效的 SMS 文件。

如果与该船舶有关的公司 DOC 不是由 CCS 签发,CCS 可要求公司在审核实施前向 CCS 提交已批准的船舶安全管理体系文件备查。如果与该船舶有关的公司 DOC 是由 CCS 签发,审核员根据具体情况,在船上审核时或之前对船舶安全管理体系文件核查。

②船上审核

船上审核至少应收集下列方面的客观证据:SMS 的有效运行;SMS 在该船舶的船上至少已运行 3 个月;由公司进行的该船舶内部安全管理审核的记录。

船上初次审核应验证所有船舶适用的 SMS 要素及符合《ISM 规则》要求的有效性。在所有严重不合格未消除前,不得签发 SMC。在其他不合格消除前,可签发 SMC,但必须具有公司和审核员均同意的 3 个月内完成纠正措施的计划。

满意地完成审核后,应向船舶签发 SMC,其副本送至公司。SMC 的有效期为 5 年。

(2)中间审核

所有持有 CCS 签发的 SMC 的船舶,在其 SMC 有效期内应接受 1 次中间审核,中间审核应在 SMC 的第 2 个和第 3 个周年日之间进行。根据 SMS 实施状况,必要时可增加中间审核的频次。

中间审核应至少验证下列方面:SMS 的有效运行;SMS 的修改符合《ISM 规则》要求;纠正措施已得到实施;法定和船级证书保持有效,且没有一项检验项目逾期。

船上中间审核应验证所有船舶适用的 SMS 要素及符合《ISM 规则》要求的有效性。满意地完成中间审核,船级社签证 SMC,以证明受审核的船舶持续保持 SMS 的有效性,并符合《ISM 规则》的相关要求。

(3)换证审核

换证审核应在 SMC 到期日的前 6 个月内之前完成。

公司在申请换证审核时,应声明其 SMS 的变更情况。如果 SMS 已进行修改,则应按规定进行文件评审。换证审核时,船上审核范围和程度应与初次审核相同。

(4)附加审核

当出现下列情况之一时,公司应申请进行船舶附加审核,以证实其符合本规范的要求,并确认 SMC 的有效性:

①当船舶发生重大船舶安全事故、重大船上人员伤亡事故和水域污染事件时,本社根据公

司的报告，认为必要时。

②船舶发生 PSC 滞留，并认为 PSC 滞留与 SMS 实施有关时。

③当在船舶的船级定期检验或临时检验、法定检验、PSC 和船旗国检查和其他检验的验船师报告并经 CCS 业务主管部门判定认为必要时。

④当船舶安全管理体系认证从其他 IACS 成员船级社转移到 CCS 时。

⑤当 SMS 中增加的具有附加要求的船旗或船型，所涉及船舶临时 SMC 转发为 SMC 时。

⑥当持有 SMC 的非公约船舶转为公约船舶时。

⑦当船舶搁置 3 个月以上，重新投入营运时。

⑧当 SMC 撤销后，重新申请签发 SMC 时。

⑨当 CCS 需要跟踪针对不合格的纠正措施的有效性时。

附加审核的范围和程度根据附加审核的性质确定。

(5)临时 SMC 的签发

下列情况之一的公司，可申请签发临时 SMC 的临时审核，以对实施《ISM 规则》作出专门的过度渡性安排：

①交付的新造船或经改建导致船舶种类改变的船舶在首次投入营运时。

②公司新管理的船舶。

③船舶更换船旗时。

属于上述情况的船舶，满足下列要求时可签发临时 SMC：

①公司 DOC 或临时 DOC 与该船相关。

②公司为该船提供的 SMS，包括了《ISM 规则》的所有要素，且在为签发 DOC 的审核期间业经验证，或在签发临时 DOC 时业已证明。

③船长及高级船员熟悉 SMS 和为其实施的计划安排。

④具有在开航前要提供的主要须知，包括救生岗位和职责、消防岗位和职责，以及提供 SOLAS 训练手册安全要求有关的特定附加参考资料。

⑤具有在 3 个月之内对该船进行内审的计划。

⑥SMS 的有关信息用工作语言或船上人员懂得的语言传递。

五、国际船舶和港口设施保安规则(ISPS 规则)

(一)概述

2001 年 9 月 11 日，在美国纽约发生“9・11”恐怖袭击事件。恐怖分子劫持 4 架客机，其中 3 架客机自杀性地撞击美国世贸中心和五角大楼，造成机上 265 人、世贸中心内 2 650 人，包括 343 名消防人员和五角大楼内 125 人的严重伤亡事件，震惊世界。

对“9・11”事件思考，各国政府和海事界认识到运输工具，不仅仅是恐怖主义袭击的对象，也可以被选定为实施恐怖行为的武器。船舶作为大流动性并能隐蔽地运载各种武器、恐怖分子、毒品和危险物质的海上运输工具存在潜在的保安威胁。由于国际恐怖分子不再仅采用准军事手段对军事目标进行袭击，而是将袭击目标扩展到利用常见的民用交通工具对民用设施和平民进行袭击。因此，如何有效地反恐、防恐成为航运界共同关心和高度关注的问题。

海上保安问题历来受到海事界，包括政府机构、港口业和航运业的关注，并采取了适当的安全防范措施。传统的海上保安威胁，诸如海盗和偷渡，其表现的行为特征是以纯粹获取财物等经济利益为目标，而不以毁坏财产和损害人命为目的。IMO 在传统的海上保安威胁方面提出了相关的指导性文件，建议各国政府、航运业和船舶采取针对性的防范措施：包括建立国际和区域性信息交流网络、对海上保安事件（如海盗袭击）进行分析、及时通报高危险海域、制定保护性防范措施、国际和/或区域合作执行联合海上巡逻和建立响应计划等。传统的海上保安威胁主要表现在走私、海盗、货物偷窃、毒品走私、偷渡。

"9·11"事件后，美国为了将国际恐怖分子拒之于国门之外，采取了一系列措施，其中最重要的是"海关－贸易伙伴反恐"和"集装箱安全倡议"两个协议。

"海关－贸易伙伴反恐"就是海关和从事物流活动的各方合作，采取安全措施，确保供应链各个环节的安全可靠，以保证美国边境的安全和商业活动的顺畅，其宗旨在于要求每一个贸易伙伴保证其采取安全保障措施，并向其业务伙伴提出采取安全措施的要求。

"集装箱安全倡议"的主要内容是：建立识别高风险集装箱的安全标准；对已经识别为高风险的集装箱在到达美国港口之前进行预检；开发和使用智能化安全集装箱；快速通关，减少突发事件的风险。

（二）《ISPS 规则》的主要内容

1. A 部分

（1）总则

①本规则的目标

规定缔约国政府、政府部门、地方行政机关和航运业以及港口业进行合作的国际框架以探察保安威胁并针对影响到用于国际贸易的船舶或港口设施的保安事件采取防范措施。规定缔约国政府、政府部门、地方行政机关和航运业以及港口业各自在国内和国际层面上关于确保海上保安的作用和责任。确保及早和有效地收集并交流与保安有关的信息。提供一套用于保安评估的方法，以具备对保安等级的变化作出反应的计划和程序。确保对合适和相称的海上保安措施抱有信心。

②功能要求

搜集和评估与保安威胁有关的信息并与有关缔约国政府交流该信息；要求保管船舶和港口设施的通信记录；防止擅自进入船舶、港口设施及其限制区域；防止擅自将武器、燃烧装置或爆炸物带入船舶或港口设施；提供对保安威胁或保安事件作出反应的报警装置；要求船舶和港口设施保安计划以保安评估为依据；要求进行培训演练和演习确保熟悉保安计划和程序。

（2）定义

①船舶保安计划（SSP），系指为确保在船上采取旨在保护船上人员、货物、货物运输单元、船舶备品或船舶免受保安事件危险的措施而制订的计划。

②港口设施保安计划（PFSP），系指为确保采取旨在保护港口设施和港口设施内的船舶人员、货物、货物运输单元和船舶备品免受保安事件危险的措施而制订的计划。

③船舶保安员（SSO），系指由公司任命的在船上负责船舶保安并对船长负责的人，其责任包括实施和保管船舶保安计划以及与公司保安员和港口设施保安员进行联络。

④公司保安员（CSO），系指由公司任命负责确保船舶保安评估得以开展，船舶保安计划得以制订，提交批准后得以实施和保管，并与港口设施保安员和船舶保安员进行联络的人。

⑤港口设施保安员（PFSO），系指经任命负责制订实施修订和保管港口设施保安计划，以及与船舶保安员和公司保安员进行联络的人员。

⑥保安等级 1，系指应始终保持最低限度的适当防范性保安措施的等级。

⑦保安等级 2，系指由于保安事件危险性升高而应在一段时间内保持适当的附加防范性

保安措施的等级。

⑧保安等级3，系指当保安事件可能或即将发生(尽管可能尚无法确定具体目标)时，应在一段有限时间内保持进一步的特定防范性保安措施的等级。

(3)适用范围

本规则适用于以下各类从事国际航行的船舶：

①客船包括高速客船。

②500总吨及以上的货船包括高速货船。

③海上移动式钻井平台。

④为此类国际航行船舶服务的港口设施。

对于主要用于非国际航行船舶仅偶尔需要为到港或离港的国际航行船舶服务的港口设施，缔约国政府仍决定本规则的本部分在何种程度上适用于这些港口设施。

本规则不适用于军舰、海军辅助船或由缔约国政府拥有或经营并仅用于政府非商业性服务的其他船舶。

(4)缔约国政府的责任

缔约国政府应规定保安等级，并为防止发生保安事件提供指导。较高的保安等级表明发生保安事件的可能性较大。缔约国政府在规定保安等级3时，应发出必要的适当指令，并应向可能受到影响的船舶和港口设施提供与保安有关的信息。

缔约国政府可将某些与保安有关的职责委托给经认可的保安组织，但以下职责除外：

①规定适用的保安等级。

②批准港口设施保安评估和已批准评估的后续修正内容。

③确定须任命港口设施保安员的港口设施。

④批准港口设施保安计划和已批准计划的后续修正内容。

⑤依照第Ⅺ-2/9条采取控制和符合措施。

⑥规定关于保安声明的要求。

(5)保安声明

缔约国政府应通过评估船/港界面活动或船到船活动对人员财产或环境造成的危险，确定何时要求提交保安声明。

船舶在以下情况下可要求填写保安声明：

①该船保安等级高于作为其界面活动对象的港口设施或其他船舶的保安等级。

②在缔约国之间有涉及某些国际航线或这些航线上具体船舶的关于保安声明的协议。

③曾经有过涉及该船或涉及该港口设施的保安威胁或保安事件按适用该情况处理。

④该船位于一个不要求具有和实施经批准的港口设施保安计划的港口。

⑤该船与另一艘不要求具有和实施经批准的船舶保安计划的船舶进行船到船活动。

保安声明应由以下各方来填写：

①船长或船舶保安员代表船舶以及在适当时机。

②港口设施保安员或缔约国另行决定由负责岸上保安的其他机构代表港口设施。

保安声明应提出港口设施与船舶之间(或船舶与船舶之间)可以共用的保安要求并说明各自的责任。

(6)公司的义务

公司应确保船舶保安计划中包含强调船长权威的明确陈述，明确船长在就船舶安全和保安作出决定方面,以及在必要时请求公司或任何缔约国政府提供协助方面具有最高的权限和责任。公司应确保为公司保安员、船长和船舶保安员履行其职责和责任提供必要的支持。

(7)船舶保安

船舶须遵从缔约国政府规定的保安等级。当处于保安等级1时,在船上开展以下活动以便针对保安事件采取防范措施:

①确保履行船舶的所有保安职责。

②对登船予以控制。

③控制人员及其物品上船。

④监控限制区域确保只有经过授权的人员才能进入。

⑤监控甲板区域和船舶周围区域。

⑥监督货物和船舶备品装卸。

⑦确保随时可进行保安通信。

主管机关规定了保安等级2或3,船舶均应确认已收到关于改变保安等级的指令。

当缔约国规定了保安等级2或3时,船舶在进入其境内的港口之前或在港期间应确认已收到指令,并应向港口设施保安员确认已开始实施船舶保安计划所列明的适当措施和程序。在处于保安等级3时,应确认已开始实施规定了保安等级3的缔约国政府发出的指令所列明的适当措施和程序。船舶应报告在实施中遇到的任何困难。

如果船舶保安等级高于其拟进入或已在港口的保安等级,船舶应立即将此情况通知港口设施主管当局和港口设施保安员。在这种情况下如有必要,船舶保安员应与港口设施保安员进行联络并协调适当的行动。

(8)船舶保安评估

船舶保安评估是船舶保安计划制订和更新过程的基本组成部分。公司保安员应确保由具有适宜能力评价船舶保安情况的人员,开展船舶保安评估。经认可的保安组织可以为某一特定船舶开展船舶保安评估。

船舶保安评估应包括现场保安检验和至少以下要素:

①确定现有保安措施程序和操作。

②确定并评价应予重点保护的船上关键操作。

③确定船上关键操作可能受到的威胁及其发生的可能性,并按优先顺序确定保安措施。

④确定基础设施方针和程序中的弱点,包括人为因素。

船舶保安评估应由公司形成文件加以评审认可并保存。

(9)船舶保安计划

每条船均应随船携带经主管机关批准的船舶保安计划。主管机关可将船舶保安计划或以前已批准计划的修正内容的评审和批准工作,委托给经认可的保安组织。但对特定船舶的船舶保安计划或其修正内容进行评审和批准的保安组织,应不曾参与被审船舶保安评估的编写或船舶保安计划或修正内容的编写。提交审批的船舶保安计划或以前已批准的船舶保安计划的修正内容,应附有编制该计划或修正内容所依据的保安评估。该计划应以该船的一种或几种工作语言写成。如果所用语言不是英文、法文或西班牙文,还应包括其中一种语言的译文。该计划应至少涉及以下内容:

防止将企图用于攻击人员、船舶或港口的武器、危险物质和装置擅自携带上船的措施;对限制区域的确定以及防止擅自进入限制区域的措施;防止擅自登船的措施;对保安状况受到的

威胁或破坏作出响应的程序，包括维持船舶或船/港界面的关键操作的规定；对缔约国政府在处于保安等级3时可能发出的任何指令作出响应的程序；在保安状况受到威胁或破坏的情况下撤离人员的程序；船上负有保安责任的人员的职责和船上其他人员在保安方面的职责；保安活动审核程序；与该计划有关的培训操练和演习程序；与港口设施保安活动进行配合的程序；定期评审和更新该计划的程序；报告保安事件的程序；指明船舶保安员；指明公司保安员包括24 h详细联系方式；确保检查、测试、校准和保养船上任何保安设备的程序；船上任何保安设备（如有）的测试或校准次数；指明船舶保安警报系统启动点所在位置；船舶保安警报系统的使用，包括试验、启动、关闭和复位以及限制误发警报的程序说明和指导。

对已批准的船舶保安计划或已批准计划所规定的任何保安设备的变动，在主管机关批准前不得实施任何此类变动。所作变动的批准件应在船上取用并与国际船舶保安证书（或临时国际船舶保安证书）一起出示。该计划可用电子格式保存，但应加以保护，防止被擅自删除破坏或修改。应防止擅自接触或泄露该计划。

船舶保安计划不受缔约国政府正式授权官员的检查。如果该官员有明确理由相信船舶不符合公约第Ⅺ-2章或本规则A部分的要求，且验证或纠正不符合情况的唯一方式是审查船舶保安计划的相关要求，则可破例允许查看该计划中与不符合情况有关的具体部分，但必须征得船旗国政府或船长的同意。

(10)记录

船舶保安计划涉及以下活动的记录应按主管机关规定的最低期限保存在船上：

培训操练和演习；保安状况受到的威胁和保安事件；保安状况受到的破坏；保安等级的改变；与船舶直接保安状况，例如对船舶或对船舶所停留或曾经停留的港口设施的具体威胁有关的通信；保安活动的内部审核和评审；对船舶保安评估的定期评审；对船舶保安计划的定期评审；对保安计划任何修正的实施；船上保安设备的保养校准和测试，包括对船舶保安警报系统的测试。

应使用船上的一种或几种工作语言来保持记录。如果所用语言不是英文、法文或西班牙文，还应包括其中一种语言的译文。记录可以用电子格式保存，应对其加以保护以防止被擅自删除破坏或修改。应防止擅自接触或泄露该记录。

(11)公司保安员

公司应任命一名公司保安员。此人可作为一条或数条船的公司保安员，视公司船舶数量或类型而定，但须明确指定其所负责的船舶。公司视其船舶数量或类型可任命数人为公司保安员但须明确指定每人所负责的船舶。

除本规则A部分的其他规定外，公司保安员的职责和责任还应包括但不限于以下内容：

利用适当的保安评估和其他相关信息就船舶可能遇到威胁的等级提出建议；确保船舶保安评估得以开展；确保船舶保安计划得以制订、提交批准以及得以实施和保管；确保对船舶保安计划进行适当修改，以纠正缺陷并符合各船的保安要求；安排对保安活动进行内部审核和评审；安排由主管机关或经认可的保安组织对船舶进行初次和后续验证；确保迅速处理和解决在内部审核、定期评审、保安检查和符合验证期间确定的缺陷和不符合项；确保负责船舶保安的人员受到合适的培训。

(12)船舶保安员

在每条船上均应任命一名船舶保安员。除本规则本部分其他规定外，船舶保安员的职责和责任还应包括但不限于以下内容：

定期对船舶进行保安检查确保适当的保安措施得以保持；保持和监督船舶保安计划（包括对该计划的任何修正）的实施；与船上其他人员并与相关港口设施保安员协调货物和船舶备品装卸中的保安事项；对船舶保安计划提出修改建议；向公司保安员报告在内部审核、定期评审、保安检查和符合验证期间确定的缺陷和不符合项并实施任何纠正行动；加强船上保安意识和警惕性；确保已为船上人员提供合适的培训；报告所有保安事件；与公司保安员和相关港口设施保安员协调实施船舶保安计划；确保正确操作测试校准和保养保安设备。

（13）船舶保安培训操练和演习

公司保安员、适当的岸上人员和船舶保安员所应具备的知识和受到的培训可参照本规则B部分提供的指导。

船上承担具体保安职责和责任的人员应理解船舶保安计划为其规定的船舶保安责任，并应参照本规则B部分提供的指导具备充分的知识和能力履行其所承担的职责。

应考虑到船舶类型、船上人员的变动、所停靠的港口设施和其他相关情况并考虑到本规则B部分给出的指导按适当的间隔期开展操练。

（14）~（18）项分别为港口设施保安、港口设施保安评估、港口设施保安计划、港口设施保安员和港口设施保安培训操练和演习（限于篇幅均省略）。

（19）船舶的审核和发证

①审核

本规则所适用的每条船均应接受下列审核。

初次审核：在船舶投入营运之前或在第1次签发证书之前进行。该核验应包括经批准的船舶保安计划所涉及的船舶保安系统和任何相关保安设备的全面审核。

换新审核：按主管机关规定的间隔期进行，间隔期不超过5年。

中间审核：在5年间隔期内至少一次。如果仅进行一次中间审核，应在证书第2和第3周年日之间进行。

附加审核：由主管机关决定。

船舶的审核应由主管机关的官员执行，但可以委托给经认可的保安组织。主管机关在任何情况下均应充分保证审核的完整性和有效性。在审核之后船舶保安系统和任何相关保安设备应保持符合各项规定。在完成任何审核之后，非经主管机关批准不得对保安系统和任何相关保安设备或经批准的船舶保安计划作出任何变动。

②证书的签发或签注

在按规定进行初次或换新审核后，应签发国际船舶保安证书。

该证书应由主管机关或经认可的保安组织代表主管机关签发或签注。

国际船舶保安证书所用格式应与本规则附录中的范本相符。如果所用语言不是英文、法文或西班牙文，则证书文本还应包括其中一种语言的译文。

③证书的有效期限

国际船舶保安证书应按主管机关规定的期限签发，该期限不得超过5年。

如果换新审核已完成而新证书在现有证书到期日之前不能签发或不能放到船上，主管机关或经认可的保安组织可签注现有证书；签注后的证书在自到期之日起不超过5个月的期限内应视为有效。如果证书到期时船舶不在应进行审核的港口，主管机关可延长该证书的有效期。展期不得超过3个月，且船舶抵达应进行审核的港口后不得在获得新证书前驶离该港口。

未按上述规定展期的从事短程航行的船舶保安证书，可给予最多1个月的宽限期。

在以下任一情况下证书不再有效：有关审核未在规定的期限内完成；证书未按规定予以签注；当一个公司承担了以前不由该公司经营的船舶的经营责任时；船舶变更了船旗国。

④临时证书

只有当主管机关确信船舶符合要求时才可签发证书，但是在2004年7月1日以后如有以下情况：在交船时或在投入或重新投入营运之前船舶没有证书；船舶变更缔约国；船舶的船旗国从非缔约国变更为缔约国；一个公司承担了以前不由该公司经营的船舶的经营责任，主管机关可签发临时国际船舶保安证书。

临时国际船舶保安证书可由主管机关或经认可的保安组织签发。临时国际船舶保安证书的有效期为6个月或至签发了正式的证书为止，以较早者为准且不得展期。

2.《ISPS规则》B部分

《ISPS规则》B部分是关于经修正的《1974年国际海上人命安全公约》附则第XI-2章以及本规则A部分规定的导则。B部分共有19节：引言、定义、适用范围、缔约国政府职责、保安声明、公司职责、船舶安全、船舶保安评估、船舶保安计划、记录、公司保安员、船舶保安员、为确保船舶安全而进行的培训演习和训练、港口设施保安、港口设施保安评估、港口设施保安计划、港口设施保安员、港口设施保安的培训演习和训练、船舶审核和发证，与A部分一一对应。

规则B部分第13节"为确保船舶安全而进行的培训演习和训练"作为A部分的指导，简介如下。

(1)培训

公司保安员CSO、公司岸上有关人员和船舶保安员SSO应了解和接受以下培训：

保安实施；有关国际公约规则和建议案；有关政府法令和法规；其他保安组织的职责和作用；船舶保安评估方法；船舶保安检验和检查方法；船舶和港口作业及条件；船舶和港口设施保安措施；应变部署反应和应急计划；对包括保安措施和程序在内的保安培训和教育的指导方法；与信息和通信有关的保安管理；了解当前面对的保安威胁及其模式；认知和发现武器、危险财产和设备；认知可能构成威胁的人员特点和行为模式；规避保安措施的方法；保安设备和系统以及操作限制；审核检查控制和监控方法；实地搜查和非侵入检查方法；保安演习和议定书包括与港方联合进行的演习和议定书；以及对保安演习和议定书的评估。

此外，SSO还应充分了解下列方面并接受相关培训：

船舶布置图；船舶保安计划和相关程序包括全面的培训；对人群的管理和控制技巧；保安设备和系统操作；以及试验测量以及海上航行时对保安设备和系统的维护。

船上保安负责人员应熟知并具备履行其职责的能力，包括：

了解目前的保安威胁及其模式；认知和发现武器、危险财产和设备；认知可能构成威胁人员的特点和行为模式；规避保安措施的技巧；对人群的管理和控制技巧；和保安有关的通信；了解应急程序和应急计划；保安设备和系统的操作；试验测量以及海上航行时对保安设备和系统的维护；检查控制和监控技巧；以及对人员个人物品行李包裹货物和船上物料进行实地搜查的方法。

船上所有其他人员必须了解和熟悉SSP的有关规定，包括：

各保安等级的意义和要求；了解应急程序和应急计划；认知和发现武器、危险财产和设备；认知可能构成威胁人员的特点和行为模式；规避保安措施的技巧。

(2)演习和训练

演习和训练的目的是为确保船上人员熟悉在各保安等级中的职责以及确保鉴别所有与保

安方面有关的缺陷。

为确保有效落实船舶保安计划的规定应至少每 3 个月进行 1 次演习。此外，如 1 次有 25% 的船员发生变更而这些人员在最近的 3 个月中没有参加过该船的演习则必须在发生变更的一个星期内进行这些演习。

由公司保安员、港口设施保安员、有关缔约国当局以及船舶保安员参与的训练，在 18 个月的间隔期内应至少每年进行 1 次这些训练。

第二节　国际载重线公约

鉴于保障海上人命和财产的需要，各缔约国政府愿意对国际航行船舶的载重限额共同制定统一的原则和规则。考虑到为此目的的最好方法是缔结一个公约。1966 年 4 月 5 日签订了《1966 年国际载重线公约》。

公约主要由 34 章构成，其主要内容包括公约的一般义务，定义，一般规定，适用范围，除外、免除、不可抗力、同等效能、实验的批准，修理、改装和改建，地带和区域，载重线的浸没，检验、检查和勘划标志，初次和定期的检验和检查，检验后现状的维持，证书的颁发，由他国政府代发证书，证书格式，证书的有效期限，证书的承认，监督，权利，事故，以前的条款和公约，经过协议订立的特殊规则，情报的送交，签字、接受和加入，生效，修改，退出，中止，领土，登记和语言。

1. 公约的一般义务

各缔约国政府承担义务实施本公约中各项规定以及构成本公约组成部分的后附各项附则。凡引用本公约时，同时也就是引用各项附则。各缔约国政府应采取实施本公约所必需的一切措施。

2. 定义

除另有明文规定外，在本公约内：

①“规则”系指本公约所附的规则。

②“主管机关”系指船旗国的政府。

③“批准”系指经主管机关核准。

④“国际航行”系指由适用本公约的一国驶往该国以外港口或与此相反的海上航行。在这个意义上讲，由某一缔约国政府负责其国际关系的或联合国为其管理当局的每一领土，都被当做一个单独的国家。

⑤“渔船”系指用于捕捞鱼类、鲸鱼、海豹、海象或其他海洋生物的船舶。

⑥“新船”系指在本公约对各缔约国政府生效之日或其后安放龙骨或处于相应建造阶段的船舶。

⑦“现有船舶”系指非新造的船舶。

⑧“长度”系指量自龙骨上边的最小型深 85% 处水线总长的 96%，或沿该水线从艏柱前边至舵杆中心的长度取大者。船舶设计为倾斜龙骨时，其计量长度的水线应和设计水线平行。

3. 一般规定

①凡适用本公约的船舶，都不得在本公约生效之日以后驶往海洋从事国际航行，除非已经按照本公约的规定检验和勘划标志，并备有“国际载重线证书(1966)”，或者如果合乎条件时，根据本公约各项规定，有“国际载重线免除证书”者。

②本公约的任何规定,并不妨碍主管机关指定较之按照附则一核定的最小干舷为大的干舷。

4.适用范围

(1)本公约应适用于:

①在各缔约国政府所属国家登记的船舶。

②在本公约根据第三十二条扩大适用的领土内登记的船舶。

③悬挂缔约国政府国旗但未登记的船舶。

(2)本公约应适用于从事国际航行的船舶。

(3)附则一的规定专门适用于新船。

(4)现有船舶如不尽符合附则一的规定或其任何部分的要求时,应至少满足主管机关在本公约生效前对于国际航行船舶提出的那些较低的有关要求;在任何情况下,不得要求这种船舶增加干舷。如要取得任何减小原定干舷的好处,现有船舶应符合本公约的全部要求。

(5)附则二的规定适用本公约的新船和现有船舶。

5.除外

本公约不适用于:军舰;长度小于 24 m(79 ft)的新船;小于 150 总吨的现有船舶;非营业游艇;渔船。

本公约的任何规定并不适用于专在下列水域航行的船舶:

①北美洲诸大湖和圣劳伦斯河东到罗歇尔角和安提科斯提岛的西点之间所画的一条恒向线,以及到安提科斯提岛北面沿西经 63°子午线为止。

②里海。

③拉普拉塔河、巴拉那河和乌拉圭河向东到阿根廷的北角和乌拉圭的埃斯特角之间所画的一条恒向线。

6.免除

对在两个或更多国家的邻近港口间从事国际航行,并且继续从事此类航行的船舶,如果上述港口所在的各国政府认为,上述港口间的遮蔽性质或航行条件,使从事此类航行适用本公约的规定,成为不合理或不切实可行时,主管机关可以免除其受本公约规定的约束。

主管机关对具有新型特点的任何船舶,如适用本公约的任何规定,可能严重妨碍发展这种特点的研究和这种特点采用到国际航行船舶上时,可以免除其受此项规定的约束。但是任何此类船舶应符合下述安全要求,即主管机关认为适应于服务目的并保证船舶全面安全的要求,以及船舶将前往的各国政府所能接受的要求。

主管机关应将根据本条第一款、第二款准许任何免除的情节和理由,通知政府间海事协商组织(以下简称海协组织),由海协组织分别转知各缔约国政府,以供参考。

主管机关可以对通常并不从事国际航行而不仅在特殊情况下需要进行一次国际航行的船舶,免除其受本公约任何要求的约束。但该船舶应符合主管机关认为适应于所承担航次的安全要求。

7.不可抗力

在开航时不受本公约规定约束的船舶,在航行中因气候恶劣或其他不可抗力的原因而变更航线时,仍不受本公约约束。

主管机关在应用本公约规定时,对于船舶由于气候恶劣或其他不可抗力的原因,而发生变更航线或延滞情况,应给予适当的考虑。

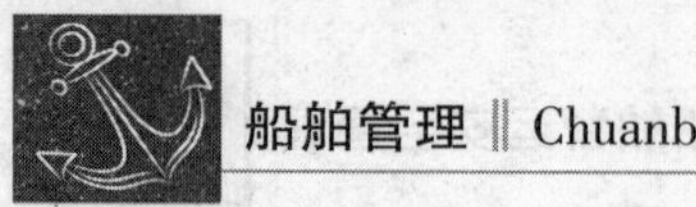

8. 载重线的浸没

当船舶处于密度为1.000的淡水中时，其相应的载重线可以被浸没到“国际船舶载重线证书(1966)”上指出的淡水宽限。若密度不是1.000时，此宽限量应以1.025和实际密度的差数按比例决定。

船舶从江河或内陆水域的港口驶出时，准许超越量至多相当于从出发港至海口间所需消耗的燃料和其他一切物料的重量。

除上述规定外，船舶两舷相应于该船所在的季节及其所在地带或区域的载重线，不论在船舶出海时、在航行中、或者在到达时，都不应被水浸没。

9. 检验、检查和勘划标志

为实施本公约的规定和核准免除上述规定而对船舶进行检验、检查和勘划标志，应由主管机关的官员办理。但是主管机关可以委托为此目的而指定的验船师或者它所承认的组织办理检验、检查和勘划标志。在任何一种情况下，该主管机关应充分保证检验、检查和勘划标志的完备和实效。

10. 初次和定期的检验和检查

①船舶应受下列的检验和检查：

船舶投入营运以前的检验。对于受本公约约束的船舶，此项检验包括对船舶结构和设备的全面检查。这种检验应保证各种布置、材料和构件尺寸完全符合本公约要求。

定期检验的期限由主管机关决定，但不得超过5年。这种检验应保证船体结构、设备、布置、材料和构件尺寸完全符合本公约要求。

证书签发日每周年前后3个月内的定期检验。以保证船体或上层建筑没有发生可以影响确定载重线位置的计算的变化，并且保证下列各种装置和设备保持有效状态。

开口防护装置；栏杆设备；排水舷口；船员舱室出入口的设施。

②定期检查应于“国际载重线证书(1966)”签字或者对船舶给于免除而发给的“国际载重线免除证书”上签字。

11. 证书的颁发

对于依照本公约进行检验和勘划标志的船舶，应签发一张“国际载重线证书(1966)”。

对于根据和依照第六条第二款或第四款给予免除的任何船舶，应签发一张“国际载重线免除证书”。

上述证书应由主管机关或由该主管机关正式授权的任何人员或组织签发。不论属于何种情况，主管机关应对证书负完全责任。

不论本公约中有任何其他规定，本公约对船旗国政府生效时有效的任何国际载重线证书，应在2年内或者在证书期满前(以何者较早为准)继续有效。在此以后，必须备有“国际载重线证书(1966)”。

12. 由他国政府代发证书

缔约国政府应另一缔约国政府请求，可对一船舶进行检验，如认为符合本公约规定，应依照本公约签发或授权签发一张“国际载重线证书(1966)”给此船舶。

证书的副本，用以计算干舷的检验报告副本和计算书副本各一份，应尽快送交请求国政府。

这样颁发的证书，必须载明，该证书的发给是根据船旗国政府或行将悬挂的国旗所属国政府的请求，以及该证书应与根据第十六条颁发的证书具有同等效力，并受到同样的承认。

对于悬挂非缔约国政府国旗的船舶,不得发给“国际载重线证书(1966)”。

13. 证书格式

证书应用发证国的官方语言写成。如果所用语言既不是英文,又不是法文,文本应包括上述语言之一的译本。证书的格式应按照附则三所示范本。每一证书范本中的印刷部分,应正确地复制在签发的任何证书及任何认证的证书副本上。

14. 证书的有效期限

“国际载重线证书(1966)”应由主管机关规定有效期限,该期限自颁发之日起不得超过5年。

在进行定期检验后,如果在原证书到期以前,不能对该船颁发新的证书,进行检验的人员或组织可以延长原证书的有效期限,但该期限不得超过5个月。这一期限的延长应在该证书上签注,并且只应在影响船舶干舷的船体结构、设备、布置、材料或构件尺寸没有变动的情况下才能准许。

如果存在下列任何情况,主管机关应吊销“国际载重线证书(1966)”:

①船舶的船体或上层建筑已发生实质性的变动,以致有必要增大干舷。

②所述装置和设备未能保持有效状态。

③证书上没有签注表明船舶已按照第十四条第一款(三)项的规定所进行的检查。

④船体结构强度降低到不安全的程度。

主管机关根据第六条第二款对船舶给予免除而颁发的“国际载重线免除证书”,自颁发证书之日起,有效期限不得超过5年。这种证书应遵循本条对“国际载重线证书(1966)”所规定的关于换新、签注和吊销的同样程序。对船舶给予免除而颁发的“国际载重线免除证书”的有效期,应限于为此而发给的单一次航行。主管机关颁发的证书,在该船舶改悬另一国国旗时失效。

第三节　我国海上交通管理法规

一、海上交通安全法有关规定

《中华人民共和国海上交通安全法》是我国海上交通安全管理的基本法,于1984年1月1日起施行。该法共12章53条,分为:总则;船舶检验和登记;船舶、设施上的人员;航行、停泊和作业;安全保障;危险货物运输;海难救助;打捞清除;交通事故的调查处理;法律责任;特别规定及附则。

1. 总则

制定本法的目的,在于加强海上交通管理,保障船舶、设施和人命财产的安全,维护国家利益。本法适用于在我国沿海水域航行、停泊和作业的一切船舶、设施和人员以及船舶、设施的所有人、经营人。本法授权,中华人民共和国海事机关机构是对沿海水域的交通安全实施统一监督管理的主管机关。

2. 船舶检验和登记

船舶和船上有关航行安全的重要设备必须具有船舶检验部门签发的有效技术证书;船舶必须持有船舶国籍证书,或船舶登记证书,或船舶执照。

3. 船舶、设施上的人员

船舶应当按照标准定额配备足以保证船舶安全的合格船员。船长、轮机长、驾驶员、轮机员、无线电报务员、话务员以及水上飞机、潜水器的相应人员,必须持有合格的职务证书,其他船员必须经过相应的专业技术训练。

船舶、设施上的人员必须遵守有关海上交通安全的规章制度和操作规程,保障船舶、设施航行、停泊和作业的安全。

4. 航行、停泊和作业

船舶、设施航行、停泊和作业,必须遵守我国的有关法律、行政法规和规章。

外国籍非军用船舶,未经主管机关批准,不得进入我国的内水和港口。但是,因人员病急、机件故障、遇难、避风等意外情况,未及时获得批准,可以在进入的同时向主管机关报告,并听从指挥。

外国籍军用船舶未经我国政府批准,不得进入我国领海。

国际航行船舶进出我国港口,必须接受主管机关的检查;本国籍国内航行船舶进出港口,必须办理进出港签证。

外国籍船舶进出我国港口或者在港内航行、移泊以及靠离港外系泊点、装卸站等,必须由主管机关指派引航员引航。

船舶进出港口或通过交通管制区,通航密集区和航行条件受限制的区域时,必须遵守我国政府或主管机关公布的特别规定。除经主管机关特别许可,禁止船舶进入或穿越禁航区。

大型设施和移动式平台的海上拖带,必须经船舶检验部门进行拖航检验,并经主管机关核准。

主管机关发现船舶的实际情况同证书所载不相符合时,有权责成其申请重新检验或者通知其所有人、经营人采取有效的安全措施。主管机关认为船舶对港口安全具有威胁时,有权禁止其进港或令其离港。

船舶、设施有下列情况之一的,主管机关有权禁止其离港、或令其停航、改航、停止作业:

①违反我国有关的法律、行政法规或规章。

②处于不适航或不适拖状态。

③发生交通事故,手续未清。

④未向主管机关或有关部门交付应承担的费用,也未提供适当的担保。

⑤主管机关认为有其他妨害或可能妨害海上交通安全的情况。

5. 安全保障

在沿海水域进行水上水下施工以及划定相应的安全作业区,必须报经主管机关核准公告。无关的船舶不得进入安全作业区。

在沿海水域划定禁航区,必须经国务院或主管机关批准。但为军事需要划定禁航区,可由国家军事主管部门批准。禁航区由主管机关公布。

未经主管机关批准,不得在港区、锚地、航道、通航密集区以及主管机关公布的航路内设置、构筑设施或者进行其他有碍航行安全的活动。对在上述区域内擅自设置、构筑的设施,主管机关有权责令其所有人限期搬迁或拆除。

禁止损坏助航标志和导航设施。损坏助航标志或导航设施的,应当立即向主管机关报告,并承担赔偿责任。

船舶、设施发现下列情况,应当迅速报告主管机关:

①助航标志或导航设施变异、失常。

②有妨碍航行安全的障碍物、漂流物。

③其他有碍航行安全的异常情况。

主管机关根据海上交通安全的需要，确定、调整交通管制区和港口锚地。港外锚地的划定，由主管机关报上级机关批准后公告。主管机关按照国家规定，负责统一发布航行警告和航行通告。

船舶、设施发生事故，对交通安全造成或者可能造成危害时，主管机关有权采取必要的强制性处置措施。

6. 危险货物运输

船舶、设施储存、装卸、运输危险货物，必须具备安全可靠的设备和条件，遵守国家关于危险货物管理和运输的规定。

船舶装运危险货物，必须向主管机关办理申报手续，经批准后，方可进出港口或装卸。

7. 海难救助

船舶、设施或飞机遇难时，除发出呼救信号外，还应当以最迅速的方式将出事时间、地点、受损情况、救助要求以及发生事故的原因，向主管机关报告。

遇难船舶、设施或飞机及其所有人、经营人应当采取一切有效措施组织自救。

事故现场附近的船舶、设施，收到求救信号或发现有人遭遇生命危险时，在不严重危及自身安全的情况下，应当尽力救助遇难人员，并迅速向主管机关报告现场情况和本船舶、设施的名称、呼号和位置。发生碰撞事故的船舶、设施，应当互通名称、国籍和登记港，并尽一切可能救助遇难人员，在不严重危及自身安全的情况下，当事船舶不得擅自离开事故现场。

主管机关接到求救报告后，应当立即组织救助。有关单位和在事故现场附近的船舶、设施，必须听从主管机关的统一指挥。外国派遣船舶或飞机进入中华人民共和国领海或领海上空搜寻救助遇难的船舶或人员，必须经主管机关批准。

8. 打捞清除

对影响安全航行、航道整治以及有潜在爆炸危险的沉没物、漂浮物，其所有人、经营人应当在主管机关限定的时间内打捞清除；否则，主管机关有权采取措施强制打捞清除，其全部费用由沉没物、漂浮物的所有人、经营人承担。未经主管机关批准，不得擅自打捞或拆除沿海水域内的沉船沉物。

9. 交通事故的调查处理

船舶、设施发生交通事故，应当向主管机关递交事故报告书和有关资料，并接受调查处理，事故的当事人和有关人员，在接受主管机关调查时，必须如实提供现场情况和与事故有关的情节。

船舶、设施发生交通事故，由主管机关查明原因，判明责任。

10. 法律责任

对违反本法的，主管机关可视情节，给予下列一种或几种处罚：

①警告。

②扣留或吊销职务证书。

②罚款。

当事人对主管机关给予的罚款、吊销职务证书处罚不服的，可以在接到处罚通知之日起15 天内，向人民法院起诉；期满不起诉又不履行的，由主管机关申请人民法院强制执行。

因海上交通事故引起的民事纠纷,可以由主管机关调解处理,不愿意调解或调解不成的,当事人可以向人民法院起诉;涉外案件的当事人,还可以根据书面协议提交仲裁机构仲裁。

对违反本法构成犯罪的人员,由司法机关依法追究刑事责任。

11. 附则

本法下列用语的含义是:

①沿海水域,系指中华人民共和国沿海的港口、内水和领海以及国家管辖的一切其他海域。

②船舶,系指各类排水或非排水船、筏、水上飞机、潜水器和移动式平台。

③设施,系指水上水下各种固定或浮动建筑、装置和固定平台。

④作业,系指在沿海水域调查、勘探、开采、测量、建筑、疏浚、爆破、救助、打捞、拖带捕捞、养殖、装卸、科学试验和其他水上水下施工。

二、海上交通事故调查处理条例有关规定

1. 总则

中华人民共和国海事局是本条例的实施机关。本条例适用于船舶、设施在中华人民共和国沿海水域内发生的海上交通事故。

以渔业为主的渔港水域内发生的海上交通事故和沿海水域内渔业船舶之间、军用船舶之间发生的海上交通事故的调查处理,国家法律、行政法规另有专门规定的,从其规定。

本条例所称海上交通事故是指船舶、设施发生的下列事故:

①碰撞、触碰或浪损。

②触礁或搁浅。

③火灾或爆炸。

④沉没。

⑤在航行中发生影响适航性能的机件或重要属具的损坏或灭失。

⑥其他引起财产损失和人身伤亡的海上交通事故。

2. 报告

船舶、设施发生海上交通事故,必须立即用甚高频电话、无线电报或其他有效手段向就近港口的海事部门报告。报告的内容应当包括:船舶或设施的名称、呼号、国籍、起讫港,船舶或设施的所有人或经营人名称,事故发生的时间、地点、海况以及船舶、设施的损害程度、救助要求等。

船舶、设施发生海上交通事故,除应按第五条规定立即提出扼要报告外,还必须按下列规定向海事部门提交“海上交通事故报告书”和必要的文书资料:

①船舶、设施在港区水域内发生海上交通事故,必须在事故发生后24 h内向当地海事部门提交。

②船舶、设施在港区水域以外的沿海水域发生海上交通事故,船舶必须在到达中华人民共和国的第一个港口后48 h内向海事部门提交;设施必须在事故发生后48 h内用电报向就近港口的海事部门报告“海上交通事故报告书”要求的内容。

③引航员在引领船舶的过程中发生海上交通事故,应当在返港后24 h内向当地海事部门提交“海上交通事故报告书”。

因特殊情况不能按规定时间提交“海上交通事故报告书”的,在征得海事部门同意后可予

以适当延迟。

“海上交通事故报告书”应当如实写明下列情况：

①船舶、设施概况和主要性能数据。

②船舶、设施所有人或经营人的名称、地址。

③事故发生的时间和地点。

④事故发生时的气象和海况。

⑤事故发生的详细经过(碰撞事故应附相对运动示意图)。

⑥损害情况(附船舶、设施受损部位简图,难以在规定时间内查清的,应于检验后补报)。

⑦船舶、设施沉没的,其沉没概位。

⑧与事故有关的其他情况。

海上交通事故报告必须真实,不得隐瞒或捏造。因海上交通事故致使船舶、设施发生损害,船长、设施负责人应申请中国当地或船舶第一到达港地的检验部门进行检验或鉴定,并应将检验报告副本送交海事部门备案。

前款检验、鉴定事项,海事部门委托有关单位或部门进行,其费用由船舶、设施所有人或经营人承担。船舶、设施发生火灾、爆炸等事故,船长、设施负责人必须申请公安消防监督机关鉴定,并将鉴定书副本送交海事部门备案。

3. 调查

在港区水域内发生的海上交通事故,由港区地的海事部门进行调查。在港区水域外发生的海上交通事故,由就近港口的海事部门或船舶到达的中华人民共和国的第一个港口的海事部门进行调查。必要时,由中华人民共和国海事局指定的海事部门进行调查。

海事部门认为必要时,可以通知有关机关和社会组织参加事故调查。海事部门在接到事故报告后,应及时进行调查。调查应客观、全面,不受事故当事人提供材料的限制。

根据调查工作的需要,海事部门有权:

①询问有关人员。

②要求被调查人员提供书面材料和证明。

③要求有关当事人提供航海日志、轮机日志、车钟记录、报务日志、航向记录、海图、船舶资料、航行设备仪器的性能以及其他必要的原始文书资料。

④检查船舶、设施及有关设备的证书、人员证书和核实事故发生前船舶的适航状态、设施的技术状态。

⑤检查船舶、设施及其货物的损害情况和人员伤亡情况。

⑥勘查事故现场,搜集有关物证。

海事部门在调查中,可以使用录音、照相、录像等设备,并可采取法律允许的其他调查手段。被调查人必须接受调查,如实陈述事故的有关情节,并提供真实的文书资料。

海事部门人员在执行调查任务时,应当向被调查人员出示证件。海事部门因调查海上交通事故的需要,可以令当事船舶驶抵指定地点接受调查。当事船舶在不危及自身安全的情况下,未经海事部门同意,不得离开指定地点。

海事部门的海上交通事故调查材料,公安机关、国家安全机关、监察机关、检察机关、审判机关和海事仲裁委员会及法律规定的其他机关和人员因办案需要可以查阅、摘录或复制,审判机关确因开庭需要可以借用。

4. 处理

海事部门应当根据对海上交通事故的调查，作出"海上交通事故调查报告书"，查明事故发生的原因，判明当事人的责任；构成重大事故的，通报当地检察机关。

"海上交通事故调查报告书"应包括以下内容：

①船舶、设施的概况和主要数据。

②船舶、设施所有人或经营人的名称和地址。

③事故发生的时间、地点、过程、气象海况、损害情况等。

④事故发生的原因及依据。

⑤当事人各方的责任及依据。

⑥其他有关情况。

对海上交通事故的发生负有责任的人员，海事部门可以根据其责任的性质和程度依法给予下列处罚：

①对中国籍船员、引航员或设施上的工作人员，可以给予警告、罚款或扣留、吊销职务证书。

②对外国籍船员或设施上的工作人员，可以给予警告、罚款或将其过失通报其所属国家的主管机关。

对海上交通事故的发生负有责任的人员及船舶、设施的所有人或经营人，需要追究其行政责任的，由海事部门提交其主管机关或行政监察机关处理；构成犯罪的，由司法机关依法追究刑事责任。

根据海上交通事故发生的原因，海事部门可责令有关船舶、设施的所有人、经营人限期加强对所属船舶、设施的安全管理。对拒不加强安全管理或在期限内达不到安全要求的，海事部门有权责令其停航、改航、停止作业，并可采取其他必要的强制性处置措施。

5. 调解

对船舶、设施发生海上交通事故引进的民事侵权赔偿纠纷，当事人可以申请海事部门调解。调解必须遵循自愿、公平的原则，不得强迫。前条民事纠纷，凡已向海事法院起诉或申请海事仲裁机构仲裁的，当事人不得再申请海事部门调解。

调解由当事人各方在事故发生之日起 30 日内向负责该事故调查的海事部门提交书面申请。海事部门要求提供担保的，当事人应附经济赔偿担保证明文件。

经调解达成协议的，海事部门应制作调解书。调解书应当写明当事人的姓名或名称、住所、法定代表人或代理人的姓名及职务、纠纷的主要事实、当事人的责任、协议的内容、调解费的承担、调解协议履行的期限。调解书由当事人各方共同签字，并经海事部门盖印确认。调解书应交当事方各持一份，海事部门留存一份。

调解达成协议的，当事人各方应当自动履行。达成协议后当事人翻悔的或逾期不履行协议的，视为调解不成。凡向海事部门申请调解的民事纠纷，当事人中途不愿调解的，应当向海事部门递交撤销调解的书面申请，并通知对方当事人。

海事部门自收到调解申请书之日起 3 个月内未能使当事人各方达成调解协议的，可以宣布调解不成。不愿意调解或调解不成的，当事人可以向海事法院起诉或申请海事仲裁机构仲裁。

凡申请海事部门调解的，应向海事部门缴纳调解费。调解的收费标准，由交通运输部会同国家物价局、财政部制定。经调解达成协议的，调解费用按当事人过失比例或约定的数额分

摊;调解不成的,由当事人各方平均分摊。

6. 罚则

违反本条例规定,有下列行为之一的,海事部门可视情节对有关当事人(自然人)处以警告或者200元以下罚款;对船舶所有人、经营人处以警告或者5000元以下罚款:

①未按规定的时间向海事部门报告事故或提交"海上交通事故报告书"或本条例要求的判决书、裁决书、调解书的副本的。

②未按海事部门要求驶往指定地点,或在未出现危及船舶安全的情况下未经海事部门同意擅自驶离指定地点的。

③事故报告或"海上交通事故报告书"的内容不符合规定要求或不真实,影响调查工作进行或给有关部门造成损失的。

④违反第九条规定,影响事故调查的。

⑤拒绝接受调查或无理阻挠、干扰海事部门进行调查的。

⑥在受调查时故意隐瞒事实或提供虚假证明的。

如果当事人的行为构成犯罪的,由司法机关依法追究刑事责任。对违反本条例规定,玩忽职守、滥用职权、营私舞弊、索贿受贿的海事部门人员,由行政监察机关或其所在单位给予行政处分;构成犯罪的,由司法机关依法追究刑事责任。

当事人对海事部门依据本条例给予的处罚不服的,可以依法向人民法院提起行政诉讼。

7. 特别规定

中国籍船舶在中华人民共和国沿海水域以外发生的海上交通事故,其所有人或经营人应当向船籍港的海事部门报告,并于事故发生之日起60日内提交"海上交通事故报告书"。如果事故在国外诉讼、仲裁或调解,船舶所有人或经营人应在诉讼、仲裁或调解结束后60日内将判决书、裁决书或调解书的副本或影印件报船籍港的海事部门备案。

派往外国籍船舶任职的持有中华人民共和国船员职务证书的中国籍船员对海上交通事故的发生负有责任的,其派出单位应当在事故发生之日起60日内向签发该职务证书的海事部门提交"海上交通事故报告书"。海上交通事故的调查处理,按本条例的有关规定办理。

8. 附则

对违反海上交通安全管理法规进行违章操作,虽未造成直接的交通事故,但构成重大潜在事故隐患的,海事部门可以依据本条例进行调查和处罚。因海上交通事故产生的海洋环境污染,按照我国海洋环境保护的有关法律、法规处理。

三、《中华人民共和国船舶安全营运和防止污染管理规则》(《NSM 规则》)有关规定

(一)概述

《中华人民共和国船舶安全营运和防止污染管理规则》是为了保障水上交通安全,保护水域环境,应用《国际船舶安全营运和防止污染管理规则》(《ISM 规则》)的原理,结合我国实际情况制定的规则。自2003年1月1日起对国内跨省航行载客定额50人及以上的客船(包括客滚船、旅游船、高速客船)、150总吨及以上的气体运输船和散装化学品船生效。该规则对其他船舶的具体生效日期另行通知,原则上对油船不迟于2003年7月1日生效。

(二)规则的构成和性质

本规则主要由两大部分构成。第一部分 实施,主要包括总则、安全和环境保护方针、公司

的责任和权力、指定人员、船长的责任和权力、人力资源、船上操作方案的制订、应急准备、不符合规定的情况、事故和险情的报告和分析、船舶和设备的维护、文件和内部审核、有效性评价和管理复查。第二部分 审核发证,主要包括发证和定期审核、临时发证、审核管理和证书。

前言指出,本规则是为了提供船舶安全和防止污染的管理标准。考虑到航运公司及其船舶状况各有不同,本规则依据安全和防污染要求的一般原则和总体目标制定。本规则用概括性术语写成,船岸不同层次的管理人员应当对所列条款具有适应其岗位需要的理解和认识。高级领导层的承诺是做好安全管理工作的基础,各级人员的责任心、能力、态度和主观能动性则对船舶的安全和防污染起决定性作用。

(三)规则的主要内容

1. 第一部分　实施

(1)总则

①定义

以下定义适用于第一部分和第二部分。

"本规则"系指由中华人民共和国交通部(现为中华人民共和国交通运输部)颁布的《中华人民共和国船舶安全营运和防止污染管理规则》。

"公司"系指中国籍船舶的所有人,或已承担船舶所有人的船舶营运责任并同意承担本规则规定的所有责任和义务的任何组织,如船舶管理人或光船承租人。

"主管机关"系指中华人民共和国海事管理机构。

"安全管理体系"系指能使公司人员有效执行公司安全和环境保护方针的结构化和文件化的体系。

"符合证明"系指签发给公司,表明该公司符合本规则要求的证明文件。

"安全管理证书"系指签发给船舶,表明其公司和船上管理已按照认可的安全管理体系运作的证明文件。

"客观证据"系指通过观察、衡量或测试获得并被证实的有关安全或安全管理体系要素的量或质的信息、记录或事实声明。

"不符合规定的情况"系指已发现的客观证据表明不满足某一具体规定要求的情况。

"重大不符合规定的情况"系指已发现的对人员或船舶安全构成严重威胁或对环境构成严重危险,并需要立即采取纠正措施的事项或情况,包括未能有效和系统地实施本规则的有关要求。

"周年日"系指对应于有关证明文件有效截止日期的每年的该月该日。

②目标

本规则的目标是保障水上交通安全,防止人员伤亡,避免对环境,特别是水域环境造成危害以及造成财产损失。

公司的安全管理目标应包括:

A. 提供船舶营运的安全做法和安全工作环境。

B. 针对已认定的所有风险制订防范措施。

C. 不断提高船岸人员的安全管理技能以及安全与环境保护应急反应能力。

公司的安全管理体系应保证:

A. 符合强制性规定和标准。

B. 充分考虑国际海事组织、主管机关、船舶检验机构和行业组织所建议的规则、指南和

标准。

③适用范围

本规则适用于国内航行船舶及其公司。

④安全管理体系的功能要求

公司应建立、实施并保持包括以下功能要求的安全管理体系：

A. 安全和环境保护方针。

B. 保证船舶的安全和防污染操作符合有关规定和标准的工作程序和须知。

C. 船岸人员的职责、权限和相互间的联系渠道。

D. 事故和不符合规定情况的报告程序。

E. 对紧急情况的准备和反应程序。

F. 内部审核、有效性评价和管理复查程序。

(2)安全和环境保护方针

公司应制订安全和环境保护方针，其内容应能说明如何实现所述目标。公司应当采取措施，确保船岸各级机构均能始终贯彻执行此方针。

(3)公司的责任和权力

如果负责船舶安全和防污染管理责任的实体不是船舶所有人，则船舶所有人与该实体必须签订符合以下规定的船舶管理协议，并将双方的详细情况报告主管机关：

①当船舶安全和防污染与生产、经营、效益发生矛盾时，应当坚持安全第一和保护环境的原则。

②船舶管理公司同意承担本规则所规定的所有责任和义务。

③在不妨碍船长履行其职责并独立行使其权力的前提下，船舶管理公司对处理涉及船舶安全和防污染的事务具有最终决定权。

对管理、执行以及审核监控安全和防污染工作的所有人员，公司应当用文件形式明确规定其责任、权力及相互关系。为使指定人员能够履行职责，公司有责任对其提供足够的资源和岸基支持。

(4)指定人员

公司应当任命指定人员，以直接同最高管理层联系，提供公司与船舶的联系渠道。公司应当以文件形式明确规定指定人员的责任和权力。指定人员的责任和权力应包括：

①对公司船岸的安全和防污染工作进行监控。

②确保公司向船舶提供足够的资源和岸基支持。

(5)船长的责任和权力

公司应当以文件形式明确规定船长的下列责任：

①执行公司的安全和环境保护方针。

②激励船员遵守该方针。

③以简明方式发布相应的指令。

④核查具体要求的遵守情况。

⑤复查安全管理体系并向公司岸上管理部门报告其存在的缺陷。

公司应当保证在安全管理体系中包含一个强调船长权力的明确声明，确立船长的绝对权力和责任，以便船长能够就安全和防污染事务作出决定，并在必要时要求公司给予协助。

(6)人力资源

公司应当确保船长：

①具有适当的指挥资格。

②完全熟悉公司的安全管理体系。

③得到必要的支持，以便可靠地履行其职责。

公司应当保证按照有关规定为每艘船舶配备合格并健康的船员。公司应当建立有关程序，以便保证涉及安全和环境保护工作的新聘和转岗人员熟悉其职责，凡需在开航前发出的重要指令均应当标明并以书面形式下达。公司应当保证安全管理体系内的所有人员充分地理解有关规定、标准和相关指南。公司应当建立有关程序，以标示为支持安全管理体系可能需要的任何培训，并保证向所有相关人员提供这种培训。公司应当建立有关程序，确保船员能够及时获得有关安全管理体系的信息。公司应当保证船员在履行其涉及安全管理体系的职责时能够有效地交流。

(7)船上操作方案的制订

对涉及船舶安全和防止污染的关键性的船上操作，公司应当建立制订有关方案和须知(包括需要的检查清单)的程序。与之相关的各项工作，应明确规定由适任人员承担。

(8)应急准备

公司应当建立程序，以标示、描述船上可能出现的紧急情况，并明确对这些紧急情况如何作出反应。公司应当制订应急行动的训练和演习计划。

安全管理体系应提供措施，确保公司能在任何时候对其船舶所面临的危险、紧急情况和事故作出反应。

(9)不符合规定的情况、事故和险情的报告和分析

公司应当建立程序，确保不符合规定的情况、事故和险情及时报告公司，并保证进行调查和分析，以便改进安全和防污染工作。公司应当建立实施纠正措施的程序。

(10)船舶和设备的维护

公司应当制订程序，保证船舶及设备按照有关规定和标准以及公司可能制订的任何附加要求进行维护。为满足这些要求，公司应当保证：

①按照适当的间隔期进行检查。

②任何不符合规定的情况及可能的原因得到报告。

③采取适当的纠正措施。

④保存这些活动的记录。

公司应当制订有关程序，以便标示那些会因突发性运行故障而导致险情的设备和技术系统，并提供具体措施，以提高这些设备和系统的可靠性。这些措施应当包括对备用装置及设备或非连续使用的技术系统的定期测试。所述的检查和所提及的措施应纳入船舶的日常操作性维护。

(11)文件

公司应当建立有关程序，对与安全管理体系有关的所有文件和资料进行控制。公司应当保证：

①在所有相关场所均能够获得有效的文件。

②文件的更改应由经授权的人审查批准。

③被废止的文件应及时清除。

用于阐述和实施安全管理体系的文件可称为“安全管理手册”。公司应以最有效的方式保存文件。每艘船舶均应配备与之有关的全部文件。

(12)内部审核、有效性评价和管理复查

公司应当定期开展内部审核,以核查安全与防污染活动是否符合安全管理体系的要求。除非由于公司的规模和性质不可能做到,实施内部审核的人员应当不从属于被审核的部门。公司应当定期评价安全管理体系的有效性,必要时还应当对安全管理体系进行管理复查。

内部审核及管理复查的结果应当告知所有负有责任的人员,以提请他们注意。负有责任的管理人员应当对所发现的缺陷及时采取纠正措施。内部审核、有效性评价、管理复查及可能采取的纠正措施应当按文件规定的程序进行。

2. 第二部分 审核发证

(1)发证和定期审核

船舶应当由已取得与该船相关的“符合证明”或符合“临时符合证明”的公司营运。

对于符合本规则要求的公司,主管机关将签发有效期不超过 5 年的“符合证明”。该证明作为公司符合本规则要求的证据。

“符合证明”只对适用的船舶种类有效。船舶种类以初次审核确定的为准。“符合证明”新增的船种,必须通过审核并证实公司的管理能力满足本规则关于该船种的要求。

“符合证明”的有效性服从于由主管机关在周年日前、后 3 个月内进行的年度审核。

如果公司没有申请年度审核,或者有客观证据表明存在重大不符合规定情况的,主管机关将收回“符合证明”。如果收回“符合证明”,所有相关的“安全管理证书”或“临时安全管理证书”也应收回。

船上应当保存一份“符合证明”副本,以便船长在接受主管机关查验时出示。

经审核,船上的管理及操作符合经认可的公司安全管理体系要求的,主管机关或主管机关认可的机构将向船舶签发有效期不超过 5 年的“安全管理证书”。该证书作为船舶符合本规则有关要求的证据。

“安全管理证书”的有效性服从于由主管机关或主管机关认可的机构进行的至少一次的中间审核。如果只进行一次中间审核,且“安全管理证书”的有效期为 5 年,中间审核须在证书的第 2 和第 3 个周年日之间进行。

如果公司没有申请所要求的中间审核,或者有客观证据表明存在重大不符合规定情况的,主管机关将收回“安全管理证书”。

公司应当在“符合证明”或“安全管理证书”有效期届满前申请换证审核。当换证审核在所持“符合证明”或“安全管理证书”有效期届满之前 3 个月内完成时,新签发的“符合证明”或“安全管理证书”自完成换证审核之日起有效,且有效期自原证书有效期届满之日起不超过 5 年。

当换证审核在所持“符合证明”或“安全管理证书”有效期届满之日 3 个月前完成时,新签发的“符合证明”或“安全管理证书”自完成换证审核之日起有效,且有效期自完成换证审核之日起不超过 5 年。

(2)临时发证

新成立的公司或对“符合证明”增加船种的公司,主管机关在审核公司安全管理体系满足本规则目标要求后,向其签发有效期不超过 12 个月的“临时符合证明”,但该公司必须作出在“临时符合证明”有效期内实施满足本规则全部要求的安全管理体系的计划。“临时符合证明”的一份副本应当保存在船上,以便船长在接受主管机关查验时出示。

新造船舶交付使用或公司新承担对某一船舶的安全和防污染管理责任的,经主管机关或主管机关认可的机构审核确认满足下述要求后,向船舶签发有效期不超过 6 个月的“临时安全管理证书”:

①“符合证明”或“临时符合证明”覆盖了该船种。

②公司已向船舶提供了安全管理体系文件及相关信息。

③公司已做好 3 个月内对该船实施内部审核的计划。

④高级船员熟悉安全管理体系及其实施的计划安排。

⑤标明为重要的指令已在开航前下达。

特殊情况下,主管机关可以对“临时安全管理证书”的有效期作出不超过 6 个月的展期。

(3)审核管理

有关安全管理体系审核发证的规则及程序,由中华人民共和国海事局制定。

(4)证书

“符合证明”、“安全管理证书”、“临时符合证明”和“临时安全管理证书”由中华人民共和国海事局确定格式并统一制作。

第四节　船舶证书与船舶检验

一、概述

(一)船舶检验的目的和检验机构

根据《中华人民共和国船舶和海上设施检验条例》规定,船舶检验的目的是“为了保证船舶、海上设施和船运货物集装箱具备安全航行、安全作业的技术条件,保障人民生命财产的安全和防止水域环境污染。”即通过对船舶结构及船用材料、机械、设备的监督检验和试验,使其符合国际公约、国家法规和船舶规范的各项要求和规定,使船舶具备安全营运和防止污染海洋的技术条件,达到保障船舶及海上人命安全和防止海洋污染的目的。

船舶检验是船舶检验机构对船舶进行技术质量检验与监督,是保证船舶具备安全航行、防止水域污染技术条件的一项重要举措,是保证船舶安全的第一道防线;同时也是促进海运业健康发展的重要手段。

世界上船舶检验机构基本上有两种性质:国家的船舶安全监督机构和民间性质的船级社。目前世界上约有 40 多家船级社,其中英国劳氏船级社(LR)成立于 1760 年,是世界上最老的船级社,其他船级社如美国船舶局(ABS)、法国船级社(BV)、挪威船级社(DNV)、俄罗斯船舶登记局(RS)、德国劳氏船级社(GL)、日本海事协会(NK)、韩国船级社(KR)和意大利船级社(RINA)等。

(二)中国船级社

我国验船机构成立于 1956 年 8 月 1 日,当时称“中华人民共和国船舶登记局”。1958 年 6 月 1 日更名为“中华人民共和国船舶检验局”,并以“ZC”(“中船”汉语拼音第一个字母)作为代号。中国船级社成立于 1986 年 1 月 1 日,简称“ZC”。1988 年 5 月 1 日,中国船级社被接纳为国际船级社协会(IACS)正式成员,并于 1993 年 3 月 10 日将代号“ZC”改为“CCS”(China Classification Society),制定了新的社徽(龙锚图案)。1993 年 10 月中国船级社通过了 IACS 的

ISO 9002 认证,进入了国际先进船级社行列。1996 年 7 月 1 日至 1997 年 6 月 30 日,中国船级社首次出任国际船级社协会轮值主席。1999 年,船舶检验局的职能划归中华人民共和国海事局,而中国船级社仍为独立的民间组织。

中国船级社的服务宗旨是:对船舶、海上设施、集装箱以及相关的工业产品提供合理和安全可靠的技术规范,并通过 CCS 独立、公正和诚实的入级、认证和技术服务,为交通运输、海上开发及相关的制造业和保险业服务,为促进水上人命和财产的安全与保护海洋及其他环境服务。

中国船级社的主要业务是:

①船舶与海上设施及其产品(包括集装箱)入级服务:规范制定与维护、审图、检验与发证。

②船舶与海上设施及其产品受权法定服务:法定检验技术规则制定、审图、检验与发证。

③受理其他验船机构委托的检验与发证、船舶与海上设施公正检验和安全评估、船舶与海上设施鉴证检验和发证、重大海上安全事故调查。

④相关陆上工业设施与产品认证、检验及发证,外国验船机构委托船用与相关陆上工业设施和产品代理检验及发证。

⑤船舶安全管理体系(《ISM 规则》)审核与发证。

⑥船舶保安体系(《ISPS 规则》)审核与发证。

⑦船舶技术状况勘验与技术状况鉴定。

⑧ISO 9000 与 ISO 14000 等系列质量体系与环境管理体系认证。

⑨船舶与海上设施入级技术研究、水上安全与环境保护技术研究、船用与相关陆上工业设施和产品检验技术研究、相关信息技术应用研究。

⑩其他服务。

(三)船舶检验的种类

船舶检验的种类分为:法定检验、船级检验、公正检验和临时检验。

1. 法定检验

法定检验是一种强制性检验,是船旗国政府规定的对船舶执行国家法令、法规的一种检验与监督。法定检验由政府主管机关设置的验船机构、政府指定的验船师或授权的组织和个人执行检验,但大多授权船级社检验。法定检验的依据是船旗国政府承认、批准、接受或加入的有关国际公约、规则和规定的要求,以及船旗国政府的法律、条例和规范等。法定检验依据国际公约和国家法规的性质不同,分为安全检验(《SOLAS 74 公约》)、防污检验(“MARPOL 73/78”)、载重线检验(“ILL66”)和吨位丈量检验(“ITC69”)等;为了获得相应证书和保持证书有效,法定检验又可进一步依次细分为:如初次检验、年度检验、期间检验、换证检验和附加检验等。上述不同性质和类别的法定检验合格后,验船机构签发或签署相应的法定证书。

2. 船级检验

船级检验是船舶所有人为了使船舶获得某种船级自愿申请的一种技术检验。船级社根据船舶的用途、技术状况和航行区域等,按照船级社的有关规范和规则对船舶进行技术检验,合格后授予相应的船级证书、船级符号和附加标志,并载入船级社的“船舶录”。

船级是一种世界性评定船舶技术状态的通用形式。船级是按照船级社的规范对船舶结构的完整性和机械、设备等的可靠性以及其预定用途所必要的设施等所做出的评价。船级可以区别船舶的技术状态,促进船舶质量的提高,减少海损事故。船级可以保证海上安全和防止船舶污染海洋,是港口国、运河国对进入或过往船舶进行技术监督的依据,是船舶取得国际航行和营运的基本条件。船级还可以提高船舶所有人在国际海运市场中的竞争能力,当船舶发生意外,造成海损、机损、货损和人身伤亡时,可作为保险公司承保的条件,在船舶买卖、租赁中可作为评价船舶技术状态的重要依据,有利于出租和承租。所以,船级检验给船舶所有人带来诸多的利益,是船舶所有人自愿申请检验以使自己拥有的船舶获得船级的理由所在。

需特别指出,具有船级的船体和机械设备,所有国家主管机关均看做是满足某些法定检验要求的一种担保。近年来,船级社的各种入级规范或认证规范往往也包括了法定检验的内容,如新增加稳性、载重线、救生设备、航行安全及无线电通信等法定检验的内容。

船级检验的种类:

(1)初次入级检验

初次入级检验系指船东按船级社规范的规定,初次申请某一船级符号和附加标志,而船级社按船东入级要求进行审图、检验并签发相应船级证书的全部工作,称初次入级检验。初次入级检验又可分以下两种:新建船舶初次入级检验(又称建造中检验)和现有船舶初次入级检验。现有船舶初次入级检验一般是指未经船级社参加检验而建造的船舶,为换发该船级社规定的船级所进行的检验,通常又称为更换船级证书的检验。

(2)保持船级检验(又称建造后检验)

保持船级检验系指已授予船级的船舶投入营运后,按规定的间隔期及检验内容进行检验,认为满意后签署或换发新的船级证书。

保持船级检验包括以下几种。

①年度检验,每周年前/后 3 个月内进行,检验完成后在船级证书上签署。

②特别检验(换证检验),每 5 年进行一次,检验完成后换发新证书。

③中间检验,在建造日期或特别检验日期的第 2 或第 3 个周年日前/后 3 个月内进行。检验完成后在船级证书上签署。

④坞内检验,与法定的船底外部检验相同,但后者范围更广泛。

⑤水下检验,实际上是坞内检验的替代检验。

⑥螺旋桨轴与尾管轴检验,其检验间隔期根据船舶类型和航区以及螺旋桨轴与尾管轴的结构形式的不同而不同。

螺旋桨轴与尾管轴具有连续衬套保护,或具有认可的油封装置,或由抗腐蚀的材料制成,检验间隔期:单螺旋桨轴为 3 年,多螺旋桨轴为 4 年。

按水下检验进行,轴的抽出检查间隔期单螺旋桨轴和多螺旋桨轴可延长至 5 年。

在所有其他情况下,轴的检验间隔期为 2 年半(加/减 6 个月)。

⑦其他替代检验方法,主要指机电设备的特别检验项目,可采用循环检验、计划保养系统检验、状态监控系统检验。后两者为近几年开展的不同于以往检验制度的检验。

如未进行保持船级的各种检验,或进行了影响船级的修理、改建改装而又未经船级社检验等,船级社有权取消或暂停所授予的船级。

3. 公正检验

公证检验是船级社应申请人(如保险人、被保险人、受益人、保险代理人、船东、承租人、货主等)的需要而办理的一种证明性或鉴定性的检验。公正检验应遵循合法、公正、独立的原则。船级社指派验船师对所申请项目进行一种证明实际存在的状况或原因的检验,检验后签发相应的检验报告,作为申请人在解决或处理问题时的凭证或依据。公证检验与法定检验和

船级检验不同,它没有规定的检验间隔期,也没有固定的检验项目,更没有法令、规则和规范的强制性要求。

公证检验的种类主要有:

①损坏检验,又称海损检验,检验时应确定船舶损坏范围、程度、性质和原因,以及对安全航行的影响程度、修理要求和范围、修理费用等;最后签发检验报告,以便作为海损理算和裁决的依据之一。

②起租/退租检验,是根据起、退租约进行的,比较起、退租时的船舶技术状况,在退租时还应对船上油水存量进行确定。

③索赔检验,是根据用户与制造厂的商业合同,用户对所购买的船舶、船用产品、机械设备、仪器和仪表等在规定的使用期内损坏,为了向制造厂提出索赔要求而申请进行的证明性的检验。检验目的是判定损坏程度、性质、范围和原因,并提出处理意见(进行修理、赔偿),作为申请人索赔的依据。一般索赔检验仅指直接损坏。

④船舶状况检验,是鉴定船舶的技术状况、设备的性能状况。一般是保险商、船舶经纪人在船舶进行承保、抵押、拍卖、作价等业务活动时,为了解船舶状况而向船级社申请对船舶的技术状况和设备状况等进行检验,并作出详尽和准确的技术鉴定,以便作为商业活动的有利凭证;提供详细资料,以便作出准确估计和判断。

⑤货损检验,主要是应货主、货物保险人、货物承运人及船东的申请而进行的检验,包括货物损坏的数量、程度以及引起货物损坏的原因等,作为申请人进行保赔理算业务时的证明材料。目前,此项检验大多由商检部门进行,船级社通常是从专业角度对货损原因进行检验和分析。

4. 临时检验

临时检验是根据用船部门或其代理人临时向验船机构提出申请,涉及船级检验和法定检验范围的一种检验。

船舶在下列情况下,应申请临时检验:

(1)更改船名、船籍港或船舶所有单位时。

(2)遭受影响船级和船舶安全的海损或机损事故时。

(3)改变航区或变更用途时。

(4)涉及船级和船舶安全的任何修理或改装时。

(5)船舶证书的有效期届满,要求展期时。

(6)上次检验中准予展期检验的项目,或限期检验的项目的期限届满时。

(7)船舶封存后起用时。

(四)船级符号与附加标志

钢质海船入级的范围为船体(包括设备)、船舶机械(包括电气设备)和货物冷藏装置。凡符合中国船级社《钢质海船入级规范》或等效要求者,中国船级社将授予相应的船级,并载入中国船级社船舶录。已在中国船级社入级的船舶,如能遵循中国船级社保持船级的各种检验并仍符合入级要求者,将继续保持其相应船级。

中国船级社对申请入级的船舶进行入级检验和试验合格后,签发船体船级证书和轮机船级证书(其有效期不超过5年)。如两者之一失效,则另一证书同时失效。中国船级社在未签发上述证书前,如确认船舶的船体(包括设备)和机械(包括电气设备)处于良好和有效状态,则可签发相应的临时船级证书(其有效期不超过5个月),以便使船舶能及时投入营运。

①船级符号:是船舶主要特性的表述,具有强制性。凡船舶的船体(包括设备)与轮机(包括电气设备)经 CCS 批准入级,将根据不同情况授予下列入级符号:船舶的船体(包括设备)和轮机(包括电气设备)符合 CCS 规范、指南或等效规定,CCS 将授予相应的入级符号与附加标志。钢质海船的入级符号,见表 3-2。

表 3-2 钢质海船入级符号

入级符号	说 明
★CSA	表示船舶的结构与设备由 CCS 审图和建造中检验,并符合 CCS 规范的规定
★CSA	表示船舶的结构与设备不由 CCS 审图和建造中检验,其后经 CCS 进行入级检验,认为其符合 CCS 规范的规定
★CSM	表示船舶推进机械和重要用途的辅助机械由 CCS 进行产品检验,而且船舶轮机和电气设备由 CCS 审图和建造中检验,并符合 CCS 规范的规定
★CSM	表示船舶推进机械和重要用途的辅助机械不由 CCS 进行产品检验,但船舶轮机和电气设备由 CCS 审图和建造中检验,并符合 CCS 规范的规定
★CSM	表示船舶轮机和电气设备不是由 CCS 审图和建造中检验,其后经 CCS 进行入级检验,认为其符合 CCS 规范的规定

②附加标志:是船舶不同特点的分级表述,加注在入级符号之后。中国船级社根据其船体、轮机的具体情况授予不同的船级符号,根据船体和轮机的具体特点、工作条件不同授予一个或数十个附加标志,并签发相应证书。

附加标志包括船舶类型、货物特性、特种任务、特殊的特征、航区、航线限制以及其他含义的一个或一组标志。

例如,一艘散货船由 CCS 按照其 CSR 规范进行建造检验,无限航区航行,按 CCS COMPASS-structure 软件进行船舶设计校核,小块漂流浮冰况区域航行,总强度、完整稳性和散装谷物计算装载仪,水下检验,机器处所周期性无人值班,螺旋桨轴状况监控。授予下列入级符号及附加标志:

★CSA Bulk Carrier; CSR; Ice Class B; BC-A; Holds Nos. 2, 4&6 may be Empty; Strengthened For Heavy Cargoes; Grab(20); COMPASS(D, F); Loading Computer(S, I, G); ESP, In-water Survey。

★CSM AUT-0; SCM。

轮机(包括电气设备)的附加标志,见表 3-3。

表 3-3 轮机的附加标志

序号	说 明	附加标志
1	推进装置由驾驶室控制站遥控,机器处所包括机舱集控站(室)周期性无人值班	AUT-0(机器处所周期无人值班)
2	机舱集控站(室)有人值班对机电设备进行监控	MCC(机器处所集中控制)
3	机舱集控站(室)有人值班对机电设备进行监控	BRC(驾驶室遥控)
4	惰性气体系统	IGS
5	船舶机械计划保养系统	PMS(Planned Maintenance System)
6	有螺旋桨轴状况监控	SCM(Screwshaft Condition Monitoring)
7	轮机实行循环检验	CMS(Continuous Machinery Surveys)

续表

序号	说　明	附加标志
8	柴油机滑油状态监控	ECM(Engine Lub-oil Condition Monitoring)
9	柴油机的 NO_x 排放量控制	NEC(NO_x 排放控制)
10	船上所用的所有燃油硫含量控制	SEC(SO_x 排放控制)
11	制冷剂的臭氧消耗控制	RSC(冷藏系统控制)
12	船舶装载的与推进装置和辅机有关的,并用做燃油的各种油控制	FTP(燃油舱保护)
13	规定执行加强检验程序的油船、油/散、油/散/矿、化学品、散货船,在船型附加标志之后加注该标志	ESP(加强检验程序)
14	具备水下检验条件船舶,可授予该标志,以替代干坞状态下进行船底外部及有关项目的检验	In-water Survey (水下检验)

若某船不在中国船级社检验下制造,但在中国船级社检验下安装、检验和试验的推进机械和重要辅助机械(包括电气设备),能以周期性无人机舱运行、装有惰性气体系统,其轮机(包括电气设备)的船级符号和附加标志为:★CSM AUT-0,IGS。

③国外船级社的船级标志:不同的船级社有其不同的船级标志,表 3-4 列出部分国外船级社的船级标志。

表 3-4　若干外国船级社船级符号

船级社	船级符号			
	船体	机械设备	无人机舱	冷藏装置
英国劳氏船级社 LR	100A	LMC	UMS	RMC
德国劳氏船级社 GL	100A4	MC	Aut-h/24	KAZ
美国船舶局 AB(S)	A1	AMS	ACCU	RMC
法国船级社 BV	I		AUT	RMC
日本海事协会 NK	NS *	MNS	M0	RMC
挪威船级社 DNV	1Al	MV	E0	KMC

二、船舶机械计划保养系统(PMS)

船舶机械计划保养系统(PMS)是通过制定科学的设备维修保养内容和要求,使船舶机械保持良好技术状态的一整套管理制度。中国船级社根据国际惯例并结合我国的实际情况也推行 PMS 检验,并且制定了船舶机械计划保养系统(PMS)检验指南,作为 CCS 验船师和船东/轮机长执行 PMS 时的指导性文件。

PMS 是 CCS 轮机船级证书附加标志之一。PMS 的实施可替代船级换证检验,可作为轮机特别检验或轮机循环检验(CMS)的一种替代方式,不能替代年度检验;其检验项目应与所替代的特别检验或循环检验项目相覆盖。

（一）定义

①船舶维修保养体系（CWBT）：是将传统的船舶设备管理和国际上插卡式船舶设备管理相结合，形成集计划、管理、指导于一体的一种新颖、科学、实用的船舶设备管理模式，简称为CWBT。它是由船舶（Chuanbo）、维修（Weixiu）、保养（Baoyang）、体系（Tixi）4个词的汉语拼音按各词首字母排列而成。

②计划保养系统（Planned Maintenance System，简称PMS）：船舶机械（包括电气设备），根据规范的有关要求和设备制造厂说明书的规定，由船东制订一套详细的周期维修保养计划，通过该计划在船上的贯彻和实施，使船舶机械始终保持在良好的技术状态。对这种船舶机械采用周期性维修保养的计划管理，称为计划保养系统。

③船舶机械计划保养系统检验：一种由船东申请，经CCS批准的以船舶机械计划保养系统来替代船舶机械（包括电气设备）的循环检验或特别检验的制度，称为船舶机械计划保养系统检验。

④状态监控设备：利用状态监测技术，如振动信号、滑油分析、冲击脉冲分析、温度测量及气缸内部探测等方法，对设备定期进行监测（监测的频度应按设备制造厂说明书的规定），由监测得到的数据来分析确定设备是否需要进行维修保养。这种采用状态监测技术来分析判别运行状态的设备，称为状态监控设备。

⑤确认性审核：对附加标志PMS的有效性进行确认。在PMS检验时，应在每年的年度/中间/特别检验时按规定进行年度审核。检查合格后，验船师应在入级证书的签证栏里进行相应的签署。

⑥实施检验：对申请PMS检验的船舶，在其1年试运行期后进行的首次PMS确认性检验。

（二）对船东的要求

1. 机构和人员

①申请实施PMS检验的公司，应设立主管PMS的专门机构，此机构可由机务部兼任，也可以是专门部门。该机构负责制订PMS的各项文件、PMS日常管理，以及与船级社的联系。

②负责PMS管理的公司人员应经过CCS或CCS认可的组织进行的培训，并具有培训证明。

2. 计划制订

① 公司PMS主管机构，应根据《钢质海船入级规范》的有关要求和设备制造厂说明书的规定，列出PMS设备清单，制订详细的维护保养计划和工作卡汇总表。

②PMS设备清单应覆盖《钢质海船入级规范》对于轮机的特别检验或循环检验项目，并根据设备制造厂说明书和设备实际运行状况，确定各级保养期限；对于设备制造厂说明书没有要求的项目，应规定在每个PMS检验周期内至少拆检1次。

③公司PMS主管机构，应根据上述资料制订计算机化的PMS管理系统。

3. 保养间隔期

①PMS项目的检验间隔期，一般不应超过循环检验所限定的期限。

②实行定时检验的项目可以接受更长的间隔期，但不得超过设备说明书规定的检修期限。

③对于CCS批准的状态监控系统进行有效控制的设备，上述间隔期可适当延长。

4. 计算机数据库系统要求

①PMS应采用计算机化管理系统方式，该系统应经CCS批准。PMS计算机管理系统应包

括可进行常规更新的备份,例如磁盘、磁带、光盘等。

②只有轮机长或其他授权人员许可,才能对 PMS 计算机系统的保养文件和计划进行更新,对其重要设备的更改,应送交 CCS 予以重新认可。

③对已经 CCS 批准的 PMS 船舶,可不要求适用上述①款要求。

5. 计划实施

①船公司主管机构应提前数月将月计划指令下达到船上。如船舶已安装计算机和 PMS 管理系统,在船上可自动生成月保养计划,则可免除指令的下发。

②轮机长应按照公司指令及时完成要求的项目。

③船上应至少每季度将该季度内每个月的完成情况报公司主管机构,主管机构负责汇总和管理。

6. 报告

①公司主管机构应每年度将 PMS 执行情况,按指定的电子文件格式用 E-mail 转发 CCS 总部。

②船舶申请船级年度检验时,公司应同时提交 PMS 年度审核的申请;当船级特别检验到期时,公司应同时提交 PMS 年度审核的申请。

7. 授权轮机长职责

轮机长应经过 CCS 或 CCS 认可的组织培训,并获得 CCS 颁发的轮机长授权证书,其职责如下:

①授权轮机长是船上实施 PMS 的负责人。

②轮机长负责安排每一项目的检修,检修应按照工作卡汇总表的要求进行,并保存必要的维修和测量记录。轮机长负责检查或确认、签署相关的检修报告。

③只有轮机长或指定的人员才有权修改和更新船上的 PMS 数据库。

④轮机长应向公司上报 PMS 计划的完成情况。

(三)程序要求

1. 申请

①凡拟实行 PMS 的船舶,船东应向 CCS 总部或各执检单位提出书面申请。

②建议最好在轮机特别检验或轮机循环检验完成后申请实施 PMS 检验。

③对于正在执行循环检验的船舶,如果能合理编排 PMS 检验,则可对原循环检验项目予以确认,PMS 检验项目应完全覆盖所有循环检验项目,并保证原循环检验项目完成日距下次维修保养日期不超过 PMS 检验间隔期。

④对于在两次特别检验之间时申请实施 PMS 的船舶,如能够将所有轮机特别检验项目合理编排在剩余的特别检验周期(申请时间至本次特别检验到期时间)内,也可接受实施 PMS 检验。

2. 批准资料

船东在提交申请时应同时,应将下述书面资料一式三份或电子文件一份提交批准:

①公司相关岗位(职责)结构框图。

②PMS 文件编写程序。

③PMS 的设备清单。

④PMS 设备标志程序(编码体系)。

⑤每个 PMS 设备的预防性维修程序。

⑥状态监控设备的清单和规格(如有时)。

⑦状态监控设备的基准数据(如有时)。

⑧PMS设备维修保养计划(对采取定时检验的设备,应在计划中注明检修周期的小时数)。

⑨PMS计算机管理程序、软件。

3. 船上应保存的资料

船上应保存如下资料:

①上述“批准资料”的全部最新资料。

②上次年度/到期审核以来,轮机长的更换情况。

③设备制造厂和船厂的保养说明书。

④自上次拆检以来状态监控设备的所有监测数据,包括设备原始基准数据(如有时)。

⑤参考文件(趋势分析程序等)。

⑥设备维修保养记录(包括修理和更换)。

4. 批准

①CCS在收到船东的申请及提交的资料后,应及时对上述资料进行审核。审查满意后,将安排对船公司主管部门(机务部或PMS主管机构),按照“对船东的要求”中的各项规定进行审核。

②对于公司审核满意、资料齐全、内容符合申请要求的,可批准船方实施PMS。CCS将上述批准资料退给船东2份;对于电子文件的审批,将审批结果通知船东。

5. 附加标志的授予

(1)经批准实施PMS的船舶,应申请1次轮机附加检验,检验主要包含以下内容:

①确认船上应保存的资料齐全并满足要求。

②确认PMS检验计划已覆盖轮机循环检验或特别检验的全部项目。

(2)上述确认完成后,执行检验单位可以为该船签发临时入级证书,建议总部授予PMS附加标志,同时签发RA报告。总部将根据临时证书换发全期证书。

(3)对初次授予PMS附加标志的船舶,应在RO报告中给出一个船级备忘,以提醒船东在下1个年度审核时应进行“实施检验”。

(四)检验要求

1. 实施检验

(1)开始执行PMS的船舶,应进行1年的试运行阶段。试运行结束后,船东应向CCS申请实施检验,同时提交1份年度执行情况报告。

(2)验船师应确认:

①PMS已按照批准的文件实施,且船上PMS程序适应于船舶设备和系统的形式和复杂程度。

②已提供PMS年度审核和建造后检验所需要的文件。

③船上人员熟悉PMS程序。

2. 年度审核(Annual Audit,该审核不同于ISM审核)

(1)实行PMS的船舶,应在年度/中间检验时进行一次确认性审核,且最好结合船舶年度/中间检验同时进行。

(2)在年度确认性审核时,船东应向CCS执行检验单位提交PMS执行情况的年度报告,

报告应至少包括船上保存资料的最新变动部分的内容,以及:

①自上次年度审核以来所完成的 PMS 设备保养清单。

②自上次年度审核以来所有机械设备的总体运行情况。

③机械故障/失效的详细情况和原因分析。

④修理记录和备件更换情况,换下的部件或设备应保存,以便验船师检查。

(3)在年度审核时,验船师在审查船东(船方)提交的年度报告的同时,还应对下列项目进行检查:

①检查 PMS 是否正确地实施,机械设备自前一次检查后,工作情况是否正常,同时对有关各项工作卡、计划进行总体检查。

②检查机械设备的性能和维修保养记录,以证实自上次检查后,或因机械设备的工作参数超过许用值而采取措施后,机械设备的运行应保持在正常状态,拆检间隔期满足规范、制造厂要求。

③检查机械设备故障的详细记录。

④检查机械设备的修理记录,应尽可能将损坏而用备件替换的机械零部件,保存在船上以备检查;必要时轮机长应拍摄照片供验船师检查。对于更换规范要求的重要零部件时,应提供有关的产品证书,并在轮机长提供的报告中予以说明。

⑤当使用状态监控设备时,应根据验船师要求,尽实际可能对使用中的状态监控设备进行运行试验和抽查有关数据,对被监控设备进行效用试验或确认检查。

⑥验船师检查设备维修记录时,对于测量数据不准确或测量数据已超过允许极限而未更换以及对机械故障的处理认为不正确时,可要求轮机长打开作进一步检查。

⑦根据检查结果,验船师签发相应的报告。

3. 船级特别检验时的 PMS 审核

①当船级特别检验到期时,船东应申请特别检验和 PMS 年度审核。

②船东提交的报告和验船师的检验要求同年度审核。

③验船师按要求执行 PMS 年度审核,同时应注意检查本次特别检验间隔期内 PMS 执行的总体情况,在完成年度检验和 PMS 年度审核后,如状况满意,可认为入级证书换证检验完成,并在入级证书上签署。

④如船级特别检验到期时,船东由于其他原因无法完成特别检验,可申请延期,如状况满意,船级特别检验与 PMS 年度审核可以给予不超过 3 个月的展期。届时仍应按照上述①~③条要求进行检验和审核。

4. 损坏和修理检验

①PMS 设备(包括部件)的损坏应向 CCS 报告,对这种损坏的部件/机械设备的修理,应使得验船师满意。

②对 PMS 的机械设备进行的任何修理和纠正措施,应记录在 PMS 航海日志中,并在年度审核时,由验船师对修理予以确认。

③出现过期的遗留项目或存在未经修理的损坏的记录,将影响到 PMS 的开展。应将这些相关的检验项目排除在 PMS 之外,即应经过验船师检验,直至消除这些遗留项目或进行修理。

5. 计划的变更

①一般情况下,PMS 项目的保养间隔期,不应超过循环检验所限定的期限。

②船公司或轮机长可以根据设备的保养、船舶营运等情况,适当调整保养计划,但 PMS 项

目的两次保养间隔期,最长不应超过循环检验所限定的期限。

③如轮机长提前完成某项目的保养,则其完成日期距下次检修的时间间隔,不应超过循环检验所限定的期限。

6. PMS 撤销和取消

①船舶所有人可以书面形式申请撤销 PMS,恢复特别检验或轮机循环检验。

②执行检验单位如发现船舶未认真执行 PMS 检验时,应报告 CCS 总部,总部将视情况对船东提出书面提醒,或要求船东限期纠正;否则将取消 PMS 附加标志。

三、船舶适航必备的证书

船舶适航必备的证书和文件,有的证明船舶已经履行了有关法定手续,有的反映船舶技术状态。这些船舶证书和主要文件在进出港时都要受到海事主管机关的检验和核查,是港口国监督和船舶安全检查的重要内容。如果发现证书和文件不齐,或其中有失效者,将不准船舶离港,直至备齐或办妥证书才准予离港。有些证书和文件在船舶发生事故时,是国际航运海事处理的重要法律依据,必须重视船舶证书和文件的妥善保管。

(一)船舶登记证书

船舶登记是一项法律行为,其依据是《中华人民共和国船舶登记条例》。船舶只有通过登记取得一国国籍,才有权悬挂该国国旗航行,受该国法律的保护和管辖。我国海船登记的目的主要在于证明船舶的国籍,确定船籍港,享有悬挂中华人民共和国国旗权,享有在我国沿海和内河航行权;到达外国港口受到我国驻外使节的保护和协助;在海上航行可得到我国海军舰队的保护。

中华人民共和国海事局是船舶登记主管机关,各港口海事局是船舶登记机关。船舶登记港就是船籍港,船舶登记港由船舶所有人依据其住所或主要营业所所在地就近选择。

1. 船舶所有权登记证书和船舶国籍证书

船舶所有权登记证书证明船舶财产所有权的归属;船舶国籍证书证明了船舶的国籍和船籍。在船舶营运中发生赔偿关系时,船舶国籍证书和船舶所有权登记证书是取得赔偿权益的证件。

(1)船舶所有权登记证书

船舶所有人申请船舶所有权登记,应当向登记机关交验足够证明其合法身份的文件,并提供有关船舶技术资料和船舶所有权取得(包括购买、新造、继承、赠与、依法拍卖、法院判决)的证明文件的正本、副本。登记机关对审核符合规定的,颁发船舶所有权登记证书,授予船舶登记号码,并在船舶登记簿中载明。

(2)船舶国籍证书和临时船舶国籍证书

船舶所有人申请船舶国籍,应交验依照本条例取得的船舶所有权登记证书,还应当按船舶航区和船舶种类,交验相应的由法定船舶检验机构签发的有效船舶技术证书。对经审核符合规定的船舶,船籍港船舶登记机关发给船舶国籍证书。船舶国籍证书的有效期为 5 年。

向境外出售新造的船舶,从境外购买新造的船舶,境内异地或境外建造船舶,以及以光船条件从境外租进船舶,经审查符合规定的,船舶登记机关或我国驻外大使馆、领事馆予以核准并发给临时船舶国籍证书。临时船舶国籍证书的有效期一般不超过 1 年。以光船租赁条件从境外租进的船舶,临时船舶国籍证书可根据租期确定,但最长不得超过 2 年。临时船舶国籍证书和船舶国籍证书具有同等法律效力。

2. 开放登记制度和方便旗船舶

世界各海运国家的船舶登记制度，根据其登记条件的不同基本上可分为三大类：严格登记制度、开放登记制度和半开放登记制度。

严格登记制度的登记条件是：

①船舶所有权全部或大部分属船旗国所有。

②船公司或主要营业所设在船旗国境内，并由船旗国公民或法人管理。

③船员必须全部或主要是船旗国公民。

开放登记制度受登记条件的限制很少。介于二者之间的为半开放登记制度。所谓"开放登记"制度是指外国船舶通过交纳少量登记费用和其他有关费用即可在"开放登记"国家登记，并悬挂该国国旗进行营运的制度。国际上把在开放登记制度国家登记并悬挂该国国旗的船舶统称为方便旗船舶。办理船舶方便旗登记的国家主要有利比里亚、巴拿马等。

(二)船级证书

1. 船级证书的种类

①船体(包括设备)入级证书。

②轮机(包括设备)入级证书。

如船体入级证书和轮机入级证书两者之一失效，则另一证书同时失效。

船级社在未签发上述证书前，如确认船舶的船体(包括设备)和机械(包括电气设备)处于良好和有效状态，则可签发相应的临时船级证书，以便使船舶能及时投入营运。

船舶入级证书的有效期一般不超过 5 年，临时入级证书的有效期不超过 5 个月。

③货物冷藏装置入级证书(如适用)。

2. 入级证书签发与签署

船舶按规定完成保持船舶入级的各种检验，验船师应按规定在入级证书上作相应的签署。特别检验完成后，如在现有入级证书期满日前不能发给新的入级证书，则验船师可在现有入级证书上签署，签署有效期为从现有入级证书期满日起不超过 5 个月。

(三)船舶法定证书和文件

1. 国际航行船舶

国际航行船舶按照其适用情况，应具备以下相应的法定证书，即经相应法定检验合格后所签发的合格证书。

①依据《SOLAS 公约》：货船构造安全证书、货船设备安全证书、货船无线电安全证书；船舶安全管理证书(SMC)、符合证明(DOC)副本；国际船舶保安证书(ISSC)；客船安全证书(适用客船)；免除证书(如适用)；国际散装运输危险化学品适装证书；国际散装运输液化气体适装证书；高速船安全证书、高速船营运许可证书；特殊用途船舶安全证书；放射性核燃料、核废料适装证书(INF 证书)；核能相关安全证书。

②依据"MARPOL 73/78"：国际防止油污证书(IOPP 证书)、国际防止生活污水污染证书(ISPP 证书)、国际防止大气污染证书(IAPP 证书)；国际压载水管理证书(IBM 证书)；国际防止散装运输有毒液体物质污染证书(NLS 证书，如适用)。

③依据《1966 年国际载重线公约》：国际载重线证书；国际载重线免除证书(如适用)。

④依据《1966 年国际船舶吨位丈量公约》：国际吨位证书。

⑤依据《ILO 公约》：起重机与起货设备检验簿、船舶起重设备检验和试验证书、双杆检验与试验证书、起重设备活动零部件检验与试验证书、钢索检验与试验证书、铁制活动零部件热

处理证书;船员舱室证书;船舶卫生证书。

2. 国内航行船舶

按其适用情况,应具备以下相应法定检验合格证书,即法定证书:货船适航证书;船舶安全管理证书、符合证明(副本);船舶保安证书;防止油污证书、防止生活污水污染证书;船舶吨位证书;船舶载重线证书;船舶卫生证书;客船适航证书、乘客定额证书;免除证书;防止散装运输有毒液体物质污染证书;散装运输液化气体适装证书;散装运输危险化学品适装证书;危险品适装证书;高速船安全证书、高速船营运许可证书;浮船坞安全证书;起重设备检验与试验证书;海上拖航法定证书;适拖证书。

3. 其他证书

无限航区船舶还应配有"苏伊士运河专用吨位证书"、"巴拿马运河吨位证书";卫生检疫部门还发有"免予除鼠证书"。

为满足营运以及安全和生活上的需要,船舶还必须具有重要设备的证书,如锚链试验证明书、二氧化碳灭火装置检验簿、声光信号设备证书、蒸汽锅炉检验簿、集装箱检验鉴定书等多种设备证书和产品认可证书。

4. 船舶文件

船舶文件是船舶发生海损事故、油污事故和进出港口必须检查的重要文件。这些文件除上述船舶证书外,还有:航海日志、轮机日志、天文钟日志、罗经日志、无线电日志、测深日志、车钟记录簿、船舶安全检查记录簿、油类记录簿、船上油污应急计划、垃圾记录簿、垃圾管理计划、货物系固手册、船员名册和旅客清单等。

5. 船舶法定证书的签发及其有效期

目前在船舶法定检验中采用两种检验与发证系统,即协调系统(Harmonized System of Survey and Certification,简称 HSSC)和非协调系统。此两种系统的主要区别体现在证书有效期上。HSSC 系统规定所有法定证书的有效期统一为 5 年(客船除外),以便船东安排船舶检验,并且对各种情况下证书的签署作了统一规定。证书有效期统一为 5 年并非是降低检验要求,而是通过证书有效期中规定的不同种类的检验来保证满足检验要求。

(1)国际航行海船

①"客船安全证书"有效期不超过 12 个月。

②货船所有证书的有效期不超过 5 年。

③"高速船安全证书"的有效期不超过 5 年。

④免除证书的有效期应不长于其相关证书的有效期。

⑤"1969 年国际吨位证书"在正常情况下,长期有效。

(2)非国际航行海船

①"客船适航证书"的有效期不超过 2 年。

②"高速船安全证书"的有效期不超过 5 年。

③货船所有证书的有效期不超过 5 年。

④"船舶吨位证书"在正常情况下,长期有效。

⑤"浮船坞安全证书"的有效期不超过 5 年。

四、船舶入级规范中有关轮机的内容

为了便于实施具体的检验工作，主管机关制定了船舶检验技术规程，其中有关轮机检验中的主要技术要求有以下几点。

1. 主柴油机

(1)柴油机扫气箱防爆门的开启压力不超过最高扫气压力的1.1倍。

(2)柴油机气缸盖、气缸和活塞的冷却水腔水压试验，一般都为0.7 MPa。

(3)柴油机气缸安全阀校验开启压力为1.4倍最大燃烧压力。

(4)废气涡轮增压器的叶轮做动平衡试验并应符合下列规定。

①当$n \leqslant 20\ 000$ r/min时，叶轮偏心距$e \ngtr 0.002$ mm。

②当$n > 20\ 000$ r/min时，叶轮偏心距$e \ngtr 0.001$ mm。

(5)对涡轮增压器壳进行1.5p(p—工作压力，MPa)但不少于0.4 MPa的水压试验，以检查有无裂纹。

(6)中冷器应进行1.25p水压试验(p—最大工作压力，MPa)。

(7)柴油机机座紧配螺栓应不少于总数的15%，且至少不少于4只。垫片厚度应在10～75 mm间，钢质垫块厚度不大于25 mm，铸铁垫块厚度不少于25 mm。

(8)发电柴油机修理后的负荷试验应尽量达到标定值。如老旧船舶有困难时，可按船舶常用最大负荷但不低于标定值的75%进行负荷试验，试验时间不少于2 h。

(9)经检修的锚机、舵机和起货设备，在效用试验前应进行不少于30 min的空转试验。

(10)校验舵机液压系统上的溢流阀、安全阀，其开启压力应不大于1.1倍的最大工作压力。

(11)空气压缩机总排量对空气起动系统应能从大气压力开始在1 h内充满所有主机起动用空气瓶。

(12)空气瓶及管系的密封性试验从充气达到工作压力后起算24 h内压力降不大于工作压力的4%，或浸入水中3 min，无漏气即为合格。

(13)空气瓶的安全阀应经校验，开启压力不超过1.1倍的工作压力，关闭压力一般不低于85%的工作压力。

设置易熔塞的空气瓶，应结合内部检验检查易熔塞的技术状况是否正常。

(14)动力管系一般按1.5倍工作压力作液压试验。管壁表面温度超过60℃者一般应包扎绝热材料或保护层。

2. 电气设备

(1)发电机或变换装置检修后，以在船舶各种使用工况中常用的最大负荷作为试验负荷，试验时间1～2 h；发电机额定容量(如属可能)进行温升试验直至温升实际稳定为止，试验时间一般不少于4 h，温升不应超过规范规定的温升限值。

(2)发电机并联运行试验的负载应在总标定功率的20%至机组并联运行常用的最大负荷内变化，应能稳定运行和负荷转移。

(3)发电机的自动开关，应校核下列保护装置(包括脱扣器动作)的可靠性。

①过载保护装置。过载10%～50%之间，经少于2 min的延时开关应分断。建议可调定在发电机额定电流的125%～135%，延时15～30 s自动开关分断，也可按原调定值进行复核。

②并联运行的发电机的逆功率(或逆电流)保护装置调定为：

A. 柴油发电机标定功率(电流)的8% ~15%。

B. 汽轮发电机标定功率(电流)的2% ~6%。

C. 交流发电机应延时3 ~10 s动作,直流发电机应瞬时或短暂延时(少于1 s)动作,也可按原调定值复核。

③并联运行的发电机的欠电压保护,应当在电压降低至额定电压的35% ~70%时,自动开关自动分断。

(4)电动机检修后应在机械装置常用最大负荷下试验不少于1 h,电动机应无敲击和过热及振动现象。

(5)绕组经过拆绕的电动机,相应进行平衡、超速、耐电压及温升试验;以机械装置常用最大负荷进行温升试验,试验时间不少于2 h。

3. 螺旋桨轴和艉轴

①检查键与艉轴的键槽及桨毂键槽的紧配情况,一般应不能插入0.05 mm塞尺,允许沿键槽周长的20%局部插入。

②检查轴套的磨损,轴套减薄不应超过原厚度的50%,填料函处不应超过60%,轴和轴套的圆度和圆柱度不应超过规定值。

③换新铜套应进行0.15 MPa的水压试验,5 min内不得渗漏。

④检查艉轴承间隙,其安装及磨损极限不应超出规定值。轴承下部应无间隙,测量位置一般以距艉管端100 mm处为准。铁梨木轴承如因修理需要偏心镗孔时,铁梨木厚度应不小于按正中心镗孔厚度的80%。

⑤检查艉轴油润滑轴承的轴封装置,装复后应进行油压试验以检查密封性是否良好,试验压力为1.5倍的工作压力。如采用重力油柜润滑时,从泵至有回油时算起连续3 min内不应有任何泄漏。如属橡皮筒式端面密封,一般也不应漏油,但每分钟油滴不超过3滴时亦允许使用(试验时应间断正倒慢慢转车)。

4. 锅炉装置

①火管锅炉烟管腐蚀,管壁减薄超过原壁厚的50%时应换新。检查水管锅炉的水管触火面管壁情况,如管壁起泡、裂纹、穿孔或管壁减薄超过原壁厚的40%时应换新。

②检查给水管、集合管和排污管、减温器等锅炉附件的腐蚀。管壁腐蚀超过原管壁厚度的30%时应予换新。

③检查过热器、给水加热器管特别弯头处有无起泡、裂纹、穿孔、弯形。管子挠曲变形超过原间距的50%或下垂超过1.5倍管径时应予换新。

④主、副蒸汽管管壁减薄超过原厚度的30%时应予换新。

⑤校核锅炉安全阀的开启压力,见表3-5。

表3-5 锅炉安全阀开启压力

火管锅炉和工作压力小于1 MPa的其他锅炉	$\leqslant p+0.05$
水管锅炉	$\leqslant 1.05p$
过热器	$\leqslant 1.02p$
给水系统	$\leqslant p+0.2$

注:安全阀的关闭压力应不影响主机的正常使用,一般不低于0.9p。(p—锅炉工作压力,MPa)

⑥当锅炉设计不能进行内部检验,经较大修理或验船师认为必要时应按表3-6规定的压力进行水压试验。

表 3-6　锅炉水压试验压力

锅炉工作压力 p	试验压力(MPa)
$p \leqslant 1.0$	$p+0.25$
$1.0<p \leqslant 4.0$	$1.25p$
$p>4.0$	$1.2p+0.2$

注：一般性修理后的水压试验，可在工作压力下进行。

⑦锅炉附件、设备、主蒸汽管等需要水压试验时，应按表 3-7 规定的压力进行。

表 3-7　锅炉附件等水压试验压力

名　称	试验压力(MPa)
给水阀、过热蒸汽阀	$2.5p$
上、下排污阀	$2.5p$
其他锅炉阀件	$2p$
过热器、经济器	$1.5p$
主、辅蒸汽管	$2p$

⑧锅炉升压试验。安全阀更换，改变其排汽流通面积后或验船师认为有必要时，均应进行锅炉安全阀升压试验。

试验时，锅炉给水，只需补水至足以保持安全水位的水量，在停汽阀等全部关闭的情况下充分燃烧，安全阀开启后，水管锅炉 7 min、火管锅炉 15 min，锅炉压力升高不得超过工作压力的 10%。

试验后，如不能满足要求，应考虑改变安全阀的面积或排汽通流面积。

注：《钢质海船入级规范》规定，任何安全阀的直径应不大于 100 mm，但应不小于 25 mm。

第五节　中华人民共和国船舶安全检查规则

一、船旗国监督的由来和现状

自 20 世纪 80 年代以来，船舶海上交通事故频繁发生，严重危害人命安全和海洋环境，引起国际海事组织和各港口当局的高度重视。为此，国际海事组织强调要落实公约标准的三重责任：IMO 负责制定标准，船旗国负责实施标准，港口国负责监督检查。其主旨在于将不符合标准的船舶淘汰出航运市场。

船舶安全检查是指各国海事主管机关依据国内有关法律、法规、规范以及相关的国际公约，对到港的船舶实施监督检查，确定船舶、船员是否具有规定的有效证书以及船舶的技术状况是否符合有关规定的要求，并就检查中发现的缺陷提出处理意见，督促船方及时予以纠正。根据被检查船舶的国籍不同，船舶安全检查可分为船旗国监督（Flag State Control，简称 FSC，亦称船旗国管理或船旗国检查）和港口国监督（Port State Control，简称 PSC）。船旗国监督与港口国监督是一对相互对应的概念，船旗国监督是指船旗国海事主管机关对悬挂本国国旗的船舶实施的监督检查，而港口国监督是港口国海事主管机关对到港的外国籍船舶实施的监督检查。根据船舶的航区和检查依据的不同，我国的船旗国监督可分为国际航行船舶安全检查、国内航行沿海船舶安全检查和内河船舶安全检查。

船旗国是对船舶实施安全管理的行政主体，承担船舶安全管理的主要责任；而港口国监督更多地表现为一种保护本国水域航行安全的权力。在船旗国不能有效履行职责情况下，港口国监督可以发挥积极的作用，促进船舶安全。港口国监督的实践证明，港口国监督在打击、消除低标准船舶方面的确发挥了重要的作用，并取得了良好的效果。

船旗国海事主管机关或机构对本国籍船舶进行管辖和监督，不仅是国家法规的强制性规定，而且是有关国际公约赋予缔约国政府的法律义务。《1982 年联合国海洋法公约》规定：船旗国应对悬挂其国旗的船舶有效地行使行政、技术及社会事项上的管辖和监督。《SOLAS 公约》规定：缔约国无论采取何种方式，都应充分保证船舶检验和检查的全面性和有效性，保证船舶及其设备在各方面都适合该船预定的用途。“MARPOL 73/78”、“STCW 78/95”、“LL66”、“ILO147”等国际公约，也都在各自的条文中要求各缔约国政府实施船旗国管辖权，以保证悬挂其国旗的船舶遵守公约的要求，这种管辖权包括船舶安全检查的实施。因此，船旗国监督的依据是国际海事公约，国际劳工组织（ILO）的有关公约，船旗国国家的法律、法规等。

船旗国监督的检查内容与 SMS 内、外审基本一致，涵盖 PSC 检查项目。在船检查时间一般 1 ~ 3 天或随船从一个港到另一港。检查重点主要侧重于船舶管理体系、文件体系、法定证书、船舶配员证书、配员情况及船员待遇等。有些检查官对“轮机日志”、“油类记录簿”、工作语言、电脑软件是否有船旗国官方语言等进行检查；有些检查官对机器设备、应急设备、PMS 执行情况、机舱的卫生状况、船员的居住舱室条件、卫生器具的状况及卫生水平等进行仔细检查。目前，随着港口国检查的日趋严格，各船旗国政府为了在各个 PSC 检查网络中提高自己的声誉，或者撤销在 PSC 网络中的“黑名单”，都加大了对船舶的检查力度，有些国家政府的检查甚至超过了港口国检查。我国政府对从中国开出的船舶依据《中华人民共和国船舶安全检查规则（1997）》实行开航前监督，对悬挂中国国旗的船舶就属于船旗国监督，其检查力度和检查规模都相当于港口国检查。

二、船舶安全检查规则

为规范船舶安全检查活动，保障水上人命、财产安全，防止船舶造成水域污染，根据《中华人民共和国海上交通安全法》、《中华人民共和国海洋环境保护法》、《中华人民共和国内河交通安全管理条例》等法律、行政法规和我国缔结、加入的有关国际公约，制定本规则。《中华人民共和国船舶安全检查规则》已于 2009 年 10 月 29 日经第 10 次部务会议通过，现予公布，自 2010 年 3 月 1 日起施行。

1. 总则

本规则适用于对中国籍船舶以及航行、停泊、作业于我国港口（包括海上系泊点）、内水和领海的外国籍船舶实施的安全检查活动。本规则不适用于军事船舶、公安船舶、渔业船舶和体育运动船艇。

本规则所称“船舶安全检查”是指海事管理机构按照本规则规定的程序，对船舶技术状况、船员配备及适任状况等进行监督检查，以督促船舶、船员、船舶所有人、经营人、管理人以及船舶检验机构、发证机构、认可组织等有效执行我国法律、行政法规、规章，船舶法定检验技术规范，以及我国缔结、加入的有关国际公约的规定。

船舶安全检查遵循依法、公正、诚信、便民的原则。中华人民共和国海事局统一管理全国的船舶安全检查工作。其他各级海事管理机构按照职责开展船舶安全检查工作。

2. 船舶安全检查和处理

船舶安全检查分为船旗国监督检查和港口国监督检查。

船旗国监督检查是指对中国籍船舶实施的船舶安全检查。港口国监督检查是指对航行、停泊、作业于我国港口(包括海上系泊点)、内水和领海的外国籍船舶实施的船舶安全检查。

船舶安全检查,应当由至少2名安全检查人员于船舶停泊或者作业期间实施。

禁止对在航船舶进行安全检查,但法律、行政法规另有规定的除外。

从事船舶安全检查的人员应当具备必要的船舶安全检查知识和技能,并取得相应等级的船舶安全检查资格证书。

海事管理机构应当配备足够、合格的船舶安全检查人员和必要的装备、资料等,以满足船舶安全检查工作的需要。

船舶安全检查的内容包括:

①船舶配员。

②船舶和船员有关证书、文书、文件、资料。

③船舶结构、设施和设备。

④载重线要求。

⑤货物积载及其装卸设备。

⑥船舶保安相关内容。

⑦船员对与其岗位职责相关的设施、设备的实际操作能力以及中国籍船员所持适任证书所对应的适任能力。

⑧船员人身安全、卫生健康条件。

⑨船舶安全与防污染管理体系的运行有效性。

⑩法律、行政法规、规章以及国际公约要求的其他检查内容。

海事管理机构应当根据中华人民共和国海事局制定的选船标准以及国际公约、区域性合作组织的规定,结合辖区实际情况,按照公平对等、便利公开、重点突出的原则,合理选择船舶实施安全检查。

经海事管理机构检查的中国籍船舶或者经《亚太地区港口国监督谅解备忘录》成员当局检查的外国籍船舶,自检查完毕之日起6个月内不再进行检查,但下列船舶除外:

①客船、油船、液化气船、散装化学品船。

②发生水上交通事故或者污染事故的船舶。

③被举报低于安全、防污染、保安、劳工条件等要求的船舶。

④新发现存在若干缺陷的船舶。

⑤依选船标准核算具有较高安全风险指数的船舶。

⑥中华人民共和国海事局指定检查的船舶。

检查人员实施船舶安全检查,在登船后应当向船方出示有效证件,表明来意。先进行初步检查,对船舶进行巡视,核查船舶证书、文书和船员证书。

有下列情形之一的,检查人员应当对船舶实施详细检查,并告知船方进行详细检查的原因:

①巡视或者核查过程中发现在安全、防污染、保安、劳工条件等方面明显存在缺陷或者隐患的。

②被举报低于安全、防污染、保安、劳工条件等要求的。

③2 年内未经海事管理机构详细检查的。

④中华人民共和国海事局要求进行详细检查的。

检查人员实施详细检查时，船长应当指派人员陪同。陪同人员应当如实回答检查人员提出的问题，并按照检查人员的要求测试和操纵船舶设施、设备。

检查人员应当运用专业知识对船舶存在的缺陷作出判断，并按照有关法律、行政法规或者国际公约的规定，提出下列一种或者几种处理意见：

①开航前纠正缺陷。

②在开航后限定的期限内纠正缺陷。

③滞留。

④禁止船舶进港。

⑤限制船舶操作。

⑥责令船舶驶向指定区域。

⑦驱逐船舶出港。

⑧法律、行政法规或者国际公约规定的其他措施。

船舶有权对海事管理机构实施船舶安全检查时提出的缺陷以及处理意见当场进行陈述和申辩。海事管理机构应当充分听取船方意见。

实施船旗国监督检查结束后，检查人员应当签发“船旗国监督检查记录簿”；实施港口国监督检查结束后，检查人员应当签发“港口国监督检查报告”。

检查人员应当在“船旗国监督检查记录簿”或者“港口国监督检查报告”中标明缺陷及处理意见，签名并加盖船舶安全检查专用章。对于缺陷处理意见为滞留的，检查人员应当在“船旗国监督检查记录簿”或者“港口国监督检查报告”中注明理由。

对于中国籍船舶应当通报船籍港海事管理机构；对于外国籍船舶应当通过中华人民共和国海事局通报其船旗国政府、国际海事组织。导致滞留的缺陷如与船舶检验机构、发证机构或者认可组织有关的，还应当通报相关的船舶检验机构、发证机构或者认可组织。接到通报的船舶检验机构、发证机构或者认可组织应当核实和调查有关缺陷情况，采取相应的措施，并将相关情况及时反馈给发出通知的海事管理机构。

船舶以及相关人员应当按照海事管理机构签发的“船旗国监督检查记录簿”或者“港口国监督检查报告”的要求，对存在的缺陷进行纠正。中国籍船舶的船长或者履行船长职责的船员应当对缺陷纠正情况进行检查，并在航行日志中进行记录。

船舶在纠正导致海事管理机构采取本规则所列处理措施之一的缺陷后，应当向海事管理机构申请复查。对其他缺陷纠正后，船舶可以自愿申请复查。海事管理机构接到自愿复查申请，决定不予复查的，应当及时通知申请人。海事管理机构可以根据需要对缺陷纠正情况进行跟踪检查。

对已经纠正的缺陷，经复查或者跟踪检查合格后，检查人员应当在船舶安全检查报告中签名并加盖船舶安全检查复查合格章，海事管理机构应当及时解除相应的处理措施。

从事国际航行的中国籍船舶所有人、经营人或者管理人应当按照中华人民共和国海事局的规定，定期将船舶在境外接受检查和处罚的情况向船籍港海事管理机构报告。

对连续 2 年不能返回国内港口接受船旗国监督检查的船舶，经中华人民共和国海事局授权，船籍港海事管理机构可以到船舶所在地港口对船舶实施船旗国监督检查。

中国籍船舶在境外发生水上交通事故或者污染事故的，或者在境外被滞留、禁止进港（入

境)、驱逐出港(境)的,船舶所有人、经营人或者管理人应当在船舶到达国内第一个港口前,将船舶在境外接受检查和处罚的情况向船籍港海事管理机构报告。

对发生第一款规定情形的船舶,中华人民共和国海事局可以根据事故或者缺陷的性质以及客观条件,指定有关船舶检验机构对其实施境外临时检验。

船舶存在可能影响水上人命、财产安全或者可能造成水域环境污染的缺陷和隐患的,船员及其他知情人员应当向海事管理机构举报。

海事管理机构应当为举报人保守秘密。

海事管理机构应当建立健全船舶安全检查信息公开制度,并接受社会公众和有关方面的咨询和监督。

船舶安全检查不免除船舶、船员及相关方在船舶安全、防污染和保安等方面应当履行的法定责任和义务。

3.“船旗国监督检查记录簿”和“港口国监督检查报告”使用规定

中国籍船舶应当随船携带“船旗国监督检查记录簿”。

“船旗国监督检查记录簿”由船舶或者其所有人、经营人、管理人向海事管理机构申请换发、补发。

“船旗国监督检查记录簿”使用完毕或者污损不能继续使用的,应当申请换发,并交验前一本“船旗国监督检查记录簿”。因遗失或者灭失等原因申请补发的,应当书面说明理由,附具有关证明文件,并提供最近一次对其实施船旗国监督检查的海事管理机构名称。

“船旗国监督检查记录簿”应当连续使用、保持完整,不得缺页、擅自涂改或者故意毁损。

“港口国监督检查报告”以及使用完毕的“船旗国监督检查记录簿”应当妥善保管,至少在船上保存2年。

除海事管理机构外,任何单位、人员不得扣留、收缴“船旗国监督检查记录簿”或者“港口国监督检查报告”,也不得在“船旗国监督检查记录簿”或者“港口国监督检查报告”上签注。

船舶不得涂改、故意损毁、伪造、编造“船旗国监督检查记录簿”或者“港口国监督检查报告”,不得以租借、骗取等手段冒用“船旗国监督检查记录簿”或者“港口国监督检查报告”。

4.法律责任

违反本规则,有下列行为之一的,由海事管理机构对违法船舶或者其所有人、经营人、管理人处1 000元以上1万元以下的罚款;情节严重的,处1万元以上3万元以下的罚款。对违法人员处以100元以上1 000元以下的罚款;情节严重的,处1 000元以上3 000元以下的罚款:

①拒绝或者阻挠检查人员实施船舶安全检查的。

②弄虚作假欺骗检查人员的。

③未按照“船旗国监督检查记录簿”或者“港口国监督检查报告”的处理意见纠正缺陷或者采取措施的。

④船舶在纠正按照第十九条规定应当申请复查的缺陷后未申请复查的。

⑤未按照第二十条第一款、第二十一条第一款规定将船舶在境外接受检查和处罚的情况向船籍港海事管理机构报告的。

⑥涂改、故意损毁、伪造、变造“船旗国监督检查记录簿”或者“港口国监督检查报告”的。

⑦以租借、骗取等手段冒用“船旗国监督检查记录簿”或者“港口国监督检查报告”的。

中国籍船舶未按照规定携带“船旗国监督检查记录簿”的,海事管理机构应当责令改正,并对违法船舶处1 000元罚款。

检查人员徇私舞弊、玩忽职守或者滥用职权的，海事管理机构应当按照有关规定作出处理。

海事管理机构在实施船旗国监督检查中发现船舶存在的缺陷与船舶检验机构、发证机构和认可组织有关的，应当根据相关规定对船舶检验机构、发证机构、认可组织或者其工作人员开展调查和处理。

5. 附则

本规则所称缺陷，是指船舶技术状况、船员配备及适任状况等不符合我国法律、行政法规、规章、船舶法定检验技术规范和我国缔结、加入的国际公约要求的情况。

船舶申请复查的，应当按照规定交纳复查费用并负担相应的交通费用。

"船旗国监督检查记录簿"和"港口国监督检查报告"由中华人民共和国海事局统一印制。

第六节　港口国监督(PSC)

港口国监督(Port State Control，简称PSC，亦称港口国控制、港口国管理或港口国检查)，是指世界各地的港口国当局根据有关国际公约规定的标准，对进入其港口的外国籍船舶实施的以船舶技术状况、操作性要求、船舶配员以及船员的生活和工作条件为检查内容的，以确保船舶和人命财产安全、防止海洋污染为宗旨的一种监督与控制。

港口国监督(PSC)被公认是消除低标准船舶、保证海上安全和保护海洋环境的有效手段。近年来，随着相关国际公约修正案的生效，全球范围内的PSC检查力度明显加强，得到了更广泛的认同。随着《ISM规则》和《ISPS规则》的生效，PSC检查程序已不再只是针对船舶硬件，也开始对船舶操作和管理进行相应的检查，这表明港口国检查已在更广泛的领域内得到应用。

目前，各港口国政府正日益严格和广泛地采取措施，对抵港的外国船舶实施港口国监督。不少抵港船舶因被发现存在严重缺陷而被警告、限期解决或被滞留。被滞留的船舶不仅会导致船期损失和承担高昂的修船费，还会使船舶、船公司、船旗国、船级社因被列入"黑名单"而遭受名誉损失。

一、港口国监督的由来和现状

港口国监督是由1978年"AMODO CADIZ"船的触礁事故而产生。当时，该事故引起了欧洲公众与政界的极大震动，普遍认为有些船旗国政府的主管机关，在确保他们所管辖的船舶符合国际公约规定的标准方面，未能尽到职责。为此，1980年12月2日，13个欧洲国家，加上欧共体、国际海事组织、国际劳工组织在法国巴黎召开欧洲地区海事安全会议，一致同意共同采取措施，限制并继而消除不符合国际公约船舶的航行。1982年1月召开了第二次会议，会上通过了著名的"巴黎备忘录(PARIS MOU)"。该备忘录于1982年7月1日开始生效。PARIS MOU原有18个成员国，现有22个成员国：比利时、加拿大、克罗地亚、丹麦、爱沙尼亚、芬兰、法国、德国、希腊、冰岛、爱尔兰、意大利、拉脱维亚、荷兰、挪威、波兰、葡萄牙、俄罗斯、斯洛文尼亚、西班牙、瑞典和英国。区域覆盖了欧洲沿岸和自北美到欧洲的北大西洋沿岸。

由于"巴黎备忘录"组织在防止和减少低标准船继续航行方面成效显著，IMO在1991年召开的第17次大会上通过了关于"在船舶排放和控制方面加强地区合作"的决议。该决议要求全球各地区建立与"巴黎备忘录"相类似的PSC备忘录组织，并且要求各备忘录组织成员国及实施PSC的其他国家应作出安排，相互合作，从而建立全球性的PSC网络。

目前,地区性 PSC 组织已达 8 个:巴黎备忘录(PARIS MOU,1982 年 7 月 1 日)、拉美 PSC 协议(1992 年 11 月 5 日)、东京备忘录(TOKYO MOU,亚太地区 PSC 谅解备忘录,1993 年 12 月 2 日)、加勒比地区备忘录(1996 年 2 月 9 日)、地中海地区备忘录(1997 年 7 月 11 日)、印度洋地区备忘录(1998 年 6 月 5 日)、中西非地区备忘录(1997 年 10 月 22 日)和黑海地区备忘录(2000 年 4 月 7 日)。美国则由其海岸警卫队(USCG)实施独立的港口国监督检查。在这些组织和机构中以 TOKYO MOU、PARIS MOU 和 USCG 影响力最大。我国是亚太地区 PSC 谅解备忘录的成员国。

二、港口国监督的法律依据

港口国监督的实施是基于相关国际公约的相关规定,同时港口国是这些公约的缔约国。依据所适用公约的条款规定,港口国可由检查官对抵达其港口的外国籍船舶实施检查。下列公约及其技术标准作为港口国监督的统一尺度:

①《1974 年国际海上人命安全公约》及修正案,1978 年和 1988 年议定书(SOLAS 74)。

②《经 1978 年议定书修正的 1973 年国际防止船舶造成污染公约》(MARPOL 73/78)。

③《1978 年海员培训、发证和值班标准国际公约》及 1995 年修正案(STCW 78/95)。

④《1966 年国际载重线公约》及 1988 年议定书(LL66)。

⑤《1969 年国际船舶吨位丈量公约》(ITC69)。

⑥《1972 年国际海上避碰规则公约》及修正案(COLREG72)。

⑦《1976 年商船最低标准公约》(ILO 第 147 号)。

根据上述公约要求,PSC 的通常检查项目是:

①船舶证书、文件和手册。

②船体、机器和设备状态。

③有关机器、设备和仪器的使用和操作要求。

④船员配备、劳动及生活条件。

三、港口国监督程序

为了统一各港口国控制组织执行港口国监督的做法,给港口国监督检查官提供有效的实施指南,1995 年 11 月 IMO 第 19 届大会,通过了 A. 787(19)决议,即《港口国监督程序(Procedures for Port State Control)》。1999 年 11 月,IMO 第 21 届大会通过了 A. 882(21)号决议,对《港口国监督程序》进行了修正,将有关对《ISM 规则》的监督内容纳入了监督程序。经 A. 882(21)决议修正(以后还可能进行相关的修正)的《港口国监督程序》已成为各港口国进行 PSC 检查的基准文件,特别是对船舶、船舶设备以及船员方面存在缺陷的判定提供了指导性的文件。

(一)《港口国监督程序》的构成

《港口国监督程序》由六章正文和九个附录构成。

1. 正文

第 1 章　总论

阐明该程序的目的、适用对象、执行、PSC 适用公约、非公约成员国和低于公约要求长度的船舶的不优惠政策以及有关定义。

第 2 章　港口国检查(Port State Inspections)

阐明检查的一般要求、登船检查、需更详细检查的"明显理由(Clear Grounds)"、PSC 检查官的专业标准、资格和培训要求,给出 PSC 检查官的基本程序指南。

第 3 章 更详细的检查

阐明更详细检查的总原则,列出"明显理由"的例子,给出船舶构造和设备要求指南、"MARPOL 73/78"附则Ⅰ和Ⅱ的排放要求指南、操作性要求的监督指南、最低配员标准要求以及有关《ISM 规则》的 PSC 监督指南。

第 4 章 违反与滞留

内容包括低标准船的识别、缺陷资料的提交、针对低标准船舶的港口国行动、港口国采取补救措施的责任、船舶滞留指南、检查的中止以及缺陷纠正与解除的程序。

第 5 章 报告的要求

内容包括港口国报告、船旗国报告、根据"MARPOL 73/78"进行指控的报告。

第 6 章 审查程序

IMO 对有关缺陷和纠正措施报告的评价与指导。

2. 附录

附录 1——船舶滞留指南;

附录 2——根据"MARPOL 73/78"附则Ⅰ进行调查和检查的指南;

附录 3——根据"MARPOL 73/78"附则Ⅱ进行调查和检查的指南;

附录 4——证书和文件清单;

附录 4A——根据 1969 年国际船舶吨位丈量公约进行港口国监督的指南;

附录 5——符合 PSC 程序的检查报告格式;

附录 6——对缺陷未全部纠正或仅作临时性修理的报告格式;

附录 7——通知下一港口当局采取行动的报告格式;

附录 8——违反"MARPOL 73/78"的 PSC 报告格式;

附录 9——船旗国对缺陷报告所作的评述。

(二)《港口国监督程序》的用语定义

①明显理由(Clear Grounds):船舶及其设备或其船员有实质上不符合有关公约要求的证据,或船长或船员不熟悉涉及船舶安全或防污染的基本的船舶操作程序等。

②缺陷(Deficiency):被发现并不符合有关公约要求的状况。

③滞留(Detention):当船舶或船员存在实质上不符合适用公约要求时,港口国为保证船舶只有在不会对船舶或船上人员构成危险或不会对海上环境造成损坏威胁时,方可开航所采取的干涉行动。

④检查(Inspection):登船查验有关证书、文件的有效性以及船舶、设备和船员的总体状况。

⑤更详细检查(More Detailed Inspection):当有明显证据相信船舶条件、船舶设备和船员存在实质上不符合证书项目时所进行的检查。

⑥PSC 检查官[Port State Control Officer(以下简称检查官或 PSCO)]:经有关公约缔约国的主管机关正式授权执行港口国控制检查,并只对缔约国负责的人员。

⑦停止作业(Stoppage of an Operation):由于船舶存在单个或几个被识别的缺陷,船舶继续进行作业将导致危险而对继续进行此项作业的正式禁止。

⑧低标准船(Substandard Ship):其船体、机器、设备或操作安全方面存在实质上低于有关

公约要求的标准,或者实际配员不符合安全配员文件的船舶。船体、机器、设备或操作安全性实际上低于相应公约规定的标准,或者船员不符合最低安全配员证书的船舶。

⑨有效证书(Valid Certificates):由缔约国直接签发或缔约国授权组织代其签发的符合相应公约的证书;证书包括准确和有效的日期,符合相应公约的规定,并载明船舶、船员和设备的细节。

(三)采取更详细检查的"明显理由"

①缺少公约所要求的主要设备或设施。

②检查时,船舶证书被发现一张或几张明显失效。

③船舶未携带、未保持或不正确保持船舶各种日志、手册或公约和要求的其他文件。

④根据PSCO的总体印象和观察,发现船体或结构严重受损或存在重大缺陷可能对船体结构、水密或风雨密的完整性构成危险。

⑤由PSCO的总体印象和观察发现:船舶在安全、防污或航行设备方面存在严重缺陷。

⑥船长或船员不熟悉与船舶安全或防污有关的船上基本操作,或这些操作未被执行的信息或证据。

⑦有迹象表明主要船员之间或主要船员与船上其他人员之间不能够相互交流。

⑧缺少最新的应变部署表、防火控制图和客船破损控制图。

⑨错误遇险报警信号不能根据适当的取消程序停止发出。

⑩收到的报告或投诉中含有船舶处在低标准状态的信息。

(四)更详细的检查

如果船舶未携带有效证书;或者PSCO对船舶的总体印象或观察,有明显理由认为船舶或设备的状况与证书的细节有重大不符;或者船长/船员不熟悉船上主要操作程序,应进行更详细的检查。

"更详细检查"的内容分为五大部分:船舶构造和设备要求指南;"MARPOL 73/78"附则Ⅰ和附则Ⅱ排放要求指南;操作性要求检查指南;最低配员标准和证书;与ISM相关的PSC指南。这些指南用于指导PSCO的行动,也便于船员掌握"更详细检查"的重点,促使船方充分重视并改善船舶的安全管理状况。

1."船舶构造和设备要求"中的更详细检查的项目

(1)结构

①PSCO对船体保养和甲板基本状况,以及梯道、栏杆、管路、盖板状况和腐蚀或麻点锈蚀区域等的印象,将影响其决定是否要对船舶结构进行最大可能的检查。重要区域的损坏或腐蚀,或各层甲板和船体的板材及其相关的扶强材的点锈会影响船舶适航性或局部强度,可能导致船舶滞留,也可能需要检查船体水下部分。

当磨耗超出许可值时,PSCO应根据船舶的适航性而非船龄作出决定。不影响适航性的损坏,或者为驶往永久性修理港口,已对损坏作了有效的临时性修理,都不应作为滞留船舶的依据。

②PSCO应特别注意散货船或油船的结构完整性和适航性,并根据船舶检验报告对该类船舶的结构安全作出评估。该类检验报告应包括结构检验报告、状况评估报告(主管机关签署并译成英文)、测厚报告和检验计划等文件。

③如果检验报告显示有必要进行船舶结构的更详细检查或根本没有这样的报告时,PSCO应特别注意船体结构、货油舱或货船管系、泵舱、空舱、管隧、货物区域的隔离舱和压载舱。

④对散货船，PSCO应检查货舱主要结构是否存在明显未经允许的修理。

(2)机器处所

①PSCO将对主辅机械和电气设备的状况(如能否为推进和辅助机械提供连续、足够的电力)进行评估。

②在对机器处所的检查中，PSCO将对保养状况形成印象。速闭阀拉线损坏或断开、延伸控制杆或机械的脱扣装置未连接或无法使用、阀门手轮丢失、长期形成的蒸汽、水和油泄漏的痕迹、舱面和污水井污浊或机器底座过度锈蚀等可作为系统维护工作管理不善的例证。大量临时性修理，包括管子的切断或水泥箱等均被视做不愿进行永久性修理。

③尽管不作性能试验时无法确定机械的状况，但对泵密封圈泄漏、水位表玻璃不洁、压力表失灵、释放阀锈蚀、安全或控制装置失灵或未连接、柴油机扫气箱或曲轴箱释放阀反复动作的迹象、自动设备和报警系统工作失常或不工作、锅炉壳体或烟道等的一般缺陷将导致轮机日志的检查和对机器故障、事故记录的调查，并要求机器作运转试验。

④如果一台发电机无法投入运行，PSCO应调查供电量是否能维持主要设备和应急设备的工作，并应进行试验。

⑤如发现存在明显疏忽的证据，PSCO应扩大调查范围，包括主辅机布置、舵机布置、超速切断、断路器等。

必须强调：以上一项或多项缺陷的出现，可作为低标准状况的线索，实际的综合状况应根据具体情况进行专门判断以便作出低标准结论。

(3)载重线的核定条件

在PSCO作出不需要船体检查的结论后，但是也可根据甲板上观察到的如舱口盖关闭设备故障、腐蚀的空气管和通风管壁等缺陷项目，仔细检查载重线的核定条件，并特别注意关闭装置、甲板排水设施及与船员保护有关的布置等。

(4)救生设备

救生设备的有效性很大程度上取决于良好的维护保养和在定期操练中的使用情况。除了未按公约要求配备设备或如救生艇破损等明显缺陷外，PSCO还应查找是否存在救生艇筏释放装置废置(不使用)或障碍，包括油漆积聚、支点锈死、缺少润滑、艇筏错误绑扎、甲板货物的存放或捆绑妨碍艇筏降落装置等。

上述缺陷迹象，将成为PSCO决定对所有救生设备进行详细检查的依据。此检查可包括降落救生艇、查核救生筏的定期检查记录、救生衣和救生浮具的数量和状况，并确认烟火信号弹在有效期内。该检查应重点集中在安全弃船方面，但特殊情况下可进行船舶设备安全证书的全部检查。有效的外部照明的配备和完好性、船员和旅客的报警手段及通往集合地点、登艇位置路线的照明配备等应是检查的重点。

(5)防火安全

①消防和甲板冲洗管路及龙头状况差、居住处所消防皮龙和灭火器丢失等可能成为需要仔细检查所有防火安全设备的原因。除了应符合公约的要求，PSCO将查找比日常更易发生火灾的隐患，这常见于机器处所不清洁。这种迹象和固定或手提灭火设备的严重缺陷可能导致船舶被定为低标准船舶。

②PSCO将检查船舶防火控制图，以了解船舶防火措施概况，并根据建造日期考虑其是否符合公约要求。

③防火门不易操作会加速火势蔓延。PSCO将检查在主要区域舱壁上、封闭梯道及易失

火区(如主要机器处所、厨房等)的防火门的操作性能和固定装置,并特别注意开敞位置的门。火情的另一威胁是通过通风系统蔓延的烟,可检查部分防火、阻烟挡板位置以确定其操作性。确认通风机能在总控站予以停止且通风系统的主进风口和主出风口装有关闭装置。

④确保脱险通道的有效性,注意重要的门不得锁闭,通道和梯道不得堵塞。

(6)其他更详细检查的项目

其他更详细检查的项目有:海上避碰规则、货船构造安全证书、货船无线电安全证书以及公约或船旗国要求以外的设备。

2."操作性要求"中更详细检查的项目

(1)应变部署表

①PSCO可查证船员是否清楚他们在应变部署表中的任务。

②PSCO可查证应变部署表已张贴在全船,包括驾驶台、机舱和船员居住处等的明显位置。在查证应变部署表是否符合规定时,PSCO可证实是否:

A.应变部署表指明了划分给不同船员的任务。

B.应变部署表指明了哪些高级船员负责对救生和消防设施进行维护,使其处于良好状态和随时可用。

C.考虑到不同紧急情况要求采取不同行动,应变部署表指明了某些关键船员一旦不能工作后的替代人员。

D.应变部署表指明了紧急情况下负责旅客的船员的任务。

E.船上所用的应变部署表已被认可。

③PSCO可要求提供当前船员名单以查证应变部署表是否最新,其他如安全配员证明等也可作为依据。

④PSCO可查证分派给救生艇、筏上指定船员的任务是否符合要求,并且查证每一救生艇、筏都有一位甲板部的高级船员或持证人员负责。然而,船旗国主管机关充分考虑航线特点、船上人员数目和船舶特点后,可允许救生筏的管理和操作人员代替上述人员负责救生筏。救生艇的第二指挥人必须指明。

⑤PSCO可查验船员是否熟悉应变部署表中所分派的任务和执行各自任务时的地点。

(2)消防演习

①PSCO可现场观看按应变部署表分派了相关任务的船员进行的演习。在同船长协商后,可以选择船上一个或多个位置模拟火灾,一个船员可派往上述位置起动火警系统或采用其他方式发出警报。

②PSCO将观察灭火船员到达模拟火灾现场、操作设备和扑灭模拟火灾的情况;观察参加灭火船员是否能正确地穿戴和使用消防设备,并确信装置齐全。PSCO应通过选择一个船员作为模拟伤员,检查船员对人员伤害的反应,观察传话情况、担架和医疗队的响应,证实能正确救护伤员。

③演习应尽可能按真实紧急情况进行。

④被指派承担与消防演习有关的其他职责的船员,如应急发电机、二氧化碳室、喷水器和应急消防泵的船员,也应参与演习。要求这些船员解释他们的职责并如有可能时演示其熟练性。

⑤在客船上,应特别注意分派负责关闭手动门和挡火板的船员完成任务情况。分派协助旅客的船员应至少能够告知并指引旅客到正确的集合和登艇的位置。

(3)弃船演习

①在同船长协商后,PSCO 可以要求一只或多只救生艇、筏的弃船演习。

②演习应尽可能按真实紧急情况进行。

每次弃船演习应包括:

A. 用报警系统、有线广播或其他通信系统通知演习,将乘客和船员召集到集合地点,并确使他们了解弃船命令。

B. 向集合地点报到,并准备执行应变部署表中所述的任务。

C. 查看乘客和船员的穿着是否合适。

D. 查看是否正确地穿好救生衣。

E. 在完成任何必要的降落准备工作后,至少降下一艘救生艇。

F. 起动并操作救生艇发动机。

G. 操作降落救生筏所用的吊筏架。

H. 模拟搜救几位被困于客舱中的乘客。

I. 介绍无线电救生设备的使用。

③如果演习时降放的救生艇不是救助艇,也应降放救助艇,计及最短登乘和降放时间。

④每一救生艇筏均应以连续可用状态存放,以便两名船员可在不到 5 min 内做好登乘和降放准备。

⑤在客船上,要求所有救生艇和用吊架降放的所有救生筏能够在 30 min 内完成降落。

⑥在货船上,要求所有救生艇和用吊架降放的所有救生筏能够在 10 min 内完成降落。

(4)机械操作

①PSCO 可查证船舶负责人员是否熟悉他们职责中与下列重要机械设备有关的操作:应急和备用电源;辅助舵机;舱底水泵和消防水泵;紧急情况下任何其他重要设备。

②PSCO 可查证船舶负责人员对以下内容是否特别熟悉。

A. 应急发电机:起动原动机前的必要行动;依据起动动力源不同原动机可能有不同起动方式和原动机第一次起动失败后的程序。

B. 备用发电机原动机:手动或自动起动备用原动机的可能性;全船断电程序和负载分配系统。

③PSCO 可查证船舶负责人员是否特别熟悉:

A. 本船的辅助舵机是何种型号。

B. 怎样表明哪台舵机正在工作。

C. 怎样才能使辅助舵机投入运转。

④PSCO 可查证船舶负责人员对以下内容是否特别熟悉。

A. 舱底水泵:船上舱底泵(包括应急舱底泵)的数量和位置;所有舱底泵的起动程序;适当的操作阀件;舱底泵运转故障的最可能的原因和可能的补救措施。

B. 消防水泵:船上消防泵(包括应急消防泵)的数量和位置;所有消防水泵的起动程序。适当的操作阀件。

⑤PSCO 可查证船舶负责人员是否特别熟悉:

A. 救生艇和/或救助艇发动机的起动和维护。

B. 通常在驾驶台控制的系统的现场控制程序。

C. 无线电设施的应急电源和完全独立电源的使用。

D. 电瓶的维护程序。

E. 应急停止装置、探火系统和报警系统的工作和水密门、防火门的操纵。

F. 主、辅机冷却水系统和滑油系统从自动变为手动控制的切换。

(5)机器处所的油和油类混合物

①PSCO 在考虑到下述因素的情况下,可查证是否符合"MARPOL 73/78"附则Ⅰ的所有操作的要求:产生的残油量;渣油和舱底污水储存柜的容量;油水分离器的处理能力。

②应检查油类记录簿。PSCO 可查证是否使用了接收设施和这些设施的使用情况的记录是否有不当之处。

③PSCO 可查证责任船员是否熟悉渣油和舱底水的处理。可查证污油柜剩余空间是否足以存储下一航程产生的污油。对免除"MARPOL 73/78"附则Ⅰ第 16(1)和(2)条要求的船舶,PSCO 可核实所有的含油舱底水是否保持在船上并随后排放到岸上接收设施。

3."最低配员标准和证书"更详细检查项目

(1)配员检查

①如果船舶的配员符合船旗国签发的安全配员证明或等效证明的规定,PSCO 应承认船舶已安全配员。除非这种证明明显没有根据有关公约的原则签发。

②如果实际船员数量或构成不符合配员证明的规定,港口国应要求船旗国对是否允许船舶在此船员数量或构成下航行一事提出意见。这样的要求和答复应采用适当方式并且任一方可要求书面形式沟通。如果实际船员数量或构成未符合安全配员证明的规定或船旗国未对船舶是否能够航行提出意见,可以考虑滞留该船。

③如果船舶未携带安全配员证明或等效文件,港口国应要求船旗国指明要求的船员数及其构成并尽可能快地签发一份证明。

(2)根据"STCW 95"的规定进行的 PSC 检查

①核查在船上服务应持有证书的所有船员具有适当的证书或有效免除,或提供书面证明其申请已提交船旗国主管机关。

②核查在船上服务的海员的数量和证书符合船旗国主管机关的安全配员要求。

③如果由于发生了下列事件而有明显理由相信未符合该公约规定的值班标准,将对船上海员的能力进行评估:

A. 船舶涉及碰撞、搁浅或触礁。

B. 船舶在航行中、锚泊点或码头排放了违反国际公约的物质。

C. 船舶以错误的或不安全的方式进行操纵,未遵循 IMO 通过的航线确定措施或安全航行操作规程和程序。

D. 船舶操纵不当,以致对人员、财产或环境构成危险。

4."与 ISM 相关的 PSC"更详细检查项目

(1)PSCO 应检查公司的 DOC 证书副本和 SMC 证书,除非公司持有合法的 DOC 证书,否则船舶的 SMC 证书将被视为非法。PSCO 特别注意此船型是否包括在 DOC 证书中并且注意 DOC 和 SMC 证书中的公司详情是否一致。

(2)在检查船舶证书文件时,PSCO 应意识到:

①当前有效的 DOC 证书是每年签署的,一般在所签发的公司保存,而保存在船上的 DOC 证书副本不一定能够反映出每年签署的情况。

②如果船舶存在明显理由,将会执行对 SMS 的更详细检查。明显理由包括 ISM 证书的缺

少或不准确或者在其他方面的滞留缺陷(或多个非滞留缺陷)。

③当执行更详细检查时,PSCO 可能会提出(但不限于此)以下问题以确定满足《ISM 规则》的程度(以下括号内为《ISM 规则》的条款)。

A. 公司是否制订安全和环境保护政策,并且船员是否熟悉此政策?(2.2)

B. 安全管理文件(手册)是否保存在船上?(11.3)

C. 相关 SMS 文件是否是用工作语言或船员理解的语言?(6.6)

D. 船上高级船员能否明确管理公司并且相应的公司在 ISM 证书中说明?(3)

E. 船上高级船员能否明确"指定人员"?(4)

F. 遇有紧急情况,是否建立和保持与岸上管理人员联系的程序?(8.3)

G. 船上是否保存准备应急行动的演习和训练的程序?(8.2)

H. 如果新船员刚刚上船,如何保证他们能够熟悉自己的职责和开航前的指示?(6.3)

I. 船长能否提供文件形式的证据以说明其职责和权力,其中包括其越权处置的权力?(5)

J. 是否将不合格报告给公司,并且采取适当的纠正措施?(9.1/9.2)

K. 船舶是否进行日常保养并记录?(10.2)

PSCO 应把 SMS 的缺陷记入检查报告。如有必要,港口国主管机关应将 SMS 的缺陷通知船旗国。若为严重不合格的 SMS 缺陷必须在开航前确认改正。

(五)低标准船的识别

(1)一般情况下,如果船舶的船体、机械、设备或操作安全性确实低于相应公约规定的标准,或其船员配备不符合船舶最低安全配员证明的要求,则该船被认定为低标准船。例如:

①缺少公约所要求的主要设备或布置。

②设备或布置不符合公约的有关要求。

③由于诸如管理维护不善造成的船舶或其设备的实质性受损。

④船员操作技能欠缺或对主要操作程序不熟悉。

⑤船员配备不足或船员证书不适当。

(2)如果这些明显原因的总体或单个使船舶不适航和使船舶、船上人员的生命处于危险,或如果让船舶开航可对海上环境构成过高的危害,此船应认定为低标准船。

(3)根据相应公约的要求缺少有效证书将是船舶低标准的明显证据,是作出滞留船舶决定对其检查的依据。

(六)船舶滞留指南

《港口国监督程序》附录 1 的"船舶滞留指南",用于帮助 PSCO 作专业判断,但其滞留标准和滞留缺陷有助于船方有重点地自查和及时纠正,从而避免船舶被滞留。

1. 主要标准的应用

(1)当发现的缺陷是否足够严重以致可以滞留船舶作判定时,PSCO 应评估:

①船舶相关的证书是否有效。

②船舶配员是否满足"最低安全配员证书"的要求。

(2)在检查中,PSCO 应进一步评估船舶和/或船员在即将开始的航行中是否能够:

①航行安全。

②安全处理、承运和监控货物状况。

③确保机舱安全操作。

④维持正常的推进和操纵。

⑤必要时船舶任何部位的有效灭火。

⑥迅速安全地弃船和必要时的有效救助。

⑦防止环境污染。

⑧保持足够的稳性。

⑨保持足够的水密完整性。

⑩必要时遇险情况下的通信。

⑪在船上提供安全和卫生的条件。

(3)如果上述评估的任何结果是否定的,考虑到所有已发现的缺陷,应强烈地认为该船应被滞留。多项不太严重的缺陷的组合也可能导致船舶滞留。对离港开航不安全的船舶,不论该船将在港停留多久,在第一次检查时,就应对其滞留。

2. 一般情况

缺少要求的有效证书是滞留船舶的充分根据。

3. 可导致船舶滞留的缺陷

为协助 PSCO 使用该指南,下面按相关公约或规则分类列出了缺陷,这些缺陷都是比较严重可以导致船舶滞留。

(1)依据《SOLAS 公约》

①推进机械和其他主要机械以及电气装置不能正常工作。

②机舱不够清洁、舱底油污水过多,包括机舱中排气管的管系绝热层表面被污染、舱底水泵系不能正常工作。

③应急发电机、应急照明、应急蓄电池组和开关不能正常工作。

④主、辅操舵装置不能正常工作。

⑤个人救生设备、救生筏和起落装置数量不足或严重损坏。

⑥探火系统、报警系统、消防设备、固定灭火设施、通风阀、挡火板、速闭装置等缺少、不符合使用要求或严重受损以致不能满足预定用途。

⑦油船货舱甲板区域防火设施没有、严重损坏或不能正常工作。

⑧号灯、号型或号声没有、不符合要求或严重损坏。

⑨用于遇险和安全通信的无线电设备没有或不能正常工作。

⑩航行设备没有或不能正常工作。

⑪针对计划航线,缺乏所需的经改正过的海图和/或所有其他航海出版物,但可考虑用电子海图替代(传统)海图。

⑫货油泵舱没有采用无火花型排气风机。

⑬操作性要求方面存在严重缺陷。

⑭船员数量、构成或证书不符合安全配员文件的要求。

⑮未按 A. 744(18)决议实施加强检验计划。

(2)依据"国际散化规则"(IBC Code)

①运输"适装证书"中未列出的货物或没有所运货物资料。

②高压安全装置没有或已损坏。

③电气装置为非安全型设计或不符合规则要求。

④危险场所存在火源。

⑤违反操作特殊要求。

⑥货舱装载量超过最大允许装货量。

⑦对敏感货物缺乏足够的隔热防护。

(3)依据“国际液化气体船规则”(IGC Code)

①装运“适装证书”中未列出的货物或没有所运货物资料。

②起居处所、服务处所缺少关闭装置。

③舱壁不气密。

④空气闸失效(开敞露天甲板上的气体危险区域与气体安全处所之间仅允许设空气闸;空气闸由两扇间距1.5~2.5 m能确保气密的钢质门组成;门是自闭的,无任何门背扣装置;空气闸处所两端有声光报警系统;空气闸处所机械通风;应监控空气闸处所内的货物蒸气)。

⑤速闭阀没有或失效。

⑥安全阀没有或失效。

⑦电气装置为非安全型设计或不符合规则要求。

⑧货物区域通风设施无法工作。

⑨货舱压力报警器失效。

⑩气体探测装置和/或有毒气体探测装置失效。

⑪运输防爆货物而无防爆证书。

(4)依据“载重线公约”

①重要区域损坏或锈蚀,或影响适航性或甲板及船体上承受局部负荷的板材及其相关扶强材的麻点状锈蚀,除非已采取了经认可的临时性修理以便开往下一个港口作永久性修理。

②稳性不足。

③缺少经认可的足够和可靠的资料,使船长迅速和简单地安排船舶的装载和压载,并保证船舶在航程的各个阶段及航行条件变化时,具有安全的稳性余量和避免船体结构产生过大应力。

④关闭设施、舱口关闭装置和水密/风雨密门缺少、严重腐蚀或失效。

⑤超载。

⑥吃水和/或载重线标志没有或无法辨认。

(5)依据《MARPOL公约》附则Ⅰ——防止油类污染规则

①油水分离设备、排油监控系统和15 ppm报警装置没有、严重腐蚀或不能正确工作。

②污油水舱或渣油柜的剩余舱容不能满足计划航程的污油存放。

③未能出示油类记录簿。

④设有未经认可的排放旁通管路安装了未经认可的旁通排放。

⑤《MARPOL公约》附则Ⅰ要求的检验报告(CAS报告):没有或不满足要求。

(6)依据《MARPOL公约》附则Ⅱ——控制散装有毒液体物质污染规则

①没有“程序和布置手册”。

②货物未经分类(如拟散装运输某种“MARPOL 73/78”附录Ⅱ和附录Ⅲ中未包括的物质时,应按程序进行评定其临时类别)。

③未能出示“货物记录簿”。

④不满足运输类油物质的要求。

⑤设有未经认可的排放旁通管路。

(7)依据《MARPOL 公约》附则Ⅴ——防止船舶垃圾污染规则

①没有“垃圾管理计划”。

②没有“垃圾记录簿”。

③船舶相关人员不熟悉垃圾管理计划中垃圾处置等相关要求。

(8)依据《STCW 公约》——海员培训、发证和值班标准国际公约

①船员未持有证书或持证不符、无有效免除或不能提供已提交船旗国当局申请签署的证明文件。

②不符合船旗国政府规定适用的最低安全配员要求。

③驾驶或轮机值班安排不符合主管机关针对该船舶制订的要求。

④值班人员不具备操作有关安全航行、安全无线电通信或防止海洋污染等主要设备的资格或能力。

⑤不能安排业已充分休息而适于值班的人员作为在航次开始时的首次值班人员和随后的接班人员。

(9)依据 ILO“商船最低标准公约”

①没有充足的食物以航行到下一港口。

②没有充足的饮用水以航行到下一港口。

③船上卫生状况太差。

④当船舶航行在气温过低的海域时居住处所无供暖。

⑤在通道、居住处所存在过多的垃圾、设备或货物等阻碍人员通行或其他不安全的状况。

(10)依据《ISM 规则》

①安全管理体系是船舶进行正常运作的程序化的必要条件,包括但不限于以下内容:预防性维护保养,航行程序,加油作业,应急准备,防污染措施,技术系统,操作以及通讯程序。由此可见,大量的缺陷都归结于一些没有按照标准化程序执行或程序不当。因此,如有故障发生,船舶或公司必须纠正缺陷并且评审体系文件以确保正确实施程序。

②如船舶被发现存在安全管理体系问题时,该船舶应被考虑滞留并要求做附加审核;如发现体系明显有疏漏,船舶应能提供真实的符合证据才能被考虑进港;如对公司方面存在疑问,则应要求船旗国政府立即对公司涉及有疑问的文件进行附加审核。

(11)依据《ISPS 规则》

①缺少 ISSC 或临时 ISSC 证书,或 ISSC/临时 ISSC 证书过期(拒绝进港或驱逐出港)。

②缺少经过认可的船舶保安计划,或保安计划不完整(拒绝进港或驱逐出港)。

③缺少经任命的船舶保安员(拒绝进港或驱逐出港)。

④船舶保安员无法胜任船舶保安的职责(可拒绝进港或驱逐出港)。

⑤船员有反常现象(例如工作能力差、非法人员、人员超编、文件不全等)可拒绝进港或驱逐出港。

⑥到港信息不完整或不正确(可拒绝进港或驱逐出港)。

⑦有证据显示船舶的安全设备、文件或布置存在严重的缺陷。

⑧船长或船员不熟悉重要的保安程序。

⑨船员无法与负责保安的人员建立通讯联系。

⑩船舶安全报警系统不能使用。

⑪在需要时或在各方之间达成一致后未作保安声明(延滞船舶)。

⑫未配备货物处理保安程序(限制操作/延滞进入/驱逐出港)。

⑬监控措施不力,比如对乘客进出控制和乘客行李看管不力(限制操作/延滞进入/驱逐出港)。

(12)其他

有些不会导致船舶滞留,但会使货物操作停止,如:未对惰性气体系统、货物装卸货设备进行正常操作或维护,将被视为停止货物操作的充分证据。

四、实施港口国监督的有关规定

(一)优先检查的船舶

(1)"巴黎备忘录"优先检查的船舶

不论船舶目标因素值如何,以下船舶将被考虑为优先检查对象:

①引水或港口当局报告,存在影响安全航行缺陷的船舶。

②装载危险或污染货物时,未按要求进行报告的船舶。

③被港口当局通报的船舶。

④被相关方(船长、船员,任何与船舶安全有关的人或组织)就船上生活和工作环境或船舶防止污染进行投诉的船舶。

⑤曾有下列情况的船舶:

A. 在航行途中发生了碰撞、搁浅。

B. 被控告违反了有害物质和污水排放的相关规定。

C. 进行不安全方式的操纵,或未遵守安全航行程序的情况。

D. 进行了其他的不当操作,以致威胁到人员、财产、环境。

⑥在先前的 6 个月内,因安全原因船舶证书被其船级社暂停或取消。

⑦未在 SIReNaC 信息系统中出现的船舶。

(2)"亚太备忘录"优先检查的船舶

不论船舶目标因素分值如何,有下列情况的船舶将被作为优先检查的对象:

①被港口当局通报的船舶。

②被相关方(船长、船员,任何与船舶安全有关的人或组织)就船上生活和工作环境或船舶防止污染进行投诉的船舶。

③要求在规定期限内消除缺陷的船舶。

④引水或港口当局报告,存在影响安全航行缺陷的船舶。

⑤装载危险或污染货物时,未按要求进行报告的船舶。

⑥船舶被滞留后,未得到港口国允许,擅自开航的船舶。

⑦PSC 委员会公布的优先检查的船舶种类。

(二)PARIS MOU 的船舶扩大范围检查

(1)扩大检查适用于下列船舶类型:

①3 000 总吨以上且船龄 15 年以上的油船。

②船龄 12 年以上的散货船。

③船龄 15 年以上的客船。

④船龄 10 年以上的化学品和气体运输船。

(2)对于满足上述条件的船舶,应在抵达 PARIS MOU 港口的 3 天前通知港口当局。

若航程短于3天,则应在离开上一港口前通知。因PARIS MOU各成员间的通知安排不一样,船东应向他们的港口代理进行核实。应该注意,如果未及时通知相关信息,可能会导致船舶为了完成扩大检查而使船期被延误。

(3)对于目标因素值为7或以上的船舶,在船舶离港前将要求完成一次扩大检查。

若因船舶在港停靠时间短等原因,扩大检查将在PARIS MOU的下一港口进行。

(4)对于目标因素值低于7的船舶,通常不需要接受扩大检查,但船舶应按照(2)的要求通知PARIS MOU的港口,直到目标因素值达到7并完成了一次扩大检查。

①除了例行的检查项目外,扩大检查至少包含以下项目:

A. 全船断电和应急发电机的起动。

B. 检查应急照明。

C. 应急消防泵连同连接在消防总管上的两个消火栓的操作。

D. 舱底泵操作。

E. 水密门的关闭。

F. 一舷救生艇降落至水面。

G. 锅炉、通风和燃油泵等的遥控应急切断装置的试验。

H. 主、辅操舵装置的试验。

I. 无线电设备的应急电源的试验。

J. 油水分离器检查并尽实际可能进行试验。

②油船、散货船、化学品和气体运输船和客船:除基本项目外,还另有各自的附加检查项目。

(三)缺陷纠正代码说明

1. 亚太地区港口国控制备忘录组织(TOKYO MOU)

TOKYO MOU缺陷纠正代码说明,见表3-8。

表3-8　TOKYO MOU缺陷纠正代码说明

缺陷纠正代码	具体要求	港口国控制代码	具体要求
10	缺陷已纠正	40	通知下一港
15	缺陷在下一港纠正	45	在下一港纠正滞留缺陷
16	缺陷在14天内纠正	50	通知船旗国/领事机构
17	通知船长在开航前纠正缺陷	55	咨询船旗国
18	在3个月内纠正不符合	70	通知认可组织
19	在开航前纠正严重不符合项	80	临时替代设备
30	滞留缺陷	85	调查违规排放(MARPOL)
36	在跟踪滞留的前提下准予开航	95	签发警告信
99	其他(详细说明)	96	撤销警告信

2. 巴黎港口国控制谅解备忘录(PARIS MOU)

新代码自2003年2月1日开始使用,公司和船舶应关注到这一变化,避免在检查和纠正缺陷中出现偏差,见表3-9。

表 3-9 PARIS MOU 缺陷纠正代码说明

新代码	具体内容		对应的旧代码
A	滞留	滞留缺陷	30
B	纠正	缺陷纠正	10
C	开航前	开航前纠正	17
D	下一港	下一港纠正(非滞留项目)	15
E	14 天内	14 天内纠正(非滞留项目)	16
F	船级条件	按同意的船级条件	70
G	3 个月	3 个月内消除 NC(ISM 非滞留缺陷)	18
H	严重 NC	开航前消除严重 NC(ISM 滞留缺陷)	19
I	修理港	修理港消除(滞留缺陷)	
J	临时修理	临时修理	
K	通知船旗国	通知船旗国	55
L	签发警告信	签发警告信	
M	警告信撤销	撤销警告信	
N	操作中止	禁止继续某项操作	
O	临时替代	设备的临时替代	
P	其他	特别情形下	
Q	修理港	修理港消除(滞留缺陷)	

第七节 运输、港口船舶机电设备损坏事故管理办法

目前,我国的经济形势发生了很大的变化,运输能力有了很大增长,船舶也逐渐趋向大型化,原材料和船舶修理费大幅度上涨。因此,经广泛征求航运单位和部分省市交通厅(局、委、办)、港务局意见后,制定了本办法,自 1990 年 4 月 18 日起施行。

本办法主要由七章构成,其主要内容包括:总则、机损事故的分类及等级、机损事故损失计算、机损事故报告统计、机损事故的调查处理、事故的预防和附则。

1. 总则

为加强运输船舶和港口工作船舶(以下简称船舶)机电设备的管理,确保船舶机电设备的安全运转,预防和减少事故,避免国家和人民生命财产遭受损失,制定本办法。

本办法适用于全国交通系统运输船舶和港口工作船舶。

原交通部运输管理司负责部属及双重领导港航单位运输、港口船舶机电设备损坏事故管理工作。各省、自治区、直辖市交通厅(局、委、办)负责地方港航单位运输、港口船舶机电设备损坏事故管理工作。

2. 机损事故的分类及等级

船舶机电设备(除通信导航设备外)发生损坏并造成经济损失的,为机损事故。

机损事故分为船员责任事故和非船员责任事故。

船员责任事故是指由于船员违反劳动纪律或违反操作规程、对机电设备管理使用不当、不按预防检修要求进行检修、疏于保养、自修质量不良、使用燃油润滑油(脂)规格品种不符合规定等造成的机损事故。

非船员责任事故是指由于厂(站)违反工艺操作规程、施工修理和装配不当、新造或新换

的机件或设备的材料和成分不合要求、设计上存在错误、自然磨损腐蚀、已经发现但事先无条件换修等原因造成的机损事故，以及港口工人违章操作及不可抗拒等原因造成的机损事故。

船舶机损事故按其直接经济损失及人身伤亡情况，分为一般事故、大事故和重大事故。小于一般事故的为轻微事故。

机损事故的等级按《运输、港口船舶机损事故等级标准（一）》（表 3-10）确定。机损事故造成 1～2 人死亡的属大事故，造成 3 人以上死亡的属重大事故。

3. 机损事故损失计算

机损事故直接经济损失包括：

①修复被损坏的机电设备所需修理费、备件费等。

②因机损事故而导致的船舶检验费、潜水检查费、打捞费、拖带费（施救费）、清舱除气费、洗炉费、事故处理费等。

③因机损导致海损引起的一切费用。

机损事故分档按主机的出厂铭牌或说明书标定的功率即 kW 计算，不论单主机或主机船舶，均按船舶主推进装置的总功率即 kW 计算。

4. 机损事故报告统计

船舶发生机损事故，值班人员必须立即报告有关人员及轮机长（大副），并转报船长。

船舶发生大事故、重大事故，船长应尽快将情况报告船舶所属单位的机务与调度部门。船舶所属单位应在接到报告后 24 h 内报告上级主管部门，转报交通运输部。

船舶机损事故发生后，不论其性质属于船员责任事故或非船员责任事故，国际航行船舶应在事故发生后 45 天之内，国内航行船舶应在事故发生后 15 天之内，向主管机务部门提交经船长签字的船舶机电设备损坏事故报告。

因船舶机损而造成的海损事故，或因海损而造成的机损事故，均应填写船舶机电设备损坏事故报告，报送船舶所属企业的海（航）监主管部门及有关的海事部门。

因船舶机损导致的海损，作为机损事故统计，事故等级按《运输、港口船舶机损事故等级标准（二）》（表 3-11）确定。但若低于标准（一）的等级时，则按标准（一）确定统计上报，就高不就低。

发生机损事故，船舶应记入轮机日志和航海（行）日志，同时应填写“船舶机电设备损坏事故报告”。虽未构成机电设备损坏，但可能酿成机损事故的情况，也应记入轮机日志和航海（行）日志。船舶和港航单位主管部门对机损事故不得谎报和隐瞒。

5. 机损事故的调查处理

港航单位的机务部门在接到船舶机电设备损坏报告后，应根据事故的大小派人上船或以其他方式进行调查。在调查过程中，机务部门可视情况邀请有关部门参加。

机务部门对机损事故造成损坏的机电设备确认有修复可能和修理价值的，应采取措施尽快修复。重大事故和大事故处理结案后，应专题报告交通运输部。交通运输部认为必要时可组织专门小组对重大事故进行调查处理，也可授权下属单位组织调查处理。

6. 事故的预防

港航单位必须加强船舶设备和安全工作的管理，深入进行安全生产教育，建立和贯彻有关船舶设备管理和安全生产的各项规章制度，逐步提高船员和船舶机务工作人员的技术业务水平，落实预防事故的各项措施。

船舶应建立安全活动日制度，每月至少进行一次。安全活动以预防事故为中心内容，传达事故通报，学习讨论上级有关安全生产的文件和规章制度，检查分析本船发生的各种事故和不安全因素，并根据存在的问题和机电设备技术状况，制订预防事故的措施。

港航单位的机务部门应定期总结机损事故的典型材料，通报所属船舶，对性质严重、损失重大的机损事故，必要时可组织现场会议，扩大教育面，杜绝类似事故的再次发生。

7. 附则

各单位可依据本办法制定实施细则，并报交通运输部备案。特别重大的机损事故，按国务院的有关规定办理。

表 3-10　运输、港口船舶机损事故等级标准（一）

功率 损失金额 等级分类	14.7 kW 以下	14.7 ~ 147 kW	147 ~ 221 kW	221 ~ 368 kW	368 ~ 735 kW	735 ~ 1 103 kW
重大事故	1 万元以上	1.5 万元以上	2 万元以上	8 万元以上	12 万元以上	15 万元以上
大事故	3 000元 ~ 1 万元	3 700元 ~ 1.5 万元	0.5 ~ 2 万元	3 ~ 8 万元	4 ~ 12 万元	5 ~ 15 万元
一般事故	220 ~ 3 000 元	370 ~ 3 700 元	3 000 ~ 5 000 元	7 000 ~ 3 万元	1.5 ~ 4 万元	2 ~ 5 万元

1 103 ~ 2 206 kW	2 206 ~ 3 676 kW	3 676 ~ 7 352 kW	7 352 ~ 14 704 kW	14 704 kW 以上	备注
20 万元以上	35 万元以上	50 万元以上	70 万元以上	95 万元以上	
8 ~ 20 万元	10 ~ 35 万元	15 ~ 50 万元	25 ~ 70 万元	35 ~ 95 万元	
3 ~ 8 万元	4 ~ 10 万元	5 ~ 15 万元	6 ~ 25 万元	10 ~ 35 万元	

表 3-11　运输、港口船舶机损事故等级标准（二）

功率 损失金额 等级分类	14.7 kW 以下	14.7 ~ 147 kW	147 ~ 221 kW	221 ~ 368 kW	368 ~ 735 kW	735 ~ 1103 kW
重大事故	2 万元以上	3 万元以上	10 万元以上	25 万元以上	35 万元以上	50 万元以上
大事故	6 000 元 ~ 2 万元	7 500 元 ~ 3 万元	1 ~ 10 万元	6 ~ 25 万元	8 ~ 35 万元	10 ~ 50 万元
一般事故	450 ~ 6 000 元	750 ~ 7 500 元	6 000 元 ~ 1 万元	1.5 ~ 6 万元	3 ~ 8 万元	4 ~ 10 万元

1 103 ~ 2 206 kW	2 206 ~ 3 676 kW	3 676 ~ 7 352 kW	7 352 ~ 14 704 kW	14 704 kW 以上	备注
60 万元以上	75 万元以上	100 万元以上	130 万元以上	150 万元以上	
15 ~ 60 万元	20 ~ 75 万元	30 ~ 100 万元	50 ~ 130 万元	70 ~ 150 万元	
6 ~ 15 万元	8 ~ 20 万元	10 ~ 30 万元	15 ~ 50 万元	20 ~ 70 万元	

第四章 船舶营运经济性管理

第一节　船舶营运经济性管理概念

一、船舶运输成本

船舶运输成本是指船舶营运一年或一个航次所消耗的各项费用的总和。通常船舶年营运成本包括一年内的船员工资、折旧费、修理费、保险费、燃润料费、港口费及其他开支等。

1. 船员工资

包括基本工资、伙食费、航行津贴、奖金等直接项目及劳保福利等附加项目,根据船员配备和当时的标准(平均值)加以计算。船员工资中还应考虑编外人员、病假及公休的顶替人员、培训人员的工资。

2. 折旧费

船舶的固定资产在营运过程中,由于发生磨损、锈蚀和老化,而引起价值的降低,称为“折旧”。为了积累资金,以便对船舶进行修复和更新,必须按期将其磨损等计入运输成本,用货币形式计入运输成本中的价值,称为“折旧费”。我国固定资产折旧采用直线折旧法,每年的折旧费相同,其值是由船舶造价减去船的残值(指报废时的价格)后再除以船舶使用年限而得到。随着生产和技术的迅速发展,船舶使用年限不宜过长,现在已降至20~25年,并有进一步降至10~15年的趋势。

3. 修理费

我国现行船舶的修理,分为岁修和特检两种。平均每年的修理费可按船舶造价提成,所提取的百分数分别为:长江船4.5%,沿海船3.5%,远洋船2.5%。

4. 燃润料费

营运中的船舶,主机、副机和锅炉的燃润料费,都按航次(或月度)燃料消耗报表和加油收据计算。

新建造船舶,主机服务航速时的功率取为主机最大持续功率的80%~85%。柴油机装置燃用轻油和重油的比例可按实际资料选取,或按远洋船为15%：85%,长江与沿海船为20%：80%的比例选取。耗油率取自柴油机资料,燃油单价取当时的价格。

柴油发电机组的使用功率最好按航行、装卸货、无作业停泊三种情况分别计算。使用功率

确定后,即可按耗油率、使用时间及油的单价计算航次费用

辅锅炉的使用时间一般可按航次停泊时间的25% ~50%计算,单位时间的耗油量可按与锅炉的蒸汽产量的比例加以估算。航次辅锅炉耗油量乘以锅炉油单价得到航次费用。

润料费最好是主机、副机分别计算。简化算法可取为燃料费的一个百分数,大体上远洋与沿海船为7% ~10%,长江船为16.7%,蒸汽船为2%。

5. 保险费

保险费是指企业向保险公司投保的船舶险和船员险所支付的保险费用。一般根据船舶使用情况,由航运公司提出保价。为简单起见,年保险费可取为造价的一个百分数,一般干货船为0.55%,油船为0.7%。

6. 港口费

与船舶登记吨有关的港口费用包括拖船、引航、码头、港务、代理等费用,可按与净吨位的比例进行计算。年开支依与净吨位及年航次数的比例,可按同航线相近的船舶换算。

与载货吨有关的费用如装卸费、理货费、代理费、税金等,按年货运量吨数计算并依货种而变。

7. 其他费用

其他费用包括供应品费、企业管理费、其他开支等,一般取为总成本的15%。

二、降低运输成本的途径

根据船舶运输成本的组成可知,降低运输成本的途径主要包括以下几个方面。

1. 提高各类船舶管理人员的工作效率,降低人员费用

确保船舶安全运行,除了按照公约的要求为船舶配备必需的船员外,还要有一定的岸基管理人员的支持,所有的人员工资支出都将计入船舶的运输成本中。可通过三方面降低支出:

①科学构建公司的组成结构,提高公司管理人员的工作效率,减少管理人员,以便降低管理人员和船舶数量的比值。

②根据船舶类型、航线、货物等特点,合理安排船员的组成,在保证船舶安全营运的前提下,减少船员的数量。

③可采用公司管理人员与高级船员的轮岗制度,提高管理者和被管理者的相互认知度,进而有效地提高管理效率。

2. 科学管理,降低船舶各类物质的消耗

①减低船舶设备的燃润料的消耗。如通过科学管理,降低主机的燃油消耗率,进而降低船舶燃料油的油耗;根据船舶航次计划,合理设定主机的转速,可降低主机的燃油消耗;发电柴油机和辅锅炉在条件许可下尽可能地使用低质燃料油;主机和辅机的润滑油应控制在最佳状态,以便降低润滑油的费用。

②减少船舶的备件消耗。如通过对设备的科学维护管理,减少设备部件的异常损坏的比例,减少无谓的备件消耗;通过合理的备件申购,降低应急备件采购比例;避免错误和无用备件的采购。

③减少船舶物料的消耗;科学管理和使用物料,减少消耗;根据船舶的不同工作年限、航行、货物情况,合理申领物料;避免无用物料的采购。

3. 科学高效管理,提高船舶运输效率,减低费用支出

船舶在正常运营过程中,一般情况下,高效的货物运输效率是船舶营运追求的目标,其费

用支出主要由船舶修理费、港口使费、保险费等组成。

(1)减少船舶专修时间,降低修理费用,提高船舶运输效率。

根据船龄、航线和运输货物情况,科学地制订维修计划,减少船舶的专修时间及修理费用。船舶的专修时间是指船舶中断货物运输,进行修理所消耗的时间,为此:

①对主要的动力设备采用定时维修方式,并在此基础上逐步向视情维修方式发展。

定时维修,是以磨损理论为依据,以设备主要零部件的磨损率为基础来预测设备或设备中某一部件的维修或更新周期。

视情维修,也称状态监测维修,它对某一设备不预先规定其维修期,而是以设备的运转工况为依据,以工况数据的趋向分析为基础,来决定设备是否需要维修。

视情维修能够发挥设备的最大效益,可有效地减少事故的发生,特别适用于以磨损故障为主的设备上。PMS 制度中关于状态监控设备的检验正是向视情维修方式跨出了重大一步。

②对耐用型设备、低值设备、非生产型设备和维护价格高昂而安全风险低的设备采用事后维修方式。

事后维修,也称故障维修,是指设备发生故障后才进行维修或更换其中损坏部件,也就是有坏即修。

③除了船级社规定的项目外,尽量减少定期维修方式。

定期维修,是以设备的使用频度、用途的重要性、损坏的规律为依据,或某些设备不以磨损为主要特征而拟定出一个平均安全运行期限和确保这一使用期限而需要的全面维修的内容。

(2)加强对船舶航行设备的管理,避免或减少船舶的故障时间及故障次数。

船舶的保险费率与船舶的可靠性相关,无故障或少故障发生可以降低保险费率,因此通过科学的维护保养,可以提高船舶设备工作的可靠性,进而可降低船舶的费用支出。

(3)加强对船舶靠离码头和装卸货物设备的管理,减少船舶的停泊时间。

对于配用船载装卸货物设备的船舶,在到港前要对相关设备进行必要的维护保养,确保船舶装卸货物的顺利,避免或减少由于设备故障导致的船舶停泊时间的延长。

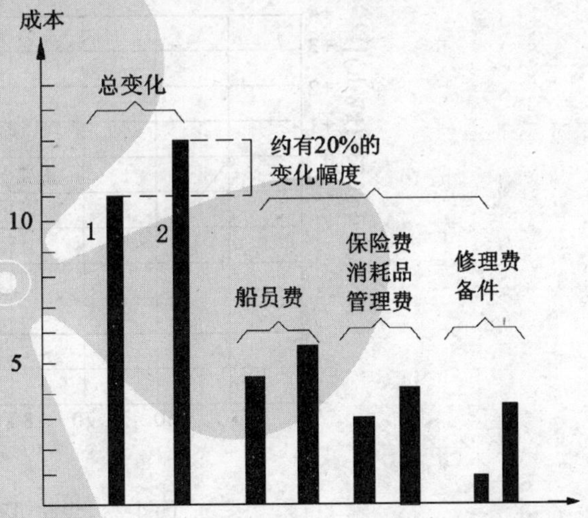

图 4-1 大型油船或散货船期租成本分布图

优秀的船舶管理者和轮机人员对降低运输成本是有影响的。图 4-1 是某机构在对一定数量的大型油船和散货船在一定期间内所进行成本和管理水平评估和分析后,得出的期租成本分布图。图中 1 和 2 分别表示出了优秀的船舶管理者和不优秀的船舶管理者对船舶期租成本的影响。一般情况下,按"期租船合同"规定,船东应负责船员的薪金、备件、船用物料及船舶保险,保持船舶适航。承租人则负担燃料费、港口使费及运输货物等有关的费用。由图 4-1 可看出,优秀船舶管理者可以降低修理费、备件费、保险费和消耗品费,最大期租成本降低幅度可达 20% 左右。

第二节 最佳航速的确定

一、营运船舶的经济航速

柴油机将燃油的热能转变成机械能，并以转速的形式驱动螺旋桨转动，并最终以推力的形式推动船舶以一定的航速航行。根据船、机、桨间能量的转换关系，螺旋桨所吸收的功率约与转速的立方成正比，故航速的少量降低便可节省大量的燃油消耗。但是并非航速越小越经济，因为船舶的运输费用除了燃料费用外还有其他费用，而且对于一定航线的船舶由于航速降低，航行时间增加，运输效率下降，也会导致经济效益减少。

一般情况下，根据对船舶航速的不同评价需求，可将营运船舶的常用经济航速分为最低油耗率航速、最低燃油费用航速和最高盈利航速等三种形式。

1. 最低油耗率航速

柴油机的有效油耗率 g_e 是指每 1 kW 有效功率每小时所消耗的燃油量，单位是 kg/(kW · h)，最低油耗率航速是指保持柴油机油耗率最低时的船舶航速。柴油机的油耗率一般受到喷油量、换气质量、转速等因素的影响，根据柴油机的形式和用途不同，一般船用柴油机的设计最低油耗率点在 90% ~ 100% 标定之间。再考虑配桨过程中的各种功率储备需求，对于工作于推进特性下的船舶柴油机，一般在 85% 负荷时 g_e 值最小，其变化情况如图 4-2 所示。

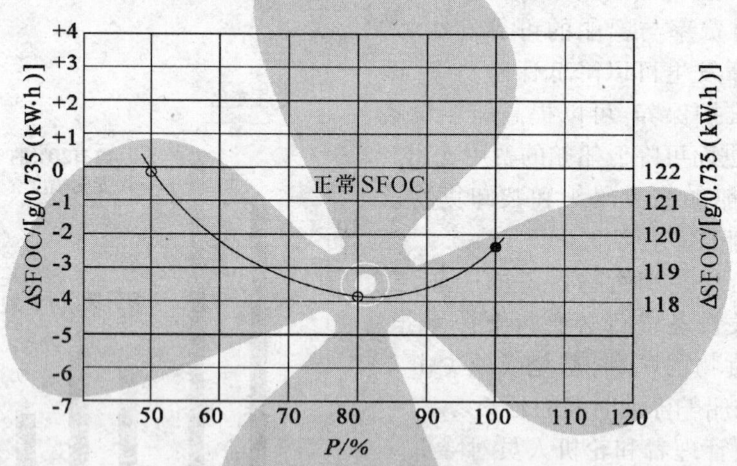

图 4-2 柴油机有效油耗率曲线

图 4-2 中，P 表示柴油机的标定功率，SFOC(Specific Fuel Oil Consumption)表示船舶燃油消耗率，ΔSFOC 表示船舶燃油消耗率的变化量。显然柴油机在 g_e 最小时运转，其燃油消耗率最低，柴油机的经济性最好，而此时的船舶航速就为最低油耗率航速。

根据船舶配桨的特点，如果船舶航行任务多，航次计划比较紧，柴油机在航行时经常处于较高负荷工作，应尽量调整柴油机工作于最低耗油率工况点，这样可以有效地降低柴油机的燃油消耗。

2. 最低燃油费用航速

最低燃油费用航速是指船舶航行单位距离所消耗的燃油最少的航速。根据船、机、桨的能

量关系，船舶单位距离的燃油消耗量 g_n 随航速的变化是非线性的，先缓慢减少后迅速增加，在船舶的常用航速范围内的变化趋势是增加的；而柴油机的燃油消耗率 g_e 的变化也是非线性的，但其趋势与 g_n 相反，是先迅速降低后缓慢增加，在柴油机的标定配桨功率范围内的变化趋势是逐渐降低的。图 4-3 所示分别示出了 g_n 和 g_e 随船舶航速的变化规律。当船舶降速航行时，虽然 g_e 会增加，而 g_n 会明显地逐渐下降，并出现一个最小值 $g_{n\,min}$，$g_{n\,min}$ 所对应的航速即为最低燃油费用航速 v_n。如果按照 v_n 航行，对某一固定的航程，其燃油费用最低。

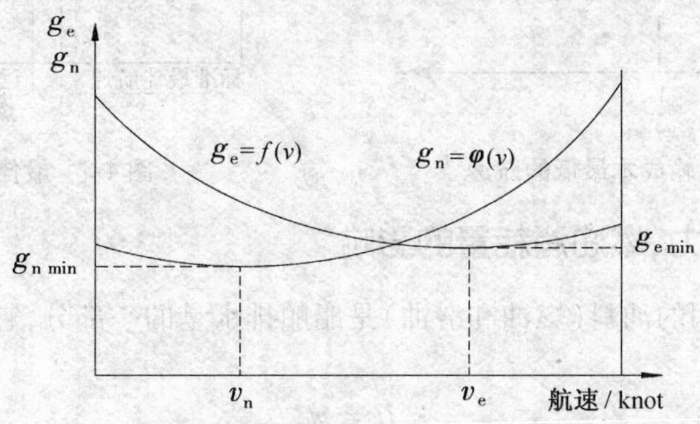

图 4-3 g_n 和 g_e 随航速的变化规律

对于常规柴油机来说，在最低燃油费用航速工况点运行时，由于其输出功率较低，会带给柴油机许多工作问题，如增压器喘振、低温腐蚀、燃烧恶化和排气通道脏污等，尤其是燃用重油以后会使问题更突出，实际上常规柴油机是无法长时间可靠地运行在 v_n 工况点。虽然轮机员可以通过调整柴油机工作参数和采用间歇高负荷运行等方式，改善柴油机的工作，但带来柴油机可靠性下降、寿命降低及备件消耗增加等实际问题，可直接导致船舶日常消耗的增加和使用年限的缩短。对于智能柴油机来说，其带来的问题会比常规柴油机有很大程度的降低，但还无法做到在低负荷下长时间可靠运行。

对于船舶航行任务宽松，经常停航或待命的船舶，可以根据柴油机的特点和工作状态，尽量使柴油机按照或接近最低燃油费用航速航行。

3. 最高盈利航速

最高盈利航速，即在营运期内盈利最大的航速。上述两种经济航速，只考虑了柴油机和船舶本身的经济性，所以不一定就是船舶最高的盈利航速，欲获得船舶最大的盈利航速，尚须考虑船舶的折旧费、客货的周转量、运价、运输成本及利润等因素。不同的航区和船舶种类将有其相应的最大盈利航速，需要通过调研、统计及分析来加以确定。

对于航运企业说，必须全面考虑，从三种经济航速中作出选择，为增加企业收益和节能服务。利用经济航速运行，一般不需要增加投资，只要求具有严格的科学管理和熟练的操作技术，就能获得显著的经济效果。如长期降速航行，会增加机损事故和技术维护工作。

营运船舶的最佳经济航速，应是单位运输成本最低的航速，或是最大盈利的航速。

对应于特定的航线和载重量，相应于当时的燃料价格及其他开支，在给定的经济指标下，按单位运输成本可得到最佳航速。图 4-4 表示了航程和航速（b_T—v）的关系，其中 v_a 和 v_b 分别代表两种航程下单位运输成本最低的航速，曲线 A 的航程比曲线 B 长，而其停泊时间 t_2 与航次时间 t 的比值比曲线 B 小，可见长航程船舶的航速可以略高。

若以盈利或以收益为目标，进行经济性计算，可得到如图 4-5 所示的曲线。图中 AB 为标准年最大收益，其对应的航速（G 点）就是以收益为目标的最佳航速。影响成本和收入的因素变化，最佳航速也会改变。从图中可看出，当运费增加和燃料价格下降时，最佳航速可以提高。

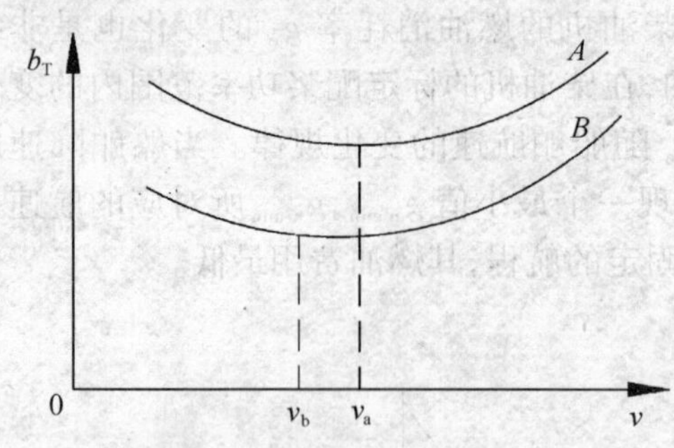

图 4-4　单位运输成本最低的航速

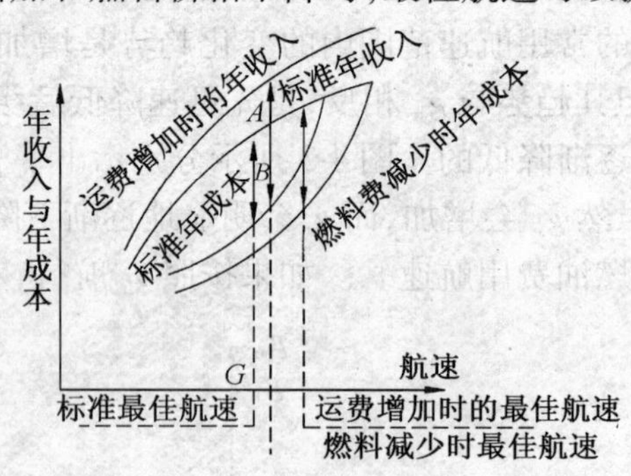

图 4-5　最佳经济航速

二、航速对续航力、燃油消耗量的影响

船舶动力装置所用的油料（燃油和滑油）是船舶排水量的一部分，它直接决定船舶的续航力，即

$$L = vt \tag{4-1}$$

式中，L——续航力，n mile；

v——船速，kn；

t——航行时间，h。

如已知燃油储备量 $\sum m$ 及其动力装置每小时消耗量 B，则可求出船舶动力装置的工作时间

$$t = \frac{\sum m \times 10^3}{B} \tag{4-2}$$

式中，$\sum m$——燃油储备量，t；

$B = B_1 + B_2 + B_3$——分别为主机、副机、锅炉每小时燃油消耗量，kg/h。

考虑到

$$B = g \cdot P \tag{4-3}$$

则续航力 L 为

$$L = \frac{\sum m \times 10^3}{g \cdot P} \tag{4-4}$$

式中，g——动力装置实际燃油消耗率，kg/(kW·h)；

P——动力装置实际功率，kW。

分别假定船舶燃油储备量一定和在船舶动力装置燃油消耗率 g 不变的条件下，比较船速为 v_0 和 v_1 两种航行状态，探讨船速对续航力的影响，则有

$$L_1 = \frac{P_0}{P_1} \cdot \frac{v_1}{v_0} \cdot L_0 \tag{4-5}$$

式中，L_0，P_0，v_0 和 L_1，P_1，v_1 分别为两种航行状态下的续航力、功率和航速。

根据 $P = Cv^3$ 的关系，则有

$$L_1 = \left(\frac{v_0}{v_1}\right)^2 \cdot L_0 \tag{4-6}$$

由式(4-6)可知,续航力与船速的平方成反比。

如果保持续航力 L 不变,同样可以计算出在新的航速 $v_1 > v_0$ 的情况下,所需要的燃油储备量将增多,即

$$\sum m_1 = \left(\frac{v_1}{v_0}\right)^2 \cdot \sum m_0 \tag{4-7}$$

由式(4-7)可知,欲使船舶速度增加20%,则燃油储备量需要增加44%。

第三节　提高动力装置经济性的措施

一、选用高效节能型柴油机

(一)节能型柴油机的参数和结构特征

目前新型船用低速柴油机的活塞平均速度在8.3~8.6 m/s,平均有效压力高达2.1 MPa,最大燃烧压力在15~16 MPa,而燃油消耗率为171~174 g/(kW·h),其动力性和经济性已经达到了相当高的水平。除大缸径柴油机外,对于超长行程柴油机其S/D值都已达到4.0~4.4的数值。

1.合理选择工作过程参数,提高柴油机热效率的措施

(1)提高压缩比 ε

有效压缩比在14以上,几何压缩比在18以上,使爆发压力 p_{max} 提高到14.2 MPa,平均有效压力达2.0 MPa。

(2)提高过量空气系数 α 和喷射压力 p_{inj}

采用大的燃烧过量空气系数 α(2.4~2.5)和较高的喷射压力 p_{inj}(可达100~140 MPa),使燃烧完善,燃烧持续期只有40°CA左右,燃烧在上止点前1°CA以内开始,燃烧放热规律的形态如一等腰三角形。燃烧过程更接近于等压燃烧,压缩终点压力与最高爆发压力之差为1 MPa左右,燃烧比较平稳。

(3)提高扫气效率

为了提高循环效率,不仅采用高的有效压缩比,而且排气阀定时延迟关闭(如上止点前55~68°CA开,下止点后78°CA关),使缸内膨胀比大于压缩比,可使扫气效率和循环效率提高。缸内气体最高温度 T_{max} 约为1 600 K,因此缸壁散热的冷却损失大为减少,即使在缸径较小(如 D=350 mm)的低速柴油机中,气缸冷却损失为燃油热量的6%左右,而中冷器带走的热量为燃油热量10%以上。

(4)提高增压器效率

提高过量空气系数 α 和排气阀滞后关闭,使涡轮前的废气温度 t_r 降低,废气能量下降,在标定工况时,t_r 最低时为380℃左右。为了满足扫气压差及气缸进气量的要求,需要采用效率 η_{TK} 较高的废气涡轮增压器,所以废气涡轮增压器的压比与总效率 η_{TK} 是随着增压度的提高而不断提高的,目前非冷却高效涡轮增压器,其 η_{TK} 已由65%提高到72%~75%。

在缸径大于500 mm的低速柴油机中,η_{TK} 大于68%时,可以在柴油机涡轮前排气管上引出10%左右的废气带动一个动力涡轮(称PTO装置),这种装置用于提高柴油机效率,又称效率增强器。如Sulzer公司的RTA型柴油机,在55%~100%标定功率下,可使柴油机有效耗油率降低2.5~5.5 g/(kW·h);在55%标定功率以下时,关掉废气进入动力涡轮的旁通管路,

使排气管总的流通截面积减小，涡轮前废气压力 p_T 增大，扫气压力 p_s 增大，过量空气系数 α 增加，改进燃烧，也能使有效耗油率降低 2.5～4.0 g/(kW·h)，全工况性能都得到改善。

(5)提高低工况时的热效率

为使柴油机适应特殊船舶的航行方式，提高低工况时的热效率，RTA-T 型柴油机同时配合使用可变排气阀关闭(Variable Exhaust Valve Closing)和可变喷油定时(Variable Injection Time，简称 VIT)两种装置。可变排气阀关闭装置是在 100%～80% MCR 功率之间运行，在部分负荷下提前关闭排气阀，让压缩压力 p_c 和 p_{max} 保持恒定；可变喷油定时(VIT)装置，是在 80%～65% MCR 功率时起作用，将喷油定时提前而使 p_{max} 保持不变。二者配合应用，耗油率最大可下降5 g/(kW·h)。在 UEC75LSⅡ型柴油机上还采用变截面涡轮喷嘴(VGT)来改进低工况性能。

2. 减小发动机重量和尺寸方面的措施

RTA-T 和 SMC-C 柴油机在提高单缸功率的同时，还进行结构优化，使重量和尺寸都有大幅度下降。如 5RTA58T 比相同功率的 5RTA62U 长度由7 855 mm缩短为 6 960 mm，而单机净重由 330 t 降为 280 t；6S60MC-C 比 6S60MC 长度由 8 723 mm 缩短为 7 987 mm，单机重量由 391 t 降为 345 t。

RTA-T 系列的结构特点为：

①气缸体高度减少约 16%，重量减少约 13%，气缸套由冷却套支承，高压油泵固定在气缸体上，凸轮轴从下部拆装，使维护管理工作简单、方便。

②主轴承上盖采用固紧螺栓固定，取消液压撑杆螺栓，重量减少 40%。

③气缸套采用压铸材料，形成最佳硬相组织和运行表面，工作表面珩磨，气缸套采用双层注油润滑，上层润滑为 62.5%，下层为 37.5%，由于采用长支承圈结构，缸套伸出气缸体近 1.2 m。

④气缸盖有 3 只 120°分布的喷油器。

⑤活塞冷却采用振荡加喷射方式，冷却效果改善，活塞温度降低。

⑥活塞杆填料函采用最新结构设计。

⑦100% 磷青铜刮油环，漏泄率低，并可从上下两个方向拆卸。

⑧凸轮轴传动系统中，曲轴齿轮改为单体式结构，仅用螺栓与曲轴连接，尺寸小、重量轻，重量减少约 45%。

(二)节能型柴油机的选用

1. 常规柴油机的特点

(1)二冲程柴油机的应用

一般对船用主机来讲，经济性、可靠性和使用寿命是第一位的，重量和尺寸是第二位的。据此，低速二冲程柴油机因其效率高、功率大、工作可靠、寿命长、可燃用劣质油以及转速低等优点适于作船舶主机使用，其在船舶上与螺旋桨的连接情况如图 4-6 所示。

在图 4-6 中，柴油机的动力直接通过轴系传给螺旋桨，这种传动方式称为直接传动。在这种传动方式中，主机和螺旋桨之间除了传动轴系外，没有减速和离合设备，运转中螺旋桨和主机始终具有相同的转向和转速。

它的主要优点：

①结构简单，维护管理方便。只要安装时定位正确，平时管理中注意润滑、冷却，一般不会出现大问题。

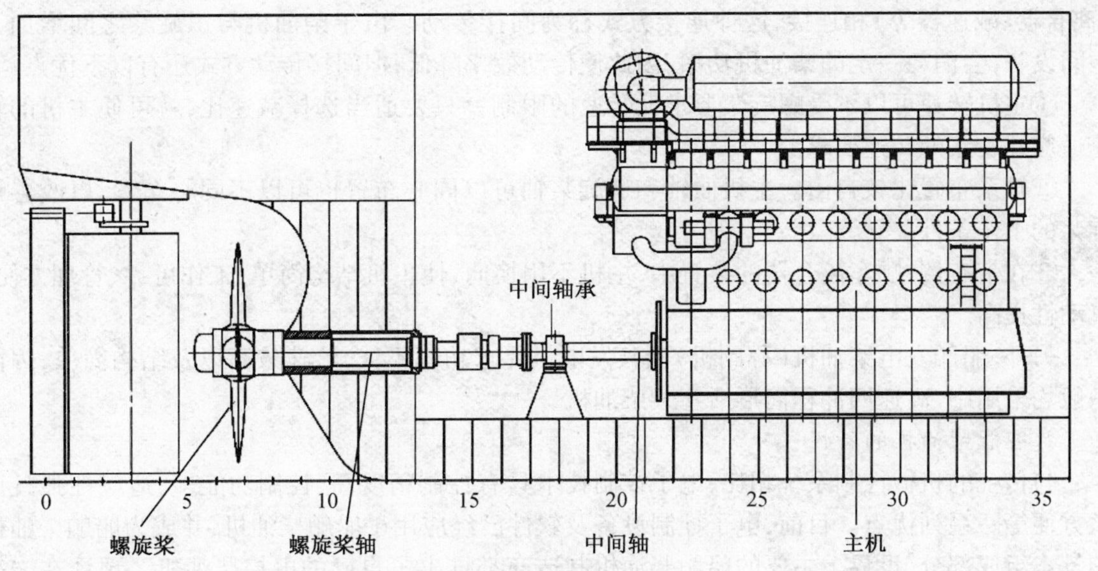

图 4-6　二冲程柴油机机桨连接图

②经济性好，传动损失少，传动效率高。主机多为耗油率低的大型低速柴油机。螺旋桨转速较低，推进效率较高。

③工作可靠，寿命长。

其缺点是：

整个动力装置的重量尺寸大，要求主机有可反转性能，非设计工况下运转时经济性差，船舶微速航行速度受到主机最低稳定转速的限制

(2)四冲程柴油机的应用

根据四冲程柴油机的工作特点，对于大功率四冲程中速柴油机因其尺寸与重量小较适于作为滚装船和集装箱船的主机，但由于其转速较高，为满足螺旋桨低转速的需求，在其与螺旋桨间须加装减速齿轮箱，其在船舶上与螺旋桨的连接情况如图 4-7 所示。

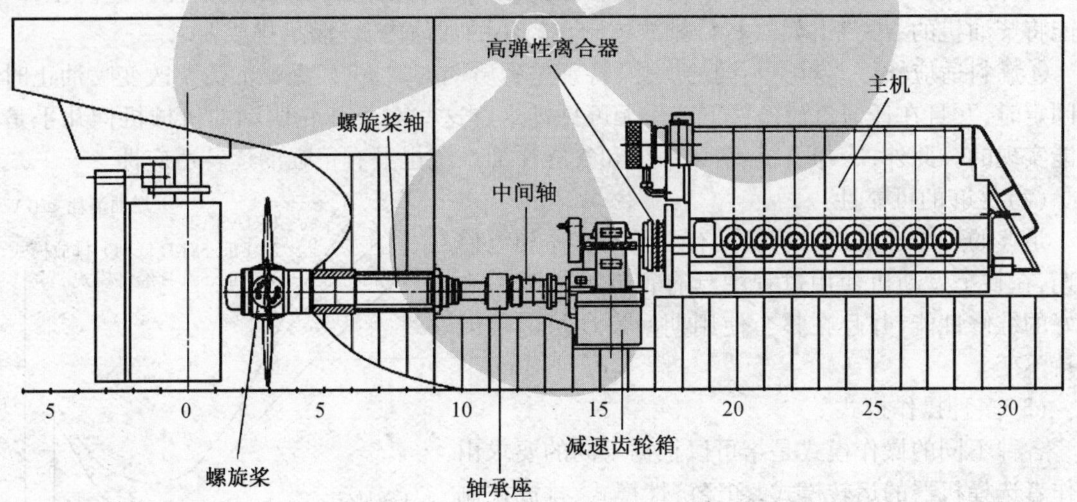

图 4-7　四冲程柴油机机桨连接图

在图 4-7 中，柴油机和螺旋桨之间的动力传递除经过轴系外，还经过某些特设的中间环节

(离合器、减速器等)相连接,这种连接方式称为间接传动。由于柴油机与螺旋桨之间增加了中间设备,会消耗一定的柴油机功率,因此使传动效率降低,但间接传动方式还有以下优点:

①主机转速可以不受螺旋桨要求低转速的限制。只要适当选择减速比,就可使主机的转速适应螺旋桨的转速要求。

②轴系布置比较自由。主机曲轴和螺旋桨轴可以同心布置也可以不同心布置,以改善螺旋桨的工作条件。

③在带有倒、顺车离合器的装置中,主机不用换向,使主机结构简单、工作可靠、管理方便、机动性提高。

另外,船舶发电柴油机(称副机)因其发电机要求功率不大,转速较高以及结构简单,因而一般均采用中、高速四冲程筒形活塞式柴油机。

2. 智能柴油机的特性

与传统的机械控制系统相比,电子控制技术具有控制精度高、控制功能多、适应性强且调试方便等一系列优点。目前,电子控制设备及软件已经应用于船舶柴油机,并成为船舶柴油机的基本组成部分,世界上主要的船舶柴油机制造商都推出了自己的电控柴油机。预计在未来的10年里,电子控制式柴油机将逐步取代传统的机械控制式柴油机,成为船舶柴油机的主流机型。

与传统机械控制式柴油机相比,其主要特点如下。

(1)很强的运转适应性

很强的运转适应性主要表现在燃油喷射系统上。主要包括:

①能够自由地选择喷射压力。在优化柴油机综合性能的基础上,降低了柴油机在部分负荷时的油耗(SFOC)。

②精确地控制燃油喷油量。在柴油机运转范围内,循环喷油量变动小,各缸供油均匀,柴油机工作稳定。

③可独立地控制喷油正时和喷油速率变化,实现预喷射和多次喷射,达到理想的喷油规律,配合高的燃油喷射压力,既可降低柴油机的 $dp/d\varphi$,又能保证良好的动力性和经济性,同时还能将柴油机的 NO_x 和微粒(PM)排放控制在较小的数值内,以满足排放要求。

④燃料适应性好。对于不同的燃油,特别是劣质燃料油,可根据燃油需要改变喷油正时和气阀定时,并且在任何负荷条件下工作无可见排烟。这些对于凸轮驱动的机械机构几乎是不可能实现的。此外,冷却系统、增压系统和气缸注油系统也具有很强的运转适应性。

(2)足够的可靠性

足够的可靠性是指发动机具有更长的寿命和维修周期,在整个发动机使用过程中具有很低的故障率和良好的维修性能,并且在整个使用期间发动机的性能维持不变。

(3)多种操作模式

各种不同的操作模式是指可以根据不同的要求由操作者选择机器的运转模式,如经济性模式、排放控制模式、低负荷运转模式等,并保证发动机一直处于最优化状态运转。图4-8示出了RT-flex柴油机与传统柴油机燃油消耗率的对比情况。

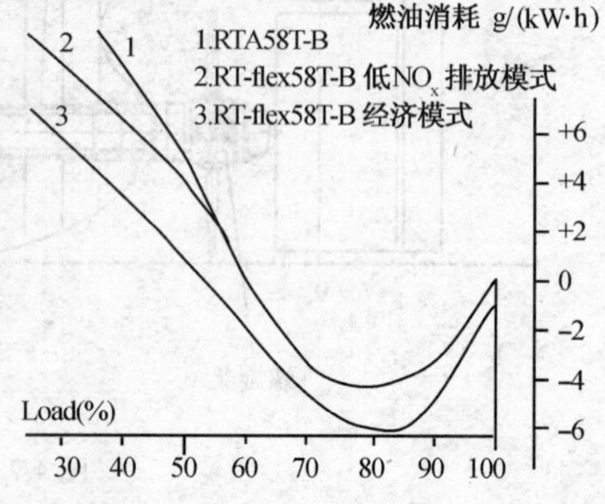

图4-8 RT-flex与传统柴油机对比

(4)完善的状态监测和控制系统

完善的状态监测和控制系统主要包括一体化的速度控制设备,在线的柴油机故障诊断系统,活塞工作和燃烧可靠性的监测及对气缸注油率的优化等。能够在线监测柴油机的运转状况,确保各缸的负荷均匀分布,防止发动机超负荷,在故障发生前能够早期报警并启动处理程序。

3. 双燃料柴油机的特性

双燃料柴油机是指其工作燃料除了燃油外还可以添加其他气体燃料共同工作的柴油机。ME-GI 柴油机是 MAN B&W 公司生产的电子控制式双燃料柴油机,该柴油机除了新增的燃气供给及喷射系统之外,其他系统几乎与 ME 柴油机没有区别。由于该型柴油机可以燃用 LNG 液舱的蒸发气,故若采用 ME-GI 柴油机作为 LNG 船舶的主机,则可以省去再液化装置,从而大大节约了再液化耗功;且天然气为清洁能源,可在一定程度上降低柴油机的排放,同时,在燃油价格节节攀升的情况下,采用相对廉价的天然气又可节约燃料费用。

ME-GI 柴油机可实现以下四种操作模式。

(1)双燃料经济操作模式

双燃料操作模式在柴油机负荷大于 30% 启用,此时,燃气作为主燃料,同时还需要提供不少于 5% 的先导油(标定量为 8%),以控制燃烧定时;在 30% ~110% 负荷之间,可以根据可用蒸发气的多少来选择不同的替代比。这种操作模式可在所有正常的操作状况下提供最佳的燃料消耗,可在 60% ~100% 柴油机负荷范围内实现最经济操作。

双燃料模式又包括三种情况:

①先导油量最小的“双燃料模式”,即正常模式。负荷大于最小先导油量所能提供的功率时,如果负荷变化,控制系统会根据燃气压缩机的设定排出压力和实际排出压力之间的差值,增加或减少燃气的量,但燃油量不变;如果燃气的热值有波动,则根据曲轴转速的测量值,增加或减少燃气的用量。

②气体固定模式。当系统所能提供的最大燃气量仍不能满足柴油机的负荷需求时,控制系统会根据负荷的变化增加或减少燃油量,而燃气的量不变。

③全燃油模式。当燃气系统故障,或 LNG 液舱空载时,全部使用燃油。

(2)低 NO_x 排放模式

在这个模式下,柴油机在所有操作范围内,尤其是在 75% 负荷时,可实现 NO_x 排放的最小化。之所以强调 75% 负荷,是因为几乎所有的 NO_x 排放法规都关心柴油机在 75% 负荷下的排放状况。与“燃油经济模式”相比,在“低 NO_x 排放模式”下,柴油机 NO_x 的排放量会减小 20% ~30%。但此时的 SFOC 会略有升高。

“低 NO_x 排放模式”可以用来满足地区规定或者是自发同意的 NO_x 排放减少对策。

(3)部分负荷排放模式

这是一个特殊模式,用来满足当船舶准备在较长的时间内使主机工作在部分负荷时的特殊排放需要。

(4)特殊排放操作模式

这是一个特殊模式,用来满足船舶航行在对排放有特殊要求的区域内的情况。

柴油机控制系统包含所有操作模式,通过主操作板(Main Operating Panel,简称 MOP)上的一个按钮来完成从一个模式到另一个模式的转换。主机操作系统会在几秒钟之内识别出模式转换,并保证将新模式参数立即输入。

二、提高船、机、桨的匹配性能

1. 船、机、桨的能量关系

船舶推进装置是把燃料在主机内燃烧所得到的热量转换成螺旋桨产生的推力，克服船舶阻力使船舶运动的一套装置。通常它有三大部分配合共同工作：

①船舶主机。它是把燃料的热能转换为机械能，其机械能是用输出轴的扭矩和转速来表征的。其工作实质是消耗燃油并输出扭矩。

②传动设备。常包括轴系和传动设备。它是把发动机传来的机械能传递到螺旋桨。最常见的传动形式是机械传动，最简单的传动形式是直接传动。但是，通常它包括齿轮减速设备，还包括各种型式的离合器、制动器和联轴节等。如果是电力传动，则使用电动机、发电机、电缆和开关装置。但是不论其传动形式如何，它总是从回转轴的一端接受能量并传递到回转轴的另一端。其工作实质是输入扭矩，输出扭矩。

③螺旋桨。它接受传动设备传递来的扭矩，把它转换成加速液体的液力能。或换句话说，转换成推力能，最常见的推进器是螺旋桨。其工作实质是输入扭矩，输出推力。

④船体。它接受推进系统轴系传递来的推力，克服船体的各种阻力，使船体以一定的速度前进或后退。

船舶在航行中，船舶主机—传动设备—螺旋桨—船体，这几部分相互联系，相互作用，组成了保障船舶运动的一个统一体系。从能量的角度来看，船舶主机是机械能的“能量发生器”，传动设备是机械能的“能量传递器”，螺旋桨是使发动机扭矩转变为液体推力的“能量转换器”，船体是推力能的“能量消费者”。由于传动设备在此能量传递系统中只是简单地传递能量，只是使能量在经过传递后在数量上减少，因此可将其以效率的形式纳入整个系统考虑即可，这样上述的能量传递和转化系统可简化为：船舶主机—螺旋桨—船体，图 4-9 示出了船、机、桨能量转换关系图。

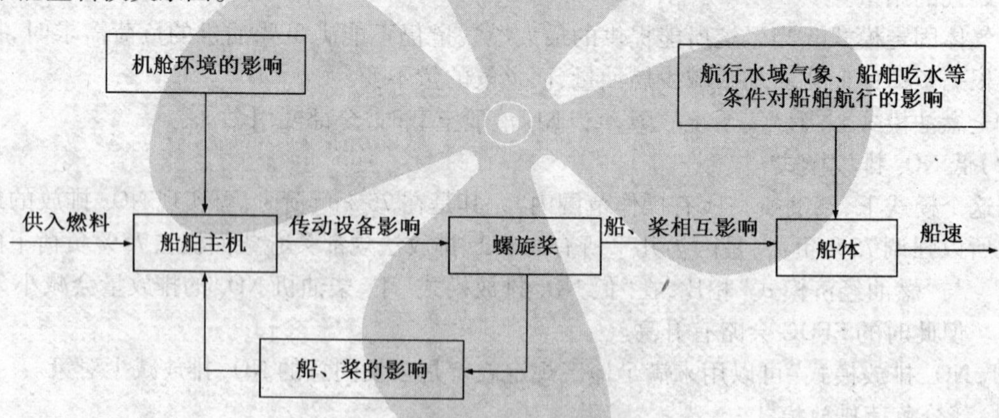

图 4-9　船、机、桨能量转换关系图

2. 船体的阻力特性

船舶航行时，其水下部分受到水的阻力，水上部分受到空气的阻力。在一般气候情况下(3～4 级风)，水阻力是主要的，空气阻力很小，可忽略不计。但当风力较强时，空气阻力则不可忽略。

船舶的水阻力按其产生的原因及阻力的性质可分为：摩擦阻力、形状阻力(黏性阻力)和兴波阻力。这三种阻力均随船速的增加而增加，所以船舶的总阻力(三者合成)也随船速的增加而增加。图4-10示出了船舶水阻力与船速的变化关系。

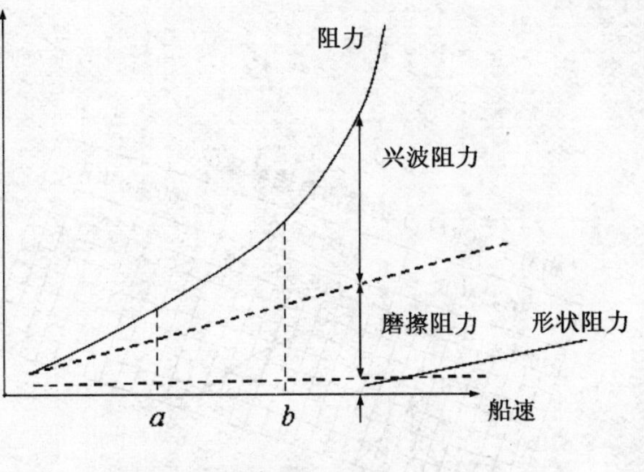

图4-10　船舶阻力特性曲线

从图中可看出，同一条船，船速低时，摩擦阻力是主要的，当船速提高时，兴波阻力变成主要的了。漩涡阻力主要取决于船体形状，与船速关系不大。针对这一性质，要最有效地改善船舶的航行特性，就要切实地考虑兴波阻力的特性：在某一速度区域内（如图4-10中a点船速以下区域），虽然船速增加很多，但阻力增加值却不大（称为有利速度区域）；而在另一速度区域内（如图4-10中b点以上区域），只要速度略有增加，即可引起兴波阻力急剧增加（称为速度有害区域），同时，从图中也可看出，当船速变低时，阻力变化平缓，船速越高时，阻力增加率越快。由此可见，在高速时，要增加1 kn航速比在低速时同样增加1 kn航速要克服较大的阻力，从而要求船舶主机的功率要大得多。

采用哪一种措施来减少船舶阻力，首先取决于船舶的类型。例如，对于低速的油船和散货船应从减少黏性阻力着手，对于高速的客船和集装箱船，则主要从减少兴波阻力着手。

一般而言，降低船舶阻力，从而降低主机的配置功率，通常可采用以下两种方法，以得到优良的船型和良好的船舶阻力特性。

①改进船型等设计，减少航行水阻力。

②改进适航性能，减少船体运动阻力。

3. 利用主机减额输出方式选配柴油机

提高柴油机的热效率，即降低柴油机耗油率的方法之一是提高气缸内最大爆发压力P_{max}和平均有效压力p_e之间的比值。运行中一般把最大持续功率MCR时的p_e定为额定值。减额输出时，把MCR时的p_e降低作为新的额定点。此时，柴油机的喷油系统、冷却系统和增压器等进行优化调整使P_{max}值仍维持与MCR时的相对应值不变。这样提高了P_{max}与p_e的比值，从而，就实现了比MCR低的燃油消耗率。

图4-11(a)是MAN B&W公司的MC系列柴油机的减额输出区。在特定的合同要求下，可以在$L_1 \sim L_4$方框间任选一点作为减额最大持续功率（简称DMCR），把该点作为新的额定点。此时的p_e值比MCR（L_1点）时降低了，燃油消耗率也就降低了。

MAN公司宣布，参照其减额输出区，恰当地选择节油运行点，可使总油耗率下降4.3%，其中桨速降低，η_p提高可节油2.3%，p_e降低使油耗率降低2%。同样，瓦锡兰公司宣布Sulzer柴油机其减额输出的最佳节油可比MCR低8.17 g/(kW·h)。

减额输出的实质是配置较大功率的柴油机产生较小的输出功率，即用增加初投资换取节油收益。

4. 主机经济选型

船舶主机选型是根据船舶设计任务书中的技术要求以及船体设计所提供的资料来进行的，和螺旋桨的设计密切相关，也包括推进装置设备的选型等。实际上是通过船、机、桨匹配计算和分析选定螺旋桨参数和主机型号，在满足设计的技术要求（如航速、转速、功率）基础上，同时考虑重量和尺寸、油耗、造价、可靠性、使用寿命、振动噪声等因素下，选择一套从主机到螺

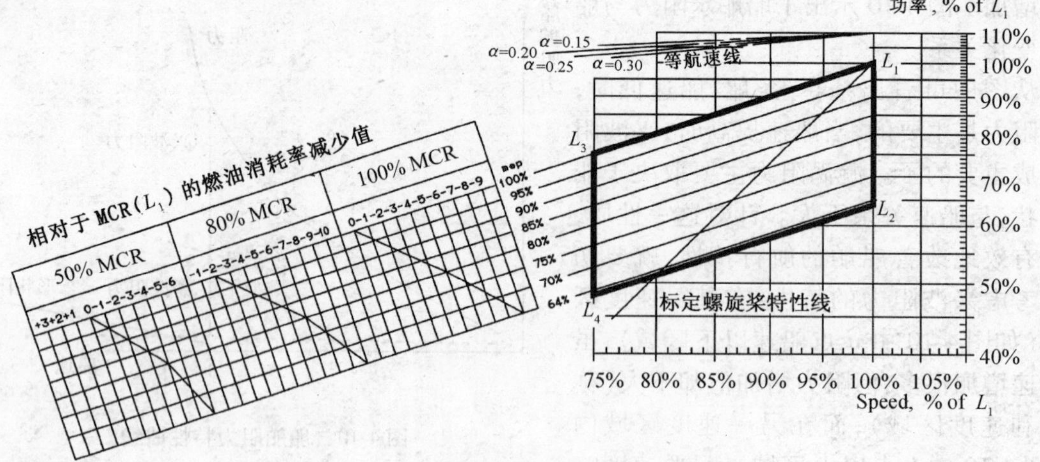

(a) MAN B&W 公司的 MC 系列柴油机的减额输出区

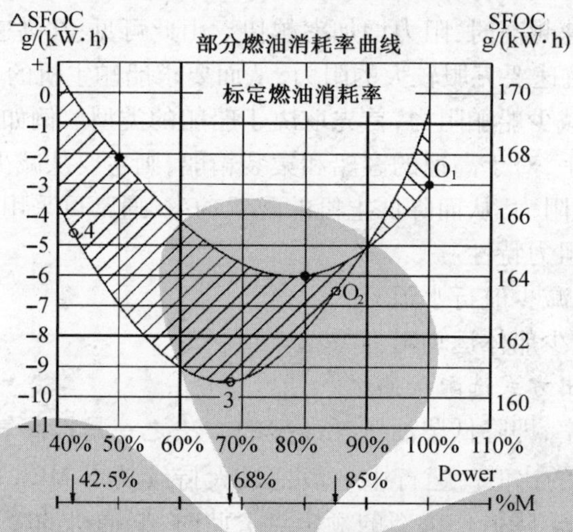

(b) 柴油机减额输出与燃油消耗率变化

图 4-11　柴油机减额输出匹配图

旋桨的最佳推进装置。

以前对同一缸径及冲程的柴油机只有一个额定功率输出点(Maximum Continuous Rating，简称 MCR)。这在一定程度上不能使某一已定船舶的螺旋桨达到最佳转速和发出所需功率，另外，吨位差异较大的船舶，往往能供匹配的主机甚少，很难达到所需主机与螺旋桨的最佳匹配；如今，可供选择的柴油机类型众多，加上柴油机具有减额输出区，这为今天正确选择主机创造了较好的优选条件，可以实现主机和螺旋桨的最佳匹配。

在确定船舶类型、尺寸、航速和航线后，按船舶特性，估算海况储备的连续运行功率 CSR (Continuous Service Rating，又称连续服务功率)，再加上主机功率储备，确定主机最大连续输出功率(specified MCR)及其相应的转速，如图 4-12 所示。

其中⑥为清洁船体、平静水面螺旋桨特性线；②为脏污船体、恶劣气象螺旋桨特性线；MP 为指定的最大持续功率点(Specified MCR，或 Contracting MCR，即 Derating MCR)；SP 为连续服务功率点(Continuous Service Rating，简称 CSR)；PD 为螺旋桨设计点；HR 为重桨运行，指船体和螺旋桨性能恶化；LR 为轻桨运行，3% ~7%；海况储备包括风、海面等的影响，一般为 15%

左右;发动机功率储备为10%左右。

其次,按实船速度要求的功率及转速可在如图4-11(a)的柴油机减额输出框图内找出。每种型号的柴油机均有自己的匹配框图(即等航速功率线匹配到减额输出区里)。同种系列的机型能适应同一功率及转速的主机有时多至5台以上,则不同种机型就可以有更多的发动机与之匹配,供进行选择。图4-11内等航速功率线上 α 值表示功率减额系数,即随着转速降低、桨效率提高、等航速所需要功率降低的百分率与船体线型和阻力有关。α 值可由实船阻力计算及船模试验实测阻力换算而得。某些公司推荐,对瘦型船为0.2,对正常船型为0.25,对肥型船为0.3。它在功率转速函数式中是转速的指数,如

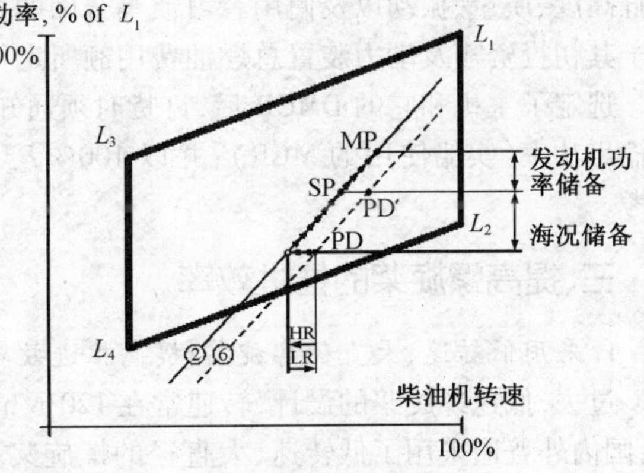

图4-12　主机选型图

$$\frac{P_e}{P_{e0}} = \left(\frac{n_e}{n_{e0}}\right)^{\alpha} \tag{4-8}$$

式中,P_e——减速后所需功率;

P_{e0}——减速前所需功率;

n_e——下降后的转速;

n_{e0}——原转速。

平移等航速功率线,使其与框格内螺旋桨的特性线相交,横贯框格范围内的等航速线上任意交点均可选做实船的减额功率输出点(Derating Maximum Continuous Rating,简称DMCR)。已经知道,发动机在等功率下,转速越高,单位功率耗油率越低;反之耗油率高。但螺旋桨转速越低,其效率越高,使耗油也随之降低。所以转速与耗油在主机匹配选型时必须综合分析,以取最低的每日油耗来确定DMCR。

从几台适用的机型中挑选最经济主机时,除考虑推进系统效率外,还应根据具体机型(如低、中速机)和该主机的废热回收率,进行整个动力装置的经济性效率计算(或动力装置总燃油耗量计算),并制成表格进行比较分析,最后选定某型号柴油机作为主机。

等航速下主机燃油消耗量按具体机型的油耗率图计算,如图4-11(b)所示。在某转速下,随着功率下降油耗将降低,同时,在相同的功率下,随着转速增加油耗也将下降。把选定的匹配点DMCR标定在耗油率图上,可查出油耗下降的百分数。

MAN B&W公司MC机型的油耗与功率、转速间的函数关系如下

$$b_e = \left(1.17 - 0.17 \times \frac{P_{e0}}{P_e} \cdot \frac{n_e}{n_{e0}}\right) \times b_{e0} \tag{4-9}$$

式中,b_e,P_e,n_e——该机DMCR点的耗油率、功率和转速;

b_{e0},P_{e0},n_{e0}——该机MCR点的耗油率、功率和转速。

DMCR点确定后,配置螺旋桨时,功率要比DMCR小,取连续运行输出功率CSR。这是沿着螺旋桨特性曲线降低功率和转速。由于功率再次降低,此时油耗继续下降,下降的油耗量按柴油机生产厂推荐公式或图表进行计算。

当然,选择主机不仅要从主机功率、转速、耗油率计算,还要结合机舱布置时主机的长度、

吊缸高度、质量、振动以及使用者习惯等全面的技术因素考虑，最后选定的主机，在经济上还决定于其初投资额及动力装置总燃油费用额所定得的初投资差额，回收年限应最短。

选定了主机和它的 DMCR 后，订货时须通知制造厂，将机器调整，把 DMCR 点作为该机最大输出功率（实船使用的 MCR），并以 100% P_e 标定值列在机器的负荷图上，供船方使用时参考。

三、提高螺旋桨的推进效率

1. 采用低转速、大直径螺旋桨，提高推进效率

过去，低速螺旋桨的设计，转速常在 120 r/min 以上，桨效率一般为 0.5 ~0.7 范围内。现在，国内外普遍采用了低转速、大直径的螺旋桨。当转速从 120 r/min 下降至 60 r/min 时，螺旋桨效率的提高可节约主机功率 16% ~18%，可以较大幅度地改善装置经济性。在常用航速范围内，桨转速降低 1%，在航速及载货量不变的条件下，可减少油耗 0.2% ~0.3%。

2. 选配节能型螺旋桨

当前，不大可能对普通的螺旋桨设计作更多的改进，除非冶金学家能研制出相当坚韧的材料，这种材料能使桨叶制造得更薄而且具有更好的效率。除采用低转速、大直径螺旋桨以提高推进效率外，还可采用导管螺旋桨、可调螺距螺旋桨等节能型螺旋桨，针对不同的船型以提高推进效率。

四、动力装置的余热利用

（一）动力装置余热利用方案

柴油机船舶动力装置的动力设备主要包括主柴油机、发电柴油机和辅助锅炉等。它们都以液体燃料为能源。船舶航行工况下所需要的总热量为

$$Q = Q_m + Q_g + Q_b \tag{4-10}$$

式中，Q_m，Q_g，Q_b 分别为主柴油机、发电柴油机和辅助锅炉所消耗的热量，kW/h。

船舶柴油机动力装置热平衡方程式为

$$x + y + z = 1 \tag{4-11}$$

式中，$x = Q_m/Q$，$y = Q_g/Q$，$z = Q_b/Q$ 分别为主柴油机、发电柴油机、辅助锅炉消耗热量的百分比。

动力装置的能量平衡各成分的值 x，y，z 与船舶用途和动力装置的类型有关。表 4-1 列出各种类型船舶在主机额定工况下的 x，y，z 的大概分配范围。

表 4-1　柴油机船舶能量平衡的组成

船舶类型	机械能 x/%	电能 y/%	热能 z/%
海船干货船	83 ~92	4 ~10	4 ~8
石油运输船	60 ~82	3 ~8	10 ~32
冷藏船	57 ~76	20 ~36	4 ~8
河船货船和拖船	94 ~96	2 ~4	1 ~2
石油运输船	82 ~87	2 ~4	10 ~15
客货船	75 ~80	7 ~10	10 ~15

在进行船舶动力装置设计时，必须考虑整个船舶的能量平衡和各个耗能设备的热平衡，以便找出能量综合利用的途径，决定所采用能量综合利用的装置和方案，从而提高动力装置能量平衡中有效利用热量的比例，以达到节约燃料的目的。

主机产生的能量所占比例最大，其废热利用价值也最高，柴油发电机组、辅助锅炉消耗热量所占比例较小，它们产生的废热几乎得不到利用。

燃料在主柴油机中燃烧所发出的全部热量，只有部分转变为机械功，其余部分则分别通过排气、冷却介质和机器表面散热等而损失掉，这些部分损失的热量统称为柴油机的废热。

根据柴油机热平衡，各类型能量转换的比例范围如下（不同机型其数值上是有差异的）：

①转变为机械功的热 $q_1 = 35\% \sim 50\%$。

②排气带走的热 $q_2 = 27\% \sim 40\%$。

③冷却介质（缸套冷却水、增压空气冷却水、润滑油等）带走的热 $q_3 = 15\% \sim 30\%$。

④其他热损失（辐射热、摩擦损失热）$q_4 = 2\% \sim 8\%$。

由上可知，50% ~60% 的能量是被排气废热和冷却水所带走，如何利用这几部分废热的能量，代替（或部分代替）动力装置中柴油发电机组和辅锅炉所消耗的能量（占总能量的 10% ~30%），可改善动力装置经济性，这也正是柴油机废热利用的意义。

废热利用的方法是按废热特点进行的。主机排气废热温度高，可利用的单位热量大；而冷却水的温度较低、量大，可利用的热量也不少。在船上对这两种废热的利用方法是不同的。

利用废热产生蒸汽和热水，可以减少发电柴油机和辅锅炉的耗油，提高装置经济性。然而，装置上是否被采用以及如何采用，必须结合船舶动力装置的具体情况加以综合平衡，尤其要对下列三个方面问题进行仔细分析研究后才能作出决定：

①区别船舶类型和装置功率范围。航行期间，废热的供应与船种有关。远洋货船其主机经常处于额定功率附近工作，它的废热供应比较稳定。而沿海港口间的客船、港内拖船和航道复杂的内河船等，它们的主机工况多变，废热供应不稳定，可能利用的废热量就少。这是决定废热利用与否的因素之一。至于废热利用的方式，也要看装置功率的大小。装置功率比较小、设备比较简单的小型船舶，如 750 kW 以下沿海及内河船，一般只采用简单的设备，利用主机排气产生热水，供生活用；对于 4 500 ~6 000 kW 以下中型客、货船等，则常常利用排气废热产生蒸汽，供生活及燃油加热、制淡等使用。对于 6 000 ~7 500 kW 以上的大型万吨级远洋船舶，才有条件利用排气废热产生蒸汽作动力用。

②要有专门措施保证废热供应和废热消耗两者的平衡。废热利用系统是由废热供应和废热消耗两方面联合组成的有机整体。要求在任何工况下废热的供应和消耗都应处于平衡状态。由于前者是独立地随发动机负荷而变化的，后者是独立地根据系统的负载（消耗）而变化的，这两方面的变化实际上彼此无一定关系，如无专门措施，系统必然常常处于不平衡状态，即不是供过于求就是供不应求，这样的废热利用系统显然是得不到好的经济效果，也往往是不可取的。

③废热利用目的是节省燃料，提高经济效益，因此，为了利用废热而增加的设备，无论在投资、增加质量和占用空间等方面必须作出详细的计算和比较，废热利用在经济上的收益必须达到乐于接受的程度才能被采用。

（二）动力装置的排气余热利用

1. 废气锅炉的工况分析

采用废气锅炉回收主柴油机排气的热量是船舶柴油机动力装置主要的余热利用形式。废气锅炉工作时，其热平衡式为

$$D(h - h_{g.s}) = \eta GC(t_1 - t_2) \tag{4-12}$$

式中，D——废气锅炉蒸发量，kg/h；

h——蒸汽焓,kJ/h;

$h_{g.s}$——给水焓,kJ/h;

η——废气锅炉效率,约为0.98;

G——主机排气重量流量,kg/h;

C——废气锅炉中废气平均比热,kJ/kg·℃;

t_1——废气锅炉进口废气温度,℃;

t_2——废气锅炉出口废气温度,℃。

根据上述废气锅炉热平衡式,下列问题值得注意。

(1)废气锅炉出口排烟温度 t_2

t_2 越低,能够回收的热量就越多。理论上 t_2 可降至环境温度,但事实上这是不可能的。通常都规定 t_2 不得低于160~170℃,这是因为:

①要充分利用排气热量,不仅要大大增加废气锅炉的受热面积,而且要增加排气的流动阻力。柴油机的排气背压提高,会使发动机的排气温度增加和有效热效率降低。发动机制造厂一般都规定排气背压值,二冲程低速柴油机废气锅炉增压器的排气背压一般不宜超过0.003 MPa。在管理上也要防止烟道脏堵而影响主机功率的发挥。

②排烟温度不应低于露点。如低于露点,排气会对排气系统和余热利用设备起低温腐蚀作用。露点的高低与排气中的水蒸气分压有关,也与燃油中的含硫量有关。所用燃油的露点值一般在120~140℃范围。为了最大限度利用排气热,在标定工况下废气锅炉排气出口温度为

$$t_2 = 露点 + \Delta t \tag{4-13}$$

式中,Δt 不应小于25℃。

动力装置长期在部分负荷下工作,t_2 过低对废热利用设备的维修管理是不利的。

③保证受热面必需的温差。为保证受热面上任何一个部位排气温度都高于水温,通常使

$$\Delta t = t_2 - t_w$$

$$\Delta t = t_2 - t_s$$

$$\Delta t \geqslant (40 \sim 60)℃ \tag{4-14}$$

式中,t_w——给水温度,℃;

t_s——蒸汽温度,℃。

(2)废气锅炉排气进口温度 t_1

t_1 越高,可回收的排气热量就越多。在四冲程柴油机动力装置中,废气锅炉的进口温度约为400℃,大约可利用排气热量的62%,而在二冲程柴油机动力装置中排气温度较低,在 t_1 = 200~300℃时,则可利用排气热量的40%左右。

由于废气涡轮增压器效率提高,扫气压力增高,柴油机的热效率达54%,同时为了经济航速的需要又按低速经济功率匹配螺旋桨,致使柴油机的排烟温度下降,这对废气锅炉的废热利用是不利的。为了确保废气锅炉的一定蒸发量,不得不适当提高柴油机的排气温度。目前,废气锅炉是按进气温度为255℃,排出温度为188℃的标定工况设计的。

(3)蒸汽产生率与蒸汽压力的关系

从充分利用余热出发,出口废气温度 t_2 应尽量降低,而且 t_2 与蒸汽温度间必须维持一定的传热温差,所以蒸汽压力受到一定的限制,因为只有当蒸汽压力和饱和温度有所降低时,才能获得更多的余热和废气锅炉蒸发量;蒸汽压力升高时则反。

图4-13所示为二冲程低速机和四冲程中速机单位功率的废气锅炉蒸发量随蒸汽压力变化的关系。用于供热系统的废气锅炉，蒸汽压力与蒸汽系统的管路长度和其阻力有关，一般海船调查废气锅炉蒸汽压力取为0.5～0.7 MPa，河船可降低到0.3 MPa。产生的蒸汽通常是饱和蒸汽。在主机功率大于5 000 kW的油船和干货船上，对仅用于供热系统的废气锅炉，其单位蒸汽产量为0.10～0.15 kg/(kW·h)；当主机功率较小时，它达到0.55～0.65 kg/(kW·h)。

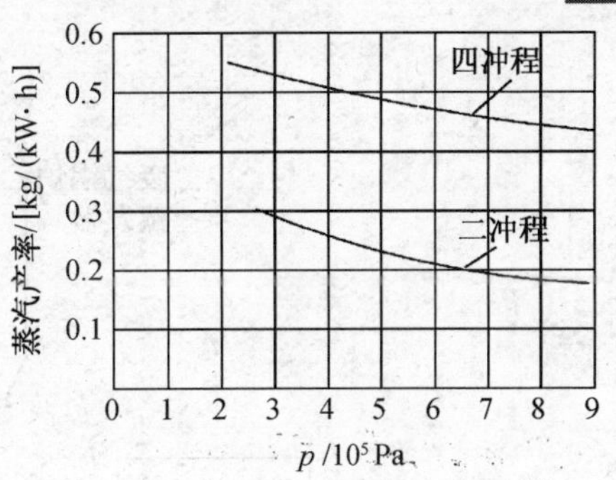

图4-13　废气锅炉蒸发量与蒸汽压力变化关系

实际上在主机功率为7 350 kW左右的油船和干货船上，即使是二冲程低速机，当废气锅炉出口温度达200 ℃以上时，就可得到蒸发量约为2 000 kg/h、压力为0.7 MPa的蒸汽，足够航行时全船加热用汽的需要。

2. 典型的废气锅炉系统介绍

废气锅炉蒸汽系统可设计成许多不同的形式，有单供气压力或双供气压力；有带给水预热器或不带给水预热器；有单一的废气锅炉或与燃油锅炉组成混合式锅炉等。由于二冲程超长行程柴油机热效率高达55%，使排烟温度下降。目前MC机型在正常额定负荷下透平后的排气温度为250～270℃，降低负荷运转时将会更低些，因此可利用的排气余热减少，使废气锅炉产生的饱和蒸汽不能满足船舶加热系统的需要，此时燃油辅助锅炉可作为补充。

MAN B&W公司推出两种典型的废气锅炉系统。其一为标准的废气锅炉系统，如图4-14所示，它用于产生饱和蒸汽供加热之需，废气锅炉由单一的蒸发器组成，是简单的单压蒸汽系统。给水直接泵送到燃油锅炉，废气锅炉与燃油辅助锅炉之间有循环水泵并共用一个汽鼓；也可采用单独汽鼓，则一个锅炉故障时另外一个锅炉仍可运转。

该系统具有明显的简单性和低投资成本，又完全满足船舶加热所需蒸汽量的要求，因而得到广泛应用。

其二为带透平发电机的废气锅炉系统，如图4-15所示，它是带有给水预热器、蒸发器和过热器的单压蒸汽系统，其蒸汽除用于加热之外还可以用于驱动透平发电机，系统中燃油辅助锅炉的汽鼓一般也作为共用汽鼓。该废气锅炉系统将更先进些。

3. 最大限度利用余热的联合装置

随着柴油机废气涡轮增压器效率的提高和废气动力涡轮的利用，使柴油机排出的废气能量质量下降，其可利用部分和十几年前相比约下降50%，所以仅靠废气锅炉所提供的热量，难以满足船舶动力装置及辅助系统的要求，这就要求对能量平衡必须进行研究。

另一方面柴油机实现了超高增压，增压空气压力超过0.4 MPa，温度超过180℃，其能量、质量和数量增加，利用价值大大提高，这部分过去未加利用的能量和废气能量的联合利用就可满足新的能量平衡。

近年来，日本一些造船集团竞相开发联合节能发电装置，利用主机排气、增压空气和气缸冷却水的废热，提供给透平发电机、空调装置、加热器和制淡装置。当蒸汽透平发电机满足不了船舶辅助推进装置的使用，废热回收装置的主要设备是多级蒸发经济器、混压蒸汽透平、增压空气冷却器(即炉水预热器)。

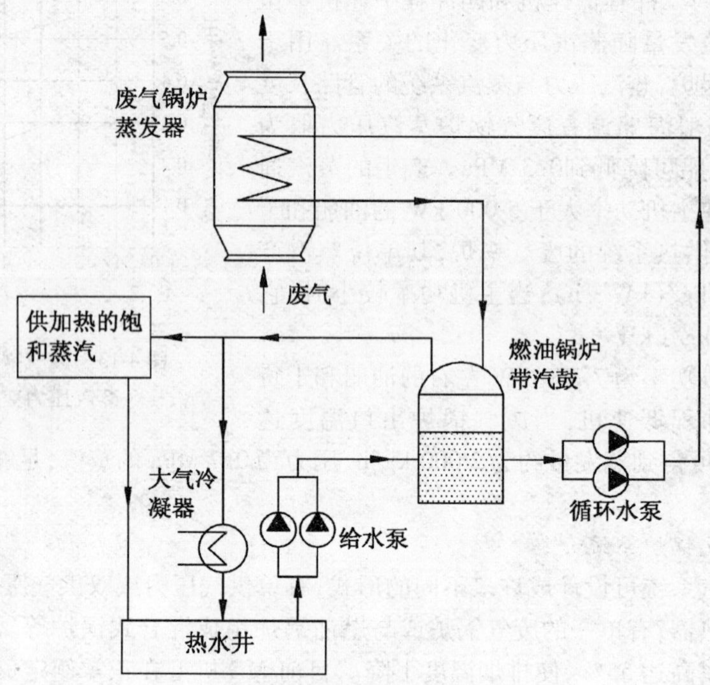

图 4-14　典型废气锅炉系统

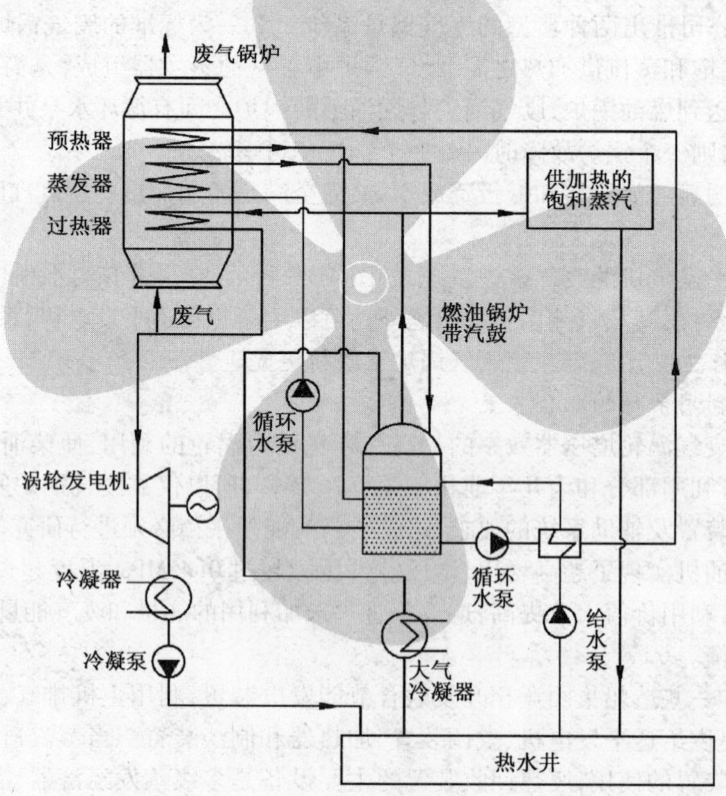

图 4-15　带透平发电机的废气锅炉系统

图 4-16 为三菱重工(Mitsubishi)的超级透平发电系统(STG)示意图。该系统在双压废气经济器和混压蒸汽透平发电机的基础上补充了一个热水闪发能量发电系统。三菱的 MET-SC 涡轮增压器由于效率提高,只需较少的废气,剩余的废气则提供给一个径流式废气透平。该废气透平和热水闪蒸的蒸汽透平通过一个齿轮装置共同驱动发电机。

STG 系统比带有热水闪蒸的蒸汽发电系统多获得 40% ~60% 的电能,并且使整个装置的燃油消耗减少 2% ~3% 。当主机在低负荷运转时,所产生的辅助能量能够满足船上用电需要,而不必使用柴油发电机或轴带发电机装置和辅锅炉产生的蒸汽。

最早的 STG 系统已安装在 VLCC 油船上,主机是装有 MET-SC 型涡轮增压器的 7RTA84M 低速柴油机;废气/蒸汽联合驱动的发电机功率为 1 350 kW;轴带发电机/马达为 500 kW;两台 1 000kW 的柴油发电机;空气冷却器作为炉水预热器;废气锅炉产生的低压蒸汽供加热器使用。

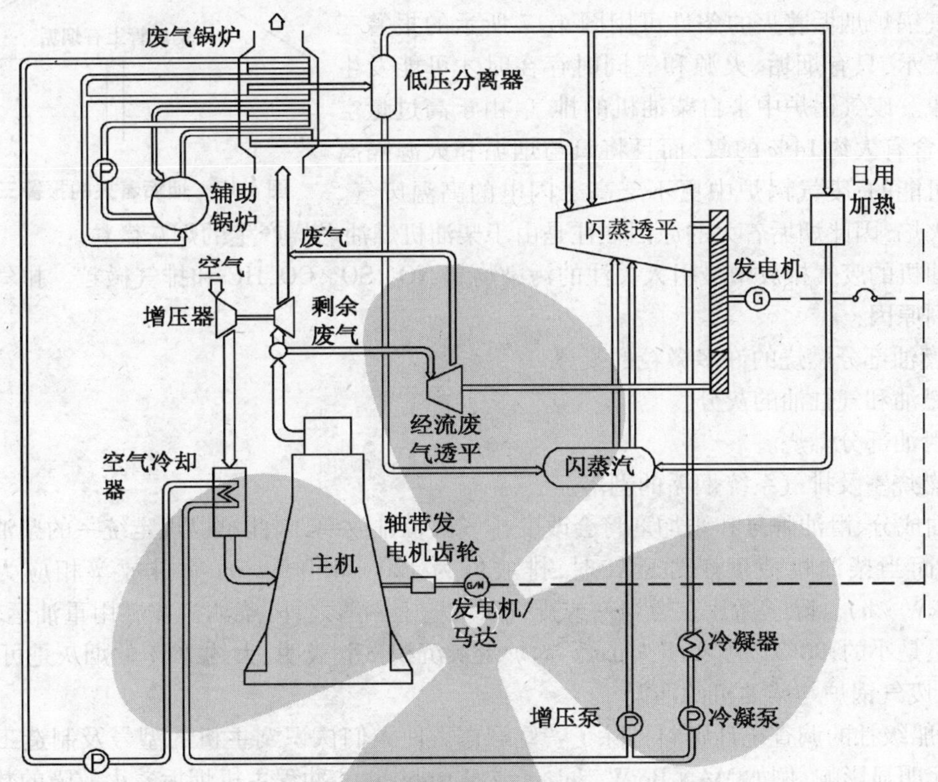

图 4-16　废热利用联合装置 STG 系统

4. 废气锅炉烟灰沉积与着火的预防

(1)废气锅炉烟灰积垢与着火的分析

废气锅炉着火可分为小的烟垢着火和高温着火。

①小的烟垢着火

在有充分氧气存在时,烟垢的可燃成分在高温下(高于闪点)自由蒸发,被火花或火焰点燃,并保持小范围和有限的火源,称为小的烟垢着火。由于不良的燃烧设备,使一些未燃烧的剩余燃油和滑油沉积于锅炉管上,特别是在柴油机机动操纵和低负荷运转期间这种现象更容易发生。这种着火对锅炉无危险或危险很有限,但应小心维护。着火的热量主要传导给循环水、蒸汽和废气。

烟垢潜在着火温度一般为300～400℃，但存在未燃烧的燃油时着火温度约为150℃，极端情况下甚至低到120℃。这意味着着火也可发生在主机紧急停车之后，因为灼热颗粒（火花）还残留在锅炉管上。

②高温着火

在一定情况下，小的烟垢着火可发展为高温着火。高温着火有氢着火和铸铁着火，可导致废气锅炉损坏，因为水可分解为氢和氧，或在一定条件下与碳反映生成一氧化碳和氢，如温度在1 000℃以上氢着火可以发生。铸铁着火即高温下发生的铸铁氧化反应，从反应过程中释放大量热量。在温度超过1 100℃时，铸铁着火可以发生，使锅炉自身燃烧。

废气锅炉烟垢着火的条件可用图4-17所示的报警三角形来表示，只有烟垢、火源和氧同时存在时才可能发生着火现象。废气锅炉中来自柴油机的排气，由于高过量空气系数，含有大约14%的氧，而且将氧与烟垢和火源隔离也是不可能的；废气锅炉中更不乏高于闪电的高温废气、火花和火焰，因此烟垢着火的原因往往是由于柴油机燃油燃烧产生的烟灰微粒。

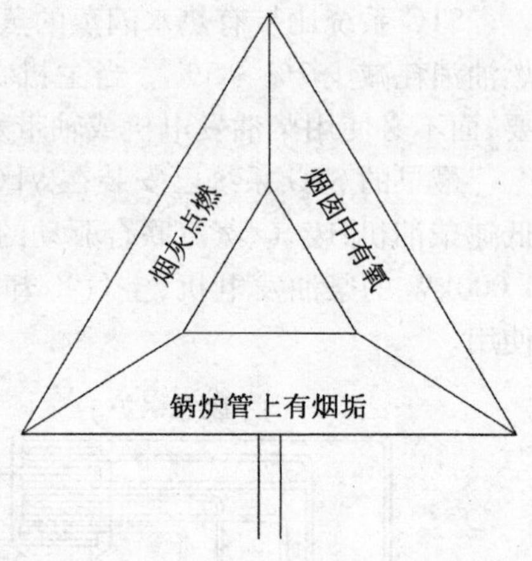

图4-17　烟垢着火的报警三角形

柴油机的废气排放中最引人关注的污染物是NO_x，SO_x，CO，HC和排气微粒。排气微粒可源自下列原因：

A. 燃油部分燃烧的许多微粒的凝聚。

B. 燃油和气缸油的灰分。

C. 滑油部分燃烧。

D. 燃烧室及排气系统烟垢的剥落。

燃油成分、滑油牌号和添加剂将会改变排气微粒排放率，因此难以规定统一的柴油机微粒排放率，而当柴油机使用燃油运转时，排放值为120～150 mg/m^{3}时排放率相应为0.8～1.0 g/(kW·h)。除了垢片在燃烧室或排气系统壁上剥落之外，柴油机在燃用重油运转时，微粒大体上是小的，90%以上小于1 μm。锅炉烟灰沉积试验表明，大约70%的烟灰是可燃的。

（2）废气锅炉与柴油机的匹配

NK船级社的调查统计资料排除了一些疑虑。使人们认识到主机的型号及制造工艺对烟垢着火无明显影响，例如MAN B&W、Sulzer或Mitsubishi二冲程主机烟垢着火故障的数量都基本相同，甚至与柴油机冲程的长短无关。当我们只考虑排气温度自身影响时又并非完全如此，统计资料清楚地表明废气锅炉的进口和出口温度对烟垢着火的发生都没有任何明显影响。尽管进口温度高达325～350℃，出口温度高达225～250℃和出口温度低至100～150℃，许多废气锅炉并未发生烟垢着火故障。

在现代柴油机较低排气温度下，为了仍能维持船舶蒸汽消耗的需求，促使与其匹配的废气锅炉被设计得更加高效，这包括利用大受热面，锅炉设计为扩展管表面和低燃气流速等。上述的高效与“超扩展”锅炉的设计和劣质燃油的使用，使废气锅炉管上烟灰沉积有增加的趋势，并导致烟垢着火。DNV统计资料所证实的自1988年来烟垢着火呈上升趋势的原因基本源于前述情况。此外，近年来船舶装载不足，也造成着火事故的上升。

图4-18和图4-19可以说明与高效率柴油机匹配的高效率废气锅炉的一些参数对烟垢着

火的影响。

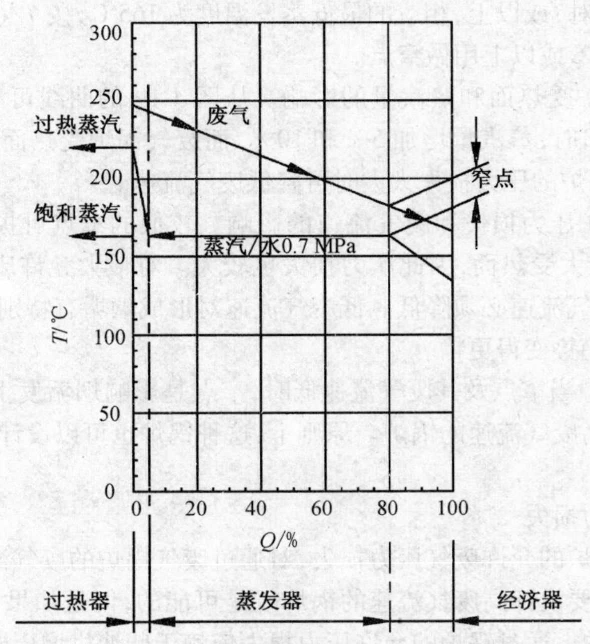

图 4-18 废气锅炉的 T/Q 图

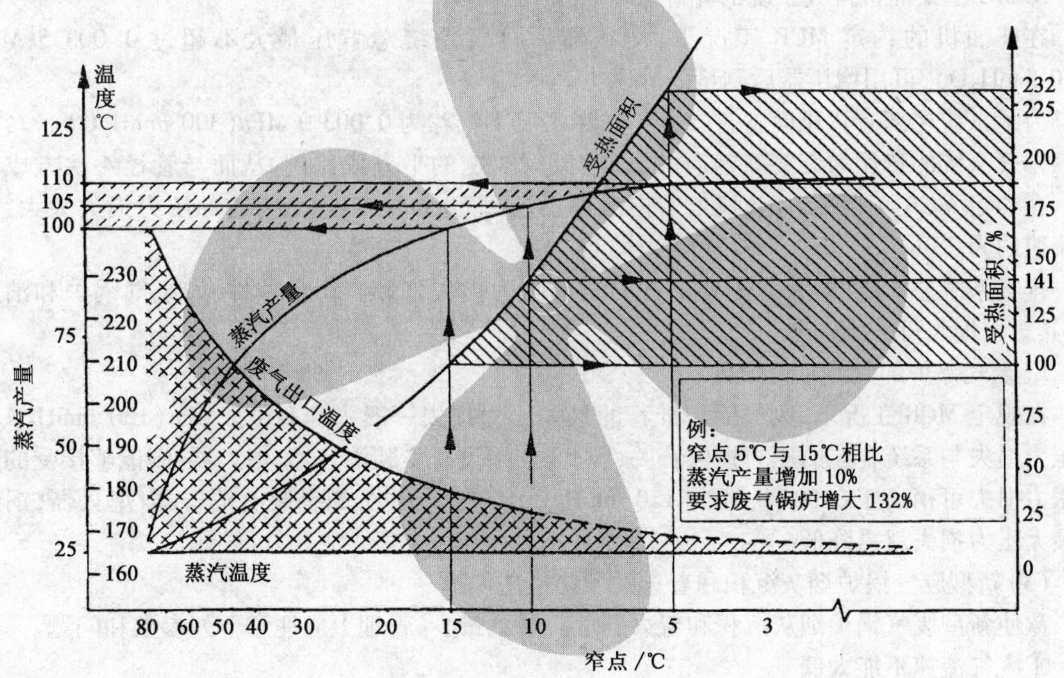

图 4-19 废气锅炉窄点的影响

①锅炉窄点的影响

废气锅炉窄点是废气与饱和蒸汽之间的最小温度差,即废气离开蒸发器时的温度与饱和蒸汽之间的温度差。窄点是可以用来表示废气锅炉利用效率的一个参数。

温度/热传导图称为 *T/Q* 图,图 4-18 是图 4-16 所示废气锅炉系统实例的 *T/Q* 图。一般蒸汽压力为 0.7 MPa(绝对)或以上,相应的最低蒸发温度为 165℃,按 *T/Q* 图废气出口温度不能低于 160℃左右,则 15℃或以上用做窄点。

A. 锅炉窄点对锅炉受热面和蒸汽量的影响。从图 4-19 的曲线可看出,废气锅炉窄点由 15℃改变为 10℃和 5℃时,蒸汽量增加 5%和 10%,而废气锅炉受热面将分别增加 1.41 倍和 2.32 倍,当流经废气锅炉的压力损失太大时可降低废气流速。

B. 锅炉窄点对锅炉压力损失和废气流速的影响。较低的窄点可提高废气锅炉的利用效率,但废气锅炉须有较大受热面,因此压力损失也较大。对最大允许废气压力损失有一定限制,设计废气锅炉的废气流速必须降低。低废气流速对形成烟垢有特别明显的影响趋势,现今劣质渣油运转使这种趋势变得更糟。

C. 低窄点和烟垢。当窄点及其废气流速低时,窄点是影响烟垢发生的一个参数;相反,高窄点锅炉不必设计成高废气流速的锅炉。原则上,这种锅炉也可以设计成低废气流速,即有低废气压力损失。

②允许的废气压力损失

如前所述,通过锅炉的允许废气压力损失,对通过废气锅炉的废气流速有重大影响。高压力损失如能接受,那么要设计高废气流速的锅炉就是可能的,但是如果只允许小的压力损失,则废气流速必然是低的。通过锅炉的允许压力损失依赖于柴油机增压器后总的排气系统的压力损失。

A. MC 型柴油机排气系统的允许背压

在柴油机的约定 MCR 工况下,增压器后排气系统总背压最大不超过 0.003 5 MPa (350 mmH_2O),可用增压器后测量的静压力表示。

为了系统尾部有背压储备,在约定 MCR 工况下推荐为 0.003 0 MPa(300 mmH_2O)。

排气系统的背压与废气流速有关,即与废气流速的平方成比例,从而与管径 4 次方成比例。在约定 MCR 工况下,建议废气管内流速不超过 50 m/s,实际上为避免压力损失太大,废气流速约为 35 m/s。

排气系统总背压,即为管子和部件的全部阻力损失之和。每个部件,如废气锅炉和消音器,其压力损失可分别选取。

B. 废气锅炉的允许压力损失

在规定 MCR 工况下,废气锅炉推荐的最大压力损失一般为 0.001 5 MPa(150 mmH_2O)。该压力损失与系统存在的压力损失有关,因此,如果没有安装消音器/熄火器,则能够接受的锅炉压力损失可稍高于 0.001 5 MPa(150 mmH_2O)。有鉴于此,如果装有消音器/熄火器,锅炉的最大压力损失就需降低。

(3)新型废气锅炉烟灰沉积和着火的预防措施

欲使新型废气锅炉烟灰沉积和着火的危险减到最少,管理上应注意下列参数和问题。

①废气流速不能太低

废气锅炉流速低是烟灰沉积和着火的主要影响参数之一。统计资料证明,设计废气流速低于 10 m/s 者几乎都有着火故障,而高于 20 m/s 的废气锅炉却很少发生着火故障。锅炉的实际废气流速较高,烟灰微粒将被吹除,使锅炉有自清洗作用。考虑到柴油机在部分负荷运转流速高达 25 ~ 30 m/s 时,烟灰很少沉积,也无需安装吹灰器。火管锅炉的设计废气平均流速高于 20 m/s 时,对烟管也具有自清洗作用。

②烟灰黏性的预防

含有灰分、残炭和硫分的劣质渣油的使用，使烟灰具有黏性，这是烟灰发生沉积的重要因素。关于烟灰黏性，最新资料揭示，由于碳氢化合物的化学反应，使用含有氧化铁的燃油添加剂，可使烟灰失去黏性，导致烟灰沉积趋势的减少。这样对烟垢沉积的废气流速限制也可降低，即烟垢沉积将失去对低废气流速的敏感性。

选用什么型号的燃油、滑油和添加剂，关系到烟灰的黏性大小和废气成分，因此，对低废气流速的限制严格地说应是个"浮动"限制。

③锅炉受热面废气温度不能太低

锅炉废气出口温度应不低于155℃，锅炉进口给水循环温度，对有预热器的应高于120～130℃；否则凝结的硫酸可使烟灰有黏性，增加烟垢形成的趋势。

④锅炉循环水流速度和流量比不能太低

应保持锅炉管表面边界层的废气温度低于烟灰着火温度，减少烟垢点燃的危险。温度高于150℃时可发生烟垢着火危险，极端情况下在120℃时也有着火危险。

⑤柴油机排气不允许恶化

保持柴油机良好的燃烧和排气，减少排气微粒。水管锅炉的旁通烟道（在50% MCR 自动开关）在柴油机低负荷运转时，旁通全部废气，防止锅炉烟垢沉积。

⑥水管锅炉应装自动吹灰器

为了清除烟垢，在全部吹灰过程中，吹灰介质（蒸汽或压缩空气）的压力应尽可能高些，MAN B&W 公司建议每天吹灰 4 次和定期人工清洗。

第五章 船舶安全操作及应急处理

第一节 船舶搁浅和碰撞后的应急安全措施

一、船舶搁浅后的应急安全措施

所谓船舶搁浅，指的是船舶进入浅水域航行时，船体底部落在水底的情况。当船体底部部分落在水底时称为部分搁浅；当船体底部全部落在水底时称为全部搁浅。

根据搁浅的程度，对船舶及其相关设备可能造成的损坏包括：

①海水系统吸进泥沙或堵塞。

②船舶底部破损使相应的舱柜进水。

③船体变形使运转设备的对中性改变。

故发生搁浅事故时应采取相应的应急安全措施。

(一)应急措施

船舶发生搁浅或擦底时，轮机部应采取下列应急处理措施：

①轮机长迅速进入机舱。

②转换主机的操纵方式为集控室操纵，命令值班轮机员迅速进行相应的操作，使机舱的相应设备处于备车状态。

③根据主机的负荷情况，适时地降低主机转速。及时与驾驶台联系，询问情况，以便及时地采取相应的降速措施。

④使用机动操纵转速操纵主机。搁浅后，无论驾驶台采取冲滩或退滩措施，机舱所给车速都应使用机动操纵转速或系泊试验转速，防止主机超负荷。

⑤换用高位海底门。搁浅时值班轮机员应立即将低位海底门换为高位海底门，防止海水泵吸入泥沙，堵塞海水滤器。

(二)主机运转时的检查内容及处理措施

1.推进装置及其附属系统

①持续检查主海水系统的工作情况，如果发现海水压力较低，立即换用另一舷的高位海底阀，同时尽快清洗海水滤器，清除积存的泥沙；避免因发生海水低压报警，出现主机不能正常运行、发电机因高温停止工作等情况。

②连续检查滑油循环柜的液位,关注主机滑油压力和主机滑油冷却器的滑油进出口温度。

③检查曲轴箱的温度。

④检查中间轴承和艉轴的温度,观察艉轴在回转运动中是否有跳动现象,地脚螺栓是否有松动情况。

⑤倾听齿轮箱(如果适用)的声音是否正常。

⑥检查舵机工作电流及转动声音是否正常。

2. 其他设备及系统

①搁浅时双层底舱柜可能变形破裂,要注意检查和测量各舱柜的液位变化,注意海面有无油花漂浮等,并做好机舱排水准备工作。

②停止非必须运行的海水冷却系统的工作,避免由于船舶搁浅而吸入的泥沙造成大范围的海水系统堵塞。

(三)停止主机运转后的检查

搁浅可能引起船体变形,造成柴油机轴系中心线的弯曲,影响柴油机运转,所以船舶搁浅后必须检查轴系的情况。判断轴系状态可用下列方法:

(1)盘车检查

停车后为判断轴系是否正常,艉部搁浅时可用盘车机盘车检查,检查轴系运转是否受阻,查看盘车机电流的变化情况是否正常。

(2)柴油机曲轴臂距差的测量

搁浅后应尽快创造条件测量曲轴臂距差,通过曲轴臂距差来判断曲轴中心线的变化和船体的变形,决定脱险后主机是否正常运行或减速运行。

(3)舵系的检查

搁浅时舵系有可能被擦伤和碰坏,因此搁浅后必须对舵系进行仔细检查:

①进行操舵试验,检查转舵是否受阻。

②检查舵机负荷是否增加,如电机电流和舵机油压是否正常。

③检查转舵时间是否符合要求(从任一舷的35°转至另一舷的30°不超过28 s)。

④检查舵柱有无移位,转舵时舵柱是否振动。

(4)做好事故记录

记录搁浅发生的时间和脱浅的时间;记录所采取的各项应急措施;记录所造成的直接损失和间接损失等,以便为海事处理提供正确和必要的法律依据。

二、船舶碰撞后的应急安全措施

船舶碰撞是指船舶与船舶或船舶与海上固定物或漂浮物之间发生受力接触,使船体破损进水,并引起船身倾斜,甚至沉船等后果的情况。

根据船舶碰撞的程度,对船体及其相关设备可能造成的损坏包括:

①使船体破损进水,引起船身倾斜,甚至沉船。

②如果碰撞发生在船体燃油舱部位,会造成燃油的泄漏,给海洋环境造成污染。

③有时会伴有火情产生,危及船舶及人员生命的安全。

故发生碰撞事故时应采取相应的应急安全措施。

(一)应急措施

①轮机长迅速进入机舱。

②如为航行状态，命令当值人员做好备车工作，使主机处于随时可操纵状态。

③如为停泊状态，停止甲板作业（装卸货中），或加开一台发电机（锚泊中）。

④监督值班轮机员按照船长命令操纵主机，做好轮机日志、车钟记录簿的记录。

⑤其他人员应到指定地点（航行中到机舱）集合听候分配。

（二）碰撞部位在机舱外的进一步安全措施

①视情切断碰撞部位的油、水、电、气、汽源，关闭有关油水柜的进出口阀，尽量减轻油水污染并为抢救工作创造一个安全的现场。

②如有火情、进水现象发生，各职责人员应按应变部署表的规定迅速进入各自应变岗位。

③反复测量受损部位及其附近油水舱的液位高度（水舱由甲板部负责）变化情况。如发现有进水现象，应关闭该油水舱的进出口阀以切断舱柜之间的通道。对于油舱，还应设法封闭该舱的透气管，尽量减少污染。

④碰撞发生在非机舱部位，除值班人员外应一律参加由甲板部组织的抢救工作。

（三）碰撞部位在机舱内的进一步安全措施

若碰撞发生在机舱内的部位，且有进水现象，则应按机舱进水应急操作程序处理。

1. 机舱进水时的应急排水措施

①一旦发现机舱进水，值班人员应立即发出警报并报告值班轮机员或轮机长，同时应迅速采取紧急措施，不得擅离机舱。

②轮机长或值班轮机员接到报告后，应立即进入机舱现场检查并按应变部署组织抢救。

③尽力保持船舶电站正常供电，必要时起动应急发电机。

④根据进水情况使用舱底水系统或应急排水系统，若机舱大量进水时做好应急吸入阀及其海水泵系的应急操作。

⑤根据进水部位、进水速率判断排水措施的有效性，进一步采取相应措施。

2. 机舱进水时的应急堵漏措施

①执行机舱进水时的应急排水措施，同时船长和轮机长立即组织人员摸清破损部位、进水流量，拟定有效的堵漏措施。

②风浪天应关好水密门窗及通风口。

③艉轴管及其密封装置破损，应酌情关闭轴隧水密门。

④如海底阀及阀箱、出海阀或应急吸入阀等破损，则应关闭相应的阀，并选用有效的堵漏器材封堵。

⑤冷却器、海水滤器或管路等破损，应关闭相应的阀，组织修复或堵漏。

3. 机舱进水事故报告

（1）值班人员立即将现场情况报告轮机长，轮机长立即报告船长。报告内容：

①破损的部位、程度与原因。

②已经采取的应急措施。

③机舱水位与排水情况。

（2）轮机长将抢修、抢救情况报告船长。报告内容：

①人员安排情况。

②堵漏措施及堵漏效果。

③机舱进、排水量。

④所需要的支援与要求。

(3)船长向海事局(港口国主管机关)和公司报告的内容:

①机舱进水的时间、船位与海况。

②破损的部位、程度与原因。

③应急排水和堵漏的效果。

④所需要的支援与要求。

(4)事后应向海事局(港口国主管机关)和公司报告的内容:

①进水的原因与性质。

②采取的应急措施及效果。

③进水对船舶营运的影响、损失估计。

4. 做好事故记录

①对轮机部所辖范围进行检查,将损坏部位和损坏情况记入轮机日志。

②详细记录机电设备的损失或损失的估计、发生的时间和抢救措施,为海事处理提供必要和准确的法律依据。

第二节　船舶在恶劣海况下轮机部安全管理事项

恶劣海况是指下面几种情况:

①海面受台风的袭击或影响及季节风的影响,导致海面上风浪较大,即大风浪天气。

②海面上雾大,能见度不良。

③在冰区航行,如冬季航行在北冰洋海域。

图 5-1 为船舶在大风浪中航行照片,其中(a)为某船在侧风中满载航行,船舶左右摇摆,甲板上浪情形;(b)为船舶顶风航行,船头上浪情形。

(a)

(b)

图 5-1　大风浪航行图片

一、在大风浪中航行时轮机部安全管理事项

大风浪中航行时,在条件允许的情况下,尽可能找一避风处避风,待海况变为适于航行时再继续航行,如无法避开,应按照公司 SMS 体系的相关程序文件的规定执行。轮机部应做好如下安全管理措施。

1. 轮机长

①应经常到机舱督促和检测轮机部全体人员的工作，防止主机、副机和舵机发生故障。

②如果是无人值班机舱，可根据具体情况，调整无人值班机舱为航行班（机舱有人值班）。

③在安全范围内，主机转速应尽可能配合驾驶台的需求。

④根据海上风浪、船体摇摆情况以及主机飞车和负荷变化情况，轮机长应适当降低主机负荷，并调整好主机限速装置。

2. 机舱值班人员

①值班轮机员不得远离操纵室，应注意主机转速变化，防止主机飞车，减轻或避免主机增压器喘振，认真执行船长和轮机长的命令。

②做好行车、工具、备件和可移动的物料、油桶等绑扎事宜，关闭好机舱管辖范围的门窗和通风道。

③尽量将分散在各燃油舱柜里的燃油驳到几个或少数燃油舱柜中，以减少自由液面，并保持左右舷存油平均，防止船体倾斜。

④燃油的日用柜和沉淀柜要及时放残水，并保持较高的油位和适当的油温。

⑤主机滑油循环油柜的油量应保持正常，不可过少；特别是船在摇晃时出现低油位警报时，应及时补油。

⑥注意主、副机燃油系统的压力，酌情缩短清洗燃油滤器的时间，以免燃油滤器被堵而影响供油。

⑦密切注意辅助锅炉和废气锅炉的工况，特别是辅助锅炉的水位，防止出现假水位。

⑧机舱舱底水要及时处理。

⑨必要时增开一台发电机。

二、船舶在大风浪中锚泊时轮机部安全管理事项

①按航行要求保持有效的轮机值班。

②影响备车和航行的各项维修检查工作必须立即完成，并使之保持良好的工作状态。

③仔细检查所有运转和备用的机器设备。

④按驾驶台命令使主、副机保持备用状态。

⑤采取措施，防止本船污染周围环境并遵守各项防污规则。

⑥所有应急设备、安全设备和消防系统均处于备用状态。

⑦注意做好大风浪中航行的各项准备工作。

三、航行中能见度不良时轮机部安全管理事项

①轮机部加强值班，集控室不能无人值班，保持主机、发电机、锅炉及空压机等机器设备处在正常使用状态。

②保证汽笛的工作空气正常使用。

③保持船内通信畅通。

④随时听从驾驶台的命令。

⑤必要时增开一台发电机。

四、船舶在冰区航行时应急安全措施

图 5-2 为船舶航行于冰区的图片，其中(a)为从艉部看到的船舶航行于冰区后留下的航迹情况；(b)为从船头看到的冰区情况。

(a)

(b)

图 5-2　冰区航行图片

在冰区航行时，除做好必要的防冻工作外，还要做到：

①轮机值班人员加强监视主、副机等机电设备的运行工况。

②指定专人照顾主、副海水泵的工作，及时换用低位海底阀，防止冰块卡住或堵塞，以致海水系统因缺水而无法正常工作。

③特别注意舵机的运转情况。

④注意船体与舷外冰块的摩擦声响，船体的动态及推进器搅动冰块的声响。空载、轻载船舶应增加艉部吃水，使推进器全部浸入水中。

⑤发现异常动态，要做好记录并及时通知轮机长和船长。

第三节　全船失电时的应急措施

船舶电站突然中断对船舶主要设备及系统的电力供应，导致其无法正常运行的故障情况，称为全船失电。

根据船舶类型、主机及其系统的特点，全船失电可导致故障包括：

①主机停车。

②舵机失灵。

③助航设备失灵。

一、全船失电的主要原因

发电机跳闸造成全船失电的原因十分复杂，常见的有：

①电站本身故障，如空气开关故障、相复励变压器故障等。

②大电流、过负荷，如大功率泵的起动或电气短路等。

③大功率电动辅机故障或起动控制箱的延时发生变化。

④发电机及其原动机本身的故障，如调速器故障和滑油低压、冷却水低压、燃油供油中

断等。

⑤操作失误。

二、全船失电时的应急措施

1. 船舶在正常航行中全船失电时的应急安全措施

①立即通知驾驶台,通知轮机长下机舱。

②同时起动备用发电机,合上电闸并以最短时间恢复供电。

③若另一备用发电机自动起动,则应立即合闸供电。

④恢复保证正常航行必需的各主要设备供电。

⑤重新起动主机,恢复正常航行。

⑥如情况特殊,船舶因避碰急需用车,只要主机有可能短期运转则应执行驾驶台命令。

⑦若备用发电机组不能起动供电,则应起动应急发电机。现代化船舶的应急发电机是自动起动、自动供电,保证机舱关键设备和助航设备的供电。

⑧待发电机恢复正常供电后,再起动各辅助设备,起动主机,保持正常航行。

2. 船舶在狭窄水道或进出港航行中全船失电应采取的安全措施

①立即通知驾驶台。

②同时起动备用发电机,合上电闸并以最短时间恢复供电。

③若另一备用发电机自动起动,则应立即合闸供电。

④尽最大可能以最短时间恢复主机所需的转速。

⑤主机操纵应有专人看护,并随时同驾驶台取得联系。

⑥如果情况紧急,船长必须用车,可按车令强制起动主机而不考虑主机后果。

3. 船舶在锚泊中或靠泊装卸货中船舶失电应采取的安全措施

①起动备用发电机,合上电闸并以最短时间恢复供电。

②若另一备用发电机自动起动,则应立即合闸供电。

③切除非重要负载,如起货机、通风机等。

④待确认正常后恢复供电。

以上几种情况的船舶失电,均应在恢复正常供电后,仔细分析、检查故障原因,及时排除。

三、防止船舶失电的安全措施

①做好配电板、控制箱等的维护保养工作。

②做好各电机及其拖动设备的维护保养工作,及时修理与更换有关部件。

③做好发电机及其原动机的维护保养工作。

④在狭窄水道、进出港航行时,增开一台发电机并联运行以策安全。

⑤在装卸货物期间,如增加开工头数(开工头数一般是指装卸货使用船吊的数量),值班驾驶员应提前通知机舱。

⑥在狭窄水道、进出港等机动航行时应做到:尽量避免配电板操作,尽量避免同时使用几台大功率设备,如起货机等。

第四节　船舶在航行中舵机失灵时的应急措施

船舶在定速或机动航行过程中,舵机无舵效或虽然有舵效但不能达到设计舵效要求时的

舵机故障称为舵机失灵。

根据舵机失灵的程度，对船舶的操纵可能产生以下影响：

①船舶无法完成规定的转向动作。

②船舶的转向速度无法满足要求。

船舶在海上或港内航行时，舵机失灵将导致船舶失控，此时驾驶台与轮机部应密切配合，采取正确有效的应急措施以避免造成其他重大事故。

一、航行中舵机失灵的主要原因

①船舶失电导致舵机无法正常工作。

②液压动力系统故障导致舵机无法正常工作。

③轴承故障导致舵机无法正常转动。

④船舶擦底或搁浅等导致舵机、舵叶损坏故障。

二、航行中舵机失灵时应采取的应急措施

（一）一般应急措施

①航行中发现舵机失灵，驾驶台应先转换为辅助操舵系统，并通知船长和机舱值班人员。

②机舱值班人员立即起动辅助或应急操舵装置，同时通知轮机长。

③轮机长迅速到舵机房，组织机舱人员进行相应的操作和抢修。

④船长到驾驶台，按照舵机的损坏情况指挥船舶的应急操纵。

（二）当舵机因控制系统故障而失灵时采取的应急措施

舵机的控制系统故障，是指驾驶台不能有效地通过主、辅操舵装置操纵舵机的紧急状态，此时应采取如下应急措施：

①在舵机应急操纵过程中，值班轮机员不能远离操纵台，按车令操纵主机，执行船长和轮机长的命令。

②船长应安排一名驾驶员和水手到舵机房，负责接听驾驶台的舵令，配合轮机员操纵舵机。

③轮机员应指导值班水手的操舵，尽快使其能独立操作应急操舵装置。

④机舱人员应加强轮机值班，尽全力抢修驾驶室主、辅操舵装置，使其尽快恢复功能。

⑤向公司汇报驾驶室主、辅操舵装置失灵的经过，并请求驶向最近海岸有能力修复主、辅操舵装置的有关港口进行修复。

⑥轮机长作详细的事故报告：发生故障的时间、海况、地点、原因、抢修经过和采取的措施及可能需要的支援。

（三）当舵机因电源故障而失灵时采取的应急措施

（1）船长应上驾驶台亲自指挥，并召集甲板部人员采取应急措施。

①若船舶在海上航行，则：

A. 值班驾驶员应按《国际信号规则》和《国际海上避碰规则》规定显示号灯、号型。

B. 加强瞭望，并用 VHF 发布通告。

C. 可利用主机操纵船舶，安全离开航线，若水深合适，应随时准备抛锚。

D. 应换用任何备用转舵装置。

②若船舶正在进出港或狭水道航行，则应：

A. 立即备锚、尽快选择合适地点抛锚。

B. 按《国际信号规则》和《国际海上避碰规则》显示号灯、号型。

C. 加强瞭望并用 VHF 发布通告,提醒来往船只注意安全。

D. 必要时要求港方派拖船协助拖航。

(2)如果轮机部自行抢修困难或无效时,轮机长应立即报告船长,说明舵机失灵的原因,已经进行的抢修措施,需提供的支援和准备进一步采取的措施。

第五节　弃船时轮机部应急安全措施

当发生重大机损、海损事故,抢救失败,经确认不弃船就无法保证船上人命安全时,船长或公司应果断下令弃船。当船长下达弃船命令后,除"途中固定值班人员"外,全体船员应立即穿着救生衣,按应变部署表的分工完成各自的弃船准备工作。

一、弃船时轮机部人员的职责

1. 轮机长职责

①在机舱进行指挥、督促、指导和检查轮机部全体人员对应变部署表各自职责的执行情况,对突发的事件给予指导和决定。

②负责与船长保持联系,及时掌握船舶的具体情况,确保轮机部人员安全撤离。

③负责携带轮机部的相关文件最后撤离机舱。

2. 大管轮职责

①停主机及为其服务的辅助设备,同时切断其电源。

②关闭海底阀及应急遥控阀。

③关闭机舱水密门。

④起动机舱风油切断装置。

3. 二管轮职责

①停发电机及切断为其服务的辅助设备的电源。

②如条件许可应尽可能开启应急发电机和应急电源保持供电。

4. 三管轮职责

①停锅炉并放气,切断电源。

②关闭机舱各污油、污水柜的进出口阀门及测量孔等。

二、弃船时轮机部的应急措施

①轮机长应该立即下机舱,现场督促、指导机舱人员的各项操作。

②机舱固定值班人员在听到警报信号后仍应坚守岗位按命令完成各项操作。

③各轮机员按照应变部署的要求进行弃船的各项操作。

④如果接到两次完车信号或船长利用其他方法的通知后,应立刻告诉轮机部全部人员撤离机舱,并待全部人员离开机舱后,轮机长才能携带轮机日志、副机日志、车钟记录簿、电气日志及其他重要文件,最后撤离机舱。应立刻携带规定物品撤离机舱登艇。

第六节　轮机部安全操作注意事项

一、上高和多层作业时的安全注意事项

①按规定离基准面2 m以上为高空作业。上高作业用具如系索、滑车、脚手架、坐板、保险带、移动式扶梯等，在使用前必须严格检查，确认良好。脚手架上应铺防滑的帆布或麻袋。

②上高作业人员应穿防滑软底鞋、系好保险带并系挂在牢固的地方，必要时应在作业处的下方铺设安全网。

③上高作业和多层作业时，上高作业所有的工具和所拆装的零部件应放在工具袋或桶内、或用软细绳索缚住，以防落下伤人或砸坏部件。

④当上层有人作业时，其他人员应尽量避免在其下方停留或作业。如属必须，应佩戴安全帽。

⑤上高作业人员易发生坠落或重物落下砸人等伤亡事故。在强风中或涌浪时，除非特殊需要，禁止上高作业。

二、吊运作业时的安全注意事项

①严禁超负荷使用起吊工具。在吊运部件或较重的物件前，应认真检查起吊工具、吊索、吊钩以及受吊处，确认牢固可靠，方可吊运。禁止使用断股钢丝、霉烂绳索和残损的起吊工具。吊起的部件，除非必要，应立即在稳妥可靠的地方放下，并衬垫绑系稳固。

②起吊时，应先用低速将吊索绷紧，然后摇晃绳索并注意观察，确认牢固、均衡且起吊物已松动后，再慢慢起吊。如发现起吊吃力，应立即停止，进行检查或采取相应措施，防止超负荷。

③在吊运过程中，禁止任何人员在其下方通过；也不得在起吊的部件下方进行工作；如确属必须，应采取各种有效的防范措施。

④使用气动吊车时，应派人看守压缩空气阀，以便一旦失控立即切断气源，以免发生事故。

⑤严禁用起重设备运送人员。

三、检修作业时的安全注意事项

①检修主机时，必须在主机操纵处悬挂“禁止动车”的警告牌并应合上转车机，以防水流带动推进器。检修中如需转车，须征得驾驶员同意。应特别注意检查各有关部位是否有人或影响转车的物品和构件，并应发出信号或通知周围人员注意，以防伤人或损坏部件。

②检修副机和各种辅助机械及其附属设备时，应在各相应的操纵处或电源控制部位悬挂“禁止使用”或“禁止合闸”的警告牌。

③检修发电机或电动机时，应在配电板或分电箱的相应部位悬挂“禁止合闸”的警告牌。如有可能还应取出控制箱内的保险丝。

④检修管路及阀门时，应事先按需要将有关阀门置于正确状态，并在这些阀门处悬挂“禁动”的警告牌，必要时用锁链或铁丝将阀扎住。

⑤在锅炉、油水舱内部工作时，应打开两个导门并给予足够通风。作业期间应经常保持空气流通，并悬挂“有人工作”的警告牌；派专人守望配合，注意在内部工作的人员情况。

⑥在锅炉汽包等汽水空间内工作时，应参照上述④，⑤项执行。如在连通的其他部位仍有

压力时,还应事先检查并确认阀门无漏泄,应派专人看守阀门。

⑦检修空气瓶、压力柜及有压力的管道时,应先泄放压力,禁止在有压力时作业。

⑧在锅炉、机器和舱柜等内部工作时,应用可携式低压照明灯,但在油柜内应使用防爆式,使用前必须认真检查并确保状态良好。

⑨拆装带热部件时,要穿长袖衣裤并戴帽及手套。

⑩拆装冷冻液管时,一般应先抽空,拆装时必须戴手套、防护镜或面罩,以防冻伤和中毒。

⑪检修汽门室、气缸、涡轮内部、减速齿轮以及其他较为隐蔽或不易接近的部位时,作业人员衣袋中不得携带任何零星杂物,以免落入机内造成事故。检查减速齿轮时,必须在主管检修的轮机员亲自监督指导下方可打开探视门,收工以前必须盖好;严禁在无人看守时敞开探视门。

⑫柴油机在运转中如发现喷油器故障需立即更换时,应先停车,打开示功阀,泄放气缸内压力,禁止在运转中或气缸尚有残存压力时拆卸喷油器。

⑬试验柴油机喷油器时,禁止用手探摸喷油器的油嘴或油雾。

⑭裸露的高压带电部位必须悬挂危险警告牌或用油漆书写危险标记。除非绝对必要,严禁带电作业;确需带电作业时,必须使用绝缘良好的工具。禁止单人作业,只有一名电机人员时,轮机长应指派一名合适的人员进行协助。作业中注意防止工具、螺栓、螺帽等物掉入电器或控制箱内。看守人员应密切注意工作人员的操作情况,随时准备采取切断电源等安全措施;作业完毕后,应再认真检查。

⑮一切电气设备,除主管人员和电气人员外,任何人不得自行拆修。

⑯禁止使用超过额定电流的保险丝。

⑰一切警告牌均由检修负责人挂、卸,其他任何人不得乱动。

⑱因检修移走栏杆、花铁板或盖板后,应在周围用绳子拦住,以防人员不慎踏空而伤亡。

四、车、钳作业时的安全注意事项

①在进行车床、钻床作业时应严格遵守操作规程,工件应夹持牢固,夹头扳手用完应立即从夹头上取下。操作者衣着要紧身,袖口要扣好,戴好防护眼镜;禁止戴手套操作。

②在磨制工具和砂轮机作业时(包括除锈、除炭时),作业者应戴防护眼镜和口罩,并站在与砂轮旋转方向略偏一个角度处。

③禁止使用手柄不牢的手锤。

五、清洗和油漆作业时的安全注意事项

①油管、过滤器和加热器等如有泄漏应尽快清除,并注意防止漏油流散。

②机舱地板上的油污必须随时抹去。在用水冲洗机舱底部时,要防止水柱和水珠冲到电气设备上而引起损坏,并防止人员滑倒跌伤。

③使用易燃或有刺激性的液体清洗部件时,一般应在艉部甲板等下风处进行,不宜在机舱进行,同时要注意防止发生污染海面的事故。

④在处理酸、碱或其他化学品,或进入有毒气处所时,需相应地戴手套、防护眼镜、口罩、面罩等。

⑤处理化学品时,要按规定的步骤操作,避免引起剧烈的反应,损伤人体。如果身上溅到液体,要迅速地用水清洗或作相应的处理。

⑥油漆空气瓶内部或其他封闭处所，不能同时多人作业，且时间不能太长，应轮流作业，相互照顾，防止油漆中毒。

六、焊接作业时的安全注意事项

1. 焊接守则

①航行途中施焊轮机长须报告船长，征得同意后方可进行并报上级机关备案。除施焊间外，必须经轮机长或大管轮同意方可在机炉舱内实施焊接作业。在机炉舱外的其他部位施焊必须征得船长同意。船靠码头或在装卸作业期间如需进行焊接，必须遵守港方有关规定或征得港方同意方可进行。

②在任何部位施焊均必须先清理现场，现场不得有任何易燃物品，并注意周围环境有无易燃的物品和气体，必要时应予挪移和通风。根据不同环境备妥适当的灭火器材。

③施焊时必须有两人作业，一人操作，一人监守。作业人员应穿长袖衣裤，戴手套、眼镜，必要时应戴防护面具。电焊时必须使用面罩，不得用墨镜代替。

④严禁对存有压力的容器、未经清洁和通风的油柜、油管进行施焊。

⑤在狭窄舱、柜内或其他空气不够流通的部位施焊要特别注意通风，施焊持续时间不应太久。照明灯具应使用低压型并注意电线不能距离施焊处过近。

⑥焊件的焊处应清洁、干燥，防止焊后产生裂缝。焊接大件时，应先预热以消除内应力，必要时可用夹具。

⑦对有色金属或合金施焊时应注意通风，作业人员应在上风位置或戴防护面具，以防中毒。

⑧敲打焊渣时必须戴眼镜并注意角度，以防碎屑飞溅入眼。

⑨焊件未冷，作业人员不应离开现场，如属必要，应采取防范措施，防止误触烫伤。

⑩施焊完毕，应将工具整理好并复归原处，现场打扫清洁，仔细检查周围有无火种隐患，确认无患后方可离开。

⑪如由船厂工人施焊时，应由主管部门同意，派专人备妥消防器材，并监督施焊以防止发生火灾；如认为施焊不安全时，有权停止其作业。施焊完毕后应仔细检查，特别应注意施焊物的背面有无隐患，待施焊物完全冷却后方可离去。

2. 电焊注意事项

①严格遵守电焊机的使用操作规程，开机时应逐步起动开关，不可过快，注意防止焊夹和焊条碰地。

②经常注意检查焊机温度及运转是否正常。禁止在施焊时调整电流。

③禁止在运转中的机电设备、起重用的钢丝绳或乙炔、氧气管或钢瓶上通过电焊线。

④密切注意电焊设备的绝缘状况，夏季作业时焊工脚下最好垫入木板、橡皮等绝缘物。

⑤电焊完毕或较长时间停焊应切断焊机电源。

3. 气焊注意事项

(1)各部分焊接前，应先吹净阀口，检查并确认各阀门无漏气。任何时候，气瓶阀口和焊枪喷嘴均不应对人。

(2)连接胶管时(尤其应注意焊枪一端)要注意颜色标志，接氧气的应是蓝色或黑色，接乙炔的应是黄色或红色，不能反接。

(3)胶管要牢固，接口要紧密，不宜用铁丝捆扎胶管接口，以防扎孔或断裂。烧焊时胶管

不应拉得过紧,并尽量远离火焰和焊件。

(4)一般情况下,气瓶总阀的开度应不超过1/2,以便应急关闭。

(5)气焊结束后,应先关掉焊枪上的控制阀,然后关闭气瓶总阀。

(6)点火、熄火、回火:

①点火

打开钢瓶上的阀门,转动减压器的调节螺丝,将氧气和乙炔调到工作压力(氧气为0.3～0.5 MPa,乙炔为0.01～0.05 MPa),然后打开焊枪上的乙炔阀门,稍开氧气阀,在喷嘴的侧面点火,点着后慢慢开大氧气阀,将火焰调到中性焰(或碳化焰、氧化焰):

A. 中性焰的焰芯较圆,呈蓝白色,轮廓清楚,外焰中长,呈淡橘红色,这种火焰常被用来焊接低碳钢材料。

B. 碳化焰的焰芯较长且尖,呈绿白色,轮廓不清楚,外焰很长呈橘红色,常被用来焊接铸铁、高碳钢和硬质合金。

C. 氧化焰的焰芯短小且呈蓝白色,外焰看不清,同时发出急剧的“嗤嗤”声响,常被用来焊接黄铜材料。

②熄火

先将氧气阀关小,再将乙炔阀关闭,火即熄灭,然后关闭氧气阀(如使用割炬时,应先关切割氧气阀,再关乙炔和预热氧气阀)。

③回火

施焊中有时会出现爆响,随之火熄灭,同时焊枪有“吱吱”响声,这种现象称回火。如遇回火,应速将胶管曲折握紧,先关闭焊枪上的氧气阀,再关闭乙炔阀,回火即可免除。处理回火时,动作要迅速、准确,防止气瓶爆炸酿成重大事故。

七、压力容器使用安全注意事项

(1)氧气、乙炔和氟化物钢瓶是高压容器,而乙炔是易燃易爆的危险性气体,故在装卸或搬运时不准跌落或抛扔,避免碰撞。插好瓶口钢帽,取下钢帽时不准敲击。

(2)压力钢瓶不准卧放使用,应直立安放在妥善处并用卡箍或绳子紧固。两瓶的间距和瓶与烧焊处的距离均应大于3 m。

(3)钢瓶不准在电焊间存放,应放在阴凉处,禁止曝晒或靠近锅炉、火焰等热源。

(4)钢瓶内气体绝不能全部用光,剩余压力应保持不小于100 kPa。

(5)待灌的空瓶应做好明显标记并按原来气体充灌,不准互换使用或改灌其他气体。

(6)钢瓶在开阀前应仔细检查,特别要注意阀门是否反螺牙,开阀时要缓慢开大。

(7)钢瓶如因严寒结冻,不能用明火烘烤,但可用蒸汽或热水适当加温。一般瓶体温度不得超过30～40℃。

(8)当发现下列情况时,应立即停止使用:

①容器超温、超压、过冷、严重泄漏,经处理无效时。

②主要受压元件发生裂缝、鼓毛、变形、泄漏,危及安全时。

③安全阀失效、接管端断裂,难以保证安全时。

④发生火灾、爆炸或相邻管道发生事故危及容器安全时,应迅速搬挪他处或泄压。

八、船舶机舱消防安全注意事项

1. 船舶常发生的火灾爆炸事故

(1) 机械设备管理操作不当引起的火灾爆炸事故：

①柴油机曲轴箱爆炸。

②柴油机扫气箱着火爆炸。

③锅炉炉膛爆炸。

④空压机曲轴箱爆炸。

⑤烟囱冒火引起火灾。

⑥燃油管破裂、油柜冒油使燃油喷到柴油机排气管和锅炉上引起火灾。

(2) 电气设备管理操作不当引起的火灾爆炸事故：

①导线超负荷或老化引起火灾。

②绝缘不良引起火灾。

③电气设备故障，因电流的热作用而产生火花。

(3) 对易燃物质管理不严引起火灾：

①地板上、舱底、机器周围漏油过多。

②浸过油的破布、棉纱、木屑等因空气不流通而导致温度过高引起火灾。

(4) 明火及明火作业引起火灾：

①吸烟、火柴、打火机。

②焊接。

③锅炉与厨房炉灶。

(5) 油舱柜的爆炸与火灾：

①透气管处遇明火引起火灾与爆炸。

②油舱柜清洗产生静电引起火灾与爆炸。

③油舱柜附近有明火和明火作业引起爆炸。

(6) 易燃易爆货物引起事故：

①油船。

②货船装运易燃易爆货物或物资。

2. 船员日常防火防爆守则

①吸烟时，烟头必须熄灭后投入烟缸，不能乱丢或向舷外乱扔，也不准扔在垃圾箱内。禁止在机舱、货舱、物料间、储藏室内吸烟，在卧室内禁止躺着吸烟。装卸货或加装燃油时禁止在甲板上吸烟。

②规定必须集中保管的易燃易爆物品不准私自存放，禁止任意烧纸或燃放烟花爆竹，严禁玩弄救生信号弹。

③离开房间时应随手关闭电灯和电扇，靠近窗口的台灯应关熄；风雨或风浪天气应将舷窗关闭严密；航行中不得锁门睡觉。

④禁止私自使用移动式明火电炉。使用电炉、电熨斗、电烙铁等电热器具或工具时必须有人看管，离开时必须拔掉插头或切断电源。

⑤不准擅自接拆电气线路或拉线装灯(插座)；不准用纸或布遮盖电灯；不准乱拉收音机或电视天线；不准在电热、蒸汽器具上烘烤衣服、鞋袜等。

⑥废弃的棉纱头、破布应放在指定的金属容器内,不得乱丢乱放。潮湿或油污的棉、毛织品应及时处理,不能堆放在闷热的地方,以防自燃。

⑦大舱货灯必须妥善保管。使用时要检查灯泡及护罩,如有损坏,应及时换新。货灯电缆要通畅,防止被他物压坏,用后应放在指定处所,妥善保管。

⑧进行明火作业前,经船长同意后须查清周围及上下邻近各舱有无易燃物,特别要查明焊接处是否通向油舱。当气焊作业时要严防"回火",避免事故,并须派人备妥消防器材且在旁监护。港方如有规定,还应向海事部门申请,经批准后方可施工。作业完毕后,要仔细检查有无残留火种。

⑨对于油船除应遵守"交通运输部油舱安全生产管理规则"外,其货油泵间必须保持清洁,不得堆放杂物,污油应经常清除。货油泵要定期检查,并应按规定进行注油。装卸期间,泵浦员或轮机员不得擅离职守;禁止闪光照相和在甲板阳光下戴用老花眼镜。

⑩严格遵守与防火防爆有关的安全操作规程和有关规定。当发现任何不安全因素时,每个船员均有责任及时报告领导;对违章行为,人人有责及时制止。

3. 防火防爆的安全措施

(1)定期检验机械的安全设备。

如锅炉、空气瓶、柴油机气缸盖上的安全阀由船检定期检验铅封。

(2)保持电路的绝缘良好。

(3)对油舱柜加强管理:

①空油柜经清洗、除气、测爆后,才准予明火作业。

用测爆仪检测油气浓度。使用时要先检查仪器的准确度,并按说明书要求正确取样、操作、修正。测爆仪不能测量空气中的含氧量,为了保证测试的准确性,一般用两只仪表同时进行。国际及我国都规定:船舶油舱柜的油气浓度在爆炸下限的1%或以下时,才能进行热工作业,在爆炸下限的5%或以下时,才能进入某些区域。

②清洗空油柜时,严禁污水再循环。

③空油柜附近,严禁拖动电焊用的电缆。

④空油柜中应充满惰性气体,以防雷电。

(4)机炉舱内应保持清洁,严禁吸烟。

(5)自动探火及报警系统应保持正常工作。

(6)消防系统和各种消防器材应能随时投入工作并在规定的位置上。

(7)加强船员防火防爆的安全教育和消防训练,做好应变部署。

4. 机舱火灾应急操作规程

(1)发现机舱火情,当值人员应迅速发出火警并及时灭火,控制火势蔓延。

(2)轮机部全体人员立即进入应变部署岗位,服从统一指挥。

(3)轮机长迅速进入机舱,作出正确判断,进行现场指挥。

(4)必要时:

①切断火场电源或停止发电机运转,起动应急消防泵灭火。

②通知船长减速、改变航向或主机停车。

③停止机舱通风机、燃油泵,关闭油柜速闭阀、机舱天窗和风道挡板。

(5)抢救人员三人一组,穿好消防衣,佩戴呼吸器,做好支援通信联络工作。

(6)如果机舱必须施行二氧化碳灭火,应按有关规定与船长商定后执行。在机舱施放二

氧化碳前必须封闭机舱,按响警报通知人员撤离现场,确认无人后,通知船长施放。使用二氧化碳灭火所需的时间比较长,不可过早地开启机舱通道门。

(7)火灾扑灭后,要查找隐火,严防死灰复燃;救护伤员,机舱通风,清理现场,检查机电设备状况,排除舱底水。

(8)查清火灾成因,起火、灭火准确时间,灭火过程,善后处理,火灾损失情况,需要修理项目,并记入轮机日志。将有关情况电告公司,为海事处理做好必要的准备。

九、船上封闭处所作业的安全注意事项

任何封闭处所内的气体都有可能缺氧(或含有易燃、有毒气体或蒸汽)。这种不安全气体也可能出现在以前是安全的处所。不安全的气体也可能在靠近已知是危险处所的处所中存在。所以在进入船上封闭处所时应该按步骤严格遵守以下安全技术要求。

1.危险评估

为确保安全,合格人员应在考虑到船舱先前载运的货物、处所的通风、处所的涂层和其他有关因素的情况下,首先对将要进入的处所的潜在危险作出初步评估。合格人员的初步评估应确定存在缺氧、易燃或有毒空气的可能性。

如果初步评估指出了对健康或生命具有最低危险或在处所工作期间有出现危险的可能性,应视情况采取相应的预防措施。如果初步评估确定对健康或生命具有危险,若要进入该处所,还应采取额外防护措施。

2.进入许可

未经船长或指定负责人许可或未采取为具体船舶规定的适当安全措施,不得打开或进入封闭处所。进入封闭处所应有计划,并建议采用进入许可制度,其中可能包括使用核对清单。进入封闭处所许可证,应由船长或指定负责人发放,并在进入之前由进入封闭处所的人员填写。

3.空气测试

应由经专门训练使用该仪器的人员使用标有准确刻度的仪器对处所的空气进行适当的测试。制造厂家的使用说明应得到严格遵守。空气测试应在人员进入处所之前进行,并在人员进入后按固定的时间间隔继续直至所有工作完成。应在不同层面上对处所进行测试,从而得到处所中空气的有代表性的抽样。

(1)空气质量要求

①舱内空气中的氧气浓度始终不得低于18%,一般氧气含量表显示氧气占21%的体积。

②舱内空气中的二氧化碳浓度始终不得高于1%。

③如初步评估已确定有易燃气体(或蒸汽)的可能性,敏感度恰当的易燃气体指示表的读数不超过可燃下限的1%。

如果不能满足上述这些条件,应对处所进行补充通风并且在适当的时间间隔后再对处所进行空气测试。为得到准确的读数,任何气体测试须在停止对封闭处所通风后进行。

(2)通风换气

①船舶应对装有易造成缺氧危险货物的货舱及其相关处(如人孔等)进行有效的通风换气,为进舱作业人员提供安全作业环境。

②因故暂停作业、封舱的货舱在重新作业前,必须重新进行有效的通风换气。

③对有多层货舱的船舶,在进入不同货舱作业时,必须分别进行通风换气。对于深层货舱

尤其要充分地通风换气。

④进入自然通风换气效果不好的舱室或封闭时间较长的舱室(如空舱、水舱、锚链舱、边舱、双层底、油舱和浮筒舱等)必须采用机械通风。

⑤清舱作业前,应通风换气。

⑥严禁使用纯氧通风换气。对可能存在可燃、可爆气体的舱室使用机械通风时,应采用防爆通风机械。

⑦采用二氧化碳气体灭火的货舱,应进行有效的通风换气。

(3)空气检测

①检测方法类型:

A. 现场检测可采用便携式氧气检测仪和二氧化碳检测仪进行检测。

B. 实验室检测应采用 GB12301 气相色谱分析法进行检测。

②对于装有原木、粮食等一类易造成缺氧窒息事故的货舱,当工人进舱前和工人在舱内作业期间,应检测舱内空气质量。

③船舱通风换气后,应检测舱内空气中氧气、二氧化碳的浓度。尤其要注意检测舱室底部、角落的氧气、二氧化碳的浓度,检测结果未达到标准,严禁人员进舱作业。

④检测人员应尽量采用不下舱的检测方法,当必须进舱或进人孔内检测或采样时,检测人员必须佩戴自给式空气呼吸器进舱,严禁佩戴过滤式防毒面具。

⑤检测点的选择应根据船舱结构、货物装载状况等实际情况合理布点。

只有按照以上安全技术要求,即经过严格的危险评估、建立了进入许可制度以及空气测试合格以后,有关作业人员才能进入封闭处所作业,但是还应采取以下安全防护措施。

4. 一般安全防护措施

①港航单位应配备准确可靠的检测仪器,要明确专管部门和专管人员。仪器要定期检定和维护,保证检测数据准确可靠。

②作业单位应配备自给式空气呼吸器,要明确专管部门和专管人员。每次使用前应仔细检查空气呼吸器,发现异常立即更换,不得使用。

③进入舱室的检测人员,应配备必要的自给式空气呼吸器和安全带、索等安全防护用品。每次使用前应认真检查,发现异常立即更换,不得使用。

5. 进入封闭处所期间的安全防护措施

①进入舱室作业或检测时,必须安排监护人员。作业人员与监护人员应事先规定明确的联络信号,监护人员始终不得离开工作点,随时按规定的联络信号与作业人员取得联系。

②对作业过程中易发生氧气、二氧化碳浓度变化的舱室和作业过程长的舱室应随时监视空气中的氧气、二氧化碳的浓度变化情况,应保持必要的检测次数或连续检测,并根据检测结果采取相应的通风换气措施。

③货舱内作业应严格遵守卸货程序规定。对必须定位分层拆卸作业的,要采取阶梯式拆卸方法,并检测每层每处作业点的氧气浓度。

④作业中不得以任何理由离开工作场所和擅自进入货舱深处。作业工具落入舱内不准私自下舱拾取,必须重新领取使用。

⑤当处所内有人和在暂时休息期间,应继续保持通风。在休息结束再次进入之前,应对处所内再次进行测试。万一通风系统失灵,处所内所有人员应立即离开。

⑥万一出现紧急情况,在救助人员尚未到达和尚未对情况作出评估确保进入处所进行救

助作业的人员的安全之前，照应的船员无论如何都不得进入处所内。

⑦作业人员进入舱室前和离开舱室时，应清点人数。

6. 发生事故的应急防护措施

①当发现舱内有异常情况或有缺氧危险可能性（如发生不明原因的突然晕倒、坠落等）或发生缺氧窒息事故时，必须立即停止作业，应组织作业人员迅速撤离现场，在安全处清点人数并迅速向有关机关报告。

②发生缺氧窒息事故时，港、船双方应积极营救遇险人员，对已患缺氧症的作业人员应立即在空气新鲜处进行现场抢救（人工心肺复苏），并尽快与医疗单位联系，以便进一步抢救和治疗。

③进舱抢救人员必须佩戴自给式空气呼吸器等救生用具，不允许佩戴过滤式防毒面具下舱救人。

④舱内发生缺氧窒息事故时应封锁通道，在危险解除前非抢救人员以及未配备安全救护器的救护人员不得进入事故现场。

7. 如果已知或怀疑处所内空气危险时进入处所的额外防护措施

①如果怀疑或知道封闭处所内的空气危险，只有在别无其他可行的选择时才能进入处所。只有在进行进一步测试、绝对必要的操作、出于船上人员安全或船舶本身安全时，才应进入处所。进入处所人员的数量应为完成工作要求的最低数。

②应携带合适的呼吸器，例如空气管或自给式呼吸器，而且只有在使用呼吸器方面经过训练的人员才准许进入封闭处所。由于空气过滤呼吸器不能提供封闭处所以外的清洁空气，因此不应使用这种呼吸器。

③应系配救助安全带，且除非不可行，还应使用救生索。

④应穿着适当的防护服，特别是在存在有毒物质或化学品可能接触进入人员皮肤或眼睛的危险的情况下。

进入封闭处所，除了以上的安全技术要求和防护措施要严格遵守外，还要对作业人员和作业负责人进行必要的安全教育和预防缺氧窒息事故的技术培训。

8. 作业人员的教育

(1)一般作业人员的教育内容

①缺氧症的主要症状，预防舱内缺氧窒息事故的措施和安全作业注意事项。

②自给式空气呼吸器及其他安全防护用品的正确佩戴、使用知识。

③事故现场的应急措施及现场抢救（人工心肺复苏）知识。

(2)作业负责人的培训内容

①与缺氧作业有关的法规。

②缺氧窒息事故发生的原因，缺氧症的主要症状，预防舱内缺氧窒息事故的方法和措施。

③事故现场应急抢救措施及人工心肺复苏技术。

④自给式空气呼吸器和其他安全防护用品的使用、检查和维修、保养技术。

⑤仪器的使用方法及氧气、二氧化碳的检测方法。

第七节　船舶应变部署

一、船舶应变部署表的有关内容

每艘船舶都应按主管机关规定（中国籍200总吨及以上的运输船舶，都必须配备我国主管机关认可的统一印制的货船或客船应变部署表），根据本船设备和人员情况，编制应变部署表与应变须知。

1. 应变部署的种类

船舶应变部署一般分为救生（包括弃船求生和人落水救助）、消防、堵漏和综合应变等。

2. 应变部署表的主要内容

①船舶及船公司名称，船长署名及公布日期。

②紧急报警信号的应变种类及信号特征、信号发送方式和持续时间。

③职务与编号、姓名、艇号、筏号的对照一览表。

④航行中驾驶台、机舱、电台固定人员及其任务。

⑤消防应变、弃船求生、放救生艇筏的详细分工内容和执行人编号。

⑥每项应变具体指挥人员的接替人。

⑦有关救生、消防设备的位置。

3. 应变信号

各类应变的警报信号为：

①消防：警铃和气笛短声，连放1 min。

②堵漏：警铃和气笛二长一短声，连放1 min。

③人落水：警铃和气笛三长声，连放1 min。

④弃船：警铃和气笛七短一长声，连放1 min。

⑤综合应变：警铃和气笛一长声，持续30 s。

⑥解除警报：警铃和气笛一长声，持续6 s或以口头宣布。

为了指明火警部位，在消防警报信号之后，鸣一声表示船的艏部，二声中部，三声艉部，四声机舱，五声上层建筑甲板。

4. 应变部署职责

（1）人员职责

①船长是应变总指挥，有权采取一切措施进行抢险处置，并可请求有关方面给予援助。

②大副是应变现场指挥（除机舱抢险外），是应变总指挥的接替人，并负责救生、消防、堵漏等单项应变的组织部署。

③轮机长是机舱现场指挥，并负责保障船舶动力。

④驾驶员（大副、二副、三副）任各救生艇艇长。

⑤轮机员或熟练机工任机动艇发动机操纵员。

⑥放艇时，先进入艇内的两人应是技术熟练的一级水手。

（2）消防应变部署分消防、隔离和救护三队

①消防队由三副或水手长任队长，直接担负现场灭火。

②隔离队由木匠任队长，任务是根据火情关闭门窗、舱口、风斗、孔道，截断局部电路，搬开

近火易燃物品,阻止火势蔓延。

③救护队由医生或事务员任队长,任务是维持现场秩序,传令通信和救护伤员。

(3)堵漏应变部署分堵漏、排水、隔离和救护四队

①堵漏队由水手长任队长,三管轮任副队长,直接担负堵漏和抢修任务。

②排水队由轮机长领导机舱固定值班人员进行。

③隔离队由三副任队长,负责关闭水密门、隔舱阀等,木匠测量各舱水位。

④救护队由医生或事务员任队长。

5. 应变部署表的编制要求

根据《SOLAS 公约》规定:

①应变部署表应写明通用紧急报警信号和有线广播的细则,并应规定发出警报时船员和乘客必须采取的行动。应变部署表应写明弃船命令将如何发出。

②应变部署表应写明分派给各种船员的任务。

③应变部署表应指明各高级船员负责保证维护救生设备和消防设备,使其处于完好和立即可用状态。

④应变部署表指明关键人员受伤后的替换者,要考虑到不同应变情况要求不同的行动。

⑤应变部署表应指明在应变时,指定给船员的与乘客有关的各项任务。

⑥应变部署表应在船舶出航以前制订。

⑦客船用的应变部署表的格式应经认可。

6. 应变部署表的编制原则

①符合本船的船舶条件、船员条件、客货条件以及航区自然条件。

②关键部位、关键动作选派得力船员。

③根据本船情况,可以一职多人或一人多职。

④人员的编排应最有利于应变任务的完成。

7. 应变部署表的编制职责与公布要求

应变部署表由大副具体负责。三副根据大副的部署意图,于船舶开航前编排应变部署表,经大副审核、船长批准签署后公布实施。应变部署表应张贴或用镜框配挂在驾驶台、机舱、餐厅和生活区内走廊的主要部位;在其附近,应有本船消防器材布置示意图。为使应变中各级负责人熟悉所领导的人员及其分工,应将部署表中各编队(组)分别抄录发给各艇(队、组)长。

在客船上,还应绘制出本船各层安全通道的路线图,图上应标明各梯口、出入口和各登艇点的位置和走向。张贴在旅客生活区(包括餐厅、休息室、主要走廊、重点舱室和其他旅客活动场所)各部位。在此附近和每个客房内均应挂有救生衣穿着法示意图。在备用救生衣站(箱或柜)处应有醒目标志。走廊内每隔适当距离,应标有指明通道走向的箭头标志并注明去向。

二、船舶应变须知和操作须知的有关内容

1. 应变须知

每个船员应有一份应变时的须知。在床头及救生衣上都有一张应变任务卡。任务卡上有本人在船员序列中的编号、救生艇艇号、各种应变信号及本人在各种应变部署中的任务。

在旅客舱室中,应该张贴用适当文字书写的图解和应变须知,向旅客通知他们的集合地点,应变时必须采取的必要行动和救生衣的穿着方法等。

2. 操作须知

在救生艇筏及其降落操纵器的上面或附近,应设置明显的告示或标志,说明其用途和操作程序,并提出有关须知和注意事项,以便紧急操作时不至于造成错误。

救生艇是救生应变的最主要设备,放艇必须经船长同意,除演习、操练和紧急救助之外,不准随意动用救生艇。在港内放艇,必须事先得到海事部门批准。在紧急救助时,机动艇不应少于5人,非机动艇不应少于7人。

3. 演习

①每位船员每月应至少参加一次弃船演习和一次消防演习。

②若有25%以上的船员未参加本船上月的弃船演习和消防演习,应在该船离港后24 h内举行该两项演习。

③客船每周应举行一次弃船演习和消防演习。

④堵漏(抗沉)演习每3个月举行一次。

三、船舶消防演习与应急反应的有关规定

1.《SOLAS公约》的消防演习规定

(1)演习应尽可能按实际应变情况进行。

(2)每位船员每月应至少参加1次弃船演习和消防演习。若有25%以上船员未参加该特定船上的上个月弃船和消防演习,应在该船离港后24 h内举行该两项船员演习。当船舶是第一次投入营运、或经重大修理、或有新船员时,应在开航前举行这些演习。客船每周应举行一次弃船演习和消防演习。

(3)每次消防演习计划应根据船舶类型和货物种类及实际可能发生的各种应急情况制订。

(4)每次消防演习应包括:

①向集合地点报到,并准备执行应变部署表规定的任务。

②起动消防泵,要求至少使用2支所要求的水枪,以显示该系统处于正常的工作状态。

③检查消防员装备及其他个人救助设备。

④检查有关的通信设备。

⑤检查演习区域内水密门、防火门、挡火风闸和通风系统的主要进口和出口的操作。

⑥检查供随后弃船用的必要装置。

(5)演习中使用过的设备应立即放回,保持其完整的操作状态,如在演习中发现有任何故障和缺陷,应尽快修补。

2. 消防演习的组织

①消防演习应按应变部署表中的消防部署进行。大副任消防演习的现场指挥,负责指挥消防队、隔离队和救护队。

②演习要求。消防演习时,应假想船上某处发生火警,组织船员扑救。假想的火警性质及发生的地点应经常改变,以便船员熟悉各种情况。全体船员必须严肃对待演习,听到警报后,应按照消防应变部署的规定,在2 min内携带指定器具到达指定地点,听从指挥,认真操演。机舱应在5 min内开泵供水。

③演习评估。消防演习后,由现场指挥进行讲评,并检查和处理现场,还要对器材进行检查和清理,使其恢复至可用状态。必要时,船长可召开全体船员大会,进行总结。

④演习记录。演习结束后,应将每次演习的起止时间、地点、演习内容和情况,如实记入航海日志。

3. 火灾应急反应及人员安全

①船员发现火灾应立即发出消防警报,就近使用灭火器材进行灭火。

②全体船员听到警报后,应立即就位并按应变部署表的分工进行灭火。

③探火人员应在大副(机舱为轮机长)的指挥下,迅速查明火源,掌握燃烧物名称、特性、火烧面积、火势蔓延方向等,并报告船长。

④如有人在火场受威胁,应立即采取抢救措施,如确定火场无人应关闭通风口和其他开口,停止通风并切断火场电源,然后控制火势。

⑤在港外或航行时,应注意操纵船舶使火区处于下风方向,并按规定显示号灯、号型。

⑥在港池发生火灾,应立即停止装卸作业,视情况做好拖带出港准备,备车待命。

⑦船长应根据具体情况决定灭火方案,并对是否可能引起爆炸作出判断;消防人员应根据“应变部署表”的分工和船长的指示全力扑救。

⑧如火势严重,有外援帮助救火时,应提供防火控制图,详细介绍火场情况,并予配合。

⑨如采用封闭窒息方法灭火,必须经过相当长的时间,并组织足够的消防力量做好扑灭复燃的准备,才能逐步打开封闭设施,再视情况缓慢予以通风。

⑩如火灾引起爆炸,经抢救确属无效时,船长应宣布弃船。

四、船舶救生与应急反应的有关规定

船舶救生包括弃船求生和人落水救助两种应变。

1.《SOLAS 公约》的弃船求生演习规定

(1)每次弃船求生演习应包括:

①利用有线广播或其他通信系统通知演习,将乘客和船员召集到集合地点,并确保他们了解弃船命令。

②向集合地点报到,并准备执行应变部署表规定的任务。

③查看乘客和船员的穿着是否合适。

④查看是否正确地穿好救生衣。

⑤在完成任何必要的降落准备工作后,至少降下 1 艘救生艇。

⑥起动并操作救生艇发动机。

⑦操作降落救生筏所用的吊筏架。

⑧模拟搜救几位被困于客舱中的乘客。

⑨介绍无线电救生设备的使用。

(2)每艘救生艇一般应每 3 个月在弃船演习时乘载被指派的操作船员降落下水 1 次,并在水上进行操纵。

(3)在合理可行的情况下,专用救助艇应乘载被指派的船员每个月降落下水 1 次,并在水中进行操纵。在任何情况下,至少应每 3 个月进行 1 次。

(4)如救生艇与救助艇的降落下水演习是在船舶航行中进行,因为涉及危险,该项演习应在遮蔽水域,并在有此项演习经验的驾驶员监督下进行。

(5)在每次弃船演习时应试验供集合和弃船所用的应急照明系统。

(6)如船上配备海上撤离系统,演习应包括:在实际布防这一系统前对该系统布防所要求的演练程序达到能立即使用的程度。

(7)对于从事短程国际航行的船舶,如果由于港口泊位的安排及运输方式不允许救生艇在某一舷降落下水者,主管机关可准许救生艇不在该舷降落下水。但无论如何,所有这些救生艇应至少每3个月下降1次并每年至少降落下水1次。

2. 弃船求生演习的组织

(1)集合地点

弃船求生或其演习的集合地点应设在紧靠登乘地点。集合与登乘地点一般在艇甲板。通往集合与登乘地点的通道、梯口和出口应有能用应急电源供电的照明灯。客船应有旅客容易到达登乘的集合地点,并且是一个能集结和指挥旅客用的宽敞场地。

(2)演习组织

①听到弃船警报信号后,全体船员应在2 min内穿好救生衣并到达集合地点。

②艇长检查人数,检查各艇员是否携带规定应携带的物品,检查每人的穿着和救生衣是否合适,并加以督促、指挥,然后向船长汇报。

③船长宣布演习及操练内容。

④由2名艇员在(船长发出放艇命令后)5 min内完成登乘和降落准备工作,其他船员按分工各就各位。

⑤在完成任何必要的降落准备工作后,至少降下一艘救生艇,起动并操纵救生艇发动机。

⑥操作降落救生筏所用的吊筏架。

⑦模拟搜救几位被困于客舱中的乘客。

⑧介绍无线电救生设备的使用。

⑨试验集合与弃船所用的应急照明系统。

⑩演习结束,船长发出解除警报信号,收回救生艇。清理好索具,由艇长进行讲评后解散艇员并向船长汇报。

(3)记录

弃船求生演习的起止时间、演习及操练的细节由大副和大管轮分别记录于航海日志和轮机日志。

3. 弃船求生应急反应及人员安全

(1)当确认不弃船就无法保全船上人命安全时,船长应果断下令弃船。

(2)船长下达弃船命令后,除"途中固定值班人员"外,全体船员应立即穿着救生衣,按应变部署表的分工完成各自的弃船准备工作。

(3)无线电员须在电台值守,按规定发送遇险电文,直至通知撤离。

(4)机舱固定值班人员在听到警报信号后仍应坚守岗位按令操作;在得到完车通知后,在轮机长的领导下,抓紧做好锅炉熄火放汽、关机、停电等弃船安全防护工作;如果接到两次完车信号或船长利用其他方法的通知后,应立刻携带规定物品撤离机舱登艇。

(5)船长应督促检查下列工作(国旗和航海日志应亲自携带):

①降下国旗并携旗下艇。

②销毁秘密文件。

③锅炉熄火放汽。

④关停发电机和机舱内正在运转中的其他一切设备。

⑤关闭海底阀及各个应急遥控油阀等。

⑥是否已发出遇险求救电报并已投放(卫星)应急无线电示位标。

⑦油舱在甲板上的透气口是否封死。

⑧检查艇长的放艇准备工作。

(6)船长应检查按应急计划规定须携带的物品,如国旗、航海日志、VHF 和雷达应答器(若艇筏上设有)以及足够的食品、淡水、毛毯等物品。

(7)在登艇前,船长应布置(艇长应请示)如下事项:本船遇难地点;发出遇难求救信号是否有回答;可能遇救的时间及地点;驶往最近陆地或交通线的航向、距离;各艇筏间的通信约定及其他有关指示。

(8)按船长命令放下救生艇和救生筏,有序地登艇、筏。

(9)最后,船长应通知坚守岗位的无线电员和机舱值班人员撤离,在确信全船无任何人员后方可离船登艇。

(10)各艇应迅速在离开难船数百米以外集合,以防船舶沉没时产生浪涌的袭击。

(11)离船后,船长对全体船员和旅客仍保持完全的职权。

五、船舶医疗急救的有关规定

IMO 和国际劳工组织(ILO)以及《2006 年海事劳工公约》均规定所有船舶应配备药品、医疗器具和“国际船舶医疗指南”,这些也是 PSC 检查的内容之一。根据 IMO 和 ILO 的规则,所有国际航行的船舶必须按推荐清单根据其航程的长短、目的港、船员数量和所运货物来配备足量药品和医疗器具,且定期对其检查,使之保持良好和随时可用的状态。船舶医护上的配备主要考虑在船上可能发生的病情和所需的应急处理药品和器具,更主要考虑船舶的特点,在必要时可通过无线电通信设备进行医疗咨询,指导船上做好医疗急救的工作。

1. 船上医护管理的基本准则

①责任:船长是主要责任人。

②记录:通用药名的有效期、存放情况、存量、对船员的医护处理和药品的使用情况进行记录,在一些国家需要这些记录。船长应保持有受控药物的登记记录,该记录应从最后一次记录起保存 2 年。

③药物的识别:每种药品的外包装应标明药品的通用名称、服用剂量及有效期。

④贮存:每个船上均有一个单独的医务室,用来存放药品和隔离病人。每种药品应保持良好的状态,防潮,保持合适的温度,一般为 15 ~25℃。医务室应配备冰箱,用以贮存需冷藏的药品。

⑤过期日期:定期检查药品和一些医疗器具的有效期,确保其正常使用,有的港口的 PSCO 对过期的药品也会处以罚款。

⑥应对症下药,避免发生误服,造成人体伤害。

2. 船舶用药使用须知

①船舶配备药品只限于在船工作期间临时患病时使用。慢性病用药,船员上船前自备。

②有医生的船舶,船舶配备的药品由医生管理;没有医生的船舶由大副管理,并做好病人用药记录。

③外购药品要向公司门诊部提出书面申请,征得同意后方能购买。购药收据附药品名细表转公司统筹中心报销。

3. 船舶用药目录(常用部分)

(1)急救药类。

①抗休克药、止血药:肾上腺素、去甲肾上腺素、多巴胺、阿托品、654-2、止血敏、6-氨基乙酸。

②抗心力衰竭药:西地兰、毒毛旋花子甙K、狄高辛。

③治疗冠心病急救药:利血平、硝酸甘油、亚硝酸异戊酯、消心痛、潘生丁、心得安、异搏停。

(2)抗菌素类药物:安必仙、红霉素、欣美罗、CO头孢氨苄、环丙沙星、氧氟沙星、土霉素、COSMZ、氟哌酸、黄连素、新雪丹、牛黄消炎片、庆大霉素。

(3)心血管系统常用药:CO丹参片、地奥心血康、速效救心丸、复方丹参滴丸、消心痛、硝酸甘油、复方降压片、倍他乐克、心痛定、脂必妥、小剂量阿斯匹林、心得安、异搏定、急救盒。

(4)消化系统常用药:胃必治、雷尼替丁、快胃片、气滞胃痛冲剂、胃舒平、胃蛋白酶片、乳酸菌素片、酵母片、阿托品、莨菪片、普鲁本辛、果导片、泻叶、消炎利胆片、肝泰乐、三九胃泰、附子理中丸。

(5)呼吸系统及抗感冒药:速效伤风胶囊、病毒灵、VC银翘片、羚翘解毒丸、板兰根、去痛片、扑热息痛、咳必清、氨茶碱、CO甘草片、CO桔梗片、安痛定。

(6)维生素类:维生素C、复合维生素B、维生素B1、维生素B2、维生素B6、维生素B12、维生素A、维生素K。

(7)中枢神经系常用药:安定片、利眼宁、谷维素、乘晕宁、养血安神片、珠珀安神丹。

(8)代谢病药。

①糖尿病:消渴丸、二甲双胍、迪化糖锭、胰岛素。

②痛风病及止痛药:炎痛喜康、消炎痛、双氯灭痛、芬必得、腰痛宁、沈阳红药、骨折挫伤散。

(9)眼科用药:氯霉素眼药水、润舒、环丙沙星眼药水、醋酸可的松眼药水、红霉素眼药膏、金霉素眼药膏。

(10)耳鼻喉科药物:新霉素滴耳液、滴耳油、过氧化氢溶液、鼻通药膏、滴鼻净、六神丸、西瓜霜、草珊瑚含片、咽特佳、牛黄解毒片、牛黄上清丸、牛黄消炎片、冰硼散。

(11)皮肤科用药。

①烫冻伤药:烫伤膏、京万红、万花油、绿药膏、冻伤膏。

②皮肤病药:扑尔敏、息斯敏、强的松、肤轻松、皮炎平。

③脚气用药:克霉唑癣药水、脚气膏、达克宁。

④外用药:风油精、红花油、清凉油、樟脑、伤湿膏、麝香壮骨膏、创可贴、鱼石脂软膏、防晒膏。

(12)外科用药。

①消毒防腐剂:来苏尔、新洁尔灭、漂白粉、器械消毒液。

②创面用药:高锰酸钾、过氧化氢、呋喃西林、利凡诺。

③表面消毒药:酒精、红汞、龙胆紫、碘酊。

(13)器械类:缝合针、线、止血钳、持针器、镊子、手术刀、手术剪、药棉、绷带、敷料、止血带、输液器、注射器(1 ml、2 ml、5 ml、20 ml)、听诊器、血压计、体温计、小夹板、担架、药箱4个。

(14)抗生素:四环素、碘胺药类、链霉素等。

(15)常用杀虫灭鼠药:DDV、磷化锌、杀蟑螂用药、拜干。

4. 船舶急救药箱的配备

①每艘船舶至少配备4个急救药箱。这些急救药箱应放置在驾驶台、机舱集控室、生活区内的公共场所(如餐厅),以及病房和/或货物操作控制室。

②每个急救药箱应包含下列药品:

急救盒、一次性注射器、听诊器、血压计、体温计、止血带、镊子、手术剪、创可贴、绷带、三角巾、一次性消毒敷料、酒精、碘酊、红汞、阿托品、冻疮膏、烫伤膏、防晒膏、清凉油、风油精、土霉素、氟哌酸、芬必得、去痛片、庆大霉素、安痛定、生理盐水。

5. 船舶医疗垃圾及过期药品管理

①船舶医疗垃圾由船医或负责医疗卫生人员收集保管,按规定分装并妥善保存。

②船舶过期报废药品由船医或负责医疗卫生人员向公司门诊部申请报废,报废后的药品同船舶医疗垃圾同样管理。

③船舶靠泊后向港口国医疗垃圾回收部门移交医疗垃圾并取得签字认可。

④少量的医疗垃圾通过集中保管封存,待船舶到国内港口后交付门诊部按规定统一处理。

⑤船舶分装医疗垃圾的用具由门诊部提供。

第八节　机舱应急设备的使用和管理

机舱应急设备的种类按功能不同可分为:

①应急动力设备。应急电源、应急空气压缩机和应急操舵装置等。

②应急消防设备。应急消防泵、燃油速闭阀、风油应急切断开关、通风筒防火板和机舱天窗应急关闭装置等。

③应急救生设备。救生艇发动机和脱险通道(逃生孔)等。

④其他应急设备。应急舱底水吸口及吸入阀、水密门等。

一、应急动力设备的使用与管理

1. 应急电源

(1)应急电源要求

①一切客船和500总吨及以上的货船均应设独立的应急电源。

②应急电源应布置于经主管机关/船级社认可的最高一层连续甲板以上和机舱棚以外的处所,使其确保当船舶发生火灾或其他灾难致使主电源装置失效时能起作用。整个应急电源的布置,应能在船舶横倾22.5°和/或纵倾10°时仍起作用。

③应急电源可以是发电机,由1台具有独立的冷却系统、燃油系统和起动装置的柴油机驱动。原动机的自动起动系统和原动机的特性均应能使应急发电机在安全而实际可行的前提下尽快地承载额定负载(最长不超过45 s)。

④应急电源也可以是蓄电池组。当主电源供电失效时,蓄电池组自动连接至应急配电板。它应能承载应急负载而无需再充电,并在整个放电期间保持其电压在额定电压的±12%以内。

⑤应急电源的功率和供电时间应满足《SOLAS公约》和船级社对不同类型船舶的规定。

(2)应急电源使用管理

①应急发电机:在船舶布置上位于救生艇甲板层,为船舶应急照明、空压机、消防泵、舵机、助航设备等提供电源。应急发电机应按ISM体系文件和PMS规定作定期检查、维护和试验;

检查其柴油储存柜油量、冷却水箱与曲轴箱液位是否正常；润滑点要加油；检查启动电瓶或启动空气瓶，进行起动和并电试验（包括遥控启动）；冬季或寒冷区域应做好防冻保温工作。

应急发电机若位于不保暖处所，冬季应做的保护工作有：选用适当凝点的轻柴油和冬用润滑油；冷却水中加防冻剂；对于采用机外循环冷却的，应在使用后尽量放掉机内和管系中的残水。

②应急蓄电池：在船舶布置上位于救生艇甲板层。应按 ISM 体系文件和 PMS 规定作定期检查、维护和试验；主要检查其电解液的比重，及时补充蒸馏水或对应的酸液；定期进行充放电；蓄电池室禁止烟火，并保持通风良好。现代化的船舶上基本上采用密闭的蓄电池，定期更换。

2. 应急空气压缩机

(1) 应急空气压缩机要求

①应急空压机应采用手动起动的柴油机或其他有效的装置驱动，以保证对空气瓶的初始充气。

②应急空压机是船舶以“瘫船状态”恢复运转的原始动力。所谓“瘫船状态”是指包括动力源的整个船舶动力装置停止工作，而且使主推进装置运转和恢复主动力源的辅助用途的压缩空气和起动蓄电池等都不起作用。

(2) 应急空气压缩机使用管理

要按其结构的具体情况，定期检查和加注润滑油，进行起动和效用试验，确保其技术状况达到随时可用状态。

3. 应急操舵装置

(1) 应急操舵装置的要求

①每艘船舶应配备主操舵装置和辅助操舵装置，并且两者之一发生故障时不会导致另一装置不能工作。

②辅助操舵装置应能于紧急时迅速投入工作，并能在船舶最深航海吃水和以最大营运前进航速的一半或 7 kn（取大者）前进时，在 60 s 内将舵自一舷 15°转至另一舷 15°。

③对于辅助操舵装置，其操作在舵机室进行，如系动力操纵也应能在驾驶室进行，并应独立于主操舵装置的控制系统。

④驾驶室与舵机室之间应备有通信设施。

(2) 应急操舵装置使用管理

定期进行检查和进行效用试验，并做好记录。

图 5-3 为船用应急发电机，图 5-4 为船用应急蓄电池。

二、应急消防设备的使用与管理

1. 应急消防泵

(1) 应急消防泵要求

①2 000 总吨以下船舶的应急消防泵为可携式，常用汽油机驱动的离心泵；2 000 总吨及以上船舶应设固定式动力泵。固定式应急消防泵应设在机舱以外，其原动机为柴油机或电动机。电动应急消防泵须由主配电板和应急配电板供电。

②应急消防泵的排量应不少于所要求的消防泵总排量的 40%，且任何情况下不得少于 25 m^3/h。应急消防泵按要求的排量排出时，在任何消火栓处的压力应不少于规范规定的最低

压力。

图 5-3　应急发电机

图 5-4　应急蓄电池

③作为驱动应急消防泵的柴油机，在温度降至 0℃ 时的冷态下应能用人工手摇曲柄随时起动。若不能做到，或可能遇到更低气温时，则应设置经主管机关认可的加热装置，以确保随时起动。如人工起动不可行，可采用其他起动装置。这些起动装置应能在 30 min 内至少使动力源驱动柴油机起动 6 次，并在前 10 min 内至少起动 2 次。任何燃油供给柜所装盛的燃油，应能使该泵在全负荷下至少运行 3 h，在主机舱以外可供使用的储备燃油，应能使该泵在全负荷下再运行 15 h。

(2) 应急舱底水吸口和吸入阀要求

机舱应设一个应急舱底水吸口。应急吸口应与排量最大的 1 台海水泵相连，如主海水泵、压载泵、通用泵等。少数船舶的应急吸口还与舱底水泵相通，其管路直径应不小于所连接泵的进口直径。应急吸口与泵的连接管路上装设截止止回阀，阀杆应适当延伸，使阀的开关手轮在花铁板以上的高度至少为 460 mm(《钢质海船入级规范》规定为 450 mm)。

2. 应急消防设备使用管理

①应急消防泵应作起动和泵水试验，检查排水压力，试车后关闭海底阀和进口阀，放空消防管中残水，冬季防止冰冻。

②应定期清洁机舱应急舱底水吸口，防止污物堵塞；截止止回阀阀杆应定期加油活络，防止锈死，保证正常开关。

③速闭阀、风机油泵应急开关、应定期保养和检验，并进行就地操纵试验和遥控试验。

三、应急救生设备的使用与管理

1. 救生艇发动机

(1) 救生艇发动机的要求

①救生艇发动机应是压燃式发动机。

②发动机应设有手动起动系统，或设有两个独立的可再次充电的电源起动系统。

③发动机起动系统和辅助起动设施应在环境 -15℃，起动操作程序开始后 2 min 内起动发动机。

④使用的燃油闪点不得低于 43℃。

⑤滑油的使用：应有耐寒性，在低温下不能结冻，通常情况下，救生艇发动机的滑油都有与

其对应的滑油品牌。

⑥救生艇发动机应有独立的冷却系统，现在的救生艇发动机都采用风冷。

(2)救生艇发动机的使用和管理

①救生艇发动机要每月定期检查发动机和离合器，进行起动试验。冬季做好防冻工作。

②定期检查燃油储存箱及发动机的滑油液位。

③定期更换发动机的滑油。

2. 脱险通道

(1)脱险通道要求

①货船和载客不超过 36 人的国际航行客船，在机器处所内，在每一机舱、轴隧和锅炉舱应设有 2 个脱险通道，其中一个可为水密门。在专设水密门的机器处所内，2 个脱险通道应为 2 组尽可能远离的钢梯，通至舱棚上同样远离的门，从该处至艇甲板应设有通路。

②从机舱处所的下部起至该处所外面的一个安全地点，应能提供连续的防火遮蔽。

(2)脱险通道使用管理

对应急通道(逃生孔)应保持通道清洁无障碍；照明良好；逃生孔的上下门应经常加油活络，上下扶梯安全可靠，不可封闭。

四、其他应急设备的使用与管理

1. 水密门的要求

①水密门应为滑动门或铰链门或其他等效形式的门。任何水密门操作装置，无论是否为动力操作，均须于船舶横倾 15°时能将水密门关闭。

②机舱与轴隧间舱壁上应设有滑动式水密门，水密门的关闭装置应能就地两面操纵和远距离操纵。在远距离操纵处应设有水密门开关状态的指示器。

2. 水密门使用管理

水密门、应急舱底水吸口及吸入阀等应急设备应按 ISM 体系和 PMS 定期检查、活络、加注润滑油。

五、轮机部应急设备维护保养

轮机人员应加强对应急设备方面的管理，所有应急设备应按规定周期进行效用试验并记录，确保应急设备始终处于立即可用状态，并能达到熟练操作使用的程度。

属轮机部管理的应急设备种类、效用试验周期、设备负责人及维护如表 5-1 所示。

表 5-1 轮机部应急设备维护保养一览表

序号	应急设备	效用试验内容及周期	设备负责人	维护保养标准
1	救生艇机	①艇机：每周进行起动、正倒车换向试验，每次试验时间不得少于 3 min； ②充电变压器：每季测量输出电压；每月进行自动起动试验	三管轮	①及时补充燃油并泄放油柜凝结水； ②具备 0℃起动能力，冬天用 －10 号轻柴油； ③充电变压器螺丝要紧固，充电控制箱水密性要好。自带充电机及艇内照明应检查线路，排除短路、断路和腐蚀隐患
2	消防泵和应急消防泵	每周进行效能试验		在最高位置的消火栓上应能维持两股射程不少于 12 m 的水柱或消火栓处的压力达 0.28 MPa

续表

序号	应急设备	效用试验内容及周期	设备负责人	维护保养标准
3	应急空压机	①每 2 周效用试验； ②每年进行充气试验一次	二管轮	年度充气试验应记录应急气瓶充气压力和所需时间
4	应急发电机	每月试验应包括起动和供电： ①自动起动、人工起动功能均正常； ②在主电源断电后 45 s 内能及时供电		①应急电源可以是应急发电机，也可以是蓄电池，但都必须满足《钢质海船入级规范》要求。应急发电机具备 0℃起动能力，及时补充燃油和滑油并泄放燃油柜的凝结水； ②应急配电板内外清洁，螺母无松动； ③蓄电池组必须保持清洁。注液孔的胶塞必须旋紧，以免因振动使电解液溢出，透气孔保持畅通； ⑤充放电盘：为了消除极板磁化现象，应按时进行过充电和定期进行全容量放电； ⑥蓄电池室严禁烟火并通风良好
	应急配电板	①每月试验应急起动应符合要求； ②每年检查与主配电板连锁装置动作应正常		
	充放电板及蓄电池	每年对电解液化验 1 次，发现异常应及时处理		
5	油类速闭阀	每 6 个月就地、遥控关闭试验	大管轮	及时保养集控箱（或空气管路、气瓶、空气压力或液压系统等）连接索，保持操作灵活
6	主机机旁应急操作装置	每 6 个月操作试验		有些船公司要求每次抵港前和开航前进行操作试验；张贴主机应急操作规程
7	风、油应急切断装置	每 6 个月进行切断电源试验		
8	机舱应急吸入阀	每 3 个月进行开关活络检查； 每年打开彻底检查		该阀应是截止止回阀，吸口应直通舱底，开关手轮应高出花铁板 450 mm，开关方向的标志要醒目；检查机舱进水操作步骤
9	应急舵机	每 3 个月进行手动操舵试验		有些公司要求每次抵港前和开航前进行操作试验；应急操作程序应能永久显示
10	机舱天窗、烟囱百叶窗速闭装置、机舱风筒挡火板	每 3 个月进行开关试验		保持活络
11	机舱水密门	每 3 个月就地两侧及遥控关闭试验		关闭前声光报警 15 s，直到关闭；关闭时间不大于 90 s（手动）或 60 s（动力）
12	机舱安全通道	随时畅通		整洁、照明良好
13	二氧化碳灭火装置	随时保证完好可靠		①二氧化碳站室的通风和通信联系应良好可靠，站内不许存放任何杂物，开启站室钥匙箱应完好； ②瓶体明显腐蚀时应对其进行测厚检查或压力试验； ③机舱二氧化碳遥控释放装置应完好可靠，释放前声光报警应完好

第九节　使用船内通信系统

一、船内通信工具和信号装置的组成和作用

为了保证船舶安全营运，及时了解和掌握船舶机电设备的工作情况，以及进行日常工作和生活的事务联系，船舶必须配备工作可靠、简单有效的船内通信系统。

1. 船用通信工具和信号装置

①各种不同方式和用途的电话通信设备，例如声力电话、共电式指挥电话系统和自动电话设备。

②船舶操纵用电气传令钟和各种指示仪表，例如机舱传令钟、舵角指示器和电动转速表等。

③各种应急状态时用的报警信号装置，例如紧急动员警钟，测烟、测温式报警装置。

④船舶航行时的各种信号装置，例如航行灯、信号灯、自动雾笛。

⑤船用广播音响设备，例如船用指挥扩音机。

2. 船用电话

目前，船舶上使用的电话通信设备大体可分为声力电话、船用指挥电话、船用自动电话。声力电话和指挥电话设备主要用于航行驾驶和操纵各工作部位之间作为指挥和联络通信；而自动电话，则作为日常工作和生活联系之用。

3. 船用电气传令钟

电气传令钟又称电车钟或机舱传令钟，是用在驾驶室、机舱集中控制室和机旁操作部位之间传送主机运转情况的命令和回令的装置。电气传令钟按其传讯原理可分为 3 种：

①利用指示灯系统传讯原理的灯光传令钟。

②利用直流自动同步传讯原理的直流电动传令钟。

③利用自整角机同步传讯原理的交流电动传令钟。

4. 船用报警信号装置

(1)组成

①紧急动员警钟和应急状态下的各种铃组系统。

②火警探测和报警装置。

③主、辅机工况的自动监视报警系统。

(2)使用

紧急动员警钟系统，用于船舶发生火灾或重大海损事故等紧急情况下，对全体船员和旅客发布紧急动员信号。系统由关闭器、警钟、警灯及接线盒等组成。关闭器是系统的控制器，装在驾驶室内，并有指示系统电路工作的指示灯。警钟安装在全船有人到达而又能听清音响信号的地点。警灯安装在无线电室等需要免除声音干扰的地方，机舱和舵机间等噪音大的舱室应同时安装警钟和警灯。在客船和客货船上，警钟系统设计成对旅客和船员相互独立的两大部分，以便在重大事故发生的情况下，可以分别也可以同时对船员和旅客进行紧急报警。

铃组系统是船上有关部位之间专用的通信联络信号。铃组系统的发讯器为按钮或关闭器，信号器为电铃或带信号灯的电铃。

应急情况下使用的铃组主要有：

①机舱铃组。用于驾驶室和机舱的双向联络,作为传令钟故障时应急车令和回令信号。

②冷藏库报警铃组。用于各冷藏库对厨房之间的单向联络,作为被误锁在冷库里的人对外呼救的信号装置。若冷库的门能从内部开启时,此装置可免于设置。

③二氧化碳灭火装置的施放预告铃组。用于施放控制部位与失火部位的单向联络,以通知该部位的一切人员迅速撤离。它一般与施放电磁阀连锁,以保证在发送前和施放中都能自动发出警报。在许多新船中这一铃组已采用电笛和转灯。

④水密门关闭和开启指示灯装置及预告水密门关闭的声响铃组。前者是光报警,让人们有所准备;后者是声报警,要求人们迅速撤离,亦属单向联络。

除上述信号装置外,有的船还装有联络指挥用的铃组,如在配餐间装有呼叫服务员的铃组;在客船的医院或医生房间装有病房呼叫铃组;有跳板设备的船装有跳板放落时的警告铃组等。

二、中国船级社对船内通信与信号设备的有关规定

中国船级社《钢质海船入级规范》对"船内通信与信号设备"作如下规定。

1. 一般要求

①各种不同用途的船内通信装置,其声响信号应有不同的音色,以利辨别。

②具有 2 个或以上的设备并联工作的船内通信装置,当其中 1 个(或几个)设备切断或发生故障时,应不影响其余设备的工作。

③各种自动声光警报器,应设有能切断声响信号而不切断发光信号的装置。

④各种自动报警和指示信号系统,均应设有检查其动作是否正常的试验装置。

⑤安装在驾驶室的重要指示器应有适当的照明并附有亮度调节器或遮光罩。

2. 传令钟

①在船上应设置把驾驶室的命令发送至机舱的主机传令钟,主机传令钟应具备复示装置。

②用于驾驶室内设置主机传令钟的失电听觉和视觉报警器,该报警器一般应由蓄电池供电。若采用船电时,则不应与传令钟接入同一电源线路上。

③主机传令钟系统一般应在主机操纵台附近设有主机错向报警装置。

④主机传令钟若有 2 个及以上的发信器时,则每个发信器之间应有机械或电气的联动或连锁装置。

3. 指挥电话和其他通信设备

(1)下列处所之间若以电话为主要通信工具时,则应为声力电话或蓄电池供电的指挥电话:

①驾驶室—机舱。

②驾驶室—应急操舵站及舵机站。

③驾驶室—火警信号站及消防设备集中控制站、艏部、艉部。

④驾驶室—无线电室(若驾驶室与无线电室相毗邻,且能进行有效的通信联系时,可免除两者之间电话通信的要求)。

上述①,②应为直通电话,若在通信系统中具备插入忙线通话时,则①,②可采用如图 5-5 所示。

(2)指挥电话应保证在船舶各种工况下通话清晰。

(3)安装在噪声较大的舱室内的电话,若影响通话时,则应装设在隔音室或隔音罩内。

(4)应设有固定式、可携式或两者兼备形式的应急通信设备,以供船上应急控制站、救生艇筏集合和登乘地点与驾驶室和消防控制站等要害部位之间进行双向通信。

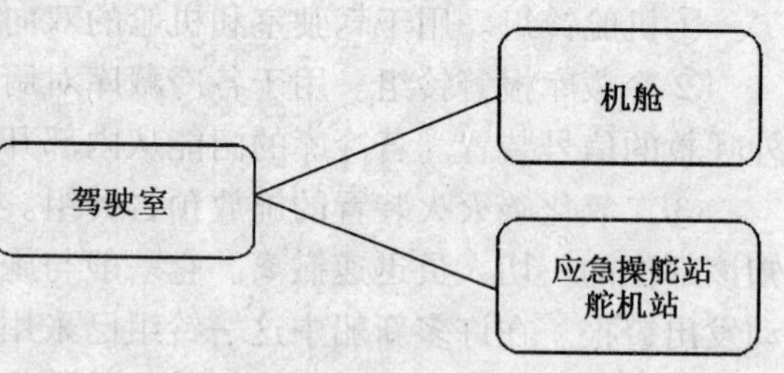

图5-5 指挥电话

4. 通用紧急报警系统

①船舶应设单向发信的通用紧急报警系统,在全船所有起居处所、通常船员工作的处所以及客船的开敞甲板均应听到该系统的报警。报警器被触发后一直保持报警状态,直至人工将其关闭或由于广播系统工作而暂时中止。

②在客船上,该报警信号应通过两组独立的线路分别向船员和旅客发出。

③在主电源供电失效时,通用应急报警系统应能自动转换至应急电源供电。

④通用紧急报警系统应能在驾驶室、消防控制站控制。

⑤通用紧急报警系统的分电箱应设在舱壁甲板以上的适当处所,由分电箱引出的每一分路的绝缘板上均需设熔断器保护。

⑥当所有的门和通道都关闭的情况下,在居住舱室内睡眠位置和距离声源1 m处,音响报警信号的声压级至少应达到75 dB(A),并至少要比船舶在较好天气状况下航行时的正常设备操作的环境噪声级高出10 dB(A)。声压级应在基频附近的1/3倍频带之内。在任何情况下,某一处所内的音响报警信号声压级应不得超过120 dB(A)。

⑦除电铃外,各种听觉信号的频率应在200~2 500 Hz之间。

5. 有线广播系统

①应设有能将指令有效地发送到各居住处所、服务处所、控制站以及开敞甲板的有线广播系统。

②在主电源供电失效时,有线广播系统应自动转换至应急电源供电。

③如果有线广播系统能符合相应要求以及对通用紧急报警系统的要求,则可兼做通用紧急报警系统和发送火灾报警信号。

6. 其他警报装置

(1)在厨房内应设有听觉和视觉警报器,以保证工作人员偶然被闭锁在伙食冷藏库内时能发出求救信号,但冷藏库的门如能从内部开启时则可免予设置。

(2)水密门关闭和开启指示装置和预告水密门关闭的听觉报警器,应符合现行《SOLAS公约》的有关规定。对1992年2月1日或以后建造的客船规定:

①应设置一个与该区域内其他警报器不同的声响警报器。当该门用动力遥控关闭时,这种警报器应在门开始移动前至少5 s但不超过10 s发出声响,且连续发声报警直至该门完全关闭。在手动遥控操纵时,只要当门移动时音响警报器能发出声响即可。在乘客区域和高环境噪声区域,要求在门上的声响警报器增配一个间歇发光信号器。

②驾驶室内的集控台应设有标明每扇门位置的图,并附有发光指示器,以显示每扇门的开启或关闭状态。应使用红灯表示一扇门完全开启,而绿灯表示一扇门完全关闭。当遥控关闭门时,红灯应以闪烁表示门处于关闭过程中。

(3)灭火剂施放预告信号以及其他听觉和视觉报警装置应符合如下规定:

①对于任何经常有人员在内工作或出入的处所,应设有施放灭火剂的自动声响报警装置。该报警装置在灭火剂施放之前应至少工作20 s。

②二氧化碳系统应设置两套独立的控制装置，以将二氧化碳释放至被保护处所，并确保报警装置的动作。其中一套控制装置应用于将气体从所储存的容器中排出；另一套应用于开启安装在将气体输送至被保护处所的管路上的阀门。

三、使用船内通信系统的注意事项

(1)目前建造的大型船舶中，都有对讲(直通)电话系统、指挥电话系统和自动电话系统。

平时维护重点应是前两种，因为它们结构简单、接通迅速、工作可靠，多作为船舶指挥联络之用，与船舶航行安全直接相关。

(2)电磁式送话器、受话器：由于它们结构相同，作用原理具有可逆性，可以进行互换，这是因为送话器是把声波变为音频电流的设备，而受话器是把音频电流转变为声波设备的缘故；若送话器选用炭精式或受话器选用压电陶瓷式就不能互换。

(3)必须消除话机的侧音，以免影响指挥联络的效果，导致受话方不能正确理解另一方的意图。

侧音是指从受话器中听到自己一方送话器送出的声音(包括自己的讲话声和同室的嘈杂声)。侧音的存在干扰甚至覆盖了对方的来话，使发话人也不敢大声说话(怕震耳)，大大地影响了通话的质量。目前常用的消侧音电路有桥式与补偿式两种。

(4)自动电话拨号时从话机送出的是脉冲信号，不是拨号时越用力、速度越快越容易接通。

(5)及时排除指挥电话系统的故障。

①了解情况、熟悉系统、综合分析、认真检测、判明故障、修复试验。首先应知道指挥电话系统的类型：声力式；共电式；单个交换总机。

②了解故障现象进行具体分析：是信号通路问题还是通话电路问题；故障现象是发生在个别单机还是全部单机。

③根据故障确定故障源所在的电路。

④仔细检查该电路上的元器件，通常是先检查有触点元器件或运动件，再检查静止元件。

⑤找出故障进行修复，最后试验交付使用。

第六章 船舶人员管理

船员的职业素质和技术技能直接影响着海上人命财产安全和海洋环境保护的效果。近年来，随着国际海事组织和国际劳工组织相继出台与船员管理相关的国际公约及其修正案，我国政府根据履约的要求，先后颁布了一系列有关船员管理的法规；各大航运企业或公司也都有相应的具体规定。这些法令和法规的颁布与实施对于加强船员的管理、提高船员的职业素质和行为，特别是强化船员的安全意识与提高船员的管理水平，减少人为因素所造成的船舶安全和污染事故都具有重要的意义。

第一节　海员培训、发证和值班标准国际公约

一、概述

（一）《STCW 78/95 公约》的产生背景

《1978 年海员培训、发证和值班标准国际公约》(International Convention on Standards of Training, Certification and Watchkeeping for Seafarers 1978，简称 STCW 78 公约)，是国际海事组织约 50 个公约中最重要的公约之一，用于控制船员职业技术素质和值班行为。该公约于 1978 年 7 月 7 日在 IMO 总部召开的国际海员培训、发证外交大会上获得通过。1980 年 6 月 8 日，我国政府向 IMO 提交了批准《STCW 78 公约》的文件，成为该公约的缔约国。1984 年 4 月 28 日，《STCW 78 公约》生效。该公约的生效实施，对促进各缔约国海员素质的提高，在保障海上人命财产安全和保护海洋环境以及有效地控制人为因素对海难事故的影响，都起到了积极的作用。

随着航运事业的迅速发展，船舶科技水平的不断提高，船舶配员的多国化，以及各国对海上安全、海洋环境保护的严重关注和对海难事故的人为因素的日益重视，因而从海员素质要求而言，《STCW 78 公约》在某些方面已不能适应，势必要求对该公约作相应调整。《STCW 78 公约》业经多次修正，其中 1991 年修正案是关于全球海上遇险和安全系统(即 GMDSS)和驾驶台单人值班试验，于 1992 年 12 月 1 日生效；1994 年修正案是关于液货船船员的特殊培训，于 1996 年 1 月 1 日生效；1993 年，IMO 开始对《STCW 78 公约》进行全面的修改，并在两年时间内完成全面修改工作。在《STCW 78 公约》签字日 17 周年的 1995 年 7 月 7 日，通过了“经 1995 年修正的《STCW 78 公约》”(简称《STCW 78/95 公约》或《STCW 公约》)。《STCW 78/95

公约》于1997年2月1日生效,1998年8月1日起强制实施。对于1998年8月1日之前已经进入海员队伍的人员以及已在接受海员教育和培训的人员,最迟在2002年2月1日前全面符合《STCW 95公约》的规定。《STCW 78/95公约》生效后,至今已10多年过去,其间又经多次修正。

《STCW 78/95公约》除正文条款外,对《STCW 78公约》作了全面的修改,原公约的附则和附属大会决议均重新起草,并新增了与公约和附则相对应的更为具体的"海员培训、发证和值班规则"(Seafarers' Training, Certification and Watchkeeping Code,即STCW Code或STCW规则)。

(二)《STCW 78/95公约》的构成和性质

1. 公约的构成

《STCW 78/95公约》主要包含公约正文、附则和STCW规则。STCW规则分为A,B两部分。A部分是关于附则有关规定的强制性标准,与附则的章节一一对应,共有八章,详述了附则中制定的标准、证书格式,功能证书中各职能或责任级别与传统发证标准对应的适任内容或知识、理解和熟练要求程度或表明适任的方法或评价适任的标准。B部分是关于附则的建议和指导,它与公约附则、规则A部分的章节一一对应,是关于如何实施公约及其附则的建议和指导。

2. 公约的编排

《STCW 78/95公约》的附则把公约技术条款在附则中以规则的形式体现,其内容共分八章。第1章 总则;第2章 船长和甲板部;第3章 轮机部;第4章 无线电通信和无线电人员;第5章 特定类型船舶的船员特殊培训要求;第6章 应急、职业安全、医护和救生职能;第7章 可供选择的发证;第8章 值班。

提及公约和附则的要求时,也应提及STCW规则A部分和B部分的相应规定。

3. 公约的适用范围

适用于在有权悬挂缔约国国旗的海船上服务的海员,但在下列船舶上服务的海员除外:

①军舰、海军辅助舰艇或者为国家拥有或营运而只从事政府非商业性服务的其他船舶。

②渔船。

③非营业的游艇。

④构造简单的木船。

(三)《STCW 78/95公约》新增的内容

与《STCW 78公约》相比,《STCW 78/95公约》除了结构方面的变化,增加了下列内容:

①全面、严格、多方位的遵章核实机制,包括对缔约国主管机关的监督、对船舶和船员的港口国监督、对方便旗船舶海员发证的监督等。

②加强对海员的实际技能培养和评估,并规定海员必须接受系统的专业教育和培训。

③对海员培训、考试、评估和发证,规定必须建立质量标准体系并受到连续的质量控制。

④允许重组传统的船上岗位分工体系,引入适应先进自动化船舶的"职能发证"体系。

⑤增加了包括模拟器训练、特殊类型船舶、基本安全和人员管理在内的多种强制性和非强制性的培训项目。

⑥严格并扩大对证书再有效的规定和适用范围。

⑦集中和系统地规定了海员在各种条件下保证正常和安全值班的原则和要求。

(四)STCW 公约马尼拉修正案(2010)

1. 产生的背景

随着全球经济一体化的进程,船舶正朝着大型化、快速化、专业化、现代化的方向发展,全球对海洋环境保护更严格,包括信息技术(IT)在内的新技术的应用越来越广泛与深入,对海员的培训与值班标准的要求越来越高,同时,由于海盗猖獗,海运安全受到严重的挑战,对海员的培训与值班标准又提出了新的保安要求。1995 年修正案生效后,国际海事组织又对 STCW 公约和 STCW 规则进行了多次修正。1995 年修正案通过 10 年后,国际海事组织认为需要对 STCW 公约和 STCW 规则进行全面回顾,从而对 STCW 公约和 STCW 规则进行系统的修正。

2006 年,应 STW 分委会第 37 次会议的请求,海上安全委员会(MCS)第 81 次会议指示 STW 分委会在工作计划中加入"对 STCW 公约和规则全面回顾"的高优先权议题。2007 年 STW 分委会第 38 次会议确定了对"STCW 公约和规则全面回顾"的 8 项原则,即:

①保留 1995 年修正案的结构与目标。

②不降低现有标准。

③不修改公约条款。

④解决不一致的问题,清理过时的要求及体现技术发展的需求。

⑤确保有效的信息交流。

⑥由于技术的创新,在履行培训、发证与值班要求方面提供一些灵活性。

⑦考虑短航线船舶与近海石油工业的特点与环境。

⑧考虑海上保安。

2. 主要修正内容

经过 4 次 STW 分委会会议及 2 次特别会间会议的审议,2010 年 1 月召开的 STW 分委会第 41 次会议基本完成对"STCW 公约和规则进行全面回顾"的议题,形成 STCW 公约和规则的修正草案。该修正草案于 2010 年 6 月 21 日 ~25 日在菲律宾马尼拉召开的 STCW 公约缔约国外交大会上获得通过,该修正案称为《STCW 公约马尼拉修正案》,并于 2012 年 1 月 1 日生效。

(1)第 1 章"总则"的主要修正内容

①新增"适任证书"、"培训合格证书"、"书面证明"、"电子电气员"、"电子技工"、"高级值班水手"、"高级值班机工"、"保安职责"等新定义。明确证书分为 3 层:适任证书(COC)、培训合格证书(COP)、书面证明。适任证书系指依据本附则第Ⅱ,Ⅲ,Ⅳ或Ⅴ章的条款向船长、高级船员以及 GMDSS 无线电操作员签发或签注的证书。培训合格证书系指向海员签发的除适任证书以外的,说明符合本公约要求的相关培训、能力和海上服务资历的证书。书面证明系指除适任证书或培训合格证书以外的,用来证明已符合本公约的相关要求的文件。新修正案提高了证书的签发、签证、认可的审查要求,规定适任证书及根据规则第Ⅴ/1-1 条和规则第Ⅴ/1-2 条规定,签发给船长和船员的培训合格证书仅应由主管机关签发。强调现代化船舶中电子电气员的必要性。为适应海上运输保安的需要增设船舶保安方面的强制性培训要求。

②新增证书的签发和登记条款,对海上服务资历的认可、培训课程的确认、登记的电子查询、证书注册数据库的开发者都作了明确的规定。

③在控制近岸航行原则中新增缔约国应与相关缔约国就有关航区和其他相关条件的细节达成一致的条款。

④增加了独立评价报告内容的明确要求,对最初资料交流(履约报告)、后续报告(独立评价报告)及有资格人员的小组作出了明确的规定。

⑤明确了海员健康标准及健康证书的签发要求。要求海员健康检查均应由缔约国认可的完全合格的有经验的从业医生完成；缔约国应制定认可从业医生的规则，对从业医生进行登记，并根据请求向其他缔约国、公司及海员提供。

⑥增加了公司的责任。公司应确保其指派到任一船上的海员均接受了本公约要求的知识更新的培训，任何时候都必须按《SOLAS 公约》第Ⅴ章第 14 条第 3 款的规定确保其在船上能进行有效的口头交流。

⑦明确了过渡期的安排。过渡期为生效日加 5 年。

(2)第Ⅱ章"船长和甲板部"的主要修正内容

①强调电子海图显示与信息系统(ECDIS)的应用。新增使用 ECDIS 保持安全的航行值班(操作级)和使用有助于指挥决策的 ECDIS 和附属系统以保持安全航行(管理级)的要求。

②简化天文航海的知识、理解和熟练要求，提倡使用电子航海天文历和天文航海计算软件。

③新增领导和团队工作技能的使用(操作级)及领导力和管理技能的使用(管理级)的强制性适任能力。驾驶台资源管理成为强制性适任标准。

④新增海洋环境保护意识方面的知识、理解和熟练要求。

⑤新增按照船舶报告系统和 VTS 报告程序的一般规定进行报告的内容。

⑥新增高级值班水手发证的强制性最低要求。

(3)第Ⅲ章"轮机部"的主要修正内容

①删除"至少 30 个月的认可的教育与培训"的要求。

②提高普通船员晋升轮机员的要求，从 1995 年修正案的"不少于 6 个月的轮机部海上服务资历"提高到"完成不少于 12 个月的金工实习和认可的海上服务资历"，其中包括不少于 6 个月的机舱值班(在轮机员的指导下)服务资历。

③新增领导力和团队工作技能的使用(操作级)和领导力和管理技能的使用(管理级)的强制性适任能力。机舱资源、管理成为强制性适任标准。

④新增电子电气员和电子技工发证和资格的强制性最低要求。

⑤新增高级值班机工发证的强制性最低要求。

(4)第Ⅳ章"无线电通信和无线电操作员"的修正内容

本次修订对第Ⅳ章的有关概念进行了修改。将第Ⅳ章标题"无线电通信和无线电人员"修改为"无线电通信和无线电操作员"。本章中出现的"无线电人员"全部被改为"无线电操作员"，此外，在第Ⅰ章的规则Ⅰ/1(定义和说明)中增加了 GMDSS 无线电操作员的定义。

(5)第Ⅴ章"特定类型船舶的船员特殊培训要求"的修正内容

①对 1995 年修正案的液货船船长、高级船员和普通船员培训和资格强制性最低要求作了重大的调整，由Ⅶ"液货船(油船、化学品船、液化气船)船长、高级船员和普通船员培训和资格强制性最低要求"分解为"Ⅴ/1-1 油船、化学品船船长、高级船员和普通船员培训和资格强制性最低要求"及"Ⅴ/1-2 液化气船船长、高级船员和普通船员培训和资格强制性最低要求"两部分。证书调整为 5 种：油船和化学品船货物操作基本培训证书、油船货物操作高级培训证书、化学品船货物操作高级培训证书、液化气船货物操作基本培训证书、液化气船货物操作高级培训证书。

②新增承担货物装卸、积载、洗舱、过驳或其他与货物有关操作直接责任的人员强制性适任能力的要求。

③将原来的Ⅴ/2“滚装客船的船长、高级船员、普通船员和其他人员的培训和资格的强制性最低要求”和Ⅴ/3“除滚装客船以外的客船的船长、高级船员、普通船员和其他人员的培训和资格的强制性最低要求”修改为新的第Ⅴ/2 条。第Ⅴ/2 条标题相应改为“客船船长、高级船员、普通船员和其他人员的培训和资格的强制性最低要求”,不再突出滚装客船的特殊要求。

④在 B 部分,增加:B-Ⅴ/e“对近海供给船上的船长、负责航行值班驾驶员培训和资格的指导”;B-Ⅴ/f“对操作动力定位系统的人员的培训和资历的指导”;B-Ⅴ/g“对航行极地水域船舶船长和高级船员培训的指导”。

(6)第Ⅵ章“应急、职业安全、保安、医护和求生职能”的主要修正内容

①明确所有船员的熟悉和基本安全培训及训练的强制性最低要求,增加海洋环境保护基本知识、船上有效沟通、团队工作、理解并采取措施控制疲劳等新内容。

②保安培训分为 4 类培训:船舶保安员培训,熟悉保安培训,保安意识培训,负有指定保安职责人员的培训。船舶保安员必须持有船舶保安员培训合格证书,所有船员必须持有“保安意识培训合格证书”,被指定负有保安职责的海员则还应持有“负有保安职责培训合格证书”。

③对船员保持包括基本安全、熟练救生艇操作、高级消防等适任能力的方式修改为每 5 年需要提供保持适任的证据;对于那些可以在船上实施的训练项目,主管机关可以接受船员在船上的训练和实践经历。但对于“如何保持不能在船上实施的训练项目的适任能力的方式与方法”并没有达成一致。

(7)第Ⅶ章“可供选择的发证”的主要修正内容

增加了高级值班机工申请高级值班水手和高级值班水手申请高级值班机工应符合的适任标准,支持级船员发证资历要求和甲板部、轮机部特殊综合培训项目的指导。

(8)第Ⅷ章“值班”的主要修正内容

规定主管机关为防止负有安全、防污染及保安职责的值班人员疲劳,应制订与实施保证足够休息时间的措施,规定主管机关为防止滥用药物和酗酒,应制订适当的措施。增加了负有保安职责的值班人员的规定、值班时间和休息时间的要求和防止药物和酒精滥用的指导。

此外,在《STCW 公约》中引用的一些法规的变化也体现在此次修正案中。例如,以《国际航空和海上搜寻救助手册》取代《商船搜寻和救助手册》,以《IMO 标准航海通信用语》取代《标准航海用语》,以《IMSBC 规则》取代《BC 规则》等。

二、“STCW 规则”的性质和主要内容

1.“STCW 规则”A 部分

在本部分中,将在适任标准中规定的应具有的能力归纳为以下七项职能和三个责任级别。

(1)七项职能为:

①航行。

②货物装卸和积载。

③船舶作业管理和人员管理(Controlling the Operation of the Ship and Care for Persons on Board)。

④轮机工程(Marine Engineering)。

⑤维护和修理(Maintenance and Repair)。

⑥电气、电子和控制工程(Electrical,Electronic and Control Engineering)。

⑦无线电通信。

(2)三个责任级别为：

①管理级(Management level)。

②操作级(Operational level)。

③支持级(Support level)。

船长和大副、轮机长和大管轮属于"管理级"；二/三副、二/三管轮、电子电气员及500总吨(或750 kW)以下船舶的高级船员属于"操作级"；值班水手、值班机工和电子技工属于"支持级"。船长、轮机长、驾驶员和轮机员都必须适任"船上操作和人员管理"职能；支持级仅涉及"航行"或"轮机工程"职能。

A部分作为强制性规定，给出了海员最低适任标准、特殊培训和专业培训的要求、发证标准以及海员值班标准等。我国作为国际海事组织的A类理事国和《STCW公约》的缔约国，已将这些标准全部形成履约文件，并作为国家法规性文件由主管机关颁布施行，如本章中的"海船船员适任考试、评估和发证规则"和"海船船员值班规则"等。

2."STCW规则"B部分

B部分是关于公约及其附则的建议和指导，旨在协助缔约国和其他各方以统一的方式使公约得以充分和完全实施。B部分由"关于STCW公约条款的指导"和"关于STCW公约附则条款的指导"两部分组成。

"关于STCW公约附则条款的指导"的条文编排与公约附则及A部分的章节一一对应，亦分为八章：

第1章　关于总则的指导；

第2章　关于船长和甲板部的指导；

第3章　关于轮机部的指导；

第4章　关于无线电通信和无线电人员的指导；

第5章　关于特定类型船舶的船员特殊培训要求的指导；

第6章　关于应急、职业安全、医护和救生职能的指导；

第7章　关于可供选择的发证的指导；

第8章　关于值班的指导。

B部分所建议的措施虽为非强制性的，但在我国履约文件中多已体现。

第二节　2006年海事劳工公约

一、公约的构成

《2006年海事劳工公约》在结构上分为三个层次，即正文条款(Articles)、规则(Regulations)和守则(Code)。条款和守则规定了核心权利和原则以及批准公约成员国的义务。条款和规则只能由大会在《国际劳工组织章程》框架下修改。守则包含了规则的实施细节。它由A部分(强制性标准)和B部分(非强制性导则)组成。守则可以通过本公约所规定的简化程序来修订。由于守则涉及具体实施，对守则的修正必须仍放在条款和规则的总体范畴内。

规则和守则是公约的标准，在内容上分为五个标题(Titles)。标题一为"海员上船工作的最低要求"，包括了最低年龄、体检证书、培训和资格、招募与安置等方面的内容；标题二为"就业条件”，包括海员就业协议、工资、工作或休息时间、休假的权利、遣返、船舶灭失或沉没时对海员的赔偿、配员水平、职业和技能发展和海员就业机会等；标题三为“船上居住、娱乐设施、食品和膳食服务”，包括居住舱室和娱乐设施、食品和膳食等；标题四为“健康保护、医疗、福利和社会保障”，包括船上和岸上医疗，船东的责任，保护健康和安全保护及防止事故，获得使用岸上福利设施和社会保障等；标题五为“遵守与执行”，包括了检查与发证、港口国控制、船上及岸上投诉程序及船员提供国应尽的义务等。

二、公约的性质

国际劳工组织（ILO）自2001年以来，经过近5年的努力，整合并修订了自20世纪20年代以来的现有ILO 60多个公约及建议书，形成了一本综合海事劳工公约，并于2006年2月23日在日内瓦举行了第94届大会暨第十届海事大会上以314票赞成、0票反对、4票弃权的绝对多数通过了该综合“国际海事劳工公约”。该公约将在达到至少30个国家批准且这些国家的商船总吨位占世界商船总吨位的33%之日起12个月后生效。

该公约适用于任何吨位的通常从事商业活动的所有海船，但专门在内河或在遮蔽的水域或与其紧邻水域或在港口规定适用水域航行的船舶、军船或军辅船、从事捕鱼或类似捕捞的船舶、用传统方法制造的船舶（例如独桅三角帆船和舢板）除外；200总吨以下国内航行船舶可免除守则中的有关要求。按公约规定，公约生效后，舱室标准对现有船舶将不进行追溯。

公约要求500总吨及以上国际航行船舶应持有“海事劳工证书”和“符合声明”，并规定公约生效后，缔约国可对非缔约国的到港船舶进行港口国监督（PSC）检查。

国际海事界普遍认为，海事劳工公约的通过，在世界劳工史和海运史上具有划时代的意义，必将对海事界产生深远的影响，并将构成今后全球质量航运（Quality Shipping）的重要内容。这项被称为全球120万海员的“权利法案”，将与国际海事组织（IMO）的“国际海上人命安全公约”，“国际防止船舶造成污染公约”，“海员培训、发证和值班标准国际公约”一起，构成世界海事法规体系的四大支柱。公约一旦生效也将会对我国船公司的船员管理运作、船员的福利待遇、船员职业安全与健康、船员招募与安置、船舶设计与建造等诸多方面带来一系列较大影响。虽然按公约规定的程序，公约生效尚需一定的时间，但造船界和航运界等有关单位应予以高度重视，尽早研究公约的有关要求，以人为本，不断改善船员在船上工作和生活的条件，为公约生效后的实施提前做好准备。

《2006年海事劳工公约》的根本目标是：

①在正文和规则中规定一套确定的权利和原则。

②通过守则允许成员国在履行这些权利和原则的方式上有相当程度的灵活性。

③通过标题五确保这些权利和原则得以妥善遵守和执行。

三、公约的规则和守则的主要内容

公约的规则和守则按以下标题被划归为五个领域。

①标题一：海员上船工作的最低要求。

②标题二：就业条件。

③标题三：起居舱室、娱乐设施、食品和膳食服务。

④标题四：健康保护、医疗、福利和社会保障。

⑤标题五：遵守与执行。

1. 海员上船工作的最低要求

包括了最低年龄、体检证书、培训和资格、招募与安置以及海员身份证件等方面的内容。

①最低年龄:明确未成年人不得上船工作,最低年龄为 16 岁。

②体检证书:海员须有体检证书证明其健康情况适合其履行职责,体检标准有国际指南。

③培训和资格:确保海员经过培训或具备履行其船上职责的资格,STCW 规则规定了海员适任标准。

④招募和安置:确保海员有机会利用有效和良好规范的海员招募和安全系统。各成员国应向经批准的海员招募和安置服务机构颁发许可证。

⑤海员身份证件:确保海员能获得身份证件。

2. 就业条件

包括海员就业协议、工资、工作或休息时间、休假的权利、遣返、船舶灭失或沉没时对海员的赔偿、配员水平、海员职业和技能发展及就业机会等方面的内容。

(1)海员就业协议:确保海员得到公平的就业协议。海员和船东提前终止"海员就业协议"发出预先通知的最短期限。最短期限的长度应在与有关船东和海员组织协商后确定,但不得短于 7 天。

(2)工资:确保所有海员均应根据其就业协议定期获得全额工作报酬。在 B 部分包括最低工资。

①各成员国应要求按不超过 1 个月的间隔并根据任何适用的集体协议向在悬挂其旗帜的船舶上工作的海员支付其应得的报酬。

②应给海员一个应得报酬和实付数额的月薪账目,包括工资、额外报酬,以及在其报酬采用的货币或兑换率不同于曾经达成一致的货币或兑换率时,所用的兑换率。

③"基本报酬或工资"一词系指正常工作时间的报酬,无论这一报酬如何构成;它不包括加班报酬、奖金、津贴、带薪休假或任何其他额外酬劳;"合并工资"一词系指包括基本工资和与工资有关的其他津贴在内的工资或薪资;合并工资可包括对所有加班工作给予的补偿和所有其他与工资相连的津贴,或者它也可以包括部分合并工资内的某些津贴。

④出于计算工资的目的,在海上和港口的正常工作时间每天不应超过 8 h;对于由基本报酬或工资所涵盖的每周正常工作时间,应由国家法律或条例确定,但每周不得超过 48 h。加班补偿率不应低于每小时基本报酬或工资的 1 倍和 1.25 倍。所有加班时间应由船长或船长指定的人员进行记录,并至少按每月的间隔由海员签字。

(3)工作或休息时间:确保海员享有的规范工作或休息时间。

海员的正常工时标准应以每天 8 h,每周休息 1 天和公共节假日休息为依据。应考虑到海员疲劳带来的危险,特别是那些职责涉及航行安全以及船舶的安全和保安操作的海员,对海员的工作或休息时间应作如下限制:

①最长工作时间:在任何 24 h 时段内不得超过 14 h;且在任何 7 天时间内不得超过 72 h。

②最短休息时间:在任何 24 h 时段内不得少于 10 h;且在任何 7 天时间内不得少于 77 h。

③休息时间最多可分为两段,其中一段至少要有 6 h,且相连的两段休息时间的间隔不得超过 14 h。

船员经常进出的地点应张贴一份船上工作安排表,该表应至少包括每一岗位在海上和在港口的工作时间、最长工作时间和最短休息时间。

应保持对海员的日工作时间或其日休息时间进行记录,以便监督。记录应采用主管当局确定的标准格式。该表格应以船上的一种或多种工作语言和英文制订。海员应得到一份由船长或船长授权人员以及海员本人签字认可的有关其本人记录的副本。

出于船舶、船上人员或货物的紧急安全需要,或出于帮助海上遇险的其他船舶或人员的目的,船长可中止工作时间或休息时间安排,要求一名海员从事任何时间的必要工作,直至情况恢复正常。一旦情况恢复正常,船长应尽快地确保所有在计划安排的休息时间内从事工作的海员获得充足的休息时间。

(4)休假的权利:确保海员有充足的休假。

各成员国应通过法律和条例,确定在悬挂其旗帜的船舶上工作的海员的最低年休假标准,并充分考虑到海员对这种休假的特殊需要。

海员带薪年休假的权利应以每服务两个月最低2.5日为基础加以计算。合理的缺勤不应被视做年假。禁止达成放弃享受最低带薪年休假的任何协议。

根据由主管当局或适用的集体协议确定的条件,因参加认可的海事职业培训班或出于患病或受伤或因生育等原因造成的缺勤,应算做服务期的一部分。

在年休假期间的报酬水平应为国家法律或条例或适用的海员就业协议中规定的海员正常报酬水平。对于受雇期短于1年的海员,或在雇佣关系终止的情况下,休假的权利应按比例计算。

下述情况不应算做带薪年休假的一部分:船旗国认可的公共和传统假日,不论其是否发生在带薪年休假假期内;在由各国主管当局或通过适当的机制确定的条件下,因患病或受伤或因生育而不能工作的期间;在履行就业协议期间准许海员的短期上岸休息;以及主管当局或通过各国适当的机制确定的条件下,任何类型的补休。

(5)遣返:确保海员能够回家。

① 海员在以下情形有权得到遣返:如果当海员在国外时海员就业协议到期;如果其海员就业协议被船东终止或被海员出于合理的理由终止;如果海员不再具备履行其就业协议中职责的能力或在具体情形下不能指望其履行这些职责。如:因患病或受伤或其他健康问题需要其遣返且身体状况适于旅行时;在船舶失事时;由于破产、变卖船舶、改变船舶登记或任何其他类似原因而船东不能继续履行其法律或契约义务时;在船舶驶往战乱区域而船员不同意前往的情况下;以及根据仲裁裁定或集体协议而终止或中断雇用,或出于其他类似原因终止雇用。

②海员在有权得到遣返前在船上服务的最长期间应少于12个月;以及船东应给予的遣返权利,包括遣返的目的地、旅行方式、船东负担的费用项目和将作出的其他安排方面的内容。

禁止船东要求海员在开始受雇时预付遣返费用,禁止船东从海员的工资或其他收益中扣回遣返费用,除非根据国家法律或条例或其他措施或适用的集体谈判协议,海员出现严重失职而被遣返。

由船东承担的遣返费用应至少包括:到达遣返目的地的旅费;从海员离船时起至抵达遣返目的地时止的食宿费;如果本国法律、条例或集体协议有规定,从海员离船时起至抵达遣返目的地时止的工资和津贴;将海员个人行李30 kg运至遣返目的地的运输费;以及必要时,提供医疗使海员身体状况适合前往遣返目的地的旅行。等待遣返所用的时间和遣返旅行时间不应从海员积累的带薪年假中扣减。

船东负责通过适当和迅速的方式对遣返作出安排。通常的旅行方式应为乘坐飞机。成员国应规定海员可被遣返的目的地。目的地应包括:海员同意接受雇用的地点、集体协议规定的地点、海员的居住国或可能在聘用时双方同意的其他地点。海员有权从规定的目的地中选择

其将被遣返的地点。

如果有关海员在国家法律或条例或集体协议规定的合理的时间内未提出遣返要求,其应享的遣返权利可能失效。

(6)船舶灭失或沉没时对海员的赔偿:确保在船舶灭失或沉没时对海员进行赔偿。

海员有权就由于船舶灭失或沉没所造成的伤害、损失或失业得到充分的赔偿。在任何船舶灭失或沉没的各种情况下,船东就这种灭失或沉没所造成的失业向船上每个海员支付赔偿。在海员实属失业期间,应等于就业协议中可支付工资的比率,但向任何一个海员支付的赔偿总额可仅限于两个月的工资。

(7)配员水平:为了船舶运营的安全、高效和保安,确保海员在人员充足的船上工作。

各成员国应要求悬挂其旗帜的所有船舶考虑到海员的疲劳以及航行的性质和条件,在船上配有充足数目的海员以确保船舶的安全、高效操作,并充分注意到在各种条件下的保安。

(8)海员职业和技能开发及就业机会:促进海员的职业发展和技能开发及就业机会。

各成员国应建立海员登记册,定期评审海员登记册名单的总人数,使之达到符合航运业需求。应有国家政策促进海员就业,并鼓励在其领土内居住的海员发展职业和开发技能,以及更多的就业机会。

3.起居舱室、娱乐设施、食品和膳食服务

包括船上居住舱室和娱乐设施、食品和膳食服务等方面的内容。确保海员在船上有体面的起居舱室和娱乐设施;确保海员获得根据规范的卫生条件提供的优质食品和饮用水。

①起居舱室和娱乐设施:在 A 部分包括房间和其他起居舱室空间的尺寸,取暖和通风,噪音和振动及其他环境因素,卫生设施,照明,起居舱室的净高,卧室的要求。这些标准在 PSC 检查中作为重要项目。但公约生效后,舱室标准对现有船舶将不进行追溯。

②食品和膳食:确保船员得到根据规范的卫生条件提供优质食品和膳食。包括对船上厨师要求,年满 18 岁,持船上厨师资格证书。在海员受雇期间,应为船上的海员免费提供食物。

船长或经船长授权,在船上对以下方面开展有记录的经常性检查:食品和饮用水供应;用于储存和处理食物和饮用水的所有场所和设备;以及用于准备和供应餐食的厨房或其他设备。

4.健康保护、医疗、福利和社会保障

包括船上和岸上医疗,船东的责任,保护健康和安全保护及防止事故,获得使用岸上福利设施和社会保障等。

(1)船上和岸上医疗。保护海员健康并确保其迅速得到船上和岸上医疗,包括医疗设备、医疗指南和船上医疗箱内药品应由主管当局指定负责人员妥善维护,并每隔不超过 12 个月进行定期检查。

(2)船东的责任。确保海员得到保护免受与其工作相关的疾病、受伤或死亡的财务影响,包括船东投保和应支付医疗费用。

船东应根据以下最低标准,对船上工作的所有海员的健康保护和医疗负责。

①对于在其船上工作的海员,船东应有责任对海员从开始履行职责之日起到遣返之日期间的疾病和受伤承担费用。

②船东应提供财务担保,保证对海员因工伤、疾病或危害而死亡或长期残疾的情况提供国家法律或海员就业协议或集体协议所确定的赔偿。

③船东应有责任支付医疗费用,包括治疗及提供必要的药品和治疗设备,以及在外的膳宿,直到该患病或受伤海员康复,或直到该疾病或机能丧失被宣布为永久性的;以及如果发生

海员受雇期间在船上或岸上死亡的情况，船东应有责任支付丧葬费用。

④如果疾病或受伤造成工作能力丧失，船东应有责任：只要患病或受伤海员还留在船上或者在海员得到遣返以前，向其支付全额工资；以及从海员被遣返或到达上岸之时起直到身体康复，或直到有权根据有关成员国的法律获得保险金（如果早于康复的话），按照国内法律或条例或集体协议的规定向其支付全额或部分工资。

⑤船东支付医疗和膳宿费用的责任限制和船东向离船海员支付全部或部分工资的责任限制在从患病或受伤之日起均不少于16周的期限内。

⑥以下情况可排除船东的责任：在船舶服务之外发生的其他受伤；受伤或患病是因患病、受伤或死亡海员的故意不当行为所致；以及在接受雇用时故意隐瞒的疾病或病症。

(3)保护健康和安全及防止事故。确保海员的船上工作环境有利于职业安全和健康。

各成员国应确保悬挂其旗帜的船舶上的海员得到职业健康保护，并且在一个安全和卫生的环境下在船上生活、工作和培训。

一切职业事故、职业伤害和疾病均应报告，从而能够对其开展调查以及保持、分析和公布完整的统计数据，并应考虑到保护有关海员的个人数据。报告不应局限于伤亡事故或涉及船舶的事故。统计数据应包括职业事故、职业伤害和疾病的次数、性质、原因和影响，如果可行，应明确指出事故发生在船上的什么岗位、事故的类型以及在海上还是在港口。

(4)获得使用岸上福利设施。确保海员获得使用岸上设施和服务及在船上工作期间身心健康。

(5)社会保障。确保采取措施向海员提供社会保障的保护。全面社会保障保护而需要考虑的分项包括：医疗、疾病津贴、失业津贴、老年津贴、工伤津贴、家庭津贴、生育津贴、病残津贴和遗属津贴等9个分项。各成员国所提供的保护应至少包括上述所列9个分项中的3个，即医疗、疾病津贴和工伤津贴。

5.遵守与执行

包括检查与发证、港口国控制、船上及岸上投诉程序及船员提供国应尽的义务等。公约要求500总吨及以上国际航行船舶应持有“海事劳工证书”和“符合声明”，并规定公约生效后，缔约国可对非缔约国的到港船舶进行港口国监督（PSC）检查。

(1)船旗国的责任。确保各成员国就悬挂其旗帜的船舶实施根据公约应负的责任。

海事劳工证书和海事劳工符合声明（或海事劳工遵守情况声明）：各成员国要求船舶携带和保存一份符合公约要求的海事劳工证书和一份海事劳工符合声明。

海事劳工证书，证明该船舶上的海员工作和生活条件，包括海事劳工符合声明中所包括的持续符合措施，经过检查并满足国家法律或条例或其他实施本公约的措施和要求。

海事劳工符合声明，陈述在海员的工作生活条件方面实施本公约的国家要求，并列明船东为确保符合对有关船舶的要求所采取的措施。

500总吨或以上国际航行船舶应携带主管机关或主管机关认可的组织签发的海事劳工证书和海事劳工符合声明。海事劳工证书有效期不得超过5年，在第2和第3个周年日之间举行一次中期检查，以确保持续符合国家履约法规的要求。中期检查的范围和深度应与证书换证检查相同。在中期检查通过后应对证书进行签注。

海事劳工符合声明应有两个部分：第Ⅰ部分应由主管当局编制，第Ⅱ部分应船东编制并明确所采取的确保在两次检验之间持续符合国内要求的措施和为确保不断改进而建议的措施。主管机关或认可组织应对第Ⅱ部分予以认证并应签发海事劳工符合声明。

海事劳工符合声明应附在海事劳工证书之后。在任何情况下，主管机关核实海事劳工符合声明的间隔期不得超过 3 年。

(2)港口国的责任。使各成员国能够履行公约关于在外国船舶上实施和执行公约标准方面进行国际合作责任。

港口国授权官员可要求到港船舶出示海事劳工证书和海事劳工符合声明，如发现问题或有投诉指称船上的海员工作和生活条件不符合公约要求，则可以进行一次更详细的检查。

如果有理由相信某些缺陷构成了对公约要求(包括海员的权利)的严重违反，或对海员的安全、健康或保安构成重大威胁，禁止船舶在采取必要措施前离港。

“投诉”系指由海员、专业机构、协会、工会或总体而言，由那些关心船舶安全，包括关心船上海员的安全或健康危害的任何人提交的信息。

(3)劳工提供责任。确保各成员国履行其在公约下关于海员招募和安置以及对其海员提供社会保护的责任。

第三节　国际卫生条例的有关规定

一、概述

1830～1847 年间，肆虐欧洲的霍乱促进了频繁的传染病外交和公共卫生方面的多边合作。其后，1851 年在巴黎召开了第一届国际卫生会议。1948 年世卫组织《组织法》生效，而后世卫组织会员国于 1951 年通过了《国际公共卫生条例》，后者于 1969 年被改名的《国际卫生条例》所取代。对 1969 年通过的《国际卫生条例》分别于 1973 年和 1981 年作了细微修改。

《国际卫生条例(1969)》的初衷是监测和控制 6 种严重的传染病：霍乱、鼠疫、黄热病、天花、回归热和伤寒。根据《国际卫生条例(1969)》，只有霍乱、鼠疫和黄热病仍然属法定报告疾病，这表明，如果在其领土内发生以上疾病时，各国必须通报世卫组织。

20 世纪 90 年代初，由于一些人所共知的流行性疾病(如南美洲部分地区的霍乱、印度的鼠疫)的死灰复燃和新传染性疾病(如埃博拉出血热)的出现，1995 年召开的第 48 届世界卫生大会通过一项决议，要求修订《国际卫生条例(1969)》。

2001 年 5 月，世界卫生大会通过了题为“全球健康保障：对流行病的预警和反应”的 WHA54.14 号决议，决议要求世卫组织支持会员国加强发现和快速应对传染病威胁和突发事件的能力。

2003 年 5 月，关于修订《国际卫生条例》的 WHA56.28 号决议建立了向所有会员国开放的政府间工作小组(IGWG)，其任务为审查和建议提请世界卫生大会审议的《国际卫生条例》修正草案。IGWG 于 2004 年 11 月、2005 年 2 月和 2005 年 5 月先后召开 3 次会议，赞同将最终修正文本提请第 58 届世界卫生大会审议。第 58 届世界卫生大会于 2005 年 5 月 23 日以 WHA58.3 号决议通过了《国际卫生条例(2005)》(以下统称“IHR”或“条例”)。

二、《国际卫生条例(2005)》的主要内容

(一)目的和范围、原则和负责部门

1. 目的和范围

本条例的目的和范围是以针对公共卫生危害，同时又避免对国际交通和贸易造成不必要

干扰的适当方式预防、抵御和控制疾病的国际传播,并提供公共卫生应对措施。

2. 原则

①本条例的执行应充分尊重人的尊严、人权和基本自由。

②本条例应在联合国宪章和世界卫生组织《组织法》的指导之下执行。

③本条例的执行应以其广泛用以保护世界上所有人民不受疾病国际传播之害的目标为指导。

④根据联合国宪章和国际法的原则,具有主权权利的国家在根据其卫生政策进行立法和实施法规时,应当遵循本条例的目的。

3. 负责部门

(1)每个缔约国应当指定或建立《国际卫生条例》国家归口单位以及在各自管辖行政范围内负责按本条例实施卫生措施的部门。

(2)《国际卫生条例》国家归口单位应随时能够同世卫组织《国际卫生条例》联络点保持联系。《国际卫生条例》国家归口单位的职责应该包括:

①代表有关缔约国同世卫组织《国际卫生条例》联络点就有关本条例实施的紧急情况进行沟通,特别是根据第 6 ~ 12 条的规定。

②向有关缔约国的相关行政管理部门传播信息,并汇总反馈意见,其中包括负责监测和报告的部门、入境口岸、公共卫生服务机构、诊所、医院和其他政府机构。

(3)世卫组织应当指定《国际卫生条例》联络点,后者应与《国际卫生条例》国家归口单位随时保持联系。世卫组织《国际卫生条例》联络点应将本条例的执行情况(特别是根据第 6 ~ 12 条的规定)及时分送有关缔约国的《国际卫生条例》国家归口单位。世卫组织《国际卫生条例》联络点可由世卫组织在本组织总部或区域一级任命。

(4)缔约国应当向世卫组织提供本国《国际卫生条例》国家归口单位的详细联系方式,同时世卫组织应当向缔约国提供世卫组织《国际卫生条例》联络点的详细联系方式。以上联系细节应不断更新并每年予以确认。世卫组织应当让所有缔约国了解世卫组织按本条规定所收到的《国际卫生条例》国家归口单位的联系细节。

(二)入境口岸

1. 总职责

除本条例规定的其他职责外,每个缔约国应当:

①确保规定的指定入境口岸的能力按规定的期限内得到加强。

②确定负责本国领土上每个指定入境口岸的主管部门。

③当为应对特定的潜在公共卫生危害提出要求时,尽量切实可行地向世卫组织提供有关入境口岸感染或污染源(包括媒介和宿主)的相关资料,因此类感染或污染有可能导致疾病的国际传播。

2. 机场和港口

缔约国应当指定理应加强规定的能力的机场和港口。

缔约国应当确保:根据要求和示范格式签发船舶免予卫生控制证书和船舶卫生控制证书。

每个缔约国应当向世卫组织寄送被授予以下权限的港口名单:

①签发船舶卫生控制证书和提供附件提及的服务。

②只签发船舶免予卫生控制证书。

③延长船舶免于卫生控制证书一个月,直至船舶抵达可能收到证书的港口。

每个缔约国应当将列入名单的港口情况可能发生的任何改变通知世卫组织。世卫组织应当公布根据本款收到的信息。在有关缔约国的要求下,世卫组织可以在经适当调查后设法证明:在其领土上的机场或港口符合要求。以上证明材料可由世卫组织在与缔约国协商下定期审核。

世卫组织在与相关政府间组织和国际机构的合作下,应当制定和公布按本条规定为机场和港口颁发证书的准则。世卫组织还应该发布经认证的机场和港口的清单。

(三)公共卫生措施

1. 总则

到达和离开时的卫生措施。遵循适用的国际协议和本条例各有关条款,缔约国出于公共卫生目的可要求在到达或离开时:

①对旅行者进行检查。

②对行李、货物、集装箱、交通工具、物品、邮包和骸骨进行检查。

如通过规定的措施或通过其他手段取得的证据表明存在公共卫生危害,缔约国尤其对嫌疑或受染旅行者可在个别情况、个别处理的基础上,按本条例采取能够实现防范疾病国际传播的公共卫生目标的干扰性和创伤性最小的医学检查等额外卫生措施。

根据缔约国的法律和国际义务,未经旅行者本人或其父母或监护人的事先知情同意,不得进行本条例规定的医学检查、疫苗接种、预防或卫生措施,但有例外。

根据缔约国的法律和国际义务,按本条例接种疫苗或接受预防措施的旅行者本人或其父母或监护人应当被告知接种或不接种疫苗以及采用或不采用预防措施引起的任何风险。缔约国应当根据该国的法律将此要求通知医生。

对旅行者实行或施行涉及疾病传播危险的任何医学检查、医学操作、疫苗接种或其他预防措施时,必须根据既定的国家或国际安全准则和标准,以尽量减少这种危险。

2. 对交通工具和交通工具运营者的特别条款

(1)交通工具运营者

缔约国应当采取符合本条例的一切可行措施,确保交通工具运营者:

①遵守世卫组织建议并经缔约国采纳的卫生措施。

②告知旅行者世卫组织建议并经缔约国采纳的舱内卫生措施。

③经常保持所负责的交通工具无感染或污染源(包括媒介和宿主)状态。如果发现有感染或污染源的证据,需要采取相应的控制措施。

本条对交通工具和交通工具运营者的具体规定见附件。在媒介传播疾病方面,适用于交通工具和交通工具运营者的具体措施见附件。

(2)过境船舶和飞机

除另有规定或经适用的国际协议授权之外,缔约国对以下情况不得采取卫生措施:

①不是来自受染地区、在前往另一国家领土港口的途中经过该缔约国领土的沿海运河或航道的船舶。在主管部门监督下应当允许任何此类船舶添加燃料、水、食物和供应品。

②通过该缔约国管辖的航道、但不在港口或沿岸停靠的任何船舶。

③在该缔约国管辖的机场过境的飞机,但可限制飞机停靠在机场的特定区域,不得上下人员和装卸货物。然而,在主管部门监督下应当允许任何此类飞机添加燃料、水、食物和供应品。

(3)过境的民用卡车、火车和客车

除另有规定或经适用的国际协议授权之外,不得对来自非疫区并在无人员上下和装卸货

物的情况下通过领土的民用卡车、火车或客车采取卫生措施。

(4)受染交通工具

①如果根据公共卫生危害的事实和证据发现交通工具舱内存在着临床迹象或症状和情况(包括感染和污染源),主管部门应当认为该交通工具受染,并可:

A. 对交通工具进行适宜的消毒、除污、除虫或灭鼠,或使上述措施在其监督下进行。

B. 结合每个具体情况决定所采取的技术,以保证按本条例的规定充分控制公共卫生危害。若世卫组织为此程序有建议的方法或材料,应予以采用,除非主管当局认为其他方法也同样安全和可靠。

主管当局可执行补充卫生措施,包括必要时隔离交通工具,以预防疾病传播。应该向《国际卫生条例》国家归口单位报告这类补充措施。

②如果入境口岸的主管部门不具备执行本条要求的控制措施的实力,受染交通工具在符合以下条件的情况下可允许离港:

A. 主管部门应当在离港之际向下一个已知入境口岸的主管当局提供相关信息。

B. 如为船舶,则在船舶卫生控制证书中应当注明所发现的证据和需要采取的控制措施。应当允许任何此类船舶在主管部门监督下添加燃料、水、食品和供应品。

③主管部门对以下情况表示满意时,曾被认为受染的交通工具应不再被如是对待:

A. 本条规定的措施已得到有效执行。

B. 舱内无构成公共卫生危害的情况。

(5)入境口岸的船舶和飞机

除适用的国际协议另有规定之外,不应当因公共卫生原因而阻止船舶或飞机在任何入境口岸停靠。但是,如果入境口岸不具备执行本条例规定的卫生措施的能力,可命令船舶或飞机在自担风险的情况下驶往可到达的最近适宜入境口岸,除非该船舶或飞机有会使更改航程不安全的操作问题。

除适用的国际协议另有规定之外,缔约国不应当出于公共卫生理由拒绝授予船舶或飞机“无疫通行”;特别是不应当阻止它上下乘员、装卸货物或储备用品,或添加燃料、水、食品和供应品。缔约国可在授予“无疫通行”前进行检查,若舱内发现感染或污染源,则可要求进行必要的消毒、除污、灭虫或灭鼠,或者采取其他必要措施防止感染或污染传播。

在可行的情况下,缔约国如根据船舶或飞机到达前收到的信息认为该船舶或飞机的到达不会引起或传播疾病,则应当通过无线通信或其他通信方式授予无疫许可。

船舶的负责官员或飞机的机长或其代理,在到达目的地港口或机场前,应当将舱内任何显示出某种传染病迹象的患病者的情况或存在公共卫生危害的证据,在负责官员或机长一俟获知存在这类病情或公共卫生危害后,便尽早通知港口或机场管制部门。此信息必须立即告知港口或机场的主管部门。在紧急情况下,负责官员或机长应直接向有关港口或机场主管部门通报此类信息。

若由于非飞机机长或船舶负责官员所能控制的原因,嫌疑受染或受染的飞机或船舶,着陆或停泊于不是原定到达的机场或港口,则应当采取以下措施:

①飞机机长或船舶负责官员或其他负责人,应当尽一切努力立即与最近的主管部门联系。

②主管部门一旦得知飞机着陆,可采取世卫组织建议的卫生措施或本条例规定的其他卫生措施。

③除非出于紧急情况或与主管当局进行联系的需要,或得到主管当局的批准,否则搭乘飞

机或船舶的旅客不得离开飞机或船舶附近，也不得从飞机或船舶附近移动货物。

④在执行主管部门要求的所有卫生措施后，如果此类措施圆满完成，飞机或船舶可继续前往原定着陆或停泊的机场或港口，或如因技术原因不能在这里着陆或停泊，可前往位置方便的机场或港口。

虽然有本条所含的条款，船舶的负责官员或飞机的机长可为了舱内旅客的健康和安全而采取认为必需的紧急措施。负责官员或机长应就按本款采取的任何措施尽早告知主管部门。

(6)入境口岸的民用卡车、火车和客车

世卫组织应与缔约国协商，制定对入境口岸和通过陆地过境点的民用卡车、火车和客车所采取卫生措施的指导原则。

3. 对货物、集装箱和集装箱装卸区的特别条款

(1)转口货物

除非另有规定或经适用的国际协议授权，否则除活的动物外，无需转运的转口货物不应当接受本条例规定的卫生措施或出于公共卫生目的而被扣留。

(2)集装箱和集装箱装卸区

缔约国应当在可行的情况下确保集装箱托运人在国际航行中使用的集装箱保持无感染或污染源(包括媒介和宿主)，特别是在打包过程中。缔约国应当在可行的情况下确保集装箱装卸区保持无感染或污染源(包括媒介和宿主)。

一旦缔约国认为国际集装箱装卸量非常繁重时，主管当局应当采取符合本条例的一切可行措施(包括进行检查)，评估集装箱装卸区和集装箱的卫生状况，以确保本条例规定的义务得到履行。在可行的情况下，集装箱装卸区应配备检查和隔离集装箱的设施。如集装箱装卸区具有多种用途，集装箱托运人和受托人应当尽力避免交叉污染。

(四)卫生文件

1. 一般规定

除本条例或世卫组织发布的建议所规定的卫生文件外，在国际航行中不应要求其他卫生文件，但本条不适用于寻求临时或长期居留的旅行者，也不适用于根据适用的国际协议有关国际贸易中物品或货物公共卫生状况的文件要求。主管当局可要求旅行者填写符合所规定要求的通信地址表和关于旅行者健康情况的调查表。

2. 疫苗接种或其他预防措施证书

按本条例或建议对旅行者进行的疫苗接种或预防措施，以及与此相关的证书应当符合附件的规定，适用时应当符合附件有关特殊疾病的规定。

除非主管当局有可证实的迹象和(或)证据表明疫苗接种或其他预防措施无效，否则持有与附件相符的疫苗接种或其他预防措施证书的旅行者不应当由于证明中提及的疾病而被拒绝入境，即使该旅行者来自受染地区。

3. 海事健康申报单

船长在到达缔约国领土的第一个停靠港口前应当查清船上的健康情况，而且除非缔约国不要求，否则船长应当在船舶到达后或到达之前(如果船舶有此配备且缔约国要求事先提交)，填写海事健康申报单，并提交给该港口的主管当局；如果带有船医，海事健康申报单则应当有后者的副签。

船长或船医(如果有)应当提供主管当局所要求的有关国际航行中船上卫生状况的任何信息。

海事健康申报单应当符合附件规定的示范格式。

缔约国可决定：

①免予所有到港船舶提交海事健康申报单。

②根据对来自受染地区的船舶的建议，要求提交海事健康申报单或要求可能携带感染或污染的船舶提交此文件。

缔约国应当将以上要求通知船舶运营者或其代理。

4.船舶卫生证书

船舶免于卫生控制措施证书和船舶卫生控制措施证书的有效期最长应为6个月。如果所要求的检查或控制措施不能在港口完成，此期限可延长1个月。

如果未出示有效的船舶免于卫生控制措施证书或船舶卫生控制措施证书，或在舱内发现公共卫生危害的证据，缔约国可根据本条例行事。

本条提及的证书应当符合附件的示范格式。

只要有可能，控制措施应当在船舶和船舱腾空时进行。如果船舶有压舱物，应在装货前进行。

如需要进行控制措施，并圆满完成，主管当局应当签发船舶卫生控制措施证书，注明发现的证据和采取的控制措施。

主管当局如对船舶无感染或污染（包括媒介和宿主）状况表示满意，可在规定的任何港口签发船舶免于卫生控制措施证书。当船舶和船舱腾空时或只剩下压舱物或其他材料（按其性质和摆放方式可对船舱进行彻底检查）时只有对船舶进行检查后一般才应签发证书。

如果执行控制措施的港口主管当局认为，由于执行措施的条件有限，不可能取得满意的结果，主管当局应当在船舶卫生控制措施证书上如实注明。

第四节　我国劳动法的有关规定

一、《中华人民共和国劳动法》的有关规定

《中华人民共和国劳动法》（以下简称《劳动法》）已由中华人民共和国第八届全国人民代表大会常务委员会第八次会议于1994年7月5日通过，现予公布，自1995年1月1日起施行。

1.《劳动法》的构成和性质

《劳动法》共107条，分为13章，其主要内容包括总则；促进就业；劳动合同和集体合同；工作时间和休息、休假；工资；劳动安全卫生；女职工和未成年工特殊保护；职业培训；社会保险和福利；劳动争议；监督检查；法律责任和附则。其宗旨是为了保护劳动者的合法权益，调整劳动关系，建立和维护适应社会主义市场经济的劳动制度，促进经济发展和社会进步。

2.劳动法的总则

为了保护劳动者的合法权益，调整劳动关系，建立和维护适应社会主义市场经济的劳动制度，促进经济发展和社会进步，根据宪法，制定本法。

在中华人民共和国境内的企业、个体经济组织（以下统称用人单位）和与之形成劳动关系的劳动者，适用本法。

劳动者享有平等就业和选择职业的权利、取得劳动报酬的权利、休息休假的权利、获得劳

动安全卫生保护的权利、接受职业技能培训的权利、享受社会保险和福利的权利、提请劳动争议处理的权利以及法律规定的其他劳动权利。

劳动者应当完成劳动任务，提高职业技能，执行劳动安全卫生规程，遵守劳动纪律和职业道德。

用人单位应当依法建立和完善规章制度，保障劳动者享有劳动权利和履行劳动义务。

国家采取各种措施，促进劳动就业，发展职业教育，制定劳动标准，调节社会收入，完善社会保险，协调劳动关系，逐步提高劳动者的生活水平。

国家提倡劳动者参加社会主义义务劳动，开展劳动竞赛和合理化建议活动，鼓励和保护劳动者进行科学研究、技术革新和发明创造，表彰和奖励劳动模范和先进工作者。

劳动者有权依法参加和组织工会。工会代表和维护劳动者的合法权益，依法独立自主地开展活动。

劳动者依照法律规定，通过职工大会、职工代表大会或者其他形式，参与民主管理或者就保护劳动合法权益与用人单位进行平等协商。

国务院劳动行政部门主管全国劳动工作。

县级以上地方人民政府劳动行政部门主管本行政区域内的劳动工作。

二、《中华人民共和国劳动合同法》的有关规定

《中华人民共和国劳动合同法》(以下简称《劳动合同法》)已由中华人民共和国第十届全国人民代表大会常务委员会第二十八次会议于 2007 年 6 月 29 日通过，现予公布，自 2008 年 1 月 1 日起施行。

《中华人民共和国劳动合同法》的构成和性质：

《劳动合同法》分 8 章，共有 98 条，其主要内容包括总则、劳动合同的订立、劳动合同的履行和变更、劳动合同的解除和终止、特别规定(集体合同、劳务派遣和非全日制用工)、监督检查、法律责任和附则。这是自《劳动法》颁布实施以来，我国劳动和社会保障法制建设中的又一个里程碑。《劳动合同法》的颁布实施，对于更好地保护劳动者合法权益，构建和发展和谐稳定的劳动关系，促进社会主义和谐社会建设，具有十分重要的意义。

第一，制定《劳动合同法》是尊重劳动，保护劳动者的重要举措。劳动者是社会主义国家的主人，切实保护广大劳动者的合法权益，是我国社会主义现代化建设的根本要求，也是社会主义制度生命力和优越性的体现。《劳动合同法》通过对劳动合同的订立、履行、解除、终止等作出符合社会主义市场经济要求和我国国情的规定，在尊重用人单位用工自主权的基础上，要求用人单位必须与劳动者订立书面劳动合同、规定用人单位必须全面履行劳动合同、引导用人单位合理约定劳动合同期限、规范用人单位解除和终止劳动合同行为、要求用人单位在解除和终止劳动合同时必须依法支付经济补偿，从而在劳动者十分关心的这些问题上，有效地保护劳动者的合法权益。

第二，制定《劳动合同法》是落实科学发展观、构建社会主义和谐社会的重要内容。劳动是人类社会最基本的社会活动，劳动关系是最基本的社会关系。所以，以人为本，重要的是要以劳动者为本；社会和谐，重要的是劳动关系的和谐。劳动关系和谐稳定，是保证企业正常的生产经营秩序、促进经济社会和谐发展的前提和基石。在劳动关系中，用人单位与劳动者一方面有共同的利益，另一方面又有不同的利益需求，是一对既统一又对立的矛盾共同体。《劳动合同法》在维护用人单位合法权益的同时，侧重于维护处于弱势一方的劳动者的合法权益，以

实现双方之间力量与利益的平衡,从而促进劳动关系和谐稳定,促进社会主义和谐社会的构建。

第三,制定《劳动合同法》是完善劳动保障法律体系的重要举措。劳动合同在保护劳动者各项劳动保障权益中发挥着关键作用。劳动合同一方面可以从形式上确立劳动关系,从而为劳动者获得劳动报酬、休息休假、社会保险等各项法定权益奠定了基础;另一方面又从内容上具体约定了劳动者的工资、工作内容、工作时间等权益,从而为劳动者实现和保障自身的权益提供了依据。劳动合同的重要性,决定了《劳动合同法》在劳动保障法律体系中处于基础地位。制定《劳动合同法》,不仅可以直接维护劳动者的劳动合同权益,而且还可以起到间接维护劳动者的其他各项劳动保障权益的作用。由此可见,《劳动合同法》的出台,标志着我国在完善劳动保障法律体系方面迈出了重要的一步。

第五节　中华人民共和国船员条例的有关规定

《中华人民共和国船员条例》于 2007 年 3 月 28 日国务院第 172 次常务会议通过(以下简称《船员条例》)。《船员条例》自 2007 年 9 月 1 日起施行。

《船员条例》共 73 条,分为 8 章,其主要内容包括总则、船员注册和任职资格、船员职责、船员职业保障、船员培训和船员服务、监督检查、法律责任和附则。

条例从提高船员素质、明确船员的职责、维护船员合法权益和保证船员有序流动等方面进行了规定。

在提高船员素质方面,主要从四个方面进行了规定:第一,建立了船员注册制度;第二,建立了船员任职资格制度;第三,建立了船员培训许可制度;第四,明确了船员上船应当完成相应的专业培训、特殊培训和适任培训。

在明确船员职责方面,主要从六个方面进行了规定:第一,规定了船员应当携带有效的船员证书;第二,规定了船员不得隐匿、篡改或者销毁有关船舶法定证书、文书;第三,规定了船员应当遵守船舶的管理制度和值班规定;第四,规定了船员应当参加船舶应急训练、演习,落实各项应急预防措施;第五,规定了船员发现或者发生险情、事故或者保安事件以及影响航行安全的情况,应当及时报告,在不严重危及自身安全的情况下,尽力救助遇险人员;第六,规定了船员不得利用船舶私载旅客、货物,不得携带违禁物品。

在维护船员合法权益方面,主要从七个方面进行了规定:第一,明确了船员用人单位和船员应当按照国家有关规定参加工伤保险、医疗保险、养老保险、失业保险以及其他社会保险,并依法按时足额缴纳各项保险费用;第二,明确了船员生活和工作的场所应当符合国家船舶检验规范中有关船员生活环境、作业安全和防护的要求;第三,明确了船员服务机构向船员用人单位提供船舶配员服务时,应当督促船员用人单位与船员依法订立劳动合同;第四,明确了船员用人单位应当根据船员职业的风险性、艰苦性、流动性等因素,向船员支付合理的工资,并按时足额发放给船员,任何单位和个人不得克扣船员的工资;第五,明确了船员用人单位应当向在劳动合同有效期内的待派船员,支付不低于船员用人单位所在地人民政府公布的最低工资;第六,明确了船员除享有国家法定的节假日外,还享有在船舶上每工作 2 个月不少于 5 日的年休假,船员用人单位应当向在年休假期的船员,支付不低于船员在船服务期间平均工资的报酬;第七,明确了船员要求遣返和选择遣返地点的权利。

在保证船员有序流动方面,主要从四个方面进行了规定:第一,建立了船员服务许可制度;

第二，明确了船员服务机构应当建立船员档案，加强船舶配员管理，掌握船员的培训、任职资历、安全记录、健康状况等情况；第三，明确了船员服务机构应当向社会公布服务项目和收费标准；第四，明确了船员服务机构为船员提供服务，应当诚实守信，不得提供虚假信息，不得损害船员的合法权益。

条例的颁布实施，将有利于加强船员管理、有利于提高船员素质、有利于维护船员的合法权益、有利于规范船员服务行业、有利于保障水上交通安全和促进航运的健康发展。

第六节　中华人民共和国海船船员适任考试和发证规则的有关规定

为了提高海船船员素质，保障海上人命和财产安全，保护海洋环境，根据《中华人民共和国海上交通安全法》、《中华人民共和国船员条例》以及我国缔结或者加入的有关国际公约，制定《中华人民共和国海船船员适任考试和发证规则》。

本规则自2012年3月1日起施行。2004年8月1日由原交通部颁布的《中华人民共和国海船船员适任考试、评估和发证规则》（交通部令2004年第6号）同时废止。国家海事管理机构在国务院交通运输主管部门的领导下，对海船船员适任考试和发证工作进行统一管理。国家海事管理机构所属的各级海事管理机构按照国家海事管理机构确定的职责范围具体负责海船船员适任考试和发证工作。

第七节　中华人民共和国海船船员值班规则的有关规定

《1978年海员培训、发证和值班标准国际公约》生效以来，对提高海员素质、保障航行安全起到了积极作用。随着世界海运业的发展，加上公约里许多内容不够完善，一些标准亟待修订，原公约已难以适应海运业发展的新要求。为此，国际海事组织于1995年对该公约进行了全面修正，并于1997年2月1日开始生效。经1995年修正的1978年STCW公约中的规则分为两部分：A部分是强制性的，B部分是指导性的。为了配合《STCW 78/95公约》的全面实施，提高我国海员的整体素质，认真履行缔约国的义务，交通部于1997年10月16日经第十三次部长办公会议通过《中华人民共和国海船船员值班规则》，并1997年10月20日交通部令1997年第11号发布，自1998年1月1日起施行。

本规则主要由10章内容构成，共148条，其主要内容包括：总则，航次计划及值班安排，航行值班应遵守的原则，不同环境下的航行值班，轮机值班应遵守的原则，无线电值班应遵守的原则，港内值班，驾驶、轮机联系制度，船员健康适任要求和附则。

《中华人民共和国海船船员值班规则》的总则：

为加强海船船员值班管理，防止船员疲劳操作，保障海上人命与财产安全，保护海洋环境，根据《中华人民共和国海上交通安全法》和《中华人民共和国海洋环境保护法》等有关法律、法规的规定，以及国际海事组织1995年修正的《1978年海员培训、发证和值班标准国际公约》和国际电信联盟《无线电规则》的要求，制定本规则。

本规则适用于在100总吨及以上中国籍海船上服务的组成值班的船员，但在下列船上服务的船员除外：军用船舶；渔业船舶；非营业的游艇；构造简单的木质船。

中华人民共和国海事局是实施本规则的主管机关。

各船公司应保证指派到船上任职的每一个值班船员均能熟悉船上的有关设备和船舶特性以及本人职责,并能在紧急情况下有效地执行安全和防污染工作。

船长及全体船员应了解由于操作不当或意外事故对海洋环境造成污染的严重后果,并应遵照国际公约和我国有关防止船舶造成污染的法律、法规的要求,制定出本船防污染的具体措施,采取切实有效的手段,防止船舶对海洋环境造成污染。

为维护驾驶台的良好秩序和环境,保证航行安全。各船公司应编制《驾驶台规则》、《机舱值班规则》和《无线电报房规则》张贴在船舶各部门的易见之处,并要求全体船员遵守执行。

第八节　我国船员管理的其他相关规定

政府通过制定相应的法规来加强对船员的管理,从而有效控制船员的身份、职业素质和行为,以及控制船员的出入境、海关、卫生检疫、边防等国境管理事务。

航海职业是一项崇高而又伟大的事业,历来被人称颂为智慧、力量和勇敢的象征。航海职业的特点是航程和航行时间长,运输环境多变甚至具有一定的风险,需要靠全体船员同舟共济,靠集体力量和团队精神,才能保证安全航行;同时还存在着较长时间与社会、家庭的隔离。因此,为保证海上运输的安全,要求船员必须不断提高自身职业素质,具备良好的海员素质。

船员工作比较艰苦、风险大,职业素质要求高。因此,许多国家都通过立法加强对船员的管理和保护船员的权益,国际海事组织和国际劳工组织也制定了相应的公约。对船员的管理,世界各国主要依据《STCW 78 公约》及其修正案提出的原则来制定符合本国情况的规定。有些国家以《船员法》、《劳工法》等法令形式出现。我国根据《STCW 78 公约》规定对原有管理条例进行了修改,颁布了一系列有关“船员管理”的法规。这些法令和法规的颁布与实施,对于加强船员的管理、维护船员的权益,提高船员的素质,履行国际公约等方面都有重大的现实意义。国家对船员的管理主要由海事局、海关、国境卫生检疫机关与边防检查机关等组织实施。

一、海事局对船员的管理

中华人民共和国海事局是我国船员管理的主管机关。主管机关通过海员证、船员服务簿、培训、考试和发证、安全配员及值班标准等立法来管理船员。海员证是船员的身份证明,用以加强海员出入境管理,保障航行安全和航运秩序。船员服务簿用以加强对船员的监督管理,核定其在船上的服务资历。培训、考试和发证用以控制船员的技术素质。安全配员规定用以确保船舶在航行和停泊时,配有足够数量的合格船员以保证船舶安全。海船船员值班规则用以加强船员值班管理。

①海员证。“海员证”是我国海员出入中国国境和在境外通行使用的有效身份证件,是根据我国原交通部、外交部、公安部联合制定的《中华人民共和国海员证管理办法》(1989 年 12 月 1 日起施行),由中华人民共和国海事局或其授权的下属海事局(下称颁发机关)颁发。海员证在国外的延期和补发,由我国驻外的外交代表机关、领事机关或外交部授权的其他驻外机关办理。海员证颁发给在航行国际航线的中国籍船舶工作的中国海员,和由国内有关部门派往外国籍船舶工作的中国海员,以加强对海员出入境的管理,保障航行安全和航运秩序。

海员证由海员所在单位或派出单位向颁发机关申请办理。海员证的有效期,由颁发机关根据海员出境任务所需时间长短确定,最长不超过 5 年。海员脱离原工作单位应交回海员证;

否则颁发机关可处以罚款。

②船员服务簿。“船员服务簿”是记录船员本人的海上资历,参加有关专业训练和体格检查情况的证件;是船员申请考试、办理职务升级签证和换领船员适任证书的证明文件之一。

船员服务簿“任解职记载”栏内的各项内容,都必须正确无误,不得谎报或涂改。

③船员培训、考试、发证。中华人民共和国海事局是全国船员考试、发证的主管机关,负责监督实施船员考试发证工作,监督指导船员专业训练。船员适任证书由中华人民共和国海事局统一印制,正式授权官员署名签发,有效期最长不超过 5 年。

④船舶最低安全配员证书。现行的《中华人民共和国船舶最低安全配员规则》于 2004 年 8 月 1 日起施行。规则规定,每条船都应持有海事局审核办理的《船舶最低安全配员证书》,考虑船舶种类、技术设备、主机功率、航区、航程等因素,每条船舶最低安全配员有所不同(见表 6-1)。规则还规定,船舶在停泊期间,均应配备足够的掌握相应安全知识并具有熟练操作能力能够保持对船舶及设备进行安全操纵的船员。无论何时,500 总吨及以上(或者 750 kW 及以上)海船、600 总吨及以上(或者 441 kW 及以上)内河船舶的船长和大副,轮机长和大管轮不得同时离船。

表 6-1　轮机部最低安全配员表

轮机部				
	航区和功率		一般规定	附加规定
所有船舶	海上	3 000 kW 及以上	轮机长、大管轮、二管轮、三管轮各 1 人,值班机工 3 人	①连续航行时间不超过 36 h,可减免三管轮和值班机工各 1 人; ②AUT-0 自动化机舱可减免二管轮、三管轮和值班机工 2 人; ③AUT-1 自动化机舱可减免三管轮和值班机工 2 人; ④BRC 半自动化机舱可减免值班机工 2 人
		750 kW 及以上至未满 3 000 kW	轮机长、大管轮各 1 人、值班机工 2 人	连续航行时间超过 16 h,须增加轮机员 1 人和值班机工 1 人(自动化机舱及 BRC 半自动化机舱除外)
		220 kW 及以上至未满 750 kW	轮机长、轮机员各 1 人,值班机工 2 人	连续航行时间超过 36 h,须增加二管轮 1 人(自动化机舱及 BRC 半自动化机舱除外)
		未满 220 kW	轮机长,值班机工各 1 人(机驾合一的免)	连续航行时间超过 4 h,须增加轮机员 1 人(机驾合一的免)
	港内		三管轮 1 人,值班机工 1 人	

二、海关对船员的出入境管理

中华人民共和国海关是国家进出境监督管理机关。海关依照《中华人民共和国海关法》和其他有关法律、法规,监管进出境的船舶、货物、物品,征收关税和其他税、费,缉查走私。

上下进出境船舶的人员携带的物品,应当以自用、合理数量为限,向海关如实申报并接受海关监管。如违反我国《海关法》和有关法律、法规,海关可依法处以罚款。构成走私罪的,由司法机关依法追究刑事责任。

为了维护国家利益,保护人民身体健康,船员进出境不得携带国家禁止进出口的物品。船员因休假离船时,应向海关申报并结清海关手续。

三、边防检查机关对船员的管理

边防检查机关负责对进出国境的人员及其护照，或者其他进出国境证件、行李物品、载运工具和物资实施边防检查，以保护我国主权和国家安全。进出境的船舶，必须向边防检查站申报船员、旅客清单，并接受其检查。进出境的船舶，在我国领海、内海、港湾或者江河内行驶时，不准中途上下人员或者装卸货物。外国籍船舶上下人员，必须向边防检查机关交验上下船的有效证件，检查行李物品，并经许可。

我国在对外开放的港口、机场、国境车站和通道以及特许的进出口岸，设立边防检查站。边防检查站负责对进出国境的人员及其护照（或海员证）、行李物品和进出国境的交通运输工具及其载运的物资，实施边防检查。

出境、入境的人员必须按照规定填写出境、入境登记卡，向边防检查站交验本人的有效护照或者其他出境、入境证件，经查验核准后，方可出境、入境。

上下外国船舶的人员，必须向边防检查人员交验出境、入境证件或者其他规定的证件，经许可后，方可上船、下船。

四、国境卫生检疫机关对船员的管理

中华人民共和国国境卫生检疫机关，依照我国《国境卫生检疫法》及其实施细则，实施国境卫生检疫，保护身体健康，防止传染病的传入或传出。中国籍船员出境前，均须到卫生检疫机关接受健康检查，预防接种，领取“健康证明书”和“国际预防接种证书”等卫生文书，出境时经卫生检疫机关验证，方可出境。入境船员需经卫生检疫机关验证。卫生检疫重点为鼠疫、霍乱、黄热病等检疫传染病；对中国籍船员还要检查有无艾滋病、性病或其他传染病。

对违反我国《公民出境入境管理法实施细则》和《国境卫生检疫法实施细则》者，予以处罚。对违反我国《国境卫生检疫法》构成犯罪的，由司法机关依法追究刑事责任。

五、我国船员管理的其他相关规定

（一）中华人民共和国船员注册管理办法

为规范船员注册管理，根据《中华人民共和国船员条例》，我国交通运输部制定了《中华人民共和国船员注册管理办法》，并经部务会议通过，自 2008 年 7 月 1 日起施行。

中华人民共和国境内的船员注册以及相关管理活动，适用本办法。本办法所称船员注册，是指海事管理机构根据申请人的申请，经依法审查，对符合船员注册条件的予以登记，签发船员服务簿，准许申请人从事船员职业的行为。

交通运输部主管全国船员注册管理工作。中华人民共和国海事局负责统一实施全国船员注册管理工作。负责管理中央管辖水域的海事管理机构和负责管理其他水域的地方海事管理机构（以下统称海事管理机构），依照各自职责具体负责船员注册以及相关管理工作。

1. 船员注册的申请和受理

（1）船员注册申请可向任何海事管理机构提出。船员注册申请可由申请人本人提出，也可由船员服务机构、船员用人单位代为提出。

（2）申请船员注册，应当具备下列条件：

①年满 18 周岁（在船实习、见习人员年满 16 周岁）但不超过 60 周岁。

②符合船员健康要求。

③经过海船船员、内河船舶船员基本安全培训,并经考试合格。申请注册国际航行船舶船员的,还应通过海事管理机构组织的船员专业外语考试。

(3)申请船员注册,应提交下列材料:

①船员注册申请。

②居民身份证复印件。

③船员体格检查表。

④近期直边正面5 cm免冠白底彩色照片2张。

⑤海船船员、内河船舶船员基本安全培训合格证明复印件。

申请注册国际航线船舶船员的,还应提交船员专业外语考试合格证明复印件。申请人在提交居民身份证、海船船员基本安全培训合格证明、内河船舶船员基本安全培训合格证明以及船员专业外语考试合格证明等复印件时,应同时向海事管理机构出示原件。

(4)海事管理机构应自受理船员注册申请之日起10日内作出注册或者不予注册的决定。对不符合本办法规定的,应当退回申请材料并书面说明理由。

(5)海事管理机构应对船员赋予唯一的注册编号。已注册的船员不得重复申请注册。

2.船员注册的变更和注销

(1)有下列情形之一的,船员应在6个月内向管理本人注册档案的海事管理机构申请办理船员注册变更手续:

①船员服务簿中记载的事项发生变化。

②相貌发生显著变化。

(2)船员有下列情形之一的,海事管理机构应注销船员注册,并予以公告:

①死亡或者被宣告失踪的。

②丧失民事行为能力的。

③依法被吊销船员服务簿的。

④本人申请注销注册的。

船员在劳动合同期间发生①,②项情形的,船员服务机构或者船员用人单位应向海事管理机构报告,并提交相关证明材料,由海事管理机构核实后依法予以注销。

海事管理机构吊销船员服务簿的决定,应向管理该船员注册档案的海事管理机构通报。

(3)申请人被依法吊销船员服务簿的,自被吊销之日起5年内不予重新注册。

3.船员服务簿管理

(1)船员服务簿是船员的职业身份证件,任何单位或者个人不得冒用、出租、借出、伪造、变造或者买卖。船员在船工作期间应携带船员服务簿。

(2)船员服务簿应载明船员的姓名、性别、国籍、出生日期、住所、联系人、联系方式以及其他有关事项;还应记载船员的安全记录、累计记分情况和违法情况。

(3)船员上船任职后和离船解职前,应主动将船员服务簿提交船长办理船员任职、解职签注。船长的任职签注由离任船长负责签注,船长的解职签注由接任船长负责签注。

(4)船员服务簿记载页满或者损坏的,应到管理本人注册档案的海事管理机构办理换发事宜,并提交下列材料:

①船员服务簿换发申请。

②近期直边正面5 cm免冠白底彩色照片2张。

③记载页满或者损坏的船员服务簿。

(5)船员服务簿遗失的,应到管理本人注册档案的海事管理机构办理补发事宜,并提交下列材料:

①船员服务簿补发申请。

②相应证明文件。

③近期直边正面 5 cm 免冠白底彩色照片 2 张。

4. 监督检查

(1)海事管理机构应建立船员注册数据库和设立船员注册记录簿,记载船员的基本信息。

(2)船员用人单位应建立船员档案,记录船员的个人基本资料、服务资历、培训记录、安全记录、健康状况、任解职情况等信息,保持记录内容的真实、连续和完整,并定期向海事管理机构报送船员任职、解职情况。

(3)海事管理机构对船员进行监督检查时,应对下列情况进行核查:

①持有并携带船员服务簿。

②船员服务簿的真实性和符合性。

③船长为在船船员进行签注的情况。

(4)海事管理机构对船员服务机构和船员用人单位进行监督检查时,应对下列情况进行核查:船员档案的建立情况;定期向海事管理机构报送船员任职、解职情况。

(5)海事管理机构实施监督检查,可询问当事人,向有关单位、船舶或者个人了解情况,查阅、复制有关资料。有关单位、船舶或者个人应当配合。海事管理机构应保守被调查单位、船舶或者个人的商业秘密和个人隐私。

5. 法律责任

(1)以欺骗、贿赂等不正当手段进行注册并取得船员服务簿的,由海事管理机构吊销船员服务簿,并处 2 000 元以上 2 万元以下罚款。

(2)伪造、变造或者买卖船员服务簿的,由海事管理机构收缴船员服务簿,并对违法个人处 2 万元以上 5 万元以下罚款,对违法单位处 5 万元以上 10 万元以下罚款,有违法所得的,还应当没收违法所得。

(3)船员服务簿记载的事项发生变更,船员未办理变更手续的,由海事管理机构责令改正,并可以处 1 000 元以下罚款。

(4)未进行船员注册而上船工作的,由海事管理机构责令其离岗。

(5)船员在船工作期间未携带船员服务簿的,由海事管理机构责令改正,并可以处 2 000 元以下罚款。

(6)船长未在船员服务簿内及时、如实记载船员服务资历和任职表现的,由海事管理机构处 2 000 元以上 2 万元以下罚款;情节严重的,并给予暂扣船员适任证书 6 个月以上 2 年以下直至吊销船员适任证书的处罚。

(7)船员用人单位招用未经注册的人员上船工作的,由海事管理机构责令改正,处 3 万元以上 15 万元以下罚款。

(8)海事管理机构工作人员有下列情形之一的,依法给予处分:

①违反规定给予船员注册或者签发船员服务簿。

②不依法履行监督检查职责。

③不依法实施行政强制或者行政处罚。

④滥用职权、玩忽职守的其他行为。

(二)中华人民共和国船员违法记分管理办法(自 2002 年 10 月 1 日起试行)

1. 总则

为了增强船员遵章守法的意识,减少人为因素对水上交通安全的影响,根据有关法律和法规的规定,制定本办法。

本办法适用于在中外籍船舶上服务的持中华人民共和国海船船员适任证书、内河船员职务适任证书的中国籍船员,和持有中华人民共和国引航员证书的引航员(以下统称"船员")。

中华人民共和国各级海事机构负责实施本办法。中华人民共和国海事机构对因违反水上交通安全管理法规受到海事行政处罚的船员,船舶安全检查存在缺陷的当事船员或实际操作检查不合格的船员实施违法记分管理,对严重违法或屡次违法的船员实施强制培训和考试。

船员违法记分不影响行政处罚的决定和执行。

2. 违法记分分值

每一公历年为一个记分周期。一个周期期满后,分值累加未达到 15 分的,该分值不转入下一个记分周期。在一个记分周期内记分满 15 分的船员,经培训、考试后,记分分值重新起算。

船员受到警告处罚的,违法记分分值为 1 分。

船员受到罚款处罚的,罚款数额每 100 元违法记分值为 1 分,100 元及以下的违法记分值为 1 分,罚款数额超过 1 500 元的违法记分值一律为 15 分。

船员受到扣留证书处罚的,违法记分分值为:证书被扣留 3 个月的,记 10 分;证书被扣留 3 个月以上的,记 15 分。

海事机构进行船舶安全检查时,发现船舶存在缺陷,应对负有直接或间接责任的船员记 1 分。对船员实际操作检查不合格的船员,记 1 分。

船员受到罚款和扣留证书行政处罚一并执行的,违法记分在两者之中取高者。

船员对行政处罚不服,按照有关规定申请行政复议或提起行政诉讼,经依法裁决变更或撤销原处罚决定的,相应的记分分值也应予以变更或者撤销。

3. 船员违法记分、培训和销分

海事机构作出行政处罚决定或实施船舶安全检查、船员实际操作检查后,由海事机构在海船船员所持的船员服务簿"主管机关签注(一)"栏或内河船员职务适任证书记分附页上加盖"船员违法记分专用章",填写记分分值、执法人员执法证号码、记分时间。当时不能进行违法记分记录的,由作出行政处罚的海事管理机构负责跟踪落实记录事宜。

船员违法记分分值满 15 分的,最后记分的海事机构应将船员的证书滞留,并将"滞留船员适任证书通知书"送船员本人签收。"滞留船员适任证书通知书"一式三份分别由滞留证书的海事机构、签发证书的海事机构、船员本人留存。签发证书的海事机构应将"滞留船员适任证书通知书"归入船员个人档案中保存。"滞留船员适任证书通知书"不能作为船员持有适任证书的证明,船员不能凭"滞留船员适任证书通知书"继续在船任职。滞留证书的海事机构应同时填写"船员违法记分登记表"作为内部工作记录。

海船船员和引航员必须在收到"滞留船员适任证书通知书"6 个月内到证书的签发机关申请强制培训、考试。

内河船员由滞留证书的海事机构指定强制培训、考试地点,在收到"滞留船员适任证书通知书"后 6 个月内到指定地点参加强制培训、考试。内河船员如在证书签发机关所在地参加强制培训、考试,滞留证书的海事机构应将被滞留的船员证书寄送至证书签发机关,由证书签发机关负责强制培训、考试和发还证书。

强制培训由海事机构指定的培训机构实施，培训的时间不超过 7 天，培训的内容为水上安全管理法规、安全教育宣传和海事案例等。考试在强制培训结束后进行，考试由海事机构组织。

海船船员参加强制培训、考试合格后，海事机构应在船员服务簿“主管机关签注(一)”栏填写“业经考试、培训合格”，加盖“船员服务簿”签证专用章，及时发还被滞留的证书，但同时受到扣留证书行政处罚期限未到的，应在扣留期满后发还被扣证书。

内河船员参加强制培训、考试合格后，海事机构应在记分附页上填写相应内容，加盖海事机构公章，及时发还被滞留的证书，但同时受到扣留证书行政处罚期限未到的，应在扣留期满后发还被扣留证书。

船员对行政处罚不服，按照有关规定申请行政复议或提起行政诉讼，在复议或诉讼期间船员申请强制培训的时限顺延。

船员无正当理由，逾期不参加强制培训、考试的，海事机构应将证书寄送至原签发机关，船员需按照证书载明的航区、等级、职务参加职务晋升考试，合格后，方可领回被扣留的证书。

船员遗失证书、证书记分附页或“船员服务簿”，海事机构可视为其违法记分已满 15 分，应在船员参加强制培训、考核合格后，方可按规定补发证书、证书记分附页或“船员服务簿”。

4. 附则

船员违法行为是指：

(1)违反有关船舶管理、船员管理、通航管理、危险货物运输安全监督管理、防止船舶污染管理、船舶交通事故管理、航标管理秩序行为。

(2)其他违反有关水上安全监督管理秩序的行为。

(3)船员参加强制培训、考试，应缴纳有关费用。

(三)中国船舶报告系统管理规定(自 2001 年 6 月 1 日起施行)

为保证中国船舶系统的有效运行，提高搜救行动的效率，保障海上人命、财产的安全，保护海洋环境，根据有关法律、法规制定《中国船舶报告系统管理规定》。其主要内容如下。

1. 船舶报告系统

(1)含义：是指船舶使用规定的报告格式和程序向中国船舶报告管理中心报告，各海上搜救中心应用报告信息对遇险船舶组织救助的一种制度。

(2)组成：由中国海上搜救中心、船舶报告管理中心、区域海上搜救中心、报告接收站和参加中国船舶报告系统的船舶组成。

(3)性质：船舶报告系统是一个积极有益的应急保障系统。

(4)船舶报告系统功能：

①中国船舶报告系统将时刻关注报告船舶的航行安全，维护海洋环境清洁。

②中国船舶报告系统是一个集计算机、通信和网络技术为一体的信息系统。它具有对船舶报告的航线、船位进行自动标绘和推算、对延时未报船舶自动预警等功能。

③系统可提供船舶资料，为组织、协调指挥船舶参与搜寻救助提供相关信息，避免或减少海上人员伤亡和财产损失，保障人命安全。

2. 实施机关

(1)主管机关：中华人民共和国海事局是中国船舶报告系统的主管机关。

(2)各级海事机构的责任：检查、督促符合强制参加中国船舶报告系统的船舶参加中国船

舶报告系统,并向志愿参加船舶宣传中国船舶报告系统。

(3)对船舶所有人、经营人或代理人要求:督促船舶遵守本规定参加船舶报告系统。

3."中国船舶报告区域"的范围

适用于其他国家领海和内水以外的9°N以北,130°E以西的海域。

4.适用的对象

(1)航行在中国船舶报告区域内,且航行时间超过6 h的下列船舶必须加入中国船舶报告系统:

①航行于国际航线300总吨及以上的中国籍船舶。

②航行于中国沿海航线1 600总吨及以上的中国籍船舶。

③2005年1月1日后航行于中国沿海航线300总吨及以上的中国船舶。

(2)中国政府鼓励外国籍船舶和本条(一)款规定以外的中国籍船舶志愿加入中国船舶报告系统。加入中国船舶报告系统的船舶必须遵守本规定。

5.对加入中国船舶报告系统的船舶要求

应按照中华人民共和国海事局制定并颁布《中国船舶报告系统船长指南》中规定的报告方式、种类、格式、内容和要求进行报告。

6.报告

①报告接收站应负责接收船舶报告信息,保证及时、准确地将接收的船舶报告信息提供给船舶报告管理中心,或能够被船舶报告管理中心及时、准确地采集。

②船舶所有人、经营人或代理人应通过有效的通信方式,及时、准确地向船舶报告管理中心提供船舶报告信息。

第九节 我国轮机部船员职责和行为准则

一、我国轮机部高级船员的职责

我国船员职务规则在各船公司虽不尽相同,但大体上是一致的,基本上可分为远洋和沿海两类,其区别仅在于某些机电设备的主管检修分工有所不同。

1.轮机长

①轮机长是全船机电设备(不包括通信、导航设备)的技术总负责人。

②制订本船各项机电设备的操作规程、保养检修计划、值班制度,贯彻执行各项规章制度,保证"船舶安全管理体系"在船保持和运行,确保安全生产。

③负责组织轮机员(电机员/冷藏员)制订修船计划、编制修理单和预防检修计划,组织领导修船,进行修船工作的验收。

④负责燃润料、物料、备件的申领,造册保管和合理使用,节约能源,降低成本。

⑤负责保管轮机设备的证书、图纸资料、技术文件,及时报告船长申请检验。

⑥经常亲自检查机电设备的运行情况,调整不正常的运行参数,检查和签署轮机日志、电机日志等。

⑦培训和考核轮机人员。

⑧在发生紧急事故时指挥机舱人员进行抢修和抢救工作。

⑨监督和签署轮机员(电机员/冷藏员)的调任交接工作。

2. 大管轮

①大管轮是轮机长的主要助手,在轮机长的领导下进行工作,轮机长不在时代理轮机长的职务。大管轮负责领导轮机部人员进行机电设备管理、操作、保养和检修工作,督促所属人员严格遵守工作制度、操作规程和劳动纪律,保证轮机部的各项规章制度得以正确执行,保证按时完成轮机部的航次作业计划和昼夜工作计划。

船上有电机员、冷藏员时,电助、电工和冷藏机工的工作分别由电机员、冷藏员领导。不设冷藏员的船舶由大管轮执行冷藏员的职务。

②大管轮负责维持机舱秩序,对机舱、工作间、材料间、备件工具及机电设备的整洁进行监督和检查,防止锈蚀、损坏或遗失,负责轮机部各舱室的油漆工作。

③负责保持轮机部有关安全的设备,如应急舱底阀、风油应急开关、机舱水密门、安全阀、机舱灭火设备、起重设备、危险警告牌、重要的防护装置等处于使用可靠状态,定期进行必要的检查试验,并负责指导有关人员熟悉正确的管理和使用方法。做好防火防爆、防污染、防冻、防进水、防盗和防工伤等工作。

在船舶发生紧急事故时,按照“应变部署表”规定的职务,协助轮机长指挥轮机部人员做好应急抢救工作。

④负责管理主机、轴系及直接为主机服务的辅机,并负责管理舵机、冷藏机,贯彻执行操作规程,并对操作管理方法随时提出改进意见,经轮机长批准执行。

在抢修主机或主机吊缸检修、主机大修后试验、新到任轮机长首次试验主机时,大管轮均应在场。大管轮对所负责的机械设备应按预防检查制度制订预防检修计划,进行检查、测量、修理和记载,并保管修理记录簿。除分工负责的机械设备外,还应负责轮机长指定由他负责的部分辅机和设备,并完成轮机长指派的其他工作。

⑤负责编制本人管理的机械设备的计划修理单、航次修理单和自修计划;审核和汇编其他轮机员的修理单和自修计划,并维护机舱的安全。

⑥负责综合轮机部的预防检修和自修计划,在轮机长批准后执行。负责组织检查人员协助其他轮机员做好预防工作,指导轮机部人员的检修技术和使用工具的方法。

⑦负责贯彻执行轮机部备件和物料的定额制度,及时收集、综合并审查工具、备件、物料的申领单交轮机长核定,组织验收、保管和盘点并监督备件物料的合理使用。负责轮机部通用物料及本人主管机械设备的备件、润滑油的申领、验收和报销。

⑧负责保管本人使用的技术文件、仪器、工具等。

⑨负责安排航行及停泊时的检修工作,组织领导检查、清洁、油漆工作。在航行时,轮值航行班,停泊时与二、三管轮轮流值班,并按轮机长的指示安排航行值班及停泊值班的人员。协助轮机长领导所属人员的政治思想学习和技术业务学习,提高所属人员的政治思想和技术水平。合理安排工作,注意劳逸结合,督促做好轮机部使用的舱室、浴室、厕所的清洁卫生工作。负责安排轮机部船员的公休计划,提交轮机长审核。

⑩监督轮机部一般船员的交接工作。

3. 二管轮

①在轮机长和大管轮的领导下进行工作,负责管理发电原动机及为其服务的机械设备、机舱内部分辅机和轮机长指定由他负责的其他设备。

此外,还应贯彻执行操作规程及各项制度,不断研究改进所负责的机械设备的使用管理办法,报轮机长批准后执行。

②负责制订本人主管的机械设备的预防检修计划,进行检查、测量及修理,记载并保管修理记录簿。

③负责编制本人主管的机械设备的计划修理单和航次修理单,提交大管轮审核。修船期间,协助监工,验收并参加自修工作。

④负责本人主管的机械设备的备件和专用物料的申领、验收和报销,妥善保管,防止锈蚀、损坏或遗失。

⑤负责加装燃油(驳油),进行燃油的测量、统计和记录工作。到港前,将燃油存量正确数据送轮机长。加装燃油时,负责检验质量,监督向指定油柜灌油,防止错装或满溢,核定装油数量。清洗油柜时,监督清洗质量,防止中毒窒息及爆炸,负责检查加油管路、燃油加热管及其灭火管系的可靠性。

⑥负责保管本人使用的技术文件、仪器、工具和备件等。

⑦在航行时轮值航行班。停泊时,领导由大管轮指派的人员进行检修工作,并与大、三管轮轮流值班。

4. 三管轮

①在轮机长和大管轮的领导下进行工作,负责管理甲板机械及泵浦间、救生艇发动机、应急消防泵、空调机、辅锅炉及其附属设备的机舱内部分辅机等,以及轮机长指定的其他辅机和设备。还应贯彻操作规程和各项制度,不断研究改进所负责的机械设备的使用管理方法,报轮机长批准后执行。

②负责制订本人主管的机械和设备的预防检修计划,进行检查测量及修理,记载并保管修理记录簿。

③负责编制本人主管的机械设备的计划修理单和航次修理单,提交大管轮审核。修船期间,协助监工,验收并参加自修工作。

④负责本人主管的机械设备的备件和专用物料的申领、验收和报销,监督妥善保管,防止锈蚀、损坏或遗失。

⑤负责保管拨交本人使用的技术文件、仪器、工具和备件等。

⑥在航行时轮值航行班,停泊时领导由大管轮指派的人员进行检修工作,并与大、二管轮轮流值班。

5. 电机员

①在轮机长直接领导下,领导电工进行工作。负责船舶电气设备的管理、保养和检修工作。保持电气设备、仓库和电气修理间的整洁和秩序。贯彻各项工作制度和安全规则,节约材料、物料,安排电助、电工的工作。

②负责管理、保养发电机、电动机、应急安全设备线路、避雷装置、电操舵装置、照明设备、有线电话、电气仪表、电导航及无线电通信设备的强电部分及其他电气设备。应贯彻执行操作规程,研究改进管理办法,报轮机长批准执行。定期测量绝缘电阻,保证电气设备及线路经常处于良好工作状态。严格遵守并监督执行安全规则,注意正确及时地悬挂危险警告牌,禁止非电气工作人员接触重要的带电设备。

③根据预防检修制度,制订电气设备的预防检修计划,提交轮机长批准后执行。记载并保管电气测量修理记录簿,定期提交轮机长审签。

④负责编制电气部分的计划修理和航次修理的修理单,提交轮机长审核;厂修期间,监督并验收厂修工程;参加并组织领导电助、电工、实习生或大管轮派给的人员进行自修工作。

⑤开航前，做好开航准备工作，特别注意舵机、锚机、绞盘、航行灯和航行有关的电气设备的可靠性。在靠离码头，进出港，通过狭窄航道、运河以及轮机长认为必要时，应在机舱执行工作。停泊时领导并参加所属人员进行检修。按轮机长的指示，参加并安排夜间及假日留船值勤人员值班。

⑥负责电气备件、材料、物料及专用工具的申领、验收、统计和报销，指定专人负责保管上述物品并负责管理记账簿。

⑦负责保管电工日志，按时提交轮机长审签；航次结束时编制航次报告，提交轮机长审签上报。

⑧保管电气设备的技术文件、图纸。

6. 冷藏员

①在轮机长和大管轮领导下，领导冷藏工进行工作。

②按照轮机长的指示，参加并组织领导冷藏工或由大管轮派给的人员轮流值班和进行检修工作。

③负责检查并按时记录冷藏库内的温度、湿度，使其经常处于规定的变化幅度之内；经常检查并保持冷藏库管系和设备的完整可靠，冷藏设备发生故障时，应立即报告轮机长，并及时进行检修。

④贯彻执行冷藏设备的操作规程，防止漏泄，杜绝事故，延长使用寿命；保证冷冻物品的质量，不断研究改进管理办法，报经轮机长批准后执行。对所属人员不断进行业务技术学习指导和安全教育，介绍冷冻剂特性及防止冻伤、烧伤和窒息中毒的办法；指导正确使用防毒面具及氧气呼吸器的方法，并定期演习。

⑤负责保持冷藏机室、修理间、材料库、冷藏机及管系和有关设备的清洁整齐。

⑥制订预防检修计划，报轮机长批准执行。按计划对冷藏机械设备进行检查、测量、修理、记载并保管修理记录簿，定期提交轮机长审签。

⑦编制计划修理和航次修理的修理单，提交轮机长审批。厂修期间，负责监工、验收，参加并领导所属人员进行自修工作。

⑧负责冷冻设备所需工具、备件、物料的申领、验收、统计和报销，监督物料和备件的合理使用。

⑨负责管理冷藏日志，按时提交轮机长审签。航次结束时，编制航次报告，提交轮机长审核上报。

⑩保管冷藏设备的有关技术文件。

7. 船舶检修、养护分工明细表

根据船员职务规则规定编制的轮机部高级船员的分工明细表（见表6-2）。由于各公司管理制度不同、船舶设备不同、自动化程度不同以及人员配备不同，各船轮机长可适当调整。

二、我国船舶轮机值班制度

我国船舶的值班制度虽因船公司和船舶种类的不同而有所差异，但其原则和传统规定却是一致的。

（一）航行值班

1. 轮机员航行值班职责

①值班轮机员负责领导并督促本班值班人员严格遵守“机炉舱规则”及各项安全操作规

程，保证机电设备正常运转，完成机舱内的各项工作。

表 6-2　轮机检修养护分工明细表

序号	检修负责人	项目	备注
1	大管轮	主机及中间轴系统	
2		艉轴系统及螺旋桨	
3		侧向推进器系统	
4		为主机服务的泵、热交换器、滤器	
5		主机盘车机	
6		推进装置遥控、自控装置	
7		主机及系统的监测和应急装置	
8		舵机和操舵装置	
9		制冷装置（货物与伙食）	
10		滑油舱柜、滑油分油机及系统	
11		防海生物装置	
12		机舱灭火系统	
13		机舱水密门、逃生门	
14		机舱应急舱底水阀	
15		机舱风道挡板	
16		机舱堵漏设备	
17		机舱起重、车床、测量工具和物料	
18	二管轮	副机（发电原动机）	
19		为副机服务的泵、热交换器、滤器	
20		燃油舱、燃油驳运泵及系统	
21		燃油分油机及系统	
22		油柜速闭切断装置及远操机构	
23		空气压缩机、压缩空气瓶、空气管系	
24		造水机及系统	
25		应急发电原动机	
26		应急空气压缩机	
27		油渣柜	
28	三管轮	锅炉及附属设备和系统	
29		蒸汽、回汽、凝水系统	
30		甲板机械	
31		厨房机械	
32		机舱淡水、热水、卫生水设备与系统	
33		空调和暖气设备	
34		压载、舱底水设备与系统	
35		防污染设备	
36		消防泵、应急消防系统	
37		救生艇发动机	
38	电机员	发电机、电动机及各种电气设备	

②根据驾驶台命令迅速准确地操纵主机，认真填写轮机日志和车钟记录簿，不得任意涂改。

③按制造厂说明书的规定和要求，使机电设备保持在标定的工作参数范围内；经常保持油

水分离器和各种滤器处于良好的使用状态;注意废气锅炉(或副锅炉)工作情况是否正常。

④维护机炉舱、轴系及各种设备的清洁,按时巡回检查,仔细观察,察看机电设备、轴系的运转情况,如发现不正常现象应立即设法排除。如不能解决,应立即报告轮机长。

⑤如果主机故障必须立即停车检修,应先征得驾驶台同意并迅速报告轮机长。如情况危急,将造成严重机损或人身伤亡时,可先停车,同时报告驾驶台和轮机长,并将详细情况记入轮机日志。

⑥在恶劣天气中航行,为防止主机空车和超负荷而需要降低主机转速时,应取得轮机长同意并通知驾驶台。

⑦根据设备运转需要,随时进行驳油、净油、造水、充气等工作,保持日用油柜、水柜有足够数量的储备。除日用油柜驳注外,移驳燃油应事先与大副联系。

⑧根据甲板部书面通知,领导值班人员移注、排灌压舱水或移注油、水,供应或停供所需的水、电、气、汽。认真遵守防污染的有关规定并详细填写油类记录簿和排污记录簿。

⑨注意防火检查,随时清除油污,正确处理油污破布、棉纱头等易燃物。

⑩船舶发生紧急事故时,按应变部署表分工积极参加抢险工作。

⑪有实习人员跟班时,应严格要求,热情指导。

⑫三管轮值班时,轮机长应经常下机舱检查指导。大管轮值班人员进晚餐时由三管轮值班人员下机舱接替,时间不超过0.5 h。

⑬认真执行船长、轮机长指派的其他工作。

2. 交接班规定

(1)交班轮机员于交班前0.5 h(白天0400~0800、0800~1200班于交班前45 min)应指派专人叫班,并做好交班准备。

(2)接班人员接班前15 min进入巡回检查路线,按交接内容认真检查。发现问题汇总由接班轮机员向交班轮机员提出,其中主要问题应记入轮机日志,双方如有争议应报告轮机长处理。

(3)交班人员应向接班人员分别介绍:

①运转中的机电设备的工作情况。

②曾经发生的问题及处理结果。

③需要继续完成的工作。

④驾驶台或轮机长的通知。

⑤提醒下一班注意的事项。

(4)交接班必须在现场进行,交班人员必须得到接班人员同意后才能下班,做到交清接明,并在“轮机日志”上签字。

3. 轮机日志记载及保管

轮机日志是轮机部工作的主要法定记录文件,在航行中(包括移泊)由值班轮机员负责填写;停泊中由大管轮负责记载和保管。

(1)记载轮机日志必须使用不褪色的墨水,各栏内容要记载准确、完全,字体端正,词句清楚明确,不得任意删改涂抹。若有记错或漏写,应将错误处划一横线,但必须使被删处的字迹仍清晰可辨。改正字写在错字上方,补充字也应写在漏写处的上方,并在改正处或补充字后签名,签名应标以括号。

(2)各项数据应按下列精度要求记载:

①主机转速,应记平均值,小数点后1位。

②涡轮增压器转速,百位。

③油门开度,小数点后1位,末位数只记5或0,其余的就近舍入。

④排烟温度,个位,末位数只记5或0。

⑤油水温度,小数点后1位,末位数只记5或0,其余的就近舍入。

⑥扫气压力,小数点后2位,以MPa为单位。

⑦其余压力,小数点后2位,以MPa为单位。

⑧燃油耗存量,小数点后1位,以MT为单位。

⑨润滑油耗存量,个位,以kg为单位。

⑩使用时间,主、副机精确到min;其他设备精确到0.5 h,就近舍入。

(3)值班轮机员记事栏内应记载在值班时间内的如下主要内容:

①主机、副机、锅炉等设备工作中特殊情况。

②驳油、驳水情况。

③船长、轮机长的命令,驾驶台的通知或命令,重要的车钟令(如备车、第一次用车、正常航行最后一次用车、完车等)。

④本班发生的问题及其处理情况。

⑤其他有关情况。

(4)工作记录栏内由大管轮负责填写,主要内容包括:

①主要检修工作(包括承修人、厂名或姓名)。

②值班人员的调班。

③机械设备的损坏及检修的概述。

④包括轻微事故和隐性事故在内的各类事故的概况。

⑤应变及应变演习的情况。

⑥轮机部人员的调动或职务变更(轮机员、电机员和冷藏员的调动或职务的变更应由轮机长负责记载并签署)。

⑦其他重要事项。

(5)燃润料的耗存量,不得使用估计数字或定额数字,航行中由二管轮负责计算并记载从昨日中午至当日中午的燃润料耗存量;停泊中除仍需每日一次计算记载燃料耗存量外,其余各项可在离港、移泊等适当时机统计并填写。

(6)主、副机的使用时间,分别由大、二管轮每天进行统计和记载;其他在轮机日志内列有所要求的设备的使用时间,在每单航次结束后由各主管轮机员统计和填写。

(7)航行中,轮机长须每日认真查阅轮机日志的记载情况,对于记载栏内一昼夜的燃料耗存量、航行时间、航速、主机平均转速和副机运转时间等情况的记载,进行核对并签署。

(8)航行中,二管轮负责将每日驾驶台的正午报告中的有关内容填入轮机日志;并根据推进器速率及航行速率求出推进器的滑失率记入轮机日志。

(9)公司机务监督员有责任对轮机日志进行审阅并签署。

(10)轮机日志应妥善在船保存。

(11)特殊情况下,由公司有关部门收回公司存放。

4. 附则

(1)轮机长在下列情况下必须到机舱指挥:

①进出港、移泊、过运河时。

②机电设备发生故障危及安全运转时。

③狭水道、恶劣天气等特殊情况及船长命令时。

④机舱报警、应变部署时。

⑤值班轮机员工作有疑难,要求轮机长前往时。

(2)轮机长在下列情况应做到:

①出港航行命令下达后,应在机舱监督检查并做好下列工作:调整主、副机燃油系统及轴承润滑和冷却所需油量、水量、压力、温度;调整废气锅炉气压,转换蒸汽阀门(有强制循环泵进行起动使用);调整扫气压力和温度。

②对燃油锅炉的油温、油压、风压和燃烧情况加以检查或调整,以便靠港后正常使用。

(二)停泊值班

1. 轮机员停泊值班职责

(1)督促检查轮机值班人员严格遵守有关安全生产的规定。

(2)保证机电设备正常运转。

(3)及时供应日常工作及生活所需要的水、电、气、汽。

(4)严格遵守防污染规定,防止污油污水排出舷外。

(5)根据大副或值班驾驶员的书面通知,移注、排灌压载水。

(6)装卸货期间如起货机发生故障,应组织力量抢修。

(7)机电设备发生故障或值班机工有疑难时,应立即到机舱处理。

(8)若临时进厂修理,应认真检查和落实各项安全措施,以防发生意外事故。

(9)加强机炉舱和舵机房等部位的安全检查,2200 时以后,全面巡回检查机炉舱一次。

(10)主机转车、冲车、试车前,应通知并征得值班驾驶员同意后方可进行。

(11)发生火警和意外危险时,如轮机长不在船上,应在船舶领导统一指挥下(或协助值班驾驶员指挥),组织轮机部全体人员进行抢救。

(12)根据船长和值班驾驶员的通知,按时做好移泊准备工作。

(13)当轮机长不在船上时,负责处理轮机部的日常工作和外单位来船人员的接待工作。重要事项应向轮机长汇报。

2. 交接班规定

(1)值班轮机员每天 0800 时交接班。

(2)交班轮机员应向接班轮机员介绍:

①值班人员情况。

②船舶动态、机舱状况、机电设备包括甲板机械运转情况。

③抢修工作、明火作业及落实安全措施的情况。

④上一班发生过的事情及提醒下一班注意的事项。

(3)交班人员必须得到接班人员同意后方可下班。

(三)无人值班机舱船舶的轮机值班制度

1. 由驾驶台操纵时的轮机值班规定

(1)不论航行或停泊,每班由 1 名轮机员和 1 名机工从 0800 时到次日 0800 时,实行 24 h

值班责任制。

(2)为确保安全,每天0800～1600时由值班机工按值班职责和各项规定在集控室监视并处理警报,巡回检查动力设备的运转情况。在值班时间内如需暂时离开值班处所,必须经值班轮机员同意并将召唤警报开关转至值班轮机员房间的位置。用餐时间应不超过0.5 h。

(3)值班轮机员在1530时开始检查值班机工的工作和机电设备的运转情况,确认正常后值班机工方可离去。从1600时至次日0800时由值班轮机员按值班职责处理警报,并在2200时到机舱巡回检查一次。离开机舱前应将召唤警报开关转至自己房间的位置。

(4)值班轮机员可以在自己房间或集控室内和衣休息。但不得在超越召唤警报呼叫范围的场所活动。一旦发生报警,应立即到机舱检查处理。

(5)值班时间内应认真按规定填写轮机日志、辅机日志和各种记录本。规定每日0800时、1600时、2200时三次记录各种设备运转参数,每日0800时的记录数据还应与机旁仪表的读数相核对。

(6)设有车钟记录器、警报记录器和巡回监测数据记录器等设备的船舶,应使用这些设备持续地监测运转中的动力装置。各种记录资料均应完整保存。

(7)应使巡回监测数据记录器至少每4 h进行1次巡回监测。特殊情况下,由轮机长确定自动巡回检测的周期。

(8)下列情况轮机长必须到机舱亲自指挥:

①在遥控监测装置进行模拟试验或功能试验时。

②每次起动主机之前直至主机达到正常工况时。

③机电设备发生故障危及安全运转时。

④值班轮机员有疑难要求轮机长前往时。

⑤应变部署时。

⑥特殊情况下船长命令时。

(9)在各种需要机动操纵且持续时间不超过4 h的情况下,轮机长的工作岗位在机舱或驾驶台,应由各公司根据各船舶设备和操纵特性分别予以确定,并明确布置各船,船长和轮机长必须坚决执行。如轮机长因有其他重要工作必须暂时离开岗位,应经船长同意并由大管轮暂代。

2. 中止机舱无人值班

(1)下列情况下,应中止机舱无人值班,恢复有人值班制:

①机电设备或控制系统发生故障,不能满足无人值班的要求时。

②进出港、移泊、过运河等机动操纵持续时间超过4 h者。

③过狭水道,在恶劣天气中航行并在船长命令时。

④在其他特殊情况下,轮机长认为必要并命令时。

(2)中止机舱无人值班后,不论航行或停泊,均应按本制度规定的航行和停泊的值班职责以及相应的联系制度执行,直至恢复无人值班时止。

(3)机舱实行有人值班后,轮机长应组织好轮机部人员的值班并安排好日常工作,必须确保安全生产。

3. 无人值班机舱的值班轮机员职责

(1)当班期间负责所有机电设备的安全运转。

(2)督促检查本班机工严格遵守机炉舱规则及各项安全操作规程,当值班机工有疑难并请求帮助时,应及时前往机舱处理。

(3)按时检查机电设备、轴系运转情况,当机舱警报呼叫时,应速前往检查处理。

(4)经常对设备的工况和运转参数进行正确的判断,在故障发生前或发生后进行有效的处理,并将情况如实记入轮机日志。

(5)根据驾驶台的命令,负责主机的备车和完车工作,确保推进装置处于良好操纵状态,当电机人员不在机舱时,负责发电机的配电工作。

(6)在值班期间如遇进出港、移泊等机动操纵,或接到船长或轮机长命令时,应在集控室坚守值班,随时准备推进装置的操纵转换。当遥控操纵系统失灵时,应立即转换至机舱操纵或应急手动操纵并同时报告驾驶台和轮机长,保证推进装置的正常功能和航行安全。

(7)在恶劣天气中航行时,为防止主机飞车和超负荷,需要降低主机转速或改变桨叶角时应先取得轮机长同意并通知驾驶台。

(8)机舱发生火警或设备故障等意外引起主机减速、停车以及电网停电等危及航行安全情况时,应采取一切必要的有效措施,并立即报告值班驾驶员和轮机长。

(9)船舶发生火警或意外危险时,如果轮机长不在船上,应在船舶领导统一指导下(或协助值班驾驶员指挥),组织轮机部全体在船人员进行抢救。

(10)当轮机长不在船时,负责处理轮机部的日常工作和外单位来船人员的接待工作。重要事项应向轮机长汇报。

(11)凡与本职责不相矛盾而未曾规定的工作,应参照前述"轮机员航行值班职责"和"轮机员停泊值班职责"。

(12)在未配备机工的船上或本班无值班机工时,还须履行值班机工的职责。

4. 无人值班机舱轮机人员的工作制度

(1)不论航行或停泊,除当班人员外,所有人员均实行 8 h 工作制。在 0730 ~ 1130 时和 1300 ~ 1700 时的工作时间内进行日常的维修保养工作。

(2)值班轮机员在其当值的次日休息半天,一般安排在下午。必要时轮机长可另行安排其休息。

(3)从 1600 时到次日 0800 时期间,在特殊情况下,如值班轮机员认为必要,可以命令本班机工参加抢修工作或进行值班,并报告大管轮,由大管轮酌情在第二天安排适当时间休息。

(4)因工作需要,非当值人员受大管轮指派在 8 h 工作时间以外参加检修或值班,应由大管轮酌情在第二天安排适当时间休息。

(5)如因特殊原因不能参加工作时,轮机员请假必须经轮机长同意,普通船员必须经轮机长或大管轮同意。

三、我国船员调动交接制度

1. 一般规定

船员公休、因故奉调离船或在原船变动职务并有人接任,均应按规定交接清楚。

(1)交班船员接到调动通知,应按规定做好交接准备,抓紧完成(阶段)工作,集中并整理好各种应交物品,以便随时进行交接。

(2)接班船员到船后,应立即向直接领导人报到并按指示抓紧接班,不得借口拒绝或拖延接班(外派船舶交接通常仅 1 h,交班后立即离船)。

(3)交班时间一般不应超过 3 天。交接时交方应耐心细致,接方要虚心勤问,不含糊接

班。属于设备问题和遗留工作,交方一定要交代清楚,接方不应因本身的业务能力而过多地拖延时间,如有争议应报告领导处理。

(4)交班船员中凡涉及事故处理,各种海损、机损、货损报告以及保险索赔等手续的当事人和有关负责人等均应亲自办理完毕,不得移交给接班船员代办,但应向接班船员详细说明情况。

(5)交接完毕应共同向直接领导人汇报交接情况,经其认可或监交签署后,交接方告完毕。在此之前,工作由交班船员负责;之后由接班船员负责。干部船员还应办理“调动交接记录”,双方签署后,由直接领导人加签监交。持有适任证书的干部船员,不论调离职或到任,应由船长、轮机长、电台负责人分别在有关日志记载并签署。船长、轮机长、大副、电台负责人交接后还应分别在航海日志、轮机日志、电台日志上共同签署。交接完毕后,交班船员应在3天内离船,以免妨碍接班船员的工作或影响其生活秩序。

2. 交接

调动职务交接工作由实物交接、情况介绍和现场交接三部分组成。

(1)实物交接:个人保管的工具、仪表、图书、文件、公用衣物、住室的门和柜的钥匙,均应按配备清单逐项清点交接。如果实物短缺,一般物品应在交接记录中注明,重要物品或者虽为一般物品但数量甚多者,应报告领导处理。实物交接时应介绍情况。

(2)情况介绍:

①本船、本部门和本专业的概貌、特点、总的技术状况和存在的主要问题。

②涉及本专业和本职的各项规章制度,包括引导熟悉SMS和介绍重点文件。

③本岗位在本船的具体分工、职责及有关规定;需协调的工作项目及其主从关系和工作习惯等;有关工作计划及其执行情况。

④正在进行的和待办的工作及领导指示;下个航次计划和开航准备的进行情况。

⑤本职在应变部署中的岗位和职责,实地交代救生衣、应变任务卡及应携带或操作的设备、器材的位置、用途、性能和使用方法、注意事项等。

⑥详细介绍下属船员的技术业务能力、思想表现、工作态度和其他特点等。

(3)现场交接:双方共同到设备现场和工作现场,包括共管或协作的项目,由交方详细介绍。

①所管设备及其附属设备、装置、属具、专用仪表(器)和工具的名称、性能、运转现状、易出故障或事故的部分及其解决办法或应急措施以及注意事项等。

②有关管系、(电)线路的各种阀门和开关,操纵控制装置和监测指示仪表的位置、工况数据、使用方法,操作时容易发生的错误及其注意事项。

③重要仪表的准确程度,安全报警装置或指示信号的可靠性,各种安全应急设备(或装置)的位置及其操作使用方法。

④油、水柜的分布,各柜容量和残留量(即死油、死水),测量管或测量装置的位置,测量数据的换算方法以及误差等情况。

⑤结合实物交接弄清各种属具、备件、工具、器具、材物料的存放位置、储备情况和急待补充的品种和数量;专用物料(如化学品剂等)的性能、保管、使用方法及安全注意事项。

⑥除严格规定不得任意拆动,或者有碍安全生产者外,当接方认为必要时,可进行操作示范或者拆开某些机具部件,使接方更清楚地了解情况。对于某些无法直观或拆检工作量很大的部件,交方应尽其所知详细介绍。

⑦其他需要说明或强调的问题。

(4)各种现存问题、遗留问题、正在进行尚未结束的工作、重要待办事项等均应详细交接并记入交接记录内。

四、驾驶、轮机联系制度的有关规定

1. 开航前

(1)船长应提前24 h将预计开航时间通知轮机长,如停港不足24 h,应在抵港后立即将预计离港时间通知轮机长;轮机长应向船长报告主要机电设备情况、燃油和炉水存量;如开航时间变更,须及时更正。

(2)开航前1 h,值班驾驶员应会同值班轮机员核对船钟、车钟和试舵等,并分别将情况记入航海日志、轮机日志及车钟记录簿内。

(3)主机试车前,值班轮机员应征得值班驾驶员同意。待主机备妥后,机舱应通知驾驶台。

2. 航行中

(1)每班下班前,值班轮机员应将主机平均转数和海水温度告知值班驾驶员,值班驾驶员应回告本班平均航速和风向风力,双方分别记入航海日志和轮机日志;每天中午,驾驶台和机舱校对时钟并互换正午报告。

(2)船舶进出港口,通过狭水道、浅滩、危险水域或抛锚等需备车航行时,驾驶台应提前通知机舱准备。如遇雾或暴雨等突发情况,值班轮机员接到通知后应尽快备妥主机。判断将有风暴来临时,船长应及时通知轮机长做好各种准备。

(3)如因等引航员、候潮、等泊等原因经短时间抛锚时,值班驾驶员应将情况及时通知值班轮机员。

(4)因机械故障不能执行航行命令时,轮机长应组织抢修并通知驾驶台速报船长,并将故障发生和排除时间及情况记入航海日志和轮机日志。停车应先征得船长同意,但若情况危急,不立即停车就会威胁主机或人身安全时,轮机长可立即停车并通知驾驶台。

(5)轮机部如调换发电机、并车或暂时停电,应事先通知驾驶台。

(6)在应变情况下,值班轮机员应立即执行驾驶台发出的信号,及时提供所要求的水、气、汽、电等。

(7)船长和轮机长共同商定的主机各种车速,除非另有指示,值班驾驶员和值班轮机员都应严格执行。

(8)船舶在到港前,应对主机进行停、倒车试验,当无人值守的机舱因情况需要改为有人值守时,驾驶台应及时通知轮机员。

(9)抵港前,轮机长应将本船存油情况告知船长。

3. 停泊中

(1)抵港后,船长应告知轮机长本船的预计动态,以便安排工作,动态若有变化应及时联系;机舱若需检修影响动车的设备,轮机长应事先将工作内容和所需时间报告船长,取得同意后方可进行。

(2)值班驾驶员应将装卸货情况随时通知值班轮机员,以保证安全供电。在装卸重大件或特种危险品或使用重吊之前,大副应通知轮机长派人检查起货机,必要时还应派人值守。

(3)如因装卸作业造成船舶过度倾斜,影响机舱正常工作时,轮机长应通知大副或值班驾

驶员采取有效措施予以纠正。

(4)对船舶压载的调整,以及可能涉及海洋污染的任何操作,驾驶和轮机部门应建立起有效的联系制度,包括书面通知和相应的记录。

(5)每次添装燃油前,轮机长应将本船的存油情况和计划添装的油舱以及各舱添装数量告知大副,以便计算稳性、水尺和调整吃水差。

五、轮机日志的记载

船舶必须持有统一格式的轮机日志。轮机日志是反映船舶机电设备运行和轮机管理工作的原始记录,是船舶法定文件之一,必须妥善保管。船长命令弃船时,轮机日志应由轮机长(或轮机员)携带离船。轮机日志的记载必须真实,不得弄虚作假、隐瞒重要事实、故意涂改内容。海事部门是实施监督管理的主管机关。

1.记载规定

轮机日志应依时间顺序逐页连续记载,不得间断,不得遗漏,不得撕毁或增补。轮机日志应使用不褪色的蓝色或黑色墨水填写。填写时数字和文字要准确,字体端正清楚。

如果记错,应当将错写字句标以括号并划一横线(被删字句仍应清晰可见),然后在括号后面或上方重写,并签字。计量单位,一律采用国家法定计量单位。

轮机长全面负责监督审查轮机日志的记载及其保管。轮机长必须每日定时认真查阅轮机日志的记载情况,对各栏目内的内容进行审核,确认无误后签字。轮机长离任时,应由离任轮机长和新任轮机长在轮机日志上签字。轮机日志内页所列船舶主要资料和轮机部人员姓名表经轮机长审定后由大管轮负责填写。记录数据的精度应按该仪表的精度等级记载。轮机日志至少应每 2 h 记载 1 次。

航行中,由值班轮机员负责填写并签字;停泊中,由值班人员负责填写并签字。

2.记载内容

轮机日志记录表格按右、左两台主机编制。如为一台主机,其参数一律在右主机栏内记载。值班记事栏应记载在值班时间内的下列内容:

①船长、轮机长的命令,值班驾驶员的通知。

②主机起动、停止的时间,正常运行时的转速。

③船舶靠离码头、进出港区、航行于危险航区及进行编解队作业的时间、地点和必须记载的车钟令。

④柴油发电机组、辅助锅炉及其他重要机电设备的启用、停止时间。

⑤驳油、驳水情况,燃油舱(柜)转换情况及轻重燃油转换的时间。

⑥机电设备发生故障及恢复正常的时间。

⑦其他需要记载的事项。

燃润料耗存量,由三管轮(不设三管轮的船舶由二管轮或由轮机长指定的专人)负责计算并记载。计算燃润料耗存量,不得使用估算数字或定额数字,必须按实际耗存量严格填写。

主机、柴油发电机组的运行时间,分别由大、二管轮每日进行统计并记载。其他在轮机日志中有记载要求的设备的使用时间,在每航次终结后或适当时间,分别由主管人统计并记载。

大事记栏由轮机长或大管轮负责填写,应当记载下列内容:

①船舶的重要活动(如船舶检验、签证、进厂修理、试航、各种应变演习等)。

②每日的检修工作。

③燃润料加装、调驳的时间、地点、品种及数量。

④船舶防污染设备的使用情况，污油水的排放时间、地点。

⑤机电设备发生故障的原因及其处理经过。

⑥船舶应急设备的检查、试验情况。

⑦船舶固定消防系统的检查、试验情况。

⑧船舶重要设备的检修及进行明火作业的部位、审批情况。

⑨船舶重要设备的更换情况及主要技术数据。

⑩船舶交通事故、机损事故发生的时间、地点、主要经过及其处理情况。

⑪轮机部人员的重大人事变动。

⑫其他需要记载的重要事项。

船舶停航或进厂修理期间，仍应继续填写轮机日志。船舶可根据实际情况由轮机长或大管轮负责将每日的工作情况，主要设备的修理以及需要记载的其他事项，记入轮机日志。

对于仍在使用的机电设备，则必须按规定填写轮机日志。长期停航或封存的船舶，可根据实际情况，由值班人员负责轮机日志的记载和保管。对于仍在使用的机电设备，则必须按规定填写轮机日志。自动化无人机舱船舶，其轮机日志的记载，可参照本节内容执行。

第七章
船舶维修管理

第一节　船机故障及船舶维修体系

一、船机故障

(一)船机故障分类、故障原因及征兆

所谓机械故障,就是指机械系统(零件、组件、部件或整台设备乃至一系列的设备组合)因偏离其设计状态而丧失部分或全部功能的现象。这一概念可包括如下内容:

①引起系统立即丧失其功能的破坏性故障。

②与设备性能降低有关的性能上的故障。

③设备正常运转时,操作者无意或蓄意使设备脱离正常运转时的故障。

故障不仅仅是一个状态的问题,而且直接与故障的认识方法有关。一个确实处于故障状态的设备,但如果它不是处于工作状态或未经检测,故障就仍然可以潜伏下来,不能被发现。通常见到的主机起动不起来、拉缸、曲轴折断等现象都是故障的表现形式。

1. 船机故障分类

船机故障复杂多样,研究时从不同角度将其分类,可以清晰地显示出故障的原因、性质和对船舶营运的影响,有助于轮机员分析、认识故障和排除故障,也便于进行故障统计,为改进船舶机械的设计、制造和良好的维修提供重要的信息资料。不同的分类方法反映了船机故障的不同侧面。以下是常见的故障分类方法。

(1)按故障的技术性原因分类

①磨损性故障:由于运动部件磨损,在某一时刻使其性能参数超过极限值所引起的故障。所谓磨损是指机械在工作过程中,互相接触做相互运动的对偶表面,在摩擦作用下发生尺寸、形状和表面质量变化的现象。例如:由于过度磨损使气缸套与活塞之间间隙过大而产生敲缸、窜气;轴与轴承之间过度磨损导致的轴承间隙过大等故障。

②腐蚀性故障:由于化学腐蚀、电化学腐蚀或者物理腐蚀使零件失去原有尺寸精度或者几何形状发生变化而产生的故障。例如:柴油机气缸套和活塞冷却水腔的电化学腐蚀;排气阀的高温化学腐蚀等。

③断裂性故障:处在复杂环境下的船机设备因材料性质不均匀、加工工艺处理不当、承受

过载或者撞击而导致的故障。例如:地脚螺栓因紧固程度不够而产生的断裂;气缸盖因热应力和机械应力周期作用引起热疲劳或机械疲劳或高温疲劳而产生的裂纹等。

④老化性故障:因腐蚀、磨损、疲劳等综合因素作用于船机设备,使其性能老化所引起的故障。例如:机座活动垫块的老化等。

(2)按故障的性质分类

①人为故障由于管理、操作人员的行为过失或制造和安装不良引起的故障。这是不容忽视的故障,在船上它已占80%以上,称为故障的主要原因。例如:在没有开启主机滑油泵的情况下,起动主机,导致的轴瓦烧蚀;轴系校中不良引发的轴系振动、断轴等事故。

②自然故障由于船舶机械工作环境变坏,使用条件恶劣,结构和材料的缺陷造成的故障。可分为正常自然故障和异常自然故障,正常自然故障一般具有规律性,如设备的正常磨损,老化导致的故障;异常自然故障一般具有偶然性,如结构和材料的缺陷造成引起的故障,如船用柴油机中的热应力问题等。

(3)按故障发生、发展的进程分类

①突发性故障是由于各种不利因素和偶然外界影响的共同作用超出了设备所能承受的限度而突然发生的故障。这类故障一般无明显征兆,依靠事前检查或监视不能预知的故障。例如:螺旋桨桨叶折断、主机自动停车、舵机转舵突然失灵等。

②渐发性故障是指在长时间的运转过程中,由于设备中某些零件的技术指标逐渐恶化,最终超出允许范围或极限而引发的故障。这类故障的发生与设备零件的磨损、腐蚀、疲劳等密切相关,可通过连续的状态检测来有效地防止故障发生。一般发生在设备零件有效寿命的后期;有规律,可预防;故障发生的概率与设备运转时间有关。例如:柴油机气缸套与活塞环之间的磨损;管路的腐蚀穿孔;密封胶圈因老化漏气、漏油等。

③波及性故障或称二次故障,是由于船机设备的某种故障引发的更大的故障,无法预测和防止。例如:柴油机连杆螺栓脱落或断裂引起连杆、活塞气缸套和气缸盖甚至机体的破坏,俗称连杆蹬腿等。

④断续性故障设备在某一时间成故障状态,而在另一时间功能又自行恢复的故障,故障反复发生。例如船上电气设备开关接触不良等。

(4)按故障对船舶的营运和影响程度分类

①船舶不停航的局部故障因局部故障导致船机设备的功能部分丧失,或船机附属系统设备故障,不需要停航修理,航行中进行故障处理。例如:更换主机某缸的喷油泵;对主机备用滑油泵或者淡水泵的拆卸、修理等。

②船舶短时间停航的重大事故由于严重的故障使船机设备的功能丧失,必须停航争取短时间内船员自修,采用更换备件等措施排除故障。例如:主机某缸发生较严重的拉缸故障,停机检修或者实施封缸措施,修后继续航行。有的国家对停航时间规定:货船不超过6 h;客船不超过2 h。

③船舶长时间停航的全局性异常严重的故障导致船机设备的功能丧失,造成船舶丧失航行的能力,需要进厂进行长时间的维修。例如:主机曲轴断裂;艉轴或者中间轴断裂;船舶搁浅;船体破坏等。

除此之外,还可以按船舶机械在使用过程中故障发生的时间分为早期故障、使用期故障(随机故障)和晚期故障(老化期故障);按故障的损伤程度分为允许故障和不允许故障等。机械故障还可从其他角度来进行分类。在以上所列的分类方法中,按故障发生的技术性原因和

按故障发生的进程这两种分类方法对于船机故障诊断最具现实意义。

2. 故障原因及征兆

故障原因可以分内因和外因两种，工作应力、环境应力、人为因素和时间是机械产生故障的外因；而故障的内因则是指导致机械故障的物理、化学或机械过程，也成为故障机理。维修及管理人员根据故障的迹象判断故障部位，分析故障机理，制订故障对策。

一般情况下故障的原因可分为四个部分：自然损坏，使用维护不当，修理质量不高和设计、制造方面的缺陷。

(1) 自然损坏

设备在正常使用过程中，由于磨损、腐蚀、疲劳等因素而使其零部件尺寸、形状和质量发生的变化，从而破坏设备原有的工作状态而导致的故障。

(2) 使用维护不当

在使用中，未严格按照操作规程进行操作，甚至违章操作；维护不当或缺少维护而造成设备零部件的损坏，引起的船舶故障。例如：在主机备车时，对主机的预润滑不够；未及时地检查、添加或更换机油，造成机油数量不符合标准、机油变质；不及时清洗滑油冷却器、空气滤器等，使其流通阻力增大引发故障等。只有全面了解船用设备在使用中的要求及各设备零部件的技术状态变化规律，做到正确使用和及时维修，才能有效地预防由此产生的故障。

(3) 修理质量不高

船用设备的零部件在维修时，从分解、清洗、检验、维修到装配等各个环节，均有严格的技术标准和要求。如不注重维修质量，则会造成设备工作中出现故障，浪费物力、财力。常见的有：主机气阀间隙过大，敲缸严重，喷油泵针阀的研磨等。严格修理规范、改进维修设备、提高维修技能、加强对维修的检查和验收等方法，才是提高维修质量的有效途径。

(4) 设计、制造方面的缺陷

由于零部件在设计、制造方面存在缺陷，在使用过程中突然或逐渐暴露出来，造成设备的故障。例如主要铸件（气缸盖、气缸体等）存在砂眼、细小裂纹；运动件（连杆、曲轴等）的强度和刚度过小，在加工制造时，未能很好地消除内应力；零部件精度不合适等缺陷都会造成机器的故障，这种情况虽然较少，但一旦出现即为较重大事故。由于船用设备产生故障的不同而出现不同的征兆，归纳起来，大致有以下几种情况。

①工作状态突变。所谓工作状况突变是说设备的工作状态突然出现不正常现象，这是比较常见的故障症状。例如：主机转速突然增加或减少；主机熄火后不能起动；滑油泵出口压力突然降低等。这种故障症状明显，容易察觉。

②异常响声。设备在运转过程中出现非正常声响，这是故障的“报警器”，此时作为船上管理人员应该意识到设备出了问题，应该降速或者停车检查，切不可让设备“带病作业”。例如主机在运转过程中出现“铛、铛”的异常响声，则有可能敲缸；泵出现“哗啦、哗啦”的响声，则有可能轴套松动；增压器出现刺耳的鸣叫声等。

③排气颜色不正常。主机或发电柴油机在工作过程中，正常的燃烧产物主要成分应该是二氧化碳和少量的水蒸气，如果燃烧不正常，废气中会掺有未完全燃烧的碳微粒、一氧化碳等氮氧化物，这时排烟的颜色可能变黑、变蓝或变白，也就是说排烟不正常。一般情况下，润滑油上窜到气缸时，尾气呈蓝色；燃烧不完全时尾气呈黑色；油中有水时，尾气呈白色。

④过热高温。通常出现在主机排烟管或者油泵、水泵的壳体上。例如：主机排烟温度过高，排温表温度单缸过高；轴承温度过高，可能是冷却不良等。

⑤渗漏是指发动机的燃油、滑油以及压缩空气等的渗漏现象。这也是明显的故障特征，通过细心观察则可发现。燃油泄漏则会发现主机机体上有漏油的痕迹或机舱滑铁板上有滩状的油迹；压缩空气漏泄时，可以明显地听到"嘶嘶"的漏气声音。

⑥有特殊的气味在主机或设备运转过程中，闻到一股特殊的气味，例如：离心泵填料烧焦的味道；电路短路时也会有焦糊味产生。

（二）故障模式、故障规律

1. 故障模式

船机零件常见的故障模式有：磨损、变形、断裂（特别是疲劳断裂）和腐蚀。

①船机零件的磨损。在固体摩擦表面上物质不断损耗的过程叫做磨损。其表现为物体尺寸或形状的改变、表面质量的变化。它是伴随摩擦而产生的必然结果，是诸多因素相互影响的复杂过程。它使机械零件丧失精度，影响使用寿命与可靠性。其磨损的形式主要有黏着磨损、磨粒磨损、疲劳磨损、腐蚀磨损、浸蚀磨损和微动磨损等。

②船机零件的变形。机械设备由于工况条件恶劣，经常满载或超载工作，一些零件产生变形是常见的，有些零件因形状简单，变形产生的危害比较直观，变形的检查和校正也较容易，曲轴和连杆是最典型的例子。但是，像气缸体、变速箱体、机架等形状复杂、相互位置精度高、测量检查及校正均比较困难的基础件，它们的变形将使其他零件加速磨损，甚至断裂，还有可能导致整台机械设备被破坏，极大地降低使用寿命，所以变形的危害是十分严重的。

③船机零件的断裂。所谓断裂是指物体在机械力、热、腐蚀等单独或联合作用下，使其本身连续性遭到破坏，从而发生局部开裂或分成几部分的现象。它是一种复杂行为，在不同的力学、物理和化学环境下会有不同的断裂形式。例如：机械零件在循环应力作用下会发生疲劳断裂；在高温持久应力作用下出现蠕变断裂；在腐蚀环境下产生应力腐蚀或腐蚀疲劳。断裂是零件失效的重要原因之一，虽然与磨损、变形相比占失效的百分比要小一些，但随着机械设备日益向着大功率、高转速的方向发展，断裂失效的几率有所提高，尤其是断裂几乎都会造成重大事故，产生严重的后果，具有更大的危险性。因此，防止断裂成了日益紧迫的任务。

④船机零件的腐蚀。腐蚀是金属受周围介质的作用而引起损伤的现象。腐蚀损伤总是从金属表面开始，然后或快或慢地往里深入，并使表面的外形发生变化，出现不规则形状的凹洞、斑点、溃疡等破坏区域。破坏的金属变为氧化物或氢氧化物，形成腐蚀产物并部分地附着在表面上。钢铁零件生锈就是最明显的例子。很多船舶机械设备处于高温、介质等恶劣条件下工作，腐蚀的现象极易发生，十分严重，其结果不仅影响性能，缩短寿命，而且造成严重的跑、冒、滴、漏现象，恶化操作环境，危害人员身体健康。因此，对腐蚀的研究具有非常重要的现实意义

2. 故障规律

图 7-1 表示了一般机械设备的故障率与时间相对应的寿命特征曲线。由于多数零件的故障率曲线具有浴盆形状，常称为浴盆曲线。它的三个阶段与三种基本故障类型相对应。

第一阶段为早期故障期，相当于故障率减小型。对于机械产品又叫磨合期，开始的故障率高，但随着时间的推移，故障率迅速下降。此期间发生的故障主要是设计、制造上的缺陷所致。

第二阶段为偶然故障期，相当于故障率恒定型。在此期间，设备的故障率最低，处于最佳工作状态。这段时间的长短，反映了设备有效寿命的长短，在此期间发生的故障多为设计、使用不当及维修不力产生的。因此，要采取各种措施来保持设备在这段时期的正常运行，延长其有效使用寿命。

第三阶段为损耗故障期，相当于故障率增加型。在此期间，设备的某些零部件已老化损

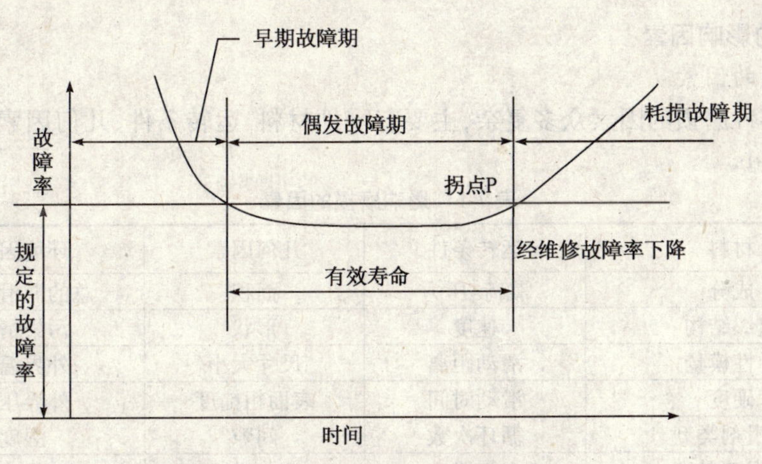

图 7-1　常见船机零件的故障率曲线

耗,故障率上升,也就是拐点 P 的位置,此时应当及时修复或更换,使故障率降下来,延长其有效寿命。

随着科学技术的发展,大量的新技术、新材料开始应用在船上,特别是电器设备上的电子技术、自动化技术的广泛应用。人们通过研究发现除浴盆曲线之外的其他故障率曲线,大致有以下五种情况,如图 7-2 所示:

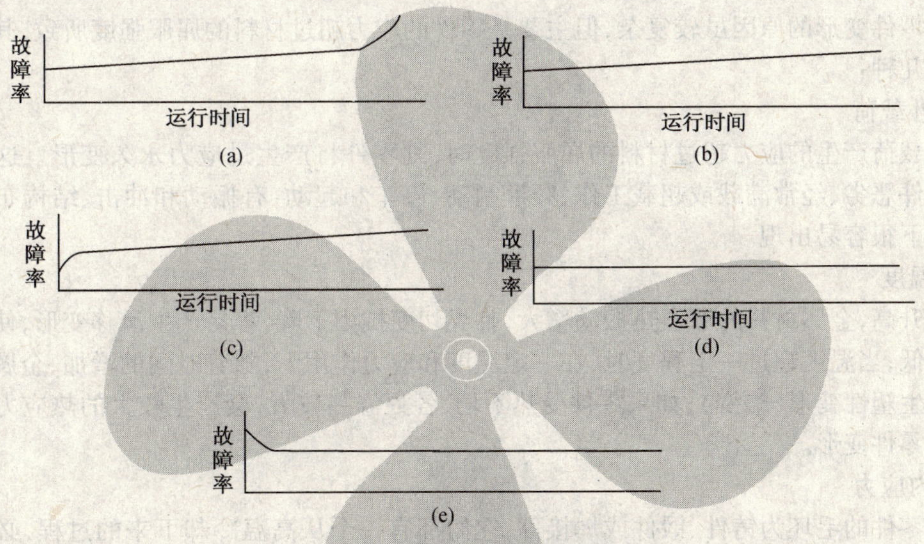

图 7-2　五种故障率曲线图

图 7-2(a)显示了恒定的或者略增的故障率,有明显的磨损期。图 7-2(b)显示了缓慢增长的故障率,但没有明显的磨损期。图 7-2(c)显示了新设备从刚出厂的低故障率,急剧地增长到一个恒定的故障率。图 7-2(d)显示设备的故障率为恒定值,出现的故障常常是偶然因素造成的。而图 7-2(e)显示设备开始有高的初期故障率,然后急剧下降到一个恒定的或者是增长极为缓慢的故障率。

在实际运行中,设备的故障率应该是图 7-2 所示的五种曲线中的一种或者几种的合成,浴盆曲线则可看做图 7-2(a)、图 7-2(d)和图 7-2(e)的合成。设备故障率取决于设备的复杂性,设备越复杂,其故障率越是接近于图 7-2(d)和 7-2(e)。

(三)故障的影响因素

1. 影响磨损的因素

影响船机零件磨损的因素众多复杂,主要有零件材料、运转条件、几何因素、环境因素等,详细内容见表7-1。

表7-1　影响磨损的因素

材料	运转条件	几何因素	环境因素
成分	载荷/压力	面积	总的润滑剂量
组织结构	速度	形状	污染情况
弹性模量	滑动距离	尺寸大小	外界温度
硬度	滑动时间	表面粗糙度	外界压力
润滑剂类型	循环次数	间隙	湿度
润滑剂黏度	表面温升	对中性	空气成分
工作表面物理和化学性质	润滑膜厚度	刀痕	–

根据磨损的理论研究,结合生产实践经验,可通过选择合适的润滑剂,选择正确的使用材料,在制造零件时进行表面处理和合理的结构设计,改善其工作条件,正确的使用和维护等方法来防止或减少磨损。

2. 影响变形的因素

船机零件变形的原因虽较复杂,但主要是零件的应力超过材料的屈服强度所致,其影响因素有如下几种:

(1)外载荷

当外载荷产生的应力超过材料的屈服强度时,则零件将产生过应力永久变形。这种现象在工况条件恶劣、经常满载或超载工作、频繁制动、停车和起动,有振动和冲击、结构布置不合理等情况下很容易出现。

(2)温度

温度升高,金属材料的原子热振动增大,临界切变抗力下降,容易产生滑移变形,使材料屈服强度降低;当温度超过一定程度时,在一定温度和应力作用下,随着时间的增加,金属材料将缓慢地发生塑性变形(蠕变);如果零件受热不均,各处温差较大,会产生较大的热应力和内应力而引起零件变形。

(3)内应力

有些零件的毛坯为铸件、锻件或焊接件,它们都有一个从高温冷却下来的过程,必然会产生很大的内应力。在切削加工过程中,因装夹、切削力、切削热的作用,零件表层会发生塑性变形和冷作硬化,因而产生内应力,也会引起变形。

(4)结晶缺陷

产生变形的内在原因是材料内部缺陷,如位错、空位等,特别是位错及其移动和扩散,构成影响变形的主要内在因素。

零件变形的原因是多方面的,往往是几种原因共同作用的结果。较小的应力也能使零件产生变形,而这种变形并不一定是一次产生的,实际上是多次变形累积的结果。变形是不可避免的,我们只能根据它的规律,从上述几个方面的原因采取相应的对策来减少变形。主要是从设计、加工、修理和使用等方面来加以改善和预防。特别是在机械设备大修时,不能只检查配合面的磨损情况,对于相互位置精度也必须认真检查,以便修复。

3. 影响断裂的因素

影响船机零件断裂的因素很多，只有在深入研究断裂的机理，充分认识断裂的规律之后，才能提出减轻断裂危害的有效措施。其影响因素可以从以下几个方面来说明。

(1)局部应力集中

通过断口分析可知，绝大部分疲劳断裂都是起源于应力集中严重的部位。

(2)残余应力影响

各种加工和处理工艺过程，如拉拔、挤压、校直、弯曲、冲压、机加工、磨削以及焊接、热处理等均能引起残余应力。这些应力是由加工或处理时的塑性变形、热胀冷缩以及组织转变造成的。一般残余拉应力是有害的，而残余压应力是有益的。渗碳、渗氮、喷丸和滚压等工艺均可以产生残余压应力，减小断裂可能性。

(3)附加载荷的影响

载荷对裂纹的产生和扩展有直接的影响。为了减少和防止断裂，必须十分注意控制零件所受载荷的大小。在一般机械设备的使用过程中，加强对操作人员管理，提高他们对故障预防工作的认识是十分必要的。

4. 影响腐蚀的因素

腐蚀的机理是化学反应或电化学作用。金属腐蚀按其机理可分为化学腐蚀和电化学腐蚀两种。化学腐蚀是金属与外部电介质作用直接产生化学反应的结果，在腐蚀过程中不产生电流。外部电介质多数为非电解质物质，如干燥空气、高温气体、有机液体、汽油、润滑油等。电化学腐蚀是金属与电解质物质接触时产生的腐蚀。它与化学腐蚀不同之点在于腐蚀过程中有电流产生。按照所接触环境的不同，可把电化学腐蚀分为：大气腐蚀、土壤腐蚀、在电解质溶液中的腐蚀、在熔融盐中的腐蚀。电化学腐蚀比化学腐蚀强烈得多，金属腐蚀造成的损失大多数是电化学腐蚀引起的，其影响腐蚀的因素如下。

(1)金属的特性

金属的抗腐蚀性与它的标准电位、化学活性有关。标准电位越低，化学活性就越高，越容易腐蚀。然而，像镍、铬等金属，尽管它们的电位较低，但化学活性较高，在表面能生成一层很薄的致密氧化膜，有很高的化学稳定性，所以抗腐蚀能力很强。

(2)金属的成分

金属中的杂质越多，抗腐蚀性愈差。一般钢铁中都含有石墨、硫化物、硅化物等杂质，它们的电极电位都比铁高，金属在形成腐蚀电池时成为阳极，不断被腐蚀。

(3)零件表面状况

零件的外表形状越复杂，表面粗糙度就越大，抗腐蚀性也就越差。这是因为复杂而粗糙的表面极易吸附电解质，同时形状的变化形成电位差。通常，压延金属的变形部分；金属表面擦伤、凹形、穴窝不平处；零件的转角、边缘和焊接、铆接处均为阳极，比较容易被腐蚀。

(4)环境

温度高，湿度大，介质中含有氧、二氧化硫、二氧化碳、氯离子，雨水和杂质多，都会加速腐蚀。

二、船舶维修方式和体系

(一)现代船舶维修方式

为了保证和提高船舶的维修质量，满足船级社和法定主管机关要求，使船舶始终处于良好

的适航状态，确保船员的生命安全及满足防污染管理规定要求，必须对船舶进行维修保养。

维修是对船舶机械和设备维护与修理的统称。维护或称技术保养，是为了保持船舶机械和设备的技术性能正常发挥所采取的技术措施；船舶修理或称修船，是当船舶机械和设备的性能下降、状态不良或发生故障而失效时，为了保持或恢复其原有的技术性能所采取的技术措施。所以船舶维修是船舶正常航行重要的技术保障工作。

现代船舶维修大多以预防维修为主。预防维修是指为了防止机械和设备发生故障，在故障发生前有计划地进行一系列的维修工作。

20 世纪 30 ~ 50 年代中期是英、美等西方国家广泛地应用传统预防维修的阶段。采用日常检查、保养和定时修理等措施进行有计划的预防维修。由于当时的科技水平有限，认为一般的机械设备故障规律基本上均符合浴盆曲线。20 世纪 50 年代后期科学技术飞速发展，特别是电子技术的飞跃，传统的预防维修已经不完全适用，浴盆曲线不能够描述各类设备的故障规律，无法定时修理，只能采用状态监控的手段防止故障的发生。自 50 年代中后期至今是采用现代预防维修的阶段，设备的维修主要采用以下的几种方式。

1. 事后维修

事后维修是在设备发生故障后才进行的维修。某些复杂设备虽有故障，但是其许多零部件仍保持良好的基本功能以致无法预测故障的发生；某些设备缺乏适用的检测手段、参数和临界参数；某些设备不具备实施检测的条件，所以只能在故障发生后再进行维修。然而事后维修也绝非等待故障的发生，而是在故障发生前后均连续不断地进行状态监控，收集和分析设备的使用、维修的材料，以便评定和改进设备的可靠性和安全性。事后维修是一种非预防性的维修方式，但仍进行经常性的检查和保养工作。

事后维修适用于故障不直接危害使用安全仍保持基本性能的设备，或采取预防维修不经济的损耗设备。事后维修特点是不具备预防性，且只限于修复故障。事后处理不应当是一种消极和被动的办法，而应当主动地加以监控。

2. 定期（计划）维修

定期维修是按照规定的时限对机械、设备进行拆卸检验和维修，以防止故障的发生。定时维修的机械、设备应具有以下的条件：

①故障率曲线有明显的磨损故障期，不适于发生偶然性故障设备。

②设备的无故障生存期要足够大，即正常使用期较长；否则无维修的必要。

③采用其他任何维修方式均不适宜的设备。

定期维修对防止某些设备、机械或零部件的故障发生有着重要的作用，是现代预防维修中不可缺少的维修方式。但是定期维修的缺点也不容忽视：针对性和准确性不高，有时不仅无效甚至有害，可靠性不高和维修工作量大、费用高。由于所规定的维修时间不一定符合设备的实际情况，当机械设备运转良好、距磨损故障期的出现甚远时进行定期维修不仅无益反而有害，破坏了设备的良好技术状态，检修后的设备精度可能低于检修前，以致发生故障。从对设备的监控角度来看，定期维修对设备的监控是阶段性的、不连续的。

定期维修的依据是浴盆曲线，即当故障率出现上升拐点时进行维修工作。定期维修的特点是：针对性和准确性不高，有时不仅无效，甚至有害；存在维修不足或维修过剩。

这种维修方式在船舶机械中应用较多。

3. 视情(状态)维修

视情维修或称状态维修,是指对机械、设备不确定维修期,而是通过不断地监控设备的运转状况和定量分析其状态的资料,按照实际情况来确定维修时间,从而避免故障的发生。采用视情维修的设备应具有的条件:

①设备的故障率曲线应具有进展缓慢的磨损故障期,以便监测到故障信息后来得及采取防止故障发生的措施。

②具有能够反映设备技术状态的参数、参数标准或标准图谱,以便准确地诊断设备的故障。

③具有视情设计的设备结构,为进行视情维修提供了必要的条件,如设备上安装传感的孔、口等。

④视情维修是以现代化的监控手段和故障诊断技术为基础,因此需具备先进的原位无损检测装置及与电子计算机相连的终端显示装置等,以进行保护、预警,防止故障发生。

视情维修对设备不确定维修期,而是根据实际情况确定最佳维修时间,因此维修的针对性强。由于是在设备功能性故障发生前采取措施,因而可有效地预防故障和充分地利用设备的工作寿命。此外,维修工作量和费用均较少。视情维修是理想的预防维修方式。状态维修是根据船机设备的实际状态确定是否进行维修工作。其特点是:

①具有预防性。通过设备状态监(检)测确定设备状态是否正常,从而确定是否需要进行维修工作。

②具有针对性。不确定维修周期,根据实际情况确定最佳维修时间。

③维修工作量和费用均少。

其缺点是需要以监控手段和故障诊断技术为基础,一般只对渐进性故障有效。

4. 主动维护

“主动维护”是对导致设备损伤的根源性参数进行修复,从而有效防止失效的发生,延长设备的使用寿命,是继状态维修之后国际上近几年来提出的一种新的设备管理理念。能使名称设备的维修费用降低100倍以上。

船舶机械和设备在日常的工作中应推广使用主动维护;在维修方式上重点选用视情维修方式或定期维修方式;对不危及安全的故障,即偶然性故障可采用事后维修方式;对于一些经过精确计算有规定使用寿命的零部件或设备采用定时维修,而大多数设备和零部件逐步采用视情维修与定期维修相结合的方式预防故障。一个复杂设备的不同项目,可依据具体情况分别选取不同的维修方式;同一项目可采取一种或多种维修方式。

(二)船舶维修保养体系

1. 我国船舶维修保养系统的发展概况

我国原来船舶维修保养管理制度是苏联模式。多年来出现了许多脱节问题,船舶维修保养主要依靠技术管理人员进行,管理人员业务水平的差异直接导致管理工作不稳定,有随意性和短期行为,“重修轻养”、“重用轻管”,由于信息流通不畅,船东对船舶的维修保养不能及时实施,没有准确计划和控制。在日常营运中,还经常因船员变更或船员技术素质不齐,导致船舶设备日常检修不够或部分设备重复检修,而在岁修和进坞大修以及接受船级社检验时,修理项目集中、船舶修期较长、修理费用很高,这些都造成了人力物力的巨大浪费。随着船舶技术的发展、管理水平的提高、设备可靠性的加大以及检测手段的更加完善,仅仅依靠检验来判断设备的状态已经显得不足。

为此一些实力较强的航运公司纷纷根据自己的管理特点建立船舶设备管理体系,制订保养计划,使用船员的技术对设备进行检查。在20世纪80年代,我国上海远洋运输公司和上海海运集团在原维修管理的基础上,吸收国外先进管理模式,如挪威的TSAR体系,对船舶设备采用插卡管理。随后对此系统进行扩展和研究,在原交通部的大力支持和指导下,经过两年多的努力,完成了"船舶维修保养体系(CWBT)"的研究,真正建立了我国标准化的船舶保养体系。它的主要指导思想是:将设备的维修保养进行分级,将维修保养工作按照月、季、半年、年、两年、四年、五年或六年等各周期安排在日常工作中进行。如果加上计算机管理,采用计算机备件管理系统与此系统配套,由计算机给出更准确的计划要求和备件管理信息,必会使船舶技术管理的水平有一个巨大的提高。

随着船舶保养体系的不断完善,国际船级社协会注意到其实施的效果,逐步改变原有观念,接受"以养代检"的方式。首先在20世纪70年代开始全球推行"轮机循环检验(CMS)"制度,将特别检验项目分解到周期内的各个年度进行,充分与航运公司的维修保养体系接轨和配合。此项工作取得良好的效果,一是将对设备的检验"化整为零",及时发现设备的缺陷和隐患,二是将部分项目委托船上轮机长进行,大大节省了修船时间,保养工作更加有针对性。

随着航运公司保养体系的日趋完善,国际船级社协会(IACS)在1989年提出了PMS的检验模式。进一步地将检验和保养相结合,也将设备的技术状况判别权力下放到有资格的轮机长。中国船级社(CCS)作为IACS正式成员,在1996年将《钢质海船入级规范》引入PMS要求。

计划保养体系(PMS)是指船舶机械(包括电气设备)根据船级社(如CCS等)现行规范的有关要求和设备制造厂说明书的规定,由船东制订一套详细的周期性维修保养计划,通过该计划在船上的贯彻和实施,使船舶机械始终保持在良好的技术状态。

PMS检验在我国已经开始实施,但由于船舶的计划保养体系、船况、公司的管理、轮机长资格等的要求较高,目前在我国还没有普及,只有国内几家大公司的一些新船上实施了PMS检验。但国内、国际的实践表明,PMS检验使船舶所有人的保养体系和船级社的检验有机地结合在一起,从而缩短了修船时间,节省了检验费用,提高了船舶管理水平,使船舶航行更安全,航运更有效益。

2. 船舶保养体系

现在运营中的船舶,一般都装有船舶维修保养体系,这些保养体系的制作和填写都需要高级轮机员来执行,必须对它们进行一定的了解。我国在2009年3月31号发布了《船舶维修保养体系检验导则》(以下简称《导则》),于2009年11月1日实施。此标准适用于实施船舶维修保养体系(CWBT)并具有中国船级社(CCS)船级的船舶机械保养系统(PMS)附加标志的或拟申请该附加标志的船舶与海上设施,其他船舶与舰船可参照采用。

船舶维修保养体系是以我国传统的船舶维修管理模式为基础,吸收外国先进的管理经验,结合我国具体实际而开发建立的。

在建立船舶维修保养体系时,首先将船舶设备系统进行分类、编码定义。CWBT共采用四组代码,其中,前三组表示船舶设备代码,第四组代码供执行人自定义用,中间用"-"连接。CWBT设备代码结构表示如下:

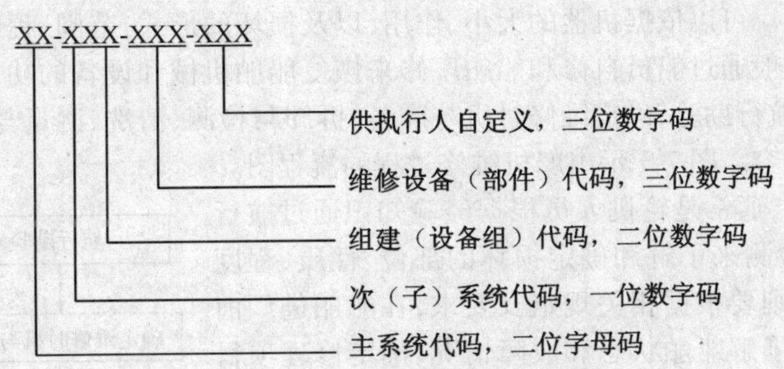

示例:主系统为空气系统,子系统为起动空气系统,维修部件为主空压机,自定义为 No. 3 的设备代码表示为:AS-102-152-003,其中维修部件代码和主系统代码可以在 CWBT 代码手册查询,共有 30 个主系统,372 个维修设备代码(详见《导则》第 2 部分:船舶维修保养体系代码)。

其次,将维修工作按照维修保养周期或维修类别进行分级。如表 7-2、7-3 所示:

表 7-2 维修保养周期

维修级别		A	B	C	D	E	F	G	H
维修周期	定期	日常	周	月	季度	半年	1 年	2 年	4 年
	定时（h）				1 500	3 000	6 000	12 000	24 000

表 7-3 维修类别

维修类别	维修工作性质
第一类	含有年检和坞检项目的工作
第二类	含有特检和循环检验项目的工作
第三类	其他主要维修工作
第四类	一般维修工作

之后为船舶的每一件设备编制设备卡,卡上包括对该设备进行各级维修保养时的工作内容、技术要求和维修保养周期的级别等内容。在完成这些设定工作后,采用人工或计算机管理,将到期的检查项目,按照工作卡的形式或计算机指令形式定期(每月)向船员发出设备维修指令,在船员完成工作后,部门长再将这一设备的检修工作按照检修周期排入下一循环。这样各级维修工作计划一次排成、长期有效、循环操作、环环相扣,各个期间的保养项目一目了然,按照设备的保养要求,按时进行,对于重要项目和船检项目还有重点提醒。CWBT 系统还设计了许多报表和报告模式,在维修工作完成后,各检修记录和完成情况将通过已经编制好的各种专门表格报告公司,这样船东可以完全、准确、及时地掌握情况。如果加上计算机管理,采用计算机备件管理系统与此系统配套,由计算机给出更准确的计划要求和备件管理信息,必会使船舶技术管理的水平有一个巨大的提高。

第二节 船机维修过程

船舶在营运过程中,船舶机械及设备出现机损故障或进行常规检修时,需要对船舶机械和

设备进行拆卸修理。可以依据机器的大小、作用,以及损坏的形式、范围、程度的不同,采取不同的修理方式。一般通过船员自修和船舶厂修来恢复船舶机械和设备的功能。通常,船舶机械检修步骤包括:航行勘验、确定维修时机与准备、拆卸与检测、清洗、测量与检验、修理、装复与检测和试验等内容。图 7-3 示出船机维修过程的流程图。

船员自修项目,通常是轮机人员根据经验知识通过航行中观察和必要的检测来了解和确定损坏的部位、性质、程度等;船舶厂修项目则要根据相关规定及要求,在船舶进厂前进行航行勘验,以了解船舶状态和故障情况、确定修理项目和修理范围。维修时机是根据预防维修保养体系、故障检修或船检部门认为必要时来确定的;确定了维修时机后,就要进行准备工作,例如:物料准备、备件及专用工具与量具准备、起重设备准备、熟读待修机械设备说明书和掌握机械设备结构特点及技术要求等。随后,对船舶机械进行拆卸、检测与清洗,要做到边拆卸边检测,通过拆卸进一步确定故障的部位。清洗完毕后,对船舶机械设备进行测量与检验,以确定故障的损伤性质和程度等。然后,根据测量与检验的结果来确定维修方案和进行修复工作。等船舶机械设备修复后,进行安装并随时检测,确保正确装复。最后,通过各种试验来确定船舶机械设备的性能是否得到了恢复和保持。

本节将简介维修过程中有关拆卸与检测、专用工具和量具、清洗、装复与检测以及交船试验等内容,以便全面了解船机维修过程。

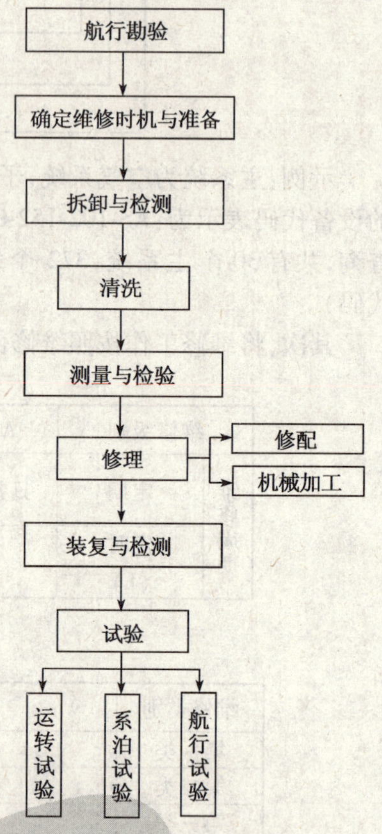

图 7-3　船机维修过程

一、船机拆验

拆卸与检测是船舶机械设备修理过程的开始阶段。拆卸与检测工作将会关系到维修时间和维修费用以及维修质量,通过拆卸和拆卸中的检测,可以摸清故障的性质、范围和程度,找出故障的原因。所以,不论是船员自修还是船舶厂修,在船舶机械设备维修前,均应做好修前的拆卸与检测工作。

(一)船机拆卸

拆卸就是把机器的运动部件从其固定件上拆下来,将机器进行局部或全部解体。拆卸是任何机器修理之前必须进行的工作。拆卸过程中维修人员可以根据零部件表面的油污、积炭、水迹等线索对机器的技术状况和所存在的故障进行调查研究。例如喷油器、喷油定时的故障情况,可以根据燃烧室组成零件的积炭情况进行调查了解。

拆卸中若遇到拆不下来的零件,不能硬拆,以免零件受损或机器无法装复。所以,为了保证零件完好和能正确装复机器,拆卸工作必须按照一定的原则和顺序正确进行。例如,要保证艉轴、螺旋桨拆下后能再安装到原位,在拆卸前就必须预先测量它们原来的相对位置,如图7-4 中 a 与 A 值的测量,应该依次安装;否则难以复位。

1. 拆卸前的准备工作

(1)人员的准备

根据设备拆卸工作量的大小,并且在保证人员、设备安全的前提下,合理地安排人员并分

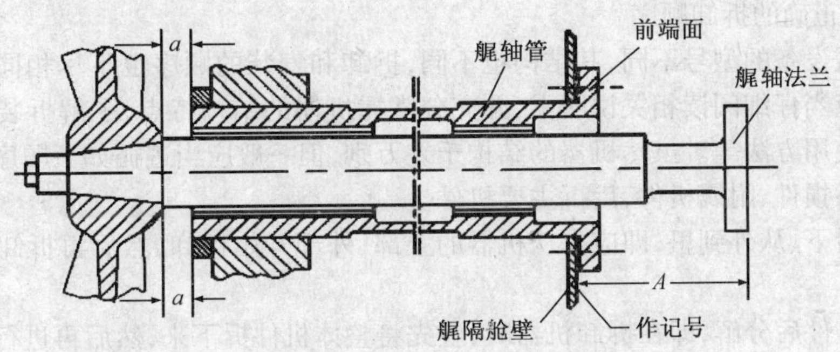

图 7-4 艉轴和螺旋桨的轴向相对位置

A—艉轴法兰端面至尾隔舱壁的距离；a—螺旋桨前端面至艉轴管后端面的距离

工。要求相关工作人员着工作服，戴安全帽，做好安全预防措施。

(2)技术准备

机械设备种类繁多，构造各异。拆装人员必须了解所拆机器的结构特点和装配技术要求，做到心中有数。必要时应查阅有关说明书和图样资料，搞清装配关系、配合性质，不能粗心大意、盲目乱拆。同时应明确拆装目的，指定拆装方案。

(3)用具、备件、场地的准备

包括拆卸工具(专用工具、常用工具)的准备；吊车、吊具等起重设备的准备；需要更换的零部件或易损件的备件的准备；木板、支架等零部件放置场地的准备。

①工具的准备。对船舶机器设备进行检修时需要的工具包括：通用和专用工具、通用和专用量具、各种随机辅助设备等。所准备的通用工具和量具的种类、规格和精度等应能保证全部拆检工作的顺利进行。

在船舶拆卸过程中经常用到的通用工具有扳手、手锤、钳子和一些其他钳工工具。

在船舶拆卸过程中经常用到的专用工具有气缸套拆装专用工具、活塞环拆卸专用工具、活塞组件装入气缸专用工具、主轴瓦拆装专用工具和液压拉伸器等。

在船舶拆卸过程中经常用到的通用量具有塞尺、内径和外径千分尺、百分表、游标卡尺、钢直尺和样板等。

在船舶拆卸过程中经常用到的专用量具有臂距表(拐挡表)、桥规、量缸表、专用塞尺和平尺等。

②起重设备的准备。拆卸船舶机械设备上重量较大的部件时，经常使用各种起重工具和设备。最常用的起重设备是环链式手拉葫芦和起重行车；此外，吊装工作中还会用到一些其他的工具和索具等，例如液压千斤顶、卸扣、吊环、钢丝绳、滑车、撬棒和连接固定螺栓等。

采用机舱起吊设备进行吊运时，应当根据部件的重量选择相应的起吊工具；检查起吊控制开关操作的灵活性；同时，检查行吊情况，确保吊运工作安全可靠。

③其他物料准备。为了保护重要的零件和管口等，需要对其进行支垫和包扎，因此要准备木板、厚纸板、垫料和填料、布或塑料布、木塞等物料。此外还需准备棉纱、油料等各种消耗品。

2. 拆卸原则

(1)确定拆卸范围

拆卸中应当注意根据故障确定合理的拆卸范围，不能随意扩大，能不拆的机件尽量不要拆。因为不必要的拆卸可能会使机件原有的配合精度遭到破坏或已磨合部位的相对位置被改变，造成零件损伤，扩大安装误差。

(2)确定正确的拆卸顺序

船舶机械设备的型号不同,其结构也不同,拆卸和安装的顺序也不尽相同。因此,拆卸人员在拆卸前应当仔细阅读相关说明书,并充分掌握机器的结构特点,了解拆装要求、随机拆装专用工具的使用方法等。虽然机器的结构千差万别,但一般应当遵循如下顺序:

①先拆易损件、附属机件,后拆主要机件。

②先上后下、从外到里,即应先从机器的上部、外部开始拆卸,然后再拆卸机器的下部、内部机件。

③先拆整件后分解,即在拆卸机器时,应先将整体机件拆下来,然后再进行分解拆卸,如各类泵、阀、调速器、增压器等。

(3)保证零部件原有的精度

船舶机械装备拆卸过程中,应当保证不损伤零部件,不能破坏零部件的尺寸、形状和位置精度,重点保护好配合件的配合表面。例如,吊缸时取下的活塞应当放在支架上或者平铺好的木板上。特殊情况时,允许在保护大件、重要件精度的前提下,牺牲小件、不重要件,以便完成拆卸工作。例如,活塞环黏着在环槽中时,可将活塞环损坏,从环槽中取出,但是要保证不能损坏活塞环槽。当然,重要的或者高精密的部件不要在现场拆卸,应当系标签名称和所属的位置,送到船上工作间或者岸上的船厂车间或实验室进行解体修复。例如,柴油机喷油泵和喷油器应在船上雾化试验台或者船厂车间解体,以保证精度。

(4)保证正确装复船舶机械设备

在拆卸船舶机械设备之前,应当考虑拆卸检测后的装复工作,拆卸的前提是能够保证正确的装复。所以,拆卸前应当认真地阅读船舶机械设备的说明书,充分地掌握所要拆卸的机械设备的结构特点;拆卸过程中,要细心地观察和记忆,并做标签或者标记号,还可以用照相机和摄像机作记录;检测的过程中,合理选择检测方法,避免损伤零部件和破坏零部件的配合精度,以便于船舶机械设备的装复工作。

3.常用拆卸方法

(1)击卸法

击卸法是利用锤子或其他重物在敲击或撞击零件时产生的冲击能量,把零件拆下。它是拆卸工作中最常用的一种方法,具有操作简单、灵活方便和适应范围广等优点,如果拆卸方法不正确容易损坏零件。

(2)拉(压)卸法

拉(压)卸法是采用专用拉(压)卸器把零件拆卸下来的一种静力或冲击力不大的拆卸方法。它具有拆卸比较安全和不易损坏零件等优点,适用于拆卸精度较高的零件和无法敲击的零件。

(3)顶压法

顶压法是一种静力拆卸的方法,适用于拆卸形状简单的过盈配合件。常利用螺旋 C 形夹头、机械式压力机、油压机或千斤顶等工具和设备进行拆卸。

(4)温差法

温差法是利用材料热胀冷缩的性能,加热包容件或冷却被包容件,使配合件拆卸的方法。常用于拆卸尺寸较大、过盈量较大或热装的零件。

(5)破坏法

破坏法拆卸是拆卸中应用最少的一种方法,只有在拆卸焊接、铆接、密封连接等固定连接

件和相互咬死的配合件时，才不得已采用保存主件而破坏副件的措施。一般采用车、铣、锯、錾、钻、气割等方法进行破坏性拆卸。

4. 拆卸技术要点

为了保证正确地拆卸机器，以便船机检修工作的顺利完成，在此应掌握以下几项常遇到的处理方法。

(1)做记号和系标签

拆卸过程中，应对拆下的零件系标签，在标签上注明其所属部件、次序和相对位置等，以免混淆或丢失。做记号和系标签是一项非常重要的工作。在柴油机运转过程中，各个缸的磨损程度均有一定的差别，所以应当标明拆下的零件是第几缸的。给零件做记号时应注意以下几个问题：

①做记号前，先检查在零部件的相对位置处有无记号，如果没有记号或者记号不清晰的话，则应重新做记号；对于旧机器的零部件来说多数已经做过记号，不应重复做记号以免造成混淆。

②可在零件连接处用标记笔、油漆、点冲、号码冲或钢印等方式做记号，不可随意乱打，在零件的精加工面上不能做任何记号。

③对不熟悉或不了解的船舶机械设备，可采用画图、拍照片、录像等方法记录零部件的配合关系。

④当船舶机械设备的检修期较长时，应妥善保管拆下的零件并注意保护已做好的记号。

(2)拆下的零件和机器拆开部位的保护

拆卸中应妥善放置与保管从船舶机械设备上拆下的仪表、管子、附件和零部件等，应分别做好标签，切不可乱放。仪表、精密零件和偶件的精密配合表面尤其应慎重放置与重点保护。

船舶机械设备拆卸后，固定件上裸露的孔口、管系的管口应用木板、纸板、布或塑料膜等堵塞或包扎，以防止异物落入造成堵塞、损伤和破坏，同时避免引起磨损和后患。

(3)过盈配合件的拆卸

船舶机械设备上有很多过盈配合的配合件，例如齿轮与轴，柴油机上的气阀导管与导管孔，活塞销与销座等。拆卸这些过盈配合件时应尽量使用随机专用工具、专用工具或采用适当的加热和冷却等方法来完成拆卸工作，避免损伤零件，切勿硬打硬砸。

(4)螺栓的拆卸

船舶机械设备拆卸时，会有大量的螺母、螺栓、销子和垫圈等零件的拆卸工作。一般来说，这些零件的拆卸并不是很困难，但应注意以下问题。

①柴油机气缸盖螺栓、主轴承螺栓和排气阀螺栓等双头螺栓，一般螺栓仅有一端旋入机体。拆卸时，不需将双头螺栓整体从机体上拆下。

②拆下来的螺母、螺栓等应套装于原位，以防丢失或螺纹破坏等造成安装困难。

③如果有生锈螺母拆不下时，可采用以下方法：

A. 先将螺母上紧 1/4 圈，然后反向旋出。

B. 轻轻敲击振动生锈螺母周边，除掉部分锈蚀后再旋出。

C. 在螺母和螺栓之间灌入煤油或喷松锈剂，浸泡 20 ~ 30 min 后旋出。

D. 用喷灯或焊枪等加热设备均匀加热螺母，使之受热膨胀后旋出。

E. 以上诸方法均不能奏效时，用扁铲或凿子等钳工工具将螺母破坏取出。

④螺栓断于螺纹孔中时，可采用以下方法将断头螺栓取出：

A. 在露出的断头螺栓顶面锯出凹槽,用螺丝刀等工具旋出。

B. 锉平露出的断头螺栓两侧面,用扳手等工具拧出。

C. 在断头螺栓上焊一折角钢杆或螺母,将断螺栓旋出。

D. 在断头螺栓顶面钻孔攻丝(反向螺丝)并拧入螺钉,旋出螺钉将断头螺栓带出。

E. 在断头螺栓顶面焊接折角钢杆,将螺栓旋出。

F. 选用直径小于断头螺栓根圆直径 0.5 ~ 1.0 mm 的钻头,将螺栓钻掉,再用与原螺栓螺距相同的丝锥将螺纹孔中残存的断头螺栓除去,但应不破坏原螺纹孔的精度。

5. 拆卸安全

①拆卸工作中必须严格遵照说明书要求或相关安全操作规程,按照合理的拆卸顺序进行。整个拆卸过程中必须保证操作人员和船舶机械设备的安全。

②拆卸前,要选用恰当的操作工具,应首选专用工具,再选通用工具;应首选死扳手,再选活扳手。

③拆卸过程中,应正确使用相关的工具、量具,不得违规操作。例如,上紧螺栓时,不能随便加长扳手的长度,以防螺栓变形、折断或扳手损坏而造成伤人事故;卸螺栓时,要尽量拉而不要推,并且要用一只手抓住固定物,以避免滑手伤人。

④注意吊运安全。起吊作业必须严格遵循操作规程;作业前,工作人员要熟悉起重吊运指挥信号,必须对起重设备进行仔细检查,并进行空载试验;在吊运过程当中,零件要捆绑牢靠而不能有损伤,禁止人员在起吊车下通过或工作。

⑤防止人身事故和零部件的损伤。拆装前,应做好安全措施,对油、水、电、气(汽)进行泄放,关好阀门和开关,防止油、水、气(汽)、电发生跑、冒、滴、漏现象,造成人员或设备损伤;拆卸过程中,避免硬拆现象,以免损坏机器设备;拆卸后,注意对零部件的保护,防止丢失、变形和生锈等。

(二)拆卸中的检测

船机拆卸前、拆卸过程中的检验和测量是对机器的剖析和透视,是查明故障、分析和诊断故障原因、制订修理方案的重要依据。

1. 运转中的观察

运转中的观察主要是通过拆卸前的航行勘验或者船舶机械设备在运转中的检测,了解主机工况,记录各项性能指标、振动、噪音和滴漏现象等情况,并对运转缺陷进行检验。对船舶机械设备的运转状况和信息进行比较、分析和判断,从而初步确定船舶机械设备可能存在的某些问题。

感觉检验法是航行勘验中检验零件技术状态的重要而有效的方法。这种检验方法的准确度与检验人员的经验关系很大,可分为目测、声音判断以及感觉检查三种方法。

①目测法:用肉眼或放大镜对零件进行观察,以确定其磨损及损坏程度、性质变化等。如缸体与缸盖的裂纹;齿牙的折断或齿面疲劳;轴承表面的疲劳与腐蚀;离合器或制动器的烧损变色与拉毛;橡胶零件的老化等。

②声音判断法:根据零件工作时或人的敲击所发出的声音来判断其技术状态和故障。如根据敲缸情况,可判断柴油机燃烧的好坏。根据柴油机各部位的响声,可判断间隙是否合适等。对零件用敲击法检验时,可察明其内部有无裂纹;对具有覆盖层的零件,可检验覆盖层与基体金属的结合情况(合金轴承检验),如声音清脆说明结合良好。

③感觉检查法:凭手的感觉判断零件的技术状态。如检查间隙大小、温度高低和其他故

障，通过手作相对晃动检查滚动轴承的径向与轴向间隙；通过转动曲轴时的灵活性来判断其配合间隙；通过触摸可以判断轴承发热程度等。

2. 拆卸中的检测

船机拆卸过程中，要对船舶机械设备进行检验和测量。对拆开的配合件工作表面进行观察，从配合件表面的氧化、变色、拉毛、擦伤、腐蚀、变形和裂纹等现象判断故障的部位、范围和程度。测量零部件的尺寸，从而计算磨损量、几何形状误差和配合间隙等，并据此判断零件的磨损、腐蚀或变形程度。例如，测量曲轴外径和计算磨损量、圆度与圆柱度误差；测量桥规值和曲轴臂距差值，来判断曲轴状态和轴瓦的磨损情况等。

在拆卸过程中，必要时要对重要的零件进行无损检测，以查明零件表面或内部存在的缺陷和损伤。如发电柴油机修理时，对连杆螺栓进行着色探伤或磁粉探伤，检查连杆螺栓表面有无疲劳裂纹，并且测量其长度，以检查有无变形；利用超声波技术检测管路腐蚀、焊缝的缺陷和转子、法兰等零件的疲劳破坏。

二、清洗

船舶机械设备拆卸后应对其零件进行清洗，以清除零件表面上的油污、积炭、水垢和铁锈等污垢，必要时还应对管系进行冲洗，以除去拆卸时带入、残余或者沉积在其中的杂质和污物等。清洗也是检测的准备工作之一，清洁的零件表面便于检测和准确测量，更便于修理和装配；清洗后的管系，可以避免润滑油对机械设备的污染，利于机器的正常运转。因此，清洗工作是高质量维修的保证。清洗工作既要迅速、彻底和安全，又要避免对零部件造成损伤和腐蚀，同时应保证零件工作表面的精度。

（一）零件的清洗

船舶机械设备经过长期运转，其零部件表面会附着油污、积炭、水垢和铁锈等污染物。为了避免影响检测和装配工作，常用机械和化学方法对零部件进行清洗，或者采用机械、化学综合清洗来除去零部件或管系中的污染物。清洗工作要求快速和高质量，同时不能损伤零部件工作表面和造成其腐蚀。

1. 机械清洗

机械清洗就是用刮刀、钢丝刷、油石、砂布或者相应的设备，去除零部件工作表面上沉积较严重的积炭、铁锈和水垢等污染物。

（1）手工机械清洗

手工机械清洗就是用刮刀、断锯条等刮除非光滑配合面上的积炭或用钢丝刷刷掉积炭、铁锈和水垢；对光滑的配合面上的积炭、铁锈等可用铜或软刮刀刮除，然后再用柴油或汽油清洗干净。常用于清洗柴油机燃烧室的零件。

（2）喷丸机械清洗

喷丸机械清洗是利用水压把塑料软丸或者胶球压入管系中，利用弹丸对管壁的摩擦进行除垢。常用于对炉管和冷凝管的清洗。

（3）超高压水射流除锈工艺

利用水是不可压缩的介质这一特性，提供足够的能量使高压水通过喷嘴被加速到非常高的速度（达 600 m/s，甚至更高），而获得喷射冲击能，来粉碎、消散或分解船舶机械设备或者船壳上的铁锈等污染物。由于水流速度与通过喷嘴孔的水压成正比，因此，通常采用直径较大的喷嘴获得较低的水压来除锈，以避免损伤船舶机械设备的零部件或者船壳。

机械清洗操作简便、使用灵活、适用范围广，对清除零件表面积垢十分有效，广泛用于船上和修船厂。但此法容易损伤零件表面，产生划痕与擦伤，使零件在使用中再次产生积炭，受力的零件还容易形成应力集中以致引起裂纹。

2. 化学清洗

化学清洗就是利用化学药品的物理溶解和化学反应，清除零件表面上的油垢、结炭、漆皮、水垢和铁锈等。化学清洗主要有以下几种。

(1)油洗

油洗是化学清洗方法的一种，其原理是利用有机溶剂(如氟碳溶剂等)、汽油、柴油或煤油的物理溶解作用去除附着在零件表面上油污垢。清洗时，先将零件浸泡在油或有机溶剂中，过一段时间后，用抹布或刷子将零件上的油污清除干净。

该方法操作简单灵活，易于使用，适用于清洗油污积垢不严重的零件，效果又快又好，应用广泛。但对积炭、铁锈和水垢等污物无效。而且，此方法不够安全，通常不推荐使用汽油，极易引起火灾。

(2)化学清洗剂清洗

化学清洗剂清洗主要是利用化学清洗剂的物理溶解性能和化学反应性能，去除船舶机械设备上的污染物。化学清洗剂主要有以下几种。

①碱性清洗剂

碱性清洗剂可有效地清除零件表面上的油、油脂污垢、油脂的高温氧化物、漆皮等附着物。船舶机械设备所用的零件材料不同，清洗剂的配方也不同。通常根据材料选用不同 pH 值的碱性清洗剂。一般钢质零部件可用强碱性(pH≥13)清洗剂，铸铁、铜、铝等材料的零部件可用中、弱碱性(pH≤12)清洗剂。将零件浸泡在 80～90℃碱性清洗液中 3～4 h 后，用压力为 5 MPa的清水冲洗干净。但是，这种方法容易使零件表面生锈。

国外新型碱性清洁剂有碱性除油污清洁剂，该清洁剂由碱、水处理剂、湿润剂和渗透剂组成的混合剂，是一种多种用途的船用浓缩清洁剂。碱性除油污清洁剂能除去各种污泥，适用于硬水、海水和绝大多数表面的清洗，无闪点，性能可靠，用任何性质的水稀释后，均具有优良的清洁作用。当使用喷雾方法清洁时，可以控制泡沫。

使用任何碱性浓缩清洁剂时，应注意避免长期与皮肤接触，如果清洁剂与眼睛接触，应立即用大量的水冲洗并求医治疗，使用时参阅标签上的附加说明。

②酸性清洗剂

酸性清洗剂与水垢、金属氧化物发生强烈的化学反应后，水垢和金属氧化物被溶解或脱落。酸性清洗剂是用盐酸、硫酸、磷酸、硝酸、氢氟酸、氨基磺酸等无机酸或有机酸以及缓蚀剂和水配制而成，多用于清除零件上的水垢和铁锈。

使用酸性清洁剂的注意事项包括：酸洗时应穿耐酸工作服和戴橡胶手套，戴好防护眼镜，防止烧伤人体；酸洗现场要挂安全牌，以免误伤引起不测事故；酸洗前应对整个装置进行检查，防止由于严重堵塞造成胶管破裂事故；废酸溶液不准乱倒，以免引起环境的污染及对其他设施的腐蚀。最好用废碱中和处理后再排放。

③合成洗涤剂

合成洗涤剂是近年发展起来的一种现代的新型清洗剂。合成洗涤剂是由表面活性剂(如烷基苯磺酸钠、脂肪醇硫酸钠)和各种助剂(如三聚磷酸钠)、辅助剂配制而成的一种洗涤用品。对于机舱中不同的机器及其不同的脏污有不同的清洗剂。以下列举国外的几种清洗剂。

“奥妙能”全能清洁剂：全能清洁剂是一种中性多功能水溶性清洗剂，室温下可以迅速清除零件表面上的油污、铁锈、积炭和氧化物。在60～80℃下清洗效果更好。全能清洁剂完全溶于水，无异味和无腐蚀性，但有刺激性，应避免与眼睛、皮肤和衣物等接触，使用时应戴保护镜和手套。全能清洁剂能有效地清洗涡轮增压器、热交换器、泵和管系等。

SNC200除炭剂：积炭清洁剂具有很强的溶解力，可溶解油、油脂，能渗透和软化积炭（炭、烟灰、泥垢等），但不能溶解积炭，积炭软化松动后用水冲掉。较小零件一般浸泡4～8 h，可使积垢完全溶解与松动；零件上积垢严重时，可在加热至55～60℃的除炭剂中浸泡24 h（最长）后，即可用水冲掉或用刷子刷洗，再用压缩空气吹干。大型固定件可刷洗清除积炭。表7-4中列出几种清洗剂。

表7-4　几种清洁剂的特性、使用方法及用途

名称	特性	使用方法	用途
多用途油污清洁剂	溶于水，使用安全，不需水冲洗，清洗时间短	擦抹或喷刷，纯清洁剂可与海水、淡水混合使用	用于清除舱底各类油、油泥，清洁零件表面油污
快速清洁剂	可溶性乳化清洁剂，具有特殊的清洁特性，快速分解，不损伤零件	用淡水或海水稀释。注意勿与眼睛、皮肤接触，勿吸入肺部	用于清洁机舱、舱底等处的污油
“奥妙能”净油机叶片清洁剂	完全溶于水，无腐蚀性，使用安全	室温浸泡或加热至50～60℃使用更佳，最后清水洗净零件	清除净油机叶片上的炭渣等沉积物
“奥妙能”油和油脂清洁剂	中性，无毒，不损伤零件	未经稀释或已稀释清洁剂刷、抹零件脏污表面，最后用水冲洗	除去机器、零件、工具和甲板、舱壁的油、油脂等脏污
电气零件清洁剂	由专门脂肪族溶液和氯化溶液组成的混合剂，不含危险的、有毒的四氯化碳	电动机清洗剂可以用滴、擦或喷雾的方法清洗全部设备	用于大型马达、电气设备以及小型设备
除锈剂	一种由湿润剂，酸和溶剂组成的浓缩混合体	使用于腐蚀部位，等待约15 min，是除锈剂浸透于锈部位以溶解锈渍，再用淡水冲洗表面	除去金属部件工具和油漆表面的铁锈
空气冷却器清洁剂	由石油溶剂和化学剂混合制成的独特混合剂，具有乳化功能	循环法（原位清洗）、浸泡法	除去在空气冷却器翅状管道上生成的油类沉淀物
深舱、双层柜清洁剂	一种化学混合物	在海上进行清洗时，海浪的自然翻滚为清洗提供了必要的机械力	清洗深舱、双层柜
碳溶油嘴清洁剂	由几种除重污的溶液混合而成的清洁剂	碳溶油嘴清洁剂可原液使用，或稀释至3：1的浓度，将部件浸入盛有清洁剂容器内或利用小型泵循环清洁剂，若要取较快的效果，可将清洁剂加热到54～60℃（130～140℉）。利用“马力达”专门搅拌设备可以加快清洗速度并避免另外的手工清洗工作	专门用以清除重油淤泥沉淀物、光漆和已碳化的油

3.使用清洗剂应注意的事项

①选用清洗剂时应选用对人体健康无损害的清洗剂。还应注意有的清洗剂是易燃液体，因此在使用、贮存时严格按照说明书的要求操作。

②船用清洗剂应满足下列安全因素：闪点>61℃；不含苯、四氯化碳、四氯乙烷、五氯乙烷和其他有毒成分的化学品。

③清洗时，工作场所应通风良好，要求佩戴保护器具，以减少与皮肤和呼吸道的接触。

④根据清洗目的选用清洗剂，选用时认真查看商标或产品说明。

⑤使用乳化型清洗剂后不允许将其排入舱底或机器处所，因为许多清洗剂都会引起油水混合物乳化，或者几种不同品种的清洗剂同时排入机舱舱底，可能产生永久性乳化状油污水混合物，以致会造成分离设备不能正常运转，从而造成海洋环境的污染。

⑥化学清洗废液中含有未反应完的清洗药剂、垢物、清洗对象中溶解下来的金属离子以及悬浮物，由于上述物质所致，化学清洗废液中COD（化学耗氧量）较高，颜色深，盐类浓度和pH值也较高，因此，要对化学清洗废液采取过滤、加凝絮剂、氧化剂等措施。

国际海事组织（IMO）的海上环境保护委员会经多次讨论研究，通过了"船舶机舱处所洗涤用的清洗剂"报告，制订出保护海洋环境的新措施。

三、管系的清洗

任何新造或修理后的发动机，在起动运转前都必须冲洗其各种油或水的系统。为了保护发动机的零部件及其正常运转，起动前应认真、细心地冲洗主滑油系统、凸轮轴滑油系统和燃油系统。

当一台新造柴油机或一台完成大修的柴油机起动投入运转前，不论是在造机厂、修船厂、造船厂还是船上，都应该注意柴油机的各种油系统的清洁，以免留下后患。因为船舶建造或修理时各种作业，如船体喷砂、舱盖焊接等不利于主柴油机的装配工作，落下的灰尘、焊渣、粉末等会进入机器、油箱和管系。在管子制造和管系组装时也可能带入灰尘、污物颗粒。经过长期运转的柴油机各种油系统中还会有污物积存，甚至沉积在管壁上。因此，柴油机起动前必须进行油系统的专门冲洗，以保证各种油系统的清洁，尤其是润滑油系统的清洁最为重要。通常，柴油机的主滑油系统采用标准润滑油进行清洗，燃油系统采用柴油进行清洗。

主滑油系统脏污和润滑油不清洁将造成配件的磨损加剧和其他故障。造成主轴承、十字头轴承、连杆大端轴承和各种轴承的损伤和轴颈的磨损，破坏润滑油膜，引起抱轴、拉缸等故障发生。清洗主滑油系统是为了彻底清除管路中残存的杂质、污物颗粒以及管壁上的污垢，防止它们进入轴承等配件中，确保柴油机安全、可靠地运转。柴油机主润滑系统清洗时应注意以下几个问题。

（一）准备工作

主滑油系统清洗前最主要的准备是：首先清洁主柴油机的内部和链条箱的内部，可用连接到主滑油管上的软管进行冲洗。然后清洁主柴油机外部管路中的污物，通过滤器和分油机进行清除。但应注意，柴油机外部滑油管路清洗一定要与其内部滑油管路分开来，绝不允许清洗外部管路的油液流经主机。

（二）管口的堵塞

堵住连通到曲柄箱的各主轴承的滑油支管，使滑油不能进入各主轴承、链条箱轴承和喷嘴、推力轴承和十字头轴承、纵振和扭振减振器、力矩平衡器和增压器轴承。图7-5为

MAN B&W型柴油机主滑油系统清洗时堵塞管口的示意图。图中①,②分别为装于主轴承、伸缩套管和十字头轴承的盲板法兰。盲板法兰的结构如图7-6所示。

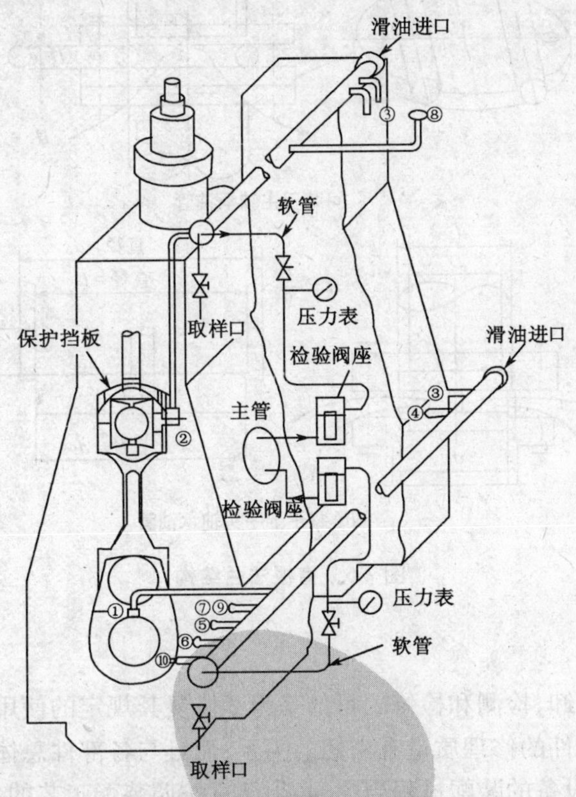

图7-5　MAN B&W型主柴油机主滑油系统的管口堵塞

1—主轴承滑油旁通盲板;2—十字头轴承旁通盲板;3—堵塞到主链轮轴承和喷嘴的油管;4—堵塞到推力轴承的油管;5—堵住或旁通纵振减振器油管;6—堵住扭振减振器油管;7—堵住前力矩平衡器驱动轮的油管;8—堵住或旁通增压器油管;9—堵住液力张紧轮的油管;10—堵住PTO-PTI动力齿轮的油管

(三)保护十字头轴承

由于十字头轴承上盖设计成开式,在主机安装过程中和整个清洗过程中均应将其盖住,以防止污物落入轴承。

(四)振动或敲击管系

清洗期间,为了使沉积于管壁上的污垢松动,采用便携式振动器或手锤敲击管子,然后将脱落的污物清除。

(五)清洁油柜和管端

清洗时应注意清洁油柜和管端,因为滑油中的颗粒和污物会沉淀在油柜底部和管端,如果得不到清洁,当柴油机运转时,滤器就会频繁堵塞。这是由于油温升高或船舶的摇摆倾斜,使沉淀在油柜底部的颗粒、污物与油再次掺混所致。

(六)润滑油的温度和流速

清洗时,应将润滑油加热至60~65℃为宜。为了造成管系内润滑油的充分扰动,滑油应以一定的流速流经主滑油系统。

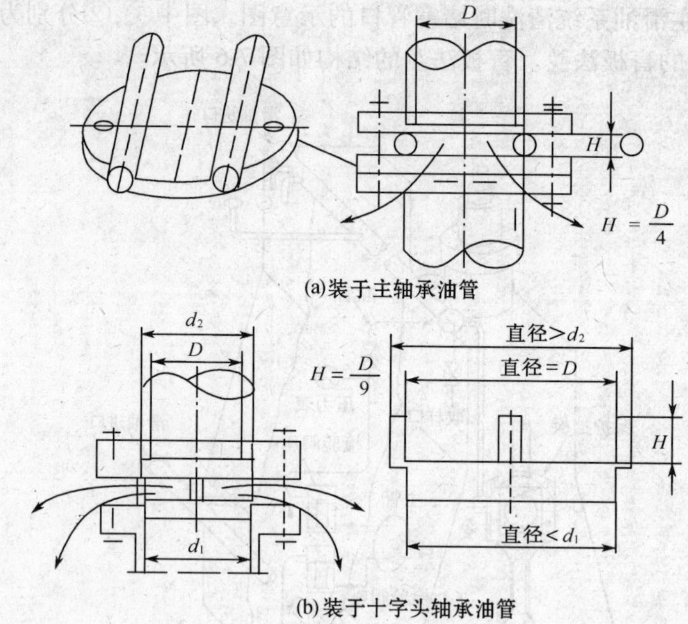

(a)装于主轴承油管

(b)装于十字头轴承油管

图 7-6　盲板法兰结构

四、船机装配

船舶机械设备的拆卸、检测和检修的目的是为了恢复其规定的使用性能，船舶机械设备的性能指标不仅与各零部件的修理质量有密切的关系，而且与各部件总体装配、调试质量密切相关。因此，在船舶机械设备的装配过程当中，必须认真按照装配工艺的各项技术要求和装配规则进行安装，并且随时进行检测和调整，以确保被拆下部件的正确装复，恢复船舶机械设备的原有工作性能。船舶主、副柴油机在检修中可能包括以下部件的装配：气缸盖部件的安装、气缸套的安装、活塞组件的安装、活塞杆填料函的安装、筒状活塞与连杆的装配、十字头式柴油机的活塞运动部件的装配和主轴承的安装等。

（一）装配要求

装配工作是一项极为重要的工作，装配质量直接关系到柴油机运转的可靠性、经济性和使用寿命。装配工作的主要技术要求应达到正确配合、可靠固定和运转灵活。具体要求如下：

①保证各个相对运动配合件之间的正确配合，恢复其原有的配合间隙，达到说明书或相关规范的要求。

②保证船舶机械设备各个零部件之间的可靠连接。

③保证相应船舶机械设备零部件轴心线的位置关系正确无误。

④保证定时和定量机构的准确连接。

⑤保证船舶机械设备的运动件能够保持动平衡。

⑥保证整个船舶机械设备装配工作过程的清洁。

（二）装配办法

装配过程中，既可能是对原件进行装配，也可能是对更换的备件或者是更换加工的配件进行装配。一般来说，对于原件的装配较为顺利，如果是换新零件则装配工作需要采用一定的方法才能达到要求。

1. 调节装配法

装配过程当中可以通过调节某一零件或移动连接机构中某一零件的方法达到装配精度。例如，通过增减厚壁轴瓦结合面之间垫片的厚度来保证轴承间隙，通过移动连接机构零件对气阀间隙、气阀定时和喷油定时进行调整。

2. 机械加工修配法

常用的机械加工修配法主要有修理尺寸法、尺寸选配法、镶套法等，这些方法可以使配合件恢复配合间隙和使用性能。

3. 钳工修配法

钳工修配法即采用钳工的修锉、刮研或研磨等主要方法达到装配精度。例如，更换新轴瓦后，往往需要对轴瓦进行拂刮以满足轴与瓦的配合要求。

（三）装配工作的主要内容

①清洁工作。装配前，零件应彻底清洁干净，要注意清除备件、修理过的或新配制的零件上的毛刺、尖角等瑕疵，配合面上更应保证无瑕疵与脏污。

②为保证连接件的紧密贴合，应该对连接零件的结合面进行必要的修锉与拂刮。例如，气缸套与气缸体的结合面的修刮。

③在装配过程中，对有过盈配合的配合件，可以采用敲击、压力装配、热套合装配和冷套合装配。

④对某些部件（如气缸套、活塞等）应采用液压试验检验零件或系统的密封性。

⑤对各部件、配合件及机构进行试验、调整和磨合运转等。例如，气阀间隙的调整，气阀定时的调整，喷油定时的调整。

⑥装复机器，并作整机的检验与调试，以检验机器的修理质量和技术性能，达到检修的目的。

（四）装配过程中的注意事项

①应事先对机器的构造和零件之间的相互关系进行了解，以免装错或漏装。

②相对运动的零件的配合表面和工作表面上应保持清洁、干净，而且不允许有任何擦伤、划痕或毛刺。

③为防止零件的摩擦表面（如气缸套内表面、活塞和活塞环外圆面）和螺纹等生锈，应在上面涂以清洁的机油。

④对于活动部件在装配过程中应边装配边活动，以检查转动或移动的灵活性，保证无卡阻。因为全部装配完毕后再活动不能及时发现装配工作中的问题，甚至造成返工，浪费时间。

⑤对于有方向性要求的零件，应注意安装方向，以免装错。例如，活塞上的刮油环在安装时刮刃尖端应朝下，这样才能将气缸壁上多余的润滑油刮下。如装反了就会向上刮油，压力环的泵油作用加强，大量滑油将进入燃烧室。

⑥使用过的金属垫片，如完好无损，可继续使用。纸质、软木、石棉等垫片应当一律换新。

⑦如果发现重要螺栓有变形、伸长、螺纹损伤和裂纹等情况，均应更换新的。安装固定螺栓的预紧力和上紧顺序均应按说明书或有关规定操作。

⑧对零件锁紧部位，开口销、锁紧片、弹簧垫圈、保险铁丝等均应按要求装妥，锁紧零件的尺寸规格亦应符合要求。安装中，可以用木榫或软金属棒敲击零件，但不能敲打零件工作表面或配合面。

第三节 船机零件的修复工艺

本章将介绍在船上常用的几种修复工艺的基本原理及方法、特点和适用范围。在实际零件的修理工作中,由于待修的零件和损坏的情况千变万化,因此不仅需要正确合理的选择修复工艺,灵活机动的运用修复工艺,而且还需要不断地引进和开发新的修复工艺。

一、概论

(一)对船机零件进行修复的意义和前提条件

对损坏的船机零件进行修复,不仅可恢复零件的使用功能、延长使用寿命,而且可节约修船经费,提高经济效益。尤其是在没有备件或条件不允许更换备件的情况下,修复零件或现场修复零件对于提高船机设备的可靠性,保证航行安全和提高船舶的营运效益具有十分重要的意义。对损坏的船机零件进行修复一般应具备以下几个主要的前提条件:

①有合适的修复工艺并具备相应的技术条件,在规定的时间内能够修复损坏的零件。

②零件修复后能够保证足够的强度、刚度和使用安全,基本恢复原有的技术性能。

③零件修复后一般要能使用一个修理间隔期。例如螺旋桨、艉轴、艉轴套等零部件,修复后应能使用到下一次船舶进坞。船机零件的保修期一般为:运动件 3 个月,固定件 6 个月。

④在满足上述条件的前提下,还应适当考虑零件修复的经济性,一般说来,如果零件的修复费用 <2/3 新零件的制造或购买费用,就认为对损坏零件进行修复是值得的。

但是在实践中,有时遇到购买、制造新零件的时间过长,或无法拆卸旧零件的情况,为了应急,在保证零件修复后的强度、刚度和使用安全的前提下,为了保证船舶的营运效益,一般不计较“零件的修复费用”,也不是非要追求使用一个修理间隔期。

(二)相互配合零件磨损后的修复原则

经过长期使用后,两个相互配合的零件由于磨损,其尺寸、形状和配合间隙都发生了变化。这些零件被修复后并不一定要求其尺寸、形状和配合间隙都恢复原样。一般要求修复后配合件的形状和配合间隙要恢复到原设计的要求,但尺寸不一定非要恢复到原设计尺寸。因此,有两项相互配合零件磨损后的修复原则:

①改变配合件的原设计尺寸,恢复配合件的形状和原设计的配合间隙值,从而恢复其工作性能。符合该项修复原则的修理方法有修理尺寸法、尺寸选配法等。

②恢复配合件的原设计尺寸、形状和配合间隙值,从而恢复其工作性能。符合该项修复原则的修理方法有恢复尺寸法等。

关于如何应用上述两项修复原则,将在本节后面的内容中进行说明。

(三)船机零件修复工艺的选择

1. 修复工艺的种类

修复工艺有许多种类,常用的修复工艺见表 7-5。其中有许多工艺即可用来制造零件,也可用来修复零件。例如在下列常用的修复工艺中,除了金属扣合工艺、机械加工修复工艺中的修理尺寸法、恢复尺寸法、附加零件法、换位加工修理法等一般仅用于修复零件外,其他多数修复工艺同时也是制造工艺。

表 7-5　常用的修复工艺

序号	修复工艺	具体方法	零件的失效形式
1	机械加工	修理尺寸法、恢复尺寸法、尺寸选配法、局部更换法、附加零件法、换位加工修理法	磨损、腐蚀、裂纹、加工失误
2	金属扣合	强固扣合法、强密扣合法、加强扣合法	裂纹、断裂、腐蚀
3	塑性变形	冷校法、热校法、加热－机械校直法	塑性变形
4	粘接	有机粘接剂、无机粘接剂	磨损、腐蚀、裂纹
5	电镀	有槽电镀（镀铬、镀铁）、电刷镀	磨损、腐蚀
6	热喷涂	喷涂、喷焊（氧炔焰、等离子）	磨损、腐蚀
7	焊接	手工电弧焊、气焊、氩弧焊、埋弧焊、钎焊	磨损、腐蚀、裂纹、断裂
8	研磨	粗研、半精研、精研	磨损、腐蚀
9	手工加工	锉、铲、刮拂、打磨、抛光	磨损、腐蚀
10	成套换修法	成套换修法	磨损、腐蚀、疲劳

表 7-5 中的“手工加工修复”是在无法（或没必要）使用机床加工或机床加工质量达不到要求的情况下，由人工使用手动工具或手持电动（气动）工具来完成的加工工作。诸如：锉削、锯削、錾削、刮削、打磨、抛光、钻孔、锪孔、铰孔、攻螺纹、套螺纹、铆接等。

表 7-5 中的“成套换修法”是为了缩短修理时间，将有损坏零件的总成或设备整体拆下，迅速换上备用的总成或设备继续运转，拆下的有损坏零件的总成或设备经修理后作为备件备用。例如一台 6 缸柴油机的整体式高压油泵在运转中有一对柱塞/套筒偶件间隙过大或咬死，立即换上备用的高压油泵，而换下的高压油泵经修理后作为备件备用。

表 7-5 中的其他修复工艺将在后面进一步阐述。

2. 修复工艺的选择

合理选择修复工艺是成功修复零件、提高修复质量、降低修船费用和缩短修船时间的关键环节。但是船机零件的修复工艺有许多种，每种修复工艺的特点和适用性各有不同；而需要修复的船机零件，其材料、结构、尺寸和修复要求又千变万化，因此要想合理、正确地选择修复工艺，必须考虑以下几个问题：

①修复工艺是否适合零件的材料

每一种修复工艺对零件的材料都有一定的适用范围，因此在修理之前，首先应搞清楚待修零件的材料，然后根据零件的材料选用合适的修复工艺。表 7-6 为常用修复工艺对零件材料的适应性。

在修船工作中，由于不懂或忽视了修复工艺对零件材料的有限适用范围，而错误地选择了修复工艺，导致修复失败并影响航运的事件时有发生。例如，气缸盖、气缸套、增压器壳体、柴油机机体等零部件一般都是铸铁材料，如果出现裂纹，应优先考虑采用金属扣合工艺修复，不可轻率地采用手工电弧焊修复。因为铸铁材料的焊接性很差，容易产生白口组织和裂纹。有时待修的铸铁件原本仅有一条短裂纹，在没有经验和可靠技术的条件下，采用电弧焊修复很可能是焊完就裂，磨掉裂纹后再焊再裂，最后形成一大片裂纹区域而导致零件报废，并因此影响船舶的航运效益。

表 7-6 常用修复工艺对常用零件材料的适应性

序号	修复工艺	低碳钢	中碳钢	高碳钢	合金结构钢	灰铸铁	不锈钢	铜合金	铝合金
1	镀铬	+	+	+	+	+	−	+	×
2	镀铁	+	+	+	+	+	−	×	×
3	气焊	+	+	−	+	−	×	+	−
4	手工电弧焊	+	+	−	+	−	+	×	×
5	钨极氩弧焊	+	+	−	+	×	+	+	+
6	埋弧焊	+	+	×	+	×	+	×	×
7	CO_2 气体保护焊	+	+	×	+	×	×	×	×
8	氧气－乙炔钎焊	+	+	+	+	+	+	+	−
9	热喷涂	+	+	−	+	+	+	+	+
10	粘接	+	+	+	+	+	+	+	+
11	金属扣合	×	×	×	×	+	×	×	×
12	塑性变形	+	+	×	+	×	+	+	+

注:“＋”表示修理效果良好;“－”表示修理效果一般;“×”表示不可使用或一般不使用。

②修复工艺是否能达到待修零件所需要的修补层厚度

零件的磨损层的厚度不同,修复时所需要的修补层厚度就不同;而每一种修复工艺所能达到的修补层厚度也有大有小,因此应根据待修零件所需要的修补层厚度来选择修复工艺。每种修复工艺的单层修补层厚度都有一个合理的范围,过薄或过厚都会出问题。表 7-7 为几种常用修复工艺的单层修补层厚度。

应该说明的是:镀铬不能厚,镶套不能薄,其原因在本节后面的内容中进行说明;镀铬工艺和热喷涂工艺的修补层只允许制作一层,如果在原先镀过铬的零件上再镀铬,或在已经喷涂过的零件上再喷涂就必然会剥落。但镀铁或其他几种焊接工艺,在制作了一层或几层修补层后,如果厚度不够,可以对已有修补层经过磨削后,再施加一层修补层,直至达到所需要的修补层厚度为止。

表 7-7 几种常用修复工艺的单层修补层厚度

修复工艺	镀铬	镀铁	气焊	手工电弧堆焊	埋弧焊	钎焊	热喷涂	镶套
单层修补层厚度(mm)	0.01～0.50	0.1～2.0	0.3～7.0	0.7～4.0	1.0～4.0	0.2～4.0	0.05～4.0	>2.0

③零件的结构和尺寸是否限制修复工艺的实施

实际零件的结构和尺寸各种各样,有些零件的结构和尺寸会限制某些修复工艺而无法采用。例如孔径太小的零件无法进行喷涂,太薄的铸铁零件不能采用金属扣合工艺等。

④修复工艺是否能引起零件变形和改变零件材料的组织与性能

如果采用某种修复工艺修复零件时,不会使零件的温度升高或温度升高的不多,一般不会引起零件变形和改变零件材料的组织与性能。但有些修复工艺如喷焊、堆焊工艺会使零件的整体或局部处于高温,这样就会使零件材料的组织和性能发生变化,并引起零件变形,造成零件报废。因此,一般不允许变形的零件不能采用气焊、手工电弧焊、喷焊等普通的焊接工艺,除

非采用特殊的无变形焊接工艺。

⑤修复工艺是否能保证零件的各种强度和刚度的要求

所选的修复工艺应该能保证零件的各种强度和刚度要求。如果有几种工艺都可满足前面的各项要求，那就应该从中选用能获得较高的零件强度、修补层强度、修补层与零件的结合强度的修复工艺。例如，曲轴的主轴颈磨损失效但自身强度尚足够的情况下，采用电弧喷涂或低温镀铁工艺都可满足前面的各项要求，但从修补层与零件的结合强度和修补层的自身强度来说，低温镀铁远高于电弧喷涂，所以应该优先选用低温镀铁工艺进行修复。

二、机械加工修复工艺

机械加工修复工艺是主要通过机械加工，有时需要辅助采用焊接、电镀、镶套等方法，对损坏的船机零件进行修复的工艺。

机械加工修复工艺适用于修复因磨损、腐蚀、表面裂纹或加工失误而报废的船机零件。常用的机械加工修复工艺有：修理尺寸法、恢复尺寸法、尺寸选配法、局部更换法、附加零件法和换位加工修理法。

(一)修理尺寸法

修理尺寸法是将已损坏的、两个相互配合的零件中，较贵重、较难制造的那个零件进行机械加工，在保证其强度和刚度的前提下，消除其工作表面的损伤和几何形状误差，使其恢复正确的几何形状并获得新的基本尺寸——修理尺寸。按照该修理尺寸去制造或购买与之相配合的另一个零件(原有的旧零件报废掉)，使二者恢复原设计的配合间隙值。

例如，曲轴的主轴颈和与之相配合的主轴瓦都发生了磨损超差损坏，在修理时，是对较贵重、较难制造的曲轴采用修理尺寸法进行修理，而将磨损超差的主轴瓦作报废处理。具体方法是在保证主轴颈强度的前提下，采用曲轴磨床磨削主轴颈，消除其工作表面的损伤和几何形状误差，使主轴颈恢复正确的几何形状并得到变细了的直径——修理尺寸，然后按照该修理尺寸去制造或购买适当加厚的主轴瓦，使二者恢复原设计的轴承间隙。应该注意的是，主轴瓦的加厚应该是减小轴瓦内孔的直径，而轴瓦的外圆直径不得改变。

修理尺寸法符合前面所述“相互配合零件磨损后的两项修复原则”中的第一项原则，即“改变尺寸，恢复形状和恢复间隙”的原则。此法广泛应用于：曲轴轴颈与轴瓦，缸套与活塞等相互配合零件的修理。

由于采用修理尺寸法修复零件时，要对零件进行机加工，零件的强度和刚度会下降，因此应对被修零件进行强度校核，如果机加工后零件的强度和刚度达不到要求，则不能采用修理尺寸法进行修理。

“修理尺寸”的确定有两种方法。

1. 按“最小加工量”确定“修理尺寸”

“最小加工量”是指为了消除表面损伤和几何形状误差所需从零件上加工掉的最小尺寸。即

$$修理尺寸 = 被修理零件的实际尺寸 - (或 +)最小加工量$$

对于轴类零件，取“ - ”；对于孔类零件，取“ + ”。

这种确定修理尺寸的方法具有以下特点：被修理零件无“过量加工损耗”，因此零件保留下来的强度和刚度较大。但缺点是经修理后的零件尺寸很凌乱，失去了互换性，订购、制造与之相配合的零件很困难，只适用于单件修理，此法在实际工作中应用较少。

2. 按“分级修理的尺寸级别”确定“修理尺寸”

此种方法是在消除零件表面损伤和几何形状误差的基础上，将零件按规定的分级修理的尺寸级别进行加工，从而获得修理尺寸。

例如：按曲轴“分级修理”的规定，每隔 0.25 mm（直径差）为一个修理尺寸级别，因此在对曲轴轴颈加工修理后，得到的“修理尺寸”不仅要消除轴颈的表面损伤和几何形状误差，还要保证

轴颈直径的“修理尺寸” = 轴颈的原公称直径 - 0.25 mm 的整数倍

例如，轴颈的原设计的公称直径为 ϕ100 mm，对应的修理尺寸为 99.75 mm、99.50 mm、99.25 mm 等。为了满足上述要求，对轴颈的加工可能要有过量加工损耗。

按“分级修理的尺寸级别”确定了较贵重、较难制造的那个零件（如曲轴）的修理尺寸后，与之相配合的另一个零件（如轴瓦）也应按规定的分级修理尺寸制造。例如，曲轴轴瓦按分级修理的规定制作“加厚瓦”，每隔 0.25 mm（直径差）为一个加厚级别，根据轴颈的“修理尺寸”选用。

按“分级修理级别”确定“修理尺寸”的特点是：容易订购与之相配合的零件，此种方法既适合于单件修理，也适合于批量修理，修理所需的时间较短，在实际工作中应用较多。但此种方法的缺点是被修理零件有过量加工损耗，零件的强度和刚度有一定损失。

（二）恢复尺寸法

恢复尺寸法是对已损坏的、两个相互配合的零件中，较贵重、较难制造的那个零件进行机械加工，在保证其强度和刚度的前提下，消除其工作表面的损伤和几何形状误差，然后采用镀铁、镀铬、电刷镀、堆焊、喷焊等工艺增大零件的尺寸，最后再进行精加工使其恢复原设计的尺寸和形状。原有与之相配合的另一个旧零件作报废处理，重新按照原设计的尺寸和形状去制造或购买一个与之相配合的新零件，使二者恢复原设计的配合间隙值。

例如，还以相互配合的、磨损超差的曲轴主轴颈和主轴瓦为例，在采用恢复尺寸法修理时，是对较贵重、较难制造的曲轴进行修理，而将磨损超差的主轴瓦作报废处理。具体方法是，在保证主轴颈强度的前提下，采用曲轴磨床磨削主轴颈，消除其工作表面的损伤和几何形状误差，然后采用镀铁工艺增大主轴颈的尺寸，最后再精加工磨削主轴颈，使其恢复原设计的尺寸和形状。重新制造或购买符合原设计尺寸的主轴瓦与修复后的主轴颈相配合，使二者恢复原设计的配合间隙值。

恢复尺寸法符合前面所述“相互配合零件磨损后的两项修复原则”中的第二项修复原则，即“恢复尺寸，恢复形状和恢复间隙”的原则。此法既适合于单件修理，也适合于批量修理，同样广泛应用于曲轴轴颈的修理。

（三）尺寸选配法

尺寸选配法是收集许多套相同规格的、尺寸和形状超差的轴/孔类配合件，分别进行机械加工，消除配合表面的损伤和几何形状误差后，再按原设计要求的配合间隙值重新组合配对，组成若干套具有不同的基本尺寸，但配合间隙符合原设计要求的配合件，使零件得以修复。

“尺寸选配法”仅适合于修理那些新件的原始尺寸差别相对较大、而磨损量的极限值和几何形状误差的极限值以及配合间隙值又极小的精密配合件，例如柴油机的精密偶件。因为相同规格的柴油机精密偶件新件的原始尺寸相差 0.01 ~ 0.03 mm，而磨损量的极限值和几何形状误差的极限值以及配合间隙值都仅为 0.001 ~ 0.003 mm，这样在经过使用磨损和精密机械加工后，被修精密偶件的尺寸变化量仍然小于新件的原始尺寸差(0.01 ~ 0.03 mm)，此时可以

用原来直径较大的轴件（机械加工后稍微变细）去配原来直径较小的孔件（机械加工后稍微变粗），这样才有可能按原设计要求的微小的配合间隙值将精密偶件重新组合配对。而对于一般普通的配合件，尺寸选配法是不适用的。因为一般普通配合件新件的原始尺寸相差不大，而使用后的磨损量又较大，再经过机械加工后，配合件中所有的孔类零件都变粗很多，所有的轴类零件都变细很多，因此无论怎样组合配对，得到的配合间隙都很大，超过原设计的配合间隙值，因此不论收集多少对配合件，都无法组成符合原设计间隙的配合件。例如缸套与活塞环、曲轴轴颈与轴瓦就无法应用尺寸选配法。

尺寸选配法也是符合前面所述“相互配合零件磨损后的两项修复原则”中的第一项修复原则，即改变尺寸，恢复形状和恢复间隙的原则。

此种方法的特点是简单、方便、经济、快捷；收集的被修理件越多，越容易配合成对；但只能使一部分被修理件重新投入使用；修理后，各对配合件具有不同的基本尺寸，不可互换。

（四）局部更换法

局部更换法是当贵重的、尺寸较大的零件只是局部损坏时，在保证强度的前提下，通过机械加工，除去损坏部位的部分材料，然后制作一个与机械加工部位缺失材料部分的形状和尺寸完全相同的新部件，并采用适当的方法将其固定在损坏部位。

例如，气缸盖上的气阀阀杆的导孔磨损严重或有穿透性裂纹时，如果没有气缸盖备件，可以通过镗削加工将导孔扩大，制作一个铸铁衬套，其外径与扩大了的导孔相吻合，其内孔与阀杆直径相吻合，在底面加一个紫铜垫片，圆周面涂上粘接剂，将衬套过盈镶嵌进去。这样衬套的外圆柱面可密封住裂纹，衬套内孔能与气阀阀杆形成良好的配合，气缸盖可恢复使用性能，见图 7-7 所示。

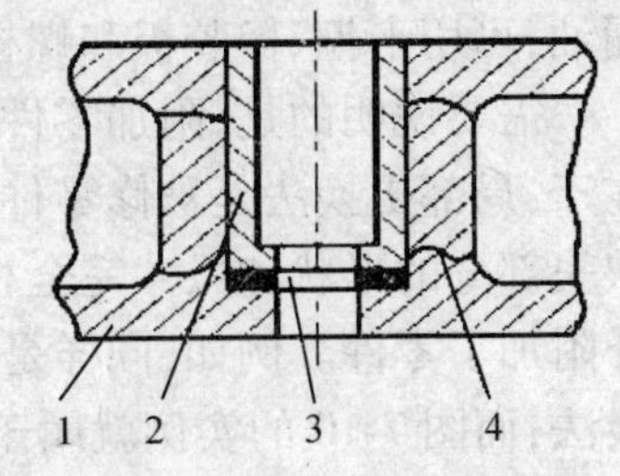

图 7-7　气缸盖上阀杆导孔裂纹的修理

1—气缸盖；2—衬套；3—紫铜垫片；4—裂纹

采用镶套的方法时应注意：

①镶入衬套的壁厚要合适。衬套的壁厚不能过薄，以保证衬套有足够的刚度、强度和加工工艺性，过薄的衬套由于刚度不够，无法装夹和加工。但衬套的壁厚也不能过厚，因为如果衬套的壁厚过厚，零件本体需要加工掉的材料就过多，有效承载截面就过小，所以承载能力就不足。因此，必要时应该对被修零件进行强度校核。

②衬套的材料应与零件的材料具有相同或相近的热膨胀系数，以免在工作中由于温度的变化产生热胀冷缩使衬套脱落。衬套的镶装方法可采用砸入法、油压机压入法、热装法、冷装法等。

又如，活塞顶部烧损或裂纹严重，可将活塞顶损坏的部分加工除掉，然后制作出符合原设计要求的新活塞顶。如果是铸钢活塞采用焊接的方法将新活塞顶与活塞连接，见图 7-8（a）。如果是铸铁活塞需要更换新的“局部活塞顶”，见图 7-8（b）中的件 3，应采用铸铁材料制作新的“局部活塞顶”。由于铸铁的焊接性很差，换上的新的“局部活塞顶”与活塞本体的连接不能采用焊接工艺，而应采用机械连接的方法。可采用的方法之一是将新的“局部活塞顶”加工成一个大螺塞，并在原活塞顶上加工出一个相应的大螺孔，然后将大螺塞涂上粘接剂，旋到大螺孔内。为了防止大螺塞转动，可在二者结合的圆周线上加工出 1～2 个 M6～M12 的螺孔，拧入 1～2 个螺钉，最后将螺钉头割掉、磨平，见图 7-8（b）。

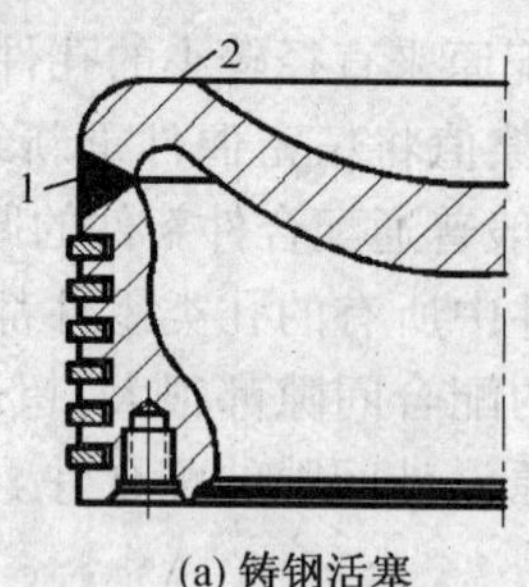

(a) 铸钢活塞

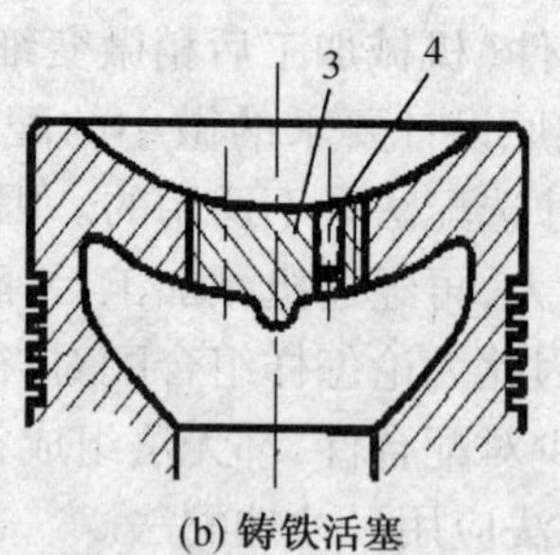

(b) 铸铁活塞

图 7-8　活塞顶的局部更换

1—焊缝；2—新活塞顶；3—新的局部活塞顶；4—去掉螺钉头的螺钉

（五）附加零件法

附加零件法是当零件局部损坏时，如果在损坏部位额外装配一个零件不会影响零件的正常工作，则可在损坏处另附加一个零件，并采用适当的方法将其固定，使零件在一定时间内基本恢复原有功能的方法。

例如增压器壳体外表面有一处制造缺陷或因腐蚀而漏水，在不影响其工作的前提下，可加工制造一块与损坏部位形状吻合并稍大一些的铸铁或低碳钢覆板，涂上合适的密封胶或加垫一块橡胶板，用螺栓将覆板固定在增压器壳体上；又如冷却水管或油管上有腐蚀小孔而漏水或漏油，可用卡箍、橡胶板和螺栓，将小孔箍住使其密封，这些都属于附加零件法。

需要说明的是，附加零件法与局部更换法都需要在被修零件上配置部件，二者的主要区别在于：局部更换法是被修零件在损坏后或经机械加工后，缺失了部分材料的情况下，配置了与缺失部分的形状和尺寸完全相同的新部件；附加零件法是在被修零件无缺失材料的情况下，额外附加了零件。例如，同样是采用配置套筒的方法修复轴类零件，图 7-9 的实例就属于局部更换法；而图 7-10 的实例就属于附加零件法。

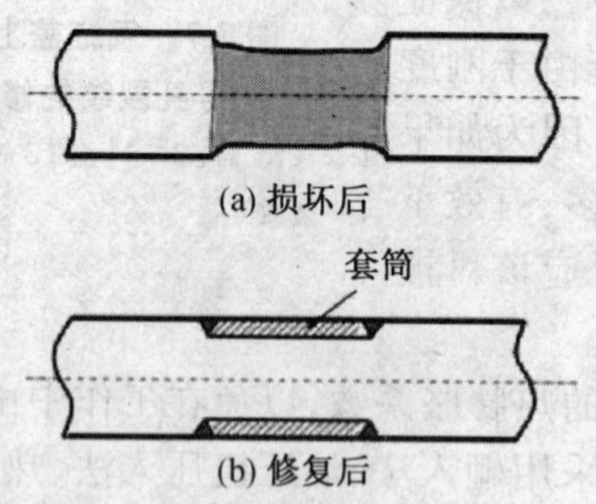

(a) 损坏后

(b) 修复后

图 7-9　局部更换法应用实例

套筒

图 7-10　附加零件法应用实例

（六）换位加工修理法

换位加工修理法是当零件的连接、配合部位（如螺栓孔、键槽等部位）因磨损或腐蚀损坏后，将零件翻转一定角度即换一个位置，在零件未磨损或腐蚀的部位重新加工出连接、配合部位，从而恢复零件正常的连接配合关系和工作能力（传动、连接、固定等）的修理方法。此法常用来修理具有磨损的键槽、螺栓孔等配合部位的零件。图 7-11 为采用换位加工修理法修复磨损键槽和螺栓孔的实例。

这种修理方法在改变了连接、配合部位后，对原来损坏的部位根据实际情况可进行填焊也可不进行填焊。此法是一种快速、简便、有效的应急修理方法。

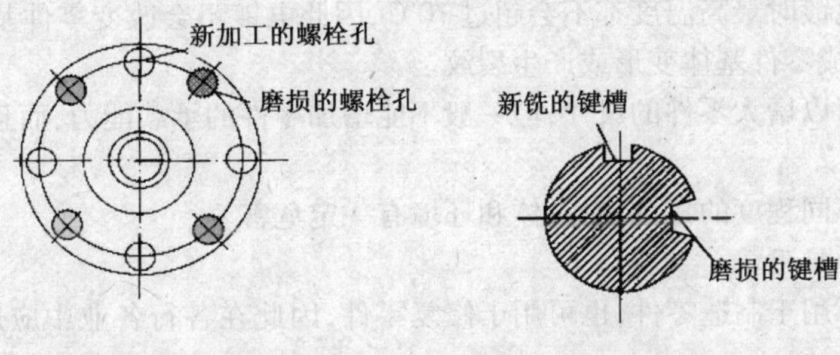

(a)磨损键槽的换位加工修理　(b)连接法兰螺栓孔的换位加工修理

图 7-11　换位加工修理法示意图

三、电镀工艺

(一)电镀的基本知识

电镀是依据电化学的原理在金属表面或经过特殊处理的非金属表面沉积一层金属或合金的工艺过程。

1. 电镀层的分类

如果按镀层的用途来分类,可将电镀层分为以下三大类:

①防护性镀层。防护性镀层用来防止金属基体的腐蚀。镀锌层、镀镉层和镀锡层属于此类镀层。对于黑色金属零件,在一般大气条件下用镀锌层来保护;在海洋性气候条件下,常用镀镉层来保护。

②防护－装饰性镀层。防护－装饰性镀层用来满足防止腐蚀和保持镀层美观的外观双重要求(即防护性和装饰性双重要求)。但是任何单一的金属镀层都很难同时满足防护与装饰的双重要求。所以,此类镀层常采用多层电镀。即先在基体上镀上结合强度良好的“底”层,然后镀上耐腐蚀的“中间”层,最后镀上美观、耐磨的“表”层。如 Cu/Ni/Cr 组合镀层即属于此类镀层。

③功能性镀层。根据生产或科学、技术的特殊要求,电镀可提供诸如耐磨性、减磨性、导电性、导磁性、抗高温氧化性和修复性等各种功能的镀层。例如镀硬铬属于耐磨性镀层;镀锡、铅锡合金属于减磨性镀层;修复性镀层是当零件被磨损、腐蚀后,通过电镀工艺来恢复尺寸,使零件得以修复的镀层,镀硬铬、镀铁都属于修复性镀层。一种镀层可能有多种功能。

电镀的镀层如果按镀层的组合形式来分类,可分为:

①单层镀层。

②多层组合镀层,即由不同的金属镀层组成,如 Cu/Ni/Cr 三层组合镀层。多层组合镀层能克服单一镀层各自的缺点,将各自的优点组合起来。

③复合镀层,即镀层以某种金属为基体,在镀层中弥散分布着非金属或金属微粒,复合镀层具有高耐磨性、高耐蚀性的特点。

如果按电镀层的成分来分类,常用的单金属镀层有 10 多种,如镀锌、镀铬、镀镉、镀铜、镀镍、镀铁等;常用的合金电镀层有 20 多种,如铜锡合金、镍铁合金、金铜合金、金镍合金等。

2. 各种电镀工艺所共有的基本特点

电镀工艺有许多种,每一种工艺都有其独具的特点,而各种电镀工艺所共有的基本特点是:

①由于正常电镀时最高温度都不会超过70℃，因此电镀不会改变零件基体材料的组织和性能，一般不会造成零件基体变形或产生裂纹。

②电镀虽然可以增大零件的尺寸，但一般不能增加零件的承载能力，而且有时会降低零件的抗疲劳能力。

③电镀液有不同程度的毒性，对人体和环境有一定危害。

3. 电镀工艺的应用

电镀工艺既可用于制造零件，也可用于修复零件，因此在各行各业中应用十分广泛，其主要功能有以下几种：

①表面强化，提高零件表面的耐腐蚀、抗磨损能力。

②使零件获得美观的装饰性外表。

③使零件表面获得特殊性能：如导电、导磁、反光（或防反光）等性能。

④修复因磨损或腐蚀而报废的零件，恢复尺寸。

电镀的方法分为有槽电镀与电刷镀两种。在船机零件的修复工作中，常用的有槽电镀工艺是镀铬和镀铁工艺。

（二）镀铬工艺

1. 镀铬工艺的主要特点

①具备前面所述的电镀工艺所共有的基本特点。

②镀铬层的硬度很高、耐磨性好。镀铬层的硬度一般为HV400 ~ 1 200，而且在300 ~ 500℃工作时硬度变化不大。

③镀铬层在碱、硫化物、硝酸和大多数有机酸中具有良好的耐腐蚀性，但不耐盐酸和热硫酸腐蚀。

④镀铬层的摩擦系数小，特别是干摩擦系数，但在两个相互配合的零件中，一般仅对其中一个零件镀铬。

⑤镀铬层的厚度不能太厚。由于镀铬层的硬度高、韧性差、内应力大，如厚度过大容易产生剥落。在实际应用中镀铬层的厚度一般为0.02 ~ 0.20 mm，最大不超过0.50 mm。

⑥镀铬层的沉积速度低，耗电多，生产成本高。

⑦镀铬液中的铬酐有剧毒，对人体和环境危害大。

2. 船机零件修复工作中常用的镀铬层种类及其应用

镀铬层有好多种，在船机零件的修复工作中最常用的是耐磨镀铬层。耐磨镀铬层用来提高零件表面耐磨性，延长使用寿命和用于修复磨损、腐蚀的零件。按耐磨镀铬层的结构可将其分为两种：

①硬质镀铬层。硬质镀铬层的孔隙率低，镀层裂纹少、细、浅，适用于润滑条件较好、承受负荷不大的零件。硬质镀铬层广泛应用于修船工作中，如修复小型曲轴和高压油泵柱塞等的圆柱面。

②松孔镀铬层。松孔镀铬层的孔隙率较高，表面有较多、较深、较宽的网状沟纹，这种镀层结构能够贮存润滑油，改善润滑条件，降低零件的磨损。松孔镀铬层适用于润滑条件较差、承受负荷较大的零件。为了使镀铬层形成松孔和网状沟纹，电镀时常采用“周期换向松孔法”，即在镀铬过程中每隔一定时间将阴、阳极进行短时间交换，使零件变为阳极，这样镀铬层就会产生松孔和网状沟纹。松孔镀铬层广泛应用于柴油机气缸套和活塞环的工作表面。

船机零件也常采用防护 - 装饰性组合镀铬层，如Cu/Ni/Cr组合镀层，目的是防护与装饰，

同时具有一定的耐磨性。

(三)镀铁工艺

1. 概述

镀铁层的化学成分相当于工业纯铁,但由于其具有特殊的金相组织和结构,使硬度和耐磨性却远远高于工业纯铁并优于低碳钢。

镀铁普遍用于修复因磨损或腐蚀而失效的各种轴类零件,如曲轴、直轴、活塞杆等,在铁路和航运领域应用最多。

镀铁工艺有好多种,目前生产中广泛采用的镀铁工艺是“无刻蚀低温镀铁工艺”。

2. 低温镀铁工艺的主要特点

①具备前面所述的电镀工艺所共有的基本特点。

②镀铁层的硬度高,耐磨性好,但低于硬质镀铬层的硬度和耐磨性,镀铁层的硬度一般在HRC50~58之间。

③镀铁层与基体的结合强度高,可达200 MPa以上,高于镀铬层的结合强度。

④镀铁的沉积速度高,生产率高;镀厚能力强,单层镀层厚度可达2 mm。

⑤镀铁层不耐腐蚀,不能用做防腐蚀镀层,但可用做镀锌层、镀铬层的底层,或用做修复性镀层。

⑥电解液容易配制,工艺简单,生产成本低。

⑦有害气体少,对环境污染小。

(四)电刷镀工艺

1. 概述

电刷镀又称涂镀,是特种电镀之一,属于无槽电镀工艺。

电刷镀与有槽电镀一样也是基于电化学的原理在零件表面沉积金属形成镀层的电镀工艺,但电刷镀不需要电镀槽,并且阴极与阳极(镀笔与零件)之间要有相对运动。

电刷镀工艺可用于修复因磨损或腐蚀而损坏的零件或机械加工超差的零件,它在许多行业得到了广泛的应用。我国的修船行业也经常采用电刷镀修复船机零件,例如修复活塞杆、增压器转子轴、电机转子轴、艉轴衬套及各种壳体的轴承孔等。

2. 电刷镀的基本方法

电刷镀不需要电镀槽,它是将零件与直流电源的负极相接,镀笔与直流电源的正极相接。刷镀时,蘸满刷镀液的镀笔与零件之间要有相对运动,将刷镀液刷涂到零件表面。为了实现镀笔与零件的相对运动,可以是镀笔运动,零件不动;也可以是零件运动,镀笔不动;还可以是镀笔和零件都运动。刷镀液中含有大量的欲镀金属离子,在电场作用下,刷镀液中的欲镀金属离子向零件表面迁移,并在零件表面获得电子后沉积其上形成镀层。图7-12为电刷镀工艺的示意图。图中的零件作转动,镀笔阳极贴合在零件表面,可移动也可不动。刷镀液的供给是靠输液泵(图中未画出)通过输液管4将刷镀液输送到镀笔和零件之间,也可手持镀笔蘸满刷镀液在零件表面刷涂。

3. 电刷镀的设备

电刷镀的主要设备有电刷镀电源和镀笔。

电刷镀电源采用可无级调节电压的专用直流电源,常用的输出电压范围为0~25 V。刷镀电源设有正负极性转换装置,以满足刷镀过程中对正负极性转换的需要。

刷镀笔由阳极和镀笔绝缘手柄组成,见图7-12。阳极是镀笔的工作部分,应用最多的、理想的阳极材料是石墨，因为石墨可以制作较大的阳极，刷镀效率高。阳极端部的形状应该与零件刷镀部位的形状相吻合。阳极的表面要先用脱脂棉包裹，再用专用针织布包扎。这样做的目的是：

①吸存刷镀液。

②防止阳极与刷镀件直接接触产生电弧烧伤零件表面。

③防止石墨粒子脱落污染刷镀液。

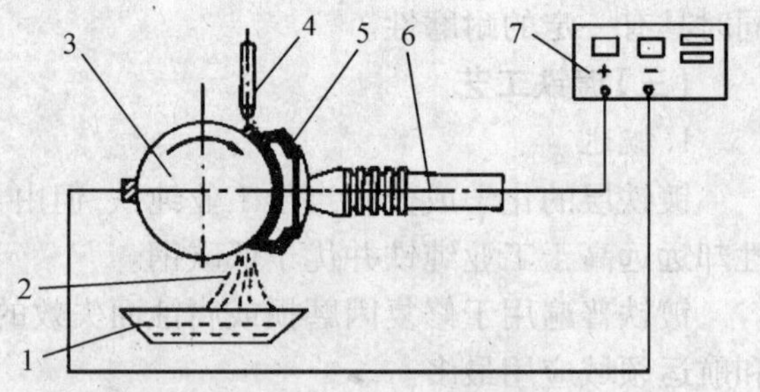

4. 电刷镀的溶液

图 7-12　电刷镀工艺示意图

1—集液器；2—刷镀液；3—零件；4—输液管；5—镀笔阳极和包套；6—镀笔绝缘手柄；7—电刷镀电源

电刷镀溶液是获得优良的刷镀质量和提高生产效率的关键。按电刷镀溶液在电刷镀工艺中的作用可将电刷镀溶液分为：表面预处理溶液、沉积金属溶液、退镀溶液、特殊用途溶液等。表面预处理溶液和沉积金属溶液是电刷镀工艺中最重要的两类溶液。

(1)表面预处理溶液

表面预处理溶液是在刷镀前对零件表面进行电化学处理时所使用的溶液，包括电净液和活化液两大类。为了提高镀层与零件基体的结合强度，除了要用一般的机械清洗或化学清洗清除零件表面的油污和铁锈外，还必须采用表面预处理溶液和电化学的方法对零件表面进行进一步的表面处理，即进行电净处理和活化处理，电净处理需要使用电净液，活化处理需要使用活化液。

①电净液。电净液的主要功能是去除刷镀表面的油污。电净液是无色透明的碱性溶液，pH 值一般为 11 ~ 13，手摸有滑溜感。电净处理是用镀笔阳极蘸上电净液，根据需要转换刷镀电源的极性，在通电的情况下向刷镀表面反复涂抹就可以达到除油的目的。

②活化液。活化液主要用于去除刷镀表面的锈、氧化膜以及有机杂质。活化液为无色透明的酸性溶液。由于不同金属的氧化物(膜)的性能差异很大，所以活化液的种类较多，每一种活化液都有一定的适用范围，通用性比较差。活化处理一般都采用电源反接，即零件接刷镀电源的正极，用镀笔蘸取活化液在刷镀表面反复涂抹，即可达到去除氧化膜之目的。良好的活化处理能明显提高刷镀层与零件基体的结合强度。

(2)沉积金属溶液

沉积金属溶液是指在刷镀时在被镀零件表面沉积并形成金属镀层或合金镀层的溶液。沉积金属溶液的种类很多，如果按镀层的组分可分为：

①单金属镀层溶液。单金属镀层溶液可获得单金属镀层，如镍溶液中的快速镍、特殊镍，铜溶液中的碱铜等。单金属溶液根据配方的不同有酸性、碱性、中性等多种溶液，酸性溶液比碱性溶液的沉积速度明显要快，但绝大部分酸性溶液不适用于材质疏松的金属材料，如铸铁。碱性和中性溶液有很好的使用性能，可获得晶粒细小的镀层，在边角、狭缝和盲孔等处有很好的均镀能力，无腐蚀性，适合于在各种材质的零件上镀覆，但沉积速度不如酸性溶液。

②合金镀层溶液。合金镀层溶液可获得二元或多元合金镀层，如镍钨合金溶液、巴氏合金溶液等。

③复合镀层溶液。复合镀层是指在溶液中加入不溶性固体微粒，微粒均匀地悬浮在溶液中，在电刷镀时使金属和微粒共沉积在工件表面而形成的镀层。加入的固体微粒有无机化合

物和有机化合物两类,无机化合物为金属的氧化物、碳化物、硼化物、硫化物等,有机化合物常用聚氯乙烯、聚四氟乙烯、尼龙、石墨等,固体颗粒的直径从几微米到几十微米。近年来,纳米技术在电刷镀技术中的应用已获得成功,可以获得多种含纳米级颗粒的复合镀层。实验证明,复合镀层可以提高镀层的硬度和耐磨性,降低摩擦系数。复合镀层是电刷镀技术的一个重大进步。

5. 电刷镀工艺的主要特点

①具备前面所述的各种电镀工艺所共有的基本特点。

②电刷镀工艺设备简单,取消了电镀槽,对零件的尺寸没有限制,而且对难以拆卸和运输的大型零件可在现场原位刷镀修复。

③刷镀层晶粒细小;刷镀层致密、孔隙率低,因此耐腐蚀性能好;刷镀层与零件表面的结合强度比槽镀高,远远高于喷涂层。

④刷镀的沉积速度比槽镀快,生产效率高。由于刷镀液中的离子浓度高,阴极电流密度大,电刷镀时零件与镀笔阳极贴合好、距离近、有相对运动,这些因素均有利刷镀层的沉积,因此刷镀比槽镀的沉积速度快5倍以上。

⑤刷镀层的厚度可以精确控制。由于刷镀电源带有能精确控制镀层厚度的装置(安培小时计),可以精确地控制刷镀层的厚度,因此在一般情况下,刷镀完成后,零件的尺寸比较准确,可以不必加工直接使用。

⑥电刷镀适用的零件材料很广泛。有些用槽镀难于获得良好结合镀层的零件材料,如铝及铝合金、不锈钢及难熔金属,利用刷镀方法均可得到结合良好的镀层。

⑦可以对盲孔、凹槽及沟槽进行刷镀。

四、热喷涂技术

(一)概述

热喷涂(简称喷涂)工艺是利用某种热源将丝状或粉末状的喷涂材料加热至熔化或半熔化状态,同时利用高速气流使喷涂材料雾化、加速,撞击到经过预处理的零件表面,堆积而形成具有特殊性能的涂层的方法。

喷涂层的结构是夹杂着许多孔隙的层片状结构。

热喷涂工艺的用途是:

①使零件表面强化,提高耐磨损、耐腐蚀、抗高温的能力。

②获得绝热、导电、绝缘、可磨耗封严和减小摩擦等特殊性能的功能涂层,以适用特殊需要。

③使磨损和腐蚀的零件恢复原有的尺寸和形状。

由此可见,它既可以用于制造新零件,也可以用于修复旧零件。热喷涂工艺广泛应用于航空航天、冶金、能源、国防、石油化工、机械制造、交通运输、生物工程等各个领域。

(二)喷涂层与零件基体的结合机理

喷涂层与零件基体的结合机理有3种:机械结合、物理-化学结合和冶金结合。目前人们普遍认为,无论采用何种喷涂方法所获得的喷涂层,以上3种结合机理可能同时存在,但都是以机械结合机理为主。由于机械结合的喷涂层与零件基体的结合强度主要取决于喷涂气流的速度,因此为了提高喷涂层的结合强度和致密度,人们总是想方设法提高喷涂气流的速度。

(三)热喷涂工艺的基本操作过程

具体的热喷涂工艺有许多种,但其基本工艺操作过程都大致相同,参见图7-13。

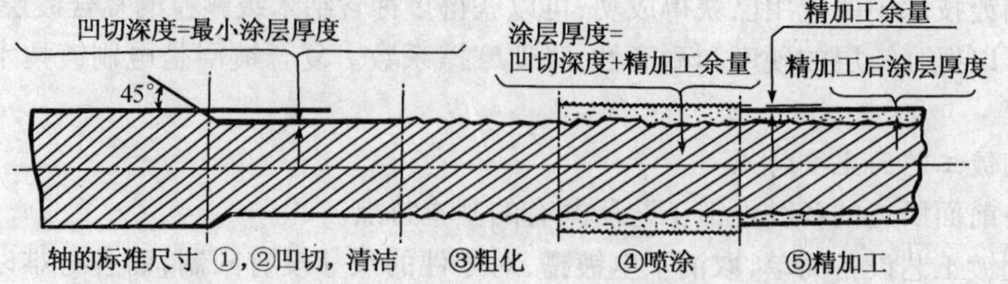

图7-13 热喷涂工艺的基本操作过程示意图

1. 零件表面的预处理

①对零件表面进行凹切。目的是消除表面损伤和几何形状误差并容纳喷涂层,凹切的深度为最小涂层厚度。如原来有喷涂层,必须全部加工掉。

②清洁。除去表面油污、锈蚀、漆皮等。

③粗化。采用喷砂、拉毛、车螺纹或滚花等方法使零件表面变粗糙,以增强喷涂层与零件表面的结合强度。

④与喷涂部位相邻的非喷涂表面进行隔离保护。

2. 预热

目的是除去零件表面的潮气,降低涂层的收缩应力,防止涂层产生裂纹。一般预热温度为70~300℃。

3. 喷过渡层

为了增加喷涂层与零件基体的结合强度和保护零件表面在喷涂时不产生氧化,需要在喷涂工作层前,先喷涂一层打底的涂层,称作过渡层。过渡层与零件基体的结合强度较高、膨胀系数介于零件基体和表面工作涂层之间。常用的过渡层材料有:镍包铝、铝包镍、镍铬合金、镍铬铝合金。有时此工序可以被省略。

4. 喷工作层

根据零件的工况要求,选用合适的喷涂材料喷涂工作层。

5. 喷涂后的热处理

为了防止喷涂层出现裂纹或剥落,零件喷涂后要进行保温缓冷或低温退火。

6. 喷涂层的封孔处理

由于喷涂层存在一定的孔隙,因此在某些情况下,尤其是耐腐蚀涂层,应采用封孔剂(如乙烯树脂、酚醛树脂、煤焦油环氧树脂、铝硅树脂等)对喷涂层进行封孔处理,以防止腐蚀介质渗入。

7. 喷涂后的机械加工

喷涂层车削容易剥落,最好采用磨削加工。在某些情况下,也可不加工而直接使用。

(四)热喷涂工艺的主要特点

①适合热喷涂的零件基体材料范围广。几乎各种金属或非金属材料都可以进行喷涂。

②可供热喷涂的材料范围广。热喷涂材料可以是金属,也可以是非金属,如金属、金属合金、陶瓷、金属-陶瓷、塑料、有机树脂以及它们的复合材料均可作为喷涂材料。

③与堆焊、喷熔工艺相比,采用喷涂工艺,零件受热温度低,热应力小,零件变形小。

④与堆焊、喷熔工艺相比,喷涂层与零件表面的结合强度低,一般为5~50 MPa,抗冲击能

力差。

⑤热喷涂的生产效率一般比电镀和堆焊高。

⑥喷涂层中夹杂着部分孔隙，可存油，有利于润滑，但不利于防腐蚀。

⑦与电镀工艺相比，热喷涂对环境的污染很小，而喷涂层的性能又不次于或优于电镀层，因此在很多场合下，热喷涂工艺取代了电镀工艺。

（五）常用的热喷涂工艺

热喷涂工艺的种类有许多种，其主要区别在于热源不同和喷涂材料的形态不同。热喷涂的热源主要有：燃烧火焰（使用气体燃料或液体燃料）、电弧、等离子弧、激光等。喷涂材料的形态有：粉末、丝材、棒材。下面简单介绍几种常用的热喷涂工艺。

1. 粉末火焰喷涂工艺

粉末火焰喷涂是以氧气－乙炔火焰为热源，以粉末为喷涂材料的热喷涂方法。

与其他喷涂工艺相比，粉末火焰喷涂的突出特点是：

①设备非常简单，应用方便。

②由于喷涂气流速度低，因此火焰喷涂层与零件基体的结合强度在所有喷涂工艺中几乎是最低的（10～30 MPa）；喷涂层的孔隙率是最高的（5%～20%）；涂层的抗冲击能力很差。

③由于热源温度低，加热时间短，因此不能喷涂熔点高的材料（如 Al_2O_3 等）。

粉末火焰喷涂可用于修复承受载荷较小且不受冲击载荷的磨损、腐蚀零件和过盈配合松动的零件。

2. 高速火焰喷涂工艺

高速火焰喷涂又称作“超音速火焰喷涂”，是一项较新的热喷涂技术。它是以氧气与气体燃料（如乙炔、丙烷、氢气等）或液体燃料（如柴油或煤油等）产生的火焰作热源，以粉末为喷涂材料的喷涂方法。由于喷涂时火焰流的速度和喷涂粒子的速度非常快，接近或超过音速，因此得到了“高速火焰喷涂”或“超音速火焰喷涂”的称谓。

与其他喷涂工艺相比，高速火焰喷涂的突出特点是：

①焰流速度及喷涂粒子速度较高，涂层致密，结合强度高。一般高速火焰喷涂涂层的孔隙率 $<2\%$，结合强度 >70 MPa。

②喷涂粒子与周围大气接触的时间短，焰流温度比电弧、等离子喷涂温度低，减轻了涂层材料的氧化、分解和脱碳，非常适合于喷涂碳化物材料。

③由于喷涂枪管较长，喷涂材料在火焰中停留时间较长，加热均匀、充分。

④高速火焰喷涂在喷涂金属碳化物、金属合金材料方面具有明显的优势，逐步取代了等离子喷涂和其他喷涂工艺。又由于其对环境污染很小，在国外已基本替代了镀硬铬工艺。

高速火焰喷涂适合于喷涂涂层质量要求高、价格昂贵的、大型的重要零件。

3. 电弧喷涂工艺

电弧喷涂的热源为电弧，喷涂材料为丝材。

与其他喷涂工艺相比，电弧喷涂的突出特点是：

①电弧喷涂的生产效率高，非常适合大面积喷涂。

②由于采用压缩空气流雾化加速，因此电弧喷涂可获得较高的结合强度，为 28～41 MPa，比粉末火焰喷涂高，比超音速喷涂和爆炸喷涂低。

③操作简单。

电弧喷涂多用于喷涂大型钢结构（如桥梁）等的锌、铝防腐蚀涂层，大型锅炉受热面的耐热、抗氧化涂层和简单机械零件的修复。

4. 等离子弧喷涂工艺

等离子弧喷涂采用等离子弧为热源,喷涂材料为粉末。

与其他喷涂工艺相比,等离子喷涂的突出特点是:

①由于等离子弧热源的能量集中、温度高,因此可以喷涂别的喷涂方法无法喷涂的高熔点材料,如 ZrO_2,$A1_2O_3$,Cr_2O_3 等;但由于温度高,会造成喷涂材料中的某些元素有一定烧损。

②等离子喷涂设备控制精度高,可以喷涂高质量的精细涂层。

③采用特殊设计的喷枪,等离子喷涂可以喷涂较小的内孔,如汽车气缸内孔。等离子喷涂现已成为热喷涂技术中最重要、应用最广泛的喷涂工艺。

(六)喷熔工艺

喷熔(或称喷焊)工艺是将喷涂工艺与和喷涂层重熔工艺复合起来的工艺。换句话说,喷熔工艺是先喷涂后重熔的复合工艺。

由于喷涂层零件基体的结合主要依靠机械结合的机理,因此结合强度低,容易剥落。为了提高喷涂层的结合强度,要把形成的喷涂层再进行重熔。

喷涂层的重熔是指利用某种热源对刚刚形成的喷涂层立即重新加热,一般温度在 1 000 ~ 1 150℃之间,使喷涂层重新熔化,但零件基体一般不熔化,形成与零件基体冶金结合的喷熔层。经过重熔后的喷熔层基本消除了喷涂层中的气孔和氧化物夹渣,使原先结合不牢、疏松的层片状结构的喷涂层变成了冶金结合的、连续致密牢固的喷熔层。

需要指出的是:喷涂层是以机械结合机理为主,它的结合强度主要取决于喷涂时气流速度,因此喷涂工艺特别追求提高喷涂气流的速度。而喷熔层与基体的结合原理是靠重熔使喷熔层与母材合金元素相互扩散,形成牢固的冶金结合,并不是靠提高气流速度来提高结合强度,因此喷熔时的喷涂不必过分追求很高的喷涂气流速度。

喷熔工艺的主要特点是:

①喷熔工艺零件温度高,热应力大,容易产生变形或裂纹。故喷熔后应采取缓慢冷却措施或进行消除应力退火处理。

②喷熔层与零件表面为冶金结合,结合强度高,为 300 ~ 700 MPa,抗冲击能力强。

③喷熔层连续致密,孔隙很少,耐腐蚀性优于喷涂层,但贮油和润滑性能不如喷涂层。

喷熔工艺适用于要求表面覆层结合强度高、耐腐蚀性好和抗冲击能力强和对变形要求不严的零件。

根据重熔时所使用的热源不同,喷熔工艺可分为氧气 - 乙炔火焰喷熔、等离子喷熔和高频(或中频)感应加热重熔。由于篇幅的限制,这里只介绍最常用并且最简单的氧气 - 乙炔火焰喷熔工艺。

氧气 - 乙炔火焰喷熔又叫氧气 - 乙炔火焰喷焊。它是利用氧气 - 乙炔火焰为热源,先把熔点较低的自熔合金粉末喷涂到经过预处理的零件表面上,形成喷涂层;再用氧气 - 乙炔火焰使喷涂层重新熔化,但零件基体不熔化,使喷涂层转变成钎焊在零件基体表面并与之形成冶金结合的喷熔层。氧气 - 乙炔火焰喷熔的方法可分为一步法氧气 - 乙炔火焰喷熔工艺和二步法氧气 - 乙炔火焰喷熔工艺两种。

(1)一步法氧气 - 乙炔火焰喷熔工艺

一步法氧气 - 乙炔火焰喷熔工艺的喷涂和喷涂层重熔两个过程都使用同一把喷熔枪。先使用喷熔枪在喷熔部位进行局部加热,然后进行喷涂,一般喷涂几平方厘米,当喷涂层厚度达

到要求时，停止喷涂；马上用喷熔枪对这一小块喷涂层进行加热重熔，当重熔完成后，移动喷熔枪的位置，进行下一块面积的加热、喷涂和重熔，直到全部喷熔完成。一步法喷熔一般用于小零件或大零件边角或局部的喷熔，面积大了，很难保证厚度均匀。一步法喷熔的厚度一般不大于 3 mm。

(2)二步法氧气－乙炔火焰喷熔工艺

两步法氧气－乙炔火焰喷熔工艺的喷涂和喷涂层重熔两个过程要分别使用结构和功能完全不同的两把枪，即氧气－乙炔火焰喷涂枪和专用的氧气－乙炔火焰重熔枪。先使用喷涂枪将整个零件进行喷涂，完成喷涂层后，第二步趁热立即使用重熔枪对喷涂层进行重熔。二步法喷熔层的最大厚度约 1 mm，如厚度过大，容易流淌，造成喷熔层高低不平。二步法喷熔适用于形状简单、大面积的零件喷熔。

五、焊接修复工艺

(一)概述

焊接修复工艺即采用焊接的方法对损坏的金属零件进行修复的工艺，或者说是用于修复的焊接工艺。焊接工艺是指焊接过程中所涉及的有关加工方法及技术规定，主要包括焊接方法、焊接材料、操作过程、接头形式、焊接参数等。

焊接修复工艺的特点是：成本低、见效快、设备简单、应用方便，焊接修复层与零件基体的结合强度高，抗冲击能力强。但由于焊接时零件温度高，热应力大，易产生变形和裂纹。

焊接修复工艺适用于那些要求修复层与基体的结合强度高，抗冲击能力强，对变形要求不严，存在断裂或裂纹、磨损、腐蚀以及加工失误等缺陷的零件。

(二)焊接修复工艺的分类

在焊接修复工作中，根据被焊零件数目的的不同和焊接目的不同，可将焊接修复工艺分为“连接焊”和“堆焊”两种。

连接焊是修理时将两个或两个以上的零件或断裂的部分焊接到一起，其主要目的是连接。

堆焊(Surfacing)是在一个零件表面，为了增大尺寸或恢复尺寸，或者是为了使零件获得具有特殊性能(如耐磨、耐腐蚀、耐高温)的焊层而进行的焊接。堆焊既可以用于修复磨损、腐蚀、裂纹或加工失误的零件，也可以用于新零件的预保护。

同样是由于焊接修复，但因焊接目的不同，在进行连接焊或堆焊时，对焊缝的“熔深”和“稀释率”的要求是不同的。

“熔深”是指在焊接接头的横截面上，母材熔化的深度，见图 7-14。“稀释”是指异种金属在熔焊或堆焊时，由于母材或预先堆焊的金属熔入熔敷金属，引起熔敷金属中有益成分相对减少的现象。“稀释率”是指异种金属熔焊或堆焊时，熔敷金属被稀释后，母材或预先堆焊层金属在熔敷金属中所占的百分比(即熔合比)。

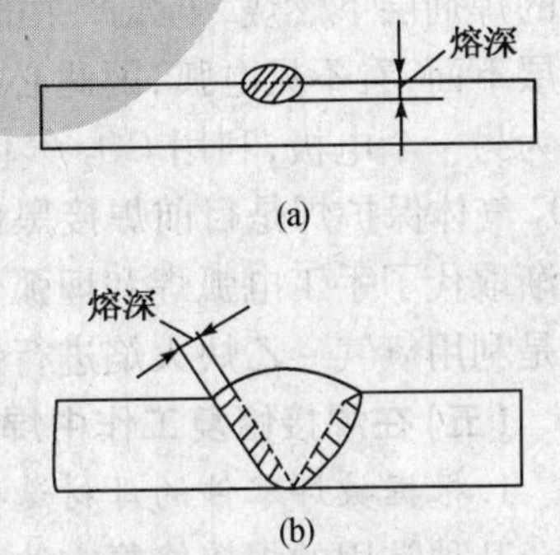

图 7-14　熔深示意图

如果都使用熔焊工艺，在进行“连接焊”时，为了使被连接部分能够牢固地连接在一起，一般要求焊缝的熔深较大；而进行“堆焊”时，一般都希望焊缝的熔深较浅，堆焊层的成分被母材稀释的程度较低。这是因为：

①一般堆焊焊材都是耐磨、耐腐蚀、耐高温的高性能贵重材料，而母材的性能较差，如果熔深大，母材就会过多的稀释焊材，使得堆焊层的耐磨、耐腐蚀、耐高温的性能明显降低。

②堆焊的主要目的不是为了连接，而堆焊层与基体已经是冶金结合，即使熔深浅，其结合强度也足以保证堆焊层在使用中不会脱落。

③当零件母材的焊接性较差时，浅熔深和低稀释率会减少堆焊层的裂纹。

为了获得浅的熔深，在堆焊时一般都采用小电流、细焊材、快速焊、断续焊等措施。

(三)焊接方法的分类

焊接方法有很多种，从理论上讲，几乎所有的焊接方法都可以用来进行焊接修复。

焊接方法的分类有很多种，常用的分类方法是根据焊接时加热和加压的特点，将焊接方法分为熔焊、钎焊和压焊三类。

熔焊(或称熔化焊)是在焊接时将零件母材和焊材都加热至熔化状态以实现焊接的方法。如手工电弧焊、气焊、埋弧焊等。

钎焊是在焊接时采用比焊件母材熔点低的焊接材料(称钎料)，将焊件和钎料加热到高于钎料熔点，低于母材熔点的温度，使钎料熔化但母材不熔化，同时施加钎剂(即焊药)，除去零件表面的氧化膜，使熔化的液态钎料润湿母材，并填充接头间隙，通过焊材与母材金属元素的相互扩散而形成冶金结合的焊接方法。例如采用氧气－乙炔火焰进行黄铜钎焊铸铁、青铜钎焊不锈钢、银钎料钎焊铜合金等。

压焊是必须施加压力(同时加热或不加热)以实现焊接的方法，如电阻焊、摩擦焊等。

(四)在进行焊接修复时常用的焊接方法

虽然几乎所有焊接方法都可用于零件的修复焊接，但在实践中由于某些焊接方法受到了一些具体条件的限制，因此应用较少。常用于修复的焊接方法有：气焊、手工电弧焊、钨极氩弧焊(TIG)、埋弧焊、CO_2 气体保护焊、氧气－乙炔火焰钎焊。在进行焊接修复时，这些焊接方法既可以用于“连接焊”也可以用于“堆焊”。

气焊是利用氧气－乙炔火焰作热源的焊接方法。手工电弧焊全称应为“手工焊条电弧焊”，它是将焊条作为一个电极，工件作为另一个电极，利用焊条与工件间产生的直流或交流电弧作为热源来熔化焊条，通过手工进行操作的熔焊方法。钨极氩弧焊(简称 TIG)，它是将高熔点的钨针(或铈钨针)作为一个电极，工件作为另一个电极，利用钨极与工件间产生的直流或交流电弧作为热源，另外填加焊丝，并利用氩气等惰性气体作为保护介质进行焊接的熔焊方法。埋弧焊是将焊丝作为一个电极，工件作为另一个电极，焊丝与工件间产生的电弧埋在颗粒状的焊剂层下燃烧，电弧产生的热能使焊丝熔化进行堆焊。由于埋弧焊在焊接时电弧埋在焊剂层下面，看不见电弧，因此必须进行自动焊。CO_2 气体保护焊是将焊丝作为一个电极，工件作为另一个电极，利用 CO_2 气体作保护气体，焊丝与工件间产生的电弧使焊丝熔化进行焊接。CO_2 气体保护焊是目前焊接黑色金属材料最重要熔焊方法之一，在许多金属结构的生产中已逐渐取代了手工电弧焊和埋弧焊。CO_2 气体保护焊可自动焊也可手动焊。氧气－乙炔火焰钎焊是利用氧气－乙炔火焰进行钎焊的方法。

(五)在焊接修复工作中焊接方法的选用

1. 根据被焊零件的母材选择焊接方法。

几种常用的焊接修复方法对常用零件母材的适应性见表 7-6。由表 7-6 可见，从焊接方法对零件母材的适应范围来看：钎焊的适应范围最大，可以适合各种母材的零件；埋弧焊与 CO_2 气体保护焊对零件母材的适应范围较小且基本相同，适合焊接低、中碳钢；将气焊、手工电弧焊与钨极氩弧焊(TIG)相比，钨极氩弧焊对零件母材的适应范围较大。从零件母材的焊接性好、坏的角度来看，焊接性最好的是低碳钢，较好的依次是中碳钢和合金结构钢，焊接性较差的是

高碳钢、铝合金和铜合金，焊接性最差的材料是铸铁。焊接不锈钢，适宜的熔焊方法是手工电弧焊、钨极氩弧焊或埋弧焊；焊接铜合金，适宜的熔焊方法是钨极氩弧焊（TIG）、熔化极氩弧焊或气焊；焊接铝合金，适宜的熔焊方法是交流钨极氩弧焊（TIG）或交流熔化极氩弧焊；焊接灰铸铁，可采用钎焊、手工电弧焊和气焊；对于异种金属的焊接，一般应采用钎焊。例如铜与铝、铜与钢的焊接，采用钎焊可获得较好的焊接效果。

2. 根据焊件的形状和焊接工作量选择焊接方法。

如果零件的形状简单（如圆柱、平面），焊接工作量又大，为了提高工作效率和堆焊质量，应优先考虑采用埋弧焊的自动焊或 CO_2 气体保护焊的自动焊。在修船实践中活塞的堆焊翻新，大多采用埋弧自动焊。如果零件的形状比较复杂，堆焊量较小，就应该选择钨极氩弧焊、手工电弧焊或气焊，由人工进行焊接。

3. 根据焊件的精密程度选择焊接方法

如果焊件十分精密，焊接质量要求很高，焊接部位要求非常准确，焊接时不许伤害旁边的部位，不许飞溅，不许咬边，不许多焊，就应该采用钨极氩弧焊，其他焊接方法一般不能满足上述要求。

4. 根据焊件对变形的要求选择焊接方法

由于埋弧焊、CO_2 气体保护焊、气焊的热输入量比较大，因此焊后零件的变形比较大。相对而言，钨极氩弧焊、手工电弧焊的热输入量比较小，因此焊后零件的变形比较小。采用这两种焊接方法，并配合合理的工艺措施，可以收到较好的、减小变形的效果。

5. 根据焊件的尺寸选择焊接方法

如果焊件较薄、较细，容易焊漏，则应该选用钨极氩弧焊、氧气－乙炔气焊或钎焊的方法，因为这些焊接方法的火候容易控制。埋弧焊和 CO_2 气体保护焊的焊缝熔深很大，适合于较厚的焊件。

6. 根据需要的焊层厚度选择焊接方法

如果需要较薄的焊层，应优先考虑钨极氩弧焊、气焊；如果需要 2 mm 以上较厚的焊层，应优先考虑手工电弧焊、CO_2 气体保护焊、埋弧焊或氧气－乙炔钎焊。钨极氩弧焊、气焊、氧气－乙炔钎焊、热喷涂的焊层或涂层的厚度可薄可厚，变化范围较大。

在实践中应综合考虑各方面的因素，来选择合适的焊接方法。

（六）焊接修复的基本操作过程

①清除待焊部位的油污、锈迹，露出金属光泽。必要时采用无损探伤检查焊接部位是否有裂纹。如果有裂纹，应该钻出止裂孔，除去裂纹，并开出坡口。

②根据零件的母材和对焊层性能的要求选择合适的焊接方法和焊材。

③根据零件的母材、焊材、焊层性能和环境温度等条件决定是否预热，确定预热的方法及预热温度。

④采用科学、合理的焊接顺序进行连接焊或堆焊，以减少焊接裂纹和变形。在进行较大面积的堆焊时，为了使被焊零件受热均匀，减小热应力和热变形，常采用“分段退焊法”、“分中对称退焊法”或“逐层分段退焊法”。但这些焊接方法都具有一些共同的缺点，就是焊接效率低；焊接接头较多，接头处容易出焊接缺陷。具体的方法见后述。

⑤焊后应采取措施尽可能使焊层缓冷。有时要根据零件的母材、焊材、焊层的性能和环境温度等情况，决定是否需要进行焊后消除应力退火。

⑥机械加工。通过机械加工，使零件的形状和尺寸符合设计要求。

现在来说明“分段退焊法”、“分中对称退焊法”和“逐层分段退焊法”。

“分段退焊法”也称“逐步退焊法”，它是把长焊道分成若干段短焊道，每焊一小段就退后一段距离重新起焊，图中的数字表示焊接每个小段的先后次序，每小段的尾部与前一小段的首部相接，每小段的焊接方向与总的焊接方向（图中的大箭头）相反，见图 7-15。

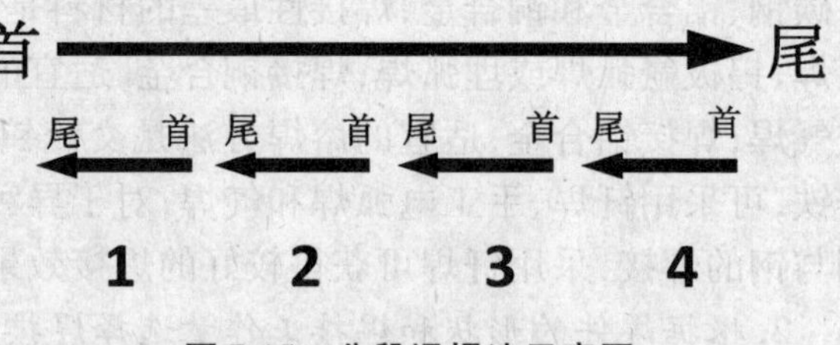

图 7-15　分段退焊法示意图

“分中对称退焊法”是把长焊道分成若干段短焊道，从焊道的中心向两端或从焊道的两端向中心，对称、交替地，一小段一小段地焊接，图中的数字表示焊接每个小段的先后次序，如图 7-16 所示。采用这种方法焊接，零件受热比前一种方法更均匀。

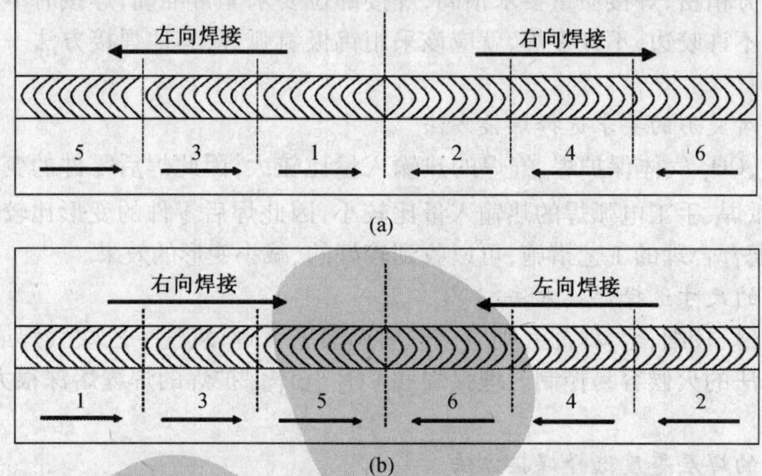

图 7-16　分中对称退焊法的示意图

“逐层分段退焊法”是当需要的堆焊层较长、厚度较大而进行多层堆焊时，把长焊层分成若干段短焊层，在每一层内分段退焊（类似于“分段退焊法”），焊完一层后再焊上一层。即按照 A1，A2，A3；B1，B2，B3；C1，C2，C3 的顺序堆焊，见图 7-17。如果可能的话，相邻两个焊层的焊道方向最好相互垂直。在焊完前一层后，有时需要适当预热再焊下一层。一般不要采用集中在某一短段焊许多层，焊够高度后，再焊下一短段的方法，即不要按照 A1，B1，C1；A2，B2，C2；A3，B3，C3 的顺序堆焊。因为这样焊会使焊件上的温差较大，造成热应力和热变形较大。如果必须这样焊，为了有利于各段之间的衔接，应采取“阶梯焊”，即上面的短段比下面的短段短一些。

（七）铸铁零件的焊接修复

1. 铸铁焊接时容易出现的缺陷

铸铁零件的焊接一直是人们畏惧的难题，这主要是由于铸铁零件焊接时容易出现白口组织、裂纹和气孔。其原因如下：

①铸铁含碳量很高，在焊接（熔焊）时，熔池中的铸铁熔化，所有的碳元素全部熔入铁水中。由于焊接的冷却速度较大，铁水很快凝固，来不及析出石墨，因此形成了以 Fe_3C 为基体的焊缝组织，即白口组织。此外铸铁中硫、磷含量较高，不仅引起脆性，而且促进白口组织的形

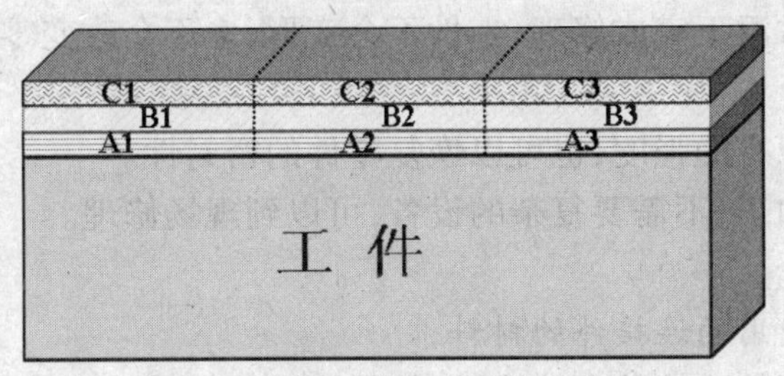

图 7-17　“逐层分段退焊法”示意图

成。白口组织的硬度高、脆性大、强度很低,性能很差。

②由于焊缝白口组织的收缩率大,焊接时产生的热应力很大;加上白口组织的脆性大,没有塑性,导致铸铁零件焊接时焊缝容易产生裂纹。

③铸铁焊接时,容易产生 CO 气体;铸铁母材中常浸入润滑油,难以除净;铸铁零件在铸造时可能留下气孔、缩松、砂眼等缺陷,由于这些原因,在焊接时容易产生气体,如果气体在焊接时没排除干净,留在焊缝中便形成了气孔。

2. 手工电弧焊焊接铸铁零件的方法

根据预热程度的不同主要有热焊法和冷焊法两种。热焊法是将工件整体预热 600 ~ 700℃后施焊。热焊法的特点是需要大的加热设备将零件加热,工作量大、工作效率低、零件变形大,但焊缝不会出现白口组织。冷焊法是铸铁零件不预热,或整体预热温度不高于 200℃时进行焊接的方法。冷焊法的特点是方法简便、工作量小、工作效率高、零件变形小,但焊缝容易出现白口组织和裂纹。

3. 铸铁件的黄铜钎焊修复

一般用氧气 - 乙炔火焰加热,采用黄铜作钎料,熔点 880℃左右;钎焊时使用铜钎剂,去除氧化膜,提高结合强度。因为钎焊时铸铁零件的母材不熔化,所以不会产生白口组织和裂纹。黄铜钎焊铸铁的焊接接头的抗拉强度接近铸铁 HT200 的抗拉强度。

不论采用什么方法焊接铸铁件,焊后都要注意缓冷;否则容易出现裂纹。

(八) 船机零件的堆焊翻修

“堆焊翻修”也叫“堆焊翻新修理”。它是先通过机械加工消除船机零件的表面损伤,然后利用堆焊工艺恢复零件的尺寸,最后进行热处理和精加工。堆焊翻修不仅可以使零件恢复使用性能,使零件宛如新造;还可根据需要,采用具有特殊性能的堆焊材料,使翻修后的零件在性能、质量和使用寿命上都超过原来的新品。堆焊翻新修理可用于钢、铸铁、铜、铝等材料的贵重零件,例如船用主、副柴油机的活塞、活塞杆、气缸盖、排气阀、阀座和机架、船用螺旋桨等都可进行局部翻新或整体翻新。

六、金属扣合工艺

(一) 概述

金属扣合工艺(Metalock)是将特殊的连接件(如波浪键、加强块或螺栓等)镶嵌或安装到零件的裂纹处或断裂处,通过连接件与零件基体之间的相互扣合、卡阻和啮合作用,将有裂纹的或断裂的零件连接(并密封)起来的一种修复方法。

1. 金属扣合工艺的主要特点

①一般仅用于壁厚大于 8 mm 的铸铁件的修理。

②金属扣合工艺在常温下完成修理,零件不会变形,也不会改变零件本体材料的组织和性能,修理质量可靠。

③能基本恢复零件原有的强度,也可以恢复零件的密封性。

④基本上都是手工加工,不需要复杂的设备,可以到现场修理。

⑤工艺简单,成本低。

2. 金属扣合工艺所使用的连接件的材料

金属扣合工艺所使用的连接件有波浪键、加强块、密封螺栓和圆柱销等。

对制造扣合连接件的材料的基本要求是:强度高、塑性好、初始硬度不高,形变强化效果明显;热膨胀系数低于或相近于零件本体材料。

如果修复高温下工作的铸铁零件,如气缸盖、气缸套等,扣合连接件的材料最好采用因瓦(Invar)合金 Ni36 或 Ni42。此类合金不仅具有塑性好、形变强化效果明显、扣合强度较高、不生锈等特点,而且其热膨胀系数明显低于铸铁,被称做低膨胀合金。用 Ni36 制作波浪键,当铸铁件受热膨胀时,由于波浪键的膨胀量小,可起到紧紧压住裂纹,阻止裂纹扩张的作用。国外专业的金属扣合公司在修复高温下工作的铸铁零件时,都采用因瓦合金制作扣合连接件。但此种材料不是通用材料,在市场上很难买到,需要特制,如搞不到因瓦合金可用热膨胀系数与铸铁相接近的低碳钢 20 钢代替。由于不锈钢的热膨胀系数明显高于铸铁,因此修复在高温下工作的铸铁零件,不宜采用不锈钢制作扣合连接件。

当修复在常温下工作的铸铁零件时(如柴油机机体),扣合连接件的材料可采用不锈钢 0Cr18Ni9、1Cr18Ni9 等,此类材料的初始强度较高,经过铆击塑变后强度可再提高 50%,扣合强度较高,不会生锈,但热膨胀系数比铸铁高,只能用于在常温下工作的铸铁零件。也可采用低碳钢 15,20 钢制造,此类材料的初始强度较低,通过铆击塑变后其强度可提高 20% 以上,容易生锈,但热膨胀系数比不锈钢低,与铸铁材料相近。但国外专业的金属扣合公司在修复常温下工作的铸铁零件时,也采用因瓦合金制作扣合连接件。

3. 波浪键的形状、尺寸与制造方法

波浪键是金属扣合工艺所使用的扣合连接件中最主要的连接件。波浪键的形状是由若干个圆柱体形状的“凸圆柱”和长方体形状的“连桥”相互连接所组成。波浪键的上底面和下底面是两个相互平行的平面。波浪键的“凸圆柱”数量必须是奇数,一般为 5,7,9 个。见图7-18。

波浪键的尺寸有连桥的宽度 b、凸圆柱的直径 d、凸圆柱的中心距 l、波浪键的高度 t,见图 7-19 所示。一般以连桥的宽度 b 作为基础尺寸,b 一般为 3 ~ 6 mm,取整数。其他尺寸 d,l,t 按下列公式确定

$$凸圆柱直径\ d = (1.4 \sim 1.6)b$$

$$凸圆柱中心距\ l = (2.0 \sim 2.2)b$$

$$波浪键高度\ t = (1.0 \sim 1.2)b$$

波浪键属于非标准件,市场上买不到,只能自制。其制造方法有:精密铸造、冷挤压、电火花线切割。采用精密铸造和冷挤压制造出来的波浪键精度较低,一般达不到要求。采用电火花线切割的方法制造的波浪键精度很高,又不用制作模具。由于波浪键的用量不大,最好是准备好合适材料的板材。

4. 金属扣合工艺所使用的工具

金属扣合工艺需要进行钻孔、铲槽、攻丝、铆击、割断、磨平、探伤、粘接等工作,这些工作基本上都是手工操作,需要使用的工具大部分都是手持机械工具、手持电动(气动)工具,主要有

钻模、手电钻(或风钻)、(气动)铲凿、攻丝工具、角磨机、手锤、钢锯、探伤剂、粘接剂等。

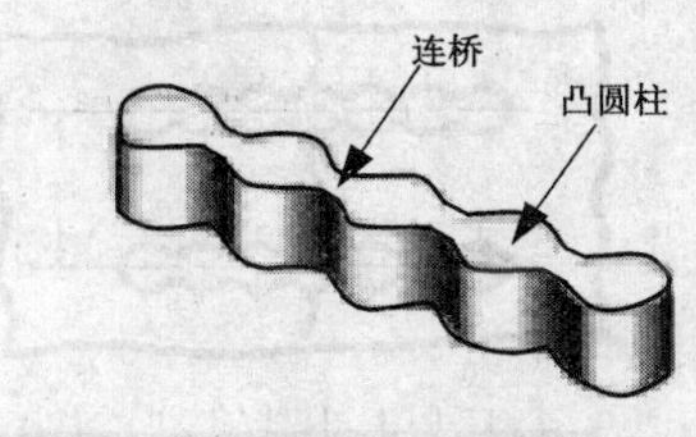

图 7-18　波浪键的形状

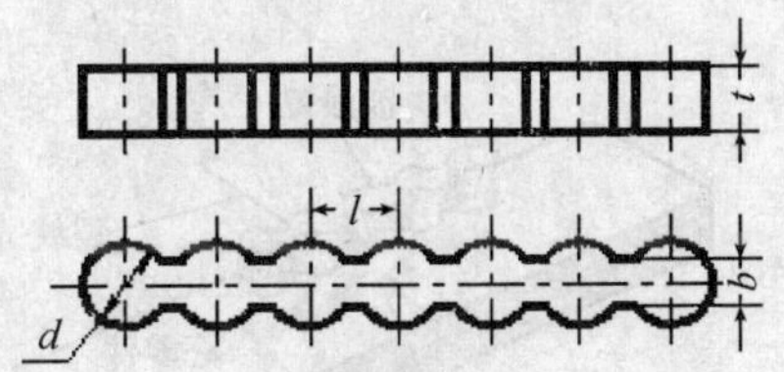

图 7-19　波浪键的基本尺寸

5. 金属扣合工艺的应用场合

金属扣合工艺主要用来修复焊接性很差的铸铁件。在修船实践中,金属扣合工艺曾成功地修复了许多因裂纹、断裂或破碎而损坏的船用主、副柴油机的机座、机架、气缸体、气缸盖、气缸套和各种机械的壳体,使许多无法进行焊接修复的铸铁件起死回生。

(二)金属扣合工艺

金属扣合工艺的种类主要有:强固扣合法,强密扣合法和加强扣合法。

1. 强固扣合法

(1)基本方法及原理

强固扣合法也称波浪键扣合法。它是在零件上垂直于裂纹的方向加工出若干个与波浪键相同形状和尺寸的波形槽,将波浪键嵌入波形槽内,波形槽与波浪键之间大约有 0.1 mm 的间隙。铆击波浪键,使波浪键产生塑性变形而充满波形槽;同时使波浪键产生加工硬化,强度和硬度明显提高。依靠波浪键与波形槽相互之间的扣合、锁固作用,将裂纹紧紧压住,使裂纹件两侧连接在一起,见图 7-20。由于金属扣合工艺必须在铸铁件上加工波形槽并铆击波浪键,因此太薄的铸铁件(壁厚小于 8 mm)不能采用金属扣合工艺。

(2)强固扣合法的基本工艺过程

①表面探伤。采用着色探伤或磁粉探伤,显示出裂纹长度及裂纹尖端位置。

②打止裂孔。在两个裂纹尖端钻止裂孔,攻丝,拧入涂上粘接剂的螺栓,将露出零件表面的螺栓割断、磨平,堵塞止裂孔。

③加工波形槽。首先要在裂纹上确定波形槽的数量和位置,确定波形槽的深度。

波形槽的数量和位置要根据规定的波形槽的间距、零件的具体结构和受力情况、裂纹的总长度等因素来确定,规定的波形槽间距为 $W=(5\sim6)b$,一般不小于 30 mm。

波形槽的深度 T 依零件的壁厚 H 而定,一般取 $T=(0.65\sim0.75)H$,见图 7-21。

必须指出,当按上式得出的波形槽深度 T 大于前述规定的波浪键的高度 t 时,不应按波形槽的深度特意制作超过规定高度的波浪键,而应根据情况嵌入 1 ~ 3 层符合规定高度的波浪键,并按后面所述的方法逐层铆击。因为为了便于嵌入波浪键,波浪键的原始尺寸小于波形槽的尺寸,二者存在 0.1 mm 左右的间隙,此时不能产生扣合作用。波浪键的扣合作用是靠铆击产生塑变后,波浪键充满波形槽后而产生的。波浪键塑变的同时产生加工硬化,使强度和硬度明显提高来抵抗外界载荷。如果单层波浪键的高度过高,铆击后只是表面产生塑性变形充满槽腔,下面大部分高度没有产生塑变,波浪键与波形槽之间还存在 0.1 mm 左右的间隙,因此不能产生扣合作用和形变强化作用。同时还应指出的是,即使波浪键的总高度高于波形槽的深度 0.5 ~ 1 mm,波形槽的深度还应兼顾波浪键的层数和总高度,作为最后磨平时的加工余量。

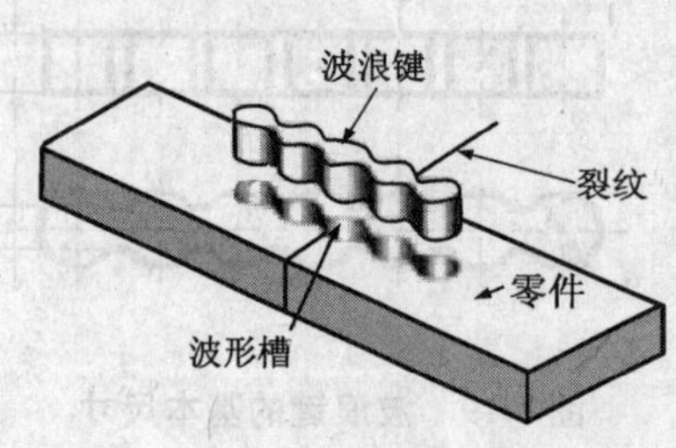

图 7-20　强固扣合法示意图

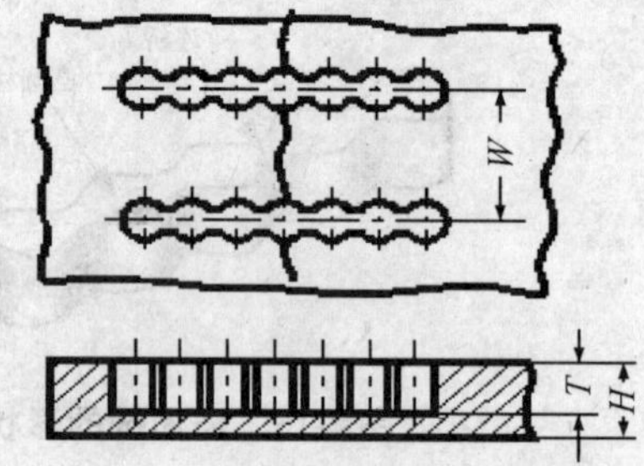

图 7-21　波形槽的间距与深度

波形槽的加工方法一般靠人工分两步进行。第一步是钻孔。选择直径比波浪键凸圆柱直径 d 大 0.1 mm 的钻头和合适的钻模，在垂直于裂纹的方向上钻孔。钻模的作用是准确地确定各个孔的相对位置。注意：应使波浪键中间的凸圆柱中心正好位于裂纹线上；钻孔的数量应等于波浪键凸圆柱的数量，见图 7-22；孔的深度要适应波浪键的高度和层数，并且各个孔的深度应基本相同；每钻 1 个孔后，采用相同直径的圆柱销定位，再钻下 1 个孔。第二步是凿通。用头部形状为矩形、头部宽度比波浪键"连桥"宽度大 0.1 mm 的铲凿将各个孔之间的连桥部分凿通，形成波形槽，见图 7-22。

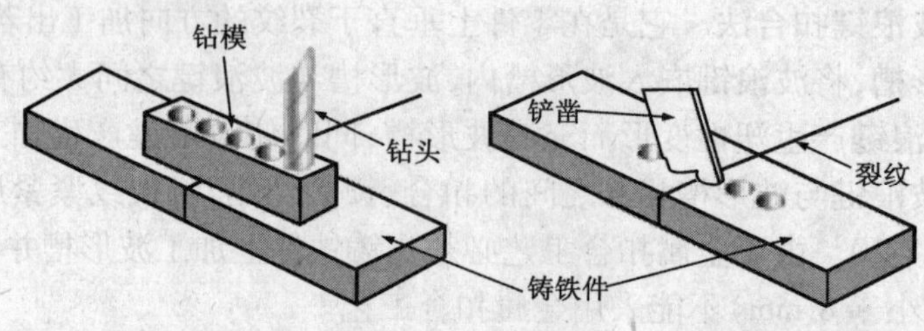

图 7-22　波形槽的加工方法

④嵌入、铆击波浪键。在波形槽中涂上胶粘剂，将波浪键嵌入波形槽，用手锤和专用工具铆击波浪键，使波浪键产生塑变充满槽腔。铆击结束后，最后一层波浪键的上平面应高于工件的表面 0.5 ~ 1 mm，作为最后磨平时的加工余量。

⑤波浪键的固定。波浪键应该进行固定；否则有可能因振动而脱落，造成事故。波浪键的固定方法是，在裂纹线上波浪键的旁边钻螺孔的底孔，要让该底孔切入波浪键 0.5 ~ 1 mm，然后攻丝，拧入涂上胶粘剂的固定螺丝，然后割断、磨平，靠固定螺丝的螺纹将波浪键固定。

⑥磨平。最后用角磨机将修理部位打磨平整、光滑。

强固扣合法修理完毕后的状况见图 7-23。

(3)强固扣合法的适用场合

强固扣合法适用于壁厚在 8 ~ 45 mm，不需要密封裂纹，承受载荷不是特别大的铸铁件。

2. 强密扣合法

强密扣合法或称波浪键—密封螺丝扣合法。它是在上述强固扣合法的基础上，再沿着裂纹一个挨一个地钻孔、攻丝，旋入涂有胶粘剂的密封螺丝，然后割断、磨平。各密封螺丝之间相互重叠相割，重叠量 1 mm 左右，目的是密封裂纹和防止螺丝转动。沿整个裂纹长度上装满密封螺丝后，就形成了一条金属纽带。这条金属纽带不仅可以起到密封裂纹的作用，而且可以起

到抵抗修理平面内和垂直于修理平面的两个方向的剪切力,使零件的修复强度明显提高。最后将修理表面打磨平整、光滑。各个密封螺孔的钻孔、攻丝顺序以及强密扣合法修理完毕后的状况如图7-24所示。

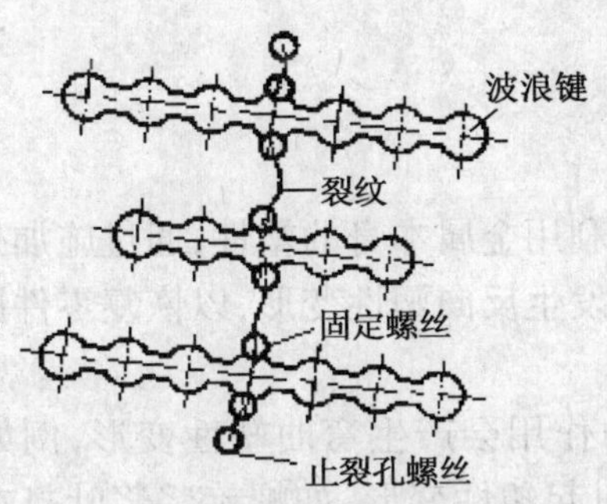

图7-23　强固扣合法修理完毕后的状况

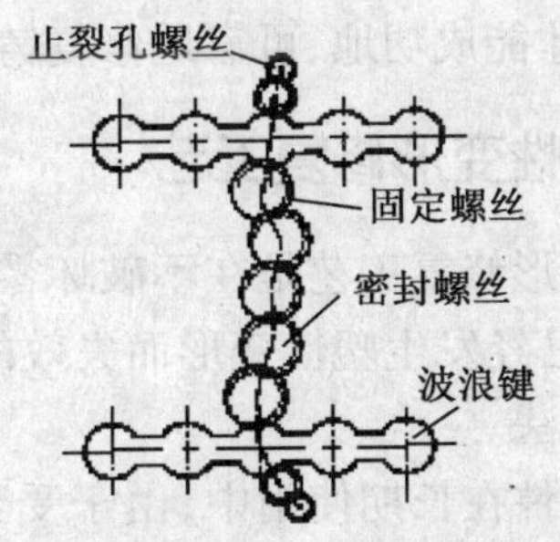

图7-24　强密扣合法修理完毕后的状况

密封螺丝可选用M5～M12 mm的规格。密封螺丝的材料可与波浪键相同,但从经济性角度出发,一般都选用低碳钢材料。

采用强密扣合法修理完毕后,检验修理质量的方法有:

①肉眼观察的方法。

②采用敲击听响法检验,敲击修理部位,如发出坚实声音,证明修理质量良好。

③有密封性要求的零件应该打水压试验。

强密扣合法同样适用于壁厚在8～45 mm的铸铁件,但强密扣合法承受载荷的能力高于强固扣合法,并且可以满足零件的密封性要求。常用来修复柴油机的气缸套、气缸盖等要求密封的、有裂纹的铸铁零件。

3.加强扣合法

加强扣合法亦称加强块扣合法,它适用于承受高载荷,壁厚大于45 mm的铸铁件。加强扣合法主要采用"加强块"作为扣合连接件。加强块是较大尺寸的、矩形的、高强度的合金钢块,其形状见图7-25所示。加强扣合法的加工方法是在铸铁件上垂直裂纹的方向加工出与加强块形状和尺寸相吻合的凹槽,涂上胶粘剂,将加强块镶嵌到凹槽中,在加强块与铸铁件的交界线上钻孔,铆入圆柱销(圆锥销)或拧入密封螺丝。根据具体情况,加强块可以与波浪键结合起来使用。

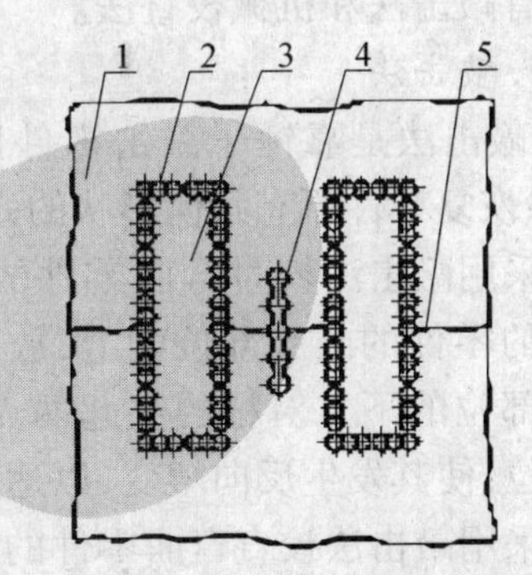

图7-25　加强扣合法示意图

1—铸铁件;2—圆柱销或密封螺丝;3—加强块;4—波浪键;5—裂纹

加强块的材料可采用合金调质钢(如40Cr),经调质处理后使用,或低碳钢(如20钢)。

加强扣合法与强固扣合法和强密扣合法相比,有以下两个特点:

①由于加强块的长度、宽度和厚度远远大于波浪键,因此比波浪键能够承受更大的载荷;此外,加强块可以使载荷分布到铸铁件的更大的面积上和离裂纹更远的地方,因此加强扣合法适合用于修理承受高载荷、壁厚大于45 mm的大型厚壁铸铁件。

②加强块不需进行铆击。因为加强块的厚度较大,铆击已经无法使其整个厚度产生明显的、充分的塑性变形,所以加强块的强度不能依靠形变强化来提高,而只能依靠自身原有的

强度。

在实际船机零件的修理工作中，遇到的待修零件千变万化，有时遇到铸铁件被打的严重破碎，如果单靠使用某种金属扣合法是无法将其修复的。这时应该根据具体情况随机应变，灵活的将附加零件法、局部更换法、焊接、粘接、铸造等工艺与强固扣合法、强密扣合法、加强扣合法综合使用，才能成功地、可靠地修复铸铁件。

七、塑性变形修复工艺

塑性变形修复工艺是在不破坏零件的前提下，利用金属本身的塑性，通过施加外力或加热的手段，使已经发生塑性变形而失效的金属零件再发生反向塑性变形，以恢复零件原有几何形状的修复方法。

船机零件在长期使用中，由于受到弯曲的应力作用会产生弯曲塑性变形，例如柴油机曲轴、连杆的弯曲变形。另外，船机零件还会因碰撞引起塑性变形，如螺旋桨桨叶打在礁石上使桨叶弯曲变形。如果零件产生塑性变形的程度不是很大，没有产生裂纹，可以采用塑性变形修复法进行校正，使其形状恢复后可以继续使用。

生产中常用的塑性变形修复法有冷校法、热校法、加热－机械校直法。在塑性变形修复前，应先对零件已塑变的部位和塑变程度进行检验，然后根据零件的性能、结构尺寸和塑变程度决定采用何种修复方法。塑性变形修复法仅适用于塑性材料，脆性材料如铸铁不能采用此法。

(一)冷校法

冷校法适用于零件材料的塑性较高、塑变量较小、零件尺寸不是过大的场合。

冷校法是在常温下，靠敲击或施加外力来恢复零件原有几何形状的修复方法。常用的冷校法有敲击法和机械校直法。

1. 敲击法

敲击法是靠锤子敲击零件使其发生反向塑性变形，以恢复零件原有几何形状的修复方法。

采用敲击法校直弯曲零件的一般方法是：将发生弯曲的零件的凸起部位朝上，放置在平台上或在零件凸起部位的下方对称的垫起两点，用锤子砸零件的凸起部位，使其发生反向塑变，以达到校直的目的。

采用敲击法校直弯曲零件的另一种方法是根据情况，采用头部具有特殊形状的锤子，敲击零件发生塑变后尺寸变短的区域，使敲击的部位产生局部塑性伸长，以恢复零件的整体形状。这种方法校直的原理见图7-26。假如有一个未发生弯曲的薄板类零件如图7-26(a)，其 A 边、B 边和中心线 C 的长度是相等的。但如果零件中部 O 点附近发生了弯曲后，见图7-26(b)，其中心线 C 的长度基本不变，但 A 边产生了拉伸塑变变长了，B 边产生了压缩塑变变短了。校直时将该零件的大平面平放在平台上，用刃部宽厚的斧头型钢锤，用力敲击图7-26(b)所示的“敲击区域”。敲击时，不可停留在一点多次敲击，应逐渐移动地敲击。越靠近最短的 B 边，敲击力量应该越大，使每个敲击点都产生微小的塑性伸长，叠加起来使得 B 边边长变长，与 A 边基本相等，该零件也就被校直了。又比如小型曲轴因曲柄臂弯曲造成了曲

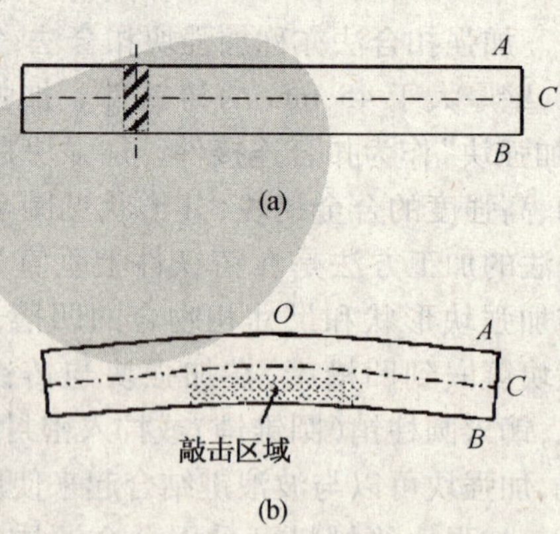

图7-26　敲击法校直的原理示意图

轴的弯曲变形，也可采用敲击法进行校直，如图 7-27 所示。用铁锤敲击变短了的曲柄臂内侧或外侧，使变形的曲轴轴线发生变化达到校直的目的。

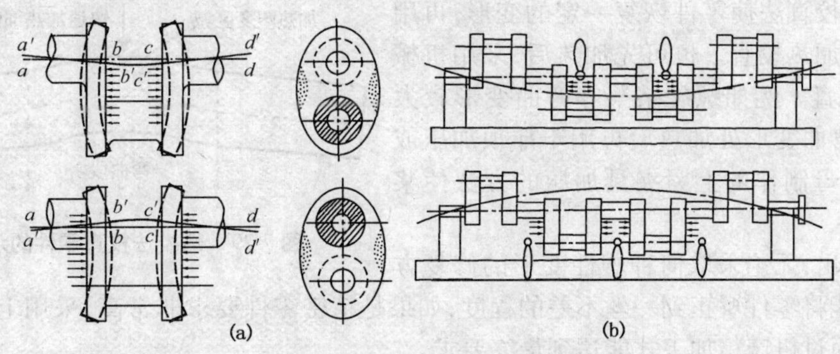

图 7-27　敲击法校直曲轴示意图

线段 a′b′c′d′为校直前主轴颈轴线的形状；线段 abcd 为校直后的主轴颈轴线的形状

2. 机械校直法

机械校直法是在专用的液压机上，对发生塑变的零件的凸起部位施加静压力，使其产生反向塑性变形来进行校直的方法。例如小型曲轴，在曲轴两端和弯曲部位附近的主轴颈处设置 V 形铁将曲轴支撑起来，曲轴的凸面朝上，用液压机压头在凸起部位加压，使之产生反向变形。因为在施加压力时，零件产生的反向变形中有一部分是弹性变形，当压力撤去后，弹性变形消失，会使反向变形的程度减小，所以在施加压力时，要使反向变形的程度应比原有塑性变形的程度稍微大一些，即适当矫枉过正，以达到消除原有塑性变形的目的。在施压部位的下面，安装一个百分表，以便准确地掌握反向变形的大小，每一点保持压力 1 ~ 2 min 后卸载。经过轴向位移几点施压后，可基本消除曲轴的弯曲变形，如图 7-28 所示。注意：在支撑部位和加压部位都要施加铜、铅软垫片，以免损坏轴颈的工作面。机械校直法也常用来校正变形不大的螺旋桨桨叶。

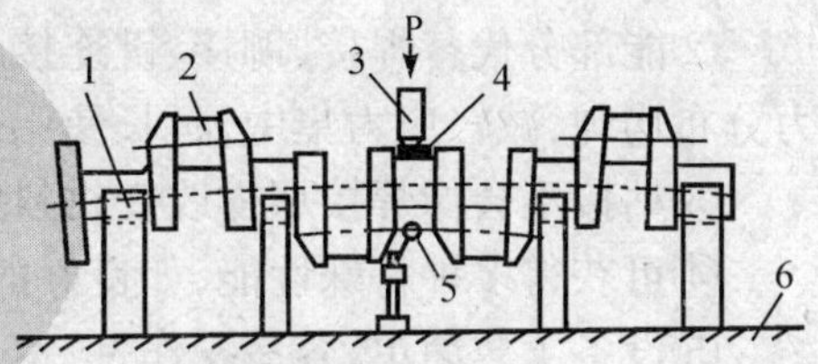

图 7-28　机械校直法校直曲轴示意图

1—V 形铁；2—曲轴；3—液压机压头；4—铜皮或铅皮垫片；5—百分表；6—平台

采用机械校直法校直零件的缺点是：零件的截面变化处（如轴颈根部过渡圆角处）塑性变形较大，并留下残余拉应力，使零件的疲劳强度降低。

（二）热校法

热校法是对发生了塑性变形的金属零件进行局部快速加热来校正变形零件的方法。下面以轴类零件为例来说明热校直的原理，参见图 7-29。零件发生弯曲塑变后，弯曲部位的凸面尺寸会变长，热校直时在轴弯曲部位的凸面采用氧气 - 乙炔火焰进行局部快速加热，加热部位受热后要膨胀，但由于加热部位与周围其他部位的温差很大，加热部位的膨胀受到周围材料的约束，造成很大的压应力，因此使加热部位产生了压缩塑变。当零件冷却下来时，由于凸面的尺寸变短了，使零件的弯曲方向朝相反的方向变化，因此使零件的弯曲变形得到一定的恢复。一般需在零件的凸面经多点多次加热冷却后，才能使零件校直。

热校法适用于焊接性好的钢材，如低碳钢或普通低合金钢；对于淬硬倾向较大的合金钢要慎用，因其容易产生淬硬组织和裂纹。热校法可矫正弯曲变形较大、尺寸较大的零件，但对操作技术和经验要求较高。

(三)加热–机械校直法

此法为热校法与机械校直法的联合运用,适用于弯曲变形较大并且尺寸较大的零件。可先采用机械校直法使零件恢复一定的变形,再用热校法局部加热校直。也可先加热后,采用机械加压进行校直。例如螺旋桨桨叶弯曲变形较大时,将叶片弯曲变形处加热后再用千斤顶加压或用螺杆和螺母制作的上紧夹具加压的方法使桨叶形状复原。

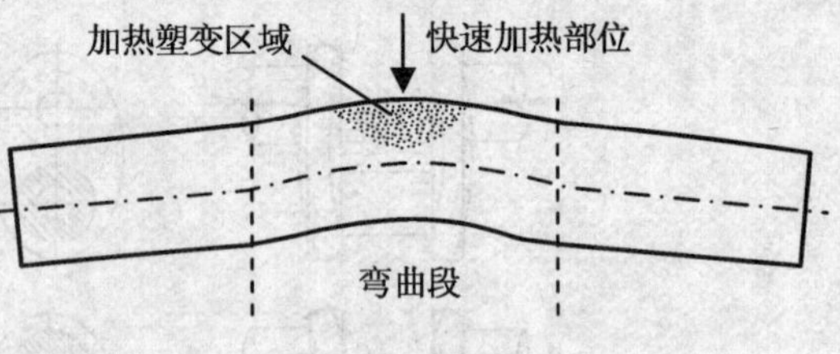

图 7-29　热校法校直零件的示意图

应该指出,无论采取何种塑性变形的修复方法,都不可能将零件矫正到一丝不差的程度,如果是精密零件要求非常高,采用上述方法校直后,还需要通过机床精加工才能达到最终要求。

八、粘接修复技术

(一)概述

粘接修复技术是利用胶粘剂把相同的或不同的材料连接到磨损、腐蚀的零件上,或者将断裂的零件牢固地连接在一起,使损坏的零件恢复使用性能的方法。

1. 粘接技术的主要特点

①可以将任何形状、尺寸的同种或异种材料的构件牢固地连接在一起。

②能部分代替焊接、铆接、键连接与螺纹连接,粘接结构质量轻、装配简单;受力面积大,应力分布均匀,减轻应力集中,延长使用寿命。

③粘接不会像焊接那样改变材料的基体组织,不会引起零件的变形和硬度降低等问题。

④可获得多种特殊性能,如良好的密封、导电、绝缘以及耐腐蚀性能。

⑤设备工艺简单,容易操作,成本低,生产效率高。

⑥粘接的不足之处是:与铆接、螺纹连接和焊接等工艺方法相比,粘接层的结合强度较低、抗冲击性能和抗老化性能较差、粘接接头的耐热性较低。

2. 胶粘剂的分类方法

胶粘剂的品种繁多,分类方法也很多,主要的、常用的分类方法有:

①按用途分类可分为结构胶粘剂、非结构胶粘剂和特种胶粘剂三大类。结构胶粘剂用于将结构单元牢固地连接成整体结构,其粘接强度高、耐久性好,能够承受较大的应力。非结构胶黏剂(如表面粘接用胶粘剂、密封胶粘剂等)用于恢复尺寸,修复磨损、腐蚀的零件,密封等用途而进行的表面粘涂和密封,不能承受太大的载荷。特种胶粘剂用于满足特殊需要,改变零件表面功能(如导电、导磁、绝缘等性能)所进行的粘接。

②按化学成分类分可分为有机粘接剂和无机粘接剂两大类。

③按被粘接材料分类可分为金属用胶、塑料用胶、橡胶用胶、陶瓷用胶、木材用胶、纤维用胶、玻璃和水泥用胶、纸用胶等。

④按胶粘剂的形态分类可分为溶液型、乳液型、糊状、胶泥、胶膜、胶带、胶粒、胶棒等。

3. 粘接的基本工艺过程

为了保证粘接质量,必须严格、准确地按照说明书的具体要求进行操作。一般粘接的基本工艺过程如图 7-30。

由于粘接是通过胶粘剂与被粘物表面的相互作用来实现连接的,因此粘接前的表面处理

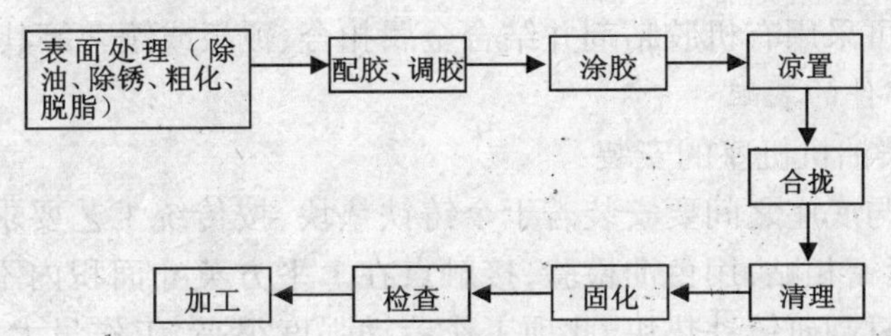

图 7-30　粘接的基本工艺过程

是粘接成功的关键环节。为了保证粘接强度，必须严格地对表面进行除污、除油、除锈、脱脂和粗化。

4. 选择胶粘剂时应考虑的因素

由于被粘件千变万化，其表面特性各不相同；胶粘剂种类繁多，任何一种胶粘剂都有其有限的适用范围。科学、合理地选择胶粘剂也是保证粘接成功的重要环节。选择胶粘剂时应考虑下列几方面的因素：

①被粘接物的材料、表面状态、裂纹缝隙大小、粘接面大小、受力情况和使用环境条件等情况要符合胶粘剂说明书的要求。

②胶粘剂的性能特点，如粘接强度、使用温度、收缩率、线胀系数、耐蚀性、耐水性及抗老化性能等要符合使用工况的要求。

③是否具备实施粘接工艺所需要的设备和表面处理、加热、固化的条件，完成粘接全部工艺过程所需要的时间是否足够。

④粘接的经济性与胶粘剂的来源等情况。

5. 粘接修复技术的应用

粘接修复技术可用于修复因磨损、腐蚀、裂纹或断裂而损坏的零件，以及加工失误的零件。有时用其他工艺均无法修复的零件，用粘接却得到了良好的修复效果。另外，还可以利用胶黏剂进行装配工作和对零件的接触面进行密封，使修船、造船工作中的某些装配工艺大大简化，劳动强度大大降低，生产率显著提高。

（二）有机胶粘剂在船机修造工作中的应用

有机胶粘剂是以有机物配制而成的胶粘剂。有机胶粘剂在船机修造工作中的应用主要有以下几方面：

1. 用于修理损坏的船机零件

（1）修理磨损松动的过盈配合件

具有过盈配合的轴与套类的零件（例如轴与齿轮），因长期使用产生微动磨损，造成配合松动而影响传递运动。虽然采用在轴颈表面压花、镶套或电镀等方法也可以将其修复，但有时条件不允许，而且工艺复杂、成本高。在实际工作中，有人采用厌氧胶修理船用发电机轴与滚动轴承的配合松动、离心泵轴与叶轮的松动，修理效果较好，工艺简单，成本低。

（2）修理腐蚀损坏的零件

对于柴油机气缸套、气缸体和各类船舱壁的电化学腐蚀，螺旋桨桨叶、气缸套外圆表面的穴蚀造成的损坏，如果腐蚀面积较大，但深度较小，而且尚能保证零件强度的情况下，可采用有机胶粘剂进行粘接修理。

（3）修补裂纹零件

对于柴油机气缸盖进气阀阀杆导孔壁裂纹，船舶管系的裂纹、漏洞，油柜和水柜的裂纹或焊缝开裂等损坏，均可采用有机胶粘剂并结合金属扣合、覆板或镶套等其他工艺进行修复。

2. 用于船机零部件的装配

(1)用于主、副柴油机机座的安装

在主、副机机座与底座之间要安装若干个铸铁垫块，按传统工艺要求铸铁垫块的上、下平面要与机座和底座紧密相贴，用色油检验，接触点在 1 平方英寸面积内不少于 2～3 点。为了达到此要求，需要反复刮研铸铁垫块，此项工作劳动强度很高、工作量大、效率很低，而且垫块的接触面积很小。

采用有机胶粘剂配合铸铁垫块的安装，可克服传统工艺的缺点。安装时，有意使铸铁垫块的厚度 h 比实际需要的厚度 H 小一些，使铸铁垫块上、下平面都充满 0.5～1.0 mm 的环氧树脂胶黏剂，这样不需刮研垫块，待胶粘剂固化后，铸铁垫块的上、下面与机座或底座完全接触。这样大大简化了机座安装工艺，减轻了劳动强度和提高了工作效率。图 7-31 是一种有机粘接剂安装主、副机机座的工艺。底座上的螺栓孔用塞堵堵住，对铸铁垫块两面清洁后分别涂上粘接剂，放入底座和机座之间，让铸铁垫块中心供地脚螺栓穿过的孔对准底座和机座上的螺栓孔，然后在螺栓孔内注满粘接剂，用挤胶柱塞往下压，当铸铁垫块四周均有粘接剂冒出时取出塞堵，挤胶柱塞继续往下挤胶，清除螺栓孔内的粘接剂，这样铸铁垫块和粘接剂与底座和机座之间可达到完全接触。

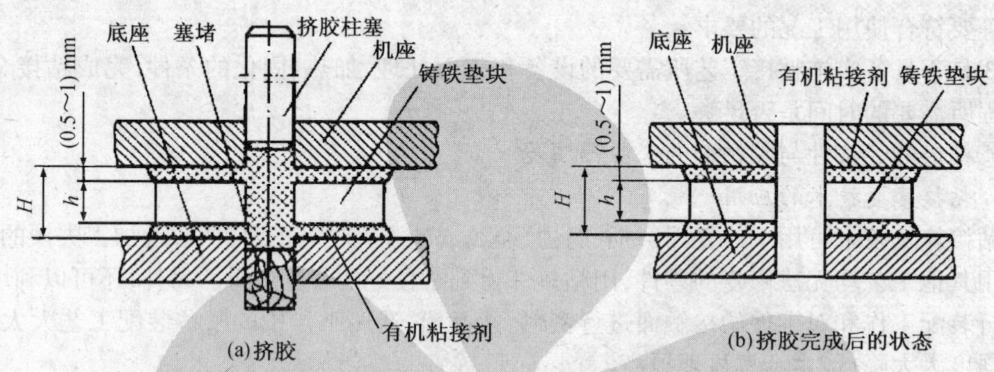

图 7-31　有机胶粘剂用于主机机座安装的示意图

(2)用于螺旋桨与艉轴的装配

螺旋桨与艉轴的配合部位要求接触良好，按照旧的传统工艺需要进行大量繁重的刮研工作。为了简化螺旋桨与艉轴的安装，对于沿海和内河的中小型船舶的螺旋桨与艉轴，在二者配合面之间有意设计了一定的间隙，采用适当的方法充满环氧树脂胶粘剂，待粘接剂固化后螺旋桨与艉轴的配合面可达到完全接触，从而省去了键连接和大量的刮研工作。

(3)用做密封垫片

船舶机械设备的密封，传统上采用静密封固体材料，如紫铜、橡皮、石棉、纸箔及白漆－丝麻等。当遇到零件之间的接触面凸凹不平时，这些固体垫片的密封性较差；另外固体垫片还存在安装时容易错位、压缩过度等缺点。目前在许多场合下，已经使用高分子液态密封胶来代替传统的固体垫片作为连接件的密封材料。液态密封胶在使用前呈黏稠的液态，涂在零件结合面上可达到完全吻合，并可填充结合面上的凹陷，固化后形成一层类似橡胶性质的、富有弹性的可剥性薄膜，黏附于结合面上，具有良好的密封性能和耐压性能。

液态密封胶广泛应用于各类泵、齿轮箱、空气压缩机等的法兰平面和结合面的密封；柴油机气缸套与气缸体、道门与机架的结合面的密封；高压油管、水管和蒸汽管的管接头的密封。

一般来说，与无机胶粘剂相比，有机胶粘剂的粘接强度较大，耐热性差，脆性较小，抗冲击性较好，耐腐蚀性较好，抗老化性较差，粘接工艺较复杂。

（三）无机胶粘剂在船机修造工作中的应用

无机胶粘剂是以无机物配制而成的胶粘剂，一般由液态的无机酸、碱、盐与固态的金属氧化物粉末组成。

无机胶粘剂的突出特点是具有很高的耐热性，最高可承受2 700℃的高温，这是有机胶粘剂无法相比的。此外，无机胶粘剂还具有耐油、抗老化、毒性小、不燃烧；可在室温固化，基本不收缩，有的反而略有膨胀；原料易得，价格低廉，粘接工艺简单，使用方便等特点。无机胶粘剂的缺点是不耐酸、碱，耐水性较差，脆性较大，不抗冲击等。因此无机胶粘剂的粘接接头一般都采用套接或槽接，不适合采用对接接头。

无机胶粘剂的种类很多，在生产中一般使用磷酸盐类无机胶粘剂或硅酸盐类无机胶粘剂两类，应用最多的是磷酸-氧化铜无机胶粘剂。磷酸-氧化铜无机胶粘剂由甲、乙两个组分组成。甲组分为黑色的氧化铜粉末，乙组分为磷酸与氢氧化铝配制而成的磷酸铝溶液，不用时分开放置，使用时将甲、乙两个组分按照适当的配比进行调制，现用现配。磷酸-氧化铜无机胶黏剂可长时间在500℃下工作，短时间在700~800℃工作；耐油、耐水性较好，因此密封堵漏效果好。

磷酸-氧化铜无机胶粘剂在船机修理工作中适用于工作温度高、受力不大，不需拆卸、需要密封的部位。如修理气缸体、气缸盖或其他箱体上的裂纹，气缸体与气缸套配合面上的铸造缺陷，增压器涡轮端壳体的腐蚀等。当然有时仅靠无机胶粘剂是不行的，需要结合金属扣合、覆板等其他工艺进行修复。

一般来说，与有机胶粘剂相比，无机胶粘剂的粘接强度较小、耐热性好、脆性较大、抗冲击性和耐腐蚀性较差，抗老化性较好，粘接工艺较简单。

九、研磨加工技术

（一）概述

研磨加工是在零件和与其相配合的研磨工具（或者是与其相配合的另一个零件）之间加入含有磨料颗粒的研磨剂，使零件与研磨工具（或相配合的另一个零件）在一定的压力和速度下作相对运动，磨料颗粒对零件的被加工表面所进行的精密切削加工。

研磨是精密零件的制造和修理时进行精加工的主要方法之一，一般是在机床精加工（如精车、精磨）之后的最终精加工工序。研磨加工可使零件获得极高的尺寸精度、几何形状精度、配合精度以及最高的表面粗糙度等级。零件的平面，内、外圆柱面，圆锥面，螺纹面，齿轮的齿面，凸、凹球面等其他型面均可采用此种方法进行精加工。船舶主、副柴油机的进、排气阀与阀座偶件以及燃油系统中的三对精密偶件（柱塞-套筒、针阀-针阀体、出油阀-出油阀座）在制造或修理时的最后一道工序都需要进行研磨。进行研磨的零件材料可以是各种金属和非金属材料，如经淬火或未经淬火的碳钢、合金钢或玻璃等。

研磨既可用手工操作，也可在研磨机上进行。零件在研磨前须先用其他加工方法获得较高的预加工精度，所留的研磨余量一般为2~30 μm。

研磨加工在轮机管理工作中，是克服精密零件短缺、延长零件寿命、节省修理费用和保证船舶正常航行的有效工艺。

(二)影响研磨质量的主要因素

(1)零件与研具的相对运动

要尽量保证零件研磨表面上各点的研磨行程基本相等,研磨的轨迹要尽量均匀地遍及整个研具表面;否则会引起零件和研具的偏磨。研磨的运动方向要周期性变换,以使研磨剂均匀分布在零件表面,并加工出相互交叉的切削痕,均匀地研磨零件表面。

(2)研磨压力

研磨表面的压力要均匀;否则会导致偏磨。在适当的压力范围内,研磨效率随压力增加而提高。如研磨压力过大,研磨剂的磨粒被压碎,切削作用减小,表面划痕加深,研磨质量降低;如压力过小,则研磨效率大大降低。合适的研磨压力取决于零件材料、研磨工具材料和外界压力等因素。一般粗研压力 0.1 ~0.2 MPa,精研压力 0.01 ~0.1MPa。

(3)研磨速度

在一定条件下,研磨速度的增加将使研磨效率提高。但如果研磨速度过高,产生的热量较多,会引起零件变形、表面加工痕迹过于明显等质量问题。合适的研磨速度应根据零件的加工精度、材质、重量、硬度、研磨面积等具体情况而定。一般来说,对于同一个零件,粗研时的研磨速度应低于精研时的研磨速度。

(4)研磨程序

在研磨初期,研磨剂的磨粒锋利,微切削作用强。随着研磨时间的延长,磨粒钝化,微切削作用下降,不仅零件精度不能提高;反而由于热量增加精度下降。粗研时为提高研磨效率,应及时添加研磨剂。一般粗研时选用较粗的研磨剂、较高的压力和较高的速度进行研磨,以期较快地消除几何形状误差和切削掉较多的加工余量;精研时选用较细的研磨剂、较小的压力和较低的速度进行研磨,以获得精确的形状、尺寸和最高的表面粗糙度等级。

(三)研磨剂

研磨剂是研磨和抛光加工时对零件表面进行微切削加工的材料。

1.研磨剂的组成

研磨剂由磨料、分散剂(又称研磨液)和辅助材料混合制成。研磨剂中的磨料起切削作用,常用的磨料有刚玉、碳化硅、碳化硼和人造金刚石等。分散剂(研磨液)的作用是使磨料均匀分散在研磨剂中,并有稀释、润滑和冷却等作用。常用的分散剂有煤油、机油、甘油、酒精和水等。辅助材料主要是混合脂,常由硬脂酸、脂肪酸、环氧乙烷、三乙醇胺、石蜡、油酸和十六醇中的几种材料配成,在研磨过程中起乳化、润滑和吸附的作用,并促使零件表面产生化学反应,生成易脱落的氧化膜或硫化膜,以提高加工效率。此外,辅助材料中还有着色剂、防腐剂和芳香剂等。

磨料的粒度是指磨料颗粒的尺寸大小,粒度号是指磨料颗粒的大小相当于 1 平方英寸的多少分之一,用数字表示。例如粒度号 100 表示磨料颗粒的大小相当于 1 平方英寸的一百分之一。磨料按粒度号和颗粒的大小分为磨粒、磨粉、微粉和超微粉四种,微粉和超微粉的粒度号前面加字母 W,如 W63 表示粒度号为 63 的微粉。粒度号为 100 及粒度更细的磨料,称作研磨粉,研磨加工一般只使用研磨粉。磨粉、微粉和超微粉都属于研磨粉。

磨料的研磨性能与其粒度、硬度和强度有关。磨料的硬度是指磨料表面抵抗局部塑性变形的能力。研磨加工就是利用磨粒与零件材料的硬度差来实现的,所以磨粒硬度越高,切削能力越强,研磨能力越好;磨料的强度是磨粒承受外力不被压碎的能力。磨粒强度越高,切削力越强,寿命越高,研磨能力也越好。研磨能力是一个相对指标,是以金刚石的研磨能力为准,设

为1,其他磨料的研磨能力见表7-8。

表7-8　各种磨料的相对研磨能力

金刚石	碳化硼	绿碳化硅	黑碳化硅	白刚玉	棕刚玉
1.0	0.5	0.28	0.26	0.12	0.10

由于研磨剂中分散剂和辅助材料的成分和配合比例不同,研磨剂有以下3种:

①液态研磨剂,液态研磨剂呈液态,不需要稀释便可直接使用,一般用于粗研磨。

②固体研磨剂也称研磨皂,常温时呈块状,可直接使用或加研磨液稀释后使用。固体研磨剂常用于精研磨和抛光。

③膏状的研磨剂称作研磨膏,可直接使用或加研磨液稀释后使用。在船机修造工作中,研磨一般都采用研磨膏进行研磨。

2. 研磨膏

研磨膏分为油溶性和水溶性两大类。油溶性研磨膏一般用煤油或机油等研磨液稀释。油溶性研磨膏可使加工表面获得极高的粗糙度等级和精确尺寸。水溶性研磨膏一般用水、甘油等研磨液稀释。

研磨膏是一种重要的表面光整加工材料,除船用外,广泛用于仪表、仪器、光学玻璃镜头、量具、金相试片和精密零件的精研磨和抛光。常用的研磨膏有氧化铬、氧化铝、碳化硼、碳化硅、氧化铁等研磨膏,其品种、规格和应用范围见表7-9。一般精密零件的粗研选用W14～W10的氧化铝研磨膏;半精研选用W7～W5的氧化铬研磨膏;精研和偶件互研时选用W5以下的氧化铬研磨膏。

(四)研磨工具

研磨工具也称研具,它是与零件被研磨部位的形状和尺寸相吻合的、为研磨而特制的工具。研具的作用一方面是使零件研磨成形,另一方面是作为研磨剂的载体。研具的几何形状精度直接影响零件的研磨精度,因此对研具的制造精度要求较高。研具的硬度应低于零件的硬度,又要有一定的耐磨性,研具的材料一般常用灰铸铁、低碳钢、铜、铝、铅、木材、丝绸和皮革等。研具按其工作表面的形状可分为研磨平板、研磨棒、研磨套、研磨盘等研具;按研具的用途可分为平面、外圆、内孔、锥面、球面、螺纹、齿轮等研具。

表7-9　常用的研磨膏品种、规格和应用范围

产品名称	颜色	磨料代号	粒度范围	应用范围
氧化铬研磨膏	深绿	Cr_2O_3	W3.5以下	金属镀件的精抛和钢件的最后抛光
氧化铁研磨膏	深红	Fe_2O_3	W3.5以下	贵金属如金银制品、有机玻璃和玻璃制品的抛光
棕刚玉研磨膏	棕色	A	60～280	普通碳钢、合金钢、可锻铸铁、硬青铜的研磨
白刚玉研磨膏	白色	WA	60～W1	淬火钢、高速钢、轴承钢、不锈钢等的研磨和抛光
绿碳化硅研磨膏	淡绿	GC	60～W5	铜、铝等有色金属,硬质合金,玻璃等的研磨和抛光
碳化硼研磨膏	褐黑色	BC	60～280	硬质合金、陶瓷、宝石、光学玻璃等的研磨和抛光

当研磨圆柱面如零件的外圆或内孔时,用研磨机床夹住轴类零件(或研磨棒),涂上研磨膏,使之按一定转速回转,然后用手握住(或用研磨机床的另一套装置夹持住)研磨套(或套筒类零件)使其作往复运动,两个研磨表面产生回转和往复相对运动进行研磨。

有时不是采用研具与零件相互研磨,而是采用两个相互配合的零件相互研磨,即互研。互研的偶件只能成对使用,不可互换。

(五)船机零件的研磨修复

在船上柴油机的进、排气阀与阀座,燃油系统的三对精密偶件的配合面因磨损或腐蚀失效后,如果磨损程度较轻,通过研磨就可以使其恢复使用功能。研磨是船上轮机人员必须掌握的基本技能之一。

(1)平面的研磨修复

当船机零件的配合平面发生磨损或腐蚀时,如果零件尺寸较小并且研磨要求不是非常高时,可以在高精度的研磨平板上采用手工研磨修复。例如套筒端面或针阀体端面发生腐蚀、磨损,使端面密封不良时,可以在研磨平板上研磨修复,如图 7-32 所示。研磨平板是带有交叉沟槽的铸铁板,沟槽的深度为 1.5 ~ 2 mm,沟槽的作用是存贮研磨膏和磨屑。研磨前,先将零件需研磨的平面和研磨平板清洗干净,将研磨膏均匀涂于零件待修表面上。研磨时,用手均匀用力按住零件,在研磨平板上沿"8"字形轨迹运动,得到交叉的磨削痕,这样可使零件研磨均匀,并提高表面粗糙度等级。研磨一段时间后,将零件转动一定角度再继续研磨,这是为了研磨均匀。一般圆形零件转 120°,方形零件转 90°,矩形零件转 180°。研磨时要根据腐蚀、磨损的情况,即研磨量的大小确定研磨工序和选用研磨膏。如研磨量大,就需要先进行粗研,后进行精研。一般选用氧化铝研磨膏进行粗研,选用氧化铬研磨膏进行精研,直至零件端面呈均匀的暗灰色为止。清洗后,再与相对应的零件配合平面互研,使之吻合。互研时,只需加润滑油进行研磨。

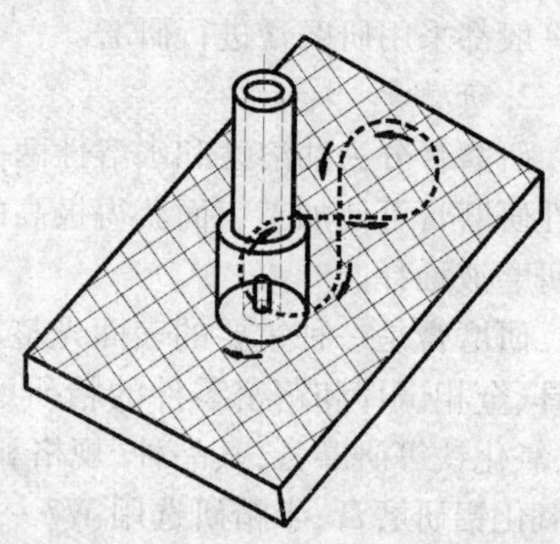

图 7-32　高压油泵套筒端面的研磨

(2)锥面的研磨修复

喷油器针阀偶件的锥面磨损后,锥面上的环形密封带(正常宽度为 0.3 ~ 0.5 mm)出现中断、模糊不清时,可采用手工互研进行修复。先在针阀锥面上放一点点极细的氧化铬研磨膏,然后准确、小心地将针阀插入到针阀体中,严防研磨膏粘到针阀体内圆表面破坏其精度。然后一手握针阀体,另一手握针阀,适当施压并使二者相对转动,相互研磨,直到针阀锥面上出现细窄、连续、光亮的环形密封带为止。然后用轻柴油或煤油清洗,再用润滑油互研。有时针阀锥面磨损极轻,就不用研磨膏只用润滑油互研。最后进行雾化试验以检验针阀偶件的密封性。

第四节　船机零件的缺陷检验

为了保证船舶动力装置运转的可靠性和船舶航行的安全性,检验贯穿于船舶机械的制造、安装和使用过程中。船舶机械在制造和安装过程中不仅要对零件材料的内部缺陷采用各种先进的无损检验,还要进行设备的安装质量检验,并取得船级证书。船舶机械运转过程中产生的损伤同样危及船舶动力装置的可靠性和船舶航行的安全性,轮机员要在日常的维护保养工作

中进行各种检查与测量,有计划地维修以防止故障发生。同时,已取得船级证书的在航船舶为了保持其良好的技术状态要进行各种技术检验。

在船舶条件下轮机员对缺陷零件可进行一般检验;船舶进厂修理时对重要零件的缺陷应进行无损检验。

一、船机零件缺陷的一般检验

(一)观察法

观察法是通过人的眼睛或借助各种放大装置来观察和判断零件表面缺陷的方法。该方法简单、快速,是最常用的检测方法之一;缺点是仅能检查表面缺陷,受表面状况的影响,某些部位有难以接近的问题,当缺陷很小而检查面积很大时有漏检的可能。其准确程度与检验人员的经验有关。常用的辅助工具有放大镜、内窥镜等。

(二)听响法

听响法是根据敲击零件时发出的声音来判断零件有无缺陷的方法。如:声音清脆表示零件完好或零件与其表面上的覆盖层结合良好,无脱壳现象;声音沙哑则表示零件内部或表面有缺陷,或零件与其表面上的覆盖层结合不良、局部脱壳等。

听响法只能定性地判断零件有无缺陷,不能定量确定缺陷的种类、大小和部位,检验的准确度有赖于检验者的经验。此法简便、灵活,随时可以进行。

(三)触摸法

触摸法是常见的检测方法,因为人手上的神经纤维比较敏感,可以监测设备的表面温度、粗糙度、振动及间隙的变化等情况。

应用触摸法时注意防止高温灼伤、低温冻伤、触电及运转设备所带来的伤害。

(四)测量法

测量法是轮机员在船上进行检修和船舶进厂修船时广泛使用的重要检测手段。利用普通或专用量具测量磨损零件的尺寸和配合件的间隙以及腐蚀情况来判断零件的使用性能和确定修理方法。

测量法检测精度高,使用方便、灵活,是船上和修船厂不可缺少的检测手段。然而测量精度取决于量具、量仪的精度和轮机员检测技术水平。

(五)液压试验法

液压试验法是检验零部件穿透性缺陷或系统密封性的检验方法,实质上是在模拟使用条件下对承压零件或系统进行检验的一种无损检验方法。

试验用的液体可选用水或油,也可用压缩空气,依要求而定。试验压力依零件工作条件而定,通常为正常工作压力的1.5倍。

试验前,将待检零件上的孔、洞等堵塞,用专用夹具密封零件形成包括检验部位的封闭空腔,注满液体或气体,按要求加压至规定的压力,保持一定时间后观察零件外表面的渗漏情况或系统的压降,以确定零件能否使用。

该方法的缺点是不能用于检查非穿透性的缺陷,不能用于在线监测,而且过高的压力可能损坏零部件或系统。

二、船机零件无损检验

无损检测技术(Nondistructive Testing,NDT)是一门新兴的综合性应用学科。它是在不损

伤被检测对象的条件下，利用材料内部结构异常或缺陷存在所引起的对热、声、光、电、磁等反应的变化，来探测各种工程材料、零部件、结构件等内部和表面缺陷，并对缺陷的类型、性质、数量、形状、位置、尺寸、分布及其变化作出判断和评价。

除能用于检测材料或工件内部和表面的缺陷外，无损检测技术还能用于测量工件的几何特征和尺寸，测定材料或工件内部的组成、结构、物理性能和状态等。

无损检测技术能应用于产品设计、材料选择、加工制造、成品检验、维修保养等多个方面，目的在于定量掌握缺陷信息，检测设备（构件）在制造和使用过程中产生的结构不完整性及缺陷情况，以便改进制造工艺，提高产品质量，降低生产成本，及时发现故障，保证设备安全、高效、可靠地运行。

迄今为止，包括在工业领域已获得实际应用的和已在实验室阶段获得成功的无损检测方法已达五六十种甚至更多，随着工业生产与科学技术的发展，还将会出现更多的无损检测方法与种类。目前，在工业上已经广泛应用的常规无损检测技术主要有渗透检测、磁粉检测、超声波检测、涡流检测和射线照相检测。

随着无损检测技术与计算机技术、数字图像处理技术、电子测量技术的结合，实时成像技术、层析射线照相技术、数字辐射成像技术等已成为无损检测技术主要的发展方向，无损检测技术的研究和应用呈现出数字化、实时化、大型化和广应用化的发展趋势。

（一）渗透探伤

渗透检测是一种以毛细管作用原理为基础的检查表面开口缺陷的无损探伤方法。

“油－白法”被公认为是渗透探伤中最早的方法。这种方法是将重滑油稀释在煤油中得到一种混合体作为渗透液，把零件浸入渗透液中，一定时间后用浸有煤油的布把零件表面擦净，再涂上一种白粉加酒精的悬浮液，待酒精自然挥发后，如果在零件表面有开口缺陷，则在零件表面均匀的白色背景上出现深黑色显示的缺陷痕迹。

随着探伤技术的发展，着色染料被加到渗透液中，增加了裂纹显示的颜色对比度；把荧光染料加到渗透液中，用显像粉显像，显著地提高了灵敏度，从而使渗透液探伤进入了新阶段。

1. 渗透探伤的工作原理

渗透探伤的工作原理如图 7-33 所示。零件表面被施涂含有荧光染料或着色染料的渗透液后，在毛细管作用下，经过一定时间的渗透，渗透液可以渗进表面开口缺陷中；经去除零件表面多余的渗透液和干燥后，再在零件表面施涂吸附介质——显像剂；同样，在毛细管作用下，显像剂将吸附缺陷中的渗透液，使渗透液回渗到显像剂中，并且在覆盖膜中扩大；在一定的光源下（黑光和白光），缺陷处之渗透液痕迹被显示（黄绿色荧光或鲜艳红色），从而探测出缺陷的形貌及分布状态。

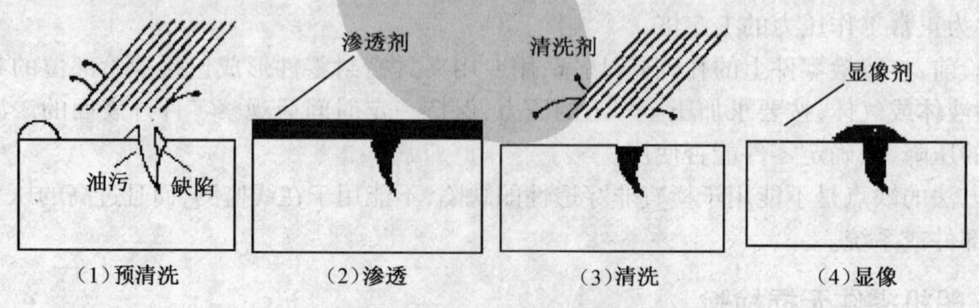

图 7-33　渗透探伤的工作原理

2. 渗透探伤的分类

根据渗透液所含染料成分的不同，常用的渗透探伤方法有如下几种：

(1)着色渗透探伤法

这种探伤方法使用的渗透液主要是颜色深的着色物质，通常由红色染料及溶解着色剂的溶剂所组成。而显像剂则为含有吸附性强的白色颗粒状的悬浮液组成。通过白色显像剂所吸附的红色渗透剂，显现出对比度明显的色彩图像，能直观地反映出缺陷的部位、形态及数量。

(2)荧光渗透探伤法

这种探伤方法是使用含有荧光物质的渗透剂，经清洗后保留在缺陷中的渗透液被显像剂吸附出来。用紫外光源照射，使荧光物质产生波长较长的可见光，在暗室中对照射后的工件表面进行观察，通过显现的荧光图像来判断缺陷的大小、位置及形态。

(3)荧光着色渗透探伤法

荧光着色法兼备荧光和着色两种方法的特点，缺陷图像在白光或日光下能显色，在紫外线下又激发出荧光。

根据渗透液清洗方法，渗透探伤分为水洗型、后乳化型和溶剂清洗型三大类。

根据不同的显像剂，渗透探伤方法又可分为干式显像、湿式显像两大类。

根据检验缺陷是否穿透，渗透探伤分为表面探伤和检漏法两大类。表面探伤主要检验表面缺陷，检漏法主要检测穿透性缺陷。

3. 渗透检测的操作程序

常用渗透检测的基本操作包括表面预处理、施加渗透剂、清除表面渗透剂、干燥处理、施加显像剂、检验和后处理等几个环节。

(1)表面预处理

前处理是向被检工件表面涂覆渗透剂前的一项准备工作，其目的是彻底清除工件表面妨碍渗透液渗入缺陷的油脂、涂料、铁锈、氧化皮及污物等附着物。

清除污物的方法主要有机械方法、化学方法(酸、碱洗)、溶剂去除方法。

(2)渗透

渗透液施加方法有浸渍法、刷涂法、喷涂法。

渗透所需时间依渗透种类、被检工件的材质、缺陷本身的性质以及被检工件和渗透液的温度而定。

(3)表面渗透剂的清除

无论采用何种类型的渗透剂，清洗处理都是必不可少的步骤。其目的是为了去除附着在被检工件表面的多余渗透剂。

(4)显像

显像是利用显像剂吸附从缺陷中回渗到受检零件表面的渗透液，形成一个肉眼可见的缺陷所示。

(5)后清洗

所谓后清洗，就是检验结束之后，为了防止腐蚀试验体表面而进行的除去显像剂与残留的渗透液的处理。

4. 渗透检测的特点

渗透探伤的优点是设备简单、成本低廉、操作较为容易、缺陷显现直观、容易判断、不受材料种类的限制，广泛应用于各种金属材料和非金属材料构件的表面开口缺陷的质量检验。

但渗透探伤不能用于检验多孔性材料,所用试剂有一定的毒性,并对被检工件的表面光洁度有一定要求,使它的应用范围受到一定的限制。由于渗透探伤只能检测表面开口缺陷,所以,一般应当和其他无损检测方法配合使用才能最终确定缺陷性质。

5. 渗透检测的安全技术

渗透探伤试验使用的试剂本质是认为无害的,但是直接将渗透液、清洗剂、显像剂等吸入体内或者是大量吸入上述雾状物的话,就会影响身心健康。特别是在密封容器内或者在室内探伤的时候,由于挥发性气体、毒性气体容易滞留,所以要充分换气。根据需要,还可以使用气体检测气来确认安全性。另外,探伤剂附着到皮肤上的时候,皮肤或多或少会引起疹斑,为防止这种情况发生,最好使用橡胶手套。

显像剂中使用了很多金属酸化物的细粉末,在作试验的时候,细粉末就会飘散到空气中,因此,要注意加强通风换气。

储装渗透探伤剂的容器应密封。储存地点应尽量挑选冷暗处,并且避免烟火、热风、阳光直射等。压力喷罐严禁在高温处存放,因为在高温时,罐内的压力将增大,有发生自燃爆炸的危险。另外,将罐废弃时,必须在罐上开孔。

在使用油溶性的探伤剂时,像使用普通油类或溶剂一样,必须进行预防火灾的管理。

在应用荧光探伤时,所用的黑光是由蒸气汞弧灯的光辐射中过滤出的强紫外辐射线,会产生各种物理、化学及生理性效应。紫外线产生的生理效应与波长有关。波长低于 32 nm 较短的紫外光对人体是有害的;而用于荧光检验的黑光波长一般为 320 ~ 400 nm,不会对人体引起严重后果。但当黑光直接或反射到检测人员的眼睛会引起眼球的荧光效应,有时眼睛会被刺伤和产生不舒服感,使检测人员的视力模糊,检测无法进行。因此,应当安装黑光屏蔽罩,避免检测人员接触紫外线较长时间后患角膜炎或结膜炎,以保证检测过程中人的舒适和良好的工作效率。

(二)磁粉探伤

磁粉探伤又称磁力探伤(MT、MPT, Magnetic Particle Testing),是一种通过磁粉在缺陷附近漏磁场中的堆积,以检测铁磁性材料表面或近表面处缺陷的一种无损检测方法。

磁粉探伤作为检查机械零件内部及表面缺陷的一种常用手段,其原理简单、操作容易,现已广泛应用于机械零件缺陷的检查中。

1. 磁粉探伤原理

磁粉探伤原理是利用铁磁性材料被磁化后,由于不连续的存在,工件表面和近表面的磁力线发生局部畸变而产生漏磁场(即磁感应线离开和进入表面时形成的磁场)吸附施加在工件表面的磁粉,形成在合适光照下目视可见的磁痕,从而显示出不连续性的位置、形状和大小,如图 7-34 所示。

漏磁场的强度和分布,取决于缺陷的长度、取向、位置(近表层)和被测表面的磁化强度。当缺陷垂直于磁化方向时,灵敏度最高;当缺陷平行于磁化方向时,则无磁粉痕迹显示。磁粉探伤可检出铁磁性材料中裂纹、发纹、白点、折叠、夹杂物等缺陷,且能直观地显示出缺陷的位置、形状、大小和严重程度,检查缺陷的重复性好。

2. 磁粉检测程序

(1)预处理

被检查工件的表面应当清洁、干燥。工件表面有油脂、涂料、锈斑及其他异物附着时,不但会妨碍缺陷对磁粉的吸附,而且在使用磁悬液时这些异物会污染检查液,从而影响检验效果。

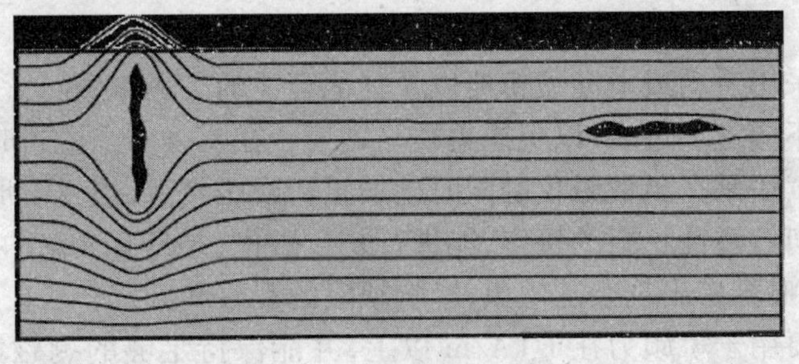

图 7-34　磁粉探伤原理

工件被磁性金属覆盖层覆盖时不宜于用磁粉探伤法探伤。镀铁、镀镍、镀钴及其合金将使工件表面覆盖层具有高的导磁率，被缺陷阻滞而弯曲了的磁力线将透过表面覆盖层，而不易造成漏磁场，致使工件表面层下缺陷不易检出。

工件被非磁性金属层覆盖时仍可用磁粉探伤法探伤。镀锌、镀锡、镀锑、镀铜等使工件表面覆盖层具有较小的导磁率，不会或很少影响表面缺陷造成的漏磁场，不会影响缺陷的检出。

对于装配件，应分解为单个零件进行探伤。因为装配件的形状，一般较复杂，难以进行恰当的磁化，退磁也困难。分解后的零件，探伤操作方便，而且能观察到所有的探伤面。

检查前，对油孔及其他孔穴等应使用软木塞或其他对检测无害的物质封堵，防止进入磁粉。

被检工件表面的颜色相对于磁粉颜色应有最好的对比度，如用黑磁粉检测暗色表面工件对比度很差时，可在表面喷涂一层很薄的白色反差增强剂。

(2)磁化

磁粉探伤是以工件缺陷处的磁痕堆积来反应缺陷的大小和性质。要使缺陷处的磁痕显示最清晰，必须使缺陷处有足够大的漏磁场。因此，为了获得良好的探伤效果，应该对磁粉探伤时的技术参数进行选择，即确定工件磁化时的方向和所需的磁场强度。

磁化方法主要有轴向通电法、触头法、线圈法、磁轭法、中心导体法、交叉磁轭法。

(3)缺陷显示

磁力探伤中对缺陷的显示方法有多种，有用磁粉显示的，也有不用磁粉显示的。用磁粉显示的称为磁粉探伤，因它显示直观，操作简单，是最常用的方法之一。不用磁粉显示的，习惯上称为漏磁探伤，它常借助于感应线圈、磁敏管、霍尔元件等来反映缺陷，它比磁粉探伤更高效，无污染，易于实现自动化和量化分析，但不如前者直观。

根据施加磁粉介质的种类不同，检验方法可分为湿法和干法；磁粉检测时，施加磁粉可以与通电同时进行，也可以在断电后进行。前者称为连续法，后者称为剩磁法。

①湿法又叫磁悬液法。它是在工件探伤过程中，将磁悬液(一种磁粉和载液组成的悬浮液体，载液一般为水或煤油)施加到工件表面上，利用载液的流动和漏磁场对磁粉的吸引，显示出缺陷的形状和大小。对于湿法用的黑磁粉和红磁粉，采用粒度范围为 1 ~ 10 μm 效果较好，灵敏度随着粒度的减小而提高。

磁悬液的施加可采用喷、浇、浸等方法，不宜采用刷涂法。无论采用哪种方法，均不应使检测面上磁悬液的流速过快。

②干法又叫干粉法。采用特制的干磁粉在空气中直接施加在磁化的工件上，工件的缺陷处即显示出磁痕。对于干法用的干式磁粉，一般采用粒度范围为 10 ~ 60 μm 效果较好。使用干粉法时零件不但要洁净，还必须干燥，磁粉的粒度均匀，也要求磁粉干燥，因此，磁粉在使用

前应加以烘焙。

磁粉的施加可采用手动或电动喷粉器以及其他合适的工具来进行。磁粉应均匀地撒在工件被检面上。磁粉不应施加过多,以免掩盖缺陷磁痕。在吹去多余磁粉时不应干扰缺陷磁痕。

③连续法。连续法是在工件磁化的同时施加磁粉或磁悬液,当磁痕形成后,立即观察和判定。连续法适用任何铁磁性材料的探伤,能进行复合磁化,并具有最高的检测灵敏度;但是,检测效率相对较低,磁痕容易出现杂乱现象,影响缺陷的观察和判定。

④剩磁法。主要用于矫顽力在 1 kA/m 以上,并能保持足够的剩磁场的被检工件。采用剩磁法时,磁粉应在通电结束后再施加,一般通电时间为 0.25 ~1 s。施加磁粉或磁悬液之前,任何强磁性物体不得接触被检工件表面。采用交流磁化法时,应配备断电相位控制器以确保工件的磁化效果。

磁粉分为荧光磁粉和非荧光磁粉两种。

荧光磁粉是由磁性氧化铁粉、工业纯铁粉或羰基铁粉为核心,在铁粉外面用树脂黏附一层荧光染料而制成。荧光磁粉发出 510 ~550 nm 黄绿荧光,人眼最敏感的光。因而其对比度很高,从而可见度也高。纯白和纯黑在明亮环境中对比系数为 25∶1,而黑暗中荧光的对比系数可达 1 000∶1。荧光磁粉一般只适于湿法(在磁粉探伤中应用最为广泛)。荧光磁粉适用任何颜色工件的磁粉探伤,需配置荧光灯。荧光磁粉的价格较高。

非荧光磁粉是由四氧化三铁黑磁粉、三氧化二铁红磁粉、工业纯铁粉为原料黏附其他颜料的有色磁粉(如白磁粉等)、空心磁粉(铁铬铝的复合氧化物,用于高温)共四种。前两种既适于湿法也适于干法,后两种只用于干法。非荧光磁粉有黑磁粉、红磁粉等,需要根据探伤工件的颜色来选择反差较大的磁粉。

(4)磁痕的观察、记录与缺陷评定

缺陷磁痕的显示记录可采用照相、录像和可剥性塑料薄膜等方式记录,同时应用草图标示。

磁粉图是分析裂纹缺陷的第一手资料,磁粉图的形状和分布情况大体上是裂纹的形状和分布情况的描写。但磁粉检测所形成的磁痕有假磁痕、非相关磁痕和相关磁痕之分。

(5)退磁

经过磁粉探伤后的工件一般需要进行退磁,因为:

A. 工件上的剩磁会影响安装在工件附近的罗盘、仪表等计量装置的精度和正确使用。

B. 轴承等运转工件上如果剩磁大,会吸附铁屑或铁磁性粉末,造成轴承磨损,使运转困难。

C. 油路系统如果剩磁大,会吸附铁屑或铁磁性粉末,影响供油回路畅通。

D. 需要继续加工的工件,剩磁将使铁屑吸附在刀具或工件表面上,会影响加工表面的光洁度。

E. 对剩磁很大的工件进行电弧焊接时,剩磁会引起电弧的偏转,造成焊位偏离。

F. 工件上剩磁大会给清除磁粉带来困难。

G. 当工件进行两个以上方向磁化时,若后道工序磁化不能克服前道工序的剩磁影响时,会造成磁粉探伤效果不佳,中间需要退磁。

退磁可分为交流退磁法和直流退磁法两种。

①交流退磁法

将需退磁的工件从通电的磁化线圈中缓慢抽出,直至工件离开线圈 1 m 以上时,再切断电

流。或将工件放入通电的磁化线圈内，将线圈中的电流逐渐减小至零或将交流电直接通过工件并同时逐步将电流减到零。

②直流退磁法

将需退磁的工件放入直流电磁场中，不断改变电流方向，并逐渐减小电流至零。大型工件可使用交流电磁轭进行局部退磁或采用缠绕电缆线圈分段退磁。工件的退磁效果一般可用剩磁检查仪或磁场强度计测定。

3. 磁化方法

(1)按电流性质分类

磁粉探伤按磁化电流性质分为交流电磁化法和直流电磁化法。

为了获得强磁场和确保安全，选用低压大电流，一般电压在 12 V 以下，1 000 ~ 4 500 A（大电流），且因零件大小不同而不同。电流则因零件大小按经验公式求得。它们的特点是：

①直流电磁化。磁场强度大，磁力线在零件截面上分布均匀，适用于表面缺陷或近表层缺陷(6 ~ 7 mm)的显示，设备复杂，使用不便，退磁困难，现在应用较少。

②交流电磁化。穿透力小，适用于表面缺陷（集肤效应，1 ~ 1.5 mm）。可探测表面以下 2 mm深度的缺陷，探测灵敏度高，易于退磁，设备简单，电源方便，应用广泛。

(2)按磁场方向分类

按磁场方向分为纵向磁化、周向磁化和复合磁化。

①纵向磁化零件磁化后产生平行零件轴线的磁力线，可以探测与零件轴线垂直或夹角大的缺陷。

②周向（横向）磁化零件直接通电或使穿过零件的心轴通电，使在零件内产生垂直零件轴线的磁力线探测轴向缺陷，即平行或近平行零件轴线的缺陷。

③复合磁化零件上同时产生纵向和周向磁力线，可以探测零件上任意方向上的缺陷。复合磁化法包括交叉磁轭法和交叉线圈法等多种方法。

④旋转磁化。分为平面磁化和空间磁化。

平面磁化是采用两个相互交叉的电磁轭，分别接入相位不同的交流电，在磁极所在平面产生旋转磁场，适用于钢板焊缝等的磁粉探伤。

空间磁化是采用三组相互交叉的磁化线圈，分别接入相位不同的交流电，在磁化装置包容的区域内形成空间的旋转磁场，适用于复杂形状工件的磁粉探伤。

4. 磁粉检测特点

磁粉探伤具有下列优点：

①能直观地显示出缺陷的位置、大小、形状和严重程度，并可大致确定缺陷的性质。

②具有很高的检测灵敏度，能检测出微米级宽度的缺陷。

③能检测出铁磁性材料工件表面和近表面的开口与不开口的缺陷。

④综合使用多种磁化方法，几乎不受工件大小和几何形状的影响，能检测出工件各个方向的缺陷。

⑤检查缺陷的重复性好。

⑥单个工件检测速度快，工艺简单，成本低，污染轻。

磁粉探伤的局限性如下：

①只能检测铁磁性材料。

②只能检测工件表面和近表面缺陷，且仅能显出缺陷的长度和形状，而难以确定其深度。

③受工件几何形状影响会产生非相关显示。

④通电法和触头法磁化时,易产生打火烧伤。

⑤对剩磁有影响的一些工件,经磁粉探伤后还需要退磁和清洗。

⑥试件表面不得有油脂或其他能黏附磁粉的物质。

(三)超声波探伤

声波是指人耳能感受到的一种纵波,其频率范围为 16 Hz ~ 2 kHz。当声波的频率低于 16 Hz时就叫做次声波,高于 2 kHz 则称为超声波。一般把频率在 2 kHz ~ 25 MHz 范围的声波叫做超声波。

超声波是由机械振动源在弹性介质中激发的一种机械振动波,其实质是以应力波的形式传递振动能量。超声波的特点是:

①可在气体、液体、固体等介质中沿直线传播,具有良好的指向性,且频率越高,方向性越好。

②可传递很强的能量,如频率为 1 MHz 的超生波所传播的能量,相当于振幅相同而频率为 1 000 Hz 的声波的 100 万倍。

③在不同介质中传播的速度不同,并且在传播过程中会发生衰减和散射。

④在异种介质的界面上将产生反射和折射。

因此,被检测材料的声学特性和内部组织的变化对超声波的传播将会产生一定的影响,通过对超声波受影响程度和状况的探测可以了解物体的尺寸、表面与内部缺陷、组织变化等,该项技术即超声波检测。超声波检测是应用最广泛的一种重要的无损检测技术。

1. 脉冲反射式超声波探伤的原理

超声波在两种不同声阻抗的介质的交界面上将会发生反射,反射回来的能量的大小与交界面两边介质声阻抗的差异和交界面的取向、大小有关。脉冲反射式超声波探伤仪就是根据这个原理设计的,其工作原理如图 7-35 所示。

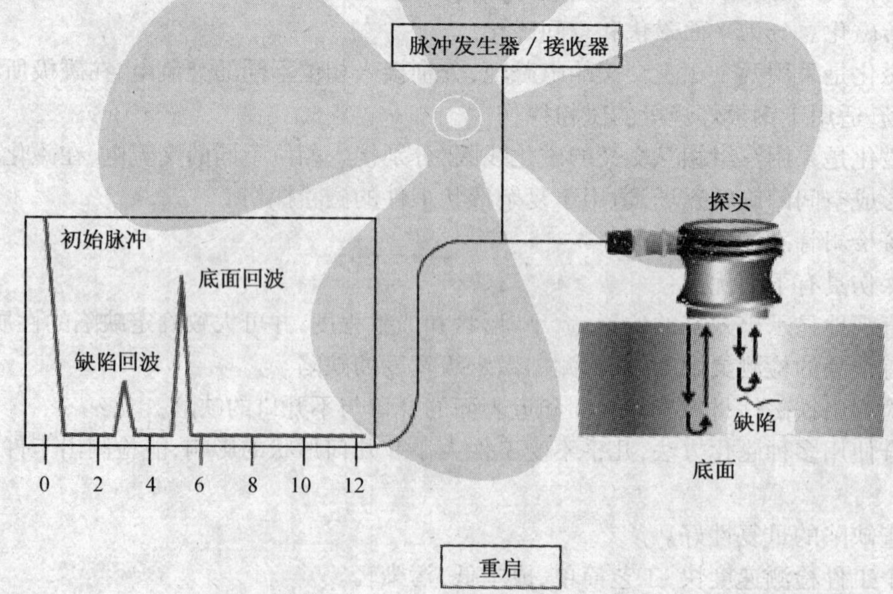

图 7-35 超声波探伤的基本原理

脉冲发生器发出的电脉冲激励探头晶体产生超声脉冲波。该超声波以一定的速度向零件内部传播，若在声路（超声波的传播路径）上遇到缺陷（异质）时，将会在界面上产生反射，其余的波则继续传播至零件底面后反射。入射波T、缺陷回波F和底面回波B由探头接收转换成高频脉冲电信号输入接收放大电路，经过处理后在显示屏上显示出与回波声压大小成正比的回波波形（图形），如图7-35所示。由入射波、缺陷波和底波在时间基线上的位置可求出缺陷部位。依缺陷波的幅度可以判断缺陷的大小，具体方法有当量法、定量法等。对于缺陷的性质则主要依缺陷波的形状和变化，结合零件的冶金、焊接或毛坯铸、锻工艺特点以及参照缺陷图谱和探伤人员的经验来判断。

2. 超声波探伤的主要特性

优点：

①适用的材料广（金属与非金属均可）。

②穿透能力强，可显示内部缺陷，探测深度可达数米（厚度5～3 000 mm）。

③可在构件的一侧实现检测。

④灵敏度高，可发现与直径十分之几毫米的空气隙反射能力相当的反射体。

⑤在确定内部反射体的位向、大小、形状及性质等方面较为准确。

⑥适合于自动化与计算机处理与显示。

⑦操作安全、快速、便捷，对人体无害。

⑧设备轻便，既可以用于实验室，也可用于工程现场。

缺点：

①对探伤人员的素质要求高。

②对粗糙、形状不规则、小、薄或非均质材料难以检查。

③对所发现缺陷作十分准确的定性、定量表征仍有困难。

④仪器较为昂贵。

超声波检测是国内外应用最广泛、使用频率最高，且发展较快的一种无损检技术。除了用于材料及产品的缺陷探测外，超声波技术还广泛应用于医学（如B超）、海洋学中的声呐、鱼群探测、海底形貌探测、海洋测深、地质构造探测、工业材料及制品上的硬度测量、测厚、显微组织评价、混凝土构件检测、陶瓷土坯的湿度测定、气体介质特性分析、密度测定、超声波清洗、超声波焊接等。

随着电子技术和软件技术的进一步发展，人工智能、自适应技术、机器人技术、信息融合技术、计算机辅助设计/计算机辅助制造（CAD/CAM）等技术与无损检测技术有机结合，可以实现超声自动检测、缺陷的自动定性与定量、超声成像技术、缺陷的特征提取与分类、材料的无损评价等技术，以图像显示和自动检测为主的数字式探伤仪将会在工业中得到更为广泛应用。

（四）射线探伤

射线探伤是利用射线（X射线、γ射线或其他高能射线）在穿透被检物各部分时强度衰减的不同，检测被检物中缺陷的一种无损检测方法。

X射线、γ射线均为不可见光，是一种波长很短的电磁波。其主要特性有：

①人眼不可见，以光速直线传播。

②不受电场和磁场的影响，其本质是不带电的。

③能穿透一般可见光所不能透过的物质。其穿透能力的强弱与X射线的波长以及被穿透物质的密度和厚度有关。X射线波长越短，穿透力就越大；密度越低，厚度越薄，则X射线

越易穿透。

④能被物质的原子吸收和散射，从而在穿透物质的过程时发生衰减现象。

⑤能使某些物质起光化学作用，使胶片感光，使某些物质发生荧光作用。

⑥对生物细胞起作用（生物效应），伤害及杀死有生命的细胞。

1. 射线探伤的工作原理

X 射线探伤原理如图 7-36 所示。当射线穿透被检验的金属时，由于原子对射线的吸收与散射作用，射线的强度受到削弱，材料厚度越大，强度减弱越多。如果在 X 射线、γ 射线穿透途中，遇到材料内部的各种缺陷，如气孔、夹渣、裂缝等，由于这些缺陷对射线的衰减作用比毗邻的致密金属要小得多，从而使照相底片或荧光屏上呈现不同黑度的影像，由此即可判别缺陷的性质、大小和分布状态等。

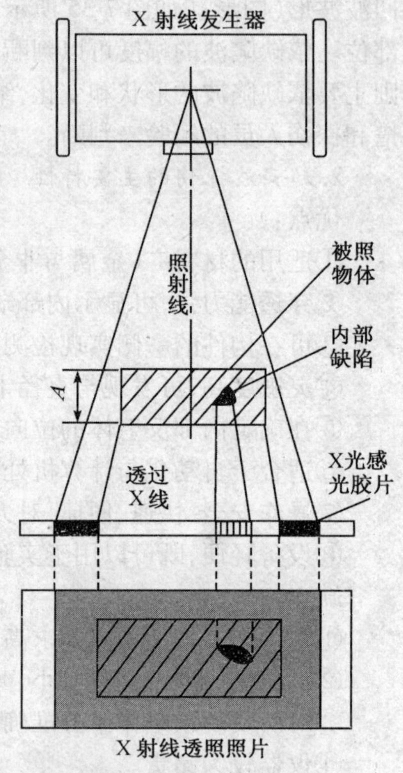

图 7-36　X 射线探伤示意图

2. 射线探伤的特点

射线探伤的主要优点是：适用于所有材料，底片可永久保存，较直观地展示内部缺陷的大小、形状和位置等。

在应用中，射线检测技术存在的主要问题是：检测成本高；射线照相检测技术对裂纹类缺陷有方向性限制，对垂直于射线方向的裂纹发现较为困难；缺陷的深度很难辨别；厚件的曝光时间长，需要零件的两面都能操作。另外，射线对人体有害，需要采取适当的防护措施。

针对常规射线检测技术存在的一些问题，近年来出现了一系列新技术、新设备，如射线实时成像检测技术、射线层析检测技术、缺陷自动识别与评定技术等，在相当程度上克服了常规射线检测技术的弱点，并为射线检测技术引入了重要的新特点，这些特点为射线检测技术的应用开辟了重要的新领域。

（五）无损探伤的综合应用

无损探伤的综合应用是在充分了解各种无损探伤方法的前提下，根据零件检测部位、检测质量的要求和经济性进行全面分析，合理地将各种方法配合使用，准确、可靠和经济地进行检验。具体是：

①以磁粉探伤和渗透探伤检测表面缺陷。

②以涡流、磁力探伤检测近表层缺陷。

③以超声波探伤检测内部缺陷，找出疑点。

④用射线探伤对内部疑点进行透视检查。

在修造船中，中国船级社（CCS）在《钢质海船入级规范》中对船舶柴油机、锅炉、螺旋桨等零件毛坯的无损探伤方法均有具体规定，如表 7-10 所示。

表 7-10 船机零件毛坯无损探伤

毛坯	缸径 D 轴径 d (mm)	零件名称	无损探伤方法
锻件		所有尺寸的连杆	磁粉探伤
	$D>400$	气缸套、活塞顶、活塞杆、凸轮轴驱动齿轮、整锻曲轴、全组合式与半组合式曲轴	
	$d<250$	艉轴、螺旋桨轴、中间轴、推力轴	
	$D>400$	活塞、连杆	超声波探伤
		所有尺寸的活塞顶、气缸套	
	$d>250$	艉轴、螺旋桨轴、中间轴、推力轴、涡轮机的主轴、整锻转子、叶轮、叶片等,锅炉锻造筒体、联箱	
铸件		柴油机机座、活塞顶、气缸套、艉柱、舵、螺旋桨轴架	磁粉探伤、超声波探伤
		曲轴	超声波探伤
		曲轴所有表面最终热处理前、表面精加工后	磁粉探伤
		涡轮机壳体	
		螺旋桨、桨叶根部表面	
		图纸指定部位、组装时焊接部位、可能有严重缺陷的部位	超声波探伤
		钢管(锅炉管、过热器管及锅炉、压力容器、船舶和机械压力管系)	液压试验或用超声波探伤或涡流探伤代替

第五节 轮机故障诊断技术

设备故障诊断技术是一种鉴别设备的技术状态是否正常,发现并确定故障的部位和性质,寻找故障起因,预报故障发展趋势并提出相应对策的技术。通俗地说,故障诊断技术是一种给设备"看病"的技术。这里所说的设备包括以下内容:

设备:
- 机器的动态设备:如船舶主机、轴系等
- 机器的静态设备:如起动空气瓶、管道、阀门等
- 电气设备:如机舱中的发电机、配电板等

一、故障诊断和状态检测的概念及应用

(一)故障诊断和状态检测的概念

状态监测与故障诊断是诊断技术的两个组成部分,有联系但又不相同。状态监测主要是对设备的技术状态进行初步识别,故障诊断则是对该状态的进一步分析识别和判断。实际上,没有监测就没有诊断,诊断是目的,监测是手段;监测是诊断的基础和前提,诊断是监测的最终结果。有时为了方便将两者统称为设备故障诊断。

1. 状态监测

状态监测的任务是了解和掌握设备的运行状态,包括采用各种检测、测量、监视、分析和判别方法,结合系统的历史和现状,考虑环境因素,对设备运行状态进行评估,判断其处于正常或非正常状态,并对状态进行显示和记录,对异常状态作出报警,以便运行人员及时加以处理,并为设备的故障分析、性能评估、合理使用和安全工作提供信息和准备基础数据。

通常设备的状态可分为正常状态、异常状态和故障状态几种情况。正常状态指设备的整体或其局部没有缺陷,或虽有缺陷但其性能仍在允许的限度以内。异常状态指缺陷已有一定程度的扩展,使设备状态信号发生一定程度的变化,设备性能已劣化,但仍能维持工作,此时应注意设备性能的发展趋势,即设备应在监护下运行。故障状态则是指设备性能指标已有大的下降,设备已不能维持正常工作。设备的故障状态尚有严重程度之分,包括已有故障萌生并有进一步发展趋势的早期故障;程度尚不很重,设备尚可勉强"带病"运行的一般功能性故障;已发展到设备不能运行必须停机的严重故障;已导致灾难性事故的破坏性故障,以及由于某种原因瞬间发生的突发性紧急故障等。对应不同的故障,应有相应的报警信号,在机舱里一般用指示灯光的颜色来表示故障的性质,绿灯表示正常,黄灯表示预警,红灯表示报警。

2. 故障诊断

故障诊断的任务是根据状态监测所获得的信息,结合已知的结构特性和参数以及环境条件,同时结合该设备的运行历史(包括运行记录和曾发生过的故障及维修记录等),对设备可能要发生的或已经发生的故障进行预报、分析和判断,确定故障的性质、类别、程度、原因、部位,指出故障发生和发展的趋势及其后果,提出控制故障继续发展和消除故障的调整、维修、治理的对策措施,并加以实施,最终使设备复原到正常状态。

设备上不同部位、不同类型的故障,引起设备功能的不同变化,导致设备整体及各部位状态和运行参数的不同变化。故障诊断的主要任务就是当设备上某一部位出现某种故障时,要从这些状态及其参数的变化推断出导致这些变化的故障原因及其所在部位。由于状态参数的数量庞大,必须找出其中的特征信息,提取特征量,才便于对故障进行诊断。由某一故障引起的设备状态的变化称为故障的征兆。故障诊断的过程就是从已知征兆判定设备上存在的故障类型及其所在部位的过程。因此,故障诊断的方法实质上是一种状态识别方法。

故障诊断技术是一门正在不断发展和完善的技术。从最原始最简单地用人的器官来诊断,一直到现代化的计算机自动诊断系统。一个完整的故障诊断过程一般由以下几个基本环节组成。

(1)确立运行状态监测的内容

主要包括确立监测参数、监测部位及监测方式等方面的内容,这主要取决于故障形式,同时也要考虑被监测对象的结构、工作环境等因素以及现有的测试设备条件,这是整个诊断工作的基础。

(2)建立测试系统

根据步骤1的要求选取传感器及其配套设施,组成测试系统,用以收集故障诊断所需的信息。在建造测试系统时,不仅要注意有用信号的获取(灵敏度和精度等性能),同时还要考虑测试系统的环境适应性以及如何在测试阶段进行降噪、除噪等,以便简化后续的信号分析处理过程。正确、有效信号的取得是正确诊断的先决条件。

(3)测试、分析及信息提取

对借助测试系统所获得的信号进行加工,包括滤波、异常数据的剔除以及各种分析算法等,其主要目的是从有限的信号中获得尽可能多的关于被诊断对象状态的有用信息,这是机械故障诊断的核心。

①信号采集包括直接观察和参数测定。直接观察是根据决策人的知识和经验对机械设备的运行状态作出判断的方法,它是现场经常使用的方法;参数测定是通过对一些表征设备状态的参数进行测定取得故障诊断所需的信息,主要参数有振动、声音、光、温度、压力、电参数、表

面形貌、污染物和润滑情况等。

②特征提取是故障诊断过程的关键环节之一,直接关系到后续诊断的识别。如振动分析中进行特征提取的方法主要有:时域分析法、频域分析法和时序分析法等;油液检测中通过对磨粒形貌、成分、粒度大小等分析来进行特征提取。

(4)状态监测、判断及预报

在有效的状态特征提取后进行状态识别是诊断工作的最后一个环节,也就是机械故障诊断的最终目的。它们都有各自的判别准则。这一步的工作关键是构造或选定判据,确定划分设备状态的各有关参量的阈值等内容,以此判定被诊断对象的运行状态,并对其未来发展趋势进行预测。

(二)故障诊断和状态检测的应用

状态监测一般通过测定设备的某个较为单一的特征参数(例如设备的振动、温度等),来检查其状态是否正常。当特征参数小于允许值时便认为是正常;否则为异常。还可以用超过允许值的多少来表示故障程的严重程度,当它达到某一设定值(极限值)时就要停机检修。这个过程的前半部分就说状态监测。有些情况下,监测结果不需要作进一步的处理和分析,仅以有限的几个指标就可以确定设备的状态,这就是以监测为主的简易诊断,也属于诊断的范围。一般讲,简易诊断所用的仪器比较简单便宜,易于掌握,对人员素质要求不高,相当于医院门诊部的初诊。它的任务是弄清设备所处的客观技术状态。

通常情况下,当简易诊断发现设备或部件发生异常时,应转入精密诊断。通常所称的“故障诊断”不是简易诊断,而是指比较复杂的精密诊断。精密诊断应该对异常状态进行多方面的分析,包括收集设备运行的历史资料、对简易诊断的结果进行审核,同时进一步合理地选择测量仪器对设备的各种参数进行监测,对监测得到的特征信号进行全面的分析(如进行时域、频域、幅域分析等),以便从特征信号中提取各种症兆,对设备作出综合判断。故障诊断(精密诊断)不仅要检查设备是否正常,还要对设备故障的原因、部位及严重程度进行深入分析,作出判断。它常常要使用较精密的电子仪器,价格高,对人员素质要求高,相当于医院住院部的检查。一般应用于下述情况:

①生产中的重大关键设备,包括没有备用机组的大型机组;如船舶主机、艉轴系统等。

②不能接近检查、不能解体检查的重要设备,如艉轴—艉轴管等。

③维修困难、维修费用高的设备。

④没有备件、备件贵的设备。

⑤从人身安全、环境保护等方面考虑,必须采用诊断技术的设备。

二、柴油机性能参数分析法及应用

1. 定义

所谓性能参数分析法是把被监测对象性能的变化同引起其变化的原因联系起来的监测方法。具体方法是:测定机械设备的各项性能参数值(如温度、压力、油耗等),将这些参数进行处理,然后同基准参数值进行比较,得到结论(如偏高、偏低、过高、过低等),从而可以看出机械在性能方面存在的问题,并进行分析判断其故障部位及发展趋势。

性能参数分析法是柴油机中广泛应用的监测方法。其优点是:简单易行,无须添置复杂的设备,柴油机上配备的仪表往往就是监测仪器。缺点是:对一些柴油机早期故障不敏感,有时故障发展到一定的程度才会导致性能参数的变化。如柴油机缸套—活塞环的磨损故障,只有当这对摩擦副的磨损达到一定程度时才会引起柴油机性能参数的变化。

2. 性能参数分析法的比较方法

对标比较：将测得的数据与标准值进行比较，如厂家说明书提供的数据。

纵向比较：将本次测得的数据与以往的数据进行比较，如比较几次检修工作中对同一参数的检测结果。

横向比较：将测得数据与周围同种设备的性能指标进行比较，如将柴油机某缸的排气温度与其他缸的排气温度进行比较。

3. 采用柴油机性能参数分析法应注意的问题

①选择的监测参数应与要监测的柴油机故障之间具有较高的的灵敏度和较好的对应性。

②选择的监测参数最好能借助于柴油机上现有的仪表就可测得或添置较少的测量仪器即可。

③监测参数应具有足够的信息量，并具有典型意义。

④要注意柴油机监测数据的积累、加工处理等，从中归纳出有规律的东西。

柴油机需要监测的性能参数如下：

输出功率，总的技术指标，与燃烧系统的故障关系密切，一般规定功率下降 20% 为大修标准。

燃油消耗率，经济性指标。

其他参数，如滑油温度、冷却水温、滑油（或冷却水）压力、曲柄箱压力和柴油机瞬态转速、废气温度、各缸的排温、气缸示功图、喷油压力曲线、压缩压力、爆发压力、进气管与排气管压力等。

4. 船舶柴油机性能参数分析法的应用

柴油机性能参数分析法的一般步骤为：测量→记录→分析，具体应用时有以下几种方法：

(1) 由操作人员记运行日记，这种方法最原始，目前在船上仍在应用；轮机主机日志是船舶上记载船舶主要动力装置的主要记录文件，记录了船舶主机以往的状态以及轮机员所做的维修保养工作，其记载的内容和方法是：

①主机运行期间，每班次（主机运行时每 2 h 一次）记录的内容。

记录内容有主机的转速（主机的转数）；负荷（主机操作位置）；透平转速；调速；油门开度；气缸排气温度；透平前/后温度；缸套水进/出温度差；淡水冷却器淡水进/出温度；气缸冷却水出口温度；活塞水进机温度，活塞冷却液出口温度；推力轴承温度；机舱温度；海水温度；艉轴油温度；油头冷却水进/出温度；燃油进机温度；滑油冷却器滑油进/出温度；凸轮轴滑油进/出温度；扫气温度；空冷器进/出温度；海水压力；低温淡水压力；活塞冷却液压力；缸套冷却水压力；油头冷却压力；主轴承滑油压力；十字头滑油压力；透平滑油前/后压力；扫气压力；起动空气压力；控制空气压力；锅炉压力；循环柜油位；减速箱油位；燃油加热器加热温度和燃油加热压力等。

②无论主机是否运行都必须记录的内容（这些内容是按天记录的）。

记录内容包括航次；航线；时间；燃油/滑油记录栏：燃料油、柴油、气缸油、主机机油、副机机油、透平油等的每日结存量、新领量、当日消耗量；燃/滑油存储量；主机、副机使用记录栏包括有：主机、发电柴油机、锅炉、滑油分油机、燃油分油机、空压机、海水泵、淡水泵、滑油泵等的工作小时和累计工作时间；造水机的工作时间、造水量及累计工作时间。

中午报告栏内容有：船位、风向或风力、海面情况、实际航程、航程累计、理论航速、实际航

速、滑失率，每日大事记等。

(2)半自动化系统：仪表测量或遥测，并自动显示。

(3)自动化系统（或专家系统）：自动进行测量、记录、分析处理、打印输出、自动报警和进行干预等。近年来建造的附加 AUT-0 标志的船舶机舱中就大量采用了性能（趋势）参数监测。其中，中国船级社的检验规范中对附加 AUT-0（由驾驶台对推进机械进行遥控，机器处所集中控制站周期无人值班）标志的船舶，规定的部分监测项目如表 7-11 所示。

表 7-11　附加 AUT-0 标志船舶的自动化监测项目

项目	机舱集控室（站）		备注
	显示	极限报警	
主机			
1.1　燃油系统			
燃油进机压力	压力	低	设在滤器后
重燃油油温或黏度（喷油泵前）	温度或黏度	低或大	
日用燃油柜油位	–	低	若无溢流装置，需加高位报警
高压燃油管的泄漏	–	漏油时	
1.2　滑油系统			
滑油进主轴承和推力轴承压力	压力	低	对中、高速柴油机不要求
滑油进十字头轴承压力	压力	低	对中、高速柴油机不要求
滑油进凸轮轴压力	压力	低	对中、高速柴油机不要求
滑油进凸轮轴温度	温度	高	对中、高速柴油机不要求
滑油进机温度	温度	高	
柴油机主轴承、曲柄轴承、十字头轴承等滑油出口温度或曲柄箱油雾浓度		高（或过高）	对主机功率大于 2 250 kW 或缸径大于 300 mm 时要求
气缸滑油注油器出油量（每一装置）	–	小	
滑油循环油柜油位	–	低	对中、高速柴油机不要求
1.3　涡轮增压器系统			
涡轮增压器滑油进口压力	压力	低	
涡轮增压器每一轴承滑油出口温度	温度	高	对中、高速柴油机不要求
涡轮增压器转速	转速	–	对中、高速柴油机不要求
1.4　活塞冷却系统（仅对低速柴油机要求）			
活塞冷却液进口压力	压力	低	
活塞冷却液出流量	–	低	每缸设置
活塞冷却液出口温度	温度	高	每缸设置
活塞冷却液膨胀水箱液位	–	低	
1.5　海水冷却系统			
海水冷却水压力	压力	低	

续表

项目	机舱集控室(站)		备注
	显示	极限报警	
1.6 气缸淡水冷却系统			
气缸冷却水进机压力或流量	压力或流量	低或过低	
气缸冷却水出口温度(每缸)或气缸冷却水出口温度(总管)	温度	高	
主机冷却水系统的油污染	–	污染时	
冷却水膨胀箱水位	–	低	
1.7 排气系统			
每一气缸后的排气温度	温度	高	适用于功率大于每缸 500 kW 的发动机
每缸后排气温度与平均值偏差	–	大	
进涡流增压器前排气温度	温度	高	对中、高速柴油机不要求
出涡流增压器后排气温度	温度	高	对中、高速柴油机不要求
1.8 主机转速/转向			
柴油机转速	转速	超速时	
转向	转向	错向	对中、高速柴油机不要求

通过这些参数的纵向和横向的比较,可发现船舶机械在性能方面存在的问题和故障隐患。

三、振动分析法及应用

振动与噪声监测诊断技术是通过机器表面部件的振动或声音信号的测量与分析来监视机器内部的运行状态并预测与判断机器的“健康”状态的一门技术。利用振动信号对故障进行诊断,是设备故障诊断方法中最有效、最常用的方法。机械设备和结构系统在运行过程中的振动及其特征信息是反映系统状态及其变化规律的主要信号。船舶中的机械设备,正常情况下其振动都有其自身的规律和特征(如振动的幅值、频率、相位等),当这些特征发生变化时,一定是设备状态发生了变化。因此,通过对设备的振动信号进行检测、分析处理,并借助一定的诊断策略,就可以判断所检测设备的运行状态等。通过各种动态测试仪器拾取、记录和分析动态信号,目前已经成为进行系统状态监测和故障诊断的主要方法。统计资料表明,由于振动而引起的设备故障,在各类故障中占 60% 以上。据国内外报道,用振动的方法可以发现使用中的发动机故障的 34%,可节约维修费用的 70%。由于机械振动及其引起的声波在不同程度上反映出机械的特性和它们所处的工作状态,多少年来一直被人们用来监测机械的工作状态及其可能产生的故障,只是过去靠人们的主观感觉,即听觉、触觉来感受这种振动和声音,从其差异中凭经验去判断可能产生的故障,这就是最简易的故障诊断法。近年来,随着测试技术、信号处理和分析技术以及计算机技术的发展,把声振监测和诊断技术推向一个新的水平。

在测量振动时,由于所用的传感器不同,所测得的振动数值可能是:位移、速度或加速度。一般情况下,低频时的振动强度由位移值度量;中频时的振动强度由速度值度量;高频时的振动强度由加速度值度量。对大多数机械来说,最佳参数是速度,许多标准都采用了该参数;对失衡和不同轴故障的监测,可采用相对位移参数进行测量;对于来自滚动轴承部件的高频振动的监测来说,加速度是最合适的监测参数。大多数情况下,评定机械设备的振动量级和诊断机

械故障时，主要采用速度和加速度的有效值；在测量变形破坏时，才采用位移峰值测量。

描述某一振动信号的主要参量为频率、振幅和相位，称为振动信号的三要素。对测得的振动信号可以进行进一步的特征提取分析。振动信号分析处理和诊断方法主要有如下几种：

①振动信号的幅值分析方法：应用于幅值分析的参数有均值、均方根值、最大值、最小值和绝对平均值等。这些参数计算简单，对故障诊断有一定的作用。但它们会因工作条件（负载、转速）改变而变化，所以又存在对故障不十分敏感、不好区分的缺点。因此，人们又引入了无量纲的幅域参数，如波形指标、峰值指标、脉冲指标、裕度指标以及峭度指标等。这些参数对故障有足够的灵敏度，对信号的幅值、频率变化不敏感，而只取决于概率密度函数的形状，在故障诊断中有广泛的应用。

②振动信号的相关分析方法：相关分析主要是应用相关系数与相关函数来实现，即通过相关函数来研究两个信号之间的相关性和依赖性。不同的信号具有不同的相关函数。

③振动信号的频域分析方法：频域分析的基础是频谱分析，即分析动态信号的幅值、相位、功率和能量随频率的变化关系。频谱分析主要包括功率谱密度函数分析、细化谱分析、倒频谱分析、冲击响应谱分析、最大熵谱分析以及全息谱分析等。频域分析是机械故障诊断中用得最广泛的信号处理方法之一。因为故障在发生、发展时都会引起频率结构的变化。

④振动信号的时序分析法：时序法简单地说就是对有序的观测数据进行统计学处理与分析的一种数学方法，是数据的统计处理与系统分析相结合的一种方法。一方面可以对系统进行动态分析，另外还可对系统的未来状态和趋势进行预报和控制。时序分析的手段就是建立时序模型。机械故障诊断的时序模型法，就是在机器的运行过程中，首先选定恰当的诊断参数，然后建立一个时序模型，通过时序模型的相应判据以诊断机器状态的变化。这种方法在相当多的场合下能可靠地回答机器是属于正常或异常状态。

⑤振动信号的特征分析法：特征分析主要是依据旋转机械最基本的运动变量（转速）在变化时或在某一稳定转速时，机器的各重要部位振动量值大小来进行特征描述。其目的就在于把众多的特征分量（频率）从复杂的信息中识别出来，研究和分析它们的变化特征，从而判别机器运行状态是否正常。

应用实例：用振动监测柴油机的活塞与缸套间隙的变化。

用振动监测柴油机的状态是一种有效的方法。柴油机活塞与缸套间隙的变化将引起缸套振动特征的改变，又根据活塞撞击→缸套→机身振动的传递特性，可利用机身上测得的振动信号特征来预测间隙的变化。

图 7-37 为缸套 - 活塞组件在不同间隙时从缸套上测得的功率谱图，其中 S_f 为缸套振动加速度功率谱，为某 105 型柴油机的冷态间隙值。从图 7-37 可以看出，缸套与活塞不同间隙时，其功率谱有明显的差别，振动能量的分布有明显差别。

四、油液监测技术的种类、原理和应用

在机械设备中，大约有 80% 的零件都是因磨损而失效的。为了减少零件的摩擦和磨损，目前主要采用在摩擦副表面加润滑剂的方法。从零件上脱落下的磨损微粒被润滑剂带走，这些磨损微粒携带了机械失效和故障的重要信息。实践表明，在不同的运行阶段，润滑剂的衰败程度不同，产生的磨损微粒也具有不同的特征，这些特征可以用磨粒的数量、尺寸、分布、形貌、成分等表示，因此，形成了油液监测技术。这种分析方法的原理类似于医学诊断中的验血和验尿等化验工作，已经成为一种有前途的不解体诊断技术。

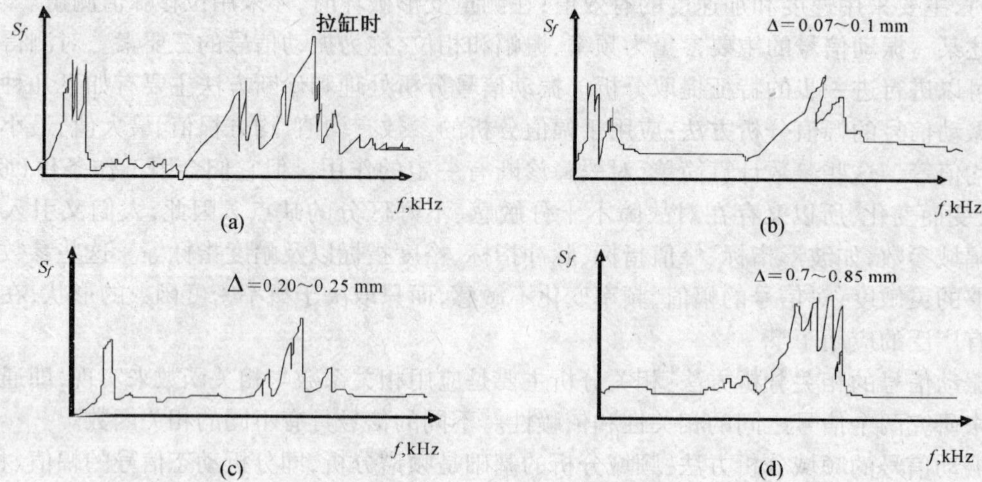

图 7-37 不同间隙时的功率

油液监测技术就是通过采集机械设备的现用润滑剂样品，利用各种分析手段，检测油样的性能或油样中所携带的磨粒，获得油样的性能或其中所含磨粒的尺寸、形貌、浓度和成分等信息，从而定性或定量地评价被监测对象的磨损状态，并预测其发展趋势的技术。

油液监测技术的分析步骤为：取样→样品制备→获得监测数据→形成诊断结论。

目前，油液检测技术主要包括：铁谱分析技术、光谱分析技术、磁塞技术、理化指标分析技术和颗粒计数技术等。这些油样分析技术所提供的信息不尽相同，因而各有其应用场合，在实际应用中，常常将以上油样检测技术互相结合加以应用。目前，油液监测技术在船用柴油机监测、艉轴—艉管装置等的磨损监测中得到了广泛的应用。

（一）油样理化指标检测技术

由于机械设备受到工作频率、作业条件、环境干扰等因素的影响，随着其运转时间的延长、润滑油的性能逐渐下降甚至衰败。润滑油的质量指标可以衡量润滑油能否起到润滑、冷却、防护和密封作用，不同的机械设备需要具有不同质量指标的油品。润滑油的衰败可以从其质量指标的变化来反映。润滑剂的性能与机械设备的磨损状态、设备的使用寿命有着密切的关系，润滑剂性能的劣化必然会导致机械设备磨损状态的恶化。因此，对润滑剂进行理化性能指标的检测，就可以达到对磨损状态间接监测的目的，可以防止因润滑不良而导致的失效。检测润滑剂的性质、观察其变化，是监测润滑条件改变造成机械磨损失效的最简单、最直接的方法。

润滑油的理化性能指标主要有：黏度、黏度指数、闪点、水分、机械杂质、总酸值、总碱值等。可根据实际情况，选择其中几个进行监测，从而达到对机械设备润滑状态监测的目的。这些指标都有相应的国标检测方法。

（二）铁谱技术

铁谱技术是 20 世纪 70 年代出现的一种磨粒分析技术。它是利用高梯度磁场的作用将磨粒从润滑油中分离出来，并使其按照尺寸大小依次沉积在一显微基片上而制成铁谱片，然后置于铁谱显微镜或扫描电子显微镜下进行观察；或者将磨粒按照尺寸大小依次沉积在一玻璃管内，通过光学方法进行定量检测，以获得摩擦副磨损过程的各类信息，从而分析机械设备的磨损机理和判断磨损的状态。

完整的铁谱技术包括从机械设备润滑油液取样开始，一直到完成对磨粒的识别与分析，提

出对监测设备工况状态的报告。其主要内容如下：

①设备润滑油取样及传递，这一工作一般由设备主管轮机员完成。

②分离磨粒，制备铁谱片，这一工作一般由检测机构或专门分析人员完成。

③磨粒的检测、识别与分析，这一工作需要由检测机构有经验的分析人员完成。

④提出分析结论及报告，一般由检测机构的主管分析人员完成。

铁谱分析可以获得的监测信息内容包括：

①磨粒的浓度和颗粒的大小，它反映了机器磨损的严重程度。

②磨粒的大小和形貌，它反映了磨粒产生的原因和机理，如由轻微磨损产生、由疲劳磨损产生。

③磨粒的成分，它反映了磨粒产生的部位，即发生磨损的零件。

可见，通过对沉积磨粒的分析，可以掌握机器运行时的实际磨损情况，判断磨损的状态，这正是铁谱分析可以用来监测机器设备运行工况的原因。

目前，实现铁谱技术的基本设备和工具主要有各种类型的铁谱仪（分析式铁谱仪、直读铁谱仪、旋转铁谱仪和在线铁谱仪等）、铁谱显微镜、扫描电子显微镜、计算机图像存储与识别系统、磨粒图谱集等。

铁谱仪的作用主要是从设备润滑油样中有效地分离出磨粒，制备铁谱片或完成磨粒的有关定量测定与分析。

铁谱显微镜的主要作用是对铁谱片上的磨粒进行形貌、尺寸大小、成分等检测与分析，来判断设备的零部件的磨损类型、部位、严重程度及磨损机理。

扫描电子显微镜在铁谱分析中的主要作用是对有重要信息的磨粒进行深入的微观检测和磨粒材质等的分析。

由此可见，铁谱技术是一项技术性较高、涉及面较广的磨损分析与状态监测技术。

（三）光谱分析技术

光谱分析技术原用于各种样品的化学成分分析。自从在方法上解决了油质样品分析技术后，便很快地被应用于机械设备润滑油中所含各种元素（包括添加剂元素和磨粒成分元素）浓度的测定。它以 10^{-6}（ppm）为单位表示相对浓度的测量结果。

润滑油中含有大量的各种微粒，这些微粒包括零部件的磨损碎屑、润滑系统本身的异常产物、外来污染物等。而油中的各磨损元素的浓度与零部件的磨损状态有关，光谱油料分析是通过测定润滑油中磨粒的组成成分和元素的含量，来评定被监测对象的磨损状态的方法。根据光谱分析结果可以判断与这些元素相对应的各零部件的磨损状态和与润滑系统有关的故障。光谱分析的实质是根据油液中元素的种类及含量，反推出磨损零件及磨损的程度，即根据元素的种类可推断出磨损零件；根据元素的含量可以推断出零件的磨损程度。

光谱分析判断标准的确定可以采用元素的浓度值的高低，来反映了磨损程度的大小，也可以用元素浓度值的变化趋势，作为判断故障的依据。通过对机械开展监测分析工作，根据大量实验数据，经统计分析、对照验证，定出各种元素浓度的最大允许值，作为判断有无异常磨损的依据。表 7-12 是中国船级社 1996 年颁布的“螺旋桨轴状态监控系统指南”中确定的标准。表 7-13、表 7-14 是中国船级社颁布的“柴油机滑油状态监控系统指南”中确定的部分机型标准。

表 7-12　中国船级社 1996 年颁布的“螺旋桨轴状态监控系统指南”中确定的标准

Cu	Fe	Sn	Ni	Cr	Sb	Si	Na	Pb
最大 50 ppm	最大 30 ppm	最大 10 ppm	最大 10 ppm	最大 10 ppm	最大 10 ppm	最大 40 ppm	最大 50 ppm	最大 40 ppm

表 7-13　Detroit Diesel Allison 3080 船舶柴油机润滑油光谱分析标准

	Fe	Al	Cr	Cu	Si	Pb
正常范围	0 ~ 100	0 ~ 5	0 ~ 10	0 ~ 26	0 ~ 11	0 ~ 20
临界范围	101 ~ 123	6 ~ 7	11 ~ 12	27 ~ 31	12 ~ 14	21 ~ 25
高极限	124 ~ 153	8	13 ~ 15	32 ~ 39	15 ~ 17	26 ~ 31
异常	154	9	16	40	18	32
异常趋势值（10 h 内增加量 ppm）	31	2	4	8	4	6

表 7-14　EMD8-567 型船舶柴油机润滑油光谱分析标准

	Fe	Ag	Al	Cu	Si	Sn	Pb
正常范围	0 ~ 42	0 ~ 38	0 ~ 3	0 ~ 128	0 ~ 14	0 ~ 4	0 ~ 38
临界范围	43 ~ 52	39 ~ 47	4	129 ~ 158	15 ~ 18	5 ~ 6	39 ~ 47
高极限	53 ~ 65	48 ~ 58	5	159 ~ 197	19 ~ 22	7	48 ~ 58
异常	66	59	6	198	23	8	59
异常趋势值（10 h 内增加量 ppm）	13	12	2	39	4	2	12

(四)磁塞技术

磁塞技术是一种简单而有效的油液监测技术。它的基本原理是用带磁性的探头插入润滑系统或液压系统的管道内，收集油液中的铁磁性磨损微粒，对附着在探头上的微粒用放大镜或光学显微镜或电子显微镜进行观察，得到关于磨屑的大小、数量和形状等信息，从而推断零部件的磨损程度和磨屑产生的原因。

磁塞技术使用方便，但也有缺点：

①当磁性探头的磁能达到饱和时，磁头失去了吸附磨屑的作用，即失去了搜集磨屑的能力，失去了很多信息。

②磁头只能吸附大颗粒的磨屑，小颗粒的磁距小，不易搜集。

③探头必须经常更换，一般为 25 ~ 27 h 更换一次，比较繁琐。

(五)颗粒计数技术

颗粒计数技术是评定油液内固体颗粒(包括金属磨损微粒)污染程度的一项重要技术。它的原理是把油样内的颗粒进行粒度测量，并按预选的粒度范围进行计数，从而得到有关颗粒粒度分布方面的重要信息。

颗粒计数技术的特点在于它不仅能记录油液中固体微粒的数量，而且能给出每个微粒的尺寸大小，因此该技术在判断油液的污染程度方面是很有效的。但是，该技术不能分辨被记录的微粒种类，分不清这些微粒是磨屑还是外部侵入的固体污染颗粒，所以该技术在反映机器的磨损工况方面还存在局限。

五、红外监测技术的种类、原理和应用

船用设备大多数处在一个温度比较苛刻的环境下，机舱温度有时可高达50℃。船用设备的温度异常大多是机械故障发生的特征。在故障诊断中，监测机械温度的作用与医学诊断中量体温的作用是极为相似的。许多受损零件，其温度的升高总是先于故障的出现，当零件温度超过其额定工作温度，且发生急剧变化时，则预示着故障的存在和恶化。因此，监测零件的工作温度，根据测定值是否超过温升极限值可判断其所处的技术状态。

温度监测是故障诊断中最早进入实用阶段的一项技术，它有接触式测温和非接触式测温两种方法，非接触式测温，即红外测温。非接触式测温的方式避免了接触式测温存在的由热平衡和热接触带来的缺点和应用范围的限制，也避免了对一些高温、高电压、高风险设备的接触。

热辐射现象极为普遍，任何物体，只要它的温度高于绝对零度，就能产生热辐射，温度不同，辐射的波长组成不同，辐射能的大小也不同。该能量中包含可见光与不可见的红外线两部分。温度决定了辐射的强度与波长成分，即温度这个物理量对热辐射现象起着决定的作用。当物体的温度在千度以下时，热辐射中最强的波是红外辐射，即热辐射中很重要的成分是红外辐射。当温度达到300℃时，热辐射中最强的波长是5 μm，是红外线；当温度达到500℃时，热辐射中才会出现暗红色的辉光；当温度达到800℃时，呈现“赤热”状态，热辐射中已有足够的可见光成分，但其绝大部分的辐射能仍属于红外线的；只有当温度达到3 000℃时（相对于白炽灯丝的温度），它的热辐射中才包含足够多的可光见的成分。以上事实说明：热辐射中很重要的成分是红外线辐射，故热辐射称为“红外辐射”。

红外线的波长范围为0.76～1 000 μm。虽然红外线是一种看不见的光线，但红外线与可见光或电磁波一样，遵守相同的物理定律，以光速传播，可以被吸收、散射、反射、折射。这样就可以利用红外检测来监测设备的温升情况，借此来监控设备的运转状况。

红外测温设备主要由精密光学系统和红外探测器两部分组成。

光学系统用于收集处于视场内的红外辐射功率，再把它聚集到探测器的响应平面上；它与探测器一起决定了测温设备的视场和空间分辨率，由透镜组成。

红外探测器是红外测温的敏感器件。它是把入射的红外辐射能转变成其他能量或变成另一种便于测量的物理量的传感器。

目前，红外测温的仪器主要有红外热像仪、红外电视和红外点温仪。红外热像仪是利用红外探测器、光学成像物镜和光机扫描系统，在不接触检测目标的情况下，接收物体表面的红外辐射信号，该信号转变成电信号后，再经电子系统处理传至显示屏上，得到与景物表面温度热分布相应的“实时热图像”的仪器。它实际上将景物的不可见热图像转变为可见的图像，使人类的视觉范围扩大到了红外谱段，多用于精密诊断和大范围的检测；红外电视是将被测对象的红外辐射通过热电视的光学系统聚集到热释电靶面探测器上，用电子束扫描的方式得到电信号，经放大处理，将可见图像显示在荧光屏上；红外点温仪是以黑体辐射定律为依据的，通过对被测目标红外辐射能量的测量，经黑体标定，来确定被测目标的温度，在温度的非接触测量手段中最轻便、最直观、最价廉，多用于检测单独的连接处和对小面积进行简易诊断。

红外测温在船舶机械监测上的应用可归纳为以下几类：

（1）发热量异常

当内燃机、加热炉内燃烧不正常时，其外壳表面将产生不均匀的温度分布。如对其外壳温度输出作扫描记录，便可了解温度分布的均匀性或变化过程，从而发现发热量异常故障。

（2）流体系统故障

液压系统、润滑系统、冷却系统和燃油系统等流体系统，常常会因油泵故障，传动不良，管路、阀或滤清器阻塞；热交换器损坏等原因而使相应机件的表面温度上升。通过红外温度监测，很容易检查出流体系统中这类故障的原因。

（3）滚动轴承损坏

滚动轴承零件损坏；接触表面擦伤、烧伤；由磨损引起的面接触等原因引起故障时则会使其内部发热量增加，而其内部发热量的增加将使轴承座表面温度升高。因而通过轴承内部或外部的温度监测，均可发现轴承损坏故障。

（4）机体内部缺陷

当机件内部存在缺陷时，由于缺陷部位阻挡或传导均匀热流，堆积热量而形成“热点”或疏散热量而产生“冷点”，使机件表面的温度场出现局部的微量温度变化，只要探测到这种温度变化，即可判断机件内部缺陷的存在，如常见的腐蚀、破裂、减薄、堵塞以及泄漏等各种缺陷。

第六节　修船管理

一、修船的种类和原则

（一）修船的种类

船舶在运营中需要修理的原因有以下几点：

①船舶在运营过程产生的损耗包括自然损耗（包括船体结构腐蚀损耗和轮机性能下降）和外来损耗（例如船舶搁浅、触礁和碰撞等）。

②船舶由于新技术的发展和新的国际公约生效，迫使船东必须对船舶进行改装使得船舶能够通过船检。

③船舶运营中的例行检查、检验。

保持船舶性能维持营运需要，船舶有必要进行维护和修理。

根据船舶修理的原因，船舶修理可以分为自主修理和被动修理。船东为适应新技术的发展改装修理船舶和船舶定期检修可以算做船东自主修理，其他原因导致必须修理的情况可以称为被动修理。

根据修理工程承担对象，可分为“船员自修”和“厂修”。

船员自修是船员应尽的基本职责之一，是保证船舶技术性能良好，消除设备隐患，减少故障，缩短修期，节约修费，提高船员技术水平的重要措施。

船员保养自修分为不停航自修、停航自修和厂修时的自修。

①不停航自修是船员在航行期间内进行的自修保养工作。主要内容是按计划和设备保养规程规定的预防性检查保养项目，解决航行中发现的问题。

②停航自修是有计划安排或停泊期间的船员自修工作。主要以主机的检修为主，并进行其他不停航时无法进行的工程。停航自修以船员为主，必要时由航修站或船厂协助进行。

③厂修时的自修是船员在船舶厂修期间尽可能多地完成一些厂修范围的工程。船舶进厂时，船员的主要职责是积极配合厂修做好监修工作。船厂应积极支持船员自修，及时解决自修所需的零部件加工和配件供应等问题。

厂修的种类，没有统一的规定。如原交通部曾经根据使用的时间和磨损的程度，分为航

修、小修和检修三种。而中国船舶工业总公司规定为坞修、小修、中修和大修。

1. 按原交通部规定

(1)航修

船舶营运中发生局部过度磨损或一般性事故,影响航行安全而船员难于自行修复,必须由船厂或航修站修理的工程。

(2)小修

营运期中的船舶按规定周期结合定期检验而进行的短期计划性修理。目的是消除在使用中产生的过度磨耗和腐蚀,保证到下次修理期内的安全运转。主要对船体、主辅机、管系、通海阀、舵装置、轴系、锅炉、受压容器、液压设备、电气设备及工程专用设备进行重点检查和修理,对设备进行清洁保养、研磨、调整和更换零部件。一般以原样修复为主。

小修间隔期,客货船为 12 个月,远洋货船为 12 ~ 18 个月。如船舶技术状况良好不需修理时,经验船师检验认可后,可以延期 6 个月,但最多不超过 12 个月。

(3)检修

检修是按规定周期每隔 2 ~ 3 次小修进行的厂修工程。它结合定期检验对船体、主辅机及其他设备进行较全面检查,修复小修时不能解决的较大缺陷,消除检验证书上重要保留条款,保持船舶强度和主要设备的安全运转条件。主辅机允许作全面检查和修理,但必须依据设备的技术状况确定项目,不应盲目全面解体和修换。

除计划厂修类别外,还有事故修理。事故修理是指船舶在营运中,如遇到不可抗拒(台风、龙卷风)的因素或意外(船舶碰撞,触礁所造成)的海损事故后的修理。其修理情况要根据船舶损坏程度和船检部门提出的修理意见和要求进行临时性修理,以取得适航证书。

2. 按航运企业的规定

(1)航修

航修属临时性修理,不编计划。主要是为解决营运中发生的局部故障,影响航行安全,而船员又不能自修的工程,可由船厂、航修队等利用船舶在港期间进行,不影响船舶营运。

(2)计划修理

一般为 5 年一个周期,5 年中一次特检和一次计划修理。在两次计划修期之间有一次坞修。

(3)事故修理

船舶发生事故后,应根据船舶损坏情况和检验部门提出的修理范围和要求进行。

如果通过临时性修理可以取得适航证书可作临时性修理,以减少营运损失。如损坏严重则应根据当时当地的条件决定修理方案。事故修理如距计划修理时间较近可以考虑合并进行。

此外,厂修还可分为计划修理和临时修理。计划修理多结合船舶的各种检验有计划、周期地进行,包括坞修、小修和检修。临时修理是由于意外事情而进行的非计划修理,包括航修和事故修理。

(二)修船的原则

①船舶修理应以恢复机械、设备的原有性能为目的。要对船舶进行更新和改造时,需要作经济论证,并经船级社认可。

②船舶的使用年限是修船的重要依据,各种海船使用年限一般规定见表 7-15。

表 7-15　海船使用年限

船舶类别	船型	老龄船	特别定期检验船龄	强制报废船龄
一类	高速客船	>10 年	>18 年	25 年
二类	客滚船、客货船、客渡船、客货渡船(包括旅客列车轮渡)、旅游船、客船	>10 年	>24 年	30 年
三类	油船(包括沥青船)、散装化学品船、液化气船	>12 年	>26 年	31 年
四类	散货船、矿砂船	>18 年	>28 年	33 年
五类	货滚船、散装水泥船、冷藏船、杂货船、多用途船、集装箱船、木材船、拖轮、推轮、驳船	>20 年	>29 年	34 年

对于船龄较小的船舶,修理时应尽可能保持其原设计性能;对于大龄船舶,修理时要保证安全营运和使用年限;对于老龄船舶只进行维持性修理,同时采取适当减载和限制功率的措施以保证强度和安全运输的要求。

③远洋船舶应按入级标准进行修理,如为达到原入级要求而修理范围过大,经济论证又不合算时,应按改变入级航区或改为沿海使用的要求进行修理

④保证修船的质量。修理的项目必须达到质量标准,应满足验船规范、修理标准、技术说明书等有关规定。

⑤缩短修船时间,降低修船费用。

⑥修船工作实行预防为主,维护保养和计划修理并重的原则,切实保持船舶良好的技术状况。

二、修船的组织

(一)修船的准备工作

1. 修理单的编制与确定

(1)修理单编制的依据

①公司的修船计划和规定的修理级别。

②船舶证书上需要船级社检验的项目。

③说明书所规定的各种设备和部件的检修间隔期。

④船舶在航行中的技术状况、磨损与损坏规律以及各种测试资料。

(2)修理单的分类和编制

船舶修理单分甲板、轮机、电气和坞修四个部分。轮机和电气部分由轮机员负责编制,由大管轮汇总后轮机长审定。公司船技处审批后将修理单送有关船厂报价,选择修船厂。

(3)编写修理单的要求

修理单应注明每项修理工程的内容、规格要求,修理机械设备的制造厂名、出厂年月、数量和规格,修理部件的材料和性能等。如果修理单不明确,将影响船厂的报价,并影响公司对船厂的选择。

修理单一式三份,其中一份留船用,其余两份交给船技处。在编写修理单时,要明确修理的类别,属于船级社检验的修理工程要写明,以便于船厂在修理过程中安排验船师进行检验,对修理工程签证或换发船级证书。

2. 修船备件和物料的准备

①在编制修理单的同时，根据修船项目的需要，做好所需备件的订货工作，以保证修船进度和节约修理费用，在修理单上可写明备件由船方提供。

②对于订货困难需要船厂制造加工的配件应提前向船厂提出，由船厂安排制造。在修理单上应写明备件由厂方提供。

③对于修船中使用的工具、物料，以及自修项目的备件也应有计划地分期申请领取。

(二)修船的组织工作

1. 安全方面

①船舶修理期间的防火安全工作，由船方、船厂结合实际情况拟订具体措施，共同做好。

②施工过程中，双方都要严格履行开始前商定的安全协议，遵守双方的防火等安全规定，本船修理时施工区域的防火安全主要由厂方负责，船方应给予密切配合。

③为使进厂修理的船舶得以安全、顺利地完成修理工程，双方协商，签订协议，共同遵守。

④为了配合船厂做好施工安全工作，机舱应派船员看火，协助船厂安全员做好机舱防火安全工作和施工现场的安全工作。

⑤修船过程中万一发生意外灾害事故时，船员要坚守岗位，首先保卫好本船的安全，然后服从船厂统一指挥，共同保护或抢救其他船舶。

2. 自修方面

船员自修工作对摸清技术状况、及时消除隐患、节约修理费用、缩短修理期、延长船舶寿命、提高船员技能和保证船舶安全都有重要作用，必须做好。

①厂修期间应适当安排船员自修项目，以配合船厂共同完成修船任务，缩短修期，节省修理费用。

②船员应根据自修范围编制好自修计划，做好自修工作，并按船厂进度安排完成。

③船员自修应该充分利用船上已有的设备和工具。机务和供应部门要有计划地给船舶配备必要的工具。

④船员自修所必需的备品、配件和物料，各主管部门要给予优先安排和及时供应。

⑤船舶进厂时船员要基本固定，必须调动时要征得机务部门的同意，以保证自修力量。

⑥船厂要为船员自修安排必要的协作加工任务。

3. 监修方面

①船方应指派船舶监修师进行监修，并代表船方制订和签署文件。不指派监修时，应由轮机长负责监修轮机修理项目。

②对修理工程进度、材料、工艺和测量数据等，轮机员应该进行监修，如有不妥应及时向厂方提意见。

③修理项目中需提交验船师检验的项目，由船方申请检验。

④单项工程修理完工或试验合格后，由轮机长检查认可。

⑤全部修理工程完工后，由双方代表签署“完工验收单”作为交船的依据。

⑥试验、试航和工程的质量完全负责。船厂修理工程的保修期，固定部件为 6 个月，运动部件为 3 个月。

(三)修船的监督与验收

1. 监修工作

①船舶进厂修理时,机务管理部门应派出监修代表,负责与船厂联系,最后确定工程,处理修船中发生的问题,办理结账等事宜。船方应负责具体修理项目的监修和验收工作。

②船舶进厂后,根据检查的情况允许对工程范围进行修正,但应及时作出决定,以免影响工程进度。增减工程项目应由船员与监修代表协商,最后由监修代表决定,通知厂方。

③增减工程的范围不宜过大,决定应该及时,不影响施工,对重大的增减项目如未派监修代表,应迅速请示公司,对不修将影响开航的工程,则可一方面通知厂方施工,同时向公司报告。

④一般工程由轮机长、大副分别组织人员监修,重要工程应由该设备的检修负责人亲自监修。监修人负责监督船厂是否按船舶修理单指定的范围和要求施工;工艺、材料及安装质量是否符合技术要求;施工中有无船厂责任引起的部件及设备的损坏;施工时有无不安全因素,可能引起火灾及其他危险,必要时有权停止其施工,并向主管人员汇报,等待处理;做好必要的修理记录,以便对验收和审核账单准备材料。此外监修人应配合船厂工作,为施工提供方便。

2. 验收工作

①验收的目的是检查修理质量是否达到技术要求。

②船厂施工完毕应交船员验收。验收时应有厂、船双方代表在场,验收后验收人签字作为该项工程的结束。

③对船级社要求检验的项目,应申请验船师检验。

④修理完工后可根据修理范围决定是否需要试航,或在码头试车。试航时应由双方提出试航大纲,明确试航时的安全责任。在试航中发现的问题,凡应厂方负责的项目应由工厂负责修理。

⑤修理完毕,应立即组织力量,认真审核完工单。完工单是编制账单的主要依据,要严格把关,属于质量未达到要求的应文字注明,并双方签字。

三、坞修工程

船舶坞修是指为了实现船舶水下结构和装置的保养、检验、维修和改造工作,或泛指与船舶在船坞内进行维修相关的各项工作(检验、修理、改装、清洁、涂装、进出坞、修船管理等)的总称。船舶坞修是目前实现船体清洁、除锈和涂装等唯一有效的方式。

船舶坞修工程一般是指船舶水线以下部分的船体工程和机电工程的修理和检验。其主要任务有:船舶进坞是为了清除船体水下部分的海洋附生物和完成除锈防腐作业,检验水下部分的船体和装置,并消除其腐蚀损坏等缺陷,进行检修和完成改装工程。坞修工程涉及船舶设计、装配、电工、钳工、焊接、泵工、涂装、起重运输、无损检验、舾装等多工种的综合性工程。

(一)坞修设施

船坞是重要的修船设施,船体和轴系等的修理均需在船坞中进行。船坞的种类按用途分为造船坞和修船坞;按构造分为干船坞(包括造船坞和修船坞)、浮船坞等。对于修船而言,目前国内主要采用干船坞、浮船坞。

1. 干船坞

干船坞(也有称旱坞)是建于水域边缘的池形水工建筑物,根据其用途分为修船坞和造船坞。造船坞深度较浅,故称为浅坞;修船坞则较深。

修船坞主要用于进行船体水线以下部分的检查和修理,例如船体表面的除锈和油漆,水线以下船板的更换,艉轴、螺旋桨、舵系、通海阀门、水文和海底地貌的探测仪器等拆卸修理工程。

修船坞由坞首、坞口(坞门、坞门座和坞门墩)、坞室(坞墙、坞底板)、排灌系统、曳船系统、起重系统和动力设施及其他设备构成。修船坞坞底低于水面,三面是坚固的坞壁,临水一面安装活动的坞门。在坞室的底板上设有支承船舶的龙骨墩和边墩;船坞两侧布置引船进出坞的曳船装置(如坞壁牵引车),坞壁上部地面安装起重设施。坞口附近设水泵站和排灌系统,并配置修造船用的动力管系。坞门开启,船坞与水域相通,船舶进/出坞;坞门关闭,泵站排水,船舶坐墩,进行修船作业。

2. 浮船坞

浮船坞是一种特殊的工程船,它能够浮于水上并由拖轮拖动。浮船坞一般常泊于修船厂附近码头,也可拖至需要修船的地点。浮船坞不仅用于修造船也可以打捞沉船、运送深水船舶通过浅水航道以及战时作为流动修船基地。

浮船坞一般为由两侧坞墙与坞底组成的槽形箱式结构,首尾两端通常敞开。浮船坞配备必要的修船设施,包括进排水系统、动力设备、坞修系统、曳船系统、起重设备、锚泊设备以及其他工作和生活设施等。浮船坞中央监控装置能够实现对浮船坞挠度变形、四角吃水和纵横倾、压载水舱液位的监测及对压载阀和排水泵的遥控等。通过对浮船坞的各水密舱的充水和排水,实现船坞的上浮与下沉,从而将修理船舶托出水面或沉入水中。

待修船舶进坞时先向水舱灌水,使坞下沉至坞内水深满足船舶进坞水深要求,用牵引设备牵船入坞,之后排出水舱内水体,使坞上浮至坞底露出水面,便可进行维修作业。当完成维修作业后,以相反程序操作。

除了利用以上坞修船设施外,还可以采用船排(Marinerailway)、同步升船装置(Synchro-lift)和移动式吊车(Travellift)等设施将船舶拖、吊离水面进行修理。

修船厂通常具有各类专业的修理车间,例如坞修车间、冷作车间、轮机车间、电工车间等。此外,修船厂的设施还包括为协作厂家提供生产、办公及生活场地,办公生活设施等。

(二)轮机坞修的主要项目

船舶常规坞修就是按船级社的规定,在一定的营运周期后必须在船坞里对船舶进行的检验。依据 CCS《钢制海船入级规范》对船舶坞修要求,特别检验一般情况下,船体、轮机和电气设备的特别检验每 5 年进行一次,检验合格后换发新的证书,以保持船级的有效性。螺旋桨轴和艉轴的检验一般不超过 5 年。坞内检验 5 年内应不少于 2 次,间隔期为 2.5 年,最长间隔不超过 3 年,但其中 1 次应与特别检验同时进行。

轮机坞修工程主要是船舶推进装置,舵和水线下的船舷阀件等的检修,具体项目如下。

(1)螺旋桨的检查与修理主要检修内容包括:拆下螺旋桨进行检查,桨叶表面抛光,测量螺距;桨叶如变形应予矫正,如有裂纹和破损需进行焊补修理;完成校正和修理后还需要按照要求测量螺距和作静平衡试验。

(2)螺旋桨轴、艉轴—艉管轴承的主要检修内容包括:测量轴承下沉量和轴承间隙;当抽轴检查时,检查轴套和轴承磨损情况,对螺旋桨轴的锥部进行探伤检查;检修和换新滑油密封装置等。

(3)舵、舵承的检修主要检修内容包括:对舵扇、舵杆及其紧固件进行外观检查;测量轴与轴承的磨损和间隙;如全面拆检,需将舵扇、舵杆、舵销、舵销衬套和止推轴承全部拆除,进行检验和修理(包括对舵扇焊补和水压实验,对舵杆的堆焊和镗孔以及衬套换新等)。

(4)船体水线下的阀件和设备的主要检修内容包括：

①对海底阀箱的检查与修理内容是拆检格栅连接螺栓和螺帽，钢板除锈、测厚、修理、更换锌块和涂防锈漆，钢板换新后进行水压试验。

②对海底阀的检查与修理内容是海底阀解体清洁，阀体除锈，涂防锈漆，阀及阀座研磨（如锈蚀严重可光车后再磨），阀杆填料换新，海底阀与阀箱的连接螺栓检查与换新。

③对船舷排出阀（如海水出海阀、锅炉排污阀）以及其他位于水线以下设备，也应按修理规范要求严格检查修理。

通常在实际修船过程中，还需合理安排对其他船舶轮机工程、船舶甲板工程、船舶电气管路工程项目进行同步检查和修理。

(三)坞修的准备工作

船舶坞修是一项复杂的工作，坞修之前轮机管理人员需要做好各项技术和安全方面的准备工作。

(1)编制修理单。编制好坞修项目修理单，将修理单提前报公司船技处审核、报价，以选定坞修的船厂。

(2)坞修工具、材料和备件准备。准备好坞修所需的专用工具，为节省经费，船方应预先订购好坞修所需之重要材料和备件（例如修理艉轴前应预定艉轴前后密封圈）。

(3)技术资料准备。轮机长应准备好海底阀箱布置图、通海阀布置图；舵、舵杆、舵销、舵承的装配图和零件图，舵杆和舵销的安装工艺图和计算书；艉轴、轴套、艉轴密封、艉轴承、螺旋桨的零件图和装配图；防渔网装置的零件图和装配图；艉管布置图和结构图；艉尖舱或艉管冷却水舱图及加热管、压载管、空气测探管等需在坞内安装的管系图纸；螺旋桨拆装工艺和安装计算书；侧推器装配图；计程仪、测探仪等安装图。此外还应准备好有关设备维修的历史资料（如上次坞修的测量记录和检验报告），海损船还应提供海损部位的详细报告，以供船厂和验船师参考。

(4)落实进坞计划。与公司机务代表及船厂主管工程师落实坞修事项，如进出坞日期、岸电的供应、淡水的供应、蒸汽的供应、冷藏系统冷却水的供应、消防水的供应、厨房的使用、卫生设备的使用和临时追加项目的可能性等。

(5)船舶入坞技术准备。主要的技术准备内容有：

①修船前应注意油水补充适量，避免油水过多，影响施工；前往船厂航次可多次压、排压载水，减少淤泥存量；尽量将双层底舱、深油舱、污水沟处的污水、油腻及泥等清除干净。

②将厂修的项目用标签或油漆标明，对营运中怀疑损坏等不确定部位（如结构和管路腐蚀等），应重点检查和确定。

③假如要拆检艉轴，船厂会在进坞之前拆开艉轴的连接法兰，测量其偏移及曲折值并作记录，以作修理安装的参考和比较。

④如有外加电流阴极保护，要求关掉电源；修船前将通往舱底的所有水阀关闭，减少修船期间的舱底存水。

⑤北方冬季坞修时，预先做好有关设备防冻措施。

⑥入坞前主机应转换轻油运行。

(6)船舶入坞安全准备：

①油舱的清洁处理。对于需要烧焊和明火作业的油舱，必须将油驳出，并经过洗舱和防爆安全检验。

②如需在坞内进行锅炉检验，进坞前应将炉水放光，以免在坞内烫伤工作人员和影响坞修工程。

③备好劳动保护用品，防止发生如砸伤、坠落、烫伤等安全事故，北方冬季坞修时，做好人员防滑工作。

④标记禁止动火区域，将动火部位的油管、油舱、透气管、油管用醒目油漆标记。

⑤确保进入各种舱柜等密闭狭小空间应注意通风良好，受检的油水舱道门入坞前可提前通风备检，修理前对狭小空间空气进行检验，标记禁止进入空间或安排必要值守，避免发生窒息、误关人等事故发生。

⑥考虑到船厂工人成分的复杂性，提前检查和锁闭无关物料、备件间和工具间，收集和保护机舱中的专用工具、有色金属等。

(四)坞修工程的验收

船舶进厂后，船舶公司机务代表全面负责现场协调和业务处理。轮机长负责轮机部一般维修项目监修，重要项目则由轮机长和机务代表、船级社验船师共同监修。

船舶入坞抽干水后，轮机长应和坞修主管、船东、大副一起查看和确认船体的坐墩情况，同时要查看阀箱、舵和螺旋桨等的外观状况，以便确定是否有计划外的修理项目，同时还应对桨、舵等重要部位拍照以存查备用。

坞修项目验收是确保坞修质量的关键，因此要把好质量关，对每项工程质量都应按修理单的要求对修理质量进行认真、仔细地检查和验收。监修人员负责监督船厂是否按修理单指定的范围和要求施工；修理工程进度、工艺、材料、安装质量和测量数据是否符合条例技术要求；施工中有无船厂责任引起的部件及设备的损坏；安排和提交需要检验的项目；做好必要的修理记录，以便为验收和审核准备材料。

主要坞修工程应申请验船师现场检验，签证检验报告。验收工作的安排应灵活，有些项目可以边施工边检查边验收，有些项目可以等到项目完成后统一验收。项目完工单是编制账单的主要依据，要严格把关，属于质量未达到要求或扩大修理范围的应文字注明，并双方签字。

修船质量检验标准参考如下：

①船级社或船舶检验局制定的标准。

②国家、交通运输部颁发的各项船舶修理技术标准。

③国际公约、标准、章程、规则。

④与修理商一致商定经船检部门认可的有关修船技术标准、工艺规程、设计图纸和技术文件。

轮机坞修工程主要维修项目验收要点如下：

(1)螺旋桨的验收。螺旋桨修复后，应检查螺旋桨的抛光质量及修复质量是否符合要求；螺距测量和静平衡试验数据是否符合要求；安装螺旋桨时，轮机长应在场监督进行，检查其安装过程是否符合有关工艺规程；对于有键桨注意在拆前要做好记号和轴头数值的测量和记录；对于无键湿式螺旋桨，安装时应注意在各种温度下所对应的螺旋桨的安装推进量和推紧力，并现场监控安装结果。安装完成后，应要注意大螺母保险的安装，检查保护将军帽是否涂好水泥；检查有关维修记录(例如螺距测量和静平衡试验数据、螺旋桨相对艉轴安装位置、液压装配压力和压入量坐标图等)是否完整。

(2)螺旋桨轴、艉轴—艉管轴承的验收修理过程中应注意检查以下几点。

①拆轴前要留意检查后密封装置是否有缠绕渔网和渗油现象。准备好艉轴下沉量测量

表，测量艉轴下沉量和轴头数。对照艉轴密封油系统资料，及时停止油泵、关闭重力柜出口阀和放出滑油，防止污染。

②艉轴衬套如被密封环磨出槽，则应予光车或用电镀或喷涂等工艺修复。当衬套装复后，应调校圆周的跳动量，跳动量越小越好。

③检查前后轴承、艉轴锥度处有无裂纹等损坏现象。

④艉管滑油有无乳化，如有则必须要求船东找出漏水的原因，如排除轴封漏，则检查艉轴冷却水舱中艉管进、出油管及连接法兰。

⑤艉轴安装之前，轮机长应检查艉管内的清洁，密封油管的马脚是否牢靠。要求电机员或电工测量艉轴承温度传感器是否正常。

⑥安装艉轴时，轮机长应在场监督进行。安装艉轴密封时，要保持密封环箱体与艉轴承的同心度。装好后应测量艉轴下沉量。按工艺要求安装艉轴密封时要有固定支架使轴封箱与白钢套连接（防止胶圈嘴唇不到位），一起套入艉轴安装。

⑦检查艉轴是否装妥，艉轴密封装置装妥后充油作油压试验。装复检查正常后，灌油放出空气，转动艉轴几个角度查看后轴封是否有渗油。拧开后部检漏螺塞检查是否漏油，确认正常后，倒上滑油，进行封闭。若遇上此处是由油柜通过管道加油时，要提醒船员关闭阀门，以防压差造成漏油。

⑧检查艉轴下沉量、艉轴承间隙、舵轴承间隙和轴系找正等和其他测量记录是否完整；不管是否抽艉轴，都必须测量艉轴下沉量，以确定艉轴承的磨损及轴承间隙是否正常。测量值应以工厂规定的表格形式做好记录。

（3）舵、舵轴承的验收即使舵系不是全部拆解，都应对舵杆轴承和舵销轴承进行检查，测量其间隙值并作记录，以确定舵轴承的磨损量和间隙是否在正常范围内。注意检查舵杆与舵叶连接螺栓是否良好，检查舵杆、舵叶有无电化学腐蚀。在牺牲阳极保护的船上要注意检查阳极的质量、数量和分布情况；在外加电流阴极保护的船上，则要注意检查轴系和舵杆的接地是否良好。理论上接地良好的舵、桨与船体的电位差应小于 0.1 V。

船舶的舵常见为半悬挂式及悬挂舵，舵轴承间隙的测量如果超过极限，则要考虑换舵承或加厚舵杆或衬套。装舵前，须确认舵杆衬套的两端之间部位用环氧树脂包裹，衬套与锥面位这一段距离也要用环氧树脂；密封环区域必须修整光滑，所选用的密封橡皮圈的直径必须高于环槽的深度，检查止跳保险，测量舵杆止跳间隙，止跳间隙为 1 ~ 3 mm。

（4）船体水线下的阀件和设备的验收应在船壳高压水清洗前打开海底阀箱的格栅，以便对阀箱内部冲洗。冲洗结束后，轮机长与修船主管应立刻对阀箱内部情况进行检查并确认修理项目内容。海底阀箱内部特殊是底部淤积的污泥必须彻底冲洗干净，清除阀箱表面所有海生物。因进坞时所有海底阀都关闭，查看是否有滴水，如果有说明这些阀漏水，要重点跟踪记录。

海底阀一般的检验方法为阀盘及阀座的接触环带作着色研配检查，如整体拆解的则可进行水压试验。坞修中的各海底阀和出海阀必须解体、清洁、研磨完好，阀与阀座的密封面经轮机员检查认可后才能装复。

装复时检查海底阀箱的格栅是否装妥，箱中是否有被遗忘的工具、塑料布等异物，所有海底阀和出海阀是否装妥。船底塞及各处锌板是否装复好。坞内放水后检查各海水阀和管路。坞内放水后对海水系统放空气，使其充满海水。先使各阀处于关闭状态，观察海水有无漏入管内，然后分别开启各阀，对所有管路接头及拆修过的部分检查是否漏水，必要时上紧连接螺栓。

坞修过程中自修与厂修工程不要相互干扰，应以监督厂修为主，自修工程安排不影响修期。对于检验和修理中发现的增减工程，根据检查的情况允许对工程范围进行修正，但应及时作出决定，以免影响工程进度。增减工程项目应由船方与机务代表协商，最后由机务代表决定，通知厂方。一般修船后期，不允许增加工程，以确保修期。

四、交船试验

新造船舶主柴油机从制造、装船到交船全过程分五个阶段，包括重要部件材料试验、部件试验、出厂试验、系泊试验、航行试验。在我国建造的船舶，主柴油机在出厂前应根据 CB/3254.2-94 行业标准"船用柴油机台架试验方法"进行或船舶检验规范试验，装船后应按 GB/T3471-1995《海船系泊及航行试验通则》或船舶检验规范进行系泊和航行试验。

修理的船舶一般应进行系泊和航行试验，试验项目根据使用年限确定。对于船龄较小的船舶，修理的原则应尽可能保持原设计性能。

(一) 材料试验

重要部件的材料必须进行材料成分的分析和机械性能的试验，以保证工作的可靠性。需要进行材料试验的重要部件有：气缸盖、机座、主轴承横梁、气缸套、曲轴、活塞顶、活塞杆、连杆、十字头、连杆螺栓、凸轮、高压燃油管、起动空气管、涡轮转子、涡轮叶片。

(二) 部件试验

重要部件在修理之后，应该根据其工作条件进行水压试验、表面检查、平台找正等。需要检查的部件有：机座水压试验；活塞水压试验；气缸套水压试验；喷油器冷却水侧压力试验；气缸安全阀压力试验；起动阀压力试验；曲轴检验；曲轴拐挡差测量；十字头导板间隙测量；贯穿螺栓预紧力和伸长度测量；增压器转子动平衡；燃油泵试验和调整。

(三) 出厂前的平台试验

1. 试车前的准备工作

串油串水，对柴油机的燃油、滑油和冷却水系统的管系进行清洗，各系统试运行。低速运转 2 h，检验柴油机各运动部件的装配是否正常。

2. 性能试验

①起动试验。冷态正倒车连续交替起动各 6 次，记录空气瓶每次起动的空气压力数值，检验柴油机的起动是否迅速、灵活和可靠。

②换向试验。柴油机在最低稳定转速下进行换向试验，从换向操纵开始到柴油机已在相反方向工作、开始供燃油为止，其换向时间应不超过 15 s。

③最低稳定转速试验。柴油机稍带负荷缓慢降低转速，测定柴油机最低稳定工作转速，运行 15 min，记录最低稳定工作转速。

④安全保护装置试验。超速试验：规范规定额定功率等于或大于 220 kW，且能脱离传动轴或传动调距桨的主机，除装有调速器外，还应安装超速保护装置。测定超速装置起作用：在低负荷下逐渐升速至超速保护装置动作，不得大于 120% n_H。报警试验：在柴油机运转或停车下，调节各参数报警值并记录，可结合紧急停车一起进行。紧急停车试验：试验手动应急停车、滑油低压、轴承高温导致的紧急停车等。连锁装置试验：盘车机连锁，正、倒车连锁等。

⑤推进特性试验。柴油机按 25%、50%、75%、90%、100%、110% 负荷进行特性试验，每挡负荷各运行 1 h，其中 110% 负荷运行时间为 0.5 h，100% 负荷运行时间为 4 h，记录其主要参数，并测示功图，绘制推进特性及主要参数的曲线。标定功率运转试验是连续性的，如在运

转试验过程中,柴油机发生不良现象须停车修理时,根据"船用柴油机台架试验方法"规定,因故障停车超过 30 min,是否重复全部或部分试验,应由制造厂、船舶所有人、验船部门协商解决。

⑥调速性能试验。柴油机功率达100%负荷突卸至零负荷,记录柴油机转速的变化,最高转速不应超过额定转速的115%。

⑦倒车试验。柴油机在空负荷的情况下,倒车转速为标定转速的90%左右,运转15 min。此外,还有停增压器试验、减缸试验等。在试验中还应测量机械效率、燃油消耗、背压试验、热平衡试验、测量机油消耗、机械振动、轴系扭转振动、噪声、废气排放特性等。

试验后的拆检:试验结束后,任选一缸拆开检查,并记录情况。

(四)系泊试脸

为了确保船舶具备出海试验的条件,对船舶动力装置在验船师的监督下进行一次安装、修理质量工作效用试验,使船舶具备出海条件。系泊试验应按 GB/T3471-1995《海船系泊及航行试验通则》或船舶检验规范规定的项目试验。对于修理的船舶根据使用年限确定其中的试验项目。

1. 主推进系统试验

具备系泊试验条件后,可按下列顺序进行试验,首先应对操纵性能进行试验(起动、换向等),然后进行可靠性试验(备用设备及安保等),再做运转试验(进行功率平衡后再做负荷试验)。

①盘车机进行效用试验及起动连锁试验。

②主机起动试验。对于空气起动装置规定,供主机起动的气瓶至少2个;其总容量应在不补充空气的情况下,在主机冷态时,对每台可换向的主机,正倒车交替连续起动不少于12次;不可换向的主机连续起动不少于6次;修理船舶的主机起动试验不少于3次即可。

③换向试验。连续换向4次,包括遥控操纵主机。

④可靠性试验:安全装置试验不少于2次,并进行滑油、冷却水声光报警装置模拟试验。

⑤主机负荷试验(主机功率大于2 205 kW),船舶要适当压载,正车最高80% ~85% n_H,时间2 ~4 h;倒车最高80% ~70% n_H,时间10 min。要测取主机在各种转速下运行参数。

⑥齿轮传动装置的试验包括可倒顺齿轮传动装置的倒、顺车试验,应进行3次;齿轮传动装置的滑油低压及高温报警,应进行模拟试验。

⑦调距桨及操纵装置的试验包括桨叶转动试验;桨叶稳定性试验;螺距角指示器的准确性检查;螺旋桨操纵系统的转换和连锁装置试验;机舱和驾驶台的2套操纵系统进行转换试验,检查其相互转换的灵活性及2套系统转换互为连锁;备用手动操纵机构效用试验;螺旋桨液压传动系统的主用和备用油泵交替进行效用试验。

2. 主柴油发电机组及配电板试验

柴油发电机组试验条件满足后,可进行下列试验:

①起动试验(冷态)。空气起动的试验不得少于6次。

电起动装置:应设2套独立的蓄电池,但如果设主机起动蓄电池,则也可通过单独的电路由主机蓄电池供给;起动辅机的蓄电池的总容量应足以对每台辅机至少起动3次。

②安全系统试验:滑油低压、冷却水高温报警装置进行模拟效用试验,不少于2次。

③超速保护装置试验:额定功率大于220 kW的柴油机应进行超速保护装置试验,不得超过柴油机额定转速的115%。

④单机调速试验。调速性能应符合：

转速波动率 $\psi \leqslant \pm 0.25 \sim 0.5\%$；

转速不稳定率 $\phi \leqslant 0.5 \sim 1\%$；

瞬时调速率 δ_1、稳定调速率 δ_2、稳定时间 t_s。

在空负荷下突加 50% 负荷，待稳定后再加 50% 负荷，要求瞬时调速率 δ_1 小于额定转速 10%，稳定调速率 δ_2 小于额定转速 5%。突减 100% 负荷，要求瞬时调速率 δ_1 小于额定转速 10%，稳定调速率 δ_2 小于额定转速 5%。稳定时间 t_s 不得大于 5 s。

⑤负荷试验时测量各参数；机组并联运行试验：调速器的稳定调速率应尽量相同。

⑥对主配电板应进行下列试验：测量绝缘电阻；检查主配电板、应急配电板及岸电开关之间的连锁；欠压保护试验；过载保护试验；发电机逆功率、逆电流保护试验；自动卸载试验；各发电机机组充磁试验；检查各相之间的不平衡度等。

3. 应急发电机及应急配电板试验

①应急发电机在 0℃ 时应具有冷机起动能力；自动起动的每台应急发电机应配备至少能供 3 次连续起动的能源；还应配备在 30 min 内能够连续起动 3 次的第二能源；自动起动、人工起动功能均正常；在主电源断电后 45 s 内能及时供电。

②应急发电机超速保护、滑油低压、冷却水高温报警及延伸报警试验。

③应急发电机调速特性试验：突加负荷测定其转速变化率及稳定时间（同副机）。

④应急配电板试验，欠压保护试验，过载保护试验等。

⑤应急情况下，自动供电并保证舵机至少连续工作 30 min。

4. 自动电站试验

①自动控制试验：自动起动和停车试验、顺序起动试验、自动切换试验。

②自动保护停车试验：超速、滑油低压、冷却水高温下等自动停车试验。

5. 主机自动化系统试验

包括主机控制位置转换试验：在停车情况下，进行机旁→集控室→驾驶台→集控室→机旁转换试验，并对机旁控制优先权进行实效试验。安全系统试验：在停车情况下进行模拟试验，包括应急停车试验、自动停车试验、自动降速功能试验、越控功能试验、主机遥控慢转功能试验等。

6. 燃油锅炉试验

试验条件：附件安装完毕，管路密性、水压试验合格，安全阀试验合格。

试验内容主要有锅炉阀件、附件效用试验；安全阀试验有起跳试验、手拉安全阀试验、升压试验；自动控制设备效用试验；蒸汽压力自动控制效用试验；给水水位控制效用试验；燃油加热器自动控制试验；自动控制报警试验等。

7. 舵机

试验条件：机械零位正确、液压系统调试完毕、安全阀校验合格、报警系统模拟试验合格。试验内容主要包括电动或电动液压舵机空跑合 30 min，检查舵角指示及限位等；进行连续操舵试验；分别在驾驶台、机旁进行操舵效用试验；与辅助操舵装置转换试验等。

（五）航行试验

海上航行试验是为了进一步检验船舶动力装置各系统的安装修理质量，运转的稳定性和可靠性，测试有效功率及经济性能等，验证各项试验结果的性能是否符合规范要求，以保证船舶航行安全。轮机长应认真阅读试航大纲，了解各项试验内容及试验方法，通过试航期间的各

项试验考察所有设备的基本技术状况。

1. 主推进系统试验

①主机扭转振动试验，确定转速禁区。

②主机运转试验。正车：在 100% n_H 下，运转 4 h；在 103% n_H 下，运转 0.25 h。倒车：在 80% ~85% n_H 下，运转 15 min。试验应连续进行，如果发生停车故障，应按《海船系泊及航行试验通则》的规定，不得超过 15 min。各缸负荷要均匀，运行参数的差值应符合下列规定范围：压缩压力 p_C 不超过 ±2.5%；爆发压力 p_Z 不超过 ±4%；排气温度 T_r 不超过 ±5%；指示功率 P_i 不超过 ±2.5%。

③轻、重油转换试验，包括重油预热、黏度自动控制等。

④最低稳定转速试验，在该转速下运转 5 min。

⑤紧急倒车试验。

⑥主机换向试验：在最低稳定转速下，从换向操纵开始到主机反向开始运转为止所需时间不得超过 15 s；换向试验次数不得少于 3 次。

⑦调速试验：模拟试验最高转速不应超过 115% n_H。超速保护装置试验：模拟试验时最高转速不应超过 120% n_H。

⑧可调螺距螺旋桨传动及操纵装置，在额定转速下操纵可调螺距螺旋桨，从正（或负）全负荷螺距角的 1/3 到负（或正）全负荷螺距角 1/3 所需时间不得超过 15 s。

⑨轴系制动装置效用试验应不少于 3 次。

⑩航行试验前后，主机曲轴的臂距差应做冷、热态测量并记录。

2. 无人机舱船舶的海上试验增加的项目

①主机。主机遥控起动试验：在所有控制站控制主机按程序进行起动和自动再起动效用试验。控制位置转换试验：主机在正车和倒车运转时，进行控制站的转换试验（即在运转情况下对操纵地点进行无扰动切换试验）。安全系统试验：在主机运转中，模拟自动降速和自动停车故障，进行效用试验，包括越控功能试验。为主机服务的泵、备用泵进行自动转换试验及自动起动的切换试验。主机控制试验：在驾驶台及集控室对主机进行所有运转工况范围内的各种控制试验，检查报警、安全保护、数据记录及处理等装置的功能或动作。检查自动化控制系统、安全系统、报警系统的备用蓄电池供电可靠性等。应急停车试验，试验时间至少 2 个循环。

②发电机组。只有一台机组运行时：当发电机失电时，应确认备用机组自动按顺序起动、运转；2 台及以上机组运行时：当一台发电机失电时，应确认选择切断及备用机组自动起动、运转。

③无人机舱运转应连续进行 6 h。

3. 废气锅炉试验

试验条件：烟气调节门安装完好、安全阀和安全报警效验合格。试验内容包括手拉安全阀；主机全负荷运行时作效用试验；自动调节和安全报警设备效用试验；检查烟气调节门的启闭。

4. 舵机试验

试验海区应符合试验条件。进行下列操舵试验项目：船舶以最大营运速度前进时，进行操舵试验，转舵时间应符合《SOLAS 公约》的规定；对各电源、各机组、各控制系统及操舵站进行交替试验；对装有蓄能装置的操舵装置，应试验当蓄能器储压达到规定压力情况下，停止油泵工作，测量从一舷满舵至另一舷满舵的操舵次数、所需时间、压降；按规定条件对辅助操舵装置

进行试验，转舵时间应符合《SOLAS 公约》的规定。

应急电源操舵试验：应急电源应进行左、右满舵试验，检验应急电源供电的可靠性。

其他还有锚机试验、防污染设备试验、轴系振动试验等。

5. 海上试验时注意的问题

①注意所有设备安装是否牢固可靠，设备的附件安装是否齐全，各管路法兰螺丝是否齐全并上紧。

②在主机负荷试验时，应注意检查设备、管系是否有不正常的振动、声响及温升。

③设备及管系上的仪表是否正常并便于观察，各阀门及测量设备是否可以操作，各阀门是否能够可靠关闭。

④应注意检查各舱柜、设备、传感器、阀门等的标志是否正确齐全，各种安全警示牌及标志配备是否齐全。

⑤观察各设备的运行状态及运行参数，检查其是否满足说明书要求，也应注意机舱警报监控系统所反映的数值状态是否与实际相符。对于重要部位的滴、漏，如主机机体等部位，尤其更要认真、仔细检查。

⑥对于涉及安全方面的问题，如滑铁板及手孔盖是否固定良好，通道等是否有突出尖锐物体且未加保护，高温物体表面隔热是否完整等都应注意检查。

第八章 船舶油料、物料及备件管理

第一节 船舶油料种类及特点

船舶燃油主要来自石油，一般通过蒸馏、热裂化、催化裂化和加氢裂化等加工工艺提炼而成，因此组成燃油的基本元素是碳和氢，按重量计算为含碳 83% ~87%、含氢 11% ~14%。石油中尚存在少量的氧、硫、氮等元素，总重量占 0.5% ~5%。此外，石油中还含有其他微量元素，如氯、碘、磷、钾、钠、镁、钙、铜、铁、镍、砷、铅、钒等元素，它们一般以化合物形态存在于石油中，以上所含成分皆因产地和提炼方法而异。

一、船舶燃油主要特性指标及种类

燃油质量是以其理化性能指标来衡量的，根据其对柴油机工作的影响大致可分为三类：

①影响燃油燃烧性能的指标，如十六烷值、柴油指数、热值和黏度等。

②影响燃烧产物成分的指标，如硫分、灰分、沥青分、残炭值、钒和钠含量等。

③影响燃油管理工作的指标，如闪点、密度、凝点、倾点、浊点、水分、机械杂质等。

(一)船舶燃油的主要特性指标

1. 影响燃油燃烧性能的指标

(1)十六烷值

十六烷值是评定燃油自燃性能的指标。其定义为在标准的四冲程柴油机上，将所试柴油的自燃性(通常以滞燃期长短计量)同正十六烷(十六烷值定为100)与 α 甲基萘(十六烷值定为0)的混合液相比较，当两者相同时，混合液中的正十六烷的容积百分比即为所试验燃料的十六烷值。

柴油机对燃油的十六烷值要求：通常，高速柴油机使用燃油的十六烷值在 45 ~60 之间；中低速柴油机在 40 ~50 之间；对于燃用重油的大型低速柴油机，其十六烷值应不低于 25。

(2)苯胺点

苯胺点指同体积的燃油与苯胺混合加热成单一液相溶液，然后使之冷却，当混合液开始混浊(析出沉淀物)时的温度(℃)。

燃油中各族烃类在苯胺中有不同的溶解度，燃油中芳香烃最易溶于苯胺。燃油和苯胺越易溶解，则其苯胺点越低。燃油的苯胺点低则自燃性差，根据燃油的苯胺点可大致判断其十六

烷值的高低。

(3)柴油指数

柴油指数也是衡量燃油自燃性的指标。其计算公式如下

$$D.I. = (1.8t + 32)(141.5/d - 131.5) \times 1/100$$

式中,d——燃油比重(温度为60°F时同体积燃油与水重量之比);

t——苯胺点(℃)。

柴油指数和十六烷值在数值上相近。一般情况,柴油指数较十六烷值略高几个单位,二者换算公式为

$$十六烷值 = 2/3 \times 柴油指数 + 14$$

(4)计算碳芳香指数(C.C.A.I.)

计算碳芳香指数(C.C.A.I.)是SHELL公司提出用来测定燃料油发火性能的指标,它是根据燃料油的密度和黏度来确定的,可以用图表或下式来确定

$$C.C.A.I. = D - 140.7\ \lg\lg(V + 0.85) - 80.6$$

式中,D——15℃时的密度,(kg/m^3);

V——50℃时的黏度,(mm^2/s)。

计算出的$C.C.A.I.$值小于850时可以得到满意的发火性能,若$C.C.A.I.$值大于875时,燃油难以发火。

(5)热值

1 kg燃油完全燃烧时放出的热量称为燃油的热值,单位用kJ/kg表示。其中不计入燃烧产物中水蒸气的汽化潜热者称低热值,用符号H_u表示。重油的基准低热值H_u = 42 000 kJ/kg;轻油的基准低热值H_u = 42 700 kJ/kg。

(6)黏度

燃油在管路中输送的流量和压差、燃油在喷射时的雾化质量、燃油对喷油泵偶件的润滑能力等都与黏度有密切关系。液体的黏度值有绝对黏度和条件黏度(又称相对黏度)两种表示法。绝对黏度表示内摩擦系数的绝对值,相对黏度是在一定条件下测得的相对值,并因测定仪器而异。属于绝对黏度的有动力黏度和运动黏度;属于相对黏度的有恩氏黏度、赛氏黏度和雷氏黏度。

①动力黏度。动力黏度是两个相距为1 cm、面积为1 cm^2的液层,相对运动速度为1 cm/s时所产生阻力的数值。工程单位制为g/cm·s,国际单位制为Pa·s,1 Pa·s = 10 g/cm·s。

②运动黏度。运动黏度是动力黏度与同温度下液体密度之比。国际单位制为m^2/s或mm^2/s。通常在实际中使用厘斯(cSt——工程单位),1 cSt = 10^{-6} m^2/s = 1 mm^2/s。

③恩氏黏度。恩氏黏度是200 cm^3液体在特定温度下,从恩氏黏度计流出所需的时间与蒸馏水在20℃时流出相同体积所需的时间之比。它是一个无因次量,符号为°E。恩氏黏度曾是我国和部分欧洲国家常用的黏度表示法

④赛氏黏度。赛氏黏度是液体在37.8℃(100℉)温度下从赛氏黏度计流出60 cm^3所需的时间(s)。

⑤雷氏黏度。雷氏黏度是液体在37.8℃(100℉)温度下从雷氏黏度计流出50 cm^3所需的时间(s)。

赛氏黏度和雷氏黏度是美英国家常用的黏度表示法。各种黏度表示法的换算关系如下:

恩氏黏度(°E) = 0.132 × 运动黏度 (mm^2/s);

雷氏黏度(s) = 4.05 × 运动黏度　(mm^2/s);

赛氏黏度(s) = 4.62 × 运动黏度　(mm^2/s)。

ISO 规定,自 1977 年 10 月开始采用 50℃时的运动黏度值(mm^2/s)作为燃油的黏度值。

(7)密度

燃油在温度 t(℃)时单位体积的质量称密度 ρ_t。常用单位是 kg/m^3 或 g/cm^3。在 20℃时的密度称标准密度 ρ_{20}。燃油的密度随温度而变,其温度修正公式如下

$$\rho_t = \rho_{20} - 0.000\,672(t - 20)$$

2. 影响燃烧产物成分的指标

(1)硫分

燃油中所含硫的重量百分数叫硫分。燃油中含硫的危害如下:

①液态的硫化物(如硫化氢等)对燃油系统的设备有腐蚀作用。

②燃烧产物中的 SO_3 和水蒸气(H_2O)在缸壁温度低于其露点时,会生成硫酸附着在缸壁表面产生强烈的腐蚀作用。由于这一腐蚀只发生在低温条件下,故称为低温腐蚀。

③燃烧产物中的 SO_3 能加速碳氢化合物聚合而结炭,而且此结炭较硬,不易清除。

④硫燃烧后产生的 SO_2 是柴油机排放的主要有害成分。

(2)灰分

灰分是在规定条件下燃油完全燃烧剩余物的重量百分比。燃烧后残存的灰分中含有的各种金属氧化物,可造成燃烧室部件的高温腐蚀和磨料磨损,加剧气缸的磨损。

(3)钒、钠含量

燃油中所含钒、钠等金属的质量浓度用 10^{-6}(ppm)表示。钒以金属有机化合物形式存在于原油中。一般其熔点最低,仅为 300℃左右。当排气阀和缸壁温度过高而超过这些化合物的熔点时,它们就会熔化附着在金属表面上,与金属表面发生氧化还原反应而腐蚀金属。由于这种腐蚀只发生在高温条件下,故称为高温腐蚀。由此,为了控制此种腐蚀,应限制排气阀和缸套表面的最高温度。

(4)沥青分

沥青分表示沥青占燃油重量的百分数。沥青是多环的大分子量芳香烃,悬浮在油中呈胶状。沥青不易燃烧,导致滞燃期长,产生后燃,冒黑烟;使用中易形成沉积胶膜和结炭,增加磨损并使喷油器偶件咬死。

(5)残炭值

燃油在隔绝空气条件下加热干馏,最后剩下的一种鳞片状炭渣物称残炭。残炭占试验油重量的百分数称残炭值。残炭值表示燃油燃烧时形成结炭、结焦的倾向,并不表示形成结炭的数值。残炭值中包括了机械杂质和灰分。当燃用残炭值较大的燃油时,将在燃烧室产生较多的结炭使热阻增加,引起过热、磨损,缩短柴油机的维修周期。

3. 影响燃油管理工作的指标

(1)闪点

燃油在规定条件下加热到它的蒸汽与空气的混合气能同火焰接触而发生闪火时的最低温度称闪点,根据测试仪器的不同,分为开口闪点和闭口闪点。闭口闪点低于开口闪点。闪点是衡量燃油挥发成分产生爆炸或火灾危险性的指标。按国内外船舶建造规范规定,船舶使用的燃油闭口闪点不得低于 60℃。从防爆、防火的观点出发,在低于燃油闪点 17℃的环境温度下倾倒燃油或敞开容器才比较安全。

(2)凝点、倾点和浊点

凝点、倾点与浊点都是说明燃油低温流动性和泵送性的重要指标。

燃油在试验条件下冷却至液面不移动时的最高温度称为凝点。燃油的凝点取决于它的成分和组成结构。对于含石蜡较多的燃油在低温下由于石蜡结晶而形成网状晶架,从而使燃油失去流动性,称为结构凝固;对于含石蜡较少的燃油,在低温下由于黏度增大而失去流动性,称黏温凝固。

燃油尚能够流动的最低温度称倾点。

燃油开始变混浊时的温度称浊点。

通常,燃油的浊点高于凝点5~10℃;倾点高于凝点3~5℃。燃油的温度低于浊点时将使滤器堵塞,供油中断。燃油温度低于凝点时,将无法泵送。从使用观点,浊点是比凝点更重要的指标。燃油的使用温度至少应高于浊点3~5℃。

(3)机械杂质和水分

燃油中所含不溶于汽油或苯的固体颗粒或沉淀物的重量百分数称为机械杂质。轻质燃油不允许含机械杂质,重质燃油允许含有少量机械杂质。

燃油中的水分以容积百分数表示。燃油中的水分能降低燃油的低热值,破坏正常发火,甚至导致柴油机停车。如含有海水将会造成腐蚀,加剧缸套磨损。因此应限制燃油中的水分,尤其对轻柴油应限制其水分不大于痕迹(即不大于0.025%)。

在船舶上可以使用燃油净化措施降低燃油的机械杂质和水分。

(二)船用燃油的种类、规格与选用

1.国产柴油机燃油的规格

我国的柴油机燃油分为轻柴油、重柴油、内燃机燃料油和重油四类。

(1)轻柴油

国产轻柴油是由直馏(常压蒸馏)柴油馏分及二次加工的柴油馏分所制成的。其主要性能及质量指标取决于原油品质与炼制方法。轻柴油以其凝点数值作为柴油的牌号,分为10号、0号、-10号、-20号和-35号五个规格。轻柴油是质量最好、价格最贵的柴油机燃料,在船舶上用做高速柴油主机、高速柴油发电机组、应急设备柴油机和救生艇柴油机等使用的燃油。

(2)重柴油

国产重柴油由石蜡基原油炼制而成,凝点相对较高,按凝点数值分为10号、20号和30号等三个牌号。重柴油主要用于中低速柴油主机、发电柴油机等。

(3)内燃机燃料油

国产内燃机燃料油是由渣油、重油与重柴油调制而成,供船舶低速柴油机使用,目前尚无国家标准,一般执行炼油厂与有关单位商定的协议标准。

(4)重油(燃料油)

重油按80℃时的运动黏度分为20,60,100及200四个牌号,可供船舶锅炉使用。

2.国外柴油机燃油的规格与选用

长期以来,习惯用来表达燃料油性能的唯一准则是黏度。国外船用燃油基本上分为四类,主要包括:

①轻柴油(Marine Gas Oil,简称MGO),常用于救生艇柴油机和应急发电柴油机。

②船用柴油(Marine Diesel Oil,简称MDO),常用做发电柴油机和柴油机主机机动操纵时

的燃料。

③中间燃料油(Intermediate Fuel Oil,简称 IFO),是渣油与柴油调制而成的掺和油,可用于各类大功率中速及低速柴油机。

④船用燃料油(Marine Fuel Oil,简称 MFO),也叫 C 级燃油,主要用于锅炉,也可用于最新型的大功率中速柴油机及大型低速柴油机。

国际标准化组织(ISO)在 1987 年 9 月制定了船用燃料油标准,即 ISO8217。ISO8217 将船用燃料油分为 DM 级(Marine Distillate Fuel)、RM 级(Marine Residual Fuel)两个大的等级。这一修订在黏度等级和含硫量限制方面普遍被海事组织认可。ISO8217 在 1996 年、2001 年、2005 年和 2010 年进行了 4 次修订,现在执行的是 2010 年修订的标准。

DM 级是指蒸馏燃油,也称直馏油或船用柴油。在 ISO8217 船用燃油标准中,将该类燃油分为四种规格,即 DMX、DMA、DMZ 和 DMB。DM 级船用燃油标准见表 8-1。2010 年修订版与 2005 年版在 DM 级油上的主要不同在于增加了 DMZ 级油,而将 DMC 级油降级为 RMA10 级油,同时增加了对硫化氢、氧化稳定性和润滑性的要求。

DMX 为船用应急柴油,该类柴油的自燃性指标,即十六烷值(Cetane Number)较高,且浊点最高为 -16℃。因此,在环境温度低至 -15℃时,也无需对其进行预热处理。此油品适用于救生艇发电机、应急设备柴油机和高度自动化燃油锅炉。

DMA 为船用轻柴油,通常称之为“轻柴油”,LDO(Light Diesel Oil)或 MGO(Marine Gas Oil),这是一种高品质蒸馏燃油,不含渣油成分,其主要性能指标(密度、黏度、倾点、水分)明显好于船用柴油 DMB 和船用重柴油 DMC,此油品适用于中高速柴油机和生活用炉灶。DMZ 级油与 DMA 级油基本相同,只是最低黏度稍高。

DMB 为通用柴油,习惯称之为船用柴油 MDO(Marine Diesel Oil),此油品含有极少的渣油成分,其黏度与倾点的允许值已分别达 11.0 cSt/40℃,因此,该油品在环境温度较低时,需要进行预热处理,并采取沉淀、过滤、分离等方法,除去油品中的水分和机械杂质,减少危害程度。

表 8-1 DM 级船用燃料油的规格 ISO 8217 (2010)

性能		单位	LIMIT	DMX	DMA	DMZ	DMB
运动黏度 40℃		mm^2/s	max.	5.500	6.000	6.000	11.00
		mm^2/s	min.	1.400	2.000	3.000	2.000
密度 15℃		kg/m^3	max.	–	890.0	890.0	900
十六烷指数		–	min	45	40	40	35
硫分		mass%	max	1.00	1.50	1.50	2.00
闪点		℃	min.	43.0	60.0	60.0	60.0
硫化氢		mg/kg	max.	2.00	2.00	2.00	2.00
酸值		mgKOH/g	max.	0.5	0.5	0.5	0.5
热过滤总沉淀物		%	max.	–	–	–	0.10
氧化稳定性		g/m^3	max.	25	25	25	25
10%蒸余物残炭		mass%	max.	0.30	0.30	0.30	–
残炭		mass%	max.	–	–	–	0.30
浊点		℃	max.	– 16	–	–	–
倾点	冬季	℃	max.	–6	– 6	–6	0
	夏季	°C	max.	–	0	0	6

续表

性能		单位	LIMIT	DMX	DMA	DMZ	DMB
外观			清澈透明				
水分	volume %	max.	–	–	–	0.30	
灰分	%	max.	0.010	0.010	0.010	0.010	
润滑性,修正磨痕直径（wsd1.4）　60°C	μm	max.	520	520	520	520	

RM 级是指残渣燃料油，也称船用渣油或重油。其中 RMA10 是以前的 DMC 级油，为船用重柴油，也称掺和（船用）柴油。该油品的主要成分仍然是直馏油，但含有一定比例的燃料油。其他 RM 级燃料油的主要成分有：①蜡（WAX）。②沥青质（Asphaltenes）。③树脂（Resins）。④油（Oil）。ISO 8217-2010 年修订版对 RMF，RMG，RMH，RMK 级的燃料油进行了重新分级，定为 RMG 和 RMK 两级，RMG 级油的密度为 991 kg/m^3。RMK 级油的密度为 1 010 kg/m^3，对于这两级燃油的黏度进行了细化。船用燃料油主要用于中、低速柴油机和辅助锅炉。ISO8217 船用燃料油标准见表 8-2。

RM 级燃油中的硫分应符合有关法规如《MARPOL 公约》附则Ⅵ的要求，所以在 ISO8217 中不再提及，但为了保护小型高速柴油机，仍然给出了 DM 级燃油的硫分要求。

表 8-2　RM 级船用燃料油的规格 ISO 8217（2010）

性能	单位	LIMIT	RMA	RMB	RMD	RME	RMG				RMK		
			10	30	80	180	180	380	500	700	380	500	700
运动黏度 50°C	mm^2/s	max.	10.00	30.00	80.00	180.0	180.0	380.0	500.0	700.0	380.0	500.0	700.0
密度 15℃	kg/m^3	max.	920.0	960.0	975.0	991.0	991.0				1 010.0		
CCAI	–	max.	850	860	860	860	870				870		
硫分	mass %	max.	法规要求										
闪点	℃	min.	60.0	60.0	60.0	60.0	60.0				60.0		
硫化氢	mg/kg	max.	2.00	2.00	2.00	2.00	2.00				2.00		
酸值	mgKOH/g	max.	2.5	2.5	2.5	2.5	2.5				2.5		
总沉淀物　%	mass %	max.	0.10	0.10	0.10	0.10	0.10				0.10		
残炭　%	mass %	max.	2.50	10.00	14.00	15.00	18.00				20.00		
倾点 冬季	℃	max.	0	0	30	30	30				30		
倾点 夏季	℃	max.	6	6	30	30	30				30		
水分	volume%	max.	0.30	0.50	0.50	0.50	0.50				0.50		
灰分	mass %	max.	0.040	0.070	0.070	0.070	0.100				0.150		
钒	mg/kg	max.	50	150	150	150	350				450		
钠	mg/kg	max.	50	100	100	50	100				100		
铝 mg/kg		max.	25	40	40	50	60				60		
使用过滑油（ULO）钙和锌，或钙和磷	mg/kg	–	燃油中应没有使用过滑油，当下列条件中有一条被满足，可认为滑油中含有用过滑油（ULO）：钙 > 30 和锌 > 15，或钙 > 30 和磷 > 15										

二、润滑油的特有特性指标、种类及其管理

（一）柴油机的气缸油

气缸油主要应用于低速二冲程和大功率四冲程柴油机，是“一次性”、“全消耗”滑油，管好和用好气缸油对柴油机安全运转和延长寿命都有重要关系。

1. 气缸油的性能指标

(1)密封载荷性

柴油机的气缸油应有足够的黏度,油膜具有一定的承载能力,以确保在活塞环和缸套表面形成的油膜不被破坏。通常,气缸油的黏度在15~21 cSt之间(100℃运动黏度),黏度指数在75~95之间,这是指气缸油的载荷性。随着柴油机负荷的增加,气缸油黏度要求也相应提高。

(2)扩展性

气缸油要在每个工作行程期间从注油口注入,并迅速向下方、侧面散布,使气缸和活塞环整个表面均布一层油膜,因为对气缸油要求具有一定扩展性。影响扩展性的因素很多,气缸扫气形式、气缸及活塞的冷却温度、活塞环的性能、气缸套与活塞环之间密封情况等都对扩展性有很大影响。

(3)清洁分散性

气缸油的工作条件是最恶劣的,要在高温、高压下完成润滑,在每个循环对外做功后,润滑油将暴露在燃烧室中并被烧掉。因此要求气缸油具有良好的清洁分散性。

(4)酸中和性能

气缸油要能够中和掉燃油燃烧生成的酸性产物,防止气缸内表面产生酸性腐蚀(低温腐蚀)。当燃油含硫量变化时,要注意选取相应总碱值(TBN)的气缸油,一方面可降低油费开支,另一方面对机器维护保养及运转也有益。

(5)抗氧化安定性

气缸油应在气缸内高温下有良好的抗氧化性,防止生成积炭沉积物,使活塞环区和气口处沉积物减至最少,使缸壁上的油膜得以保持。

2. 气缸油的种类

根据机型和运转状态的不同要求,气缸油有以下几种类型:

①SAE50黏度等级,此类气缸油使用广泛,总碱值可覆盖10~100,燃用不同硫分的燃油应选用不同总碱值的气缸油。

②SAE40黏度等级,总碱值40。

③黏度等级大于50,总碱值有70,85和100三种,用于长行程高负荷柴油机。

④不含添加剂的SAE50高黏度气缸油,用于新柴油机及换新缸套磨合使用。

3. 气缸注油率影响因素

气缸油注油率通常根据主机负荷、机型、扫气形式、行程缸径比及燃油硫含量等因素来确定。

一般来说,主机负荷和转速降低时,要求提高气缸注油率;弯流扫气的柴油机对比直流扫气的柴油机,要求较高的气缸油注油率;新式高效、大的冲程缸径比柴油机,气缸注油率也要根据冲程缸径比加大而增加。

最佳注油率是根据各气缸工作状态、实际需要制定的。对于同一台柴油机的各气缸也因为吊缸检查时间不同,缸套、活塞环、活塞圆周表面及活塞环槽磨损程度的差异,最佳注油率也不一样。最佳气缸注油率必须根据实际检查各缸运转状态确定,在检查中要注意以下几点:

①应保持活塞自上止点至下止点整个行程缸套内表面有一层均匀不间断的油膜,而且能维持缸套、活塞环与活塞的密封,最关键的是在每个工作行程完成之后,不能产生剩余的气缸油及气缸油燃烧产物留在燃烧室或运动部件表面。整个气缸在活塞上止点至下止点行程中,缸套内表面油膜均匀,既无局部积垢又不出现金属的直接摩擦,缸套内表面为油性暗光,不得

出现金属摩擦的金属光泽。

②活塞外观明亮，没有拉伤或沟痕，活塞环第一道较干爽，第二道应保持湿润，在第二道下部应有连续完整的油膜形成。环表面发污并积垢的，说明环被卡死，多数已断裂。

③活塞环槽内没有积垢，活塞环转动灵活，有弹性不被卡死，没有断裂。缸套储油槽及注油口没有积垢，储油槽没被磨平，有储油布油功能。

④气口、扫气箱没有积垢及残油存在，扫气箱放残孔畅通。

4. 气缸注油率的计算

主机在正常运转情况下，如果主机所发出的功率为 P(kW)，其 24 h 消耗的气缸油量为 Q(g)，则气缸注油率为 $q = Q/(24 \cdot P)$ g/(kW·h)。一般主机说明书推荐的气缸注油率范围为 0.95～1.4 g/(kW·h)[0.7～1.0 g/(BHP·h)]。

5. 气缸注油率调整

气缸注油率调整，根据调整范围的不同，可分为总调和单调；根据调整方法不同，可分为手动调整和自动调整。

总调是指通过改变同属一组气缸注油器的总调旋钮，统一增加或减少本组气缸的注油率的调整；单调是指通过某一注油点的微调旋钮，增加或减少单一注油点的注油率的调整。由于气缸注油器的型式不同，调整的方法也不同。

手动调整是指气缸注油率的调整只能通过人工调整实现(停车时或运转时)的调整；自动调整是指气缸油注油率的调整可根据主机负荷的变化自动调整注油率的调整方法。在老式的气缸注油器一般仅能进行手动调整，而在现代一些新式的气缸注油器上，一般不仅可进行手动调整，而且还带有自动调整功能。

6. 气缸注油率的选择

气缸注油率的选择主要分为三部分：

第一部分是柴油机磨合期间的气缸注油率的选择与调整。

第二部分是柴油机完成磨合后在正常航行期间气缸注油率的选择。

第三部分是柴油机在机动航行期间的气缸注油率的选择。

船舶柴油机一般都有磨合期间的气缸注油率调整曲线，图 8-1 示出了某柴油机的磨合曲线。一般根据磨合曲线的要求进行调整，并配合严格的气口检查，能满足柴油机在磨合期间的要求。在磨合期间气缸油注油率应适当，不是越多越好。如果过多，不但浪费，而且会使过剩的气缸油在活塞顶、活塞环槽、气口等处形成沉淀物，引起活塞环黏着、环面不光亮并使气口和排气通道因积炭严重而变窄，缸套磨损加剧，同时多余的气缸油还会沉积在活塞下部空间、扫气箱中，导致扫气箱着火；若注油率太小，则难以形成完整的油膜，导致活塞环和气缸套磨损加剧，漏气增多，漏泄的燃气又会破坏缸壁上的油膜，导致咬缸。一般直流扫气柴油机的最佳注油率为 1.2～1.3 g/(kW·h)，弯流扫气柴油机的为1.0～1.4 g/(kW·h)，而筒型活塞式为 1.3～2.0 g/(kW·h)(如适应)。在实际中最佳注油率的选择应根据磨合曲线、活塞环的状态、缸套表面状态等进行综合考虑确定。一般最佳注油率下的缸内状态特征为：缸壁表面湿润、干净，首环干燥，第二道环半干半湿，其余环湿润，环面光亮，倒角存在。

磨合时间的长短往往根据机型及实际的磨合效果确定，一般存在差异。当达到磨合曲线中规定的正常值后，一般可认为柴油机完成了磨合，进入到了正常航行期间(一般指柴油机定速航行期间)的第二个磨合部分。在船舶正常营运期间，气缸油注油率一般不用调整，如果根据加装燃油品质变化较大时，如燃油中硫的含量超出了气缸油现有注油率的中和能力，以及加

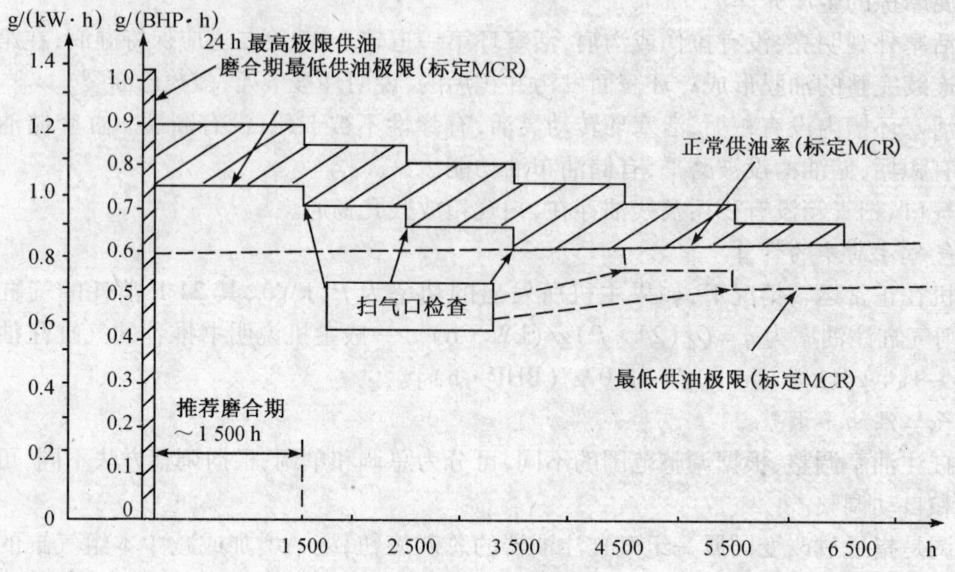

图 8-1 某柴油机的磨合曲线

装了含硅和铝超标的燃油等,可作适当的调整。

第三部分的气缸油的调整是贯穿柴油机的整个使用寿命内。当船舶进行机动操纵时,由于柴油机的负荷变化频繁,应适当加大气缸油的注油率,一般增加正常注油率的 20% ~50% 为宜。

7. 气缸油定时调整

(1)气缸最佳注油定时

气缸的最佳注油定时应在活塞从下止点上行至注油点位于第一道、第二道活塞环之间的位置时,向气缸内进行定时注油对气缸润滑最有利。一般气缸注油接头都设有一个止回阀,宜防止高压燃气吹入注油管中。事实上,只有当气缸内压力低于注油压力时,注油接头的止回阀才开启,油才能注入气缸壁上的布油槽中。因为注油器每一工作行程向注油管路排出的油量很少,注油管中的油压的升高不过 0.1 ~0.2 MPa,这样只有当气缸内压力接近于扫气压力时,止回阀才能开启。

(2)气缸注油定时的调整

可调定时气缸注油器的说明书中一般都给出了调整方法,可以根据其对气缸注油定时进行调整。

(二)十字头柴油机曲轴箱润滑油

曲轴箱润滑油又称系统油、循环油。

在柴油机润滑油中,虽然曲轴箱油的消耗量低于气缸油,但用量却最大。为保证可靠连续的润滑,一般柴油机厂家推荐的曲轴箱润滑油量≥1 L/kW。在老式柴油机中一般规定曲轴箱油量为 3 ~5 L/BHP,而现代柴油机曲轴箱油量已降到了 0.5 ~0.7 L/kW。曲轴箱油主要润滑部件有主轴承、曲柄销(连杆大端)轴承、推力轴承、凸轮轴轴承、活塞销轴承、十字头轴承及导板等。除了润滑之外,曲轴箱油还对润滑部件有冷却及清洁功能。

1. 曲轴箱油在使用时要注意的内容

①使用中滑油应定期进行化验分析,掌握所用滑油的主要性能指标,如黏度、闪点、凝点、

总碱值、水分、杂质状况等。

②认真做好滑油的净化分离工作，确保水分、杂质含量不超标，保证使用滑油的品质在最佳的状态。

③每次加油量应控制在10%～15%之间。起动滑油泵让其充分混合，在循环中观察混合情况，确信不引起沉淀且没有润滑不良的反应。

④观察滑油压力，若比正常值低10%～20%时，虽然属于正常值范围，在不能降低滑油工作温度提高其黏度的情况下，要将滑油更换为黏度较高的品种，使滑油在应用中压力维持在正常使用标准，不然随着柴油机运转时间增加，磨损间隙的增大，滑油压力会进一步降低，不能建立足够油膜会使运动部件和轴承造成磨损。

⑤注意环境温度变化对滑油黏度的影响。

2. 曲轴箱油使用状况分析

曲轴箱滑油遭受的污染主要有气体、液体和固体三种。

(1)气体污染

润滑油在与空气的接触时会使油缓慢被氧化并变质。另外长时间贮存也容易使添加剂沉淀析出。因此，润滑油存放的时间不宜超过2年。除空气以外，油受高温高速燃气冲刷，一方面使轻质硫分挥发，另一方面高温燃气中的SO_2、SO_3等有害气体进入油中生成盐类，中和掉油中的添加剂的碱性，因此，燃气侵蚀对油污染较重。

水蒸气通过透气管以及机体结合部位与油接触，当柴油机停止工作时，从冷却的金属机体隔板生成的冷凝水会渗进油中。

(2)固体污染

固体污染主要来自燃油和气缸油的不完全燃烧产物——炭粒，还有轴承、运动部件磨损、锈蚀脱落下来的金属屑。除此之外，还有来自外界的灰尘、沙粒、胶质、树脂、脱落的油漆片或粉末等。这些以固体形式表现的污染物质，统称为杂质。对于燃烧状况不良的情况来说，杂质成分多为炭黑，而在润滑状况较差的情况下，金属颗粒占有相当大的比重。

通常油漆脱落是曲轴箱润滑油中混入水分、柴油所致。正确情况下油漆不会脱落，当曲轴箱着火或爆炸时，曲轴箱侧壁油漆由于受到剧烈的高温高压燃气的作用会引起脱落。

(3)液体污染

①水对曲轴箱油的污染

海水和淡水都会导致曲轴箱润滑油的污染。海水污染来源主要通过冷却器、曲轴箱连接管系渗漏进入，淡水来源主要是缸套冷却水漏泄造成的。少量的进水可通过分油机去除，但当进水量超过曲轴箱润滑油总量的5%时，就很难通过分油机在短时间去除，会导致油呈现灰色乳化状态，有条件时最好将进水的油驳入专用的沉淀柜中，加温将进水沉淀放出。

曲轴箱进水时，在尽快去除的同时，要尽快找到水的来源。当船舶不允许停车处理时要注意：一是控制曲轴箱润滑油进机温度在允许下限以下；二是要调整润滑油压力使其在上限，以便使乳化和半乳化的油充满被润滑点，形成足够的油膜。除去水分后，须对曲轴箱润滑油进行取样化验，根据化验结果，在公司指导下进行处理。

②燃油对曲轴箱油的污染

燃油进入曲轴箱润滑油中会导致润滑油性能降低，严重时会破坏油膜的形成，损坏轴承及运动部件，甚至会造成曲轴箱着火和爆炸，因此，要密切注意燃油的污染。检测燃油进入曲轴箱一般通过化验闪点和黏度两个指标确认。少量的燃油（重油）可通过分油机清除，但需提高分油机的工作温度(98℃)。大量的燃油(重油)进入到曲轴箱中一般只能采取换油措施。

③气缸油对曲轴箱油的污染

气缸油对曲轴箱油的污染较为普遍,主要是由于过高的气缸油注油率造成的,少量的气缸油混入曲轴箱油中,对曲轴箱油影响不大。如果数量过大,尤其是气缸油混入是随着主机运转转速而逐渐增加时,就难于控制,可能会导致曲轴箱油黏度过大,总碱值过高并超过标准。

总之,曲轴箱油要定期化验,船舶航行时,注意观察曲轴箱油的各种变化,及时发现问题并处理。

(三)筒形活塞式柴油机曲轴箱润滑油

筒形活塞式柴油机其曲轴箱润滑油通过飞溅、喷注等方式,一般同时用于气缸的润滑,其工作条件比较恶劣。因此,对筒形活塞式柴油机润滑油的要求要兼有气缸油和曲轴箱油的功能。

1. 筒形活塞式柴油机润滑油的性能要求

(1)抗氧化抗腐蚀性

筒形活塞式柴油机润滑油易受高温燃气直接冲刷,要求润滑油不易被氧化而变质或分解,保持其性能指标不变,同时还要具备足够的碱性,能及时中和燃烧产物中硫的化合物或硫酸,以免其腐蚀被润滑的相关运动部件。

(2)清洁分散性

在所有循环润滑流通部位,能将被润滑部件产生的积垢、磨屑带走,保持润滑部件清洁。因为机器本身热负荷和机械负荷较高,燃烧重油又极易产生积垢,要求润滑油具有良好的分散性,随时清除润滑油中的杂质,始终保持润滑油的品质在允许使用状态。

(3)抗磨损及耐压性能

柴油机在大负荷工况下,油膜应有足够的强度保证缸套、活塞、活塞环的润滑和密封,故要求润滑油具有良好的黏温特性。在高温、高压及活塞往复运动的行程中都能形成足够强度的油膜,减少缸套和活塞环的磨损。

2. 筒形活塞式润滑油的分类

一般分类标准有两种,一种是以黏度为标准,另一种是以总碱值(TBN)为标准。

(1)黏度标准分类

①SAE 黏度等级

SAE 黏度等级是由美国汽车工程师协会制定的黏度标准(见表 8-3),广泛用来表示汽车和船舶发动机润滑油的黏度等级,每个等级具有一定的黏度范围,多数润滑油具有一个黏度等级,汽车和船舶应急设备所用润滑油有两个黏度等级,如 10W-50,20W-20。

表 8-3 发动机润滑油的 SAE 黏度等级

SAE 黏度等级	黏度(CP)(℃)	可泵温度(℃)	温度倾点(℃)	黏度 mm^2/s(cSt)(100℃)	
	最 大	最 高	最 高	最 小	最 大
0W	3 250(−30℃)	−35	–	3.8	–
5W	3 250(−25℃)	−30	−35	3.8	–
10W	3 250(−20℃)	−25	−30	4.1	–
15W	3 250(−15℃)	−20	–	5.6	–
20W	3 250(−10℃)	−15	–	5.6	–
25W	3 250(−5℃)	−10	–	9.3	–
20	–	–	–	5.6	<12.5
30	–	–	–	9.3	<12.5
40	–	–	–	12.5	<16.3
50	–	–	–	16.3	<21.9

②ISO 黏度等级

ISO 黏度等级是由国际标准化组织(ISO)对液体润滑剂制定的黏度标准(表 8-4)。除了柴油机润滑油和气缸油外,船舶大多数润滑油都采用这种黏度标准,黏度都在 40℃下进行。

表 8-4 ISO 黏度等级

ISO 度等级	黏度居中值 mm^2/s(cSt)(40℃)	黏度范围 mm^2/s(cSt)(40℃)		相当的 SAE 黏度等级	
		最小	最大	黏度指数 100	黏度指数 150
ISO VG2	2.0	1.98	2.42		
ISO VG3	3.2	2.88	3.52		
ISO VG5	4.6	4.14	5.06		
ISO VG7	6.8	6.12	7.48		
ISO VG10	10	9.00	11.0		
ISO VG15	15	13.5	16.5		
ISO VG22	22	19.8	24.2		
ISO VG32	32	28.8	35.2		
ISO VG46	46	41.4	50.6	20	20
ISO VG68	68	61.2	74.8	20	30
ISO VG100	100	90.0	110	30	40
ISO VG150	150	130	165	40	
ISO VG220	220	198	242	50	
ISO VG320	320	288	352		
ISO VG460	460	414	506		
ISO VG680	680	612	748		
ISO VG1000	1 000	900	1 100		
ISO VG15000	1 500	1 300	1 650		

(2)总碱值 TBN 分类

①高:总碱值 30 ~40,适合 IFO 120 mm^2/s(cSt)及 180 mm^2/s(cSt)燃油。

②中:总碱值 15 ~25,适合 MDO 或 IFO 30 mm^2/s(cSt)燃油,即 RW1 雷氏一号,黏度为 200S。

③低:总碱值 15 以下,适合 0 号轻柴油、20 号柴油,即 MDO,船用柴油。

近年来,在选择船用柴油机筒形活塞式柴油机曲轴箱润滑油时,由于所用的燃油大多是 IFO 120 mm^2/s(cSt)以上的黏度,所选润滑油多为 SAE30,SAE40,而 TBN 为 30 ~40。

3. 筒形活塞式柴油机润滑油的使用要求

由于筒形活塞式柴油机的润滑油通常兼有气缸油及曲轴箱油的双重功能,所以对其使用要求及油品管理也要相应提高。

①筒形活塞式柴油机系统油污染最重,由于没有十字头填料函隔离,燃烧产物可直接被活塞环刮下并进入曲轴箱中,系统油一方面被高温燃气冲刷,另外又被带进的不完全燃烧产生的炭黑、磨损脱落的金属屑、杂质等污染物污染。

良好的系统油必须被认真地分离和过滤出进入或产生的污染物,如果不能及时分离并清除掉进入系统油中的污染物,随着残留物的增多,系统油的品质将慢慢低于允许的使用标准,并造成设备的损坏。

②由于筒形活塞式柴油机系统油要同时完成气缸和曲轴箱系统润滑的双重任务,其油膜又要有抗磨损及耐压性能,而且也要具备足够的清洁分散性以保持机器部件的清洁。通常具有抗磨损和耐压的添加剂都难以满足良好清洁分散要求,所以相应系统油处理的困难增加了。因此,对于筒形活塞式柴油机系统油分离和过滤要求就更严格,如果处理不当,在短时间内就会对运动部件造成剧烈的磨损损坏。

(四)其他主要润滑油

船舶使用的润滑油除柴油机润滑油(气缸油和曲轴箱油)外,还有许多小用量的润滑油,如液压油、透平油、齿轮箱油、冷冻机油等。

1. 液压油

液压油广泛用于液压控制和动力传送系统中。随着液压控制技术的发展,在船舶上得到了更广泛的应用,表8-5列出了其在船舶上的应用情况。液压油除了在传递动力时候受压力、剪切等作用外,还具有对机件的润滑、冷却、密封、防锈等功能。对液压油要求如下:

①良好的黏温性。液压设备在船舶分布广泛,从机舱到甲板,温度变化范围较大,要求其黏温指数在90以上,特种液压油则要求高达200以上。

②良好的抗氧化安定性。

③良好的抗磨性。液压油在工作中频繁地受剪切作用,并保持液压部件密封,因此要求具有良好的抗磨性,且在传递动力时本身不受压缩。

④不得含有易气化或产生气体的杂质。

⑤有良好的抗乳化性和抗泡沫性能。

⑥凝固点要低。

另外,选用液压油黏度应依工作油压而定,一般油压高,黏度应大些,防止漏泄。环境温度低时,凝固点也应低。部件运动的速度越高,黏度应越低,以减少能量损失。

表8-5 液压油在船舶应用范围

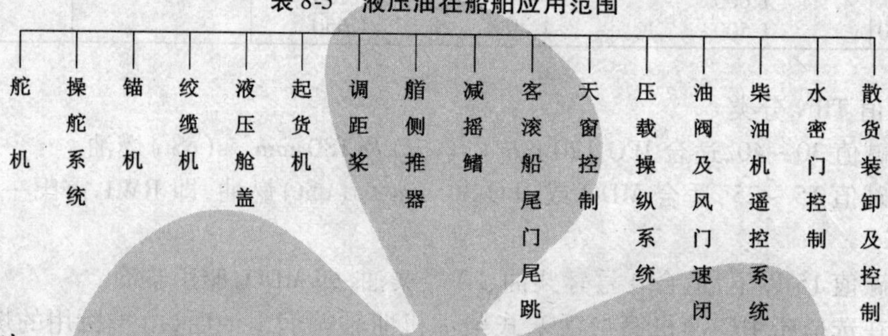

2. 透平油

透平油也称汽轮机油,在船舶上主要用于主、副机增压器轴承、废气涡轮等。

对透平油的主要要求是:

①具有良好的抗氧化安定性。由于透平的转速高,其轴承对油质变化敏感,因此要求透平油能不被氧化分解以确保轴承能形成足够的油膜。

②抗泡沫性能好。泡沫影响传热和润滑,要求透平油中产生的泡沫能迅速消失。

③防锈防腐性能好,以防轴承和机件腐蚀。

④抗乳化性好,以便使进入系统的水或蒸汽在使油乳化后能较快地从油中分离出来。

⑤黏度要合适。

3. 冷冻机油

冷冻机油又称冰机油,用于润滑和冷却制冷压缩机的气缸、活塞、曲轴等部件,并在气缸和活塞环间起密封作用。由于现在专业冷藏运输船、冷藏集装箱、冷藏舱的出现,冰机油的使用也越来越广泛,

(1)冷冻机油的工作特点

①接触冷剂。如果油中溶入冷剂,不仅黏度会大大降低,而且油中所含石蜡的溶解性也下

降，将在比凝点高的温度下析出。

②温度变化较大。曲轴箱中的油温一般不高于70℃，冷剂被压缩时的温度可升至150℃（以F22为冷剂时），而在蒸发器中冷剂蒸发时，温度又急剧降至－30～－20℃，甚至达－50℃。

③密封式或半密封式制冷压缩机的电动机浸入油中，要求冷冻机油有良好的绝缘性。

(2)冷冻机油的要求

①具有良好的抗氧化安定性，以便有较长的使用寿命。

②油品特性与制冷剂相适应，当油和冷剂互溶时，油不应变质。

③具有低的凝点，冷冻机油的凝点应比制冷装置蒸发温度至少低5℃，以免在较低温度时析出石蜡和产生沉淀，从而堵塞系统。

④不含水分，以免腐蚀元件和造成冰塞。水分也会降低绝缘性。

⑤电绝缘性能好。

4. 齿轮油

齿轮油分为闭式齿轮油与开式齿轮油两种。闭式齿轮油通常都是液态的，而开式齿轮油多半是用黏度高的油品或润滑脂。对齿轮油的要求如下：

①抗极压、抗磨损性能。齿轮油是诸多油品中抗极压、抗磨损要求最高的。原因在于齿轮润滑是由一对啮合和几对啮合齿面间完成的，传送功率集中而且交变，在极小的润滑油膜范围需要承受周期性断续地滑动与滚动的应力作用。由于接触面积小，要求油膜具有良好载荷性能，齿轮齿面啮合时不能挤碎油膜，要求齿轮油有极佳的抗极压性、抗磨损性。如果出现油膜破坏，金属与金属将直接接触，会导致齿面金属剥落和齿面深度金属咬伤。

②抗氧化、抗腐蚀稳定性。在受到极压作用和金属接触氧化时不产生分解、沉淀，不会堵塞润滑油路。

③具有较高的抗泡沫、抗乳化性能。由于闭式齿轮润滑中，一般油位浸至传动齿轮一定部位，或由于油被强烈喷射到传动齿啮合点，容易被搅动、混入空气而产生泡沫，故要求油品具有良好的抗泡沫性能。另外，受环境影响也容易混入淡水、海水，要求油品具有一定的抗乳化性能，以避免油压波动使润滑油膜遭到破坏。

5. 压缩机润滑油

压缩机通常是空气压缩机的简称，也称空压机。主要用来满足起动和操纵主机、副机及各种设备仪表控制系统所需气源要求。一般使用要求如下：

①选择具有良好黏温性能的润滑油。压缩机随着输出压力的提高，其本身温度也不断提高，可能会导致空气中的某些气体液化并渗入油中，会对润滑油的黏度产生破坏作用，所以要求油品本身具有良好的黏温特性，不易被所压气体侵蚀而始终保持一定黏度。

②压缩机油油膜长期凝结在阀片和阀口处易沉淀结垢，同时在控制系统中，存在许多精度细小的控制孔、控制膜片等，要求油品具有良好的清洁性，防止在系统中沉积结垢。

③在使用中应定期检测和更换压缩机润滑油，保持油品的黏度变化不大于10%，杂质和水分不大于0.1%。在更换油品时要注意清洁油底壳。

6. 应急设备润滑油

目前船用应急设备（应急发电机、救生艇、救助艇、应急消防泵等）的原动机大多是中高速柴油机。其润滑油的要求基本一致，即：驱动这些设备的原动机能根据需求在任何环境下，随时可以起动并投入正常运转，并要求设备工作可靠、有良好机动性能。

所有应急设备一般位于机舱之外,工作条件受环境影响较大,一般应选用多级黏度指数的10W-30,15W-40 油品作为润滑油。以便于随时可以起动,保证良好机动性和可靠性。

(五)润滑脂

润滑脂又称"牛油"、"黄油"、"黄干油"。它是一种常温下呈膏状的可塑性润滑剂。润滑脂种类繁多,应用范围广泛,其使用历史比润滑油还长,按其成分和性能的不同、可达数百种之多。在选择润滑脂时,通常应考虑以下几方面。

1. 耐高温润滑脂

目前工业及船舶要求耐高温的润滑脂,其温度通常可达 150℃,对于燃气轮机及锅炉部位要求能够达到 200℃,甚至 260℃。在这些高温部位要求润滑脂能适应热负荷高、散热条件不好等环境要求,同时要求具有挥发性小、热稳定性好、抗疲劳载荷等特点。

2. 耐低温润滑脂

选择低温润滑脂主要用于冰机及空调设备,对于船舶甲板机械使用的润滑脂,由于要满足寒带地区航行的要求,因此要求润滑脂能在 -40℃甚至更低时应能保持良好的润滑性能。

3. 抵抗各种污染的润滑脂

润滑脂虽然本身就具有一定密封性,但由于润滑脂是定期填充的,其数量相对较少而且又不能循环,其散热条件差、易氧化。润滑脂在应用中易遭受污染而加速氧化,造成润滑性能降低或失去润滑性能,而导致工作设备噪音增大、加剧磨损甚至损坏。

第二节　燃润油管理

一、燃油的加装

1. 加油申请

①船长会同轮机长根据航次任务,计算本航次燃油消耗量、备用油量和油舱、油柜内的存油量,按公司(机务管理部门)规定的燃油规格,拟定加油计划,并向公司(或租家)提出加油申请。

②船长接到公司(或租家)指定加油的港口及油品的规格、数量,并经轮机长确认后,船舶应及时回电确认。如对确定的燃油规格、数量、加油港口有异议,应及时报告公司(或租家)。

③船长应在船舶抵港前通过代理与油商联系并商定具体的加油时间和地点,并及时通知轮机长。届时轮机长及主管轮机员应留船等候,如有变动,应尽早通知代理,并应得到供油公司的同意,避免发生装驳费、空驶费等。

2. 加油前的准备工作

轮机长和主管轮机员根据加油数量及船舶储油情况,做好"详细受油计划书",具体格式可以参照 SMS 文件的相关附表,再与船长和大副商讨后执行。

(1)轮机长应组织召开由轮机部全体成员和驾驶部相关人员参加的加油准备会议。会议应包括以下内容:

①通报"详细受油计划书"。

②进行相关法律法规的学习及防污染操作教育。

③根据加油港的具体情况,明确各自的职责和分工。

(2)轮机长根据受油计划,书面通知大副加油的油舱及各油舱的加油量,以配合装货和水

尺调整。

(3)大管轮负责安排好受油中的使用工具、通信工具、警告牌、清洁油污材料(木屑、棉纱及化学药剂)、试水膏及其他用品,并逐一检查,确认无误。

(4)主管轮机员根据受油计划进行必要的并舱(如需要),以避免加油时造成混油。在油船到来前负责检查并打开受油舱的甲板透气管活瓣,并确认透气管、测量管的溢油池旋塞已关闭。

(5)大副负责安排于油气可能扩散到的区域悬挂“禁止吸烟”的警告牌并备妥消防器材,严禁明火作业。

(6)在船靠妥油码头或油驳靠妥本船装油前,值班驾驶员应立根据港口的规定改挂指示标志。如白天悬挂“B”信号旗,夜间开亮桅杆红灯等。

(7)木匠或水手长负责加油前堵塞甲板疏水孔。

(8)如加油被供方延误,造成我方直接或间接损失,船长应立即通知代理向供方提交滞期损失索赔通知,同时书面上报公司。

3. 受油工作

(1)加油前

加油开始前,轮机长应携同主管轮机员与供方代表联系,商定如下事项:

①燃油的规格、品种、数量是否符合要求。

②确定装油的先后顺序。

③最大泵油量(添装过程中泵油速度)及其控制方法。

④装油过程中的双方联系方法。

⑤加油泵应急停止方法。

⑥装油开始前,轮机长应亲自或指派主管轮机员检查油驳或油罐的检验合格证和规范图表,弄清油驳的舱位分布及数量,与供油方代表一起测量并记录供油油驳的所有油舱或油罐的油位、油温和密度,计算出储油量;审核驳船装单,如发现不一致,需当即弄清;要核对并记录流量计的初始读数,如为油罐车供油则应检查其铅封是否完好;双方确认后,轮机长在供方提交的装前状况确认书签字。

⑦装油开始前,应提请供油方按正确方法提取油样,并监督取样装置的安装及调整。

⑧检查本船各有关阀门开关是否正确,各项工作准备妥善后,即可通知供方开始供油,并记录开泵时间。

(2)加油中

①开始泵油后,注意倾听装油管的油流声,检查装油舱透气管的透气情况,证实油确已装入指定的油舱中,并及时测量受油舱液面的变化情况。

②在全部装油过程中,要勤测量,记录每次测量值,同时计算加油速度,监督装油速度是否符合约定速度,必要时与供方联系调整。注意装油引起船舶倾斜对测量的影响及可能造成油面首先封住透气管引起的跑油现象发生。

③受油舱中的油已达到本舱容量的70%左右,应打开下一个受油舱的进口阀若干圈,防止溢油。

④换装油舱时,应先全开下一个受油舱的进口阀,然后关闭正在装油的受油舱的进口阀。

⑤在寒冷天气装油时,应适当提高加油温度,防止油入舱后温度下降快,影响到测量,甚至造成跑油。

⑥油驳上均有油样提取装置,轮机长或主管轮机员应使用油样提取装置,在加油全过程中点滴取样,最后混为2~3瓶标准油样,每瓶至少1 L,加油完毕后摇匀(约30 s),均分成2~3份,由双方代表现场铅封瓶口,再将有双方签字的标签贴在瓶上,并注意铅封是否完好、有无铅封号。油样一瓶交油公司,一瓶留船保存1年(或1瓶送实验室化验)。

⑦加油过程中,当有公证人员(Bunker Surveyor)在船时,如果轮机长对公证人员的工作程序或文件有异议,应当面提出,并应在加油操作前达成一致。加油数量应以公证人员测量数字为准。但是,船舶轮机长必须组织主管轮机员和其他人员在加油全过程中进行现场监装、监测、监督提取油样。油样应由船方、供方和公证共三方代表签字,船方不得接受供方提供的未经三方代表签字的油样。

⑧在整个受油过程中,取样器要由专人照看,不得离人。

(3)加油后

①待油舱中的油气稳定后(正常情况下,1~2 h可消除90%以上的气泡,轮机长和主管轮机员与供方代表一起测量并记录装毕后供方油驳所有油舱或油罐的油尺、油温和密度,并结合船舶装油后船舶的吃水差及左右倾斜角,计算得出剩余油量;核对并记录流量计的读数和停泵的时间(如果有流量计)。双方确认一致后,轮机长在供油方提供的加油收据上签字。

②于加油当天,将受油数量记录在轮机日志上。

③如受油发生争议,轮机长与供方代表交涉,并告知船长,待解决后再在加油收据上签字。若现场双方不能通过协议解决,轮机长不要在加油收据上签字,也暂不要让供方代表及油驳等离开现场。如果船期允许,可以通过代理申请第三方实施公证检验,对双方的油舱、油舱的容积、标尺、油泵的流量计及泵油管路等进行检验、测算,作出裁决,同时将此情况报告公司。公证检验时,我方轮机长及主管轮机员须在现场。如果船期不允许,则轮机长必须在加油收据上加批注(供方不同意加批注时,可书面声明并由双方代表签字),并将此情况通知油公司,同时上报公司,验船费用将由败诉方负担。

4. 加油工作报告

加油工作结束后,轮机长应向船长汇报在港加油量(准确到小数点后三位)、规格、存油量及加油过程中的问题。船长应在离港电报中将加油的规格及数量(准确到小数点后三位)上报公司。如加油中出现争执问题,轮机长应及时将争执的起因、过程及处理情况写出详细的书面报告连同有关的日志摘要寄往公司。

5. 新加装燃油的使用

按惯例,质量投诉有效期一般为30天(从加油日期开始计算),最少时为7天。因此,加完油后要在一周内试用该油,如有问题及时向公司汇报,以便公司及时安排油样化验、分析等取证工作和在索赔有效期(加油后1个月内)内进行索赔工作。另外,一些公司要求新加装燃油先送交指定的实验室化验,根据实验室的化验结果确定是否使用及如何使用。这样,待加装燃油结束后,应及时将符合要求的油样委托船舶代理送达或寄送实验室,以免耽误新加装燃油的使用。

二、燃油的储存管理

①"燃油存量记录簿"由主管轮机员保存记录,一般对加油前后,抵离港及长航中间进行测量(一般一周一次),详细记录各油种的存量及存放舱柜。轮机长要定期检查,并签字确认。

②船舶每天消耗量要准确无误记入"轮机日志",误差不应大于0.5%(有流量表的要定时

记录流量表读数）。

③轮机长应认真填报“燃润油航次报告表”、抵离港存油电报、申请加油电报，其填报油量要与实际相符，存油误差不应大于1%。

④主管轮机员交接班要对燃油存量进行严格核实，并在“燃油存量记录簿”及轮机日志上签字确认。

⑤轮机长负责监督指导主管轮机员对燃油的正确使用及储存工作，杜绝出现由于不合理用油而发生的混油或不能按计划加油等现象，并对此造成的损失负责。

⑥船舶在用油中，如油舱或用油设备出现故障，影响下次加油，应书面报告公司，以便在以后安排加油时予以考虑。

⑦当船舶污底影响航速时，船舶要及时书面报告公司，由公司根据港口情况负责安排刮船底工作。

⑧船舶油舱油角、油泥的清除要书面报公司，然后根据公司安排进行处理。

⑨船舶期租期间，要严格监督租家所定油品规格是否符合合同规定，对于不符合规定的油品要拒绝接受，并电告公司，根据公司的指示执行。

⑩对于期租期间的燃油质量问题在报租家同时要抄报公司。

⑪期租结束交接船时，轮机长应根据租家雇用的公证人员（Bunker Surveyor）测定的船舶存油数量重新修订轮机日志的燃油数量。如果公证人测定的船舶存油数量与轮机日志记录的船舶燃油数量相差较大，应协商妥善解决。如果不能达成一致，应及时请示公司。

⑫每日正午，轮机长应计算当日燃油消耗和船舶燃油存量，并由船长电报公司及租家。每航次结束后，轮机长应根据公司或租家的要求格式填写航次燃油消耗报告，由船长签字后发送公司或租家。

⑬船舶转卖时，轮机长记录船舶交船时的存油量并及时上报公司。

三、燃油的使用管理

1. 燃油的取样方法

燃油的取样应使用专用的全程点滴取样器进行。如图 8-2 为一符合要求的 DNV 燃油取样器。该取样器主要由三部分组成，连接法兰、调节阀、取样瓶。连接法兰内有不锈钢穿孔的探针，针孔规格为 $4 \times \phi 2$ mm，针孔应沿法兰直径均匀分布；调节阀可调节取样油滴的滴落速度，全程的点滴取样速度一致，取样量满足在加油结束时刚好充满取样瓶为最佳。取样器的前两部分一般由供油方提供，取样瓶由船方提供。应将取样器的连接法兰安装在船舶加油总管上，安装前应检查取样器中的取样孔是否有堵塞情况，调节阀是否工作正常。在加油的全程连续点滴取样，加油结束后，将混合均匀的油样分装在 3 个油样瓶内，受、供双方现场铅封，填签油样瓶标签（如果有 Bunker Surveyor 在船，也应在场并签字）。双方各保存一瓶，另一瓶寄往实验室化验。

2. 燃油存量的计算

船舶燃油消耗和存量都以吨（t）为计量单位，但船舶舱容表和流量计的读数全是以体积（m^3）为单位，在使用“舱容表”计算燃油舱、柜存量时，应首先确定燃油的密度。一般船舶加油得到的燃油密度（或实验室化验单提供的燃油密度）都是 15℃时的密度，而不同舱的燃油温度不同，计算时必须分别对密度进行修正。密度 ρ 的修正值由下式获得

$$\rho = \rho_{15} - A(t - 15) \tag{8-1}$$

式中，t——燃油温度；

ρ_{15}——燃油在15℃时的密度；

A——燃油密度/温度修正系数，如表8-6所示。

由于船舶燃油舱柜的自由液面比较大，各部分的液体测深S(自由液面到舱底的深度)随船舶不同方向的倾斜而不同，在查取舱容表前应对测深值进行修正。一般船舶舱容表含有两方面的修正关系，即船舶前后吃水差(Trim)修正值T和船舶左右偏斜(Heel)修正值H。就是说在测量出燃油舱的测深S后，应首先确定T和H，T和H可从各自的修正表查得。S由下式进行修正

$$S' = S + (T + H) \tag{8-2}$$

式中，T——船舶前后吃水差代数值；

H——船舶左右偏斜代数值。

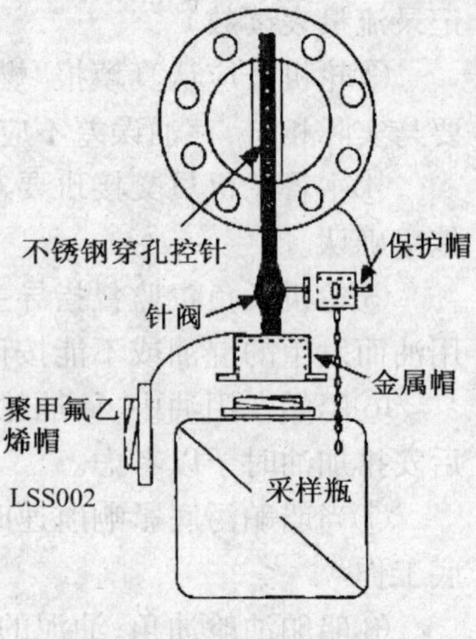

图8-2 DNV燃油取样器

经过式(8-2)修正后的S'值，可通过船舶舱容表查得该油舱燃油体积值，再通过经式(8-1)修正的燃油测量温度下的密度计算出燃油的质量值(t)。

如果燃油的体积值是通过流量表读出，可直接通过经式(8-1)修正的燃油测量温度下的密度，计算出燃油的质量值(t)。由于船舶各污油舱柜的加热温度不同，为精确求得船舶机舱各污油舱的污油量，也应按式(8-1)进行分别修正计算。

表8-6 燃油密度/温度修正系数

ρ_{15}	A	ρ_{15}	A
0.990～0.999	0.000 61	0.870～0.879	0.000 66
0.980～0.989	0.000 62	0.860～0.869	0.000 66
0.970～0.979	0.000 62	0.850～0.859	0.000 66
0.960～0.969	0.000 62	0.840～0.849	0.000 67
0.950～0.959	0.000 62	0.830～0.839	0.000 68
0.940～0.949	0.000 62	0.820～0.829	0.000 69
0.930～0.939	0.000 62	0.810～0.819	0.000 70
0.920～0.929	0.000 62	0.800～0.809	0.000 72
0.910～0.919	0.000 63	0.790～0.799	0.000 73
0.900～0.909	0.000 64	0.780～0.789	0.000 74
0.890～0.899	0.000 65	0.770～0.779	0.000 75
0.880～0.889	0.000 65	0.760～0.769	0.000 76

3. 劣质燃油使用与管理

(1)当两种燃油出现不相容时，就会产生沥青质沉淀，有黑灰色或棕色胶状物质析出，易堵塞泵、管系、滤器及分油机等处，为了防止出现此类问题，要求采取下列措施：

①分开储存不同来源燃油，加油前要把储存的燃油集中存放，进行并舱，尽可能避免将两种不同规格油加入同一油舱中。

②相同规格不同产地的混装出现问题的几率为千分之几，尽可能避免1∶1混对。7∶3混对后需要尽快用完。

③注意不要将硫分不同、黏度不同的直馏燃油和催化裂化燃油混放在一起。

④新加油根据规定的试用程序试用，熟悉其性能，早发现问题及时解决，减少危害程度，缩短危害时间。

⑤国产20号重油不能与国外的油相混。

(2)认真掌握测量油品数量、取好油样。

当前船舶所用燃油黏度都很高，通常加油温度高于40℃。在取样时要注意油品有代表性，避免瓶内油品与实际供应油品出现差异，使用出现问题后，存在争议却没有有效的证据，难以进行索赔。所以，油样要在加油过程中连续滴油取样。

(3)认真做好预热加温确保燃油充分雾化燃烧。

燃油处理好坏的重要标准就是经过处理后，燃油由喷油嘴射进燃烧室能充分雾化燃烧，在不损坏运动部件状况下，燃油充分发挥热效率推动活塞对外做功，达到最大热效率。在油舱中首先预热的目的是解决驳运问题，对于所加燃油来讲必须要有加温装置，不然将无法驳运。在国外加装MDO即船用柴油的船舶，当返回中国沿海港口加装20号重柴油时，要考虑油舱加温条件，不然在冬季很难驳运。

燃油从油舱中首先驳入沉淀柜，沉淀柜是燃油处理的第一步。沉淀柜功能主要是通过加温将燃油中水分杂质通过放残管排除，也便于通过放残管放出油样检查燃油质量。因此，沉淀柜要能将燃油所含水分、杂质消除掉就要相应提高预热温度，通常IFO 180 mm^2/s燃油，沉淀柜需加温至70～80℃，当杂质、水分含量高时可提高至80～90℃。

日用柜是经过滤器、分油机分离后驳入的燃油，在日用柜中油经加温由高压油泵通过喷油嘴喷入燃烧室。经过国际上许多柴油机厂的试验，二冲程柴油机的最佳喷射黏度为12～16 mm^2/s，即雷氏1号黏度60～75 s；对于四冲程柴油机的最佳喷射黏度为9～14 mm^2/s，即雷氏1号黏度50～70 s。如果加温温度过高，就引起喷射黏度过低，导致燃油易汽化，高压油泵、喷油嘴密封不良出现渗漏，过热易出现积垢结炭、咬死现象。当加温温度过低时，即使是同品种燃油也有很大区别。比如，IFO 180 mm^2s燃油密度最低为0.94 kg/cm^2，最高为0.998 kg/cm^2，甚至达到1.01 kg/cm^2。其他项目相差也很悬殊，因此要根据燃油质量差别采取相应措施。如：密度变化了要更换分油机比重环，黏度变化后要相应改预热温度。

4. 燃油化验报告

每次加完油后应立即将油样寄往公司指定的实验室进行化验，一般化验报告一周内即可返船。表8-7的例子是以某实验室的一份燃油化验报告为例，对相关问题进行叙述。

表8-7 某船某次所加燃油化验报告

Sent: Thursday, April 13, 2006 4:20 AM
Subject: Report: FO604843121 - Vessel Name - RMG 380: conforms - EFN:59
FROM
VISWA LAB
TO
MV. XXXX

Fuel Sample	XXXXXXX
VLC Log No.	FO604843121 Date 02/19/06
Bunker Port and Date	XXXXXXXX. 02/15/06
Place and Date Sent	XXXXXXXX. 02/1506

续表

Supplier	XXXXXXXX	
Date Received at VLC	02/19/06	
Sample Type per Customer	IFO 380	
Grade	RMG35	
Tamper Proof	510575 :Sealed	
Customer furnished data		
Density	987.0 kg/m^3	
Quantity	949 m. Tons	
Specified Parameters for RMG 35		
Density @ 15℃	985.9 kg/m^3	(991.0 Max)
API Grade	11.94	(11.20 Min)
Viscosity @ 50℃	283.25 cSt	(380.00 Max)
Viscosity @ 100℃	30.2 cSt	(35.0.00 Max)
Upper Pour Point	11℃	(30.0 Max)
Carbon Residue	14.43 % Wt	(18.00 Max)
Ash	0.038% Wt	(0.150 Max)
Water	0.05% Vol	(0.50 Max)
Sulfur	1.49% Wt	(4.5Max)
Sediment	0.00% Wt	(0.10 Max)
Vanadium	44 Wt. ppm	(300 Max)
Al + Si	57 ppm	(80.00 Max)
Flash Point	>60℃	(60 Min)
Additional Parameters		
Si	31 ppm	
Al	16 ppm	
Na	28 ppm	
Ca	29 ppm	
Fe	50 ppm	
Pb	<1 ppm	
Ni	16 ppm	
P	5 ppm	
Zn	2 ppm	
Mg	5 ppm	
CCAI	850	
Calorific Value	40.76 MJ/kg	
Minimum Transfer Temperature	39℃	
Injection Temperature(for 13 cSt Viscosity)	130℃	
Engine Friendliness Number(EFN:1 - 1100)	61	

续表

Grade Conformance

The fuel sample tested conforms to grade　　　　　　RMG380

Comments

Suggestions & Reco mmendations to ship owners/operators/technical staff

Temperature for Injection Viscosity 10 is 142℃

Temperature for Injection Viscosity 15 is 124℃

Catfines

Observation：Catfines content (Aluminium + Silicon) in fuel is high.

Catfines cause high wear in rubbing surface of cylinder and fuel system. if the catfines content is less than 20 ppm, wear and tear for the engine will be minimal. Increased catfines content will increase the wear rate.

Purify continuously and recirculate the fuel several times to bring down the catfines content.

Pour Point

Observation：Heat and store this fuel at 10 above the measure pour point temperature.

Sulfur

Observation：This fuel is has low sulfur.

High alkalinity of some cylinder oils can cause scuffing and excess wear of cylinder liners.

Make sure cylinder oil used can handle low sulfur fuel.

CCAI

Observation：Ignition delay is indicated by CCAI greater than 840 for medium-speed engines and greater than 870 for low-speed engines.

Overall quality

Engine Friendliness Number(EFN) is a unique bench-mark of fuel quality evaluated by VISWA LAB from the point of view of engine wear tear resulting from the use of this fuel. Based on EFN, which is calculated form the analysis results listed in this report, the quality of this fuel is good.

Note：the conformance of this fuel to the contracted specifications may have no relationship to the evaluation of this fuel based on EFN.

化验报告提供了比较详细的燃油信息，同时还提供了主要燃油指标的极限值，利于比对，同时提出了对此次加装燃油的使用建议和注意事项，比如燃油最低驳运温度、雾化温度等。对一些可能影响柴油机正常工作的指标也提出了警示，如燃油中的磨料磨损成分偏高（Al + Si）、硫含量偏低等。

一般来说，燃油中含有的铝和硅大部分呈球形，尺寸在 5 ~ 150 μm，硬度比钢大。燃油中铝和硅偏高会导致主机的燃油喷射系统的偶件（喷油泵中柱塞套筒、喷油器中针阀偶件等）和活塞环、气缸套产生过度磨损。而且，它们还会对填料函密封圈造成过度磨损，引起填料函漏泄加重。一般要求铝和硅总量在加油时应小于 30 ppm，在进入气缸前应降低到 10 ppm 以下。如果加油时它们的总量超过 40 ppm，一般认为此次加油含有较高的铝和硅的含量。

如果发现船舶已经加装了此类燃油，一般应采取以下措施：

①提高气缸油注油率。

②降低缸套冷却水温度（如：从 85℃降到 75℃）。

③尽可能降低扫气温度。

④加强燃油沉淀柜和日用柜放残频率，最好放残回流到专用油舱，并供给锅炉使用。

⑤起动全部分油机并联运行,缩短排渣周期。

⑥如果燃油系统安装了细滤器,不要使其旁通。

⑦当燃油日用柜有高和低两个吸口时,使用高位吸口。

如果发现过度磨损已经发生,应尽可能降低主机的负荷,如果有条件应更换硬度更高的活塞。实际上,去除燃油中铝和硅的最有效方法是在燃油系统中安装自动反冲洗细滤器(5 ~ 10 μm)。

四、润滑油的加装

1. 加油申请

轮机长应特别关注船舶各种润滑油的消耗情况,根据公司的要求及时准确地上报。尤其对于一些消耗大、关系到主机安全运行的润滑油,更应留有必要的应急储备量,如主机气缸油、主机系统油等。其加油申请原则应包括以下几个方面:

①不同的港口,同一品牌同一型号润滑油的供应价格不同,有时相差较大,为了节省润滑油的费用,应科学选择加油港口和加油量。在船舶配有的润滑油使用相关文件中,一般有关于本船使用品牌的润滑油在世界各地港口加油价格列表,轮机长应根据以后航次任务、船舶润滑油存量及日消耗情况,综合制订出各型号润滑油的补充计划,并报送公司。

②在制订加油计划时,应注意保持各润滑油的最低储存量。在抵达加油港加油时,气缸油应保持至少正常航行 7 天消耗的存量;主机系统油应保持至少主机正常工作循环量的 85% 存量。

③加油选择在靠泊装卸货或加装燃油时同时进行,应杜绝因加装润滑油专门挂靠港口。

④如果船舶处于航次租船或期租期间,应尽可能提前掌握租家的未来航次任务,避免在加油困难的港口补充润滑油。

⑤各主要品牌的润滑油都有各自的取样瓶,在向公司报送加油计划时,应根据需要一起定购。

2. 加油前的准备工作

①轮机长和主管轮机员应根据加油数量及船舶存油情况,做好加油计划。

②润滑油的加装一般由公司安排,但抵港前船长应主动与代理联系,明确加装润滑油的类型(散装还是桶装),以便做好相应的准备工作。

③主管轮机员根据公司批准的加油计划做好加油的一切准备工作,如果是桶装润滑油,做好调运和绑扎等准备工作。

④如果加油被供应方延误,造成船舶直接或间接经济损失,船长应向供方提出滞期损失索赔报告,并书面报告公司。

3. 加油中

①轮机长与供油方代表确认加油品种和数量。

②在加装散装润滑油时,轮机长应同供油方代表确定加油量计量方法。并由主管轮机员(一般为大管轮)与供油方代表,一起记录供油驳的流量表初始数值和船舶相关油舱初始存油量,如果供油驳没有流量表,一般由主管轮机员与供油方代表一起测量供油驳的相关油舱的初始存油量。

③在加装桶装润滑油时,应与甲板部做好桶装润滑油的吊运工作,确保吊装作业的顺利和安全。

④开始加油后，应在数分钟之内核实被注入舱（柜）油量，确定油已经注入指定油舱（柜）中。

⑤当受油舱（柜）中的油量达到本舱（柜）高度的3/4时，应打开下一个舱（柜）的进口阀，防止溢油。注意应先全开下一个受油舱（柜）的进口阀，然后关闭正在装油的舱（柜）的进口阀。

⑥若主机气缸油与主机系统油同管，应先加装主机系统油；若主机系统油与副机系统油同管，应先加装副机系统油。但在换油之前，应尽量清空管系内的残油，尽量减少混油数量。

⑦监督油样的采取，并在油样瓶上做好相关的标记。

4. 加油结束

（1）等油舱（柜）中的油稳定后，主管轮机员与供油代表一起测量船方的加油舱（柜）的加油量，同时测量供油驳的供油量，确认一致后，由轮机长在供油收据上签字。

（2）如果发生争议，轮机长应与供油方代表协商，一般应与船方的测量记录为准，如果协商不能达成一致，轮机长应告知船长，由船长决定下一步的措施：

①若船期允许，可通过船舶代理申请公证人上船进行公证测量，以公证测量为准，同时将情况上报公司。

②如果船期不允许，轮机长在加油收据上加批注，并将情况报告公司。

③如果船期不允许，轮机长可以签署书面声明（抗议），并由轮机长与供油方代表签字。

（3）若加装桶装润滑油，应尽快驳入油舱（柜）中，在时间不允许的情况下可暂时放在甲板上，但应牢固绑扎，防止被海浪打入海中造成损失及海洋污染。

五、润滑油的管理

1. 日常管理

（1）做好润滑油的净化分离工作：

①滑油分油机的分离温度保持在85～90℃。

②大型低速柴油机的滑油分油机的分离量为额定流量的1/4，中速筒形活塞式柴油机为1/5。

③有比重环的分油机应选择合适的比重环，保持油水分界面在分离盘架的外边缘；无比重环的分油机应确保水传感器的工作精度，保证可靠的排水。

④停泊期间，如果停泊时间不长（1周左右），应使滑油分油机连续工作；如果停泊时间较长（10天以上），可考虑适当地停止滑油分油机一段时间。

（2）对于筒形活塞式柴油机，每一年对滑油循环舱进行一次清洁，每两年对滑油储存舱进行一次清洁。对于十字头式柴油机，可适当加长清洁时间间隔。

（3）对于筒形活塞式柴油机，应按说明书的要求定期更换系统润滑油。

（4）当定期检测发现滑油化验单反映出润滑油的部分指标变化异常或超标时，应及时采取措施，并尽快取得公司的技术支持。

（5）更换或报废主机系统润滑油必须得到公司的批准。

2. 润滑油的化验

①一般船舶具有一套专用的滑油取样器具，包括：取样瓶、取样标签、邮寄用包装物等，随润滑油添加一同定购。在公司的文件中包括各种标签填写说明及要求。

②公司的文件中规定了各种润滑油的取样周期，主要包括：主机系统油、副机系统油、艉轴

管油、舵机油、甲板液压设备油等。一般主机、副机和艉轴管的取样化验周期为3～4个月；甲板机械的取样化验周期为5～6个月。

③取样点的选择应能代表使用中的润滑油情况，每次选择同一地点取样。

④取样应在机器运行期间，首先放掉足够的油量，以保证取样的代表性。

⑤取样标签应至少注明：船名、船舶IMO编号、公司名、取样港口、取样日期、设备运行时间、滑油牌号、油样邮寄日期及港口等。

第三节　备件管理

一、备件的数量要求

为了保证船舶的航行安全，船上必须备用主推进装置及辅助设备的主要备件。船舶库存适量的备件，可减少停航时间，但备件数量过多，则需占用大量资金和库存空间。在正常情况下，一般远洋船舶需备有大约4 000件价值60万美元的备件。因此，建立一套完善的备件管理系统，做好备件保管工作，及时地从供应商、岸上仓库得到备件，尽可能控制备件库存量，是轮机管理工作的重要组成部分。

1. 备件数量的控制

备件库存最少数量应满足船级社规定的最低数量需要，在正常适航情况下，备件数量不得低于这个最少数量。

订货时间系指必须订货的最迟时间；否则将出现库存备件低于最少数量的情况（它与交货时间的长短有关）。

订货的数量主要取决于经济效益。订货量大则占用资金多。库存数量的变化，取决于备件消耗、订货数量和订货次数。对船上库存备件的数量可从下列几个方面来考虑：

①从安全上考虑，船上应配有哪些备件。

②应满足船级社的备件要求。

③适应船舶备件消耗的具体情况。

④应估计到备件交货时间的长短。

2. 法规对备件数量的要求

中国船级社《钢质海船入级规范》和《船舶与海上设施法定检验技术规则》对主要备件的数量都作了明确规定。船上备件如不能满足要求，不仅影响轮机入级证书的签发，而且影响法定证书（船舶航行安全证书或适航证书）的签发。

各船级社的规定不尽相同，在建造和营运中船东可引用有利于自己的规定。

（1）轮机装置的备件数量

对装有多机推进装置的船舶，仅需配备1台主机所需备件。如果发电机和空气压缩机的数量多于法规所要求的数量时，则可不需要备件。CCS对主柴油机、副柴油机备件的具体要求参见表8-8和表8-9。

表 8-8　主柴油机备件

项目	备件名称	备件数量	
		无限航区	有限航区
主轴承	每种尺寸和形式的一个轴承或壳体,包括所有垫片和螺母总成	1套	
主推力轴承	单环式推力轴承的推力块或滚柱力轴承的内外垫圈	1套	1套
气缸套	气缸套,包括密封环和垫圈总成	1套	–
气缸盖	气缸盖,包括阀、密封环和垫片总成,对无缸盖的机器,每一个缸组的各种阀	1套	–
	一个缸的气缸盖所需的螺栓及螺母	1/2套	
气缸阀	一个缸的排气阀,包括阀套、阀座、弹簧和其他附件总成	2套	1套
	一个缸的进气阀,包括阀套、阀座、弹簧和其他附件总成	1套	1套
	起动空气阀,包括阀套、阀座、弹簧和其他附件总成	1套	1套
	安全阀总成	1套	1套
	一台机的每种尺寸和形式的燃油阀,包括所有附件总成	1套	1/2套
连杆轴承	一个缸的每种尺寸和形式的下端轴承或轴承壳,包括垫片、螺母和螺母总成	1套	–
	一个缸的每种尺寸和形式的上端轴承或轴承壳,包括垫片、螺母和螺母总成	1套	–
活塞	十字头式:每种形式的活塞,包括活塞杆、填料函、刮油环、活塞环、螺栓和螺母总成	1套	–
	筒形活塞式:每种筒式的活塞,包括刮油环、活塞环、螺栓、螺母、活塞销和连杆总成	1套	–
活塞环	一个缸的活塞环	1套	–
活塞冷却	一个缸组的套管冷却管和附件,或其他相当的设备	1套	–
凸轮轴传动齿轮及链环	由船东决定	–	–
喷油泵	喷油泵总成或当在海上能够更换时,一台泵工作部件组合(柱塞、柱塞套、阀、弹簧等)	1套	–
喷油管	每种尺寸和形式的高压燃油管,包括接头总成	1套	–
扫气鼓风机(包括涡轮增压器)	转子、转子轴、轴承、喷嘴环、齿轮或其他形式的相应工件部件。 注:如一台鼓风机发生故障,但机器能保持船舶操纵所要求的功率时,则备件可省略。一台鼓风机发生故障时,应能在船上配备机器运转所需的盲板或盖板装置	1	
扫气系统	每种形式一台泵的进排气阀	1套	–
减速和/或倒车齿轮	齿轮箱中每种尺寸的轴承衬套	1套	–
	齿轮箱中每种尺寸的滚子或球座圈	1套	–
主机带动空气压缩机	每种尺寸的活塞环	1套	–
	每种尺寸的进、排气阀总成	1/2套	–

(2)自动化系统的备件

船上应备有自动化系统的必要备件,以保证自动化系统的可维修性和可靠性。备件一般应为完整的单元,但如单元中的易损件易于更换,则可由这些零件代替单元。永久装设在自动化系统的储备元件,可作为规定的备件看待。

表 8-9　副柴油机备件

项目	备件名称	备件数量	
		无限航区	有限航区
主轴承	每种尺寸和形式的一个轴承的主轴承或壳体,包括垫片,螺栓和螺母总成	1 套	
气缸阀	一个缸的排气阀,包括阀套、阀座、弹簧和其他附件总成	2 套	–
	一个缸的进气阀,包括阀套、阀座、弹簧和其他附件总成	1 套	–
	起动空气阀,包括阀套、阀座、弹簧和其他附件总成	1 套	–
	安全阀总成	1 套	–
	一台机的每种尺寸和形式的燃油阀,包括所有附件总成	1/2 套	–
连杆轴承	一个缸的每种尺寸和形式的下端轴承或轴承壳,包括垫片、螺母和螺母总成	1 套	–
	筒形活塞式:一个曲拐的带有衬套的活塞销	1 套	–
活塞环	一个缸的活塞环	1 套	–
活塞冷却	一个缸的活塞冷却附件	1 套	–
喷油泵	喷油泵总成或当在海上能够更换时,一台泵工作部件组合件(柱塞、柱塞套、阀、弹簧等)	1 套	–
喷油管	每种尺寸和形式的高压燃油管,包括接头总成	1 套	–
垫片及填料	一个缸的气缸盖和气缸套每种尺寸和形式的专用垫片	1 套	–

下列设备应按所装每一不同规格总数的 10% 配置备件,且至少应备一件:

①容易损坏的传感器。

②指示仪表。

③控制器。

④执行器(如电磁阀等)。

⑤继电器。

⑥熔断器。

⑦指示灯。

⑧报警声响器。

⑨电子计算机(若使用时)的功能模块、外部设备等。

⑩其他。

二、备件管理系统

为了管理好船上的备件,必须建立一个备件管理系统,它包括备件管理、备件编号、备件标签、备件卡片、资料表格、备件存放位置、确定备件最大数量和最小数量、交货时间、订货单、定期记录等。

1. 对备件管理系统的要求

①完善的库房和备件货架。

②备件的良好库存,包括分类编号、标签、卡片等。

③备件的及时订购和修复。

④完整的备件订货资料,包括备件编号册、规格说明书等。

⑤各供应厂家的资料。

2. 人工备件管理系统

人工备件管理系统适用于分散管理的船舶,也适用于集中管理的船舶,在分散管理的船舶上,往往由轮机长负责备件管理的各项事务,如购置和收货;各类备件订货和备件控制,档案文件。这种系统适用于长时间与岸上人员机构缺乏联系的船舶。

所有备件的资料都可在备件表里查到,如备件存放位置,订货资料(正常库存、订货时间、订货数量等),技术规格和备件名称。

每个设备应按分类编码给出编号。在各备件表格中应填写备件库存量,记录备件的消耗和订购。每个月轮机长应在相应表格中记录备件的收货和消耗情况。

3. 计算机备件管理系统

对于集中经营几个船队的庞大船舶公司,采用计算机备件管理系统是更有效的;不仅易于管理,而且备件资料也能互相补充。计算机既可用于船上,也可用于公司,或者两个地方都用,这取决于通信设备的能力。

计算机备件管理系统既能用于备件管理,又能用于维修保养系统,以便利用共同的技术资料。这种系统应具有备件供应的各种功用,如掌握整个船队的备件数据;控制备件的订货、接收和发送,当备件到了最小库存量时,计算机具有自动订购的能力;计算机打印出船上和仓库里现有的备件和应订购的数量,以及消耗和费用情况。

计算机备件管理系统的主要优点是:

①易于得到所有有关的备件技术资料。

②便于备件的成本控制(对资金影响较大的特殊备件的消耗数据)。

③有利于备件标签的打印。

④具有备件自动订购系统。

⑤可进行备件消耗的预测。

三、备件的管理

备件管理是一项重要而复杂的技术工作,它不仅关系到备件费用的多少,而且也涉及航行安全和船期。备件数量过多会积压资金,而缺少备件甚至是很小的备件,有时也会影响船舶安全。管理备件的业务是公司和船舶的共同工作,船方的及时申请和公司的及时定购,在备件管理中同等重要。目前正逐渐有效地应用电子计算机技术以提高备件管理水平。

1. 备件的管理原则

①由轮机部、甲板部船员主管的机、电、动力设备和其他设备备用的成品零部件等都属于备件范围之列。

②轮机部备件由大管轮直接管理。亲自或指定其他轮机员负责备件的接收和登记入库工作,各主管轮机员在详细掌握所管设备备件的库存情况的基础上,具体负责各自设备的备件补充申请工作,经大管轮确认,轮机长审批后报公司。

2. 备件的管理制度

中远总公司所制订的有关船舶备件的管理制度如下:

①各船应加强对备件的管理和合理使用,按备件清册的要求,对备件进行定期清点、登记,并把消耗情况报公司,重大备件消耗要简要说明损坏原因。

②凡申请船舶年度备件，应在该年二月份以前向公司提出备件申请单。申请单必须准确地注明机型、出厂号、名称、备件号（或图号）、规格和数量。

③船在国外购买少量急用备件，必须经公司批准后方可购买，如来不及批复也应电告公司，并将订购情况及账单寄回公司，以便结账。除少量急用备件，一律不要空运。

④船在国内领取备件，应根据船存备件情况，合理地提出备件申领单，并由公司船技部门批准。

⑤船上备件要有专人保管，并负责填写备件清册，半年统计一次，并列出清单交轮机长审查后上报公司。

3. 备件的申请

（1）备件的订购

船舶备件的订购一般由公司负责。可以从备件系统（设备说明书）里找到备件编码和设备号码，将要订购的备件编码和数量填进去。订购备件必须填写连续的订货号码。此外，还要告知供应厂家要求的交货时间、交货地点等。当公司收到供应厂的备件供应的具体时间、地点后，应及时通知船舶，以便船舶做好备件的接收工作。

对于应急的备件需求，在获得公司的批准后，船舶可通过船舶当地代理直接向备件供应厂家订购备件。一般由轮机长在船上填写 4 份备件订单。将订单分送给供货厂家（原件）和船公司（副本）；船上的 1 份副本放在已订购文件夹内，待收到备件后再送给船公司；船上的另 1 份副本存入“已订购”文件夹内长期存查。

（2）船舶备件的申请

备件申请是一项十分细致的工作，必须向供应商或备件制造厂提供本船和机型的详细资料，以便船舶供应商查找到你所需要的备件。如果缺乏这方面的详细资料，可能购不到需要的备件。

订购单应提供下列资料：

①船名（包括原船名）。

②船级社。

③主机机型和气缸编号。

④主机编号。

⑤主机制造厂。

⑥所需要的零件名称。

⑦零件的编号。

⑧需要的零件数量。

备件编号册对迅速正确地选购所需备件是十分重要的，因此轮机人员应熟练地使用备件编号册。如订购 Sulzer 6RTA48 型柴油机的备件，根据其编号册（Code Book for Parts）可迅速查找到有关备件的编号，并正确填写出订购单，见表 8-10。

MAN B&W 柴油机没有专门的备件编码册，而是在第三卷结构说明书中给出了各部件的图号和零件号。在零件明细表上注有 B&W 标准号（B&W Standard No.），在订购单上也应注明。

如订购 MAN B&W 6S60 MC 柴油机排气阀上的某些备件，则在图号 PLATE 90801-102 上可查找到各零件号，如表 8-11 所示。

表 8-10　订购单

ITEM	CODE No.	Name of Parts	Quantity	Unit
1	T 34101	Piston crown	1	pc
2	T 34121	Piston skirt	1	pc
3	T 34025	O-ring for piston rod T 34201	4	pc
4	T 34026	O-ring for piston rod T 34201	4	pc
5	T 27720	Indicator valve, complete	2	set
…	…	…	…	…

表 8-11　订购单

ITEM No.	Name of Parts	Parts Description	B&W Standard No.
277	排气阀	Valve spindle	
324	排气阀痤	Valve seat	
300	螺钉	Stop screw for valve seat	EN 63 P 820
639	气阀导套	Spindle guide	
…	…	…	

备件申请还应注意下列事项：

①备件改型后是否可以通用。有的柴油机型号和备件编号不变，但某些备件如喷油器等的结构作了改进，应注意到它的适用性。

②备件质量有时差别很大，因为备件来源不同，有原制造厂生产的，有备件厂加工生产的，还有翻新的备件，所以要严格把好质量关。

③为了节约开支，必须向船舶供应商做好报价工作，以便我们选购到价格低廉、质量可靠的备件。

④对急需的备件，要求交货迅速，按期送上船。

⑤做好备件验收工作，凡型号不对、质量不合格、不能使用的备件应及时退货。

(3)船舶备件的接收

①每次备件送船时，大管轮应组织机舱人员对到船备件进行分类验收，验收项目应包括：备件号的核实、备件数量核实、备件质量的检查等，对任何有问题的备件应登记，并及时报告轮机长。

②轮机长对有问题(备件号、数量、质量等问题)的备件，如果时间允许应立即联系公司，根据公司的指示进行处理。

③在所有的送船备件被核实后，轮机长应在签收单上签字，一般还应加盖船章。

④签收的备件签收单应随船舶月报表寄往公司。

第四节　物料管理

一、船舶物料种类

①燃润料及水，包括各种燃油、润滑油、润滑脂和蒸馏水。

②黑白金属，包括各种型钢、钢板、无缝钢管、焊接钢管、镀锌钢管、优质碳素钢材、合金

钢材。

③有色金属,包括有色金属原材及合金,紫铜材,黄铜材,青铜材和铅、铝、锌材等。

④金属制品,包括各种阀门、管接头、螺栓、螺母、垫圈、开口销、焊接材料和其他金属制品。

⑤化学品,各种化学原料、添加剂、试剂、油漆、清洁剂等。

⑥电工材料。

⑦各种工具。

⑧仪器仪表。

⑨安全设备、劳保用品。

⑩垫料、橡胶及纤维品。

⑪各种杂品。

二、物料的申请与供应

一般船舶都配有船舶物料手册,手册中有各种物料的编号、规格、性能、材料、图示等,以便指导对物料的选用和订购。

根据公司规定或工作需要,一般每季度或每航次由大管轮填写物料申请单,经轮机长审查后报送公司,公司经审核安排方便港口供应。在港口购买急需的物料,应需事先经公司批准,一般通过港口代理购买。

物料供应到船舶时,应安排专人负责接收,一般由大管轮或其指定的人员具体负责,并及时清点入库。

三、物料的保管

为了保证物料储存的安全和按计划使用,避免丢失和浪费现象的发生,根据物料的化学性质、价值和使用,一般分别集中储存,如设有电器物料存储间、易燃易爆物料存储间、易耗物料存储间等。轮机部物料一般由大管轮总负责,可根据船舶类型和配员情况分别指派轮助、机工长、电机员等分别负责不同物料的具体保管工作。

四、工具的分类与管理

机舱使用的工具种类繁多,一般可分为三类:标准工具、推荐的专用工具、可租用的大型专用工具。

标准工具是指机舱日常保养维修工作所需的通用工具及装置,如活络扳手、梅花扳手、开口扳手、六角扳手、套筒扳手、吊环螺钉、钳子、提升工具、应急处理工具、各种量具、油枪、电焊、气焊、虎钳、车床、钻床、刨床等。

推荐的随机器配备的专用工具对进行有关保养工作要比使用标准工具简便而且还要省时间。缺乏专用工具不仅难以完成某些保养维修工作,而且还可能损坏设备。为了提高设备的可维修性和寿命,各种设备都随机配备推荐专用工具,因此专用工具的种类和数量越来越多,一般都随设备一起供应或订购。如各种专用扳手、专用拉具、专用吊环螺钉、专用顶丝、专用液压工具、气动工具、专用测量工具、清洗工具、研磨工具等。

可租用的专用工具是指可向制造厂租借的、用于柴油机和重要部件的运输和安装的大型专用工具,如吊运横梁、托架、导轨、固定架等,安装结束后应归还给制造厂。

1. 工具清单

大管轮应编制好上述各类工具的清单，并根据工具清单每年清点一次，报告给公司。如果需要订购附加的专用工具或者需要更换工具时，应查明工具的名称、代号以及设备的型号。这些资料一般都附在设备说明书的工具表中。

2. 标准工具的使用和管理

每天的保养工作都离不开各种工具，大管轮应根据船舶实际情况制订工具使用和管理制度。通常有下列措施：设专人保管工具，负责工具的保管和借还；常用工具发放给个人保管使用；在不同地点架设工具板，将常用工具悬挂在板上固定位置，用后放回原处。

3. 专用测量工具的管理

专用测量工具应保持良好的精度；否则会对机器的技术状况和维修计划带来麻烦。一般由轮机长或大管轮使用和保管。

4. 液压工具的使用和管理

为了减轻体力劳动和提高安装质量，液压工具得到越来越广泛的应用。液压拉伸器由一个千斤顶和一个间隔环组成。使用时应按照说明书规定的压力数值泵油，无论何时均不得超过规定压力的10%，切不可超负荷或敲打碰撞，也不可超过“最大拉伸量”。使用后释放油压并使拉伸器活塞复位，以备再用。万一超过了最大的拉伸量，润滑油由特殊设计的泄油孔泄放，在多数情况下，下密封圈容易损坏，因此要检查这道密封圈，必要时换新。

液压工具不使用时，应仔细地涂上油脂，放在干燥清洁的地方，防止损坏。长期存放或频繁使用后，密封圈会老化变硬，从而失去良好的密封作用。因此应储存一定数量的符合规定尺寸和质量要求的密封备件。安装新的密封圈时，应十分小心，不能损伤，不能过分拉紧而造成变形。

5. 专用工具的使用与管理

各轮机员所分管的专用工具由负责轮机员分管和使用；专用工具应在使用后清洁干净，涂上油脂防止生锈，损坏应及时补充；应放在固定的地方或专用工具箱内。

第九章 机舱资源管理

现代船舶在船舶设计和制造技术领域取得了一系列重大进展和突破,较大程度地改进了结构安全性与综合性能。然而,在安全方面的改进却不能令人满意,并且,这种情况越来越明显,这充分说明了人为因素是导致海上事故的主要原因。

这样我们逐渐认识到,船舶设备的可靠性已远远大于人的操作可靠性,人的失误对船舶安全构成了更大的威胁,这就使得提高船舶安全的关注点逐步转移到人的身上。国际海事界和航运界也意识到,对于船舶安全和防污染的管理,必须正视人为因素和管理机构的职能。为此,IMO 和相关组织进行了大量研究,并制定了一系列的规则和标准,其中包括 IMO 对相应公约的修改,IACS 针对船舶安全问题采取了一系列行动,发布了重要的统一要求(United Requirements,简称 UR)以及货物装卸、检验和维修方面的指南文件。尽管这些公约、修正案对改善船舶安全发挥了重要作用,然而从总体上讲,在船舶安全系统中,人为因素问题并没有得到很好的解决,为此,国际海事组织将与人为因素相关的工作列为 21 世纪的工作重点之一。国际海事组织 2010 年通过了《STCW 公约马尼拉修正案》,修正案将"机舱资源管理"、"领导力和团队工作技能的运用"纳入到"STCW 规则"的 A 部分,期望成为解决机舱人为失误的重要途径。

第一节 概述

一、人为因素

大量海难事故的统计分析表明,海事事故中有 80% 以上与人为因素有关。所谓人为因素主要是指船员的错误操作、责任心不强或人员素质不高等原因造成的安全事故。国际海事组织早在 1993 年第 18 届大会上通过了关于《船舶配员中的疲劳因素和安全》的 A. 772(18)号决议,开始关注人为因素对船舶航行安全和海洋防污染的重要作用。另外,国际海事组织(IMO)的《海事调查员示范教程》第八部分"人为因素"中,也强调了事故与人为因素有关。该文献指出:人为因素在事故的初发阶段起着十分重要的作用。因此,为了消除和减少人为因素对海上安全的负面影响,科学地考虑人为因素已是现代机舱管理的一个重要组成部分。

鉴于上述背景,1997 年 6 月 23 日,国际海事组织所属的海上安全委员会和海洋环保护境委员会经过与有关国家专家的长期研究,联合发布了《人为因素统一术语》,将海上事故中人

为因素的主要表现归纳为五点：

①人的行为能力的降低。主要体现在易激动（冲动）、恐慌、焦虑、个人问题、精神创伤、酗酒、服用药物或吸毒、注意力不集中、伤害、思维疾病、身体疾病、消极、故意误操作、疲劳、士气低落、缺乏自律、视力障碍、工作负荷过大。

船舶航行中操作人员的行为有几个重要方面：第一，船员心理状态，当船员在船舶航行中处于不良的心理状态，比如紧张、激动、孤独等情绪时，就很容易造成感知错误，继而产生错误判断，再者就会直接导致操作失误。第二，船员的生理方面，这方面主要包括船员身体健康程度和疲劳程度两个方面。由于船舶长期在海上航行，船员不仅要能够长时间持续工作，还要承受不同航区气候的变化。故船员的身体健康与否会对船舶航行安全构成直接影响，同时，船员的大脑疲劳在生理上表现为感觉迟钝，动作不准确且灵敏性降低，在心理上表现为注意力不集中，思维迟缓，反应慢，心情烦躁等。因此，疲劳会使不安全行为增加，船舶操纵质量下降，导致船舶安全事故或潜在安全事故增加。

②海上环境。环境因素是指航区天气、海况以及船舶自身等因素，主要体现在自然环境险恶、机舱设计方面的不良情况对人为因素的影响。

影响海运安全的气象海况条件包括能见度、风（浪）、洋流和潮汐等。例如：在大风浪中航行，船员必须争取并充分利用一切有利因素，努力避免船舶陷入被动而形成险情。一旦出现险情，不要惊慌失措，要齐心协力战胜困难，树立战胜大风浪的信心。轮机部门要尽全部力量保障主机、辅机和舵机处于良好可使用状态，只有这样才能掌握主动权，使船舶在大风浪中不致失控。另外，海域交通环境因素也非常重要，在近海岸最容易发生海上事故，原因不仅仅是由于航道狭窄，还包括这一地区有大量的浅滩、暗礁、沉船等阻碍正常航行的障碍物，还有就是在这一海域的船舶通航密度大增，进而造成船舶发生碰撞事故的概率增大。

③安全管理。主要体现在操作知识不足、对相应局面的联系/认识不足、缺乏联系和协调、对规则和标准的认识不足、对船舶操作程序不了解、对岗位职责不了解、缺乏语言技能。

统计分析表明，人为因素中约有 80% 是可以通过有效的管理加以控制的，即通过强化公司的内部管理和船舶的安全管理加以控制。海事检查发现，地方和民营船舶公司所属船舶的安全缺陷明显多于国家骨干航运企业所属船舶。只有积极而且有效地管理，才能使航运公司的各个部门、船上各个环节和不同的个体，有机地联系在一起，进而减少事故的发生。

④营运。主要体现在不遵守纪律、指挥失败、监督不足、协调或联系不足、硬件资源管理不善、配员不合适、没有足够的人力资源、工作计划不良、规章或程序实践不良以及错误应用。

⑤脑力劳动。主要体现在缺乏对局面的认识、缺乏洞察力、辨认错误、识别错误。

所以综合分析造成船舶严重事故的深层次原因，可以看出影响船舶航行安全的因素主要有人的行为能力、环境因素、安全管理、营运和脑力劳动等方面。然而，作为人为因素研究的前提和基础，由于理解和分类的偏差，在海事调查中常常会忽视或遗漏人为因素的关键信息。针对这一问题，IMO 于 1999 年通过了 A. 884(21)《船舶事故和事件中人员因素调查指南》，向海事调查员提供了海事中人为因素调查的方法和程序。

实际上，除了上述这些重要的因素外，船员的工作态度和日常的团队工作技能在船舶安全和营运效益上也有不可替代的作用。

二、资源与管理

1. 资源的含义

广义的资源指人类生存发展和享受所需要的一切物质和非物质的要素,所以资源包括物质和非物质的要素。狭义的资源仅指自然资源,是指在一定的时间、地点的条件下能够产生经济价值的,以提高人类当前和将来福利的自然环境因素的总和。

现在在资源概念的解释和使用上有多种情况。总体来讲,资源是指在一定历史条件下被人类开发利用以提高自身福利水平或生存能力的,具有某种稀缺性,受社会环境约束的各种环境要素或事物的总称。

通常我们将资源按以下几种情况分类:

①按资源的基本属性不同分为:自然资源、社会资源。

②按利用限度划分:可再生资源、不可再生资源。

③按其性能和作用的特点:硬资源、软资源。

④按资源的更替特点:可更新资源、不可更新资源。

⑤按自然资源的固有属性:可耗竭性、可更新性、可重复使用性、发生的差异性等。

2. 管理的含义

长期以来,许多中外学者从不同的研究角度出发,对管理作出了不同的解释。直到目前为止,管理还没有一个统一的定义。西方各个管理学派,按照其各自的管理理论,对管理的概念有不同的解释。其中有以下几种情况:

①管理是一种程序,通过计划、组织、控制、指挥等职能完成既定目标。

②管理就是决策。决策程序就是全部的管理过程,组织则是由作为决策者的个人所组成的系统。

③管理就是领导,则强调管理者个人的影响力和感召力对管理工作的重要意义。

④管理就是做人的工作,它的主要内容是以研究人的心理、生理、社会环境影响为中心,激励职工的行为动机,调动人的积极性。

综合各种观点,对管理的比较系统的理解应该是:管理是管理者或管理机构,在一定范围内,通过计划、组织、领导、控制等工作,对组织所拥有的资源(包括人、财、物、时间、信息)进行合理配置和有效使用,以实现组织预定目标的过程。

这一定义有四层含义:第一,管理是一个过程;第二,管理的核心是达到目标;第三,管理达到目标的手段是运用组织拥有的各种资源;第四,管理的本质是协调。

3. 资源管理的含义

资源管理是指对所拥有或应当拥有的资源进行组织、协调、控制、改进,以使其正常发挥其效用的过程。所拥有的资源一般可分为人、机、料、信息、环境等五种主要资源,而这些资源是企业生存和发展所必备的条件,没有资源或没有完备的资源就不能或不可能正常进行企业经营运作,不可能有目的地产出,也就不会有满意的产品或服务,所谓的质量也就没有意义了。因此,从某种意义上说,企业管理,特别是质量管理,就是对资源的管理。

三、机舱资源管理

机舱资源管理,属于管理科学的范畴,它是管理科学的一个具体的分支和应用。机舱资源管理是轮机人员充分利用船舶机舱人力、物力、信息、环境等各种资源,通过机舱组织和程序的

执行，充分发挥轮机部团队的作用，对各种信息充分沟通和交换，明确各自在机舱各项工作中的职责，对机舱现有的各种机械动力设备、安全设备，进行合理配置和有效使用，减少和杜绝潜在的人为失误，以达到船舶安全营运的目的。

1. 机舱资源的构成

机舱资源的构成如图 9-1 所示。《STCW 公约马尼拉修正案》强调的是机舱人力资源（软资源）的管理。

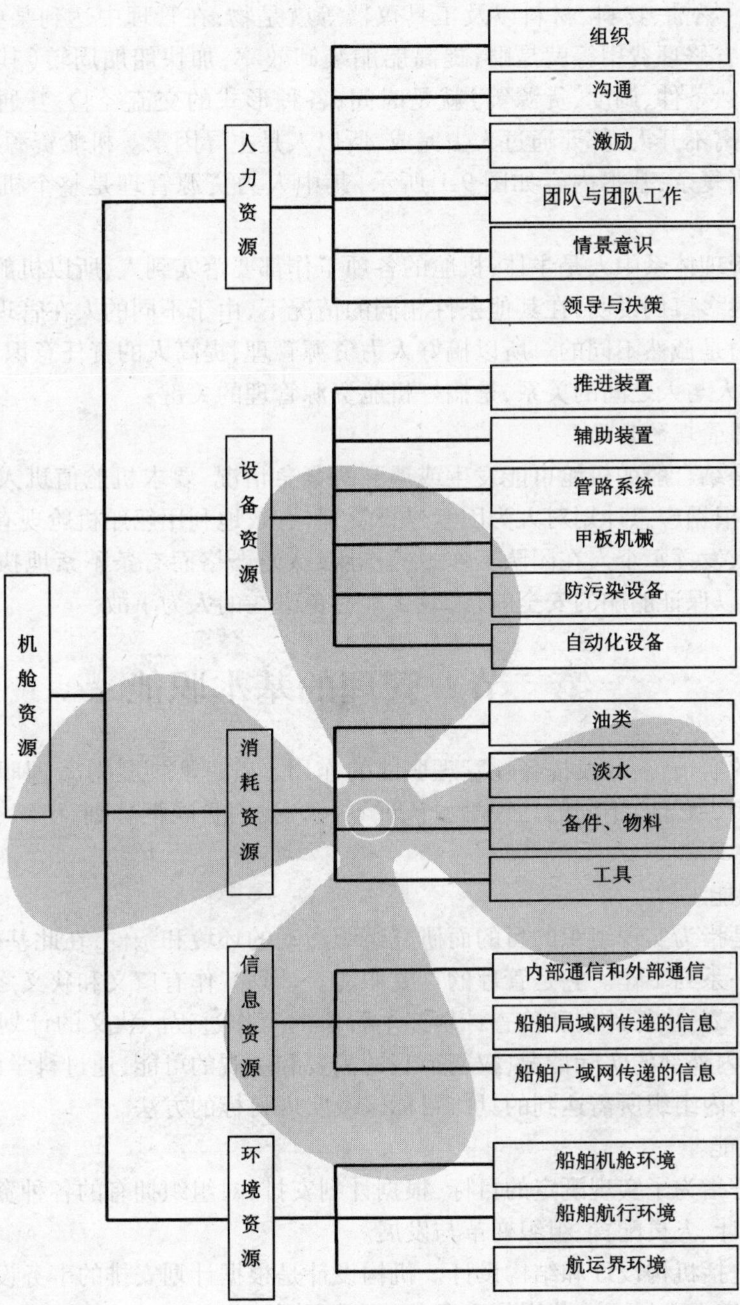

- 机舱资源
  - 人力资源
    - 组织
    - 沟通
    - 激励
    - 团队与团队工作
    - 情景意识
    - 领导与决策
  - 设备资源
    - 推进装置
    - 辅助装置
    - 管路系统
    - 甲板机械
    - 防污染设备
    - 自动化设备
  - 消耗资源
    - 油类
    - 淡水
    - 备件、物料
    - 工具
  - 信息资源
    - 内部通信和外部通信
    - 船舶局域网传递的信息
    - 船舶广域网传递的信息
  - 环境资源
    - 船舶机舱环境
    - 船舶航行环境
    - 航运界环境

图 9-1　机舱资源的构成

2. 机舱资源管理的特点

机舱资源管理的工具是机构,没有机构也无法实现管理。机舱配备的一定编制的技术管理人员,他们的组织形式就是机构。管理的手段是“法”。所谓“法”,一般意义上讲,不仅包括有关法规、规范和公约,也包括航运企业内部和船舶各种规章制度。机构是由人员组成的,“法”是靠人员制定和执行的。人除了制定和执行“法”以外,还要传递信息了解情况,同时又运用信息进行联系。机舱资源管理的对象,有物、财、时间和信息,同时也包括人。机舱所属的各种设备、备品、燃油、物料、材料以及工具仪器等就是物;在管理中达到某些经济指标,如节油、节水以及节省修理费用等就是财;提高船舶装卸效率,加快船舶周转(其中也包括其他因素的影响,如自然条件、调度、货源等)就是时间;各种形式的交流经验,互通情报,就是信息。而所有这些,都离不开人,都要通过人去完成,所以人是主导因素。机舱资源涉及的范围甚广,具体内容也相当复杂,基本内容如图 9-1 所示,其中人力资源管理是整个机舱资源管理的核心。

机舱资源管理体系中人是主体,机舱的各项工作都要落实到人,所以机舱管理很大程度上是人员管理。很多事例说明,在其他条件相同的情况下,由于不同的人在管理上的差异所表现出来的生产能力是截然不同的。所以搞好人力资源管理,提高人的责任意识,提高人的技术业务能力,调节好人与人之间的关系,是搞好机舱资源管理的关键。

3. 机舱资源管理的目的

其目的就是结合船舶机舱可能发生或遇到的紧急情况,要求机舱值班人员通过机舱组织和程序的执行,根据应急计划对人为因素进行管理,有效地利用船舶机舱现有的各种机械动力设备、安全设备,发挥每个人在团队工作中的作用,从而严格而有条不紊地执行与完成相关工作的操作程序,以保证船舶的安全航行,减少和避免潜在的人为事故。

第二节　管理的基本职能

管理任务的实现,需要发挥各项管理职能的作用。管理职能是对管理职责与功能的简要概括。管理有多少职能,不同的管理学派认识不一。我们赞同把计划、组织、领导和控制作为管理的四大基本职能。

(1)计划职能

计划职能是指为实现组织的目的而研究组织活动的环境和条件,在此基础上作出决策、制订行动方案等一系列工作。它是管理的首要职能。计划工作有广义和狭义之分。广义的计划工作是指制订计划、执行计划和检查计划三个阶段的工作过程。狭义的计划工作是指制订计划,即根据组织内外部的实际情况,权衡客观的需要和主观的可能,通过科学的调查预测,提出在未来一定时期内组织所需达到的具体目标以及实现目标的方法。

(2)组织职能

组织职能是指为了实现既定的目标,根据计划安排,对组织拥有的各种资源进行制度化安排,包括组织设计、人员配置、组织变革与发展。

组织设计包括机构设计和结构设计。机构设计是根据计划安排的事务设置相关的岗位和职务,然后按一定标准组合这些岗位和职务,形成不同工作部门。结构设计是根据组织活动和环境特点,规定不同部门之间的相互关系。

人员配置是根据各个岗位活动的要求以及组织成员的素质和技能特点,选拔适当的人员

安置在相关的岗位上。具体涉及人员招聘、选拔、安置、培训、考核、定级、提升及薪酬策划等工作。人员配置中管理人员的选聘是组织工作的重心。

组织变革是根据作业活动及其环境的变化,对组织机构和结构作必要的调整。这是消除组织老化,克服组织惰性,优化资源配置,实现组织中人与事动态平衡的需要,是确保组织活力,有效实现组织目标的需要。

(3)领导职能

领导职能是指领导者对组织成员施加影响,使他们以高昂的士气、饱满的热情为实现组织目标而努力,具体包括指导、沟通和激励等工作。

指导工作是领导者对下属的指点和引导,使他们明确方向和任务。具体指导方式包括以指令、指示形式指导和身先士卒、以身作则等形式指导。

沟通工作是领导者与同事或下属交流思想、互通信息、协调关系,在相互理解基础上求同存异,增强组织的凝聚力。沟通是消除隔阂,解决矛盾和冲突的有效途径。

激励工作是领导者把实现组织目标与满足个人需要有机结合起来,通过激励元素激发和强化下属工作的动力。

要有效发挥领导的作用,除进行以上指导、沟通和激励工作外,领导者还必须正确认识权力的性质和作用,努力提高自身素质,不断改善领导作风,从实际出发随机选择领导方式,并充分发挥领导集体的作用。

(4)控制职能

控制职能是指管理者根据既定计划要求,检查组织活动,发现偏差,查明原因,采取措施给予纠正,或者根据新的情况对原计划作必要调整,保证计划与实际运行相适应。控制过程包括依据计划制订控制标准,衡量实际业绩,发现偏差,纠正偏差。

控制工作之所以成为管理的一个基本职能,是因为计划的制订和执行在时空上相对分离,只有依靠控制,才能防止或纠正执行中的偏差,把计划落到实处。同时,内外情况的变化,需要管理者及时对原计划作必要的调整,避免计划僵化。随着人类有组织活动的规模不断扩大,加强和改善控制显得格外必要。

一、计划职能

(一)计划的含义

从狭义来讲,计划是一种管理文件,是指组织在未来一定时期中,用文字和指标等具体形式表达的,关于组织成员的行动方针、行动目标、行动内容及行动安排的管理文件。从广义来讲,计划可以泛指计划工作或计划职能。计划的主要内容包括“5W2H”,计划必须清楚地确定和描述这些内容:

What——做什么?目标与内容。

Why——为什么做?原因。

Who——谁去做?人员。

Where——何地做?地点。

When——何时做?时间。

How——怎样做?方式、手段。

How much——需要多大代价?

(二)计划的组织实施

计划编制完成后,就要把计划所确定的目标任务在时间和空间两个角度展开,落实到组织各个单位和个人,规定他们在计划期内应该从事什么活动,达到什么要求,这个过程就是计划的组织实施过程。其行之有效的方法主要有目标管理和"PDCA"循环等。

1.目标管理

目标管理是指在计划内,组织以目标作为一切管理活动的出发点、归宿点和手段。它要求把组织的总目标分解为下属单位与成员的分目标。一切活动的进行以目标为导向,活动的结果用目标来评价,管理者通过目标-责任链对下级进行领导,并以此来保证组织总目标的实现。

目标管理的程序一般包括三个阶段实施,成果的检查与考核,即目标的制订与展开;目标的组织与实施;成果的检查与考核。

第一阶段,目标的制订与展开。组织目标的制订是目标管理的中心内容。一般应由组织的领导决策层首先制订出组织的总体目标,然后由组织下属各单位依据组织总目标制订出分目标,再由组织各成员依据单位分目标制订出个人目标。在目标制订过程中,首先,要求分目标必须保证总目标的实现,个人目标必须保证组织目标的实现。其次,要求在上下级之间进行目标协商,各部门之间的目标要相互协调配合。组织对整个目标体系要进行综合平衡。这种从上到下、层层分解、逐级落实组织总目标的过程,就叫做目标展开。在目标展开的过程中,除了必须做好目标分解工作,还要抓好目标责任的落实。以工业企业为例,在企业目标确定之后,首先要把企业总目标逐级分解为各部门、车间、班组和个人岗位等各个层次的分目标,构成企业目标体系,同时,也将目标责任逐级分解落实到各部门、车间、班组和个人岗位,形成企业目标责任体系。整个企业的目标责任体系,则通过"目标-责任链"这条纽带把它连接起来。

第二阶段,目标的组织与实施。"自我控制"是目标管理的组织实施过程中一个十分重要的指导思想。所谓自我控制,就是组织的下属机构和全体员工都按照自己单位和个人所承担的目标责任,在实现目标的过程中,充分发挥主动性和积极性,进行自主管理,即不断进行自我分析、自我检查、自找差距、自我激励、自我完善。上级的管理则主要表现在指导、协助、授权、提供情报、提出问题、创造条件、纵横协调、改善环境等工作上;此外,就是做好检查和考核工作,实施奖惩。

第三阶段,成果的检查与考核。为了保证目标的实现,对目标实施的全过程必须进行控制和检查,其基本做法是通过信息反馈系统,将组织所属各级单位和全体员工的目标实施情况定期逐级反馈到上级单位,从中发现差异,查清原因,以便及时采取措施,纠正偏差。若在检查中发现预定目标与实际情况不符,或因不可抗拒的原因造成无法实现预定目标,则应对原定目标进行调整修改。在检查工作中,可以把自我检查与上级检查相结合,把专业检查与全面检查相结合,把定期检查与经常检查相结合。

在对目标实施过程进行检查、控制的同时,还应对检查结果作出评价和考核,并与经济责任制联系在一起,实施奖励和惩罚。具体做法就是按月份或季度和年度定期组织管理人员对组织下属各级单位和全体员工的目标责任完成情况进行检查考评,并据考评结果决定工资、奖金的发放水平,组织行政的嘉奖惩罚和岗位职务的升降调动。

一个计划期的目标管理过程结束之后,可根据检查考评资料发动广大群众进行总结,以推广成功的经验,吸取失败的教训,并用以指导和改善下一个计划期的目标管理工作,进行新的、更高水平的目标管理循环。

2.“PDCA”循环

(1)“PDCA”循环的特征

①“PDCA”循环是大循环套小循环,小循环保大循环,一环扣一环的综合体系。大循环是指整个组织的计划管理活动的“PDCA”循环,小循环是指组织下属各级单位和部门的计划管理活动的“PDCA”循环。上一级循环是下一级循环的根据,下一级循环又是上一级循环的保证。通过“PDCA”循环,使组织各个方面、各个环节的计划组织实施工作有机结合起来,形成一个相互制约、相互促进的整体,更有利于实现组织的计划目标。

②“PDCA”循环每循环一次,就提高一步。“PDCA”循环不是原有水平的重复,而是螺旋式的上升,每循环一次,就前进一步,使计划管理水平和组织目标水平上升到一个新的高度,并在新的高度基础上,制订更高的组织目标,不断提高管理水平,开始进行新的更高一级的循环。

③“PDCA”循环是综合性的开放式的循环。“PDCA”循环是包含组织内部各种资源要素(人力、财力、物力、信息等)和各个职能部门管理活动以及各级下属单位的全方位的、综合性的循环。在循环过程中,要不断根据客观环境的变化,不断适应新情况,解决新问题。在动态管理过程中,进行新的综合平衡。因而循环的四个阶段不是绝对的,各阶段之间也不是截然分开而是紧密相连的,有时还得一边计划,一边实施,一边检查,一边处理,各个环节交叉进行。

“PDCA”循环体现了计划管理过程是一个从实践到认识,再从认识回到实践,并且不断地通过再认识、再实践,从而使主观认识和客观实际逐步趋于统一的事物发展过程,这正是辩证唯物主义的认识论和方法论在计划管理工作中的具体应用。

(2)“PDCA”循环的运转

“PDCA”循环的运转程序一般要经历四个阶段八个步骤。

①计划制订阶段(P)。编制组织计划可分为四个步骤:

第一步,对组织现状进行分析,找出组织营运中存在的主要问题。

第二步,对组织存在问题的产生原因和影响因素进行分析。

第三步,从影响组织活动的各种可控因素中找出主要因素,以便抓住主要矛盾,解决主要问题。

第四步,针对组织存在的主要矛盾和问题及其产生的主要原因制订出组织计划和对策措施。

②计划实施阶段(D)。这一阶段就是按照计划的要求,切实执行计划,努力实现目标,这是第五步。

③计划检查阶段(C)。检查就是把执行计划的结果与计划预期的目标进行对比,对实施计划的效果进行考核与评价,这是第六步。

④计划处理阶段(A)。处理阶段是在计划执行完毕之后的善后阶段。这一阶段包含两个步骤:

第七步,总结经验,吸取教训,巩固成绩,处理问题。这项工作主要通过发动全体员工,上下一起来进行。

第八步,修订计划,克服偏差,协调平衡,以利再战。修订计划可采用滚动计划的方法,使组织计划更适合新的环境变化的要求,更切实可行。

在“PDCA”循环的运转过程中,旧的问题解决了又会产生新的矛盾,随着“PDCA”循环的不停运转,矛盾和问题不断地出现又不断地解决,计划管理水平也就不断地得以提高,组织也因而不断地发展和壮大。

二、组织职能

(一)组织的含义与类型

在管理学中,组织的含义可以从静态与动态两个方面来理解。从静态方面看,指组织结构,即反映人、职位、任务以及它们之间的特定关系的网络。这一网络可以把分工的范围、程度、相互之间的协调配合关系、各自的任务和职责等用部门和层次的方式确定下来,成为组织的框架体系。从动态方面看,指维持与变革组织结构,以完成组织目标的过程。通过组织机构的建立与变革,将生产经营活动的各个要素、各个环节,从时间上、空间上科学地组织起来,使每个成员都能接受领导、协调行动,从而产生新的整体职能(大于个人和小集体的简单功能)。

组织的类型,一般有正式组织与非正式组织。其中,正式组织一般是指组织中体现组织目标所规定的成员之间职责的组织体系。我们一般谈到组织都是指正式组织。在正式组织中,其成员保持着形式上的协作关系,以完成企业目标为行动的出发点和归宿点。非正式组织是在共同的工作中自发产生的,具有共同情感的团体。非正式组织形成的原因很多,如工作关系、兴趣爱好关系、血缘关系等。非正式组织常出于某些情感的要求而采取共同的行动。

(二)划分组织部门的原则

1. 目标任务原则

企业组织设计的根本目的就是为了实现企业的战略任务和经营目标。组织结构的全部设计工作必须以此作为出发点和归宿点。

2. 责、权、利相结合的原则

责任、权力、利益三者之间是不可分割的,而必须是协调的、平衡的和统一的。权力是责任的基础,有了权力才可能负起责任;责任是权力的约束,有了责任,权力拥有者在运用权力时就必须考虑可能产生的后果,不至于滥用权力;利益的大小决定了管理者是否愿意担负责任以及接受权力的程度,利益大责任小的事情谁都愿意去做;相反,利益小责任大的事情人们很难愿意去做,其积极性也会受到影响。

3. 分工协作原则及精干高效原则

组织任务目标的完成离不开组织内部的专业化分工和协作,因为现代企业的管理,工作量大、专业性强,分别设置不同的专业部门,有利于提高管理工作的效率。在合理分工的基础上,各专业部门又必须加强协作和配合,才能保证各项专业管理工作的顺利开展,以达到组织的整体目标。

4. 管理幅度原则

管理幅度是指一个主管能够直接有效地指挥下属成员的数目。由于受个人精力、知识、经验条件的限制,一个上级主管所管辖的人数是有限的,但究竟多少比较合适,很难有一个确切的数量标准。同时,从管理效率的角度出发,每一个企业不同的管理层次的主管的管理幅度也不同。管理幅度的大小同管理层次的多少成反比的关系,因此在确定企业的管理层次时,也必须考虑到有效管理幅度的制约。

5. 统一指挥原则和权力制衡原则

统一指挥是指无论对哪一件工作来说,一个下属人员只应接受一个领导人的命令。权力制衡是指无论哪一个领导人,其权力运用必须受到监督,一旦发现某个机构或者职务有严重损害组织的行为,可以通过合法程序,制止其权力的运用。

6. 集权与分权相结合的原则

在进行组织设计或调整时,既要有必要的权力集中,又要有必要的权力分散,两者不可偏废。集权是大生产的客观要求,它有利于保证企业的统一领导和指挥,有利于人力、物力、财力的合理分配和使用;而分权则是调动下级积极性、主动性的必要组织条件。合理分权有利于基层根据实际情况迅速而准确地作出决策,也有利于上层领导摆脱日常事务,集中精力抓大问题。

(三)人员配备

人员配备是组织根据目标和任务需要正确选择、合理使用、科学考评和培训人员,用合适的人员去完成组织结构中规定的各项任务,从而保证整个组织目标和各项任务完成的职能活动。

1. 人员配备的任务

①物色合适的人选。组织各部门是在任务分工基础上设置的,因而不同的部门有不同的任务和不同的工作性质,必然要求具有不同的知识结构和水平、不同的能力结构和水平的人与之相匹配。人员配备的首要任务就是根据岗位工作需要,经过严格的考查和科学的论证,找出或培训为己所需的各类人员。

②促进组织结构功能的有效发挥。要使职务安排和设计的目标得以实现,让组织结构真正成为凝聚各方面力量,保证组织管理系统正常运行的有力手段,必须把具备不同素质、能力和特长的人员分别安排在适当的岗位上。只有使人员配备尽量适应各类职务的性质要求,从而使各职务应承担的职责得到充分履行,组织设计的要求才能实现,组织结构的功能才能发挥出来。

③充分开发组织的人力资源。现代市场经济条件下,组织之间竞争的成败取决于人力资源的开发程度。在管理过程中,通过适当选拔、配备和使用、培训人员,可以充分挖掘每个成员的内在潜力,实现人员与工作任务的协调匹配,做到人尽其才,才尽其用,从而使人力资源得到高度开发。

2. 人员配备的程序

①制订用人计划,使用人计划的数量、层次和结构符合组织的目标任务和组织机构设置的要求。

②确定人员的来源,即确定是从外部招聘还是从内部重新调配人员。

③对应聘人员根据岗位标准要求进行考查,确定备选人员。

④确定人选,必要时进行上岗前培训,以确保能适用于组织需要。

⑤将所定人选配置到合适的岗位上。

⑥对员工的业绩进行考评,并据此决定员工的续聘、调动、升迁、降职或辞退。

3. 人员配备的原则

(1)经济效益原则

组织人员配备计划的拟定要以组织需要为依据,以保证经济效益的提高为前提;它既不是盲目地扩大职工队伍,更不是单纯为了解决职工就业,而是为了保证组织效益的提高。

(2)任人唯贤原则

在人事选聘方面,大公无私,实事求是地发现人才,爱护人才,本着求贤若渴的精神,重视和使用确有真才实学的人。这是组织不断发展壮大,走向成功的关键。

(3)因事择人原则

因事择人就是员工的选聘应以职位的空缺和实际工作的需要为出发点,以职位对人员的实际要求为标准,选拔、录用各类人员。

(4)量才使用原则

量才使用就是根据每个人的能力大小而安排合适的岗位。人的差异是客观存在的,一个人只有处在最能发挥其才能的岗位上,才能干得最好。

(5)程序化、规范化原则

员工的选拔必须遵循一定的标准和程序。科学合理地确定组织员工的选拔标准和聘任程序是组织聘任优秀人才的重要保证。只有严格按照规定的程序和标准办事,才能选聘到真正愿为组织的发展作出贡献的人才。

(四)轮机部组织机构及成员的基本职责

1.船舶组织机构

远洋货船一般都在万吨以上,全船人员一般定员19~24人。除船长、政委外,高级船员8人,普通船员10人,厨师2人。船员组织结构分为甲板部(包括事务部)、轮机部。每个部门内部都有明确的岗位分工。

(1)甲板部

主要负责船舶航海、船体保养和船舶营运中的货物积载、装卸设备、航行中的货物照管;主管驾驶设备包括导航仪器、信号设备、航海图书资料和通信设备;负责救生、消防、堵漏器材的管理;主管舱、锚、系缆和装卸设备的一般保养;负责货舱系统和舱外淡水、压载水和污水系统的使用和处理。

(2)轮机部

主要负责主机、锅炉、辅机及各类机电设备的管理、使用和维护保养;负责全船电力系统的管理和维护工作。

(3)事务部

主要负责全船人员的伙食、生活服务和财务工作。

2.轮机部组织机构及成员的基本职责

轮机部人员分为三个级别:管理级、操作级和支持级。

(1)管理级

①轮机长

轮机长在船长和政委的领导下,熟悉和执行公司的安全和环境保护方针,对全船机械、动力、电气设备(无线电通信导航和由甲板部使用的电子仪器除外)的操作和维护负总责,确保全船机电设备的适航;全面负责轮机部的生产和行政管理工作;检查轮机部各项规章制度的执行以使各种设备保持良好的运行技术状态。

②大管轮

大管轮在轮机长的领导下,熟悉和执行公司的安全和环境保护方针,履行轮机值班职责,主管船舶推进装置及其附属设备,协助轮机长进行轮机技术管理和轮机部日常工作,确保主管设备适航。当轮机长不能执行职务时临时代理轮机长职务。

(2)操作级

①二管轮

二管轮在轮机长和大管轮的领导下,熟悉和执行公司安全和环境保护方针,履行轮机值班职责,主管发电原动机等设备,确保主管设备适航。

②三管轮

三管轮在轮机长和大管轮的领导和监督下,熟悉和执行公司安全和质量方针,履行轮机值班职责,主管锅炉、甲板机械等设备,确保主管设备适航。

(3)支持级

值班机工,即轮机部日常营运和工作中的支持级人员。在轮机员的领导下,熟悉和执行公司安全和环境保护方针,执行机炉舱和机械设备的检修、保养工作。

第三节　领导职能

所谓领导,是指管理者运用其权力和管理艺术,指挥、引导、带动、激励和影响组织成员,协调他们的行动,激发他们的积极性和创造性,使他们为实现组织目标而作出努力和贡献的过程。

具体地说,领导职能是指领导者对组织成员施加影响,使他们以高昂的士气、饱满的热情为实现组织目标而努力,具体包括指导、沟通和激励等工作。

一、沟通

1. 沟通的含义和特征

(1)沟通的含义

沟通也称为信息交流,是指发讯者把信息(也包括发讯者的思想、知识、观念、意图、想法等在内)按照可以理解的方式传递给收讯者,达到相互了解和协调一致的效果,以确保组织目标的实现。

沟通应具备的基本条件:

①沟通必须在两个或两个以上人之间进行。

②沟通必须有一定的沟通客体,即沟通情况等。

③沟通必须有传递信息情报的一定手段,如语言、文字等。

(2)沟通的特征

①主要通过语言和非语言渠道进行。

②人际沟通不仅仅传递情报、交换消息,还包括思想、情感、观念、态度等的交流。

③人际沟通涉及双方的动机、目的等特殊需要。这使人际交流变得更加复杂,需要相应的沟通艺术和技巧。

④人际沟通过程中,会出现特殊的沟通障碍——心理障碍。

2. 沟通的分类与作用

(1)沟通的分类

①正式沟通与非正式沟通。

②上行沟通、下行沟通和平行沟通。

③单向沟通和双向沟通。

④口头沟通和书面沟通。

(2)沟通的作用

①沟通有利于消除误会,确立互信的人际关系,营造良好的工作氛围,增强组织的凝聚力。

②沟通有利于协调组织成员的步伐和行动,确保组织计划和目标的顺利完成。

③沟通有利于领导者准确、迅速、完整地了解组织及部属的动态,获取高质量的信息,有助于提高领导工作的效率。

④沟通有利于加强组织与外部环境的联系,同外部环境进行物质、信息及能量的交换,保证组织与环境协调一致。

⑤沟通有利于激励下属的斗志,激发整体创新智慧,增强组织的持续发展动力。

3. 有效沟通

(1)有效沟通的内涵

达成有效沟通须具备两个必要条件:首先,信息发送者清晰地表达信息的内涵,以便信息接收者能确切理解;其次,信息发送者重视信息接收者的反应并根据其反应及时修正信息的传递,免除不必要的误解,两者缺一不可。有效沟通主要指组织内人员的沟通,尤其是管理者与被管理者之间的沟通。

(2)有效沟通的原则

①能听话:不随意插断对方的话,听懂别人的想法。

②能赞美:沟通对象的话,有道理的地方,应适当予以赞美。

③能平心静气:沟通双方如无“平心静气”的心理准备,沟通起来就易“斗气”。

④能变通:解决事情的方案绝对不止一个。

⑤能清楚说明:举个例子,“某块地有一英亩”,听的人不见得清楚,再加以解说,一英亩大约等于一个足球场,从来没去过足球场的人还不清楚,那就再加以举例说好像我们会议室的几倍大。

⑥能幽默:有一次美国总统里根打电话给众议院议长欧尼尔,他说:“依神的旨意,你我为敌,只能到下午六点,现在是下午四点,我们就假装现在是六点,好不好?”一句话,就此解决了彼此沟通的障碍。

(3)沟通障碍

所谓沟通障碍,是指信息在传递和交换过程中,受噪音的干扰,而失真或中断。沟通障碍包括传送障碍、接受障碍、信道障碍。

克服沟通障碍的艺术有:

①建立正式、公开的沟通渠道。

②克服不良的沟通习惯。

③领导者要善于聆听。

(4)提高全员的沟通技巧

组织全员沟通技巧的培训,促进员工的沟通能力。

①改变沟通心态

建立平等、尊重、设身处地、欣赏、坦诚的沟通心态。

②清晰和有策略地表达

不同的事情,采取不同的表达方式。

口语沟通做到简洁、清晰、对事不对人、注重对方感受;同时多利用身体语言及语音语调等,使对方利于理解;并产生亲和感。

书面沟通做到有层次、有条理,学会运用先“图”后“表”再“文字”的表达方式。

③仔细倾听

专注、耐心、深入理解式地倾听发言者所表达的全部信息,做到多听少说。

④积极反馈

对信息发送者所表达的信息给予积极的反馈(书面或口语回复、身体语言反馈、概括重复、表达情感等)。

4. 外部沟通和内部沟通

管理沟通分外部沟通和内部沟通。

(1)外部沟通

是通过公共关系手段,利用大众传媒、内部刊物等途径,与客户、政府职能部门、周边社区、金融机构等,建立良好关系,争取社会各界支持,创造好的发展氛围;二是企业导入企业形象识别系统,把理念系统、行为系统、视觉系统进行有效整合,进行科学合理的传播,树立良好企业形象,提高企业的知名度、美誉度、资信度,为企业腾飞和持续发展提供好的环境。

(2)内部沟通

内部沟通是指为了实现组织的目标,组织内部领导班子成员之间、领导与下属之间、组织各部门之间以及职工之间的关系的协调与信息交流。

内部沟通有两个70%值得注意。作为一个领导,每天大概有70%的时间是用来沟通的;在工作中所遇到的问题、障碍,70%是由沟通不畅造成的。一般来说,在内部沟通中容易存在三大障碍和问题:向上沟通无胆,向下沟通无心,平行沟通无肺。那么,领导如何破解这三个问题?作为领导,要赋予下属胆量和勇气,让他们敢于反映问题;在和员工沟通时,要用心用情;和同事或各单位各部门之间沟通时,要敞开心扉,共享经验。

二、领导协调

1. 领导协调的含义与作用

(1)领导协调的含义

所谓领导协调,就是对可能影响组织和谐的各种矛盾、冲突进行调整、控制,使组织保持一种平衡状态以实现组织的预定目标。

(2)领导协调的对象

①协调群体中的个人。

②协调组织中的群体。

③协调不同的组织。

(3)领导协调的种类

①纵向协调。这是指组织内部上下的协调工作,通常经过指挥渠道来完成。

②横向协调。是指组织内同级之间的协调。

(4)领导协调的作用

①协调是积极的平衡。

②协调是组合组织力量,实现组织目标的根本手段。

2. 领导协调冲突的艺术

(1)冲突的含义

冲突是指两个或两个以上的行为主体,由于在目标、认知与情感方面产生差异,在特定问题上采取相互排斥、对抗、否定等行为或情绪而形成的一种状态。

(2)冲突的两重性

冲突作为一种矛盾的存在形式,存在着正面与反面、建设与破坏、有益与有害两种功能。

在特定的情况下,冲突往往是促进组织向前发展的重要诱因。最早提出"冲突不是坏事"的是L. A. 科塞,他在《社会冲突的功能》一书认为,有益冲突表现在:

①群体内的分歧与对抗,能造成一个社会各部门相互支持的社会体系。

②让冲突暴露出来,恰如提供一个出气孔,使对抗的成员采取适当方式发泄不满;否则压抑怒气反而酿成极端反应。

③冲突增加内聚力,在外部压力下反而更加团结,一致对外。

④两大集团的冲突可以显现出它们的实力,并最后达到权力平衡,结束无休止的斗争。

⑤冲突可以促进联合,以求共存,或为了战胜更强大的敌人而结成同盟。

有害冲突是组织中具有破坏性的或阻碍组织目标实现的冲突。这种冲突会使人力、物力和精力分散,凝聚力下降,造成人际关系紧张与敌意,降低工作效率等。

(3)冲突与发泄——"安全阀"理论

德国社会学家齐尔美,针对传统冲突对策的不彻底性、消极看待和处理冲突的方法而提出的"宣泄"理论,和由此而来的社会冲突论中的"安全阀"理论是很有借鉴意义的。因此,领导者应从多维视角来看待冲突,既要看到它的破坏性,也要看到它的建设性,不能简单地把冲突等同于破坏。面对冲突与矛盾要因势利导,化害为利,而不能一味地采取压制与打击的办法。

(4)处理冲突的艺术

美国西点军校的《军事领导艺术》对领导者可以采取的解决冲突方法归纳为五种:回避、建立联络小组、树立更高目标、采取强制办法、解决问题。

三、激励

1. 激励的含义

从心理学角度讲,激励是指激发人的行动动机的心理过程,是一个不断朝着期望的目标前进的循环过程。简言之,就是在工作中调动人的积极性的过程。

可以从以下三个方面来理解激励这一概念:

①激励是一个过程。人的很多行为都是在某种动机的推动下完成的。对人的行为的激励,实质上就是通过采用能满足人需要的诱因条件,引起行为动机,从而推动人采取相应的行为,以实际目标,然后再根据人们新的需要设置诱因,如此循环往复。

②激励过程受内外因素的制约。各种管理措施,应与被激励者的需要、理想、价值观和责任感等内在的因素相吻合,才能产生较强的合力,从而激发和强化工作动机;否则不会产生激励作用。

③激励具有时效性。每一种激励手段的作用都有一定的时间限度,超过时限就会失效。因此,激励不能一劳永逸,需要持续进行。

2. 需要激励理论

作为人类行为的原动力,需要是行为科学中激励理论的重点研究对象之一。许多著名的行为科学家曾从不同角度对需要进行了详细的描述。

(1)马斯洛的需要层次论

马斯洛是被人们引用较多的一位美国管理心理学家。他认为,人类的需要可分为五类:生理的需要,安全的需要,社交的需要,自尊的需要,以及自我实现的需要。

①生理的需要。指人类生存最基本的需要,如食物、水、住房、医药等。这是动力最强大的需要,如果这些需要得不到满足,人类就无法生存,也就谈不上其他的需要。

②安全的需要。是指保护自己免受身体和情感伤害的需要。这种安全需要体现在社会生活中是多方面的,如生命安全、劳动安全、职业有保障、心理安全等。

③社交的需要。包括友谊、爱情、归属、信任与接纳的需要。人们一般都愿意与他人进行社会交往,想和同事们保持良好的社会关系,希望给予和得到友爱,希望成为某个团体的成员等。这一层次的需要得不到满足,可能会影响人的精神上的健康。

④尊重的需要。包括自尊和受到别人尊重两方面。自尊是指自己的自尊心,工作努力不甘落后,有充分的自信心,获得成就感后的自豪感。受人尊重是指自己的工作成绩、社会地位能得到他人的认可。这一层次的需要一旦得以满足,必然信心倍增;否则就会产生自卑感。

⑤自我实现的需要。这是最高一级的需要,指个人成长与发展,发挥自身潜能、实现理想的需要。即人希望自己能够充分发挥自己的潜能,做他最适宜的工作。马斯洛认为,如果一个人想得到最大的快乐的话,那么,一个音乐家必须创作乐曲,一个画家必须绘画,一个诗人必须写诗。一个人能做哪样的人,他就必须成为那样的人。

需要层次在企业中的应用见表 9-1。没有满足的需要是激励的开端,而需要的满足则是激励过程的完成。可见,需要是人类行为的出发点、基础和最根本的原因。管理者只有了解了员工的需要以及员工之间需要的差异,然后有针对性地采取管理措施,才能收到良好的激励效果,充分调动员工的工作积极性。

表 9-1 需要层次在企业中的应用

需要层次	激励因素(追求的目标)	应 用
生理的需要	工资和奖金; 各种福利工作环境	足够的薪金、舒适的工作环境、适度的工作时间、住房和福利设施、医疗保险等
安全的需要	职业保障; 意外事故的防止	雇用保证、退休养老金制度、意外保险制度、安全生产制度、危险工种营养福利制度
社交的需要	友谊、团体的接纳; 组织的认同	建立和谐的工作团队、建立协商和对话制度、互助金制度、联谊小组、教育培养制度
尊重的需要	名誉和地位; 权力和责任	人事考核制度、职衔、表彰制度、责任制度、授权
自我实现的需要	能发挥个人特长的环境; 具有挑战性的工作	决策参与制度、提案制度、破格晋升制度、目标管理、工作自主权

(2)赫茨伯格的双因素理论

"双因素理论"是"保健、激励因素理论"的简称,是美国匹茨堡心理学研究所的赫茨伯格于20世纪50年代后期提出的。赫茨伯格认为,使员工感到满意的因素与使员工感到不满意的因素是大不相同的。使员工感到不满意的因素往往是由外界环境引起的,使员工感到满意的因素通常是由工作本身产生的。

①保健因素。赫茨伯格发现造成员工非常不满意的原因有:公司政策、行为管理和监督方式、工作条件、人际关系、地位、安全和生产条件等。这些因素改善了,只能消除员工的不满、怠工与对抗,但不能使员工变得非常满意,也不能激发他们的积极性,提高效率。赫茨伯格把这一类因素称为保健因素,就像某些保健物品只能预防疾病,但不能提高身体状况一样。

②激励因素。赫茨伯格还发现使员工感到满意的原因有:工作富有成就感、工作成绩能得到认可、工作本身具有挑战性、负有较大的责任、在职业上能得到发展等。这类因素的改善,能够激励员工的工作热情,从而提高生产率。如果处理不好,也能引起员工的不满,但影响不是

很大，赫茨伯格把这类因素称为激励因素，这两类因素如表 9-2 所示。

表 9-2　保健因素与激励因素

保健因素	激励因素
金　钱	工作本身
监　督	赏　识
地　位	进　步
安　全	成长的可能性
工作环境	责　任
政策与行动	成　就
人际关系	……

3. 激励的原则

激励是一门科学，正确的激励应遵循以下原则。

(1)组织目标与个人目标相结合的原则

在激励机制中，设置目标是一个关键环节。目标设置必须体现组织目标的要求；否则激励将偏离实现组织目标的方向。目标设置还必须能满足员工个人的需要；否则无法提高员工的目标效价，达不到满意的激励强度。只有将组织目标与个人目标结合好，使组织目标包含较多的个人目标，使个人目标的实现离不开为实现组织目标所作的努力，才会收到良好的激励效果。

(2)物质激励与精神激励相结合的原则

员工存在着物质需要和精神需要，激励方式相应地也应该是物质激励与精神激励相结合。鉴于物质需要是人类最基础的需要，但层次也最低，物质激励的作用是表面的，激励深度有限。因此，随着生产力水平和人员素质的提高，应该把重心转移到以满足较高层次需要即社交、自尊、自我实现需要的精神激励上去。换句话说，物质激励是基础，精神激励是根本，在两者结合的基础上，逐步过渡到以精神激励为主。

(3)外在激励与内在激励相结合的原则

根据赫茨伯格的“双因素理论”，在激励中可区分两种因素——保健因素和激励因素。凡是满足员工生存、安全和社交需要的因素都属于保健因素，其作用只是消除不满，但不会产生满意，这类因素叫外在激励。满足员工自尊和自我实现需要，最具有激发力量，可以产生满意，从而使员工更积极地工作，这些因素属于内在的激励因素。内在的激励因素所产生的工作动力远比外在的保健因素要深刻和持久。因此，在激励中，领导者应善于将外在激励与内在激励相结合，以内在激励为主，力求收到事半功倍的效果。

(4)正激励与负激励相结合的原则

根据强化理论，可把强化分为正强化和负强化，也称为正激励与负激励。显然，正激励与负激励都是必要而有效的，不仅作用于当事人，而且会间接地影响周围其他人。通过树立正面的榜样和反面的典型，扶正祛邪，形成一种好的风气，产生无形的压力，使整个群体和组织的行为更积极、更富有生气。但鉴于负激励具有一定的消极作用，容易产生挫折心理和挫折行为，应该慎用。因此，领导者在激励时应该把正激励与负激励巧妙地结合起来，而坚持以正激励为主，负激励为辅。

(5)按员工需要激励的原则

激励的起点是满足员工的需要，但员工的需要存在着个体差异性和动态性，因人而异，因

时而异,并且只有满足最迫切需要的措施,其效价才高,其激励强度才大。因此,领导者在进行激励时,必须深入地进行调查研究,不断了解员工需要层次和需要结构的变化趋势,有针对性地采取激励措施,才能收到实效。

(6)坚持民主公正的原则

公正是激励的一个基本原则。如果不公正,奖不当奖,罚不当罚,不仅收不到预期的效果,反而会造成许多消极后果。公正就是赏罚严明,并且赏罚适度。赏罚严明就是铁面无私,不论亲疏,不分远近,一视同仁。赏罚适度就是从实际出发,赏与功相匹配,罚与罪相对应,既不能小功重奖,也不能大过轻罚。

4. 激励的方法

激励的方法多种多样,国内外的先进企业在这方面积累了丰富的经验,大体上有如下行之有效的方法。

(1)目标激励

企业目标是一面号召和指引千军万马的旗帜,是企业凝聚力的核心。它体现了员工工作的意义,预示着企业光辉的未来,能够在理想和信念的层次上激励全体员工。企业应该将自己的长远目标、近期目标大张旗鼓地进行宣传,做到家喻户晓,让全体员工看到自己工作的巨大社会意义和光明的前途,从而激发大家强烈的事业心和使命感。

在进行目标激励时,还应注意把组织目标与个人目标结合起来,宣传企业目标与个人目标的一致性,企业目标中包含着员工的个人目标,员工只有在完成企业目标的过程中才能实现其个人目标。使大家具体地了解:企业的事业会有多大发展,企业的效益会有多大提高,相应地,员工的工资奖金、福利待遇会有多大改善,个人活动的舞台会有多少扩大,使大家真正感受到"厂兴我富,厂兴我荣"的道理,从而激发出强烈的归属意识和巨大的劳动热情。

(2)奖罚激励

"赏罚,政之柄也",实际上不管奖励也好、奖罚结合也好,尽管有关激励的各种研究和理论已大量涌现,但奖励和惩罚仍是两个有力的激励因素。当然,"赏罚必在至公",不可滥用,尤其是惩罚,它会引起自卫、报复等副作用。坚持正面的奖励和表扬,通常其效果更好。

然而,有的管理人员说,用正面的奖励来满足员工的各种需要,诚然不错,可是有的员工"欲壑难填"怎么办?事实上奖励及表扬的方法是很多的,以下几类都可适当加以选择并应用:

①薪酬与奖励。用加薪、奖金、奖品、礼品等以示奖励。

②增加责任。鼓励员工参与管理,减少外加的监督与控制,实现员工建议制等。

③对个人和群体实行适当灵活的优惠。如实行弹性工作时间、延长休息或午餐的时间、获准提早下班、带薪或无薪的假期、特殊待遇(如为员工装电话、组织旅游等)、单位资助出席专业会议或送海外培训等。

④职务与地位的升迁。诸如获得新的职务、给予委派授权、工作轮换培训、职务多元化、升迁新的职衔、提供更佳的工作场所、被邀请参加"高层"会议或负责督导更多的下属。

⑤衷心地嘉许与表扬。具体赞扬所取得的成绩,作出坦率、真诚的评价,鼓励继往开来。

⑥社交活动。提供免费工作午餐,增加个人和群体的交往接触,组织运动会、户外活动及聚会,通过社交和与工作有关的场合使员工与管理者有更多的相处时间。

(3)评比、竞赛、竞争激励

竞争是市场经济的重要特点之一,组织中经常开展必要的评比、竞赛、竞争,能使员工的情绪保持紧张，提高士气，克服惰性；同时，通过评比竞赛，能使劳动者的业绩得到公正合理的评价，促使他们为企业作出更大的贡献。

(4)榜样激励

榜样激励的方法是在组织中树立先进模范人物和标兵的形象，号召和引导员工向先进模范人物学习，引导员工的行为到组织目标所期望的方向。现在，许多企业都有自己的报纸和内部网站，使榜样激励增添了许多更有效、更丰富、更灵活多样的内容和手段。但榜样的树立，应当坚持实事求是，不要虚构和夸张，以免引起员工的逆反心理。

榜样激励的一个很重要的方面是领导者本人的身先士卒，率先垂范。人们常说身教重于言教，正如一些企业负责人所说："喊破嗓子，不如作出样子。"领导的一个模范行动，胜过十次一般号召。领导的模范行动，像无声的命令，对其下属有巨大的影响力，可以激发出员工的工作积极性和工作热情。

(5)参与激励

员工是企业的主人，企业应该把员工摆在主人的位置上，尊重他们，信任他们，让他们在不同层次和不同深度上参与决策，吸收他们中的正确意见，全心全意地依靠他们办好企业。通过参与，形成员工对企业的归属感、认同感，进一步满足自尊和自我实现的需要。全面质量管理(TQC)小组，员工参与班组民主管理，员工通过职代会参与企业重大决策，是员工参与企业决策和企业管理的主要渠道。其他如"奖励员工合理化建议"制度、"诸葛亮会"等，都是行之有效的员工参与形式。

(6)感情激励

感情投资在现代管理中是一个非常重要的因素，对人的工作积极性有重大影响。它能密切上下级关系，增强员工的动力，振奋员工的精神。感情激励就是加强与员工的感情沟通，尊重员工、关心员工，与员工之间建立平等和亲切的感情，千方百计创造条件满足他们的合理需要，并且积极为员工排忧解难、办实事，让员工体会到领导的关心、企业的温暖，从而激发出他们的主人翁责任感和爱厂如家的精神。感情激励的技巧在于"真诚"二字。

(7)员工持股激励

员工持股激励是在市场经济条件下，对员工激励的最根本的方法之一。其出发点是实行产权多元化，鼓励员工在企业持股，利润共享。员工持股增加了他们对企业的认同感，使他们迸发出巨大的工作热情和责任感，促使企业效益的提高。

(8)危机激励

危机激励的实质是树立全体员工的忧患意识，做到居安思危，无论是在组织顺利还是困难的情况下，都永不松懈，永不满足，永不放松对竞争对手的警惕。日本学者小山秋义把这种激励方法称为"怀抱炸弹经营"、"置之死地而后生"，唤醒全体员工的危机意识，确保组织立于不败之地。

(9)组织文化激励

推行组织文化有助于建立员工共同的价值观和组织精神，树立团队意识。美国、日本有许多组织全面推行组织文化，取得了非常成功的经验，不但增加了员工对组织的凝聚力和自豪感，而且提高了组织素质和整体实力。优良的组织文化也是组织必不可少的激励手段。

第四节　轮机部团队

船舶是一个整体，船员是一个团队，任何个体只有依托整体和团队才能有效发挥其作用。一个没有组织纪律性没有服从意识的船员，即使他的能力再强，也势必会给船舶的整体工作带来危害。一个没有团队精神的船员只能导致船舶不和谐的工作局面。

一、团队的含义

所谓团队，指的是具有不同知识、技术、技能、技巧，拥有不同信息，相互依赖紧密的一流人才所组成的一种群体。团队有几个重要的构成要素，总结为“5P”。

1. 目标(Purpose)

团队应该有一个既定的目标，为团队成员导航，知道要向何处去；没有目标，这个团队就没有存在的价值。

2. 人(People)

人是构成团队最核心的力量。3个(包含3个)以上的人就可以构成团队。

目标是通过人员具体实现的，所以人员的选择是团队中非常重要的一个部分。在一个团队中可能需要有人出主意，有人订计划，有人实施，有人协调不同的人一起去工作，还有人去监督团队工作的进展，评价团队最终的贡献。不同的人通过分工来共同完成团队的目标，在人员选择方面要考虑人员的能力如何，技能是否互补，人员的经验如何。

3. 团队的定位(Place)

团队的定位包含两层意思：

①团队的定位，团队在组织中处于什么位置，由谁选择和决定团队的成员，团队最终应对谁负责，团队采取什么方式激励下属。

②个体的定位，作为成员在团队中扮演什么角色，是订计划还是具体实施或评估。

4. 权限(Power)

团队当中领导人的权力大小跟团队的发展阶段相关，一般来说，团队越成熟，领导者所拥有的权力相应越小，在团队发展的初期阶段领导权相对比较集中。

团队权限关系的两个方面：

①整个团队在组织中拥有什么样的决定权？比方说财务决定权、人事决定权、信息决定权。

②组织的基本特征。比方说组织的规模多大，团队的数量是否足够多，组织对于团队的授权有多大，它的业务是什么类型。

5. 计划(Plan)

计划的两层面含义：

①目标最终的实现，需要一系列具体的行动方案，可以把计划理解成目标的具体工作的程序。

②提前按计划进行可以保证团队工作进度的顺利实现。只有在计划的引导下团队才会一步一步地贴近目标，从而最终实现目标。

二、高效团队的特征

除了上述五个基本构成要素，高绩效的团队还具有以下的一些特征。

1. 清晰的目标

高效的团队对所要达到的目标有清晰的了解,并坚信这一目标包含着重大的意义和价值。而且,这种目标的重要性还激励着团队成员把个人目标升华到群体目标中去。在有效的团队中,成员愿意为实现团队目标作出承诺,清楚地知道希望他们做什么工作,以及他们怎样共同工作来最终完成任务。

2. 充分的人际技能

高绩效团队的成员之间的角色是经常发生变化的,这要求团队成员具有充分的人际技能,即勇于面对并协调成员之间的差异。由于团队中的问题和关系时常变换,成员必须能面对和应付这种情况。成员之间有高度的相互作用和影响,因而易于调整彼此的关系。

3. 相互的信任

成员间相互信任是有效团队的显著特征,也就是说,每个成员对其他人的品行和能力都确信不疑。而信任这种东西是相当脆弱的,它需要花大量的时间去培养而又很容易被破坏。而且,只有信任他人才能换来被他人的信任,不信任他人只能导致不信任。

组织文化和管理层的行为对形成相互信任的群体内氛围很有影响。如果组织崇尚开放、诚实、协作的办事原则,同时鼓励员工的参与和自主性,它就比较容易形成信任的环境。

4. 一致的承诺

高效的团队成员对团队表现出高度的忠诚和承诺,为了能使团队获得成功,他们愿意去做任何事情。我们把这种忠诚和奉献称为一致的承诺。成员对团队具有认同感,他们很看重自己属于该团队的身份。成员对团队目标具有奉献精神,愿意为实现团队目标而发挥自己最大的潜能。电视剧《亮剑》中的独立团骑兵连连长孙德胜,能够在全连只剩一兵一马的情况下,仍然发动正式进攻,就是这种奉献精神的表现。

5. 良好的沟通

这是高效团队一个必不可少的特征。团队成员之间以他们可以清晰理解的方式传递信息,包括各种言语和非言语信息。此外,良好的沟通还表现在管理者与团队成员之间健康的信息反馈上,这种反馈有助于管理者对团队成员的指导,以及消除彼此之间的误解。如同一对共同生活多年的夫妻,高效团队中的成员也能迅速并有效地分享彼此的想法和情感。

6. 成员的工作自主性和精神状态

在高绩效团队中,成员被分配了合适的角色,并对其工作具有一定的自主权。成员有较强的工作动机和良好的精神状态,充满自信和自尊。目前的一些非传统型企业实行灵活的工作时间制度,正是为了充分调动员工的工作自主性和精神状态。

7. 有效的领导

高绩效团队的领导者能为团队建立愿景,指明前途,鼓舞成员的信心,帮助他们更充分地挖掘自己的潜力。领导者往往担任的是教练或后盾的角色,他们对团队提供指导和支持,而不是试图去控制下属。这不仅适用于自我管理团队,当授权给小组成员时,它也适用于任务小组、交叉职能型团队。对于那些习惯于传统方式的管理者来说,这种从上司到后盾的角色变换,即从发号施令到为团队服务,实在是一种困难的转变。当前很多管理者已开始发现这种新型的权力共享方式的好处,或通过领导培训,逐渐意识到它的益处;但仍然有些脑筋死板、习惯于专制方式的管理者无法接受这种新概念,这些人应当尽快转变自己的老观念;否则就将被取而代之。

8. 内部支持和外部支持

高绩效团队必须有一个支持环境。从内部条件来看，团队应拥有一个合理的基础结构，这包括：适当的培训；一套清晰而合理的测量系统用以评估总体绩效水平；一个报酬分配方案用以认可和奖励团队的活动；一个具有支持作用的人力资源系统。恰当的基础结构应能支持团队成员，并强化那些取得高绩效水平的行为。从外部条件来看，管理层应该给团队提供完成工作所必需的各种资源。

三、团队的作用

组织在组建团队之前，必须明确组建团队的目的，团队只是手段而不是目标。团队的功能主要表现在两个方面：一是更好地完成组织任务，二是更好地满足个体人员的心理需求。在完成组织任务方面，团队与传统的部门结构或其他形式的稳定性团体相比所具有的优点主要在于：

①它可以使不同的职能并行进行，而不是顺序进行，从而大大节省了完成组织任务的时间。

②当完成某项任务需要综合技能、判断力和经验才能时，团队明显增加个人产出。

③在应对不断变化的环境时，团队要比传统的部门或其他形式的固定工作部门更具弹性，反应速度也更快。

④它可以由团队成员自我调节、相互约束，促进员工参与决策过程，增强组织的民主气氛，并且削减组织中的某些中层管理职能。

⑤团队不仅可以使组织提高效率，改进工作绩效，还可以提高工作的满意度，因为团队加强了员工的参与度，提高了员工的技能，也促进了员工工作的多元化。

团队主要通过以下途径满足成员的心理需求：

①获得安全感。个体在团队中可免于孤独、寂寞、恐惧感等。

②满足自尊的需要。个体在团队中的地位，如受人欢迎、受人尊重、受人保护、承认他的存在价值等，都能满足个体自尊的需要。

③增强自信心。在团队中通过成员交换意见得出一致的看法，可使个体将某些不明确、没有把握的看法弄明白，从而增强自信心。

④增强力量感。个体在团队中与其他成员相互支持、相互帮助、相互依存，能使个人具有力量感。

⑤团队还可以成为进行有效信息沟通的窗口。在团队里，人们可以利用各种正式和非正式渠道，互通信息、交换情报，沟通与各方面的联系。

⑥团队还能协调人际关系，促进成员之间的相互激励。团队可以有针对性地做好成员的思想工作，化解隔阂和矛盾，促进成员间思想和感情的交流，激发成员你追我赶、奋发向上、团结互助完成组织目标。

⑦团队还有制约个体行为的功能。有关心理学家的研究指出，改变个体的不良行为，如果单纯从个体出发，往往效果不佳。要改变一个人的行为，可以借助于团队的影响和压力，从外在舆论、环境上改造人的行为。

四、团队成员的角色及作用

“天生我才必有用”，讲的是人们在人类社会活动过程中，任何人都会有自己的价值和贡

献。其实,团队中的各成员更是如此。从团队成员性格和行为的角度可以将团队成员分成如下八种类型,见图9-2:

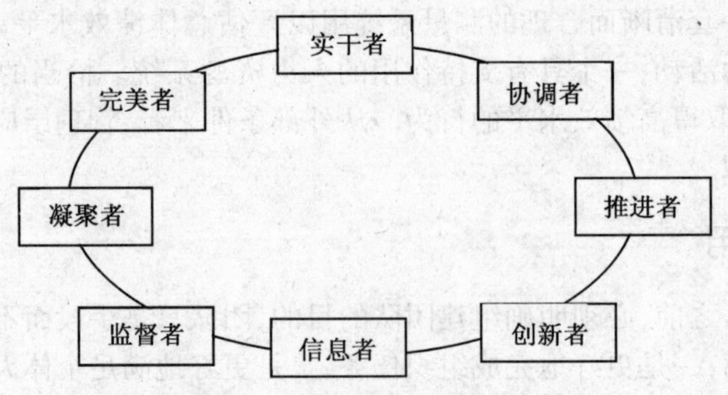

图9-2 团队成员的角色类型

以下分别从角色描述、典型特征、作用、优点、缺点几个方面简单分析一下这八种角色。

1. 实干者

角色描述:实干者非常现实、传统甚至有点保守。他们崇尚努力,计划性强,喜欢用系统的方法解决问题。实干者有很好的自控力和纪律性,对团队忠诚度高,为团队整体利益着想而较少考虑个人利益。

典型特征:有责任感、高效率、守纪律,但比较保守。

作用:由于其可靠、高效率及处理具体工作的能力强,因此在团队中作用很大;实干者不会根据个人兴趣而是根据团队需要来完成工作。

优点:有组织能力、务实,能把想法转化为实际行动;工作努力、自律。

缺点:缺乏灵活性,可能会阻碍变革。

2. 协调者

角色描述:协调者能够引导一群不同技能和个性的人向着共同的目标努力。他们代表成熟、自信和信任,办事客观,不带个人偏见,除权威之外,更有一种个性的感召力。在团队中能很快发现各成员的优势,并在实现目标的过程中能妥善运用。

典型特征:冷静、自信、有控制力。

作用:擅长领导一个具有各种技能和个性特征的群体,善于协调各种错综复杂的关系,喜欢平心静气地解决问题。

优点:目标性强,待人公平。

缺点:个人业务能力可能不会太强,比较容易将团队的努力归为己有。

3. 推进者

角色描述:说干就干,办事效率高,自发性强,目的明确,有高度的工作热情和成就感;遇到困难时,总能找到解决办法;推进者大都性格外向且干劲十足,喜欢挑战别人,好争端,而且一心想取胜,缺乏人际间的相互理解,是一个具有竞争意识的角色。

典型特征:挑战性、好交际、富有激情。

作用:是行动的发起者,敢于面对困难,并义无反顾地加速前进;敢于独自作决定而不介意别人的反对。推进者是确保团队快速行动的最有效成员。

优点:随时愿意挑战传统,厌恶低效率,反对自满和欺骗行为。

缺点:有挑衅嫌疑,做事缺乏耐心。

4. 创新者

角色描述：创新者拥有高度的创造力，思路开阔，观念新，富有想象力，是“点子型”的人才。他们爱出主意，其想法往往比较偏激和缺乏实际感。创新者不受条条框框约束，不拘小节，难守规则。

典型特征：有创造力，个人主义，非正统。

作用：提出新想法和开拓新思路，通常在项目刚刚启动或陷入困境时，创新者显得非常重要。

优点：有天分，富于想象力，智慧，博学。

缺点：好高骛远，不太关注工作细节和计划，与别人合作本可以得到更好的结果时，却喜欢过分强调自己的观点。

5. 信息者

角色描述：信息者经常表现出高度热情，是一个反应敏捷、性格外向的人。他们的强项是与人交往，在交往的过程中获取信息。信息者对外界环境十分敏感，一般最早感受到变化。

典型特征：外向、热情、好奇、善于交际。

作用：有与人交往和发现新事物的能力，善于迎接挑战。

优点：有天分，富于想象力，智慧，博学。

缺点：当初的兴奋感消失后，容易对工作失去兴趣。

6. 监督者

角色描述：监督者严肃、谨慎、理智、冷血质，不会过分热情，也不易情绪化。他们与群体保持一定的距离，在团队中不太受欢迎。监督者有很强的批判能力，善于综合思考、谨慎决策。

典型特征：冷静、不易激动、谨慎、精确判断。

作用：监督者善于分析和评价，善于权衡利弊来选择方案。

优点：冷静、判别能力强。

缺点：缺乏超越他人的能力。

7. 凝聚者

角色描述：是团队中最积极的成员，他们善于与人打交道，善解人意，关心他人，处事灵活，很容易把自己同化到团队中。凝聚者对任何人都没有威胁，是团队中比较受欢迎的人。

典型特征：合作性强，性情温和，敏感。

作用：凝聚者善于调和各种人际关系，在冲突环境中其社交和理解能力会成为资本；凝聚者信奉“和为贵”，有他们在的时候，人们能协做得更好，团队士气更高。

优点：随机应变，善于化解各种矛盾，促进团队合作。

缺点：在危机时刻可能优柔寡断，不太愿意承担压力。

8. 完美者

角色描述：具有持之以恒的毅力，做事注重细节，力求完美；他们不大可能去做那些没有把握的事情；喜欢事必躬亲，不愿授权；他们无法忍受那些做事随随便便的人。

典型特征：埋头苦干，守秩序，尽职尽责，易焦虑。

作用：对于那些重要且要求高度准确性的任务，完美者起着不可估量的作用；在管理方面崇尚高标准严要求，注意准确性，关注细节，坚持不懈。

优点：坚持不懈，精益求精。

缺点：容易为小事而焦虑，不愿放手，甚至吹毛求疵。

从以上的描述可知：实干者善于行动，团队中如果缺少实干者，则会大乱；协调者善于寻找到合适的人，团队中如果缺少协调者，则领导力不强；推进者善于让想法立即变成行动，团队中如果缺少推进者，则工作效率将会不高；创新者善于出主意，团队中如果缺少创新者，则思维会受到局限；信息者善于发掘最新"情报"，团队中如果缺少信息者则会比较封闭；监督者善于发现问题，团队中如果缺少监督者，则工作绩效不稳定甚至可能大起大落；凝聚者善于化解矛盾，团队中如果缺少凝聚者，则人际关系将会变得紧张；完美者强调细节，团队中如果缺少完美者，则工作会比较粗糙。

五、轮机部团队工作

团队工作（Team Work），又称小组工作，是指与以往每个人只负责一项完整工作的一部分（如一道工序、一项业务的某一程序等）不同，由数人组成一个小组，共同负责完成这项工作。在小组内，每个成员的工作任务、工作方法以及产出速度等都可以自行决定。在有些情况下，小组成员的收入与小组的产出还挂钩，这样一种方式就称为团队工作方式，其基本思想是使全员参与，从而调动每个人的积极性和创造性，使工作效果尽可能好。这里工作效果系指效率、质量、成本等的综合结果。

在远洋船上工作生活过的人大概都有这样的经历，当身体不适的时候，特别渴望同事给予关心和安慰。并不是说关心和安慰对身体的康复有多么神奇的疗效，重要的是让船员感觉到个人受到了重视，感觉到这个集体的温暖，一旦有了困难会得到帮助，从而有安全感。如若这个集体发生了问题，需要他的时候，他也会毫不犹豫地挺身而出，这就是团队精神。这样的团队精神对于我们这种相对封闭、独立、危险的工作和生活环境的人而言，是大有裨益的，对企业而言更是十分需要的。

所谓团队精神，简单来说就是大局意识、协作精神和服务精神的集中体现。团队精神的核心是协同合作，反映的是个体利益和整体利益的统一。良好的团队精神可以充分发挥集体的潜能。当然，团队精神并不是以牺牲自我为前提的；相反，团队精神尊重个人兴趣和成就，培养和肯定每个成员的特长，从而充分发挥每个成员的作用。

有团队精神的团队，团队成员的个人智商可能是100，但加在一起的团队智商可能会达到150甚至更高；而反过来缺乏团队精神的团队，即使个人智商达到120，但团队组合到一起的智商只有60～70。出现这种情形的关键要素就是团队中的文化成分，也就是所说的团队精神。

1. 团队精神包含的内容

(1)团队的凝聚力

团队的凝聚力是针对团队和成员之间的关系而言的。团队精神表现为团队强烈的归属感和一体性，每个团队成员都能强烈感受到自己是团队当中的一分子，把个人工作和团队目标联系在一起，对团队表现出一种忠诚，对团队的业绩表现出一种荣誉感，对团队的成功表现出一种骄傲，对团队的困境表现出一种忧虑。

当个人目标和团队目标一致的时候，凝聚力才能更深刻地体现出来。

(2)团队合作的意识

团队合作意识指的是团队和团队成员表现为协作和共为一体的特点。团队成员间相互依存、同舟共济，互敬互重、礼貌谦逊；他们彼此宽容、尊重个性的差异；彼此间是一种信任的关系、待人真诚、遵守承诺；相互帮助、互相关怀，大家彼此共同提高；利益和成就共享、责任共担。良好的合作氛围是高绩效团队的基础，没有合作就谈不上很好的业绩。

(3)团队高昂的士气

这一点是从团队成员对团队事务的态度体现出来,表现为团队成员对团队事务的尽心尽力及全方位的投入。

2.团队精神在船舶上的体现

良好的团队精神在船舶上至少体现在四个方面:

①良好的团队精神可以预防事故的发生,有益于安全工作。事故的发生有多方面因素,人的因素占很大的成分,大家相互协作,取长补短,彼此提醒,事故就一定会大幅度减少。

②良好的团队精神有助于增加船员之间互相沟通、交流,实现船舶的准班、节能增效目标。“降本增效”不是一句空洞的口号,需要大家共同努力,共同钻研才能够取得显著效果。

③良好的团队精神可以促进船员个人事业的发展。每个人在工作上都可能遇到这样或那样的问题,如果和周围的人经常沟通,就会及时化解一些矛盾,解决相关的问题,对自己的个人业务也会有促进和帮助,一旦有了发展的机遇也能很好把握。

④良好的团队精神可以健全人格,完善提高个人素质。集体中的每个人各有各的长处和缺点,只有融入这个团队,才会发现对方的美,同时也能在比较中看到自己的不足,逐步培养自己求同存异、与人为善的素质,形成良性循环。在日常生活中,培养良好的与人相处的心态,并在日常生活中运用,这不仅是培养团队精神的需要,而且也是获得人生快乐的重要方面。

3.团队精神的培育

在船舶上打造良好的团队精神,其特殊性要求我们每一个人都要承担起责任,齐心协力,众志成城。首先要营造一个相互信任的氛围。彼此信任是最坚实的基础,它会增加我们对船舶的认可,让大家在心理上有充分的安全感,从而真正把“以船为家”的观念落实下来。其次要建立合理有效的沟通机制。多一些沟通、交流,始终抱着合作的心态,多理解别人的苦衷,多设身处地为别人想一想,要懂得以恰当的方式同他人合作,用恰当的方式让别人接受,学会被别人领导和领导别人,这样工作起来就会得心应手、事半功倍了。第三是加强业务知识、敬业精神的学习和提高。态度并不能解决所有的问题,远洋船员不仅要有高度的责任感,良好的敬业精神,同时还应该有丰富的技能,能够帮助别人解决问题。帮助别人的同时也是在帮助自己,使别人快乐的同时也使自己快乐。第四是船舶管理人员的带头作用。“火车跑得快,全靠车头带”,管理干部的行为有着极强的示范意义。他们应该注意自己的言行举止,有宽广的胸怀和长者的风范,懂得关心和体恤下属,有包容之心,能够营造大家庭的环境。

远洋船舶大部分时间远离陆地,各项工作需要船舶人员协同完成。如果仅仅抱着“各人自扫门前雪”的态度,是远远不够的,尤其是在特殊情况下,各自为政,互不买账,不仅“门前雪”扫不好,还会造成整艘船的工作任务完不成,甚至会出现危情和险境。在现实生活中因只顾“自扫门前雪”而造成各种事故和灾难的事例不胜枚举。良好的团队精神,可以融洽船舶气氛,消除各种压力所带来的负面影响。远洋船舶上每个人的个性和具体情况不同,工作生活中难免会出现各种问题,很容易产生一些消极的想法,严重的甚至以生命为代价。以前曾经发生的一些安全事件,让人痛心。倘若这些船舶团队精神强,船员兄弟能够很好地融入这个团队,那么悲剧就可以避免了。“人心齐,泰山移”,我们应该吸取既往的教训,相互体贴,彼此关心,从各个渠道用各种方法培养船员良好的团队意识,打造船舶良好的团队精神,这样我们就一定能够过关斩将,战胜各种困难险阻,完成各项工作任务,为公司添光增彩。

第五节 通信

通信,指人与人或人与自然之间通过某种行为或媒介进行的信息交流与传递,从广义上指需要信息的双方或多方在不违背各自意愿的情况下无论采用何种方法,使用何种介质,将信息从某方准确安全传送到另一方。

一、船内通信系统

船内通信系统主要有船用电话、车钟、广播与警报装置三种类型。《钢质海船入级规范》(以下简称《钢规》)规定各种不同用途的船内通信装置,其声响信号应有不同的音色,以利于辨别。

1. 船用电话

《钢规》要求下列处所以电话为通信工具时,则应为声力电话或蓄电池供电的指挥电话:

①驾驶室—机舱。

②驾驶室—应急操舵站及舵机舱。

③驾驶室—火警信号站及消防设备集中控制站及艏艉。

④驾驶室—无线电室等。

其中①,②须为直通电话。

对于船用电话通信系统的使用与管理,要注意以下几点:

①目前建造的大型船舶中,都有对讲(直通)电话系统、指挥电话系统和自动电话系统。平时维护重点应是前两种,因为它们结构简单、接通迅速、工作可靠,多作为船舶指挥联络用,与船舶航行安全直接相关。

②必须消除话机的侧音,以免使受话方不能正确理解另一方的意图,影响指挥联络的效果。

③自动电话拨号时从话机送出的是脉冲信号,不是拨号时用劲越大,速度越快,越容易接通。

④及时排除指挥电话系统的故障。

2. 车钟装置

为了传达驾驶员的车速命令,控制船舶速度,船上设有车钟设备。

(1)车钟的组成及作用

在驾驶室、机舱集控室和主机机侧操纵台旁,各设一个车钟。

车钟的两面各有圆形钟面,上面印有各种速度标志,钟面中央有一指针,针上装有可以前后摇动的扳手。如在有两部推进器的船上,右边的车钟代表右舷的推进主机,左边的车钟代表左舷的推进主机。在船舶利用双车掉头时,切莫搞错左或右。

小船上的车钟多为链条式,由人工操纵,比较笨重。较大型的船舶一般都安装轻便的电传令钟(电车钟)。

车钟是用来传送改变主机转速的发令和回令装置,主要使用在船舶航行特别是机动航行用车时。

(2)车钟的使用和注意事项

①车钟的使用关系到船舶安全,必须注意听清车令,按照指挥人员的命令,正确摇动车钟

并复述车令，他人不得任意摇动车钟。在改变车令时，需按规定在车钟记录簿上记录，车钟记录簿用完后不得销毁，应存船备查。

②备车时应校对驾驶室和机舱车钟，校对方法是：先用电话与机舱联系，摇动驾驶室车钟至各个速度的位置，看机舱回令是否指在所要求的速度位置上。如果没有误差表示正常。车钟校对完毕后置于“备车”位置。转车、冲车、试车完毕后置于“停车”位置，表示车已备妥。

③如果摇动车钟，机舱没有回令，应再摇一次。若发现车钟信号不正确或有疑问时，应正倒车方向多次摇动，以引起机舱注意。船舶航行过程中，若与前方船舶有碰撞危险需紧急倒车时，驾驶台可连续两次将车钟拉到倒车位置，机舱应立即执行车令。

④改变车速时，应及时观察转速表所指的数值（转数）。

⑤如要定速航行，驾驶台应向机舱重复一次“前进三”车令。

⑥车钟应结构良好，当船舶在任何摇摆或颠簸的情况下，都能正常工作。平时应经常保持清洁光亮，活动部分须涂上润滑油（脂）。

3.舱内警报系统

船上应急警报系统有全船性警报系统和局部性警报系统。全船性警报系统通常挂接火灾自动警报系统、烟火探测自动警报系统、手动火警按钮和驾驶台警报器等。局部性警报系统主要有：主机、舵机、供电、锅炉等的故障自动警报系统；用于通知机舱值班人员的值班呼叫警报系统；用于机舱施放二氧化碳前通知机舱人员立即撤离的警报系统。

除上述的声光警报系统外，船上还使用汽笛和有限广播报警。必要时，船钟、铜锣、口哨等均可用于报警。船员应熟悉各种形式的警报，以免延误宝贵的应急时机。

机舱设备发出的报警信号一般为声、光两种信号。值班人员先确认警报，消声，保留灯光信号，再排除故障。弃船信号的发出是船舶在海上出现紧急情况，驾驶台连续向机舱发出完车信号，通知机舱人员迅速撤离。

二、机舱值班人员的通信与沟通

1.值班期间

①值班轮机员应告示其他值班人员有关对机器的潜在危险情况，以及危及人命和船舶安全的情况。

②值班轮机员应将保证安全值班的一切适当指示和信息告知值班人员，日常的机器保养工作应纳入值班日常工作制度之内。

③在进行一切预防性保养、损害控制或维修工作时，值班轮机员应与负责维修工作的轮机员合作。

④值班轮机员应记住，为使船舶和船员的安全免遭任何威胁，在船舶推进系统发生故障引起速度变化或停止运转、舵机瞬间失灵或失效、机舱发生火灾、电站发生故障或类似这种威胁安全的其他情况时，应立即通知驾驶台。这种通知如有可能，应在采取行动之前完成，以便驾驶室有最充分的时间采取一切可能的措施来避免可能发生的海难。

⑤在下班前，值班轮机员应将值班中有关主辅机发生的事情完整记录下来，并提醒接班人员注意。

⑥出现紧急情况而需要时，拉响警报并采取一切可能的措施避免船舶及其货物和船上人员遭受损害。

2. 值班交接

(1)在交接班前,值班轮机员应向接班轮机员告知以下事项:

①当日的常规命令,有关船舶操作、保养工作、船舶机械或控制设备修理的特殊命令。

②所有机构和系统进行修理工作的性质、涉及的人员以及潜在的危险。

③使用中的舱底污水或残渣柜、压载水舱、污油舱、粪便柜、备用柜的液位高度及状态以及对其中贮存物的使用或处理的特殊要求。

④有关卫生系统处理的特殊要求。

⑤移动式或固定式灭火设备以及烟火探测系统的状况和备用情况。

⑥获准从事机器修理的人员,其工作地点和修理项目,以及其他获准上船的人员和需要的船员。

⑦有关船舶排出物、消防要求,特别是在恶劣天气即将来临时船舶的准备工作等方面的港口规定。

⑧船上与岸上人员可使用的通信线路,包括万一发生紧急事件或要求援助时与水上安全监督机关的通信线路。

⑨其他有关船舶、船员、货物和安全以及防止环境污染等重要情况。

⑩由于轮机部造成环境污染时,向水上安全监督机关报告的程序。

(2)接班轮机员在承担值班任务前,应对交班轮机员告知的上述事项充分满意,同时还应:

①熟悉现有的和可能有的电热、水源及其分配情况。

②了解船上的燃油、润滑油及一切淡水供给的可用程度和情况。

③尽可能地将船舶及机器备妥,以便在需要时备车或应付紧急状况。

3. 通知轮机长

在遇到下列情况时,值班轮机员应立即通知轮机长:

①当机器发生故障或损坏,可能危及船舶的安全运行时。

②发生失常现象,经判断会引起推进机械、辅机、监视系统、调节系统的损坏或破坏时。

③发生紧急情况或对于采取什么措施和决定无把握时。

三、机舱与驾驶台的通信与沟通

1. 开航前

①船长应提前 24 h 将预计开航时间通知轮机长,如停港不足 24 h,应在抵港后立即将预计离港时间通知轮机长;轮机长应向船长报告主要机电设备情况、燃油和炉水存量;如开航时间变更,须及时更正。

②开航前 1 h,值班驾驶员应会同值班轮机员核对船钟、车钟、试舵等,并分别将情况记入航海日志、轮机日志及车钟记录簿内。

③主机冲车前,值班轮机员应征得值班驾驶员同意。待主机备妥后,机舱应通知驾驶台。

2. 航行中

①每班下班前,值班轮机员应将主机平均转数和海水温度告知值班驾驶员,值班驾驶员应回告本班平均航速和风向风力,双方分别记入航海日志和轮机日志;每天中午,驾驶台和机舱校对时钟并互换正午报告。

②船舶进出港口,通过狭水道、浅滩、危险水域或抛锚等需备车航行时,驾驶台应提前通知

机舱准备。如遇雾或暴雨等突发情况，值班轮机员接到通知后应尽快备妥主机。判断将有风暴来临时，船长应及时通知轮机长做好各种准备。

③如因等引航员、候潮、等泊位等原因须短时间抛锚时，值班驾驶员应将情况及时通知值班轮机员。

④因机械故障不能执行航行命令时，轮机长应组织抢修并通知驾驶台速报船长，并将故障发生和排除时间及情况记入航海日志和轮机日志。停车应先征得船长同意，但若情况危急，不立即停车就会威胁主机或人身安全时，轮机长可立即停车并通知驾驶台。

⑤轮机部如调换发电机、并车或暂时停电，应事先通知驾驶台。

⑥在应变情况下，值班轮机员应立即执行驾驶台发出的信号，及时提供所要求的水、气、汽、电等。

⑦船长和轮机长共同商定的主机各种车速，除非另有指示，值班驾驶员和值班轮机员都应严格执行。

⑧船舶在到港前，应对主机进行停、倒车试验，当无人值守的机舱因情况需要改为有人值守时，驾驶台应及时通知轮机员。

⑨抵港前，轮机长应将本船存油情况告知船长。

3. 停泊中

①抵港后，船长应告知轮机长本船的预计动态，以便安排工作，动态如有变化应及时联系；机舱若需检修影响动车的设备，轮机长应事先将工作内容和所需时间报告船长，取得同意后方可进行。

②值班驾驶员应将装卸货情况随时通知值班轮机员，以保证安全供电。在装卸重大件或特种危险品或使用重吊之前，大副应通知轮机长派人检查起货机，必要时还应派人值守。

③如因装卸作业造成船舶过度倾斜，影响机舱正常工作时，轮机长应通知大副或值班驾驶员采取有效措施予以纠正。

④对船舶压载的调整，以及可能涉及海洋污染的任何操作，驾驶和轮机部门应建立起有效的联系制度，包括书面通知和相应的记录。

⑤每次添装燃油前，轮机长应将本船的存油情况和计划添装的油舱以及各舱添装数量告知大副，以便计算稳性、水尺和调整吃水差。

四、轮机部与公司职能部门的通信与沟通

1. 轮机部向公司主管部门送报

①各种机务报表和维修保养计划执行情况报告。

②机舱备件、物料的申领、入库、消耗和库存报表。

③机电动力设备事故报告。

④有关船机状态的报告。

⑤有关设备安全和性能的特殊情况报告。

2. 公司机务部与轮机部的沟通

(1)审核、确认机舱的备件、物料、油料、修理、检验等申请，批注要求的供船时间、地点和其他相关的要求。

(2)收集最新生效的公约、规则、规范和船旗国、港口国等外部组织的最新要求，及时通报船舶，提示船舶注意相关的营运安全问题。

(3)确认以下方面是否需提供岸基支持:

①备件、物料、油料。

②临时修理或计划修理。

③证书/检验。

④PSC 检查。

(4)在登船时,听取轮机长的工作汇报,对提出的问题在职权范围内作出合理的解释,阐明本人登船的工作任务和需要船方配合的事项。

(5)调查了解主要干部船员的技术状况和人员的配合情况、思想状况。

(6)检查船舶维修保养情况,根据船舶的实际状况,布置下阶段工作,并提交轮机长书面确认。

(7)收集船舶应报送的各种机务报表,在可能情况下审阅并提出意见。

(8)检查船舶的 SMS 运行情况,尤其是各种档案、报表、报告的归档与保管情况。

五、轮机部与其他人员的通信与沟通

(一)轮机部与加装燃润料人员的沟通

1.加装燃油

(1)加油前

加油开始前,轮机长应携同主管轮机员与供方代表联系,商定如下事项:

①燃油的规格、品种、数量是否符合要求。

②确定装油的先后顺序。

③最大泵油量(添装过程中泵油速度)及其控制方法。

④装油过程中的双方联系方法。

⑤加油泵应急停止方法。

⑥装油开始前,轮机长应亲自或指派主管轮机员检查油驳或油罐的检验合格证和规范图表,弄清油驳的舱位分布及数量,与供油方代表一起测量并记录供油油驳的所有油舱或油罐的油位、油温和密度,计算出储油量;审核驳船装单,如发现不一致,需当即弄清;要核对并记录流量计的初始读数,如为油罐车供油则应检查其铅封是否完好;双方确认后,轮机长在供方提交的装前状况确认书上签字。

⑦装油开始前,应提请供油方按正确方法提取油样,并监督取样装置的安装及调整。

⑧检查本船各有关阀门开关是否正确,各项工作准备妥善后,即可通知供方开始供油,并记录开泵时间。

(2)加油中

①在装油过程中,监督装油速度是否符合约定速度,必要时与供方联系调整。

②轮机长或主管轮机员应使用油样提取装置,在加油全过程中点滴取样,加油完毕后摇匀(约 30 s),均分成 2~3 份,由双方代表现场铅封瓶口,再将有双方签字的标签贴在瓶上。

(3)加油后

如受油发生争议,轮机长与供应代表交涉,并告知船长,待解决后再在加油收据上签字。若现场双方不能通过协议解决,轮机长不要在加油收据上签字,也暂不要让供方代表及油驳等离开现场。如果船期允许,可以通过代理申请第三方实施公证检验,对双方的油舱、油舱的容积、标尺、油泵的流量计及泵油管路等进行检验、测算,作出裁决,同时将此情况报告公司。公

证检验时，轮机长及主管轮机员须在现场。如果船期不允许，则轮机长必须在加油收据上加批注（供方不同意加批注时，可书面声明并由双方代表签字），并将此情况通知油公司，同时上报公司，验船费用将由败诉方负担。

2. 加装润滑油

(1)加油中

①轮机长与供油方代表确认加油品种和数量。

②在散装情况下，轮机长应同供油方代表确定加油量计量方式，并由主管轮机员与供油方代表，一起记录供油驳的流量表初始数值和船舶相关油舱初始存油量，如果供油驳没有流量表，一般由主管轮机员与供油方代表一起测量供油驳的相关油舱的初始存油量。

③监督油样的采取，并在油样瓶上做好相关的标记。

(2)加油结束

①等油舱（柜）中的油稳定后，主管轮机员与供油代表一起测量船方的加油舱（柜）的加油量，同时测量供油驳的供油量，确认一致后，由轮机长在供油收据上签字。

②如果发生争议，轮机长应与供油方代表协商，一般应与船方的测量记录为准，如果协商不能达成一致，轮机长应告知船长，由船长决定下一步的措施，如果船期不允许，轮机长可以签署书面声明（抗议），并由轮机长与供油方代表签字。

(二)轮机部与备件物料供应人员的沟通

首先是确保供应人员准确无误地理解采购内容，包括型号、色泽、数量、质量要求、供货进度等。其次，与供应人员的沟通一定要充分并形成文字记录，既然是沟通，就切忌将自己的主观意识强加给供应人员，所以协商时，要善于引导供应人员积极配合。与供应人员打交道，最忌“以为”两字。很多时就犯在“以为”上，“以为”他听懂了、“以为”他收到了、你“以为”他知道、他“以为”你知道、“以为”没有问题、“以为”不会出事、“以为”能按时交货，不是吗？一解释起来，全是“以为”。就是没有确认，最终不能确定，怎么讲也讲不清。而充分有效的沟通，才能保证主观上出错的几率最低。把能讲的事讲完、讲到位，并形成双方确认的书面记录，出了事，是谁犯错一目了然。

第六节　人为失误与预防

人为失误，即人的行为失误，是指工作人员在生产、工作过程中导致实际要实现的功能与所要求的功能不一致，其结果可能以某种形式给生产、工作带来不良影响的行为。换句话说，人为失误就是工作人员在生产、工作中产生的错误或误差。

一、人为失误

(一)人为失误的分类

①极限失误：导致操作失败的一种程序上失误。

②设计失误：设计不周引起的失误。

③操作失误：因操作不正确引起工作失败、程序上的失败，包括使用错误的程序、使用不当的工具，也包括动机上的失误。

④记忆与注意失误：忘记、看错、想错等。

⑤过程失误：确认失误、解释失误、判断失误，以及操作过程中的失误。

(二)人为失误的原因

人为失误的产生是一个很复杂的问题。既有人的主观原因,也有客观原因;有生理、心理因素,也有环境因素。

1. 产生不安全行为的内在因素

船员在船舶生产活动中,产生的不安全行为活动,主要的内在因素是船员本身的初始条件的不足所导致不安全行为的发生。

(1)生理、心理因素上的不足

船员在上岗时,身体健康条件及心理因素没有达到岗位要求,如视力弱、听力差、反应迟钝,身体本身存有不同的疾病,性格孤僻等。

(2)安全素质差

船员本人缺乏安全意识,没有接受安全知识和安全技能的专业培训,安全认识水平低下,应急应变的能力更差。

(3)道德品质不良

缺乏服从意识,无组织无纪律,自私自利,道德败坏,以自我利益为中心。

(4)违背生产规律

不服从管理,不遵守操作规章,冒险蛮干,操作中随心所欲,急于求成等。

(5)身体疲劳

精神不振,神志恍惚,力不从心,偷懒耍滑,作业中睡觉,心不在焉。

2. 产生不安全行为的外在因素

船员产生不安全行为的外在因素,主要是客观环境对船员的身心影响,促成船员不安全行为的发生,其中主要的外在因素有:

(1)社会和家庭的影响

由于社会和家庭的原因,使得船员思想情绪反常,加深烦恼和忧虑,思想混乱、注意力不集中,深深陷入苦闷冲动的情绪中。

(2)客观环境影响

船员在高温、严寒、风、雨、雪的环境中作业,船员在作业中受到噪声、异光、异物等的刺激,身心受到严重的影响和刺激。

(3)各种信息不准

船员在作业中得到了错误的警报、指令,或者在船舶工作、生活中接受到了一些不正确或不准确的信息,造成心慌意乱、恐惧胆怯,作业时措手不及。

(4)作业使用的设备存在缺陷

船舶设备存在缺陷,技术性能差,超载运行,操作使用的索具不标准,没有安全保护。

(5)船舶管理失控

船舶管理混乱,无章可循,违章操作无人追究,不遵守岗位职责。

二、疲劳与压力

(一)疲劳

目前,航运界已经普遍认识到疲劳是造成人为失误的主要原因之一。它能降低人的工作能力和判断能力,使人反应迟钝,这些足以对航行安全构成严重威胁。

对疲劳的概念,目前还没有个统一的定义,一般而言,疲劳是指降低人的工作水平,使人的

工作能力下降的一种状态。在IMO人为因素统一术语中，对疲劳的定义是："由于身体、精神或情绪上的消耗，导致体力和（或）思维能力上的降低。它可以使行为者能力降低，这种降低包括力量、速度、反应时间、协调性或平衡性。"

1. 疲劳容易引起的现象

①不能集中注意力——不能组织有效的活动，注意一些琐碎的小事而忽略了重大的问题，警惕性降低。

②决策能力降低——错误地判断和理解，没有注意应该做的事情，具有冒险倾向。

③记忆力降低——遗忘掉某项任务或任务的一个部分，工作程序错漏，工作不认真。

④反应迟钝——对正常、非正常或紧急情况的反应迟钝。

⑤活动失去控制——不能保持清醒，提起重物时不能尽全力，语言障碍。

⑥行为改变——沉默寡语、沮丧、易发怒及具有反社会的行为。

⑦态度改变——估计不到危险，观察不到警告信号，具有较高的冒险倾向。

2. 疲劳产生的原因

疲劳产生的原因很复杂，可能是长时间的脑力或体力劳动造成的，也可能是不适当的休息或是不理想的环境因素造成的。通常从四个方面加以分析。

(1)船员自身方面，它与船员的生活方式、行为、个人爱好等有关，主要包括：

①睡眠和休息。

②生物钟或生理节律。

③心理和感情因素。

④服用药物。

⑤工作量。

(2)管理方面，它与船舶的管理及操作有关，主要包括：

①组织因素。

②航行/航次计划。

(3)船舶方面，它与可能引起疲劳的船舶特性有关，主要包括：

①船舶设计。

②设备可靠性。

③检查与维护。

④船舶的运动。

(4)环境方面，它包括外部环境与内部环境两个方面。内部环境可能是噪音、船舶振动、温度等。外部环境有港口情况、天气情况、船舶交通情况等。

对船员而言，公认的疲劳原因有可能是以下几种：

①睡眠不足或睡眠质量不高。

②休息不够或休息质量不高。

③紧张或不安。

④噪声或振动。

⑤船舶移动。

⑥饮食不当，疾病或服用药物。

⑦超负荷工作。

3. 睡眠

虽然引起疲劳的原因很多,但有研究表明睡眠问题是造成疲劳的主要原因。美国的一个研究睡眠问题的小组在1993年的一份报告中指出"睡眠不足将导致疲劳和工作能力变差……";在1996年一份提交给MSC第67次会议的报告中也指出"疲劳主要与睡眠的连续性、持续时间和质量有直接关系……没有足够睡眠时间的人,很容易产生疲劳。"统计数据充分证明了这一点。而IMO专家们认为对付疲劳的最有效的方法是保证船员获得高质量和足够的睡眠。毫无疑问,对船员,尤其是值班人员而言,有效的睡眠是保证航行安全的前提。

一个有效的睡眠必须同时具有以下三个条件:

①合适的持续时间,每个人所需的睡眠时间不尽相同,通常认为平均7~8 h是合适的。

②高质量的睡眠。

③较好的连续性,睡眠不应被打断。实践证明:一个持续7 h的睡眠,其效果远胜于7个持续1 h的打盹。

《STCW公约》关于"适于值班"规定,各主管机关为了防止疲劳,应:

①制订和实施值班人员的休息时间。

②要求值班的安排能使所有值班人员的效率不致因疲劳而削弱,班次的组织能使航次开始的第一个班次及其后各班次人员均已充分休息,或者用其他办法使其适于值班。

可见,防止疲劳也是各主管机关的责任。

(二)压力

压力是当人们去适应由周围环境引起的刺激时,人们的身体或者精神上的生理反应,它可能对人们心理和生理健康状况产生积极或者消极的影响。换句话说,压力是人与所处环境的交互作用。来自于环境而引起压力的物理或生理要求称为紧张性刺激。这种刺激产生压力或潜在的压力。人们能感觉到压力是代表着超过人的反应能力的一种要求。

紧张性刺激包括像噪声、振动、热、暗光和高加速度等工作环境特征,也包括诸如焦虑、疲劳和危险等的心理因素。这些紧张性刺激体现为主观经验、心理变化和效率降低。它能产生直接或间接的影响。直接影响是指由影响操作者或机器反应精度的信息质量的刺激,如振动降低了视觉输入质量,噪声影响了听觉输出质量。时间压力仅仅减少信息的数量,自然地降低了性能。直接影响也包括噪声对工作记忆的影响以及操作者因关心个人问题而引起的精力分散。因此,操作者可能再次关注所思考的问题,而不是手头的工作)。

一些能被观察到的间接影响性刺激(如焦虑或害怕)与其他的直接影响性刺激(如噪声、振动)一样也影响着信息处理的效率。

1. 造成压力的原因

在工作环境中造成压力的原因是多种多样的,压力的起因或来源大体分为三方面:工作压力、家庭压力、社会压力。

(1)工作压力

工作压力是指在工作中产生的压力。它的起源可能有多种情况,如工作环境(包括工作场所物理环境和组织环境等),分配的工作量及难易程度,工作所要求完成时限长短,员工人际关系影响、工作新岗位的变更等,这些都可能是引发工作压力的诱因。

(2)家庭压力

每一个员工都有自己的个人家庭生活,家庭生活是否美满和谐对员工具有很大影响。这些家庭压力可能来自父母、配偶、子女及亲属等。

(3)社会压力

还有一些压力来自社会方面，包括社会宏观环境（如经济环境、行业情况、就业市场等）和员工身边微观环境的影响。员工所处社会阶层的地位高低、收入状况同样对其构成社会压力。如当员工自身收入状况与其他社会阶层相比，或者与其他同行业从业人员相比较低时，对其也会产生压力。

2. 人对压力的反应

人对压力的反应受多种因素影响，例如，人的身体素质、心理承受力、对局面的控制程度和人实际感知潜在压力事件的情况。克服压力需要某种适应形式。如果不能适应，会导致身体损耗、虚弱和与压力有关的疾病，并导致更加无法承受以后在生活中遇到的压力。另外，成功的适应会使人愉快地成长和具有安全感，对以后的压力更具抵抗力。

(1)短期反应

短期反应，一方面来自于生理方面，另一方面来自于精神、情绪方面。

生理方面有：头痛，偏头痛；背痛；眼睛和视力问题；皮肤过敏反应；睡眠紊乱；消化失调；心跳加速；血液胆固醇增加和肾上腺激素/非肾上腺激素含量增加。

精神/情绪方面有：对工作不满；焦虑；沮丧；易怒；失落；家中或单位人际关系破裂；酗酒和吸毒；吸烟和无法放松。

(2)长期反应

就个体而言是指：胃/消化器官溃疡；哮喘；糖尿病；关节炎；中风；高血压；心血管疾病和心理疾病。

对组织而言是指：旷工；不守时；员工流动率高；病假率高和生产效率低。

3. 压力对工作的影响

压力对工作的影响是多方面的，主要表现在：旷工、事故、工作表现不稳定、注意力不能集中、出错、不正常的个人外表、与同事关系差、焦虑和沮丧等。

(1)旷工

尤其在星期一早上或早餐或加餐休息时的旷工是压力的典型表现。

(2)事故

饮酒造成的事故是事故平均数的3倍。许多事故的发生与压力有间接的联系。

(3)工作表现不稳定

由于个人外部的变化而使工作效率发生高低的交替，这通常是肌体中存在压力的征兆。

(4)注意力不能集中

生活中充满压力通常导致人们注意力不能集中，因而人容易心烦意乱，或不能及时完成工作。

(5)出错

压力是判断错误的根本原因，判断错误容易引起事故，出现这种错误却常常责备他人。

(6)个人外表

一个人变得异常，口中常有酒精气味，可能是处于压力状态下的普遍表现。

(7)同事关系不佳

人们处于压力状态一段时间后，变得频繁发怒，对批评过于敏感，还可能伴有情绪变化，所有这些对同事关系有直接影响。

(8)焦虑

这是紧张与忧虑、担心、内疚、不安全感共同表现出来的一种状态,是恢复轻松状态的经常性需要。它伴有一些身体症状,如大量出汗、呼吸困难、胃紊乱、心跳加速、尿频、肌肉紧张或高血压。

(9)沮丧

从另一方面说,沮丧更是一种心情。其特征是感觉颓废和消沉,以及如感觉没有希望、无用和内疚等的其他表现。它也被描述为丧失对事件逻辑发展认识的一种悲哀。它可轻可重,轻微时可导致工作关系出现危机;严重时表现出生化机制混乱;极端时可能导致自杀。

4.压力管理

为了预防和减少压力对员工个人和组织造成的消极影响,发挥其积极效应,企业实施适当的压力管理能有效地减轻员工过重的心理压力,保持适度的、最佳的压力,从而使员工提高工作效率,进而提高整个组织的绩效,增加利润。

(1)个体层面的压力管理

①认知性自我管理技能

这是指个体通过对自身和压力源的剖析,减轻压力反应的技能。这种技能包括认知训练、运动和呼吸训练等。认知自己的性格特征、生活习惯和工作状态,聆听自己的压力信号,审视自己对每日生活中面对压力付出的代价,注意可能引起高压力的个人嗜好、特殊生活习惯和工作情况,找出压力来源并积极地减少或消除压力。另外也可以通过运动放松和呼吸训练来减轻压力。

②应对性自我管理技巧

这是指个体在感觉到很大的压力时,如何通过工作和时间的调整,使自身从过分紧张状态恢复到乐观放松心态的技能。时间管理的原则是一个非常好的手段,也就是将任务根据紧急和重要两个维度分类。时间管理的原则可以概括为:列出每天要完成的事情,根据重要程度和紧急程度对事情进行排序,根据优先顺序进行日程安排,努力确定所有任务中最关键的,了解自己日常活动的周期状况,在自己最清醒、最有效率的时间段内完成工作中最重要的部分。

③支持性自我管理技能

这是指个体在面对较大的压力时,通过寻求外部支持性途径排遣压力的技能。建立并扩大支持网络是应对压力的重要途径,它使个体之间可以交流挫折和不满,得到建议和鼓励,并体验到情感上的联系,提供应对压力事件所需的共鸣和支持。

④保护性自我管理技能

这可以增强个体的适应能力,从根本上减少过度压力反应的机会。这些措施包括精神构想、放松技巧、合理膳食和运动调节等,注意科学、合理、均衡的饮食习惯;保证充分的睡眠和休息时间;营造舒适放松的生活空间,坚持定期运动等方式都可以有效地缓解压力。

(2)工作层面的压力管理

①合理的工作安排

工作安排是指根据具体工作的重要性和难易程度对任务进行合理的安排,有效的工作安排可以缓解过多的压力。先做不喜欢的工作,然后再做喜欢的工作的整体效率要比先做喜欢的工作,后做不喜欢的工作效率要高。合理地安排时间、有效的时间管理可以提高工作效率,降低繁琐的工作带来的压力。

②自我工作能力提升

个人的能力与压力感有密切的关系,能力越强,感受到的压力越小,而对压力的态度越积极。对压力的态度积极可使压力变为动力,而对压力的消极态度可使压力变为阻力。个人应注意自身良好的心态和正确人生观的培养,努力增强自身实力,如知识、技术、人际交往等技能,可有效减少因自身能力不足而体会到的压力。

(3)组织如何解压

①改善组织的工作环境和条件,减轻或消除工作条件恶劣给员工带来的压力。给员工提供一个适宜的工作空间。提高员工的安全感和舒适感,减轻压力。确保员工拥有做好工作的良好设备条件。

②从组织文化氛围上鼓励并帮助员工提高心理保健能力,学会缓解压力、自我放松。组织可为员工订阅有关保持心理健康与卫生的期刊、杂志,可开设宣传专栏普及员工的心理健康知识,有条件的还可开设有关压力管理的课程或定期邀请专家讲座、报告。可告知员工诸如压力的严重后果、代价,压力的自我调整方法,向员工提供各种锻炼、放松的设备。通过运动和健身,释放和宣泄员工的压力。

③组织制度、程序上帮助减轻员工压力,加强过程管理。

第一,领导或管理者应向员工提供组织有关的信息,及时反馈绩效评估的结果,并让员工参与与他们息息相关的一些决策等,使员工知道企业里正在发生什么事情,他们的工作完成得如何等,从而增加其成就感,减轻由于不可控、不确定性带来的压力。

第二,各级主管应与下属积极沟通,真正关心下属的生活,全方位了解下属在生活中遇到的困难并给予尽可能的安慰、帮助,减轻各种生活压力源给员工带来的种种不利影响和压力,并缩短与下属的心理距离。

(4)船舶抵御压力的方法

①抵御压力对轮机部团队的影响。

②良好的培训。

③岸上管理部门保证船上有足够的适任人员进行工作。

④良好的个人时间管理。

⑤良好的健康状况和充足的睡眠。

⑥按已建立的标准操作程序来开展每项工作。

⑦即使在紧张的工作中,也应将幽默和愉快作为防止压力积累的良药。

⑧按团队的管理方式工作,其他成员可以发现存在的不足。

5. 预防压力的措施

下述为工作中减轻压力的方法:

①清理工作现场。利用一些技术减轻压力,创造一个良好的工作环境。

②设计一份未来工作计划表。该计划表分为短期和长期两种,并写在记事本上。小便条或小纸片很容易丢掉,而记事本会提醒注意并指导去做这项工作。无论何时完成它,都可以在记事本中划掉。有条不紊地按计划工作,在完成一项工作后就会有一种成就感,从而充满自信。一些人已发现利用软件程序记录每天的工作并自动将未完成的任务顺延到第二天,非常有用。

③每隔 20 min 休息一次。研究表明我们在 20 min 的时间段内工作最有效。休息片刻,闭上眼睛,散散步或做深呼吸。只要你改变工作的节奏,做短时间的中断是值得的。

④不能中断必须完成的一项工作。拿掉你的电话听筒,避免他人干扰,关上办公室的门或躲藏在无人能发现的会议室中。

⑤按时回家。学会确定和平衡工作、家庭和私人时间之间的关系。有时,加班让人觉得你愿意做那些推到你头上的工作。

⑥利用已经讨论的一些技术减少工作量,为自己、家庭和朋友留些时间。

⑦澄清工作责任和工作期望值问题。如不知道如何处理某一特殊工作的话,摆脱压力就不是轻而易举的事了。

⑧使工作更加有趣。研究表明喜欢工作的人会更加投入和机警,且压力较少。关键是将自己的工作变得更像游戏那样轻松,找到诀窍使工作更有趣。把压力转换成学习的机会或是寻找解决问题的方法。

⑨决定哪些是绝对要自己做的、哪些是分派给他人做的工作。分配任务可以节省时间,提高工作效率。许多情况下,分配任务表明对他人能力的一种肯定。

⑩善于挖掘自己的聪明智慧。若对某项任务不满意,建议采取更可操作或富有成效的办法。设法利用经验,采取更有效、更能驾驭命运的方法。

一般来说,应该做到:使你和你的团队放松;掌握潜在的压力局面;尽可能进行逼真的培训;对团队成员进行关于压力方面的教育;每次都进行指示和总结;保持身体健康;充分了解你自己。

三、情景意识

1. 情景意识的含义

情景意识是人们对于事故发生的一种预知和警惕,是指在一个特定的时间对影响机器的因素和条件的准确感知,能敏捷地察觉和了解周围情况的变化及影响,能正确考虑和计划好即将面临的局面,能随时知晓与团队任务相关的将发生的事情,能够识别失误链和在事故发生前将其破断的能力等。

2. 情景意识对安全的影响

情景意识是安全意识的一个重要组成部分,在船舶安全中起着相当关键的作用。情景意识是指识别一个过失链和在事故发生前将其破断的能力,可随时知晓与团队任务相关的将要发生的事情,识别和找出失误。情景意识对安全有很大的影响:工作人员的理解力、判断力和适应性越强,情景意识就越高,事故风险就越小,安全系数就越高;工作人员不良的身体、心理、经验、操作技能及较低的领导与管理能力,都会导致低的情景意识,这样安全性就低,发生事故的可能性就大;同时,工作人员对工况的熟悉程度越高,对局面和条件的感知越清晰准确,团队协作能力越强,情景意识自然越高,是预防和控制轮机事故发生的有效方面。

3. 机舱管理中情景意识的培养

(1)轮机知识的积累是情景意识培养的基础

知识是一切文明意识产生的根源。没有相关的轮机知识,对轮机管理中情况和条件的变化就缺少联想的基石,甚至是熟视无睹,更谈不上灵活运用轮机知识来推断变化的原因或预料即将发生的结果,轮机情景意识就成了无源之水,无本之木。作为轮机人员应自觉地进行系统性的轮机理论知识的学习,将设备说明书研究透彻,弄清各种运行参数的具体内涵,结合公司安全管理体系搞清方方面面的规定标准和安全裕量;并随着新科技在船舶上的广泛应用,不断更新专业知识与技术,从而使自己储备足够数量的专业知识,同时,要重视专业知识间的联系,

有意识地沟通书本与实际、不同知识点之间的纵横交叉联系，使自己所获得的专业知识不是一个孤立的点，而是能够融会贯通、有机配合的网络化、一体化的知识结构，以提高轮机知识的质量。只有这样，掌握了数量足够和质量较高的专业知识的轮机人员才具备产生相应的情景意识的基础和作出相应专业判断的前提条件。

(2)加强轮机管理的关联研究是培养情景意识的关键

轮机本身就是一个多学科的共同结晶，设备种类异常繁多，运行环境复杂多变，这些便造就了各船有各船的情景，不同时段有不同时段的情景。轮机人员工作在这样一个不断变化的情境当中，如何去把握如此庞大的系统的种种变化呢？这就要靠轮机人员对整个系统进行关联研究，能“窥一斑而知全豹”，形成对应的情景意识。具体的关联包括轮机内部系统间的关联、轮机与运行环境间的关联，轮机与人的干预之间的关联等。如排气温度高，从内部关联考虑，要检查喷油设备是否发生异常，气缸状态有无变化，排温表有无失灵等；从外部关联考虑，要核查是否由于航行工况改变导致了负荷增加，抑或是环境温度升高了等；从人的干预的关联考虑，油门是否被人为增加了，是否更换了不同品质的燃油等。只有充分地加强轮机管理的关联研究，对人、机、环境三者内部关系有清楚的了解，“以不变应万变”，才能使得轮机人员在任何时候都能对轮机参数的变化产生相应的“条件反射”，形成良好的情景意识，进行全面认识和预见，对这一系统进行妥善的管理和控制。

对关联的研究的方法通常有两种途径。其一，是寻根求源法，即利用“很多表面现象都是有其根源”的道理来进行推断。比如，主机各缸缸头出水温度高，应首先对照脑海中存贮的参数，试问自己主机缸头进水温度高不高，从而判断是否是主机负荷变化引起的；若进水温度也高，要结合海水温度或海水流量有无变化，再检查淡水的循环量及淡水冷却器的冷却能力如何。其二，是内外联系法。轮机运行参数的变化经常受到外部环境变化的影响，如船舶由深水区向浅水区航行情景出现，就要与船舶阻力变大、主机负荷增加相联系，与海水水质、海水流量相关联等。

(3)良好工作态度的形成是培养情景意识的保证

工作态度包括轮机人员对轮机管理工作的认知要素、情感要素以及行为倾向要素。当轮机人员认识到自身工作的重要性和对轮机管理安全的意义时，就会对工作充满热情和兴趣，表现出工作认真踏实、责任心强、积极主动的特点，能够迅速地注意到异常信息，形成相应的情景意识，便于及时发现问题和解决问题；反之，会缺乏主动性，对异常信息和潜在的问题就不能形成相应的情景意识，造成事故隐患。轮机人员是否具有良好的工作态度，将直接影响到轮机人员对情景的感知状态，其情景意识的高低与工作态度良好与否密切相关。因此，对轮机人员工作态度的培养是一项不容忽视的任务。培养轮机人员良好的工作态度，可从以下三方面入手：

第一，应提高轮机人员对轮机管理工作的认识，使其明确轮机管理工作的重要性及意义，并使之内化为自我的认知观念。第二，应充分调动一切积极因素，激发轮机人员对轮机管理工作的兴趣。第三，应严格管理制度，借助公司安全管理体系等使轮机人员在工作中形成良好的行为习惯，养成对工作兢兢业业、认真负责、一丝不苟的作风。

(4)重视注意力的分配是情景意识培养的重要环节

情景意识形成的整个映射过程是由轮机人员感官所收集的信息触发的，并且感官收集的信息的数量及其质量对形成的情景意识正确与否有着决定性的影响。这些信息可能包括：船舶驾驶台信息，如船舶位置、航向、航速、载货状态、风、流的方向及强弱和航道环境和交通状况、驾驶台用车用舵情况等；轮机部信息，如主机、副机、锅炉、甲板机械、其他设备的各种参数技术状态及轮机人员的操作信息等。收集的信息太少,可能遗漏判据,难以形成相应的情景意识;质量不高的信息太多,可能产生干扰,影响情景意识的形成质量。而收集的信息太少或太多本质上均是由于注意力分配不合理引起的。实践证明:每个人的注意力的容量是有限的。某位轮机人员将注意力过于集中于某一个点,他必然会忽略其他信息的收集;注意力过于分散,没有集中到对应的关键信息,关注不够,收集的信息质量自然就不会高。可见,合理分配注意力是情景意识形成的重要环节。因此,轮机人员在管理工作中要清楚地了解信息资源与情景意识及管理工作的关系,充分认识注意力的有限性,始终跟踪环境和状态的发展变化,加强对机舱管理信息,尤其是发生变化的信息的警示,提高对信息的掌控能力,有效防止疏忽重要信息或"贪多嚼不烂"现象的发生,而导致情景意识的丧失或错误。

(5)做好轮机管理中特殊情景的预想是培养情景意识的助推器

情景意识其实是一种触景生"情"的反应能力,只是掌握了大量的知识还是不够的,从"知道"到"做到" 看似咫尺之遥,却是两重境界。例如:在机动航行时驾驶台突然由全速前进转换为全速后退,或主机存在部分参数越限等非正常情况时,一些轮机人员脑子就懵了,根本不能按车钟指令及时给出相应的转向和转速。这是因为这些轮机人员没有对紧急倒车、参数越限时操车等情景做任何预想,而当这个情景突然到来时,便感到目不暇接、手忙脚乱,不知道先做什么,后做什么,思维暂时停顿,情景意识出现断档,待克服慌乱,重新镇定下来,忆起紧急倒车、参数越限操车的程序,想按部就班时,船舶的状态和速度等现实情景早已超越起始的情景,错过根据现实情景采取"应景措施"的机会了。所以,轮机管理人员在平时不但要做好正常情况下的情景预想,还要对在轮机管理关键阶段可能出现的特别情况进行情景预想,有备无患,从容应对轮机管理中情景的不断变化。

(6)加强对轮机管理案例的学习研究是情景意识培养的捷径

轮机运行工况变化多端,影响轮机安全的因素千千万万,而公司安全管理体系、设备说明书等只能提供有限的程序帮助,而且其中大多还是基于其他系统、外部环境都正常的逻辑基础之上建立的;另外,单靠自己的经验,不但许多特殊情况个人体验不到,而且由于经历局限于某些常用的情况,还会使某些思维通道因频数效应而畸形发展,导致思维定势的缺陷;所以要想更多地获取各种情况下的情景意识,学习和研究别人的轮机管理案例不失为一个快捷而有效的途径。

4. 机舱管理中良好情景意识的保持

保持良好的情景意识是预防和控制事故发生的有效措施。根据情景意识原理及案例分析并结合轮机资源管理理念,良好情景意识的保持表现在以下六个方面。

(1)身心状况

情景意识是属于思维和思想活动的范畴,是工作态度和情感的产物,身体和心理状况是思维与情感的基础,良好的身体和心理状况是良好的情景意识的基本条件。很难想象一位没有充分休息的、健康状况不良的轮机管理人员会有足够体力去学习和灵活应用自己的知识和技能,会适应海上多变的自然条件以及机舱繁重、恶劣的工作环境,会保持良好的情景意识。同时强烈的责任心、充分的安全意识、优秀的职业道德水准、顽强的意志、忠于职守的热忱与执著及临危不惧巧于应变的能力等,也都是轮机部人员具有良好的情景意识应有的心理表现。

(2)经验与训练

经验和训练是获取知识的重要途径。知识越丰富,理解力、判断力和适应性越强,情景意识自然越高。虽然不同级别的船舶要求轮机员知识的深度、广度有所差别,但随着机舱自动化

程度越高，所要求的知识水平就越高。轮机部人员日常工作中的传统习惯和适任性的操作训练，即当值人员应具有的知识、经验、技能和在各种情况下所要求的戒备以避免危险的做法，都可以作为有效应付不同条件和局面的经验，这些经验可以认为是良好情景意识的基本表现。

(3)理解力与操作技能

理解力与操作技能是良好情景意识的重要表现，理解力与操作技能越强，情景意识越高。机舱是轮机部人员操作和控制的重要场所，机舱是船舶的心脏，其对船舶安全有着重要的影响。理解力是指对于动力装置的实际状态与变化趋势能正确地感知，并对轮机各种设备适航状态的完全理解。操作技能是指通过实际技术的训练才能获得的能力，特别是机舱实际操作与维修技术，必须能够适应经常不断变化的各种工况的要求，又能够及时跟上不断更新的现代技术与设备的发展。

(4)适应性与熟悉程度

海上环境千变万化，有时风平浪静，有时狂风恶浪；有时海域宽阔，有时水道狭窄，加上船舶昼夜航行，长时间连续不断的机器振动、噪声使船员得不到充足的睡眠。特别是在机舱的恶劣工作环境中，轮机员必须在短时间内处理这些迅速多变的航行工况。这就要求轮机人员具有良好的适应性，此时稍有不慎就可能发生意外，造成重大损失；同时，轮机人员对轮机工况的熟悉程度越高，认识过程中对局面和条件的感知越清晰明白；在思考、分析和判断上会达成与实际情况的一致性，情景意识就越高。

(5)注意力与判断力

注意力是指轮机部人员能敏捷地察觉各自负责维护和保养的设备的实际运行情况与变化趋势。发扬团队精神，同事间及时善意的提醒和知识技能互补，能增加失误链防破断的能力，确保轮机设备安全高效运行。信息输入是轮机人员进行判断的前提，这些信息包括：船舶驾驶台信息，如船舶位置、航向、航速、载货状态、风、流的方向及强弱和航道环境与交通状况等；轮机部信息，如主机、副机、锅炉、甲板机械和其他设备的信息等。

为了实现有效而正确的决策判断，轮机人员还必须对信息进行整理、分析，以便正确确定其真伪。因此，轮机人员具有良好的注意力与判断力也是情景意识的重要表现。

(6)领导与管理技能

船舶作业是多部门、多人员协同配合的工作。轮机长、电机员、轮机员、机工是常见的工作组合，单凭个人的力量是很难保持高水平的情景意识的。在轮机部工作的领导与管理中，要获得良好的情景意识，在注意物的不安全状态的同时，要密切注意人的不安全行为。充分发挥每一位轮机部成员的作用与相互间的支持和监督是十分必要的。良好的轮机部领导与管理技能是保证该团队所有成员具有良好的情景意识的关键，也是预防和控制轮机事故发生的有效措施。

四、人为失误的预防

1. 加强船员的安全意识，坚持预防为主的原则

安全是船舶营运的核心要素，是船舶管理的重要内容。安全意识是一种自觉意识，即遇到某种情况时，会不假思索地按相关的法律、法规、规章办事。这种意识要通过严格训练和反复灌输才能养成。船员端正的安全态度是保证船舶安全营运的基本前提，只有具备正确的安全意识，才能具备良好的安全态度，从而正确调控自身的行为，避免侥幸心理。作为船公司、航海院校或船员培训机构，应该把培养船员的安全意识放在船员教育和培训的首要位置，使船员主

动防御安全隐患。坚持预防为主的原则,就是要不断地研究和掌握事故发生的规律,提前采取防范措施,要防患于未然,把事故消灭在萌芽状态。必须把重点放在治理事故的致因上,如果知识不足,就要及早学习和教育,提高船员的知识水平,使之能适应管理系统的需要,如果技术不足就要通过科学的训练来培养提高等。

2. 改善人、机、环境系统安全状况,提高系统整体的可靠性

保证机械设备、电器仪表的制造安装质量,提高日常检修维护水平,消除装置设备和电气仪表的隐患。采取科学的手段来弥补人的不足,防止误操作造成事故。如:重要设备或工艺过程,要有紧急停车和放空泄压的安全连锁装置;对重要安全设施要采用限位开关、声光报警信号和自动停车功能;对易发生人身伤害的转动设备、危险设施、危害场所,安装防护罩、防护栏、警戒线和警示标志。

不断提高系统本质安全化程度,当发生误操作时,系统应给出提示或警报,或有防范误操作的执行功能;改善、优化人机界面状况以及环境因素,从而达到提高系统安全性的目的。

3. 培养船员良好的心理素质

船员长期在海上工作和生活,反复面对着几张同样的面孔,信息得不到交流,单调的海上生活使人沉默寡言,情绪烦躁不稳定、易激动。为适应这种特殊的工作、生活环境,应付各种突发事件,要求船员必须具有健康的体魄和旺盛的精力。船员要掌握一定的运动知识,利用各种手段进行科学的身体锻炼,养成良好的生活习惯和锻炼习惯,建立良好的自身调节能力,丰富自己的生活。

狭窄的生活空间,特殊的工作条件及值班制度,复杂多变的气象条件,意想不到的突发事件,都要求船员具备良好的心理素质。在航海理论知识、实际操作技能和心理素质三者中,心理素质至关重要。良好的心理状态能使人心情愉快、精神饱满、头脑清醒,能提高工作效率,较好地处理各种突发事件。良好的心理素质能使理论知识和操作技能得到正常的发挥,某种程度上还可以弥补理论知识和操作技能的不足,同时还可以感染周围的船员。对于高级船员来讲,良好的心理素质尤其重要。如果遇事不冷静、情绪急躁、手忙脚乱,会使局面陷入混乱。因此,要培养船员良好的心理素质,要求船员掌握一定的航海心理学知识,接受相关的心理训练,以提高船员在实际工作中的心理承受能力和心理调节能力。

4. 做好团队协作,增强情景意识

个人的能力并不是保证安全的决定因素,安全取决于全体船员是否协调配合,取长补短,最大限度地发挥船员的整体功能。船舶航行是一项涉及多种因素与条件的综合性工作,轮机部团队要保持人员之间的沟通与合作,以便保证船舶的安全航行。为了降低航行风险,保证航行安全,除了应全面认识人为因素与船舶事故的关系外,还应对船舶事故的综合因素加以认真分析。根据船舶事故发生的实际情况,涉及人的原因及其综合因素包括主体原因及客体原因。主体原因中往往涉及船舶轮机员自身技术方面的原因。客体原因主要有机械设备、环境因素等。这就要求轮机员加强自身素质及技能的训练,制订有效措施来消除或减少人为失误。除此之外,还要重视情景意识与安全的关系,将失误链在事故发生之前破坏掉。由情景意识与安全的关系理论可知,情景意识越好,事故风险越小。低情景意识产生高风险,而高情景意识减少风险。

第七节　风险评估与决策

一、风险评估

1. 风险评估的含义

从信息安全的角度来讲,风险评估是对信息资产(即某事件或事物所具有的信息集)所面临的威胁、存在的弱点、造成的影响,以及三者综合作用所带来风险的可能性的评估。作为风险管理的基础,风险评估是组织确定信息安全需求的一个重要途径,属于组织信息安全管理体系策划的过程。

2. 风险评估任务

风险评估的主要任务包括:

①识别评估对象面临的各种风险。

②评估风险概率和可能带来的负面影响。

③确定组织承受风险的能力。

④确定风险消减和控制的优先等级。

⑤推荐风险消减对策。

3. 风险评估过程注意事项

在风险评估过程中,有几个关键的问题需要考虑:

①首先,要确定保护的对象(或者资产)是什么? 它的直接和间接价值如何?

②其次,资产面临哪些潜在威胁? 导致威胁的问题所在和威胁发生的可能性有多大?

③第三,资产中哪里存在弱点可能会被威胁、被利用? 利用的容易程度又如何?

④第四,一旦威胁事件发生,组织会遭受怎样的损失或者面临怎样的负面影响?

⑤最后,组织应该采取怎样的安全措施才能将风险带来的损失降低到最低程度?

解决以上问题的过程,就是风险评估的过程。进行风险评估时,有几个对应关系必须考虑:

①每项资产可能面临多种威胁。

②威胁源(威胁代理)可能不止一个。

③每种威胁可能利用一个或多个弱点。

4. 风险评估的三种可行途径

在风险管理的前期准备阶段,组织已经根据安全目标确定了自己的安全战略,其中就包括对风险评估战略的考虑。所谓风险评估战略,其实就是进行风险评估的途径,也就是规定风险评估应该延续的操作过程和方式。

风险评估的操作范围可以是整个组织,也可以是组织中的某一部门,或者独立的信息系统、特定系统组件和服务。影响风险评估进展的某些因素,包括评估时间、力度、展开幅度和深度,都应与组织的环境和安全要求相符合。组织应该针对不同的情况来选择恰当的风险评估途径。目前,实际工作中经常使用的风险评估途径包括基线评估、详细评估和组合评估三种。

5. 风险评估的常用方法

在风险评估过程中,可以采用多种操作方法,包括基于知识(Knowledge-based)的分析方法、基于模型(Model-based)的分析方法、定性(Qualitative)分析和定量(Quantitative)分析,无

论何种方法，共同的目标都是找出组织信息资产面临的风险及其影响，以及目前安全水平与组织安全需求之间的差距。

(1)基于知识的分析方法

在基于风险评估时，组织可以采用基于知识的分析方法来找出目前的安全状况和基于安全标准之间的差距。

(2)基于知识的分析方法又称做经验方法，它牵涉到对来自类似组织(包括规模、商务目标和市场等)的“最佳惯例”的重用，适合一般性的信息安全社团。采用基于知识的分析方法，组织不需要付出很多精力、时间和资源，只要通过多种途径采集相关信息，识别组织的风险所在和当前的安全措施，与特定的标准或最佳惯例进行比较，从中找出不符合的地方，并按照标准或最佳惯例的推荐选择安全措施，最终达到消减和控制风险的目的。

二、决策

所谓决策，就是指为了达到一定的目标，从两个以上的可行方案中选择一个合理方案的分析判断过程。

决策能力是指领导者或经营管理者对某件事拿主意、作决断、定方向的领导管理效绩的综合性能力，包括经营决策能力、经营管理能力、业务决策能力、人事决策能力、战术与战略决策能力等。

1.决策者应具备的素养

决策者除了要具备一般领导者的素质，如政治思想素质、道德品格素质、文化素质、组织能力素质、心理素质外，还必须具备以下决策素养。

(1)要有较高的科学素养

列宁讲过：要管理就要内行，就要精通生产的一切条件，就要懂得现代高度的生产技术，就要有一定的科学修养。所谓领导者的科学素养，是指他要经过科学的基本训练，具有多方面的科学知识，如数学、信息论、控制论、系统论等基本知识；具有科学的思维方法，特别是要有丰富的本行业的专业知识和工作经验，并且要从感性认识提高到理性认识；要熟悉党的方针、政策，了解经济的发展趋势。

(2)要有敏锐的目光和创新精神

决策是创造性活动，它总是以变革现状为出发点和归宿。因此，决策者要目光敏锐，有辨别分析的能力，能一针见血地看出问题的症结和本质，同时思路要开阔，如果不善于发现问题或者安于现状，就不能前进。可以说没有创新就没有决策。决策者有开创、创新精神，才能着眼一个地区或企业的未来，冲出传统制订新战略，才能冒一定的风险去实现较为先进的决策方案。决策者如果思想保守，不敢承担责任，不敢冒风险，他所作出的决策，也只能是因循守旧、无所作为的决策，不可能促进一个地区或企业的发展。

(3)要有当机立断的魄力

当机立断的魄力是指决策者，必须善于和勇于不失时机地作出决策，迅速实施。这就要求决策者，在别人犹豫不前，看不准形势的时候，能够作出准确的判断，及时作出抉择。面对层出不穷的新问题，要审时度势，综观全局，权衡利弊，把握时机，作出科学的决策，才能促进改革和发展。如果优柔寡断，当断不断，就会错过良机，这是领导的大忌。当机立断的魄力，是建立在真实的情报和细致的方案比较基础之上的，决不是主观臆断，更不是盲目武断。

(4)要有集思广益的民主作风

民主作风就是在决策过程中充分相信群众,依靠群众。它在领导决策中表现为旁征博引,集思广益。在决策前,要认真听取各方面的意见,特别是听取本行业专家的意见;要善于团结与自己意见不同的人,善于听取不同的声音;善于从众说纷纭中,找到客观真实的信息,获得符合客观规律的认识,将各种方案的优点,综合成一种方案。切忌先有结论,然后去搜集与自己相同的意见来论证自己的结论。更不能以权势去压服不同意见。不同意见的充分讨论,是使领导者避免受错误意见愚弄和左右的一个最有效的措施。科学正确的决策,必须经过正反两方面意见的交锋、论证后,才能产生。而这一切必须以领导者的民主作风作保证。领导者要善于创造一个宽松的、民主的环境和气氛。决策民主化是实现决策科学化的前提和基础。

2. 领导决策应遵循的基本原则

决策是一门科学,有许多规律和原则可循。从实践来看,应遵循以下几条基本原则:

①选准目标原则。在决策前,要善于发现问题,分析问题,找出症结所在,准确地确定决策课题。课题不准,决策非但无效,还可能走偏。决策目标是指要达到的目的,决策目的明确与否,直接关系到决策效果的好坏。决策目标明确了,选择就会有依据,行动就会有指针性;决策目标不明确,选择就会发生偏移,甚至还会出现目标转换、南辕北辙的惨痛后果。

②信息准确原则。现代决策涉及各方面的因素,需要取得比较广泛的准确信息。如果信息是"一鳞半爪"、"道听途说",决策的依据就不可靠。必须深入实际作调查,获取全面的、准确的信息,才能作出符合客观规律的决策。目前一些领导靠听汇报,或走马观花式地调查出的信息,往往是片面的、甚至是虚假的,在此基础上作出的决策是不可能正确的。

③可行性原则。决策方案必须切实可行;否则即使是美妙的方案,也是纸上谈兵。决策方案是否可行,就要对其有利因素和不利因素,主观条件和客观条件作出周密而细致的分析。对已形成的多种方案的利弊得失,必须作认真的定量和定性的分析比较,作出评估。只有经过审定、评价、可行性分析后的决策,才能有较大的把握和可实现性。过去靠长官意志、个人拍脑袋决策造成的教训是深刻的。

④系统的原则。这是决策的灵魂。任何决策都应从整体出发,以整体利益为重。一切局部的、暂时的利益要服从全局的、长远的利益,然而全局利益又寓于局部利益之中。这个全局和局部的辩证关系,是系统原则的精髓。只有坚持这个原则,才能使决策促进全局和局部的协调发展。目前我国的经济结构不合理的状况,就是缺乏系统原则决策的恶果。

⑤集体决策的原则。在小生产条件下,主要靠个人的经验决策。决策的正误,主要取决于决策者的个人学识、经验和胆略等。在大生产条件下,决策的内容是很复杂的,个人的经验决策已行不通了,要吸收多方面的意见。特别要听取专家的意见,进行充分的分析,然后集中正确合理的内容,才能作出科学的决策。一些地区和单位的领导往往搞"家长制"、"一言堂",个人说了算,在市场经济中必然碰壁。

⑥分层次多系统决策的原则。就是根据总的决策目标,由各个层次、各个系统进行具体目标的决策。也就是把总的目标,变成各个层次、各个系统的具体责任。这样,才能最终实现决策目标。一般情况下,上级领导不应过于干涉下级决策,更不能代替下级决策,而应让他们根据本地实际情况自主决策,这样可以增强各级组织的责任,调动他们的积极性,实现总目标。目前,一种很不正常的情况是一些小事,也得一把手拍板才能解决。这是管理之大忌,必须要改变。责、权、利相统一,才能推动发展。

3. 科学决策的步骤

科学决策是一个过程，由一整套决策程序，即若干决策步骤所构成。领导者在决策中的作用绝不仅仅是“拍板”决断，在“拍板”的前前后后都有大量工作要作。一个完整的决策过程，一般需要经过如下几个步骤。

第一步：发现问题，确定目标

处理事物一般包括三个环节。即发现问题、分析问题和解决问题。可见发现问题是解决问题的起点。客观事物是复杂多变的，因而发现问题和确认问题，不是一件很容易的事，必须要经过调查研究。没有调查，就没有发言权，只有老老实实地深入到实际中去调查，才能发现和确认问题。确认问题以后，就要分析问题，找出问题的主要方面，然后提出解决问题的总体设想，即目标。

第二步：分析价值，拟订方案

目标确定后，要分析目标价值，就是做这件事的投入与产出合不合算。效益有多少、有没有负效益等。确认了目标价值，就要寻求实现和达到目标的有效途径和办法，即拟订方案。要拟订多种方案备选。只有一种方案是很难实现科学决策的。

第三步：专家评估，选定方案

对于拟订的若干方案，只有进行充分的评估，才能成为决策的基础。而正确的评估，只能由各方面的专家来实现。所谓评估，就是对方案进行定量和定性的分析、预测方案近期和远期、局部和整体、经济和社会的效益，如果同时具备这些效益则是最佳方案。但在现实中，同时具备多种效益的方案是极少的，那么就要在各种方案中进行比较，选出那种正效益较高、负效益较低，即比较满意的方案。

第四步：实验试行，检验效果

方案选定后就要实施，为了减少失误，在方案全面实施前，一般都要进行实验或试点，以验证方案的可行性和实效性。在实验试点过程中，要认真分析、总结经验和教训，找出带有普遍性的规律来，具体分析出成功与失败的偶然因素和必然因素。如果试点成功，就可进入全面实施阶段。如果失败，则迅速反馈回去，改变决策。

第五步：修改方案，普遍实施

这是决策程序的最后一环。如果在实验试点后证明：这个方案在总体上是可行的，那么在修正弊端的基础上，就要全面推广实施。由于实施方案是一个动态过程，主观和客观条件都在不断地发生变化。因此，要加强方案实施过程中的监督和控制，并且及时进行反馈。如果出现小的偏差，那么只作微调；如果主客观条件发生了大的变化，影响了决策目标的实现，那么就必须对原定目标做根本修改。以上决策程序，只是一般规律，在不同的决策中，各个步骤可以互相交叉进行，有时也可以合并或省略。

第八节　案例分析

一、救生

(一)案例一

(1)事故概述

2008 年 6 月 28 日约 0325 时，某公司所属“HP”船在黄海南部 33°11.4′N，122°38.8′E 附

近海域沉没,该船从出现险情到完全沉没经历了将近1 h,船员在释放救生艇筏失败后,各自跳水逃生。该事故造成6名船员死亡,4名船员失踪,仅有4名船员获救。

(2)事故原因

根据现场搜救情况,6名死亡船员都因逃生时救生衣穿着方法不正确,救生衣下部系带松脱仅上部系带拴住落水者颈部,在水中救生衣上浮而把落水者压在水下,救生衣由于不当使用变成了索命衣,船员落水后没有在水中进行有组织自救而是各自逃命,减少了在水中的生存几率。通过现象分析可知,产生这种情况的根本原因就是船上没有组织有效的救生行动,最后船员各自跳水,如果可以有组织地进行自救,相信可以有更多的船员幸存下来。另外,船舶没有按照有关规则的要求组织高质量的救生演习,没有通过演习来锻炼船员的应急救生能力,也没有通过对救生设备的试验和使用,发现设备的缺陷,并及时消除缺陷。

(3)关于船舶救生演习的几点建议

为提高演习质量,达到救生演习的目的,提高船员海上求生能力,保障救生应急设备的可靠性,建议采取以下几个措施:

①加强船员海上求生意识教育。船公司、船长应鼓励船员摒弃迷信思想,利用影像资料、书籍、典型案例学习等手段提高船员对救生设备和救生演习的认识,鼓励船员积极主动学习海上求生知识,利用业务技能竞赛等有效手段锻炼船员海上求生技能。

②按时认真组织船员开展救生演习。救生演习是提高船员求生技能的重要途径,每一船舶必须按要求定期开展船舶救生演习。每次演习务必要求气氛逼真,要求船员必须假戏真做;参演人员必须在规定的时间内,穿好救生衣,按应变部署表要求携带各自必须携带的装备及物品到达集合地点;每次演习必须按应变部署要求有序展开。只有这样才能真正锻炼船员处变不惊的心态和精湛的海上求生技艺。

③加强海事监管,督促船舶做好救生演习。强有力的外部监管可以从另一个侧面督促船舶做好救生演习。主管机关对船舶实施的港口国控制和船旗国检查中,不仅要检查船舶救生设备的配备是否符合规则,还应检查设备是否可用;并应通过演习等手段检查船员的实操能力以及在紧急情况下的应变能力,从而防止船员在演习记录方面的作弊现象,促进船员救生及求生能力的提高。

(二)案例二

(1)事故经过

1983年10月6日1830时,"大庆236"号船自秦皇岛满载15 449 t原油驶往黄埔港,11日6点20分,该船正航行在广东汕头附近海面上,此时,该海域正刮着6级大风,海面上海浪滔天。"大庆236"船的驾驶员注意到了在"大庆236"船后面偏左方向,有两艘船正在驶近,其中一艘集装箱船很快就超过"大庆236"船驶远了,另一艘船名为"克拉巴特山"的印度尼西亚货船0935时驶到"大庆236"船左舷正横0.3 n mile处。

1017时,这艘船驶到"大庆236"船左前方1 000 m处时,忽然向右转向,正横在"大庆236"船的前方,"大庆236"船三副立刻拉响一长声汽笛,但该船仍然继续向右转向,两船的相对位置已经处于危险状态。"大庆236"船三副拉响五短声警告汽笛信号,并命令舵工右满舵紧急避让。

"大庆236"号船长听到五短声警告信号,立刻登上驾驶台,他发现"克拉巴特山"船有横越本船艏部之势,采取紧急停车,后退四的措施,可是该船继续向右转向,似乎是追着"大庆236"船冲来,船长为了摆脱本船艉部被撞,采取左满舵,前进四等措施。

尽管船长采取了一系列的紧急避让措施,依然摆脱不了这艘反常转向的船舶,1020时,“克拉巴特山”船的船头还是撞在了“大庆236”船左舷艉部,这个部位正是机舱,猛烈的撞击使机舱舱壁被撞破,大量海水瞬时涌入机舱,导致艉部开始迅速下沉。

(2)“大庆236”号船采取的措施

这艘印尼货船对“大庆236”号船的撞损之严重,使“大庆236”号船已不可能采取堵漏、排水等措施自救,根据这种情况,船长果断地下达了弃船命令,得到命令的船员们有条不紊地展开了行动。

按照紧急救生原则,在弃船救生时,高级船员在第一时间内应该抢出工作文件并携带走,这些文件对日后调查事故经过,事故原因及判定事故责任非常重要。其次是采取措施避免发生更大的损失。“大庆236”号船的三副带出了“航海日志”并记录了事故发生位置:22°32.5′N,115°55.2′E。在机舱,为避免发生爆炸,二管轮与机工长关闭了锅炉油柜出口阀,熄灭炉火,值班机工将“轮机日志”携带出。在电报房,电报主任、电报员镇定地用备用发报机向外拍发“SOS”信号,将本船遇险的情况及时地通知了外界。

在艉部生活区,管事打开保险柜将公款取出随身携带。

在救生艇甲板上,高级船员们清点登上救生梯甲板的船员人数,当他们发现一位加油工还没有踪影时,几位船员立刻自告奋勇返回生活区寻找。这位船员在撞击发生时正在自己的舱房内,而他的舱房正处于被撞击的部位,撞击使这个舱房被削去了一半,卷曲的钢板、损毁的家具将这位船员死死地困在一个角落里不能脱身。赶来寻找他的几位船员趟着没膝盖深的海水找到他时,海水依然在不断地涌来,如果不迅速将被困的同事救出,这几位前来救援的船员也会被困。大家齐心协力搬开家具、杂物,有的船员撬开钢板时手臂被划破了,鲜血流淌下来,在大家的努力下,这位被困的船员被救出,几个人在齐腰深的海水中一起奋力返回救生艇甲板。

船即将沉没,此时每一分一秒都是宝贵的,“大庆236”号船的船员们在这短暂的时间内表现出了大无畏的勇气和团结一致的精神是令人赞叹的,他们的行为表现出了良好的海员素质。

艉部已经沉入海面,海水开始扑向船中部,大船沉没时往往会产生巨大的漩涡,必须在漩涡产生之前远离大船。三艘救生艇顺利放入水中,船员们依次登上救生艇,有动力的救生艇起动了马达。船长命令电报主任、电报员停止拍发“SOS”信号,这两位船员这才携带“电报日志”离开报房。

船长、二副再次搜寻是否还有人没有离开大船,当救生艇离开大船时,船长大声呼喊:“船上还有没有人?”当他们确认其他船员都登上了救生艇后,船长、二副、电报员已经无法登上救生艇了,他们挺身跃入了大海。

(3)搜救过程

35位乘坐有动力救生艇的船员登上了肇事的印尼货船,这艘货船在中国领海内撞船肇事,事发当时没有向当时的我国港务监督部门报告,也没有在海面上继续搜索是否还有其他待救的船员,而是驶向香港。21位船员乘坐的救生艇没有动力,只能在海面上漂泊,而水中3位最后离船的船员还在风浪中搏斗。由于“SOS”信号的及时发出,“大庆236”号船所属的单位及时地得到了消息,随着消息的迅速传递,原交通部,广州救捞局,驻粤空军、海军,陆丰县有关部门迅速行动起来,两架飞机,多艘商船、救助船、军用船、拖船和渔船赶往出事海域,香港海事处的一架直升机也参加搜救。

首先赶到的“陆丰25049”渔船发现了漂泊在风浪中的救生艇,渔民们试图拖带这艘失去了动力的救生艇,他们几次甩出绳索,因为风浪太大,救生艇上的船员们接不住绳索。两位渔

民在身上绑上绳索冒着风浪跳入水中，绳索系上了救生艇。救生艇与渔船并在了一起。渔民的衣服穿到了在寒风中瑟瑟发抖的船员身上，热气腾腾的姜汤递到了船员手中，"陆丰 25049"拖拽着救生艇驶向褐石镇，船靠上码头，受伤的船员立即被送往医院。

"陆丰 53011"船长朱某发现有大船出事时立刻停止了捕鱼作业，驾驶着船驶向出事地点，当他的船到达时，海面上只有一个随风漂流的救生筏，李某仔细地查看了筏子，发现里面空无一人。他想到可能有人落水，随即在海面上四处搜寻，很快他们就发现了在水中的船长，船长接住了渔民们抛出的救生绳，船长获救了。

被风浪折磨得筋疲力尽的二副和电报员被"陆丰 25048"渔船发现了，船长张某命令手下抛出救生绳，可是水中的两位船员已经没有力气接住了，更没有力气爬上近在身边的渔船，一位渔民跳入水中，双手将二副、电报员托上船。

59 名遇险船员全部获救脱险，在事故中表现突出的二副、二管轮、船长等人受到表彰。

(4)事故原因

造成这场事故的主要责任是"克拉巴特山"船违反国际避碰规则，追跃、横越"大庆 236"号船。该船驶到香港后向香港海事局报告，它本航次是从日本驶往香港，在离开日本不久其舵机就失灵了，它带着这样的隐患继续航行，当它追越"大庆 236"号船时，正在修理试验操纵系统，因为舵被咬死了才使船忽然反常地转向撞向"大庆 236"号船，引发了事故。

(5)经验教训

海上两艘大船发生碰撞时，往往只有在驾驶台的船员有时间知道即将发生危险，而在机舱和房间内的船员大多是被撞击惊吓，人在惊吓之中本能作出的反应当然是寻求安全。只有训练有素、心理素质好的人才能作出正确的判断。

尤其是弃船求生时，有组织有领导地采取行动才是最有效的脱险行动。

由于"大庆 236"号船员及时拍发了"SOS"信号，关闭了机舱锅炉，所有的船员安全撤离难船，携带文件登上了救生艇，由于船长等高级船员组织得力，使全体船员把自救行动做到最好状态。

虽然"大庆 236"船的所有船员都脱险了，但是"大庆 236"号船底朝上沉在海水中，有原油开始溢出，为保障过往船舶航行安全，港务监督部门在沉船位置设置浮标，发出航行警告。但污染海洋的危险仍然存在。1984 年 8 月，在广州救捞局的努力下，"大庆 236"号船中的 15 000 t原油被安全吸出，该船被打捞上浮，拖回黄埔港。

肇事船造成的损失是巨大的，但在中国海员的自救、渔民的救援与打捞人员的努力下，这场事故的损失被降低到了最小。

二、消防

(一)案例一　"THH"船机舱火灾事故

船舶概况：船长 189.94 m；船宽 32.2 m；型深 16.6 m；载重 47 377 t

主机型号：B&W 6L67 MCE

副机型号：WARTSILA 6R22/26

出厂日期：1991 年 7 月

(1)事故经过

2000 年 4 月 28 日，"THH"船第 53 航次从南非德班港开往伊丽莎白港装货。

0548 时，副机燃油压力低报警，约 30 s 后发生火警警报，显示机舱 No.1 副机顶部及排烟

管着火。0549时机舱报告驾驶台,船位显示33°46′7S、026°47′2E;随即驾驶台发出火警警报,并向全船广播了机舱着火的消息。

0553时,副机跳电,主机停车。

0554时船长命令机舱人员撤离,机舱人员切断风、油应急切断装置,关闭通风装置。

0557时,在确认机舱人员全部撤离后,向机舱释放二氧化碳,同时起动应急救火泵向烟囱及机舱风机层的舱壁喷淋降温。

0600时,108瓶二氧化碳释放完毕。

0630~0638和0650~0657进行两次探火,确认火情全部熄灭后,打开天窗、机舱门进行自然通风,清理现场。

0830时,起动副机供电。

1125时,起动主机复航。

这次火灾损坏情况:

①No.1、No.2发电机主电缆、控制电缆、保护系统电缆、报警装置电缆烧损;发电机输出主电缆外层有碳化物溢出;No.3发电机主电缆局部也有碳化物溢出。焚烧炉、机舱风机、机舱天车电缆等烧毁。

②No.1副机调速器、透平增压器和副机一套液压工具全部烧毁,燃油滤器螺栓断裂,副机机旁仪表板烧毁,副机安全保护装置、自动调节装置、预润滑油泵等烧毁。

③No.1、No.2副机各压力、温度传感器及发送器烧毁。

④副机上方的照明电缆、插座、开关及三个火警探测器烧毁。事故发生后,公司派人员随船指导船员自己修复,没有船期损失,损失备件费40万元人民币。

(2)事故原因

4月26日"THH"船驶离德班港,空船开航后,遭遇恶劣天气,风力8~9级,船舶剧烈颠簸,震动严重,使No.1副机燃油滤器的紧固螺栓(材质强度有限)断裂,燃油喷溅到增压器及排烟管上引发火灾。

(3)事故教训

①清洗拆装滤器时,要按说明书的规定上紧螺栓。发现漏油要认真检查密封面及垫片,不可采用加大收紧力的办法除漏。一旦发现使用中的螺栓存在缺陷,应及时更换。

②定期检查副机排烟管等高温部件的隔热包扎和遮挡板情况,如有缺陷要及时修复纠正。

③加强对船员的安全教育,提高安全意识。船舶航行在狭窄水道,或遭遇恶劣天气期间,机舱要加强值班,当值人员要认真巡视检查,发现问题及时处理。

④加强对船员的心理素质锻炼与技能培训,提高船员的应变处事能力。

(二)案例二 机舱火灾的扑救

1.机舱底部起火

(1)初期阶段

舱底某个部位刚开始燃烧,过火面积不大时,救火人员可顺机舱梯道迅速下到机舱底部,用手提灭火器(泡沫、干粉)或雾状水枪灭火。当机舱梯道被烟火封锁下不去时,可以从机舱后部艉轴隧向机舱进攻。

(2)发展阶段

当机舱内火灾难以控制,开始向机舱上方蔓延时,可采用封舱灭火。立刻发出信号,迅速撤出舱内人员,关闭机舱通风机、出入口、通风孔、天窗和烟囱两侧的百叶窗等,减少机舱内的

空气流通，为封舱灭火创造条件。船上机舱的动力通风机和天窗都装有可在机舱外部关闭的设施，当机舱内出现浓烟时，灭火人员可在舱外将其关闭。

开启船上固定灭火装置，向机舱内释放高倍泡沫或二氧化碳灭火剂进行封舱灭火。如果采用船上固定灭火系统未能扑灭机舱火灾，可使用陆上消防队的高倍泡沫发生器进行扑救。将发生器摆放在机舱两侧出入口处，同时向机舱内灌注高倍泡沫。

在灭火的同时，应在与机舱毗连的船楼舱室内和天窗口等处布置灭火人员用喷雾水枪进行冷却保护，防止因热传导和热对流等引起新的燃烧。

2. 机舱中部、上部起火

(1)初期阶段

先用手提式、推车式灭火器灭火，也可从机舱下部用泡沫或喷雾水枪向上喷射灭火。为防止火势向下蔓延，可继续使用舱内通风设备和通风孔，保持空气流通，使火势向上蔓延。

(2)发生阶段

当火势无法控制并向下蔓延时，可采取隔绝空气，开启固定灭火系统封舱灭火的方法。

3. 机舱灭火时的进攻路线

灭火人员应根据机舱起火部位所在的层次，选择最近、最有利的进攻路线。进攻路线主要有：

①船楼内各层走廊通往机舱的左右舷出入口，一般进出机舱都有两条通道。

②船甲板上的天窗口。

③烟囱上部的出入口。

④艉部的艉轴隧逃生孔。

三、堵漏

(一)案例一

某船在2008年1月在秦皇岛港受载后，船员发现在机舱部位，水线以下5～6 m处，该船机舱右舷F30和F31肋骨严重腐蚀，肋骨腹板靠船体外板处已脱开，F30肋骨根部脱开长约2 500 mm，F31肋骨根部脱开长约1 500 mm。船体外板(G3列板)在机舱右舷位于F30～F31肋位之间板发现一裂纹，长约100 mm。海水渗入机舱，使船舶处于不适航状态，此时，该船已满载，由于秦皇岛港口没有条件将煤炭从船上尽快卸下，使损坏处露出水面进行修理；同时南方受冰灾，急需煤炭，时间也不允许卸货。该船只能靠码头进行临时性修理，将漏洞处进行处理。

当时，该船已采用了“Fast Steel”(快干铁)在船体外板堵漏，机舱内部在裂纹处两边打止裂孔，用小电流将裂纹补焊后，用覆板作临时修理，再更新部分肋骨的方法进行修理。可是潜水员在水下工作了几个小时，几次下水，也无法将裂纹处堵上，由于裂纹处漏水、水压较高(水下5～6 m)无法完成最后的焊接。该修理方法一直持续了10 h，原交通部和船公司几次来电话询问修理进展。经现场研究发现，所谓的“快干铁”只能是在理想的条件下使用，即损坏表面进行清洁处理后采用“快干铁”，可以迅速将漏洞堵上。水下用该方法，损坏表面不能达到施工条件，同时由于水下条件有限，潜水员不能很准确找到损坏地方，故也无法很好处理漏洞，延长了修理时间。

经多方研究，确定采用一水密箱焊接扣住裂纹处，在水密箱上方打一个孔，该孔处焊接一个适当螺母或该孔攻一个适当尺寸的螺纹并配好螺栓，如图9-3所示。

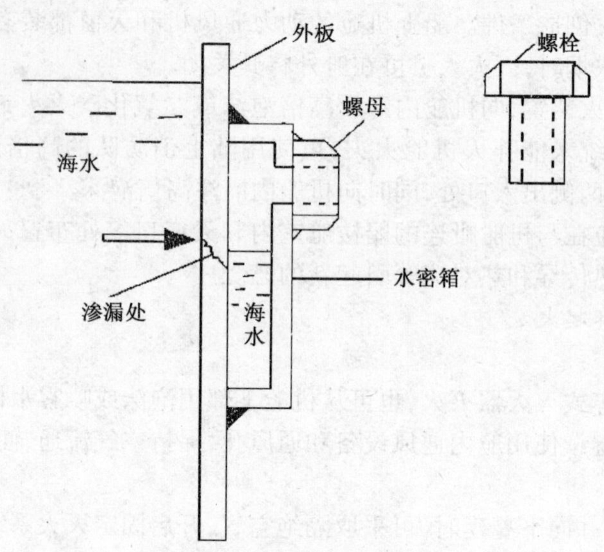

图 9-3　水密箱焊接堵漏法

在焊接水密箱过程中，只有在没有水压的情况下，才能将水密箱完好焊接在损坏处，焊接过程中当箱中海水渗漏满时，从开孔处流出，形成不了水压，有利于焊接。焊接完成后，将螺栓安装完后焊死，这样将渗漏处堵上，后续工程可以顺利完成。这种堵漏方法仅用一个多小时就完成了，给船期节省了时间。从现场施工中，这种简易可行的堵漏方法在损坏临时应急修理中是较好的一种，后经跟踪调查，没有发现异常，效果良好。这种堵漏方法也可以应用在散货船顶边舱锈蚀渗漏的临时修理，因为在作顶边舱水压试验过程中，在货舱内很容易发现渗漏处，但在顶边舱内部由于视线较差，就很难发现渗漏处。当顶边舱压水时，货舱内发现顶边舱下斜板的渗漏处，由于水压较高，直接补焊修理，很难完成，这时可以采用上述方法，在货舱内，将适当尺寸螺母焊在渗漏处，用螺栓拧上，再焊接好，就可以将渗漏临时修理完毕。

(二)案例二

(1)事故概要

2006 年 4 月 12 日 0300 时，浙江象山县某公司所属“浙象机 807”船在牛鼻山水道红生礁触礁，造成船体破损，强行脱礁后，0545 时航行至四角山附近海域沉没，船上 6 名船员全部获救。

(2)事故经过

2006 年 4 月 10 日 1600 时，“浙象机 807”船装载水泥 320 t，艏吃水 2.4 m，艉吃水 2.6 m，从嘉善驶往石浦。

4 月 11 日 0100 时，该船抵达金汇港等待出闸。1400 时过闸。1800 时该船锚泊于舟山桃姚门，2230 时起锚续航，开启航行灯、雷达(雷达量程设置在 3 n mile 挡)、GPS、VHF。当时驾驶台由船长指挥。4 月 12 日 0200 时，该船航行至双屿门，值班驾驶员上驾驶台接班。当时能见度良好，无风浪，落潮顺流。船舶按航向 195°、航速 10 kn(前进三)航行。0240 时，该船航至小东屿左正横 0.5 n mile 处，转航向 180°。当时海上起雾，视距不足 200 m，值班驾驶员将雷达量程转换至 1.5 n mile 挡，仍采取 10 kn 航速航行。0255 时，海上雾增浓，视距不足 100 m，该船航至道蓬山东侧附近处，转航向 190°，航速未变。0300 时，艏部触碰红生礁，值班驾驶员随即采取停车。船长听到触礁响声后，随即从其卧室赶至驾驶台，了解简要情况后令值班驾驶

员、轮机长等到艏部检查。经查,船体前部搁置在礁石上,艏部朝向南偏西,船体搁置较平整;艏尖舱内非水密锚链舱底部右侧有一处 10 cm×25 cm 的破口,并伴有海水涌入;整个艏尖舱内水位升高较快。0305 时左右,船长接到报告后,即派值班驾驶员等 3 名船员用棉被等实施堵漏,轮机长等 2 名船员动用 2 台水泵排水,同时,船长采取慢倒车、快倒车尝试脱礁,约 10 min 后船舶脱礁。船舶脱礁后,艏尖舱进水量明显增大,船长决定向西抢滩,调整船位后,采取前进三的车速向西航行。0325 时左右,虽有 2 台水泵排水,但艏尖舱积水越来越多,艏部下沉至与海面相平,船舶行驶困难,船长采取减速航行。0330 时,该船航经四角山西南水域,船体主甲板基本淹没,机舱尚未进水,船舶停滞不前,但主机仍在运转,船长与轮机长等商量后关闭主机。之后,船体缓速下沉。0540 时左右,海水淹没至驾驶台甲板附近,船长下令弃船,组织施放救生筏,随后 6 名船员登乘救生筏离开本船。0545 时左右,船舶沉没(概位 29°34′200N/121°59′450E),驾驶台顶部和桅杆尚露出海面。0600 时,船上 6 名船员被附近锚泊的"浙象机866"船救起。

(3)事故原因分析

①该船雾航时违反有关规章、操作不当,是导致船舶偏离计划航线而触礁的主要原因。

②事后处置不当,扩大损害。该船触礁后,船长虽安排船员对船舶受损部位进行了检查,并实施堵漏和组织排水,但没有充分研究当时环境、潮汐和船舶本身抗沉性能等的各种客观情况,未制订比较完善的脱礁方案。在当时低潮情况下,船长比较仓促地采取强行倒车脱礁措施,致使船体在非正常起浮状态下脱礁,导致艏尖舱底部破口加剧;在船舶脱礁后,向西航行抢滩过程中,船长未能根据当时情况,谨慎地驾驶及采取延迟船舶下沉的有效措施,造成船舶抢滩失败,扩大了损害。

四、溢油

(一)案例一　某船污染事故

船舶概况:1985 年 5 月上海沪东船厂建造　载重 70 000 t

主机 MAN B&W 5S60 MC　功率 9 000 kW

(1)事故经过

2000 年 5 月 24 日,某船离开荷兰港口。约 0300 时,燃油溢流柜高位报警。检查发现主机燃油自清滤器在自清时,因泄放阀没有关严而向燃油溢流柜跑油。船员随即转换滤器,关闭有关阀门,制止跑油。但机舱舱底有一半面积及主机四周、主机下部污水井都已被燃油严重污染,机舱后部污水井也有燃油进入。

为了迎接第二天的 PSC 检查,船员对机舱的污油进行了清理。但因时间紧,后污水井的污油没有完全清理干净。

5 月 25 日 1540 时开始使用 No. 2 通用泵排艉尖舱压载水。1700 时,甲板值班水手和驾驶员发现排出的水中有油,立即通知三管轮停泵。机舱人员在检查管系阀门时发现通用泵管系通往机舱后污水井的腰节阀有漏泄问题。为防止再次污染,船员紧急封死该阀,并把所有被污染的管系拆下,进行清洁。

按照"油污应变部署表"要求,船长通知租家代理上船,并通过代理向当地主管当局报告这一不幸事件,同时通知中远驻汉堡代表处并向公司汇报。

2000 时,P&I 验船师及港口调查人员上船,船上轮机长和三管轮把事故前后经过,详细地向检查官作了汇报。检查官经过认真核查后,确认了船上对事故的分析结果和所采取的措施

属实。按照该国规定对某船罚款 3 624.77 马克(折合人民币 13 411.6 元);清除费 23 000 马克(折合人民币 85 100 元)。

(2)事故原因

①通用泵连通机舱污水井的腰节阀,阀面有轻微不平,造成轻微漏泄。漏泄的油集结在管路和阀的死角处,当集结到一定程度时被水带出弦外。

②通用泵处机舱海水阀及污水阀标记不清,无禁止排污警示牌。容易在排压载水时,错开污水阀,造成污染。

(3)事故教训

①机舱污水排放管路上的有关阀门,必须设置为经过油水分离器处理的状态。

②通用泵连通污水系统的阀门,要用规定油漆标记清楚,并悬挂"严禁排污水"的警示牌。

③加强对各污油、水柜的管理,保持舱底清洁。

(二)案例二

2005 年 3 月 28 日 0823 时,Z 船与 Y 船在途经台州温岭石塘以东海面时,因雾航中双方瞭望疏忽等原因发生碰撞事故。致使 Y 船艏部右侧碰撞在 Z 船左舷驾驶台前,导致 Z 船左侧四舱破损,发生了溢油事故。事故发生后,船方一边采取堵漏措施,一边向当地海事部门报案。海事部门接到报案后,立即抽调执法人员赶赴现场组织清污工作,但由于辖区无专业清污队伍,也无专业救助船舶,在调集相关清污人员、清污材料、船只上花费了大量时间,导致海面污油在风流作用下进一步扩散,给清污工作带来了一定的难度,加上清污人员临时组建,在清污材料的使用上盲目投放,造成了清污材料在一定程度上的浪费,所幸现场指挥人员熟悉海况气象,在对污油围控上方法得当,有效地阻止了污油的进一步扩散,经过近 3 天紧急处置,海面大部分污油得以及时围控,没造成严重后果。

五、海盗袭击

1. 案例:中远香港航运公司"富强"船

2009 年 11 月 12 日 0545 时,大副在雷达上发现 12 n mile 处有一回波,通知防海盗值班人员加强戒备。0615 时,用望远镜发现回波是一条渔船大小的白色小船(在左前方 6 n mile 处),旁边有一快艇以 20 kn 左右的速度向"富强"船逼近,大副马上通知机舱开消防水,广播通知所有船员全力防海盗。0628 时,小艇接近到左正横 0.5 n mile 并转向艉部,"富强"船用 VHF 发出警报,呼叫中国海军请求援助。海盗向"富强"船右舷七舱靠拢并鸣枪开火。船员带着防海盗用品匍匐前进,向小艇扔火把,汽油弹、煤油弹、石灰粉等。海盗登船失败后,就在离船舶0.1 n mile观察。3 min 后快速向右舷六舱靠拢并不停向船员扫射,试图将铁梯挂上船舷,被船员用力拔出。僵持约 10 min 后,海盗又暂时离开船舷观察船上的动态,随后再一次快速向三舱右靠拢并向船员开火,船员匍匐前进至三舱右阻止其登船,对抗约 5 min 后,海盗船放弃了进攻。所有船员伏在甲板进行反击,小艇缓缓驶向艉部,并企图寻找攻击时机。船员集合在后甲板观察,并准备防海盗工具,以防海盗再次进攻。10 min 后,小艇离开约 1 n mile 并减速。"富强"船全速前进,慢慢甩开海盗船。1 h 后海军直升机到达"富强"船上空。船舶相对安全,在整个对抗过程中有 2 名船员手臂受伤,经请求得到了海军的医疗援助。事例证明,船员防海盗意识和技能的提高是成功的前提,船员自防自救能力与外部救援相结合是击退海盗劫持的有效途径。

2. 防海盗的措施

为避免、阻止和拖延海盗进攻，应承认船长在任何情况下都对船舶和船员的安全具有指挥决策权，同时建议船舶采用以下措施：

①在船舶保安计划中制订并执行防海盗程序，注意采纳国际海事组织和相关行业指南。

②对受到海盗和武装劫船行为威胁的海区和港口有充分认识。

③制订应急计划，在进入危险海区前演练应急计划，修订应急计划，使全体人员明白其职责，熟悉警报系统。

④制订应急通信计划，在通信装置中提前输入重要的应急通信号码和通信信息，将重要通信号码张贴于通信装置面板。

⑤进入危险海区前，船长应向船员全面介绍可能面临的风险和应对的方案。

⑥如果可行的话，航经东非的船舶应考虑在马达加斯加东部航行，或保持与东非海岸线距离 450 n mile 以上的距离。

⑦建议使用推荐的航行走廊。

⑧在黑夜通过最危险的海区。

⑨任何情况下，船舶都应遵守《1972 年国际海上避碰规则》，夜晚不要关闭航行灯，按照船旗国的指南行事。

⑩以最高或接近最高的航速航行，关键设备保持可用，任何保养应在进入危险海区前完成。

⑪船长应适当安排日常工作以保证自己和船员得到足够休息，确保在任何情况下都能够有效组织全体船员应对海盗袭击。

⑫目前绝大多数海盗袭击来自艉部，航行中应加强瞭望，特别是艉部方向的瞭望。

⑬使用灯光、警报、汽笛和船员的活动警示海盗。

⑭采取防止海盗登船的措施时，应首先保证船员的安全。

⑮在保证航行安全的前提下，尽可能多地使用甲板照明。

⑯准备一个供船员集合的安全处所，比如封闭的舱室或机舱。

⑰进入危险海区前向有关机构报告。

⑱按照推荐的航向、航速航行，以受到最好的保护。

⑲除非安全需要，尽可能减少与外界通信(无线电、手机、AIS 等)。

⑳不进行室外活动。

㉑在最危险的方位，放置消防水龙，并做好向外喷水的准备。

㉒检查并确保备用发电机、舵机等辅助设备随时可用。

㉓增加驾驶台瞭望和值班人员。

㉔机舱有人值守。

㉕锁闭、控制进入驾驶台、机舱、操舵间、生活区的通道。

㉖紧急情况下使用 VHF16 频道与军舰联系，备用频道是 8 频道。

㉗确保所有梯子(包括引水梯)收藏在甲板上。

㉘在保证船员安全和逃生的前提下，考虑在艉部或较低的登船点设置障碍物。

㉙考虑加宽船舷上缘，增大海盗抓爬的难度。

㉚其他非致命自卫手段，可由公司评估其优缺点后，在特定船舶上使用。

㉛调整船期，尽量参加护航编队。如难以加入护航编队，进入亚丁湾海域前，及时向我国

军舰报告,以便紧急情况下寻求帮助。

六、碰撞

案例:“海陆航海家”船与我国舰艇“东运615”号舰碰撞事故

(1)事故经过(简述只和轮机有关的)

1998年9月26日晚上约2230时(本报告中涉及的时间,均为当地时间),“海陆航海家”船从长江口锚地起锚,拟驶往上海港。此时,轮机长、大管轮和二管轮在机舱,船长、三副和一名舵工在驾驶台。约0040时,引航员殷某、朱某上船。在船长与引航员经过简短的会面之后,由引航员朱某指挥操船。二副记录车钟命令并应答引航员朱某的车令。值得注意的是,这时,由驾驶台的车钟命令控制主推进发动机的运转。

“海陆航海家”船直到驶至黄浦江河口,没有出现任何意外。然而,该段水域中有许多小船。引航员叫了许多车令。约0350时,大副接班换下二副,并让二副在0400时叫醒船员,准备在0430时系泊后值班。约0430时,所有船员到位,准备靠泊。船长命令在船头的大副和水手长备好左右锚,以防万一。约0438时,引航员下令停船,以让清航道。约0443时,引航员又开始用车。约0504时,两条协靠拖船中的一条到达艉部。约0508时,在进入黄浦江河口时,第二条拖船驶至左舷艏部。约0513时,“海陆航海家”船失去所有电力和推动力。

“海陆航海家”船配备4套基本的发电装置,2台额定值为450 V交流电、1 625 kVA、60 Hz的主柴油发电机,1台额定值为450 V交流电、812.5 kVA、60 Hz的辅发电机,1台额定值为450 V交流电、1 125 kVA、60 Hz的涡轮发电机。所有的发电机都安装在主推进柴油机之上的那层甲板的后部,它们大致在发电机平台上排成一排,这一地方被称为发电机平台。从平台的右边向左依次是涡轮发电机、辅发电机、1号主发电机及最左边的2号主发电机。在失去所有动力前,1号主发电机和辅发电机处于并行工作状态,共同向主配电板供电。2号主发电机处于自动备用状态,涡轮发电机不在工作。

约0500时,轮机长回到机控室,准备接大管轮的班。在接班之前,轮机长决定起动辅发电机和1号主发电机并行。轮机长从集控室遥控起动辅发电机。约0505时,轮机长接班开始值班。约0507时,大管轮离开集控室。在大管轮刚刚离开不久,二管轮决定到机舱里去巡视一圈,便离开了集控室。

全船失电时,二管轮离开集控室去机舱巡回检查,刚到发电机平台就断电了。二管轮一直呆在那儿直至应急发电机起动供电,然后二管轮回到了集控室。二管轮回到集控室后,轮机长正在打电话,无意中听到轮机长让驾驶台将车钟归“零”。差不多同时,大管轮进入集控室。断电的时候,大管轮正走在回他房间的主楼梯口,一直呆在那儿直至应急发电机起动恢复应急照明。在断电以后到应急柴油机开始向应急线路供电,全船有30~60 s没有电能。

大管轮一回到集控室,轮机长就让他去起动2号主发电机。当大管轮走到发电机平台时,发现控制面板上的2号主发电机“起动失败”指示灯亮着。大管轮于是按下控制面板上的重新起动键,2号主发电机立即重新起动。在大管轮试图起动2号主发电机时,轮机长已经从集控室遥控重新起动了辅发电机,这样主配电板上就恢复了所有的电能。

约0515时,轮机长已恢复了全部的电力。他试图将车钟由驾驶台控制转为机舱控制。不控制车钟,轮机长就无法重新起动主机。因为在驾驶台的车钟位于全速后退的位置,所以轮机长无法将车钟切换由机舱控制。如要重新设置车钟控制,机舱和驾驶台上的车钟都必须处于零位。当机舱和驾驶台上的车钟操纵杆都归零后,轮机长重新设置了车钟并将其转换回机舱

控制。之后他就重新起动主机。约 0516 时，轮机长再次打电话到驾驶台询问大副是否要恢复驾驶台控制，大副告知轮机长船舶正处于危险情况，需要全速倒车，轮机长就将车钟操纵杆调至全速倒车。

约 0517 时，在主机被开至全速后退的几秒钟内，“海陆航海家”船的艏部碰上靠泊于岸边船舶中一船的艉部。后证实被“海陆航海家”船碰撞的船舶是我国的军舰“东运 615”舰。

在机舱，轮机长、大管轮和二管轮没有意识到已发生了碰撞。在重新起动 2 号主发电机之后，大管轮回到机控室，发现轮机长正在回答车钟命令，二管轮正在使辅发电机和 2 号主发电机并行。轮机长命令大管轮回到发电机平台去重新起动 1 号主发电机。大管轮回到发电机平台，通过控制面板重新起动了 1 号主发电机，然后回往机控室。然而，在大管轮就要到机控室时，1 号主发电机又停止运转了。大管轮一进机控室，轮机长就通知他 1 号主发电机又停止运转了，并指示他去查明 1 号主发电机停止运转的原因。大管轮回到发电机平台，开始重新起动 1 号主发电机。这次 1 号主发电机刚起动就停止运转了，并在该处的控制面板上显示“滑油低压”。大管轮继续检查 1 号主发电机，发现滑油压力感应器线路的连接阀脱掉了，使感应器失去油压，致使 1 号主发电机停止运转。

可以相信，造成这一事故的明显的根本原因是 1 号主发电机的滑油压力感应器线路的连接阀出了故障。然而，这只是用于保护船舶电力系统及最终保护船舶人员的安全系统发生一系列故障的开始。在推定可能发生了什么和探究已发生了什么时，造成本事故的一系列故障开始明朗。

安全系统的第一个故障是滑油压力感应器线路上的连接阀。这一故障可归为人为过失。

通过对该连接阀的调查，可以确定连接该连接阀线路中的压力促使该连接阀与线路脱离。在对该阀门进行检查时，可看到连接感应器线路的连接阀主体部分和螺帽上的螺纹严重磨损。

压力线路从连接阀主体部分脱离看似有理。然而，很难相信从连接处没有漏油，而且，对修理好的感应器线路和该处附近进行检查时，有迹象表明该线路已经漏油了一段时间。假设感应器线路事实上过去就一直在漏油，这就产生了一个问题，为什么该线路一直没有修理。如果在线路开始漏油时就换下该连接阀和螺帽，感应器线路也许就不会脱离。

第二个缺陷是 2 号主发电机。在 1 号主发电机感应到失去油压并开始停止运转时，这时处于自动备机状态的 2 号主发电机，本应自动起动并与辅发电机并行，而在本案中，2 号主发电机却起动失败。2 号主发电机起动失败的原因很多。然而，在对船员的询问中得知，2 号主发电机在碰撞前的最后一次运转，是为迎接即将进行的海岸警卫队的年检而于 1998 年 9 月 21 日测试各种发电机的关闭装置时起动的。有一种可能是 2 号主发电机在最近的测试中，是使用其中一种自动关闭保护装置使机器停止工作的，然后没有重新设置自动关闭装置就将机器处于自动备机状态。所有发电机在该处的控制面板上只有一个“重新设置”按钮，当按下“重新设置”按钮时，所有发电机的自动关闭装置都被重新设置。在对大管轮的询问中，他讲当他按下该控制面板上的“重新设置”按钮时，清除了所有发电机的关闭装置，而且在他按下“重新起动”按钮时，2 号主发电机就立即起动了，并且，在碰撞发生后对 2 号主发电机所做的几次测试中，在同样处于 1 号主发电机滑油压力低的情况下，2 号主发电机都能够从自动备机状态起动。尽管没有确凿的证据证明 2 号主发电机在使用一种自动关闭装置时是安全的，然而，船员未进行重新设置自动关闭装置这一步骤也能够比较容易地解释 2 号主发电机起动时的最初故障，以及为什么在同样情形下那种故障没有再次发生。

本事故中第三个也是最令人感到迷惑的故障，也许是最重要的，即为辅发电机故障。尽管

1 号、2 号主发电机出了故障,但在正常情况下,辅发电机也应有足够的能力来承担电力负载。

辅发电机为什么出故障有两个原因,或者为原动机的机械故障,或者为空气断路器的异常跳电所致。

没有证据表明,辅发电机的故障是由于柴油机原动机的机械自动停止装置所致。有三种情况可导致辅发电机内燃机牵引车自动停止:滑油压力低、冷却水温度过高以及超速。随后的测试证明,上述三种情况都不可能存在,而且,被询问过的轮机员都认为,辅发电机没有发生机械故障,即只要有一个保护装置,辅发电机就不会自动停止。他们还认为,辅发电机发生故障是突然的,即是突然断电而不是部分停止供电或者逐渐失去电力而导致断电。

调查主要集中在导致辅发电机突然断电的情形上。有五种电力情况可能造成辅发电机空气断路器的异常跳电:过电流、短路、电压不足、逆功率或者空气断路器机械故障。在调查官的见证下,来自于辅发电机空气断路器生产厂家的机械师在日本神户对空气断路器进行了现场测试,但测试并未使辅发电机再次发生故障。空气断路器所有上述异常跳电情形都进行了测试,发现其是按设计运行情况运行的。因此能断定,当失去电能的情况发生时,空气断路器是按设计运行情况运行的。

当然这些测试不能再现事发当时的所有可能情况。船舶工程师 Mr. Rambeau、制造商的技术人员以及 Baldinelli 上尉对几种可能造成辅发电机故障的不同情况进行了复审,经过仔细研究认为,空气断路器异常跳电的原因不可能确认,因为空气断路器一旦被重新设置,实际原因的所有证据将会丢失。

(2)结论

证据表明:

①1998 年 9 月 27 日当地时间约 0513 时,“海陆航海家”船失去所有的电力和推进力。

②尽管“海陆航海家”船的船员尽力去恢复电力和推进力,但该船还是于当地时间约 0517 时与系泊船“东运 615”舰发生碰撞。

③在恢复电力和推进力的过程中,有关可能出现的机械和电力系统故障的证据已经丢失。

④在船舶跳电船长命令全速后退时,已经错过了关键时机。在轮机长指示大副将车钟归零时,他却延误了恢复推进力的时机。

七、恶劣海况

(一)案例一

1998 年 2 月 7 日约 2240 时,某船在从印度驶往我国过程中,在恶劣天气和海况下前舱进水,沉没于中国南海海域 09°30′N,100°30′E 处。

1. 损失情况

某船沉没,导致 34 名船员中 30 人失踪,直接经济损失 3 163 226.99 美元。其中:

船舶价值:200 万美元;

货物价值:854 532 美元;

运费:253 403.29 美元;

油水价值:55 291.7 美元。

2. 原因分析

由于某船船长、轮机长、驾驶员及事故发生时的当班人员均已遇难,生还人员有限且不了解事故发生前后的全部主要情况,事故原因的调查分析十分困难。调查组经认真调查分析,结

合有关理论计算认定：

某船在航行期间受到6~7级东北风、3~4 m大浪及东北季风长期作用下形成的东北—西南的涌浪的影响，由于船舶老化及可能存在的潜在缺陷，致使艏部一舱或一、二舱结合部船壳破损，船舱大量进水，并向后波及邻舱，船舶迅速失去浮力，艏部向下急剧沉没。

综上所述，这是一起非责任重大事故。

3. 教训及建议

(1)调查组认为，根据调查，尽管这是一起非责任事故，但教训是比较深刻的。

①发现险情太晚，对于险情的发展估计不足，没有意识到险情的极端严重性和紧迫性，采取措施不果断。当机舱发现险情时，一舱、二舱都已进水，情况已比较紧迫。从机舱发现异常到船舶沉没约有1 h的时间，但在弃船前，只采取了"准备排水"的措施，没有证据表明采取减速、转向等有效措施，即使在16频道上发出求救呼叫后，仍没有作出准备弃船的决定，致使可供船员逃生的时间太短。

②大风浪中航行操纵措施不当。据调查，该船在大风浪中航行并没有采取减速、转向等措施，也未按公司关于老旧船管理的规定，在大风浪中(3 m涌浪)采取减速和报告公司的措施，说明公司规章制度在该船执行不严格。

③遇险时，通信方式选用不当。某船遇险后，船上未使用遇险呼叫，一直是常规通信。甚至在几次采用常规呼叫不能接通和接通后又拆线的情况下，仍然采用常规呼叫方式，说明船舶对应急通信及应急计划不熟悉。

④船舶救生设备使用和管理不当。船上配有4只救生筏，其中3只配有静水压力释放装置。在搜救过程中，只发现2只(1只打开、1只未打开)，说明救生筏系绑不当。船舶沉没后，应急示位标本应自动发射，但没有任何证据表明已经发射，说明应急示位标放置或所处状态不当。

⑤公司安全管理体系(SMS)运行存在不足。该船所在公司已通过SMS审核，该船也已拿到SMS证书。但调查发现公司的文件控制、船岸应急反应及船岸联系等方面未能完全按SMS运行。

(2)鉴于该船沉没事故中存在的教训，为避免类似情况重复发生，提出如下建议：

①建议公司及有关方面加强对船员遇险通信及应急计划方面的培训，提高广大船员的应急应变能力。

②对超老龄散货船，建议公司在航区的选择、货种的限制以及加强检查等方面采取更为严格的安全措施。

③老旧船，特别是老旧散货船的管理还需改进。建议加强对有关公司及其所属船的SMS审核，促进其完善并严格按SMS运行，全面提高安全管理水平。

(二)案例二　狭窄航道航行

1. 事故简介

某船在船厂坞修结束后离开船厂起航，刚离开码头进入狭窄航道航行，机舱主机缸套水高温报警；两台并联运行中的一台副机，相继出现滑油、淡水高温报警以及滑油低压报警(但没到极限停车值)。5 min后，另一台副机也发生同样情况。此时情况万分危急，由于在狭窄水域航行一旦跳电有可能碰撞或搁浅，后果不堪设想，必须立即采取果断措施。

2. 原因分析

(1)经验与熟练程度不够

①修船中海水管换新后,大管轮没有仔细验收海水管内是否有棉纱等异常物,船出入坞也没有检查海水系统是否畅通,备车时仍没有检查主海水压力是否正常。

②二管轮没有发现副机滑油、淡水温度持续上升,也没有发现副机滑油压力持续下跌,此时已形成副机即将跳电的紧急情况,导致出现本例首段提到的措手不及的危险局面。

(2)轮机长具有良好的情景意识,领导与管理技能强

①当听到大管轮、二管轮汇报主副机高温报警时,先询问驾驶台,主机能否做减速处理,然后对主副机减油、减速,既保证了船舶安全,又保证了设备的安全。

②根据设备的参数变化,思路正确、应对到位,作出中央冷却器脏堵需解体处理的决定。

③考虑好替代方案,一旦在解体中央冷却器过程中发生副机跳电,即在船头备双锚抛锚,应急发电机随时投入使用。

④操作时主机开低速,既保持有一定船速,也保证了舵效。最终将危险局面化解。

以上案例说明在机舱资源管理中情景意识对轮机安全管理有巨大帮助。情景意识薄弱会干扰轮机人员的注意力与判断力,使他们对周围情况感知不全面或混乱。随着压力和疲劳的增加,进一步降低了他们的身体和大脑的反应能力、信息接受能力及综合处理问题的能力。而提高情景意识能有效地应对突发事件,敏捷地察觉和了解周围情况的变化及影响,增强轮机人员识别失误链和在事故发生前将其破断的能力等。

八、PSC 检查

1. 概况

某船 4 月 18 日,在荷兰鹿特丹港接受 PSC 检查,共被查出 11 项缺陷,其中导致滞留的缺陷有 3 项:应急发电机不能电起动(0945);应急发电机空气瓶无空气(0945);固定灭火装置到机舱、货舱和油漆间的管道接头松动(0725),造成船舶被滞留的重大责任事故。

2. 造成船舶被滞留的主要原因分析

①个别干部船员综合素质、业务水平低,技术差。轮机长在船工作 9 个月,对应急发电机系统的正确操作方法依然一知半解,未能有效组织各主管人员按检查官要求有序地进行设备的试验。大管轮在拆检主机系统的过程中,切断了应急发电机起动气瓶的气源供给后,又开启了该气瓶的进口阀,导致应急发电机无起动空气。在该船连续工作了 14 个月的电机员,对该船应急发电机的自动起动、自动并电系统的试验方式和正确操作程序也不甚了解,对电助拆除电瓶连接线未作指导,事后又未进行起动试验,在 PSC 检查过程中,电起动不工作,还不知道原因何在。

②个别船员工作责任心不强,敷衍了事。轮机长在没有检查或抽查电机员的自查项目的情况下,竟向公司报告抽查结果优良。

③船舶领导对 PSC 检查不重视,思想认识不足,现场指挥不力、组织混乱。船上没有按照公司的要求组织船员认真学习 SMS 有关文件,执行公司的管理制度,没有切实做好陪检工作,在检查官开出检查结果为 30 时,未能及时向公司有关部门报告,错失补救机会。

九、全船跳电

1. 事故简介

某船航行于印度洋,1800 时机舱副机缸套冷却水高温报警。轮机长和当班轮机员下机舱处理警报,期间副机缸套水温度继续上升,结果导致电网的两台副机相继跳闸,应急发电机自

动起动并提供照明电源。机舱立即起动第三台副机并电工作,但没有多久也由于缸套水高温跳电。此时轮机长又多次起动副机想尽快恢复供电,结果把两个气瓶的空气全部用完,副机无法再次起动。此时,由于应急发电机的风门挡板没有打开,导致应急发电机过热故障。船上由于条件局限无法恢复供电,造成整船完全失电,且没有恢复的可能,船舶只能漂航,等待公司安排拖船救援。最后公司安排远洋拖船把该船拖至斯里兰卡,由岸基协助船上把气瓶补足空气,起动副机恢复供电,船舶恢复航行。这次事故给公司造成了巨大的损失。

2. 原因分析

本例可从机舱资源管理中情景意识方面的失误来找解决的办法,防止此类事故的再次发生。

①判断力、注意力与理解力差

轮机长和当班轮机员在副机缸套冷却水高温报警下,没能正确考虑可能面临的跳电局面,判断与理解能力差,仅把注意力集中到副机上,在特定的时间对影响副机正常运行的因素和条件的准确感知能力不强。

②适应性与心理素质欠佳

海上环境多变,机舱工作繁重,船员身心容易疲劳,需要很强的心理适应能力。在故障处理中对事态的发展缺乏掌控,在原因尚未查清前多次起动副机,导致两个气瓶的空气全部用尽,完全属于非正常行为,心理与适应能力差。

③轮机长操作与领导技能差

由于应急发电机的风门挡板没有打开致使电机过热,同时没有及时安排电机员参加故障排除,结果造成没有恢复供电的可能。

④经验与训练不足

值班轮机员(二管轮)对自己的主管机舱设备熟悉程度不够,操作技能差,没有预计到由低温冷却器脏堵引起的冷却水高温可能导致全船跳电。

所以该事故的根本原因是轮机长和当班轮机员缺乏足够高的情景意识,由此造成判断和决策失误不可避免。

十、主机故障

(一)案例一 主机活塞环断裂引起的故障

某船申请加装 IFO 380 cSt,由于长滩及西雅图无 IFO 380 cSt 燃油,就于 1996 年 1 月 5 日在长滩加装 IFO 180 cSt 燃油 1 904 t。

(1)事故经过

1 月 21 日开始使用 IFO 180 cSt 燃油以来,便出现以下异常现象:

①燃油滤器严重脏堵。

②燃油自动清洗滤器冲洗次数过多,根本无法使用。

③最后一级燃油细滤器每天要清洗 3 ~ 4 次。

④清洗燃油滤器时发现很多细小不坚硬的颗粒。

⑤当班轮机员和轮机长知道以后,只是认为因换油而引起少量混油,并未采取措施。

⑥全部使用 IFO 180 cSt 燃油以后情况并未好转。

1 月 30 日,船抵天津新港抛锚时,主机 No. 4、No. 5 缸进行常规吊缸检查,当时 No. 4、No. 5 缸吊缸时间分别为 7 255 h、7 763 h。吊缸时未发现明显异常情况,此时只使用 IFO 180 cSt 燃油约 36 h。

2 月 17 日该轮抵长滩前 3 天，主机 No. 2 缸活塞环出现断环现象，即采取应急措施，减小单缸油门，加大 No. 2 缸气缸油注油量。2 月 21 日抵长滩吊缸抢修。No. 2 缸活塞环第 1,2,3 道断裂，第 4 道环弹性失效。环宽仅 19 mm，磨损量在 5 mm 以上。

2 月 26 日抵西雅图时检查，发现 No. 1 缸活塞环第 1,2 道断，即吊缸检查，另三道环也磨损极严重。

3 月 1 日在温哥华至横滨航行途中，又发现 No. 6 缸断环。随即停车漂泊，吊缸抢修，于 0845 时停车，1240 时起动续航，在抢修时第 1,2 道环断外，第 3 道环已弹性失效，这三道环的环宽情况为 18. 50 mm、18. 80 mm、20. 50 mm（标准环宽为 25 mm），同时检查其余各缸情况，发现 No. 3、No. 4、No. 5 缸第 1 道环均断，但当时船上已无活塞环备件，只得维持使用。

3 月 2 日中午，轮机长召开轮机部门会议进行故障分析，根据主机活塞和活塞环的严重磨损情况和清洗滤器时发现的异常现象，初步确认为燃油质量的问题，并采取如下措施：

①停用 IFO 180 cSt 燃油，调用于 2 月 26 日西雅图新装的 IFO 380 cSt。

②加大主机各缸的气缸注油量。

③降低主机转速至 78 r/min 航行。

④改为有人机舱值班，加强巡回检查。

⑤对燃油品质进行化验。后经实验室化验结果证实是燃油质量问题，主机活塞环断环故障解决。这次事故不仅延误班期，增加劳动工作量，增加大量的备件费用，给公司造成了巨大的损失，而且给船舶的安全航行造成严重威胁。

（2）事故原因分析

本例可以从机舱资源管理中情景意识方面的失误来找到解决的办法，防止此类事故的再次发生。

①判断力、注意力和理解力差

使用 IFO 180 cSt 燃油以后，当时发现燃油滤器的异常现象，轮机长和当班轮机员只是简单认为少量混油造成的，没能正确考虑异常现象产生的可能原因，判断力和理解力差，只把注意力放在混油概念上，没有想到新装燃油是否也有问题。在当时特定时间和环境下对影响因素和条件的准确感知能力不强。

②适应性与心理素质欠佳

海上环境多变，机舱工作繁重，船员身心容易疲劳，需要很强的心理适应能力。在故障处理过程中对事态的发展缺乏掌控，在原因尚未查清前只是简单吊缸更换活塞环断环，一而再，再而三，完全属于非正常行为，心理与适应能力差。

③轮机长操作与领导技能差

2 月 17 日主机 No. 2 缸发生断环现象以后，先后有 No. 1、No. 6、No. 3、No. 4、No. 5 缸的活塞环出现严重磨损和断环，同时没有及时申请备件供应，最后造成船舶主机活塞环备件不够。

④经验与训练不足

轮机长和值班轮机员对燃油滤器的异常现象不够熟悉，操作技能差，没有预计到燃油异常会造成活塞环断环故障，并造成船舶活塞环备件短缺。

所以，该事故的根本原因是轮机长和当班轮机员缺乏足够的情景意识，由此造成判断和决策的失误。

(二)案例二

某船的主机型号 MAN B&W 6L70MC,主机额定功率 15 720 kW,额定转速 106 r/min,常用转速 95 r/min,主机增压器型号 VTR564-32。

(1)事故概述

该船某航次靠新加坡,次日离港,在离港不久主机还未达到海上转速时,发现主机 No.6 缸排气阀高压油管振动,主机转速越往上加振动越强烈,排气阀和排气阀伺服油缸敲击声很大,单缸扫气温度随主机转速上升而上升,达到 100℃左右,并伴有 No.2 增压器喘振。主机不得不减速至 66 r/min 以下运行。

(2)船舶组织的检查

故障发生后多次停车,对主机做了以下工作:

①更换了 No.6 缸排气阀。

②打开凸轮箱道门检查排气阀凸轮及驱动滚轮的工作状况。

③解体了 No.6 缸排气阀伺服油缸及驱动装置。

④更换了 No.6 缸油头。

No.6 缸故障现象仍然存在。轮机长请求公司给予岸基支持。

(3)公司对情况的了解和分析

除船舶汇报的检修情况外,还知道该船在港停泊期间未对主机做任何检修工程。进港前无任何异常的现象。

分析:燃气下窜上窜引发主机增压器喘振,然而造成燃气下串的可能原因是排气阀启阀定时错乱或活塞与气缸间漏气,排气阀高压油管强烈振动又可能是造成排气阀定时混乱的原凶。

公司把以上可能出现的故障因素及相互关系与轮机长进行沟通交流,要求轮机长对可能造成排气阀启闭的部件进行拆检并确认无误,包括排气阀的空气缸安全阀、伺服油缸进油单向阀、排气阀顶部节流气阀、回油管、排气阀高压油管二端接头端面间隙以及排气阀定时等。在完成上述检查确认无误,主机 No.6 缸故障仍未能消除。

公司要求轮机长将主机 No.6 排气阀伺服油缸总成、排气阀高压油管以及排气阀总成与 No.5 缸逐一对调作试验,每完成一项进行一次试车,将三个部分的工作状况加以确认。

完成上述工作后,No.6 缸故障还是依旧。

轮机长又组织船员对主机 No.6 缸进行了吊缸检查,同时检查主机凸轮轴靠联轴器的连接状况。检查一切正常。

主机重新起动运行,观察 No.6 缸排气阀油管仍然振动。通过调整各缸油门,减少 No.6 缸喷油量,主机转速可达 82 r/min,其他参数正常。但主机运行不过几小时,主机 No.2 增压器就发生频繁喘振,主机只好减速到 72 r/min。经过观察发现只要听到排气阀混杂的声音,或当外界负荷变化,主机增压器就随时发生喘振现象。纵观前后几天对主机 No.6 缸故障查找,尽管船员们付出大量的劳动,但还是未能根本解决故障。

几天后,公司接到轮机长报告,在提高了凸轮轴油泵出油压力后主机故障现象消失了。主机恢复正常,查找真正的故障原因也就暂时停止了。

(4)新任轮机长上船

了解到 No.2 凸轮轴油泵压力比 No.1 低,不能用,无意中将 No.2 凸轮轴油泵调换 No.1 使用,运行没多久,机舱值班人员就报告说,主机 No.6 缸排气阀异声没有了,经检查 No.6 缸排气阀工作正常,油门恢复,主机加速,增压器也不喘振了。

检查记录结果:在新加坡码头时,大管轮将 No.1 凸轮轴油泵换用 No.2 凸轮轴油泵。记录还显示 No.2 凸轮轴油泵已很久未用了。

(5)故障原因

主机 No.6 缸故障的罪魁祸首是“No.2 凸轮轴油泵”油压过低。

No.1 凸轮轴油泵:出口压力 0.39 MPa,集控室表压力 0.33 MPa。

No.2 凸轮轴油泵:出口压力 0.37 MPa,集控室表压力 0.31 MPa,差 0.02 MPa。

检查 No.2 凸轮轴油泵的调压阀已调到极限,无法再调高,观察 No.2 凸轮轴油泵的运行无其他异常情况。

为什么 No.2 凸轮轴油泵比 No.1 凸轮轴油泵压力低 0.02 MPa 就会导致 No.6 缸排气阀故障呢?

报警值为 0.20 MPa。

经解体 No.2 凸轮轴油泵,检查机械密封已经失效。

将机械密封解体、清洁,更换密封圈后装复,油泵出口压力达到 0.40 MPa,集控室表压力 0.34 MPa,比 No.1 油泵还要高 0.01 MPa。

经运行观察,主机 No.6 缸排气阀未发现异常。

(6)故障原因分析

①设备方面

当机械密封失效,空气吸入造成油泵压力下降排量减少(凸轮轴油泵在运转中,密封腔具有负压力,泵在机械密封失效情况下也不出现滑油外泄)。

因为吸入的空气进入系统后,首先空气集结在最近 No.6 缸排气阀高压油管内,导致排气阀伺服油缸的活塞在泵油时,高压油管内空气被压缩并产生强烈波动,造成了排气阀高压油管的剧烈振动。

高压油管内的空气被压缩后产生强力波动使排气阀启阀定时出现混乱,造成高温废气窜入扫气,使扫气温度升高;造成单缸扫气不足,缸内燃烧不良,引起增压器背压升高、空气流量减少而引发主机透平喘振。

②管理方面

A. 缺乏对设备技术状态的判断经验。

B. 船舶维修保养计划制订缺陷。

C. 计划的执行不力。

D. 上级对设备养护监督不够。

③情景意识方面

A. 设备长期未被使用,大管轮缺乏正确的感知,没有仔细地去查阅其停运的理由。

B. 设备出现运行参数偏离原始数据,缺乏注意力,并对可能发生问题没有意识。

C. 主机问题出现以后,注意力过于集中,缺乏全面的判断力。

D. 在几次检修后故障问题仍然存在时,缺乏应对这种局面的替代计划,只是盲目地进行主机吊缸。

机械故障出现以后,船舶管理人员包括公司在内的指导都是局限在 No.6 气缸的排气阀上。未能把一线的情况作充分了解,指导上也出现了一定的盲区。

④通信方面:电话和邮件

未能采用信息技术来获取一线的资料和原始档案。即使主机换用凸轮轴增压泵后,公司

也没有和船舶人员进行联系沟通，在船人员也没有认真查找公司提出的可疑点。

⑤工作压力和心理方面

A. 航行中出故障，班期压力让船舶管理人员在处理中临时性地丧失扩大思维的判断能力。

B. 连续几天的检修工作，身体疲劳等因素，导致完成任务过程中，未能按照先难后易的次序。

C. 由于工作压力和心理压力大，轮机长与公司的交流中出现不耐烦的现象，未能很好地沟通，公司的质疑也没有产生效果。

参考文献

[1] 黄连忠,陈宝忠.船舶管理.北京:人民交通出版社,2008
[2] 吴宛青.船舶防污染技术.大连:大连海事大学出版社,2010
[3] 蒋德志,李品芳.机舱资源管理.大连:大连海事大学出版社,2011
[4] 李品芳.船舶管理.大连:大连海事大学出版社,2006
[5] 陈传明,周小虎.管理学.北京:清华大学出版社,2003
[6] 方泉根.驾驶台资源管理.北京:人民交通出版社,2006
[7] 孙永正等.管理学.北京:清华大学出版社,2003
[8] 姜皓,孙林岩.如何构建团队:团队类型及构建思维.上海经济研究,2007
[9] 李章德.轮机管理中情景意识的培养.中国水运,2009
[10] 许乐平.船舶管理(轮机专业).大连:大连海事大学出版社,2000
[11] 刘万鹤.船舶管理.北京:人民交通出版社,2002
[12] 中国海事服务中心.船舶管理.大连:大连海事大学出版社,2008
[13] 中国海事服务中心.轮机长业务.大连:大连海事大学出版社,2008
[14] 蒋德志.船舶管理.大连:大连海事大学出版社,2010
[15] 詹玉龙,张兴芝.轮机长业务.北京:人民交通出版社,2007
[16] 韩寿家.造船大意.大连:大连海事大学出版社,1993